공공신학과 학제적 소통이론

공공신학과 학제적 소통이론

— 미완의 근대성과 포스트콜로니얼 이론

2021년 4월 2일 초판 1쇄 인쇄
2021년 4월 9일 초판 1쇄 발행

지은이 | 정승훈
펴낸이 | 김영호
펴낸곳 | 도서출판 동연
등　록 | 제1-1383호(1992. 6. 12.)
주　소 | 서울시 마포구 월드컵로 163-3
전　화 | (02)335-2630
전　송 | (02)335-2640
이메일 | yh4321@gmail.com

ISBN 978-89-6447-654-3　94200
ISBN 978-89-6447-653-6　94200(세트)

공공신학과 정의론 1

공공신학과
학제적 소통이론

미완의 근대성과 포스트콜로니얼 이론

정승훈 지음

동연

왜 공공신학인가?

이 책은 오랜 시간 미국에서 학자로 살아왔던 필자의 삶의 반성과 실천을 체계화하고, 학문이론의 종착점에서 정리를 시도한 것이다. 칼 바르트를 전공하고 30년 동안 유럽과 미국에서 학문을 연구했는데 왜 하필이면 대차대조표를 칼 바르트나 정치신학 또는 해방신학이 아니라 공공신학으로 말하는가? 필자가 유럽 사람도 아니고, 남아메리카 사람도 아니기 때문이다.

한국에서 대학 시절, 필자의 생활세계는 초기 대안적 근대성의 길을 열어가는 역사적 과정에서 일본의 식민지배를 통해 언어, 전통, 문화가 굴절되고 물화(物化)된 전통과 연관되어 있다. 이러한 식민지화된 생활세계는 자유 민주주의가 정치적으로 확립되는 초기 정치과정에서 친일 모방주의자들의 변종이 나타나고, 인종의 위신과 민족문제는 사회주의 전통으로 엮어진다. 군사독재를 거치면서 식민주의적 사고와 지배 시스템은 교육을 통해 한 층 더 복합적이며 모호한 방식으로 다양한 공론장으로 스며들어와 시민들의 의식과 성향에 영향을 미쳤다. 한편에는 학생운동, 민주화운동을 거치면서 식민주의 근대성과 군사독재로 이어진 굴절의 역사가 있는가 하면, 다른 한편에는 인종민족주의(사회진화론으로 채색된)의 현실이 있다. 이런 문제를 넘어서기 위해 필자는 대안 근대성(alternative modernities)을 모색하면서 시민사회론을 향해 출구를 찾았다. 이런 과제를 위해 공공신학을 새롭게 다듬고 포스트콜로니얼의 문제 틀로 연관 지어 다루게 된 것이다.

흔히 공공신학을 미국의 독특한 정치 문화신학이라고 말한다. 그런가 하면 유럽에서는 정치신학의 중요한 분과로 파악하기도 한다. 그러나 공공신학은 정치적 영역에만 국한되지 않는다. 사회, 문화, 교육, 생명과학, 비교종교 더 나아가 인종, 성, 젠더 등 광범위한 이슈들에 관심을 둔다.

이런 측면에서 이 책에서 전개하고 발전시키는 공공신학은 방법론적으로는 사회학적이며 해석학적인 윤곽을 가진다. 내용적으로는 서구 근대의 정치와 도덕 이론, 민주주의 그리고 정의론에 관심한다. 이런 점에서 필자는 일차적으로 공공신학을 정치철학과 사회과학으로 발전시키고, 학제적 소통이론으로 규정한다. 서구 근대의 도덕 정치이론을 검토하는 것은 대한민국의 사법적 민주주의 정치 제도의 현주소를 학문이론으로 검토하고 자리매김하는 데 도움을 준다. 더 나아가 시민사회 운동에 이론적인 기여를 할 수도 있을 것이다.

사실 신학 앞에 붙은 수식어나 형용사는 현란하기 짝이 없다. 그러나 '공공'이라는 수식어가 붙을 경우, 그것은 신학의 방향과 특징 그리고 사회 윤리적 전략을 담고 있다. 공공신학은 성서 주석, 교회사, 조직신학 등 신학의 많은 분과와 분리되지 않는다. 그러나 공공신학이 이러한 신학의 분과들로부터 구분되는 것은 공공영역을 파악하고 분석하는 데 있어서 사회계층의 현실과 포스트콜로니얼의 상황을 진지하게 취급하는 데 있다.

사회과학의 연구와 논의 방법을 통해 필자는 다양한 사회의 영역들과 상징적인 상품들 그리고 자본의 형식들을 신분과 계급의 문제를 통해 해명한다. 공공신학은 사회적 담론에 대한 고고학적 분석과 권력 관계의 그물망에 주목한다. 여기서 고고학은 미셸 푸코에게서 오지만, 필자는 고고학을 더욱더 담론과 텍스트 그리고 소통이론을 위해 해석학적으로 다룬다. 더 나아가 종교적 이념이 물질적 이해관계들을 통해 어떤 선택적 친화력(elective affinity)을 가지며, 경제적인 문제에 대해 어떤 윤리적 태도를 취하는지에 주목한다. 이런 점에서 공공신학은 고고학적이며, 해석학의 특징을 견지하며, 막스 베버와 미셸 푸코, 칼 마르크스, 위르겐 하버마스 그리고 피에르 부르디외와 중요한 대화를 한다.

공공신학은 사회과학적인 분석 방법에서 메타-윤리적인 성격을 갖지만, 민주주의, 정의, 연대, 타자의 인정 그리고 해방이라는 실천 기획에서 사회 윤리적인 방향이 설정된다. 이런 점에서 공공신학은 윤리신학과 깊은 대화를 요구한다. 그러나 윤리신학의 개인주의적 합리성을 넘어서서 사회적 측면에서 윤리의 책임성과 연대를 강조한다. 이런 점에서 공공신학의 윤리를 사회학적인 논의와 더불어 타자와의 관계에서 드러나는 해석과 인정의 방식으로 전개하는 것이 중요하다.

공공신학은 문화신학을 비판적으로 발전시키고, 문화적 영역에서 나타나는 이슈들을 검토한다. 이전의 문화신학은 인종, 성, 젠더, 가부장적인 지배를 거의 언급하지 않았다. 사회계층 분석을 통해 생활세계가 어떻게 인간의 삶에서 굴절되고, 문화적 정의에 영향을 주는지 문화이론적으로 해명한다. 클리포드 거츠의 문화인류학은 인식론적으로 볼 때 후설의 현상학과 베버의 이해사회학 그리고 비트겐슈타인의 언어철학에 기초한다. 생활세계 이론은 거츠를 통해 문화적인 이슈들을 다룰 때 공공신학에 유효한 틀을 제공한다. 여기서 공공신학은 종교 간의 대화에 주목하지만, 더욱 전문화된 종교 간의 대화와 연구는 비교신학에 속한다. 공공신학과 비교종교 방법이 사회학적이며 해석학적으로 다루어지는 점에서, 필자는 타자의 인정과 더불어 공공선과 정의 그리고 연대에 주목한다. 여기서 비교종교 윤리가 중요하며, 공공신학 차원에서 비교신학(public comparative theology)에 주목한다. 비교신학이 더욱 정교하게 타 종교들의 텍스트와 종교적 이념에 주석적인 관심을 가지고 접근한다면, 이러한 독해적이며 주석적인 방식은 사회적이고 윤리적 존재로서 종교적 인간의 삶을 배제하지 않을 것이다.

마지막으로 공공신학은 자연과학과의 대화를 요구한다. 생명과학을 통해 나타난 의료윤리와 유전공학은 공공신학의 중요한 영역에 속한다. 이런 점에서 공공신학은 구성적이며(constructive), 자연과학과 더불어 대화와 통합의 과정을 해석학적으로 반성하고 매개한다. 믿음은 이해를 추구한다. 이러한 교의학적 반성은 학제적 소통이론에서 정교화되고, 하나님 말씀의 신학(칼 바르트)은 세계와의 부단한 대화의 신학으로, 특히 라인홀드 니부어의 기독교 현실주의와 폴 틸리히의 종교사회주의와 더불어 새로운 전망을 한다.

이런 기본 전제로부터 필자는 공공신학을 근대의 정치이론과 민주주의, 신학의 전통에서 기독교 현실주의와 종교사회주의, 윤리신학과의 대화 그리고 종교와 문화적인 이슈에서 드러나는 문제들, 더 나아가 포스트콜로니얼 상황과 조건으로 각인된 사회계층에 주목한다. 그리고 다양한 지배와 위계의 스펙트럼을 중심부와 주변부 사이에서 발생하는 세계 경제와의 관계에서 포스트콜로니얼 방법론으로 파악한다.

그러므로 공공신학은 학제적인 비판적 논의 방법과 소통을 돌출해내며, 사회 윤리적인 실천을 담고 있다. 그것은 정치 경제적인 현실과 문화적인 정의 그리고 자연과학과 생명 의학과 심도 있는 대화를 전개한다. 그렇게 공공신학은 사회 분석적이며, 해석학적이며, 윤리 실천적이며, 신학의 의미를 새롭게 발전시키는 구성적인 성격을 가진다.

필자에게 공공신학과 학제적 소통이론으로 자극하고 영향을 준 많은 동료 교수와 친구들이 있다. 특별히 와트버그신학대학원 크레이그 네산(Craig Nessan) 교수는 북미에서 공공신학자로서 본회퍼와 해방신학을 매개하는 학자이다. 그로부터 받은 영향이 크다. 풀러신학교의 벨리마티 케르케이넨(Veli-Matti Karkkainen) 교수는 오랜 친구요 학문의 동지이고, 그의 탁월한 지적 능력과 고결한 인격은 본받을 만한 흠모의 대상이다. 하이델베르크대학의 울리히 두흐로프 (Ulrich Duchrow) 교수는 오랜 시간 세계교회협의회(WCC)와 루터란세계연맹과 합력하여 종교와 경제정의에 같이 활동하면서, 필자에게 사회 경제적 분석이론을 헬무트 골비처의 자본주의 혁명에 잇대어 발전시킬 수 있도록 도움을 주었다. 하이델베르크대학에서 개최한 세계 석학 세미나에서 그와 더불어 종교와 문화 그리고 경제적인 정의에 관한 공동 세미나는 값비싼 경험이었다. 본 대학의 안드레아스 팡그리츠 교수(Andreas Pangritz)는 필자에게 골비처와 마르크바르트 신학의 내용과 실천전략을 소개해 주었고, 필자의 학문 연구와 활동에 아낌없는 지지를 보내 준 친구요 동료이다. 그의 탁월한 피아노 연주는 본회퍼와 바르트 신학 안에 담겨 있는 음악-미학적 깊이를 느끼게 하지만 필자는 애석하게도 음악에 대해 무지하다.

마지막으로 매우 중요한 인물로서, 버클리연합신학대학원 테드 피터스(Ted Peters) 교수를 언급한다. 필자는 그로부터 생명과학의 논의들 특히 진화론과 예기 신학을 배웠다. 테드 피터스의 생명과학과 의료윤리에 접근하는 방식은 공공신학을 자연과학과의 대화를 통해 진일보하게 한다.

이 책을 쓰면서 임창세 박사(둔전교회)는 토론의 좋은 파트너가 되었다. 공공신학과 학제적 소통이론이 한국의 신학계와 교회에서 진지하게 논의되길 바라는 마음이 크다. 저자의 공공신학이 이러한 틈새를 열어가는 기폭제가 되길 바란다. 학제적인 어려운 연구를 담은 저술을 선뜻 출판해주신 도서출판 동연 김영호 대표께도 감사를 드린다.

2020년 성육신의 계절 버클리에서
정승훈

차 례

공론장에서 신학의 의미와 방법

　이 책에서 공공신학은 근대 정치이론과 철학적 전통과의 비판적 대화를 통해 전개된다. 토마스 홉스(Thomas Hobbes), 존 스튜어트 밀(J.S. Mill), 존 로크(John Locke), 장 자크 루소(J. J. Rousseau), 임마누엘 칸트(Immanuel Kant), 헤겔 그리고 존 롤스(John Rawls) 등이 중요한 대화의 파트너이자 분석의 중심이다. 공공신학은 정치이론을 통해 근대 미완의 과제에 주목하지만 동시에 포스트콜로니얼 상황을 자유, 정의, 연대의 관점에서 전개한다.

　왜 공공신학을 근대의 정치이론으로부터 시작하는가? 우리 시대에 여전히 중요하기 때문이다. 일반적으로 공공신학(*theologia publica*)은 사회의 공공영역이나 사회 제도적인 조직, 시스템(*res publica*)에 관련되고, 국가와 사회문제를 다룰 때 공공선을 증진하려고 한다. 여기서 신학은 정의와 민주주의 그리고 자유의 문제를 어떻게 평가하고, 시민사회 안에서 발전시킬 것인가 하는 과제를 가진다.

　위르겐 몰트만은 신학을 정치신학의 범주 안에서 근대성과의 문제에서 다룬다. 그의 신학 프로젝트인 '세속사회를 위한 하나님'은 사회의 공공영역에 관여하고, 토마스 홉스의 정치이론을 중요하게 다룬다. 홉스의 주저인『리바이어던』(Leviathan)은 정치신학에 비판적인 거점을 제공하고, 몰트만이나 요한 뱁티스트 메츠의 새로운 비판적인 정치신학을 발전시켜나간다. 그런가 하면 근대의 정치이론뿐 아니라 공공신학은 포스트콜로니얼 문제의 틀을 비껴갈 수 없다.

왜냐하면, 근대 계몽의 변증법은 식민주의의 어두운 역사가 있기 때문이다. 몰트만은 1517년 루터가 비텐베르크 교회에서 시발 된 종교개혁 테제가 1521년 아즈텍을 정복한 에르난 코르테스(Hernando Cortes)와 시대적으로 맞물려 있음에 주목한다. 계몽주의가 레싱과 칸트의 저작들에서 정점에 달했을 때, 수많은 아프리카 노예는 삼각주 무역을 통해 남미로 팔려나갔다.[1]

좀 더 정교하게 역사적으로 표현해보면, 계몽의 변증법과 근대성의 시발점은 종교개혁과 18세기 계몽주의 철학 운동, 프랑스 혁명(1789)과 산업혁명에서 정점에 달한다. 또한, 콜럼버스의 '신대륙' 발견과 스페인 식민지 정복(1451-1506), 코페르니쿠스의 과학혁명(1473-1543)은 루터의 종교개혁에 맞물려 있다.

좀 더 소급하면, 14세기와 16세기에 걸쳐 일어나는 르네상스 운동과 이탈리아의 복식 장부 기법은 베네치아와 플로렌스에서 발전했고, 이러한 합리적인 복식장부기법은 이후 근대사회의 경제적 시스템과 문화발전에 결정적인 영향력을 행사한다. 계산과 산출의 합리성은 근대사회를 기능적인 메커니즘으로 특징짓고, 인간의 사회적인 삶을 비용과 유용성에 따라 조직화한다. 이러한 기능적 메커니즘은 비용과 수익의 산출과 더불어, 자본주의 기업방식을 유용성과

---

1 Moltmann, *God for a Secular Society*, 1. 12.

효율적 산출로 조직화하고, 법적 시스템으로 정당화한다. 막스 베버가 청교도들의 윤리와 세계 내적 금욕주의적 태도를 이념적으로 선택하여 자본주의 정신을 사회학적으로 기술하지만, 베버의 사회학적 테제는 더 역사적으로 보충될 필요가 있다.[2]

어쨌든 공공신학은 정치신학과 다르다. 왜냐하면, 공공신학은 일차적으로 정치적 근대성의 철학적 전통에 관심하고, 동시에 식민지의 역사에 주목하기 때문이다. 이런 점에서 필자는 공공신학의 주제를 서구의 근대성과 종교사회주의 전통(라인홀드 니부어, 폴 틸리히, 칼 바르트) 그리고 윤리신학(디트리히 본회퍼를 포함하여)과 연관하여 다루려 한다.

자본주의에 대한 비판에도 불구하고, 서구 근대성이 가져온 기여들을 폄하할 필요는 없다. 근대의 성과와 업적은 인간의 삶에 지대한 영향을 미치고 있다. 근대성에는 여전히 미완의 과제로 남겨진 것들이 있으며, 이러한 해방적인 유산을 위해 공공신학은 사회 비판적인 윤리적 접근을 해야 한다. 또한, 사회과학적인 방법으로부터 배울 필요가 있으며, 정치, 사회, 문화영역의 폭넓은 스펙트럼을 고려해야 한다. 따라서 공공신학은 학제적 소통이론으로 다듬어진다.

근대성의 미완 유산과 과제를 위해, 일차적으로 서구의 리버럴 민주주의와 코스모폴리탄 원리가 해명되는 것이 중요하다. 임마누엘 칸트의 철학에서 코스모폴리탄 정치이론은 글로벌 주권과 식민주의를 넘어서는 의도를 담고 있다. 서구 근대성의 전통에서 계몽과 근대성은 자유, 인권, 민주주의 그리고 과학기술적인 발전에 기여했

---

2 Chung, *Critical Theory and Political Theology*, 3.

다. 그러나 동시에 이러한 유산은 식민주의와 노예제도, 더 나아가 자유방임 자본주의를 세계사적인 차원에서 확대하고, 비서구 사회 전반에 걸쳐 종속이나 하위 근대성(under-modernity)이라는 치명적인 귀결을 낳았다.

이런 점에서 공공신학은 정치적 민주주의와 근대사회의 문제를 종교사회주의와 더불어 포스트콜로니얼 조건과 관련지어 논의할 수 있다. 이러한 시도에서 계몽의 변증법이 비판적으로 분석되고, 진보에 대한 낙관적 신뢰가 어떻게 암울한 식민주의 역사를 낳는지에 주목한다. 우리는 근대성의 야누스적인 얼굴을 심도 있게 논의하지 않은 채, 공공신학을 말하기 어렵다. 그러므로 공공신학은 정의, 자유, 시민사회에 대한 서구의 근대정치 이론을 피해갈 수 없다.

이런 주제로 인해 1장과 3장에 걸쳐 근대의 정치이론과 도덕 이론 그리고 식민주의 역사를 분석하고 신학적인 평가를 하게 된다. 칸트의 도덕철학과 정치이론, 더불어 공리주의 이론적 전통 그리고 사회계약론(토마스 홉스, 존 로크, 루소)에 초점을 맞춘다. 또한, 사회계약론 전통에 강력한 비판자로 등장하는 아리스토텔레스-헤겔-마르크스의 이론적 전통을 검토한다.

공공신학의 모델들

공공신학은 사회나 제도적인 문제에 접근하고 해결하기 위해 학제적 소통구조와 사회과학적인 연구를 중요하게 고려한다. 공공신학을 전개하는 방법에서 신정통주의적 신학은 맥스 스택하우스(Max Stackhouse)에게서 잘 나타난다. 스택하우스는 사회복음 운동과 라인홀드 니부어의 영향을 받았고, 신학과 경제정의에 초점을 맞춘다. 사회학적으로 막스 베버의 이론은 경제적인 책임성과 정의를 위해 스택하우스에게 중요하다. 또한, 사회과학과 자연과학적인 성과들이 통합되고 교회일치운동과 종교 간 대화 그리고 세계화 과정과 더불어 드러나는 다문화적인 상황과 포스트콜로니얼 도전들이 고려된다.3 스택하우스는 공공신학을 학제적 소통구조에서 사회과학적으로 전개하고, '성서, 전통, 이성, 경험'은 그에게 중요한 이론적인 틀로 작용한다. 더 나아가 공공신학은 교회일치운동, 글로벌 연관성, 종교 간 대화, 다문화 상황에서 다듬어지고 확대된다.4

그런가 하면 데이비드 트레이시(David Tracy)는 비판이론, 특히 위르겐 하버마스의 소통 합리성을 해석학적인 관점에서 수용하고, 공론장의 구조변동에 주목하면서 공공신학을 전개하길 원한다. 공공신학은 비판 이론적인 틀 안에서 신학과 철학적 반성의 상관 방법으로 발전하는데, 여기서 기독교의 상징들은 비판이론과 철학적 해석학을 창조적으로 종합한다.

트레이시는 상관 방법(method of correlation)을 틸리히로부터 차용하지만 신학과 비판이론을 해석학적으로 매개할 때, 양 측의 제한성과 한계를 동시에 수정하길 원한다. 트레이시에 의하면, 공공신학은 (1) 사회와 학문영역 그리고 종교영역에서 논증과 소통구조를 명백하게 해야 한다. (2) 공공의 토론과 진리 주장은 모든 이성적인 사람에게 번역되고, 합리적으로 이해되어야 한다. (3) 신학적인 입장은

---

3 Stackhouse, *Public Theology and Political Economy*, 1-15.
4 *Ibid.*, 1-15.

기독교 신앙의 내적 논리에 기인할 필요가 없으며, 일반적인 철학적 논증과 원리를 수용해야 한다. 철학적인 논증은 모든 합리적인 인간에게 일반적으로 가능하며, 이러한 논증의 요구주장과 진리를 지지하고 정당화해줄 수 있어야 한다.[5] 이것은 트레이시가 시도하는 공공신학의 기본골격이고, 틸리히와는 달리 수정된 상관관계 방법으로 부를 수 있다.

이성의 공공적 사용을 논의하면서, 하버마스는 포스트 형이상학의 입장을 취하는데, 여기서 그는 종교의 정치적인 기능과 역할을 위해 종교와 세속적인 이성 간의 상호보완적인 배움을 강조한다. 사법적 민주주의로 규제되는 국가들에서 기독교 교회나 서로 다른 종교 공동체들은 민주주의와 인권을 신장하고 사회적 약자나 변두리로 밀려난 그룹들의 이해관계를 대변해줄 수 있다. 이것을 하버마스는 마틴 루터 킹의 인권운동이나 미국의 시민사회운동에서 본다. 이러한 종교적 역할과 기여는 유럽적인 상황에서 종교사회주의 운동의 전통에서도 확인된다.[6]

이성의 공적인 사용을 어떻게 구체화해나갈 것인가? 이러한 과제를 위해 하버마스는 종교적인 시민들이 타 종교와 자유로운 정치문화에 개방적 인식론적인 태도를 보일 것을 요구한다. 그렇다고 해서 고유한 종교의 정체성이나 진리 주장을 포기할 필요는 없다. 신앙의 조항은 세속적인 지식이나 평등한 개인의 권리 그리고 보편적인 도덕성과 충돌할 필요가 없다.[7]

---

5 Tracy and Cobb; Tracy, *The Analogical Imagination*, 64.

6 Habermas, *Between Naturalism and Religion*, 124.

7 *Ibid.*, 137.

따라서 공공신학은 사회, 문화, 대학 그리고 교회의 영역에서 논쟁점과 주장들이 합리적으로 이해되어야 하고, 이성적인 사람들에게 소통되어야 한다. 이것은 종교적인 담론과 세속적인 합리성, 시민들 사이에 소통하면서 동시대적인 문화적 상황과 인문 사회학과의 소통을 요구한다. 그러므로 공공신학은 근본적, 조직적, 해석학적, 소통 실천적이며 담론 윤리적인 성격을 가진다.

스택하우스나 트레이시와는 달리 공공신학을 해방의 프로젝트로 발전시키는 사람들은 시민사회와 세계 안에서 공공선을 추구하고, 종교와 세속의 영역을 구분하려고 하지 않는다. 해방의 공공신학은 신중하고 민주적인 시민사회를 세워나가기 위해 페미니스트적인 입장을 취하거나 해방신학적인 방법을 사용한다. 인종 간 연대와 문화적 정의 그리고 성의 분화와 젠더 문제에서 이러한 해방의 논의가 잘 드러난다.[8]

필자는 공공신학의 다양한 모델들에 주목하면서 공공신학의 인식론을 근대의 도덕과 정치이론 특히 사회계약론과 코스모폴리탄 사상으로부터 시작하길 원한다. 그리고 비판이론과 윤리신학의 차원을 사회학적인(또는 고고학적) 해석학의 틀에서 천착할 것이다. 여기서 고고학은 미셸 푸코에게서 오는데, 푸코는 담론의 세계 지반을 파고 들어가면서, 병원에서 논의된 광기에 대한 의학적 담론이 각 시대의 인식 체계(에피스테메)에서 상이한 변형과 파열로 나타나는 것에 주목한다. 고전시대에서 이해하던 광기는 근대시대와 다르다.

필자는 이러한 담론의 고고학과 에피스테메를 사회학적인 틀로

---

8 Valentine, *Mapping Public Theology*, 85; Cady, *Religion, Theology, and American Public Life.*

한 층 더 발전시킨다. 담론과 물질적인 이해관계 사이에 어떤 선택적 친화력이 존재하는가? 이러한 담론의 친화력과 형성과정이 사회제도(병원, 감옥, 학교, 교회)나 공공기관에서 어떻게 합리화되고 전문화되면서 권력의 관계에 장착되는지에 주목한다. 공론장에서 담론구성과 실천은 사회 제도적인 지지와 법적인 정당성 그리고 정치 권력의 그물망 안에 설정된다.

공공신학과 시민사회

프랑스의 사회학자 피에르 부르디외(Pierre Bourdieu)는 사회계층론을 마르크스와 베버를 통합하면서 물질적-상징적인 방식으로 가다듬었다. 그의 사회계층론에 의하면, 다양한 공공의 영역들(정치, 경제, 교육, 매스미디어, 문화, 종교)은 서로 교차하며, 각각의 영역에서 상징적인 상품들과 자본들을 만들어낸다. 여기서 지배구조는 각각의 영역에 은닉된다. 생산과 재생산 그리고 변화의 메커니즘을 통해 다양한 사회적인 영역들은 제도화되고 위계 질서적으로 계층화되면서 인간의 삶에 지대한 영향을 미친다. 예를 들면 교육은 교육상품을 만들어내며, 이러한 상품이 사회질서의 합리적 태도나 정부 권력의 방향에 적합할 때, 재정적인 지지를 받을 수 있고, 교육자본으로 전환된다. 높은 수준의 교육 배경은 취업의 경쟁에서 유리한 자본으로 기능하기도 한다.

이러한 사회과학적 접근, 더 정확하게는 부르디외의 반성 사회학(reflexive sociology)에서 첫 번째 사물들 질서의 객관성은 사회적 사실들의 독특한 객관적 시스템을 지적한다. 사회적 사실들의 독특한 현실은 물질적인 자료들의 생산과 분배 그리고 재생산을 통해 서로 다른 상징적인 상품들(교육과 문화상품)이나 자본의 형식들(사회자본, 교육자본, 문화자본, 종교자본)로 엮어진다. 여기서 분업—경제적이든지 상징적이든지—이 일차적으로 사물들의 질서를 이끌어가는 추동력이 된다.

두 번째 사물들 질서의 객관성은 생산 관계의 합리화와 전문화, 분류화로 나타나고, 사회 시스템은 상징적인 구조로 기능한다. 이것은 인간들의 행동과 사고, 판단 그리고 사회적 성향(habitus)에 지대한 영향을 미치고, 인간들의 실천적인 활동을 조건 짓는다.[9] 이것은 생산 관계와 합리화 과정을 말한다. 분업과 합리화 과정에 대한 사회학적인 분석은 공론장의 구조와 위계질서를 해명하는 데 도움을 준다.

시민사회가 세상의 주술적인 지배로부터 해방(막스 베버의 테제: 세계의 비주술화) 되면서, 인간의 삶은 합리화와 전문화 그리고 권력의 시스템으로 포섭된다. 이러한 권력의 관계는 사회적인 제도들과 의미의 관계가 상징적으로 치환되며, 계급과 신분 간의 이분화를 넘어선다. 사회질서는 합리화, 전문화, 구별화, 물화의 그물망에 장착된다. 이러한 사회 구조 안에서 상징적인 상품을 둘러싼 계급 투쟁이 발생하며, 자본은 다양한 형식들을 통해 계층과 계급 간의 투쟁에서 드러난다(교육, 문화, 사회관계, 종교적 권위). 생활세계의 관계(의미, 문화, 종교)는 권력 관계와 사회 구조의 그물망에 점차 의존되며, 생활세계의 실제는 물화되거나 식민지화된다.

사실, 공공영역은 다문화의 콘텍스트 안에서 조건 지어진다. 지

---

9 Bourdieu and Wacquant, *An Invitation to Reflexive Sociology*, 7.

배와 상징적인 폭력 그리고 구조적인 부정의를 통해 사회계층의 위계질서들이 각인된다. 여기서 포스트콜로니얼 현실은 다문화, 이민 문제, 종교 간 충돌 문제, 후기 자본주의 정당성, 위계 질서적인 사회, 언어, 인종차별 등으로 질서화된다. 공공영역에서 이러한 사물의 질서화를 파악하는 것은 사회학적으로 중요하다.

하버마스의 후기 자본주의 이론은 공공신학자들에게 시민사회 (생활세계)와 체계(정치권력, 돈, 메스미디어)를 구분하고, 체계에 의한 생활세계의 식민지화에 주목하게 한다. 하버마스의 정치사회와 시민사회의 이론적인 구분은 안토니오 그람시에게서도 볼 수 있다. 그람시는 마키아벨리의 권력 개념을 승인(consent)과 강요(당근과 채찍) 측면에서 발전시켰고, 근대사회의 정치이론을 혁명이론으로 전개한다. 그람시에 의하면, 사회그룹의 우월성은 두 가지 형태로 나타나는데, 그것은 지배와 도덕적-지성적인 리더십이다. 한 사회그룹은 적대 그룹을 지배하는데, 무장된 폭력이나 공권력을 통해 제거하기도 하지만 다른 한편 효율적인 리더십을 통해 지배체제에 종속시켜 나가기도 한다.[10]

유럽 중심적 태도와 식민주의

안토니오 네그리(Antonio Negri)와 마이클 하르트(Michael Hardt) 같은 포스트모던 "제국" 이론가들은 에드워드 사이드(Edward Said)가 마르크스를 유럽 중심적으로 비난한 것을 여과 없이 수용한다. 마르

---

10 Gramsci, *Selections from the Prison Notebook*, 57-58.

크스를 오리엔탈리즘의 전형으로 몰아세우고, 오리엔탈리즘은 유럽 중심적 사고가 만들어 낸 허구임을 폭로한다. 동양 사회는 유럽인들에 의해 제조되었고, 동양의 성격은 정적이고, 비역사적이며, 불변하는 것으로 여겨진다. 이것은 유럽과 동양 사회를 전혀 다른 이항의 대립(binary opposition)으로 대변한다. 사이드의 주장에 따르면, 오리엔탈리즘을 유럽 중심의 담론으로 분석하지 않을 경우, 유럽 사회가 창출해낸 체계적인 학문과 규율들을 이해할 수 없게 된다. 유럽의 문화는 동양사회를 이미지화하고, 심지어 동양사회를 자신들의 정치적인 목적으로 채색하고 산출한다. 이러한 시도는 사회학적, 군사적, 이데올로기적 또는 자연과학적으로 근대성을 넘어서서 세계사적으로 펼쳐진다.[11]

사이드는 마르크스의 영국의 인도 지배에 대한 관점이 상당한 문제투성이에 속한다고 진단한다. 물론 마르크스는 미래의 혁명을 인도에서 예견했지만, 인도 사회와 문화 그리고 전통에 대한 마르크스의 불충분한 지식은 논쟁거리가 되며, 비판의 과녁이 된다. 마르크스는 인도의 역사와 사회를 정복과 침략이론으로 파악했고, 이러한 외부 민족의 침입과 정복이론은 당대 유럽 학계에 일상적이었다.

마르크스에 의하면, 영국은 인도에서 이중의 선교를 성취해야 하는 과제를 가지고 있었다. 그것은 인도의 이상적인 공동체를 지배해 온 동양적 전제주의의 확고한 기반을 파괴하는 것이고, 다른 한편 아시아적 사회를 자본주의 물질적 토대를 통해 재생시키는 것이었다. 이런 점에서 사이드는 마르크스가 유럽 중심적인 전제에 사로잡

---

11 "Introduction to Orientalism," in *The Edward Said Reader*, 69-70.

혀있고, 비유럽적 사회는 오로지 유럽에 의해 시작된 근대화와 자본
주의의 길을 추종해야 한다고 여겼다고 말한다.[12]

그러나 비판이론을 대표하는 미국의 저명한 사회학자 토마스 맥
카시(Thomas McCarthy)는 마르크스의 입장과 제임스 밀(James Mill)을
에드워드 사이드와는 전혀 다르게 비교 분석한다. 밀이 동인도 회사
(1819)에서 고급관리로 일하면서 가졌던 인도 사회에 대한 태도와 마
르크스의 입장을 비교 검토한다. 밀은 유럽적인 권력이 극단적으로
남용되더라도, 그것을 동양의 전제주의를 교정해줄 수 있는 유용한
수단으로 간주했다. 그의 아들 존 스튜어트 밀(John Stuart Mill) 역시
동인도 회사의 고급관리로 일했는데, 그의 주저인 『자유론』(*On
Liberty*)에서 유럽의 전제주의 지배체제는 인도 사회의 야만주의를
다루는 데 정부의 적합한 방식이 될 수 있고, 이러한 정치적인 목적은
인도 사회의 개선을 위해 고려될 수 있다고 본다. 수단은 실제로 목적
을 달성하고 효율적으로 수행을 해나가는데 정당화될 수 있다.[13]

에드워드 사이드와 토마스 맥카시가 충돌하는 지점에서 필자는
마르크스가 쓴 영국의 인도 지배에 대한 논문을 계보학적으로 검토
한다. 마르크스는 1853년 뉴욕 데일리 트리뷴(*New York Daily Tri-
bune*)에 영국의 인도 지배를 비난하는 글을 기고했다. 영국의 식민지
지배는 유럽의 "문명선교"(civilizing mission)라는 이름으로 자본주의
의 심오한 위선을 드러낸다. 비서구권의 야만인들은 유럽의 문물을
통해 문명화되고, 시민화가 되어야 한다. 문명선교에 대항하는 이런

---

12 Hardt and Negri, *Empire*, 118-120.
13 Mill, *On Liberty*, 10.

마르크스의 입장은 존 스튜어트 밀과는 전혀 다르다. 적어도 마르크스는 유럽보다 덜 발달한 동양 사회와 밀려 나간 이들인 민중들에게 자본주의가 가져올 유익과 해악을 변증법적으로 고려했다. 또한, 자본주의 생산 양식이 역사 진보와 더불어 이교적인 우상숭배를 타파할 것을 보았다. 마르크스는 이교적 우상숭배는 청량 음료수와 같은 넥타가 아니라 살해당한 자들의 해골로부터 마신다고 혹독하게 표현한다.[14]

이런 점에서 마르크스를 단순히 유럽 중심주의자로 매도하고 비유럽권 사회에 자본주의의 문명을 옹호했다고 주장하는 것은 가벼운 저널리즘에 속하지, 학문적으로 지지하기 어렵다. 마르크스는 이미 그의 『자본 1』에서 스페인의 중상주의 정책과 식민주의를 날카롭게 분석했고, 남미 원주민들에게 자행된 끔찍한 폭력에 분노와 저항을 표현한다. 이러한 계보학적 독해를 통해 마르크스의 식민주의에 대한 입장은 그의 다른 저작과 해석학적 연관에서 파악되어야 한다.

마르크스는 식민지배를 자본축적의 기독교적 성격으로 규정지었고, 중상주의적 자본주의의 역사적 형태를 본원적 축적론에서 분석했다. 이후 자본주의가 세계사적으로 전개되는 과정에서 영국의 인도를 향한 식민지배 시스템을 재확인한다. 물론 인도 사회와 역사 그리고 전통에 대한 마르크스의 제한적 지식에 비판적인 눈을 가릴 필요는 없다. 그렇다고 해서 시대적인 제약으로 인해 오는 불충분한 지식을 오리엔탈리스트 또는 유럽 중심의 식민주의자로 몰아세우는 것은 어설프다.

---

14 Cited in McCarthy, *Race, Empire and the Idea of Human Development*, 178.

마르크스는 자신의 본원적 축적론을 애덤 스미스에게 상당한 정도로 의존하고 있다. 스미스는 중상주의에 대한 가장 날카로운 비판가였고, 노예무역과 식민지에 맹공을 퍼부었다. 이러한 진보적인 스미스의 모습은 동시에 뒤를 돌아다보는 보수적인 측면이 더불어 있다. 이것으로 인해 스미스에게 자유방임주의나 사회진화론자라는 오명을 부칠 필요는 없다. 스미스에게는 도덕 철학자로서 면모가 존재하며, 그의 경제이론인 『국부론』과 함께 읽혀져야 한다. 스미스에게 드러나는 앞을 향한 진보적인 입장과 뒤를 돌아다보는 보수적인 측면으로 인해, 근대 미완의 과제와 유산을 분석하고 해명하는 일은 한층 더 복잡한 프로젝트가 될 수 있다.

포스트콜로니얼 이론을 구성하는데 에드워드 사이드는 영향력 있는 인물이지만, 그의 분석과 논리 스타일은 기술적이며, 때론 자기 스스로 근거 없이 만들어낸 경향이 없지 않다. 사이드는 서구를 아무런 차이가 없는 동질현상의 사회로 파악하고, 진보, 합리성, 보편성이라는 이름으로 채색한다. 그러나 서구사회와 ―여기서 밀려 나간 자들의― 유효한 역사를 분석할 때, 푸코는 사이드와는 전혀 다른 방향을 지적한다. 푸코는 서구사회의 에피스테메를 검토할 때 ―예를 들어 광기, 감옥, 처벌과 규율의 시스템 그리고 성의 역사― 역사과정에서 일어나는 인식론적 파열, 변형, 차이 그리고 변혁에 주목하고, 여전히 해석학의 함축적인 형식을 배제하지 않는다. 푸코의 문제틀(problematique)에서 당연시되는 것에 관해 판단 보류나 중지가 행해지며, 담론의 다원성과 복합적인 현상에 초점을 준다. 적어도 푸코의 담론에 대한 고고학적 분석이나 권력 관계에 대한 계보학적 분석에서 초록은 동색이라는 식의 동일성 논리로 서구와 비서구사회를 이항의 대립으로 기술하기는 어렵다.

공공신학: 근대성의 담론과 비판이론

근대성과 담론의 비판이론에서 공공신학과 포스트콜로니얼 전
망을 향한 지름길은 존재하지 않는다. 단순한 해체주의나 이항의
대립을 근거로 서구 근대의 정치이론과 민주주의 그리고 여기에 맞
물려 있는 식민주의론을 파악할 수가 없다. 일차적으로 유럽의 지식
체계에서 지속성과 차이 그리고 파열과 새로운 방향으로 변형 등을
고려하지 않고는 어렵다. 이런 측면은 주권 지배방식, 국민적 승인,
도덕적 추론, 국민주권 그리고 코스모폴리탄 원리와 더불어 논의되
어야 한다.

하버마스에 의하면 정치적 자유쥬의는 루소와 칸트에게 나타나
며, 이 사상가들은 사법적 민주주의에 대한 규범적인 토대를 비종교
적이며 포스트 형이상학적인 차원에서 정당화했다. 정치적 자유 이
론은 합리적인 자연법의 전통에 기인하고, 그것은 고전적이며 전통
적인 종교적 자연법이나 우주론적 이거나 구원론적인 콘텍스트와
는 다르다.[15] 이런 점에서 하버마스는 칸트의 코스모폴리탄 원리에
주목하고, 칸트의 세계정부이론에서 드러나는 한계점을 비판적으
로 수정하면서, 국제법에 대한 정치적인 구상을 소통이론적으로 발
전시킨다.[16]

---

15 Habermas, *Between Naturalism and Religion*, 102.
16 *Ibid.*, 314.

그러나 하버마스는 칸트의 식민지 비판을 도외시한다. 사실 코스모폴리탄 조건은 칸트의 식민주의 비판을 간과하면 진의가 이해되기 어렵다. 포스트콜로니얼 조건은 식민주의에 대한 리버럴 민주주의 비판과 관련되어있고, 코스모폴리탄 주권론에 근거가 된다.

다른 한편 '포스트콜로니얼'이란 용어는 학자들 사이에서 일반개념으로 사용되기도 하는데, 여기서 지배담론의 시스템은 권력 구조와 더불어 면밀히 검토되고, 이런 연관성이 학문적인 문헌들이나 중심부와 주변부 간의 불균등한 후기 식민주의적 관계에 주목하기도 한다. 포스트콜로니얼 인식론은 담론의 비판이론이며, 이것은 비서구 사회를 향한 서구의 대변 방식과 헤게모니 그리고 세계발전 규모에서 자본주의적 근대성을 검토한다. 토마스 맥카시는 비판 이론적인 통찰을 제공하고, 포스트콜로니얼 이론을 계보학적인 관점에서, 특별히 인종 차별주의와 제국주의에 초점을 맞춘다. 맥카시는 현재를 파악하는 비판이론을 신식민주의와 신인종차별주의를 위해 유용화 한다.

이런 측면에서 자명한 것은 공공신학을 사회계층이론의 영역에서 신식민주의 상황을 구체화 시키는 것인데, 필자는 포스트콜로니얼 또는 신식민주의 문제틀을 중심부와 주변부 간의 지배와 착취 시스템을 분석하는데 강조를 둔다. 이런 과제를 위해 근대의 자유주의 전통을 비판적으로 평가하고, 그 부정적인 면을 문제시하며, 포스트콜로니얼 인식론에 대한 의미론적인 회복을 시도한다.

프린스턴대학의 디페시 차크라바르티(Dipesh Chakrabarty) 교수는 정치적인 근대성과 사회적 현상에 대한 이해는 유럽적 사고의 카테고리와 개념들을 분석하지 않고는 불가능하다고 못 박는다. 서구의 정치적 근대성의 철학과 역사는 단순하지 않다. 여기에 연관된 복합적인 사상과 개념들 사이에는 긴장, 대립, 모호함 그리고 파열과 변형이 존재한다. 그런가 하면 이러한 서구적 개념들과 그 사상적 유산은 이미 세계화되어있다.17

우리는 글로벌 주권 방식과 경제적 관계를 해명하기 위해서 서구의 근대적 유산과 기여를 거절할 이유는 없다. 국민주권, 민주주의, 식민주의 비판 그리고 코스모폴리탄 원리가 여기에 속한다. 서구의 글로벌 헤게모니는 근대적 정치이론과 철학적 개념과 더불어 확대되고, 여기에 인문 사회과학이 가세한다. 이것은 오늘날 우리 시대의 학문체계와 권력 관계를 형성한다. 따라서 지배 시스템을 분석하고 서구의 제국주의를 비판하는 것은 저널리즘 방식으론 불가능하다. 더욱 본질적인 것은 사회계층을 해명하는 데 주변부에 속한 자들을 '위하여' 그리고 '이들로부터' 관점을 취하는 것이다. 18 이미 중심부와 주변부의 불평등 관계가 우리가 살아가는 사회계층의 스펙트럼 안에 물밀 듯이 들어와 있음을 인지해야 한다.

이 책은 일차적으로 근대적 민주주의와 정치이론에서 승인개념과 사회계약론에 주목한다. 이것은 루소와 칸트에서 드러나는 중심적인 사유이며, 포스트콜로니얼 이론이 사회 민주주의적인 틀에서 전개할 수 있도록 도와준다. 승인(consent) 개념은 평등과 정의의 본래 입장을 강화하는데, 특히 이것은 존 롤스(John Rawls)의 정의론에서 정교하게 다루어진다. 사회계약론의 전통에는 재산권을 소유하

---

17 Chakrabarty, *Provincializing Europe*, 4.
18 *Ibid.*, 16.

는 민주주의와 개인주의가 들어있고 경제적 불평등과 폭력의 구조가 그 위에 세워져 있다. 다른 한편 인권, 연대 그리고 해방이 자리잡고 있다. 사회계약론과 정치적 민주주의에 대한 사회학적 해석학의 접근과 독해에서 우리는 유럽의 근대성과 헤게모니의 문제점을 내재적으로 비판해내고, 자유, 정의 그리고 연대에 대한 새로운 기여를 긍정적으로 평가할 수 있다. 자유, 정의, 인정, 연대는 서구 역사의 발전에서 근대적 정치이론의 한계를 교정해주는 내재적 비판의 근거로 작용할 수 있다. 내재적 비판은 막스 호르크하이머(Max Horkheimer)로부터 오지만, 필자는 더욱 광범위하게 사회학적으로 종교적 이념과 물질적 이해관계를 분석하는 데 사용한다.

미국 사회는 자유민주주의적 담론을 시민 종교화했고, 미국의 탁월한 예외성(American exceptionalism)과 명백한 운명(manifest destiny)으로 인해 흑인과 아메리카 원주민들을 배려할 수 없었다. 이러한 논리의 허점에는 허버트 스펜서의 사회진화론(Social Darwinism)이 국제 정치 관계에서 중심부와 주변부의 관계를 규정하는 이론으로 자리 잡고 있다. 이러한 국제 질서와 복합적인 관계에서 사회계약론과 정치 민주주의는 문화적인 침투, 군사적인 개입, 교육, 주변부의 권력 엘리트들과의 연계로 장착된다. 미국 사회는 위계질서로 계층화되었고, 정치적인 대변은 물화되었으며, 경제적인 불균등과 매스미디어의 이데올로기는 현란할 정도로 시민들의 의식을 식민지화한다. 지배 그룹은 자신들의 이해와 특권을 영속화하는 데 혈안이 되어있다. 이것은 트럼프 주의를 표방하는 정치 엘리트들이 중국과 무역 전쟁을 통해 세계질서 재편이라는 신식민주의적 영토 분할과도 엮어진다. 한국 사회는 미국과 중국 사이에서 어떤 포스트콜로니얼 사회를 향해 나갈 수 있을까? 이런 문제들에 대해 이 책은 하나의 이론적 방법을 제공하는 서설에 불과할 것이다.

분명한 것은 신식민주의적 조건 안에 은닉된 자유방임주의와 사회진화론으로부터 정치적 근대성과 사회계약론을 구별 짓는 것이다. 그러나 미국을 위시한 서구의 사회에서 이러한 혼용은 당연하게 받아들여진다. 그런가 하면 사회진화론이 민족 사회주의(히틀러)와 더불어, 소비에트(스탈린 시대) 정치이론에 저변을 이루고 있었던 것도 간과할 수 없다.

이런 점에서 공공신학은 글로벌 상황에서 신식민주의적 인종주의에 주목한다. 그리고 노동 분업과 도덕적 연대에 대한 에밀 뒤르켐(Emile Durkheim)의 사회학적인 분석을 고려한다. 왜냐하면, 뒤르켐은 한편에서 사회진화론과 융합된 자유방임주의의 길과 또 다른 한편 마르크스주의적 유토피아주의를 넘어 제3의 길을 모색하게 한다. 특히 뒤르켐의 사회분업에 대한 분석은 헤겔의 법철학에 대한 새로운 통찰을 열어주며, 헤겔을 칸트와 루소의 연관성에서 새롭게 보게 한다. 헤겔의 인정투쟁과 그의 『법철학』에서 전개되는 인정과 사회적 자유는 사회제도들을 사회적 약자들을 위해 재조직하는 사회학적 측면과 관련된다. 특히 정신현상학에서 헤겔의 주인과 인정투쟁은 프란츠 파농(1925-1961)을 통해 알제리에 대한 프랑스 식민지 상황에서 구체화 되고, 해방의 전망으로 전개되었다. 이런 측면에서 헤겔은 칸트와 루소의 사회계약론에 대한 비판적 입장에도 불구하고, 여전히 근대의 정치이론과 포스트콜로니얼 전망을 위해 중요하다.

기독교현실주의와 종교사회주의

공공신학의 실례를 위해 니부어의 정치현실주의와 종교사회주의 원리(틸리히)를 다룬다. 정치 신학의 한계(몰트만과 메츠)는 공공영역의 사회계층에서 다양한 자본의 형식들과 상징적인 상품을 둘러싼 계급 투쟁 그리고 다양한 자본에 대한 분석에서 충분하지가 않다. 신학의 영역에서 논의된 종교사회주의 전통은 공공신학에 고전적인 예를 제공한다. 정치적 현실주의와 종교사회주의는 마르크스주의 이론을 비판적으로 검토하고, 학제적 소통이론으로 개방해준다. 이러한 과제를 위해 바르트, 본회퍼, 골비처와 라인홀드 니부어, 틸리히 신학의 전통이 종교사회주의와 연관되어 검토되고, 해방신학과 비판적 대화를 통해 공공신학의 방향으로 정교화된다.

니부어의 정치현실주의는 상당한 정도로 근대의 도덕 이론과 정치이론을 분석하며, 근대 미완의 과제에 공공신학적인 통찰을 제공한다. 니부어는 마르크스주의에 대한 비판적이며 건설적인 윤곽을 통해 틸리히의 사회주의 원리나 바르트의 정치신학과 비견될 수 있다. 라인홀드 니부어는 기독교의 책임을 인간 본래의 의로움과 원죄의 변증법적 긴장 관계를 통해 해명한다. 니부어는 하나님 도시와 세상 도시의 역동적인 긴장과 만남을 아우구스티누스의 정치적 현실주의에 근거하여 명료화한다. 니부어의 기독교적 현실주의는 사회윤리를 구성하는데 이상주의적 유토피아적 환상을 제거한다. 종교는 인간 삶의 심연을 이해하게 하고 인간을 도덕적인 존재로 평가한다.[19]

니부어의 종교해석은 신화적인 방식을 취하는데, 이러한 신화적인 해석은 상징적인 것이며, 특히 창조, 타락, 구원이라는 기독교적인 상징적 언어를 고려한다. 니부어는 베르자예프(Berdyaev)의 신화 이해에 수긍하며, 신화는 실재를 담지하는 차원이 있음을 본다. 신화는 비역사적이라기보다는 상징으로 역사적인 실재와 삶의 현실성을 표현한다. 이것은 개념보다는 더 큰 의미를 가지며 내러티브한 차원을 견지한다. 신화의 배후에는 위대한 실재들이 숨겨 있고, 영적인 삶의 본래 현상이 있다. 신화는 항상 구체적이며 추상적인 사고보다 삶을 더 잘 표현한다. 신화는 우리에게 자연 안에 담겨 있는 초자연적인 것을 제시하며, 자연과 초자연의 세계들을 상징적으로 묶어준다.[20]

신화적 또는 상징적인 접근은 기독교의 특수한 윤리를 예수의 윤리를 통해 파악하게 한다. 예수의 윤리는 불가능한 가능성이며, 희생적인 사랑의 이념과 비폭력의 절대이념을 드러낸다. 예수의 윤리는 이상적인 기준으로 작용하며, 오직 접근을 통해서만 단계적으로 그러나 불완전한 방식으로 파악되며 실천할 수 있다. 사랑의 법은 더 적은 악과 더불어 보다 큰 선을 취하는데 잣대가 된다.[21]

니부어는 기독교 상징인 창조, 타락, 원죄, 인간의 자유 그리고 구원에 대한 창조적인 해석을 제공하고, 사랑과 정의를 도덕적인 성향과 역설적인 비전을 통해 가다듬는다. 그의 역설적인 비전은 원죄에도 불구하고, 본래 의로움을 사랑의 법을 통해 강조한다. 왜냐하면, 사랑의 법은 이미 인간의 본성에 기입되어 있기 때문이다.[22]

---

19 R. Niebuhr, *An Interpretation of Christian Ethic*, 2-3.

20 *Ibid.*, 8. Footnote 1.

21 McCann, *Christian Realism and Liberation Theology*, 85.

본래 의로움은 인간의 의식과 기억 속에서 자기 초월이라는 능력에서 간접적으로 반영된다. 이러한 상징적인 해석은 신학적인 인간학에 사랑과 정의라는 기독교적인 특징을 부여한다. 용서로서 사랑은 동등한 분배에 기초한 합리적인 정의 개념을 초월한다. 왜냐하면, 사랑은 인간의 자유를 고차원적으로 열망하고 함양하기 때문이다.

기독교적 현실주의는 이러한 신학적 인간학에 근거가 되며 아우구스티누스의 원죄론과 두 도성에 대한 창조적인 해석을 담고 있다. 사랑과 정의의 관계는 원죄에 대한 새로운 해석과 더불어 니부어의 현실주의적 윤리를 특징짓는다. 오로지 낭만적인 환상으로 채워진 종교는 흑인에게 백인을 용서함으로써 정의를 추구하라고 설득할 것이다. 그러나 이 경우 세계는 하나님의 나라로 변화되지 않으며, 인간은 항상 원수와 대면해야 할 것이다.[23]

니부어에 따르면 보수적인 정통 기독교는 하나님의 초월적인 의지를 경전적이며 율법주의적 코드에 설익은 상태로 고정해버린다. 그러나 리버럴 기독교는 상업과 상품문화에서 드러나는 상대적인 도덕 규범을 부주의하게 예수의 윤리위에 기초 지으려고 한다.[24] 다른 한편 급진적 기독교는 마르크스주의에 경도되고 노동자들의 태도와 가치에 절대적인 자리를 부과한다. 마르크스주의에서 프롤레타리아는 혁명의 주체세력이 되지만, 이러한 유토피안주의는 실망과 환상으로 끝난다.[25]

---

22 R. Niebuhr, *The Nature and Destiny of Man 1*, 288-289.

23 R. Niebuhr, *An Interpretation of Christian Ethics*, 140-141.

24 *Ibid.*, 5.

25 *Ibid.*, 10-11.

이러한 진영들에 대립하여 니부어는 예수의 윤리를 예언자적 종교의 완전한 결실로 파악하고, 사랑과 희생적인 고난에 대한 도덕적인 이상은 역사에서는 실현할 수 없다고 본다. 예수의 윤리에서 원수 사랑의 계명은 인간의 능력으로는 불가능하지만, 우리가 자유롭게 열망하는 한 가능할 수도 있다. 복음의 윤리는 하나님 나라라는 상징을 가지며, 니부어의 사회윤리를 아우구스티누스적인 방식에서 규정한다.

"하나님의 나라는 항상 가까운 데 있다. 여기서 불가능한 것들이 실제로 가능해지며 주어진 역사의 계기들 안에서 새로운 현실성으로 안내한다. 그럼에도 불구하고 역사의 모든 현실성은 사건 이후에 이러한 이념[하나님의 나라]에 대한 접근으로 드러난다. 그러므로 하나님의 나라는 여기에 존재하지 않는다. 사실 하나님의 나라는 오는 것이며 결코 여기에 있지 않다"[26]

그러나 니부어의 기독교 현실주의는 정치윤리를 종말론적인 사고를 통해 해명하는 데 충분하지 않다. 그것은 하나님의 나라와 세상의 도시를 변증법적으로 파악하지만, 역설적인 것으로 머문다. 성서적 상징에 대한 니부어의 신화적인 접근은 사회학적인 분석을 통해 역사적으로 강화되고 비판적으로 사회 정치영역에 연관될 필요가 있다.

공공신학과 윤리전략

공공신학은 윤리와 도덕적 반성을 단순히 신학적 윤리로부터 차

---

26 *Ibid.*, 36.

용하지 않는다. 공공신학은 윤리의 다양한 모델들을 신학과 철학 그리고 사회학으로부터 통합하고, 공공신학과 학제적 소통이론과 대화의 방식으로 다루어 간다. 이것은 학제적 소통을 요구하며, 동시대적인 연관성과 도전들을 고려한다. 문화적 정의, 포스트콜로니얼 상황, 해방, 의료윤리에서 공공선을 지향한다.

이런 과제를 위해 '윤리신학'을 뮌헨대학의 윤리학자인 트루츠 렌토르프(Trutz Rendtorff)로부터 차용하고, 공공신학을 위해 폭넓게 사용한다. 공공신학은 윤리적인 틀 안에서 삶에 대한 윤리적인 실제의 세 가지 기본적인 요소들을 통해 구성된다. 그것은 삶의 주어짐, 삶의 수여 그리고 삶에 대한 반성이다.[27] 필자는 이러한 세 가지 기본요소들을 포스트콜로니얼 상황에서 정의와 연대 그리고 해방이라는 윤리적 반성으로 착상시킨다.

이러한 삶의 기본구조는 도덕철학과 정치윤리와 더불어 발전되는데, 윤리는 옳고 그름에 관여하고 당위적인 측면을 강조한다. 이것은 하나님을 향한 인간의 응답과 함께 동료 이웃과 공동체의 삶에서 드러난다. 윤리는 처방적이며 당위적인 기능뿐만 아니라 주어진 삶의 사태를 기술하며 분석하고, 인간의 이해와 응답을 포함하기도 한다. 또한, 규범적이며 당위적인 측면과 더불어 인간의 주어진 삶과 상황을 기술하고 분석하는 해석학적인 측면을 가진다. 공공신학과 윤리에서 결정적인 것은 사회계층 영역들에서 드러나는 문화적인 이슈들과 더불어 정의의 문제를 다룰 때, 사회과학적인 분석과 함께 인간 삶에 대한 해석학적인 반성을 이끌어 낸다.

---

27 Rendtorff, *Ethics I*, V-VII.

이러한 과제를 위해 필자는 신학과 사회학의 접합지점을 에른스트 트뢸치와 리처드 니부어에서 본다. 에른스트 트뢸치는 리처드 니부어에게 상당한 영향을 미쳤고, 니부어는 자신의 기독교 도덕철학에서 책임적인 자아를 기본적으로 사회적이며 역사적인 존재로 개념화했다. 니부어의 책임적인 자아 윤리에서 해석은 결정적이며 외부적 사태에 대한 반응과 총체적인 연관에서 적합성을 강조한다. 책임 윤리에서 중요한 것은 외부의 행동이나 사건들을 어떻게 하면 적합한 방식으로 해석하는가에 달려있다. 니부어에게 윤리는 응답하는 존재로 자리매김하며, 그의 윤리적 관심은 행동 이전에 책임적인 자아에게 무엇이 일어났는지를 분석한다. 이런 윤리 해석적 측면은 "내가 무엇을 해야 하는가"하는 당위 또는 도덕적 문제보다 선행한다.[28] 니부어의 책임윤리는 공공신학에서 메타 윤리적 측면을 강화해주는 기본골격을 가진다. 선함의 문제는 우리가 몸담고 살아가는 역사와 사회 안에 자리매김 되며 선함의 문제를 윤리적으로 다룰 때, 우리는 인간의 삶에 심대한 영향을 미치는 역사적인 전통과 문화 그리고 사회적 자리를 고려한다.

이런 스펙트럼에서 필자는 본회퍼에 주목한다. 본회퍼는 '윤리적이라는 것'이 역사적인 존재와 공공영역들 안에서 일정한 시간과 장소에 묶이게 된다고 본다. 모든 진정한 윤리적인 담론에는 구체적인 시대적 제한성이 존재하며, 이것은 텅 빈 자리가 아니라, 구체적인 삶의 콘텍스트 안에 자리 잡는다. 윤리적인 담론은 특수한 사람들, 시간, 장소들에 관련된다.[29]

---

28 H.R. Niebuhr, *The Responsible Self*, 63.

이러한 본회퍼의 관점은 공공신학이 윤리적인 근거와 문제를을 다룰 때 중요하며, 동시에 하나님의 말씀이나 윤리적인 규범은 동시대적인 연관성을 위해 소통된다. 말씀의 신학 전통(바르트, 본회퍼)은 이런 점에서 실천적, 윤리적, 해석학적 차원을 담고 있다. 그런가 하면 말씀의 신학과는 달리, 신중심적인 윤리신학을 전개하는 트뢸치나 리처드 니부어, 제임스 구스타프슨(James Gustafson)이 간과될 필요가 없다. 미국의 저명한 윤리학자인 구스타프슨은 신중심적인 윤리를 역사에서 하나님의 활동을 고려하면서 발전시킨다. 역사에서 하나님은 무엇을 하셨나 하는 것이 출발점이 된다.

구스타프슨에게 일차적인 윤리적 문제는 도덕적 당위가 아니라 하나님의 행동에 관한 해석이 된다. 그는 리처드 니부어를 고려하면서 윤리의 해석적 측면을 강조한다. 윤리신학은 "보편적인 것이 모든 개별적인 특수한 것 안에 현재한다"라는 것으로 표현된다.[30] 니부어의 책임적인 자아 윤리와 기독교적 도덕철학은 슐라이어마허와 더불어 구스타프슨에게 신중심적 윤리신학으로 설정된다.

공공신학과 윤리의 관계를 다룰 때 하나님 말씀의 신학 전통(바르트-본회퍼)과 해석학적이며 사회학적인 전통(슐라이어마허-트뢸치-리처드 니부어)은 비판적으로 논의된다. 더 나아가 생활세계 이론과 화해의 윤리로 발전된다. 생활세계는 역사나 전통 그리고 문화나 언어를 통해 이미 주어진 것으로서 인간의 사회적인 삶에 들어와 있고 영향을 미친다. 하나님의 말씀은 성서 텍스트의 생활세계로서 다양

---

29 Bonhoeffer, *Ethics*, 267.
30 Gustafson, *Ethics I*, 55.

한 공론장에서 재해석되고, 하나님 화해의 보편적 현실 안에서 말씀은 주인 없는 지배 시스템과 상징적인 폭력에 저항한다. 공공신학이 말씀의 신학을 사회학적인 틀에서 다룰 때, 그것은 신학의 담론이 권력 관계에 어떻게 구속되는지에 주목한다. 긍정적인 역할을 연대와 해방의 효과로, 부정의 역할을 수치의 효과로 명명할 수 있는데, 고고학적인 문제틀과 내재적 비판은 수치의 효과에 주어지며, 변혁과 연대의 효과를 위해 가동화된다.

구스타프슨에 의하면, 윤리란 행동을 위해 합리성을 제공하는 반성적 과정이다. 선한 도덕 이성의 설정은 윤리적인 행동 앞에 위치하며, 사건 이후 윤리적인 행동은 책임으로 정당화된다. 이런 인식론적 절차를 통해 윤리는 더욱 적합한 행동과 평가를 다듬을 수 있다.[31]

만일 윤리가 인식론적 절차를 고려하고 행동을 위한 실천적인 이성을 정당화하는 메타 윤리적인 차원을 가진다면, 이것은 신학적인 반성을 배제하지 않는다. 마찬가지로 공공신학이 사회계층의 문제에 관여하고 사회과학적 분석 방법을 사용할 때, 공공신학의 윤리적 방향 설정을 정의, 신중한 민주주의, 공공선을 향한 연대 그리고 해방을 향한다.

공공신학은 인간의 보편적인 공공영역들을 이해하고, 해석하는 한, 사회 분석과 정치, 문화 그리고 경제적인 영역에서 종교적인 담론이 물질적인 이해관계들에 어떤 선택적 친화력을 갖는지 주목한다. 더 나아가 실천적인 삶의 방식과 윤리적인 태도가 어떤 종교 이념에서 도출되는지 고려한다. 이런 점에서 공공신학은 윤리신학에 비

---

31 *Ibid.*, 69.

해 비교종교 윤리에 보다 많은 관심을 가진다.

공공신학과 비교종교

공공신학은 비교종교윤리를 사회학적 분석을 통해 전개한다. 일반적으로 비교신학은 텍스트에 집중하고 독해하는 인간(homo lector)에 주목하지만, 공공적인 인식의 틀에서 종교의 이념과 물질적인 이해관계를 윤리적 태도와 합리화 과정 그리고 권력관계를 통해 공공신학을 보충한다. 종교 간의 대화와 연구에서 발전되는 비교신학은 사회적 실제에 대한 종교적 구성(religious construction of reality)에 관심하고, 학제적으로 필요한 소통과 사회과학적인 방법들을 매개한다. 이런 점에서 비교신학은 모든 종교의 구원을 상대화하거나 일반화 또는 동일시하고, 이중의 종교의 세계에 속하는 시도를 펼치는 종교신학과는 다르다(폴 니터).

오히려 비교신학은 공론장에서 타 종교인들과의 대화와 협력을 꾀하며, 종교적인 이념과 물질적인 관계들에서 나타나는 선택적 친화력과 경제윤리에 주목한다. 여기서 종교윤리는 삶의 실천적 태도를 규정하며 카리스마적인 리더십과 신분들 사이에서 분배되는 권력 관계들(명성, 위신, 독점, 특권)이 사회의 합리적 과정과 정치적 질서 그리고 문화적 삶의 현실들을 규정해 나가는지 보게 된다. 종교적 의미와 전적 타자로서 하나님을 향한 영적 갈망은 단순히 권력 관계로 환원될 필요가 없으며, 오히려 종교적 이념의 텍스트는 잘못된 방향으로 진행된 종교의 역사 과정과 사회의 질서들에서 내재적 비판의 원류로 작용할 수 있다. '해석학적으로 된다'는 것은 '고고학적

인 태도'를 의미하며, 비교종교에서 의미론적인 서클(semantic circle)
은 문제틀, 선택적 친화력에 대한 분석, 의미 있는 윤리적인 행동,
권력 관계의 구조를 해명한다. 이것은 텍스트의 부분과 전체를 해석
학적 순환으로 의미를 창출하는 것과는 달리 사회, 문화적인 관계에
주목한다.

이러한 공공신학적인 틀에서 정교화되는 비교신학은 프란시스
클루니(Francis Clooney)와는 달리 종교적인 이념이나 담론이 인종,
성, 젠더, 가부장적 지배와 같은 문화적 이슈에 관심한다. 이런 점에
서 비교신학은 종교와 문화를 다룰 때 공공신학의 중요한 부분에
속한다. 적어도 문화적 정의 문제(인종, 성, 젠더)는 공공영역에서 피해
갈 수 없는 문제가 되며, 이런 이슈는 종교와 문화에 관한 비교연구를
통해 윤리적으로 실천될 필요가 있다.

클루니에 의하면, 비교신학은 '이해를 추구하는 신앙'(안셀무스)을
타 종교의 교리체계와 비교할 때 신앙 고백적인 태도를 취한다. 자신
의 종교적 정체성을 유지하면서도 다른 전통에 대해 더 깊숙이 텍스
트와 종교적인 이념들과 교리체계를 배우길 원한다.[32] 클루니는 종
교 간 배움의 과정에서 하나님의 신비를 추구하고, 타 종교의 입장을
기독교의 입맛에 맞게 재단하지 않는다. 거꾸로 타 종교의 진리 체계
가 기독교의 진리를 한층 더 깊게 해줄 수 있다고 본다.[33]

하나님의 신비는 타자의 전통과 텍스트에 담겨 있고 서로 다른
종교 세계의 텍스트를 같이 독해 하고 해석함으로써(collectio) 독서

---

32 Clooney, ed. *The New Comparative Theology*, XIII.
33 *Ibid.*, 15-16.

하는 인간(*homo lector*)을 강조한다. 하지만 그에게서 사회학적인 측면이나 윤리적인 존재로서 종교적 인간의 모습을 발견하기란 어렵다. 그의 관심은 주석의 전통에 서 있고, 힌두교 경전에 대한 역사적 주석을 발전시키면서 힌두교의 타자성과 변혁적인 능력을 존중한다.[34]

물론 비교신학은 공공신학의 차원에서 문화와 비교 종교윤리를 다루는 데 중요하다. 해석학의 방식은 텍스트의 해석과 주석적 차원을 간과하지 않지만, 독서하는 인간이 인도의 카스트 제도나 사회적인 불의를 비켜나갈 때, 도덕적 존재와 사회적 존재는 독서하는 존재의 한계를 지적한다.

이런 입장은 인도 출신 포스트콜로니얼 이론가인 가야트리 스피박(Gayatri Spivak)의 피해자 중심이론에서 거리를 취한다. 스피박은 데리다의 해체주의에 세례를 받고, 그람시를 문화 이론가로 차용하면서 하위계급(subaltern) 연구를 발전시킨다. 그녀의 논쟁적인 질문인 "하위계급은 말을 할 수 있는가?"는 데리다의 질문—"절대적 희생자는 말을 할 수가 있는가?"와 별반 다르지 않다. 스피박은 식민주의화된 이전 인도의 역사에서 상실돼버린 민족이나 문화적 전통의 원류를 찾는 것을 노스텔지아적인 감정이나 향수병 정도로 폄하해버린다. 하위계급은 스스로 말할 수도 없고 또한 정치적으로 대변(엘리트들에 의한 상품화)될 수도 없다. 이런 실례로 스피박은 인도의 장례식에서 과부들을 희생시키는 의례(sati)를 언급한다. 스피박은 이러한 여성들의 절대적인 침묵은 인도의 민족주의자들에게 고결함과 정결함으로 칭송되지만, 영국의 식민정부에 의해 야만적인 것으로 금

---

34 *Ibid*., XV.

지되었다.

　만일 피해자 여성의 절대적 침묵이 엘리트들에 의해 대변되거나 상징적으로 상품화되지 않는다면, 스피박은 인도의 과부 희생 의례를 가능하게 한 정치 가부장적인 시스템이 무엇이며, 어떤 종교적 담론이 이러한 야만적인 희생 제의를 지지하는지에 대해 해명해야 하지 않는가? 스피박의 페미니즘은 그람시의 하위계급론과는 전혀 궤를 달리한다.[35]

　공공비교신학은 종교들의 세계에서 하나님의 신비를 추구하고 이해하는 구성적인 성격을 가지며 의미론적인 서클과 인식론 절차를 중요하게 다룬다. 의미론적 접합에서 종교적인 이념과 담론은 물질적인 이해관계에 어떤 선택적 친화력을 갖는가? 이러한 친화력은 종교 윤리적인 태도를 합리화 과정이나 자본주의 질서에 어떻게 부여하는가? 이러한 사물들의 질서에서 종교적 권위나 지배는 어떻게 확립되며, 신체 권력의 메커니즘에 관여되는가? 이러한 종교적 담론과 윤리적 태도는 성과 젠더에 대한 실제에 어떤 구성을 하는가? 그리고 희생자들의 메커니즘은 어떻게 발생하는가? 이런 절차에서 하위계급 또는 희생자는 아남네시스적인 구성과 실천(발터 벤야민)을 통해 공공의 영역에서 기념이 되고, 윤리적 실천으로 자리한다.

포스토콜로니얼 인식론과 자본주의 혁명

　포스토모던관점에서 제국이론을 주장하는 마이클 하트(Michael

---

35 Loomba, *Colonialism, Postcolonialism*, 234.

Hardt)와 안토니오 네그리(Antonio Negri)는 글로벌 지배방식의 세계사적인 이론을 제의한다. 이들은 푸코의 신체정치(biopolitics)를 제국의 글로벌 주권 시스템과 세계 경제를 분석하기 위해 활용한다. 이들은 글로벌 주권의 새로운 형식들을 제국으로 명명하는데,[36] 제국은 권력의 지형학적인 중심을 갖지 않는다. 오히려 그것은 권력기관과 제도들을 탈중심화하고, 이런 지배의 연결 고리들이 제 1세계와 제 3세계에서 변종으로 나타난다고 본다. 세계사적 제국의 체제 안에는 "분화, 동질화, 비영토화 그리고 재영토화"[37]가 특징으로 드러난다.

푸코는 제국이론가들에게 매력이 있고, 신체 권력의 주권 이론을 통해 규율적인 사회(감옥이나 공장, 난민촌, 병원, 대학 그리고 교육기관, 산업 사회 안에서 자본주의적 축척)가 시대적인 변이과정과 사회구성을 통해 어떻게 인간의 삶과 몸을 조절하고 규제하는 조절의 사회로 나가는지 파악하게 해준다. 기술발전과 소통 매체, 정보 네트워크 등은 유동적이며 복지 체제와 연관된다. 이런 기제들을 통해 사회와 인간의 삶에 대한 조절은 인간의 의식으로 펼쳐지고, 사회적 관계의 총체성과 인구의 신체들이 규제된다. 신체 권력은 인간의 몸에 대한 권력의 지배형식이며, 여기서 사회적인 삶이 조절되고 전체 인구의 삶이 어떻게 생산되고 재생산되는지 분석된다. 이러한 신체 권력이론은 권력과 세계 주권의 새로운 패러다임을 위해 제국의 이론가들에게 중요하다.[38]

다른 한편, 푸코는 그의 고고학적인 담론이론을 통해 에드워드

---

36 Hardt and Negri, *Empire*, XII.

37 *Ibid.*, XIII.

38 *Ibid.*, 23-25.

사이드의 오리엔탈리즘에 중대한 영향을 미쳤다. 여기서 유럽 중심적인 대변의 스타일은 권력과 헤게모니의 담론으로 폭로되고, 비서구의 문화와 정치 그리고 학문은 낙후한 것으로 단죄된다. 동양 사회에 대한 서구의 담론은 확대되고 자체상 지식의 지배체계로 설정되며, 헤게모니와 학문적인 리더십을 행사한다. 또한, 안토니오 그람시는 사이드의 오리엔탈리즘 기획에 글로벌 지배 성격을 부여해주고, 푸코와 더불어 그람시는 포스트콜로니얼 이론가들에게 근대국가를 다루는 데 헤게모니의 개념을 이중적인 측면에서 이해를 도와준다.

그것은 앞서 본 것처럼 승인과 강요라는 측면을 말하는데, 이것은 마키아벨리로부터 온다. 그람시는 마키아벨리의 군주론(*The Prince*)에 주목하고 혁명 정당을 근대의 군주로 파악했다. 제국이론에서 '민주적인' 마키아벨리는 존중되지만, 그의 군주론은 또한 혁명적인 정치 선언서로 파악된다.[39]

제국이론에서 나타나는 포스트모던 글로벌 주권론은 세계 경제에 대한 비판적인 논의와 더불어 자본주의적 혁명의 틀에서 전개될 수 있다. 공공신학자로서 헬무트 골비처는 자본주의 혁명을 세계 경제 시스템을 통해 분석하고 중심부와 주변부 사이에서 나타나는 글로벌 경제적 정의 문제에 주목한다.

포스트콜로니얼 현실은 이전 식민지 지배를 받았던 국가들에서 여전히 신식민지 조건으로 나타난다. 이러한 상황은 중심부 국가의 사회계층에서 드러나는 물질적인 것들의 질서(order of things)에서 인

---

39 *Ibid.*, 63.

종화된 민족주의 형태로, 다시 말해 인종차별이 이민 문제와 함께 논의된다. 공론장은 주변부로부터 오는 이민자들에 대한 비난과 폭력적인 공격으로 드러나며, 극우파적인 정치 선동에서 반-이민운동이나 종교적인 근본주의자들에게 증오로 나타난다. 일상적인 담론은 많은 삶의 영역들에서 인종화되며, 주변부 국가에서 유입되는 유색인종의 이민자들은 국가의 건강을 해롭게 하는 낯선 신체들로 간주된다.[40] 여기서 속죄양 메커니즘이 가동되며, 특히 이슬람권의 이민자들에 대한 상징적 폭력은 심각한 현상이 된다.

푸코의 고고학적인 담론이론과 권력 관계를 분석하는 계보학은 안토니오 그람시의 헤게모니 분석과 더불어 시민사회와 정치사회의 긴장 관계를 분석하는 도구적 틀로 사용된다. 정치사회가 국가의 제도(군대, 경찰, 관료제)로 이루어진다면, 시민사회는 문화적인 영역에서 자발적인 결사, 학교, 가족, 조합 또는 종교로 구성된다. 시민사회에 대한 정치사회의 지배는 일차적으로 승인과 문화적인 리더십(헤게모니)으로 특징된다. 문화적인 리더십의 형식은 전반적인 서구 사회에서 드러나는 삶의 형식들을 이해하는 데 필수적이다. 물론 사이드는 승인의 문화적인 개념과 헤게모니를 유럽적인 대변담론(discourse of representation)으로 파악하고, 유럽의 정체성이나 태도가 모든 비유럽권 사람과 문화들의 낙후함에 비해 우월한 것으로 본다.[41]

하지만 공공신학에서 푸코의 고고학적인 담론이론을 사이드처럼 유럽과 비유럽권 이항의 대립과 대변으로 파악하기보다는, 사회

---

40 McCarthy, *Race, Empire and the Idea of Human Development*, 9.
41 *Ibid.*, 73.

의 다양한 필드(사회, 정치, 문화, 학계, 매스미디어, 제국의 글로벌 시스템)를 분석하고, 발생론적으로 물질-상징적인 분업과 합리화 과정 그리고 권력 관계에 관심하는 것이 중요하다. 중심부는 주변부 안에 침투해 있고, 주변부 역시 중심부의 사회계층에 자리 잡고 있다. 공공신학은 이러한 교차적인 형태의 사회계층을 사회과학적인 방법과 전략으로 해명하고, 유럽 중심적인 태도에 판단중지가 내려지며, 분업, 합리화 과정, 권력의 그물망이 어떻게 다양한 공공영역들의 위계질서에서 부정의와 남성주의적 지배체제 그리고 상징적 폭력으로 자리 잡는지 분석한다. 이러한 논의를 통해 문화적인 영역에서 성, 젠더, 인종차별의 이슈들은 공공신학의 문제틀로 수용된다.

선택적 친화력과 문화적 담론

종교적인 이념과 물질적 이해관계들 사이에 나타나는 선택적인 친화력과 종교 윤리적 태도는 담론을 형성하고, 사회화된다. 공공신학은 이런 종교적 이념을 담지하는 계층과 카리스마적 지배 그룹이 사회계층의 영역에서 어떤 영향을 미치는가에 주목한다. 예를 들어 칼뱅주의의 세계 내적인 금욕주의와 노동윤리가 자본주의 정신에 선택적인 친화력을 가진다면, 왜 이러한 칼뱅주의적 노동윤리가 이러한 물질적인 이해관계에 엮어지는가에 대한 메타 윤리적인 반성이 필요해진다. 더 나아가 이러한 노동윤리를 가능하게 하는 종교적 이념(칼뱅주의의 이중예정)이 과연 칼뱅의 본래 사유와 일치하는지 신학적으로 분석해야 한다. 이것은 내재적 비판에 속하는 것이며, 종교적 이념과 물질적인 이해관계의 상호작용이 역사적 발전과 사회형성에서 미치는 합리화 과정과(계층들 사이에 생겨나는) 권력 관계—예를 들어 신분들의 명예, 위신, 특권, 계층 간의 결혼, 상업의 독점—는 사회학적으로 분석될 필요가 있다.

문화적 이슈들에서 정의의 문제를 다룰 때 필자는 인종 문제를 민족주의와 연관 짓고 계보학적 분석을 취한다. 공공신학은 대안 근대성에 관심하며, 식민주의 유산인 인종민족주의(Ethnic nationalism)와 이에 결부된 사회진화론을 비판적으로 분석한다. 이러한 과제를 위해 시민사회이론과 민주주의적으로 설정된 문화적 민족개념으로 전개한다. 대안 근대성 개념에 의하면, 근대성은 서구 일변도 하나의 거대 담론이며 서구 자본주의 발전에 구속된다는 주장이 기껏해야 유럽 중심적 사고의 재현에 불과하다고 폭로한다. 오히려 근대성에 이르는 다차적인 길들이 각각의 문화와 사회 안에 있음을 밝힌다. 역사적인 발전 경로를 통해 저마다 독특한 근대성에 도달할 수 있으며, 서구의 자본주의나 식민주의적 근대성은 출구 없는 쇠우리 창살에 갇혀 버린 현실로 비판한다.

이러한 대안 근대성은 한국에서 문화적인 다원성과 종교 다원주의 안에서 인종 간의 결혼과 가정의 문제 그리고 이민자들의 사회계층에 주목한다. 이런 다문화 현실 앞에서 인종민족주의는 시민사회의 민주주의에 근거가 된 문화적 민족주의로 전개될 필요가 있다. 이러한 측면은 일본의 식민지 근대화론에 쐐기를 박는다. 산업화가 대안 근대성을 결정짓지 않기 때문이다.

포스트콜로니얼 이론은 사회형성과 계층 그리고 권력 구조 안에서 조건 되고 설정된다. 성과 젠더, 인종, 민족주의 문제는 학제적 논의 절차와 방법들을 통해 공공의 선, 정의, 연대, 해방을 위해서 해명될 필요가 있다. 이런 점에서 필자의 포스트콜로니얼 접근은 사이드처럼 이항의 대립보다는 두꺼운 서술방식(thick description - 클리포드 거츠)을 취하며, 이러한 두꺼운 서술과 해석을 위해 현상학적인 판단중지가 취해진다. 자연적인 태도나 신념에 판단유보가 내려질 경우, 그것은 일상적으로 당연히 여겨지는 상식에 대한 의심을 표현한다. 만일 미국에서 백인 남성이 대통령이 된다면 그것은 문제가 되지 않는다. 그러나 흑인 여성이 대통령이 된다면 문제는 달라진다. 이것은 의미의 세계를 말한다. 대통령이라는 사회적인 지위가 달라지는 것이 아니라, 흑인이면서 여성이라는 사회적인 담론이 한 사회의 역사와 전통 그리고 사회적인 성향을 주목하게 한다.

현상학적인 두꺼운 서술은 자연적인 태도에 대한 판단중지와 담론의 사회 역사적인 연관성을 생활세계와 더불어 파악한다. 나의 의식이나 윤리적인 태도가 이미 생활세계의 영향을 받는다면 생활세계는 우리의 삶에 들어와 있고 동시에 정치사회나 사회계층 구조 안에서 조건 되고 물화가 된다. 이러한 생활세계의 식민지화는 사회계층과 문화적인 삶에서 비판적으로 분석되고, 두꺼운 서술방식을 통해 새로운 의미의 영역을 확대한다. 그럼에도 불구하고 생활세계는 여전히 초월적이며 내재적으로 환원되지 않는다.

공공신학에서 이러한 현상학적인 태도는 중요하다. 하나님이 스스로 드러나는 계시 사건에서 그분은 전적 타자로 머문다. 인간의 신앙과 해석은 하나님의 신비에 관련되지만, 여전히 신학적인 해석은 기존의 것에 대한 판단유보와 더불어 역사의 과정에서 실천되어 온 잘못된 방향에 문제틀과 비판적인 태도를 부여한다. 이러한 인식론적인 절차를 통해 새로운 의미가 구성되고 윤리적인 태도와 실천적인 의도성이 설정된다. 이러한 과정에는 분석대상에 대한 다차적인 분석과 더불어 이해 윤곽(adumbration)이 확대되고, 지평들의 융합들이 일어난다. 나는 판단중지-문제틀-내재적 비판-지평의 융합-의미창출과 종합-새로운 윤리적인 태도를 의미론적인 서클로 부르며, 해석학적인 서클과는 구분 짓는다. 현상학적인 두꺼운 기술은 필자가 발전시키는 고고학적 해석학의 중심에 속한다.

의미론적인 서클은 종교적인 이념이 사회적인 구성과 역사적인 발전에서 물질적인 이해관계들에 어떻게 선택적 친화력을 가지며, 이러한 선택적인 친화력이 합리화 과정과 사회제도의 지지와 정치 권력의 지배와 더불어 법적 정당성을 갖는지에 관심한다. 물론 텍스트를 분석할 때 이러한 논구는 이념이나 담론이 사회화되는 과정에 주목되고, 텍스트의 세계와는 무관한 "사물들의 질서"에서 드러나는 합리와 권력의 구조에 분석이 주어진다.

공동선과 의료윤리

사회진화론과 우생학은 최근 유전자 공학과 사회 생물학에서 은닉된 형식으로 나타난다. 발전과 진보에 대한 근대의 이론에서 생존 투쟁과 적자생존은 자연선택을 통해 진행된다. 이러한 과정은 사회 안에 축적되고 진보적으로 발전하는데 열등한 자들이 희생의 대가를 치른다. 진화는 사회 진보와 엮어지고, 진보에 대한 신념은 하나님의 섭리로 파악된다.[42]

---

42 *Ibid.*, 77.

공리주의적인 원리는 사회진화론에 연계되며 의료의 영역에서 중요한 영향을 미친다. 목적을 성취하기 위해 수단이 정당화된다. 의료 영역에서 공공신학은 과학적인 발견과 성취를 중요한 기여로 파악하지만, 생화학에서 드러나는 기술지배와 유전자 공학은 도덕적 원리들을 무시해서는 안 된다. 자율성에 대한 존중, 해로움을 주지 않는 원리(nonmaleficence), 혜택(유용성) 그리고 정의는 의료윤리와 생명의 문제를 반성하는 데 중요한 윤리로 작용한다.

공중보건과 생명과학, 의료윤리의 문제는 창조, 인간의 의지, 원죄, 생물학적인 자아 이해에 심대한 변화를 가져온다. 진화론에 대한 비판적인 평가는 공공신학의 중요한 사안에 속한다. 공공신학이 자연과학적인 성취와 공헌을 인정하고 의료윤리적인 담론을 숙고할 때, 공공의 도덕적 합리성과 논증은 의사와 환자 그리고 환자의 식구들과 서로 나누어지는 공동 책임성을 강조하고, 이러한 나누어진 책임의 틀에서 정의와 공공선이 추구된다. 종교적인 도덕적 확신이나 심정의 윤리는 개인의 영역으로 뒷걸음치는 것이 아니라, 의료윤리에서 드러나는 지나친 공리주의적 또는 자유방임주의적 태도를 교정한다.

생명과학 영역에서 기술 지배적 합리성은 줄기세포, 인간 복제, 유전자 조작, 인간 복제 그리고 동성애 문제 등 광범위한 영역에서 발생한다. 공공신학은 자연과학적인 성취와 생명과학의 기여를 유전공학이나 생화학, 의료의 진보에서 정당한 평가를 하지만 이러한 자연과학적인 기술지배가 공리주의나 자유방임주의적 태도에 의해 결정되는 것에 제동을 건다. 더 나아가 자연과학과 생명의학은 창조와 원죄, 인간의 자유와 책임성, 하나님의 형상 등 많은 신학적인 주제에 새로운 통찰을 줄 수 있다. 적어도 공공신학의 윤리적 관심은 사회적 차별과 유색인종의 불이익, 나아가 우생학의 재판인 카멜레온 같은 사회진화론의 재발을 공중 의학에서 방지하는 데 있다.

요약: 공공신학과 근대 미완의 프로젝트

시작하는 글에서 필자는 공공신학과 근대 미완의 과제를 스케치하면서 공공신학의 다양한 모델들과 학제적 소통이론의 차원이 민주주의, 경제정의, 문화 정의, 포스트콜로니얼 이론 그리고 의료정의를 통해 다루었다. 1권 1장~3장을 통해 사회계약론과 그 도덕적 기반들이 정의론에 기초하여 다루게 된다. 이것은 공리주의와 비판적인 대화를 가진다. 존 롤스(John Rawls)의 정의론은 로크와 루소, 칸트의 전통에서 민주주의와 사회주의를 향한 새로운 종합을 시도한다. 신학적으로 이러한 철학적인 정의론에 대한 평가는 공공신학의 중요한 과제에 속한다. 칸트의 코스모폴리탄주의는 헤겔의 인정윤리와 포스트콜로니얼 콘텍스트에서 만날 수가 있다.

프란츠 파농은 헤겔의 정신현상학에서 나타나는 주인과 노예의 인정투쟁을 자신의 반식민주의 운동에서 이론화했고, 인종적 정의와 인정투쟁을 발전시켰다. 헤겔의 정치철학의 보수적인 한계에도 불구하고 그의 경제에 대한 분석이나 윤리적 삶에서 시민사회의 분석은 여전히 중요한 이론적인 틀을 제공한다.

4장에서 라인홀드 니부어의 기독교 정치현실주의는 종교사회주의 연관되어 다루어진다. 니부어는 신정통주의 모델에서 최고의 공공신학자로 평가된다. 니부어는 자유민주주의 정치이론에 몰두했고 또한 마르크스주의 이론을 검토했다. 이러한 배경에서 그는 기독교적 정치현실주의를 발전시킨다. 자유와 책임성에 대한 니부어의 도덕적 분석은 아우구스티누스의 원죄에 대한 매우 창조적인 해석을 통해 공공신학을 위한 중요한 기여에 속한다. 아우구스티누스-니부어의 원죄론은 동성애 유전자와 더불어 신학과 자연과학의 만남에서 논의된다. 원죄는 유전자 결정론과 연관되는가? 니부어가 원죄를 자유와 책임성으로 파악한다면, 바르트는 화해의 관점에서 폭넓게 보게 해준다.

그런가 하면 니부어의 갈등 모델은 삶의 의지(쇼펜하우어)와 권력 의지(니체)를 현실주의적으로 다룬다. 니부어의 탁월한 기여는 근대 도덕 정치철학과 심도 있는 연구에서 나타나는 데 니부어의 한계를 비판적으로 보충하기 위해 보론에서 필자는 니체의 힘의 의지를 푸코의 계보학으로 이어지는 것을 분석하고, 또한 니체에 대한 신학적인 비판을 검토한다.

더 나아가 니부어의 기독교 정치현실주의는 폴 틸리히의 종교사회주의 원리와 칼 바르트 화해의 윤리와 비교하면서 분석된다. 공공신학과 도덕적 연대를 매개하기 위해 필자는 에밀 뒤르켕의 분업 사회학을 수용하고, 합리화 과정과 도덕적인 연대를 마르크스주의와는 다른 방식으로 발전시킨다. 뒤르켐의 사회학은 마르크스주의의 경제 환원주의 한계점을 넘어서게 하며, 노동 분업을 일면적으로 시민사회의 병리의 원인으로 파악하는 마르크스주의와는 다른 평가를 제시한다.

에필로그는 1권 전체에 대한 반성으로서 요약과 중간 평가이다. 공공신학과 근대의 정의론은 포스트콜로니얼 상황과 어떤 연계가 있는가? 공공신학은 정의와 연대 그리고 후기 근대성의 정치적인 담론에서 어떻게 다루어지는가? 공공신학은 화해의 윤리를 지향하며 사회의 주변부로 밀려 나간 약자들과 순진한 희생자들을 위하여 (for) 또한 이들로부터(from) 사회 전반에 걸친 권력 관계의 그물망과 제도화된 부정의한 현실이 사회계층 안에서 어떻게 작동하는지 분석한다. 이런 점에서 공공신학은 윤리를 타자의 인정과 배려라는 사회학적인 측면에서 해석학적으로 기획한다.

2권 1장은 신학과 도덕 이론 그리고 사회학적 연구를 윤리신학으로 통합한다. 렌트로프와 트뢸치는 윤리신학을 신 중심으로 전개했다. 그런가 하면 바르트는 특수윤리로, 본회퍼는 십자가 신학으로, 더 나아가 폴 레만은 바르트와 본회퍼의 전통에서 상황윤리를 발전시켰다. 리처드 니부어의 기독교적 도덕철학은 반응과 책임의 의미를 정교화한다. 니부어의 윤리신학에서 해석의 차원은 중요하며 외부의 사건들에 대한 적합성, 책임성 그리고 연대로 발전된다. 더 나아가 윤리의 문제를 다룰 때 생명과학과 의료윤리는 중요하다. 자살, 동성애, 안락사의 문제는 윤리신학적 틀에서 다루어진다. 생명과학의 공헌과 기여는 유전자-윤리를 가능하게 하면 이제 인간의 과학적 이성은 하나님의 역할을 해야 하는가라는 물음으로 드러난다. 공공신학은 자연과학의 기술지배 합리성과 과학주의에 윤리적 물음을 제공한다. 특히 생명과학에서 드러나는 도덕적 딜레마와 공공의 선은 사회 주변부로 밀려난 사람들의 공중보건을 위해 신중하게 고려되어야 한다.

2장에서는 신학과 사회이론의 접맥을 위해 에른스트 트뢸치와 막스 베버를 검토한다. 트뢸치는 학제적 소통이론을 공공신학을 위해 가장 탁월하게 발전시킨 고전적인 실례에 속한다. 그는 베버와 더불어 사회학의 문제를 기독교 사회윤리 안에 통합시키고, 더 나아가 역사주의 방법을 정교화하게 다듬었다. 트뢸치에게서 사회윤리는 공공신학의 발전을 위해 방법론적으로 탁월한 통찰을 제공한다. 또한, 베버의 사회학은 매우 신학적인 성격과 도전을 담고 있다. 칼뱅주의와 자본주의 정신에 대한 베버의 사회학적 테제는 그의 지배 사회학과 관련하여 다루어지지 않을 때 치명적인 오해를 낳게 된다. 베버 안에는 마르크스와 푸코와 만날 수 있는 풍부한 착상들이 담겨 있다.

3장에서는 공공신학을 위하여 포스트콜로니얼 인식론을 발전시킨다. 포스트콜로니얼 이론을 검토하면서 특히 식민지 시대를 거치면서 구성된 인종민족주의 개념을 계보학적으로 분석한다. 마르크스의 아시아적 생산 양식에 대한 해석과 논쟁을 요약한다. 시민사회 외 민주주의 안에 설정된 대안 근대성과 시민 민족주의를 코스모폴리탄 환대와 인정의 윤리를 통해 고려된다.

4장에서는 헬무트 골비처(Helmut Gollwitzer)의 신학을 포스트콜로니얼 관점과 세계 경제의 관점에서 해석한다. 골비처는 종교사회주의 전통에 근거한 유럽의 저명한 신학자이며, 바르트의 하나님 말씀의 신학을 공공의 영역에서 정의와 해방과 연대의 관점에서 발전시켰다. 그의 자본주의 혁명에 대한 사회과학적 분석과 세계 경제 시스템 그리고 사적유물론에 대한 창조적인 발전은 포스트콜로니얼 상황에서 공공신학을 위해 사회경제적 전거를 제공한다. 골비처의 공공신학과 사회과학 분식이론은 포스토모던 제국의 이론가들과 비교 검토될 수 있고, 후기 자본주의 안에서 드러나는 중심부와 주변부 간 신식민주의 조건을 해명하는 데 도움을 준다.

5장은 공공신학과 사회계층론 그리고 문화적인 이슈들을 다룬다. 공공신학은 문화적 활동의 형식으로 문화신학을 간과하지 않는다. 리처드 니부어의 책임윤리와 문화신학과 더불어 검토되며, 니부어의 책임윤리에서 드러나는 해석의 차원은 임마누엘 레비나스의 책임과 타자의 윤리와 대회의 전 거점을 마련한다. 더 나아가 문화신학의 틀은 공공신학의 방법으로 수용되고 문화적 정의와 공공선에 관한 토론은 사회과학적 논의를 통해 전개될 수 있다. 여기서 인종, 성, 젠더 그리고 동성애 문제가 비판적으로 검토된다.

에필로그 II는 2권을 통해 다루어진 공공신학과 윤리 그리고 포스트콜로니얼 인식론과 정치 경제학, 해방의 문제 그리고 문화적 정의와 의료윤리를 요약한다. 공공신학은 학제적 소통이론을 통해 매개되며, 근대 미완의 과제와 포스트콜로니얼 상황에 관여한다. 그것은 인간의 다양한 공론장에서 공동선, 정의, 인권, 연대, 타자에 대한 인정 그리고 해방을 윤리 실천적으로 기획한다. 신학은 공적 연관성을 가진다. 왜냐하면, 하나님 나라의 복음은 그리스도를 통한 세상과 화해를 지적하며, 그리스도는 교회의 주님뿐만 아니라 세상의 주님으로 살아계시기 때문이다.

근대 정치이론과 정의론

I. 도덕적 의무

우리는 무엇을 해야 하는가? 이런 질문은 윤리 방법론에서 기본 내용에 속한다. 이것은 칸트의 도덕철학의 전통에 연관되며, 의무윤리지만 규칙 윤리가 된다. 의무와 도덕적 당위는 계몽의 시대에서 지배적인 주제로 등장했다. 존 로크(John Locke, 1632-1704)는 권리를 위한 윤리로, 반면에 임마누엘 칸트(Immanuel Kant, 1724-1804)는 당위 또는 의무 윤리(deontology)로 발전시켰다.

1장에서 필자는 칸트의 도덕철학과 종교 철학적인 틀 안에서 급진적인 악의 문제를 다루고 그에 대해 신학적인 평가를 할 것이다. 칸트의 목적 왕국은 사회 정치영역으로 펼쳐지고, 그는 정치 개혁을 상황에 적합한 방식과 정치적인 신중함을 통해 발전시켰다. 보편사에 대한 그의 철학적 개념은 스토아 철학 원리를 진화론적이며 역사적인 범위로 고려한다. 도덕, 정치, 코스모폴리탄 비전에 대한 분석에서 헤겔의 칸트 비판과 종교와 도덕철학이 검토될 필요가 있다. 칸트는 신학과 철학의 대화를 위한 가교를 놓았다. 그는 정치 개혁과 사법제도의 혁명을 도덕 정치를 통해 숙고했다.

칸트에 대한 신학적 수용은 알브레히트 리츨을 통해 정교화되며, 이는 이른바 공공신학의 고전적인 예를 제시한다. 리츨은 루터의 칭의론과 칸트의 윤리를 종합하고, 이것을 문화적 영역에서 화해의 신학으로 발전시켰다. 그러나 리츨은 루터의 고리대금 비판과 경제적 정의에 주목하지 못했다. '자본축적의 기독교 성격'에 대한 날카로운 비판은 루터로부터 시작한다. 보론에서 루터의 칭의론과 경제적 정의를 포스트콜로니얼 함의를 위해 취급할 것이다.

칸트에 대한 비판은 영국의 공리주의 전통에서 드러난다. 공리주의를 검토하면서 필자는 존 스튜어트 밀의 자유론과 스펜서의 사회진화론을 비판적으로 검토한다. 이것은 영국의 인도 식민지배의 배경이 되며, 포스트콜로니얼 이론을 전개하기 위해 식민주의적 이론으로 사용되었다. 이러한 비판적인 검토 이후 필자는 애덤 스미스에게 주목하고, 그의 도덕 이론과 경제원리를 식민주의 비판을 통해 새로운 해석을 열어놓는다. 여기서 스미스와 마르크스의 유사점이 드러나게 된다. 이러한 내용과 논쟁들이 1장의 내용을 이룬다.

도덕적 당위와 이성의 공적 사용

도덕 의무론은 윤리철학에서 가장 중요한 주제 가운데 하나이다. 당위나 의무(deontology)란 표현은 그리스어의 deon에서 파생되는데, 이것은 존재의 상황에 영향을 받지 않는 의무적인 것을 말한다. 도덕적 의무들은 문화를 초월하며, 인간의 삶에서 보편적인 구속력을 가진다. 칸트의 일차적 관심은 윤리를 위한 형이상학적인 토대를 놓는 것이다. 왜 우리는 도덕적으로 행동해야 하나? 무엇이 도덕성에 정언적인 의미나 당위성을 부여하는가? 이런 메타 윤리적인 질문에서 칸트는 경험적 자료나 감정은 도덕법에 기초를 놓기에 부적절하다고 본다. 인간의 도덕적 행동을 위해 철학적 반성과 토대를 놓는 것은 메타 윤리적이며, 칸트에게는 도덕의 형이상학에 속한다.

1784년 11월 베를린 월간지(*Berlinische Monatschrift*)에 "계몽이란 무엇인가?"에 대해 임마누엘 칸트가 답변을 쓴 적이 있다. 이것은 "근대철학이란 무엇인가?"라는 문제와 깊숙이 관련된다. 이미 두 달 전에 베를린 월간지는 유대인 철학자 모제스 멘델스존(Moses Mendelssohn)의 계몽이란 무엇인가? 대한 기고문을 실었다. 유대 문화와 계몽주의(Haskala)는 독일에서 시대적으로 맞물려 있다.

칸트의 기고문에서 중요한 것은 기독교 전통에서 칸트가 계몽의 문제에 접근하는 것인데, 푸코의 분석에 의하면, 칸트는 계몽주의를 부정적인 의미 즉 빠져나감이나 탈출로 파악한다.[1] 푸코는 칸트의 논문을 현재성에 대한 철학적인 질문으로 파악한다. 탈출로서 계몽은 과정을 의미하며, 미성년의 상태에서 벗어나는 것으로 파악한다. 이러한 과정은 과제와 책임성을 포함하는데, 칸트의 모토—"감히 알려고 하라"(Aude sapere) 또는 "감히 알려고 하는 용기를 가지라"—에서 잘 드러난다. 계몽은 담대성의 정신으로서 미성년의 상태에서 탈출 과정과 더불어, 사람들은 용기를 가지고 공공영역의 문제들에 인격적으로 참여하고 결정하는 것을 말한다.

더 나아가 푸코는 칸트의 기고문에서 인류라는 단어에 주목한다. 이것은 푸코에게 어려운 문제였다. 모든 인류가 계몽의 과정에 참여하는가? 계몽은 역사적인 변화로 파악되며, 지상의 모든 인류의 정치 사회적 존재에 영향을 미쳤다. 칸트는 미성년상태에서 벗어나기 위한 조건으로 영적이며(윤리적이며) 제도적인 것(정치적인 것)에 주목

---

1 Foucault, "What is Enlightenment?," in *The Essential Foucault*, 44.

한다. 예를 들면 "생각하지 마라. 명령에 순종하라."—이러한 명령은
군대의 규율이나 정치적인 권력이나, 종교적인 권위에서 볼 수 있다.
그러나 성숙함의 단계에 도달한 인간은 이러한 명령보다는 다음 사
실이 적합하다: "복종하라 그리고 당신이 원하는 것만큼 생각하라"
여기서 생각이나 추론을 나타내는 단어 räsonieren은 생각을 위한
비판을 내포한다. 이런 칸트의 주장에 따르면, "세금을 내라. 그러나
세금 제도에 대해선 논쟁하라", "목회자라면 교회에 대한 책임을 가
지라 그러나 종교적 교리에 대해선 자유롭게 생각하라" 이런 자세가
성숙한 태도이다.[2]

칸트의 논의에서 특이한 것은 이성의 개인적 사용과 공공적 사용
을 구분하는 데 있다. 사회의 일원으로서 인간은 군인으로서, 납세자
로서, 공무원으로서 또는 목회자로서 개인의 이성을 사용한다. 이성
적인 존재로 생각할 때, 인간의 생각은 자유로우며 공공적이다. 다른
한편, 계몽은 보편적이고, 자유로운 공적인 이성의 사용에서 드러난
다. 이성이 공공적으로 사용될 때, 계몽은 정치적인 문제로 나타난
다. 칸트는 프로이센의 계몽 군주인 프리드리히 2세(Frederick II,
1712-1786)에게 분명한 제의를 하는데, 그것은 합리적인 전제주의를
자유로운 이성과 계약 또는 협정을 맺는 것이다. 자율적인 이성의
공적이며 자유로운 사용이 정치적 권력에 대한 최상의 보증이 된다.
그렇다면 정치원리는 보편 이성에 일치해야 한다.

푸코에 따르면, 인간은 권위에 복종하지 않고 이성을 자유롭게
사용해야 한다. 비합법적인 이성의 사용은 교리주의나 타율에 맡겨

---

2 *Ibid.*, 46.

져 버린다. 이성의 정당한 사용은 자율성이 보장되는 곳에서 주어지며, 비판적인 기능을 가진다. 비판은 이성의 교과서이며, 계몽주의에서 성장한다. 그러므로 계몽주의는 비판의 시대를 의미한다.[3]

푸코는 칸트에게서 최초로 역사에 대한 비판적 반성과 특별한 현재의 계기에 대해 분석을 했다. 칸트는 공공영역에 관여하는 특별한 철학의 과제와 동기를 제공한다. 이러한 출발점을 푸코는 근대성의 태도로 언급한다. 푸코는 근대성을 역사의 시대로 파악하기보다 태도 즉 동시대에 대한 비판적 관계, 다시 말해 전통과의 단절(보들레르)로 본다.[4] 보들레르의 주장에 근거하여, 푸코는 근대 인간은 자신을 발견하기 위한 시도를 하지 않고, 스스로 만들기 위해 노력했다고 진단한다.[5]

근대의 태도는 보들레르가 주장하는 것처럼 인간을 주체로 만드는 데 노력했는가? 칸트의 도덕철학에 이성에 대한 발견은 없는가? 보들레르와 칸트를 엮어가는 푸코의 시도에 수긍하기 어렵지만, 계몽주의가 비판의 시대이며, 동시대에 대한 비판적인 태도라는 점은 중요하다.

칸트의 도덕적 의무론은 계몽주의를 논의할 때, '이성의 공공사용'이 핵심이 된다. 공론장에서 인간의 이성은 제한과 외적인 강요에 제한되거나 굴절되어선 안 된다. 오직 이성만이 도덕성의 최고 원리며 도덕의 보편성에 확고한 토대를 놓는다. 이성은 도덕의 의지를 이끌어 간다. 자율적이며 합리적인 존재로서 인간은 옳고 그름을

---

3 *Ibid.*, 47.

4 *Ibid.*, 48-49.

5 *Ibid.*, 50.

판단하는 능력이 있다. 그것은 외부의 권위에 의존할 필요가 없다. 푸코가 언급한 것처럼, 계몽의 문제를 다룰 때 칸트는 계몽을 미성년의 상태로부터 탈출로 파악한다. 인간의 미성숙함은 지성을 자율적으로 사용할 수 있는 능력이 없는 약자를 의미한다.[6]

계몽을 위해 필요한 것은 인간이 모든 사회, 정치, 문화, 종교적 문제에서 이성을 공적으로 사용할 수 있는 자유를 말한다. 이것은 미성년의 상태로부터 탈출이라는 부정적 의미에 연루된 적극적인 내용을 말한다. 칸트는 공공 지성인으로서 그 면모가 드러난다. 칸트에 의하면, 인간 이성의 공적 사용은 종교와 교회의 교리적 실수나 결점을 다룰 때, 정치적 제한과 구속으로부터 항상 자유로워한다.[7] 계몽에서 결정적인 것은 종교 문제에서도 인간은 스스로 왜곡된 미성년상태로부터 해방되어야 한다.[8] 인간은 성숙한 존재이고, 성숙성은 계몽된 인간을 의미한다. 계몽된 인간은 자기 왜곡과 후견인의 보호 감독에서 벗어나는 것을 의미하며, 이성을 공적으로 사용할 수 있는 용기를 요구한다. "당신의 이성을 스스로 사용할 수 있는 용기를 가지라"(*sapere aude!*) ― 이것은 계몽주의의 슬로건이고, 자신의 미성년상태로부터 탈출을 의미한다.[9] 또한, 적극적으로 공론장에 민주적인 참여를 의미한다.

칸트는 이성을 무조건 신뢰했고, 18세기 정신을 대변한다. 그는 이성의 정당한 권리를 보호할 것을 호소했고, 영원하고 흠 없는 이성

---

6 Kant, "What is Enlightenment?," in *Basic Writings of Kant*, 135.

7 *Ibid.*, 137-138.

8 *Ibid.*, 141.

9 *Ibid.*, 135. 140.

의 법에 따라 모든 근거 없는 요구들이나 종교적 미신들을 거절했다.[10] 이런 측면에서 칸트가 프랑스 혁명(1789)에 대해 긍정의 입장을 취한 것은 놀라운 일이 아니다. 칸트에게 프랑스 혁명은 인간의 역사에서 결코 잊어서는 안 되는 정치적 사건이며, 그것은 더 나은 인간 본성을 위한 성향과 능력을 드러낸다.[11] 칸트는 프랑스 혁명에서 하나님 나라의 징조가 인간의 세계에 도래한 것으로 보았다.

이성의 공적 사용은 자유를 요구하며, 이것은 도덕성과 선한 의지의 기반이 된다. 선한 의지의 인간은 타율적인 인간과는 달리, 항상 도덕법에 대한 의무와 존중에 따라 행동한다. 선한 의지의 인간은 도덕적 행동으로 나타나는 귀결이나 즉각적인 결과에 연연하지 않은 채, 외적인 억압으로부터 자유롭다. 인간의 선택 자유는 도덕법 안에 함축되어있고, 이것은 또한 악을 규정하는 근거가 되기도 한다. 이런 점에서 프랑스 혁명은 칸트의 도덕철학 배경이 된다. 그러나 푸코의 칸트 분석에서 프랑스 혁명과 연계된 인간성의 발전과 이에 결부된 도덕철학이 실종되는 것을 본다. 칸트는 프로이센 군주제에서 이성의 비판적 사용을 통해 공공영역의 민주적 참여를 이끌어 내고 있다.

필자의 칸트 해석에서 중요한 것은 바로 그의 도덕철학과 공공영역에 대한 민주적 참여와 비판적 태도를 드러내고 평가하는 데 있다. 푸코는 근대성을 다루고 해석하는 데서 칸트의 비판적인 동반자가 될 수 있다.

---

10 Kant, "Critique of Pure Reason," *ibid.*, 5.

11 Cited in Barth, "Kant," in *Protestant Theology in the Nineteenth Century*, 257.

실천이성, 악 그리고 하나님 이념

칸트는 당대의 형이상학(하나님, 자유 그리고 영혼 불멸)을 그의 실천 이성에 통합했다. 순수 이성 비판에서 선험적인 대상에 관심했고, 이성은 모든 경험을 초월하며, 경험적 지식을 오성을 통해 이끌어 간다. 경험적 지식은 직관에 의해 구성되며, 인간 인식은 감성과 오성으로 이루어지는데, 오성은 개념의 근거가 된다. 감성과 오성은 인간의 이성에 연관되며, 경험적인 대상은 시간과 공간 안에서 현상으로 주어진다. 그러나 물 자체는 현상의 세계에 들어오지 않는다. 우리는 존재하는 것들의 성질을 선험적인 카테고리를 통해 이해하는데, 이러한 카테고리는 오성의 이해형식을 말한다. 우리는 이러한 선험적 카테고리를 통해 직관이나 감성적인 경험 안에 있는 경험적 대상을 객관적인 실제로 개념화한다.

여기서 자아와 대상의 종합이 가능해지는데, 오성은 감각 경험과 더불어 활동하면서 경험적이며 동시에 선험적이다. 칸트에 따르면 오성이 감각 경험의 대상에 대한 개념을 창조하기 때문에, 경험이란 오성을 요구한다. 오성은 선험적으로 존재하며, 경험의 모든 대상은 필연적으로 오성의 범주에 수용되고 일치시킨다.[12] 경험적 대상과 오성의 범주가 만날 때 이해가 가능해진다. 경험의 직관과 개념의 구체적 통일이나 결합에서 오성의 능력이 결정적이며, 존재하는 것들에 대한 진정한 경험적 지식이 가능해진다. 이것은 선험적 통각의 행위나 대변(representation)이 되며, 종합적인 아프리오리의 기반이

---

12 Kant, "Critique of Pure Reason," in *Basic Writings of Kant*, 13.

된다. 이러한 종합적 아프리오리는 오성의 기능을 사용하는 데 있어서 최고 원리를 의미한다.13 칸트 철학에서 결정적인 것은 개념이 없는 직관은 맹목적이며, 반면에 직관이 없는 개념은 공허한 것이다.14 이것은 칸트의 이해 차원을 두껍게 서술한다.

경험적 지식을 다룰 때, 칸트의 주장에 따르면, 순수 이성은 자체상 실천적인 동기를 포함한다. 왜냐하면, 실천적인 법들이 이미 존재하기 때문이다. "순수 이성은 자체상 실천적이며 [인간에게] 도덕법으로 불리는 보편적인 법을 제공한다."15 하나님, 자유, 영혼 불멸은 순수이론 이성을 통해 파악할 수 없으며, 이성적 지식의 대상도 되지 않는다. 오히려 이러한 형이상학적 주제들은 도덕적인 실천이성에 속하며, 칸트는 하나님에 대한 믿음의 영역을 확보하기 위해 이론적 지식을 분리한다.16 하나님에 대한 지식은 실천적이며, 도덕적인 이상과 지식에 의해 파악된다.

자유의 세계에는 도덕법이 지배하며, 하나님, 자유, 영혼 불멸과 같은 형이상학적인 주제들은 경험적인 지식이나 이해에 필수적이다. 그러나 이러한 이념들의 규제적인 사용은 이론이나 순수 이성이 아니라 오로지 실천이성과 도덕에서 다루어진다. 이러한 형이상학적 진리는 선을 위한 의지나 도덕적 실천의 진리 안에 포함되며, 의무의 정언명령에 속한다.

이러한 정언명령은 보편적으로 타당한 것의 규칙이 된다. 이성은

---

13 *Ibid.*, 74.

14 Cited in Barth, "Kant," in *Protestant Theology in the Nineteenth Century*, 260.

15 Kant, "Critique of Practical Reason," in *Basic Writings of Kant*, 239.

16 Kant, "Critique of Pure Reason," Preface in the Second Edition, *ibid.*, 19.

모든 제약적인 것 안에 있는 무제약적인 것을 요청하거나 전제하지만 이러한 무제약적인 것의 초월개념은 실천이성을 통해서 가능해진다. 실천이성의 도덕적 사용은 순수 이성과 같은 이론이성의 도움을 요구하지 않는다. 하나님, 자유, 영혼 불멸에 대한 진정한 지식은 실천이성에 속하며, 이것은 의무에 합당한 도덕적 행위에서만 성취된다. 모든 경험을 초월하는 지식은 실천적인 지식을 가지며, 도덕적 요청이나 전제 안에서 파악되고, 실천적인 행위에서 성취된다.[17]

칸트는 의지를 선한 것으로 개념화하는데, 의지는 교육을 통해 가르치기보다는 실천적으로 정결해지고 함양되어야 한다.[18] 선한 의지는 인간 존재에 무제약적이며, 주어진 것이며, 본래적이다. 선한 의지의 조건은 의무의 정언명령으로 분석되며, 또한 의무개념은 선한 의지를 포함하는 것으로 이해된다. 선한 의지의 사람은 선한 의도가 있으며, 의무를 위하여 행동하는 동기를 가진다. 또한, 자신에게 도덕법을 수여하는 입법자가 되며, 도덕법을 스스로 부과한다.

옳고 그름을 판단할 때, 의무윤리는 원칙적으로 바른 행동에 주목한다. 의무와 선한 의지에 따라 행동하는 것은 개인의 감정이나 보상과는 상관없이 옳은 것을 하는 의도를 포함한다. 감정이나 보상을 바라며 행해지는 행동은 남을 돕기 위한 동정심에서 행해질 수도 있다. 물론 이러한 행동은 칭송할 만하지만, 도덕적 가치는 갖지 못한다. 도덕적 행동은 선한 의지의 원리에 따라 행해지며, 욕구나 동정심의 대상과는 무관하다. 최고의 선은 개인의 삶에서 도덕적 완전

---

17 Barth, "Kant," in *Protestant Theology in the Nineteenth Century*, 262-263.
18 Kant, "Fundamental Principles of the Metaphysics of Morals," in *Basic Writings of Kant*, 155.

함에 있다.

칸트에 의하면 인간의 자유는 도덕법 안에 함축되어있으며, 그것은 또한 악의 현실을 규정하기도 한다. 악은 도덕적 이탈로 간주되며, 악의 실제는 인간 본성의 본래 상태에서 기인하는 자연적 욕망이나 원죄의 생물학적인 유전과는 다르다. 악은 인간의 선택을 통해 초래되며, 도덕적 법과는 반대에 서 있다. 그러나 악은 급진적이고, 인간성 자체 안에 뿌리를 두고 있으며, 가시처럼 뽑아낼 수 있는 것이 아니다. 악은 자연적인 성향(예를 들어 습관적인 집착, 악을 향한 욕구; con-cupiscence)의 근거가 되지만, 원죄처럼 이미 이전에 존재하거나 출생과 더불어 주어진 것은 아니다. 그러나 의지는 개인의 주관적인 행동의 규칙(격률)에 따라 선하거나 악한 것이 될 수 있다.

악을 향한 자연적인 성향(propensity)은 도덕법으로부터 개인적인 격률의 이탈을 말한다. 인간 안에 있는 악을 향한 자연적인 성향을 칸트는 세 가지로 구분하여 말하는데, 연약함, 불순한 오염, 마음의 부패이다. 칸트는 인간의 연약함을 사도 바울의 말과 연결짓는다. "나는 내가 원하는 선한 일은 하지 않고, 도리어 원하지 않는 악한 일을 합니다"(롬 7:19). 나는 선한(율법) 것을 나의 도덕적 격률에서 취하지만 이러한 선함은 주관적으로 볼 때 연약하다.[19]

칸트에 따르면, 마음의 부패는 개인적인 행동의 규칙에서 의지가 비도덕한 타자를 옹호하기 위해서 도덕법을 무시해버린다.[20] 인간의 본성은 동물적인 성향을 가지고 있지만, 또한 이성을 통해 도덕법

---

19 Kant, "Religion within the Limits of Reason Alone," *ibid.*, 379.
20 *Ibid.*, 380.

을 붙들려는 능력이 있다. 이성은 윤리를 위해 돌아갈 수 없는 지점이 되며, 윤리는 자유와 도덕법에 근거한다. 그러나 근본적인 악의 현실은 여전히 육체 안에 있는 가시처럼 인정된다.[21]

이런 측면에서 칸트는 성서적 진술에 관심한다. 예를 들어 예수는 아무도 선하지 않고 하나님만이 선하다고 말씀하신다. "어찌하여 너는 나를 선하다고 하느냐? 하나님 한 분밖에는 선한 분이 없다"(막 10:18). 이성은 선험적인 것을 도덕적 완전 개념을 통해 파악하는데, 하나님은 율법의 수여자이며, 자유의지의 개념과 연결된다. 의무는 모든 경험으로부터 자유로우며, 이성의 이념 안에 설정되고, 인간의 자유의지를 선험적인 원리에 따라 결정한다.[22]

여기서 칸트는 도덕의 해석학적 입장을 취하는데, 다시 말하면 도덕적인 단계와 발전은 보편적으로 타당한 것이며, 또한 이것은 이미 주어진 영향사로써 인간을 도덕적인 존재로 규정하고, 인도해 나간다. 역사와 사회의 경험적 현실과 복합성에도 불구하고, 인간은 도덕적 존재로 살아간다. 왜냐하면, 인간은 보편적으로 도덕적 의무와 이성의 이념 안에서 영향을 받고 살아가기 때문이다. 도덕은 인간성뿐만 아니라 역사와 전통과 더불어 주어진다.

이런 점에서 칸트는 종교를 오직 이성의 한계 안에 설정한다. 이러한 이성은 실천적인 도덕성을 말하며, 인간의 의무를 하나님의 계명으로 파악한다. 신앙은 인간의 도덕성을 하나님을 예배하는 데서 본질적인 요소로 드러낸다. 아우구스티누스처럼, 칸트는 하나님이

---

21 Lehmann, *Ethics in a Christian Context*, 183.

22 Kant, "Fundamental Principles of the Metaphysics of Morals," in *Basic Writings of Kant*, 166-167.

처음부터 인간의 이성 안에 거주하며, 하나님에 대한 지식은 하나님 개념에 대한 회상이 된다고 본다. 우리의 이성 안에서 하나님은 모든 계시의 진정한 해석자가 되신다. 하나님 이념(종교)은 인간의 도덕적 이성 안에서만 자리를 가진다. 따라서 계시의 교리적 가르침은 불필요한 것이 아니라, 존중되어야 한다. 그것은 단단한 껍질과 같은 것이며, 우리가 도덕적 이성의 종교를 활성화하도록 도와준다.[23]

칸트에게 도덕의 형이상학은 의무의 순수개념에 근거하며, 이것은 선험적인 것이고, 모든 경험적인 것에서부터 자유롭다. 도덕법의 개념은 선험적으로 근거가 되며, 오직 이성을 통해서만 인간의 마음에서 실천적으로 활성화된다.[24]

그럼에도 불구하고 바울 같은 의미에서, 칸트는 본래적이며 잠재적인 죄가 급진적인 악의 실제로 있음을 본다. 우리는 선하게 창조되었지만, 본성으로 도덕적 부패를 향하는 성향이 있다. 칸트의 급진적인 악에 관한 규정에서 결정적인 것은 그의 경험적인 관찰인데, 인간의 행동은 도덕법과는 정반대의 방향으로 행한다. 급진적인 악의 실제를 인간학적으로 파악할 때, 그것은 출생과 더불어 현재한다. 그러나 칸트의 입장은 아우구스티누스의 성적 관계를 통해 유전되는 원죄의 개념과는 사뭇 다르다. "출생이 악의 기원이 될 필요가 없다."[25] 악의 근거는 오히려 자유의 표현에서 나타나고, 그것은 자유를 사용하기 위한 의지의 행동 안에서만 주어진다.[26]

---

23 Barth, "Kant," in *Protestant Theology in the Nineteenth Century*, 271, 268-269.

24 Kant, "Fundamental Principles of the Metaphysics of Morals," in *Basic Writings of Kant*, 168.

25 Kant, "Religion Within the Limits of Reason Alone," *ibid.*, 372.

악이란 자연적 성향이나 충동을 통해 인간의 의지를 결정하는 객관적 실재를 말하지 않는다. 오히려 이것은 인간 존재 안에 있는 동물성을 향한 성향인데, 이것은 자기애와 인격(도덕법에 대한 존경)과 더불어 있다. 자기애는 자기 보존을 위한 기계적인 사랑이며, 종족 번식 그리고 타자와 교류하는 사회적 욕구인데, 칸트는 이것들을 '자연의 저속함의 악덕'으로 부른다.[27] 그러나 도덕법은 인격의 본질이고, 오로지 실천이성에 뿌리박고 있으며, 무조건 도덕법을 지키고 행사하도록 명령한다.[28]

악에 대한 칸트의 인간학적인 접근은 신학적인 성격을 가진다. 하나님은 지고선의 실천개념으로 파악되며, 순수 이성을 통해 선험적으로 된다. 칸트는 하나님 나라의 기독교적 개념을 최고의 선으로 간주하며, 하나님 개념을 순수 실천이성의 도덕적 요청으로 변형시킨다. 비록 하나님에 대한 도덕적 요청이 실천적으로 필요하지만, 하나님 자신이 이미 도덕성의 근거가 된다. 하나님에 대한 믿음은 도덕성 없이는 존재할 수 없다. "너희는 먼저 하나님의 나라와 하나님의 의를 구하여라. 그리하면 이 모든 것을 너희에게 더하여 주실 것이다"(마태 6:33).

이러한 성서적인 진술이나 요청에서, 칸트는 하나님이 인간 존재 안에 내재적으로 들어와 있다고 주장한다. 하나님은 우리와 더불어 도덕적으로 실천적인 자아─입법 이성─가 된다. 칸트의 사후에 편집된 저작들에서 하나님의 이념은 실천이성의 요청에서부터 이성

---

26 *Ibid.*, 371.

27 *Ibid.*, 375.

28 *Ibid.*, 378.

의 내면화로 전이된다.[29] 하나님 존재의 질문은 도덕적 방식으로 취해지며, 하나님 개념은 도덕적인 정언에 들어있다. 이것이 도덕적으로 자기 규정적 이성에서 최고의 원리가 된다.

의무와 덕목

칸트는 덕목의 중요성을 간과하지 않는다. 동정심, 지혜, 관대함 그리고 행복과 같은 덕목들은 인간의 의무를 선한 의지에 맞게 행하게 한다. 이러한 덕목들을 함양하는 것은 중요하다. 우리는 우정과 타자에 대해 존중하면서 선한 의지를 함양한다. 비록 칸트의 도덕철학이 의무에 초점이 맞추어지지만, 덕목을 갖춘 성격은 선한 의지 안에서 체현된다.

『도덕 형이상학의 기초작업』(*Groundwork of the Metaphysics of Morals*)에서 칸트는 의무가 아니라 선한 의지의 중요성에서 시작한다. 선한 의지를 제외한 채 세상의 모든 것들을 선한 것으로 파악하는 것은 자격 박탈이고, 불가능하다.[30] 덕목을 향한 성향은 우리를 자연적이며 절제되지 않은 욕구로부터 돌아서게 하며, 이러한 욕구는 의무의 걸림돌이 된다. 선한 의지는 이미 건전한 오성 안에 현재하며, 그것은 교육을 통해 가르쳐지기보다는 오히려 다듬어지고 정화되어야 한다.[31]

따라서 칸트는 선한 의지의 빛에서 덕목의 중요성을 제거하지 않

---

29 Lehmann, *Ethics in a Christian context*, 188.

30 Kant, *The Moral Law*, 1.

31 *Ibid.*, 62.

는다. 감정과 열정에서 자기 절제, 중용, 신중한 고려와 같은 덕목들은 인간의 내적인 가치를 형성하는 요소에 속한다. 그러나 선한 의지의 원리가 없이, 이러한 덕목들은 조건 없이 선한 것으로 부를 수가 없다. 선한 의지가 선한 것은 의식적으로 선택과 결정을 하는 의지의 능력(volition)을 말하는데, 달리 말하면, 그것은 자체가 선한 것이다. 이성은 오성의 영역에 있는 의지에 영향을 미치며, 단순히 무엇을 이루기 위한 수단으로서 선한 것이 아니라 자체상 선하다. 그러므로 이성은 선한 의지에 절대적으로 필요하다.32 "이것은 지고선이며, 모든 다른 것을 조건 지으며 심지어 행복의 욕구 조건이 된다."33

따라서 윤리 신학자 폴 레만의 평가에 의하면, "선한 의지는 ―비록 도덕적 가치가 최고선(summum bonum)인 의무의 내적인 드러냄을 통해 결정된다고 하더라도― 행복과 결합할 때 완전한 선(*supremum bonum*)으로 간주 될 수 있다."34 레만은 칸트의 도덕철학에서 오성의 역할이 이성(하나님의 내재성을 포함하는)과 덕목 형성에 중요하게 드러난다고 본다. 이것은 칸트와 아리스토텔레스를 매개하는 지점이 된다.

아리스토텔레스 전통에서 우리는 선한 행동을 반복적으로 수행하고 실천하면서 선하고 더 행복해진다. 선한 것이 무엇인가 하는 물음은 행복을 통해 주어지며, 윤리는 삶의 번영(eudemonism)을 목적으로 삼는다. 여기서 최고선은 행복 즉 영혼의 이성적 탁월함이

---

32 Kant, "Fundamental Principles of the Metaphysics of Morals," in *Basic Writings of Kant*, 152.

33 *Ibid.*, 154.

34 Lehmann, *Ethics in a Christian Context*, 180.

된다. 감정의 비이성적인 본성 또한 도덕적인 선함의 중요한 구성요
건이 되며, 이성에 의해 조절된다. 잘 살고, 잘 행동하는 것은 행복과
연관되며, 덕목은 이성에 따라 살아가는 삶을 말한다. 이것이 본질로
선한 삶, 행복 그리고 내적인 조화를 이룬다. 덕목은 습관, 즉 마음
성향의 결과로부터 오며, 중용의 덕을 준수한다. 이것은 지나침이나
모자람에 대해 중도의 상태를 유지하는 것이다.

　악의 현실은 과도함에서 나오며, 지나침과 모자람에 대한 조절과
관심을 통해 극복된다.[35] 악의 실제는 자연적인 성향과는 무관하며,
덕목은 인간의 지나친 열정을 교정해주며, 이성에 따라 중용의 삶
즉 선한 삶을 살아가게 한다. 행복은 영원의 활동이며, 완전한 덕목
에 일치한다. 완전한 행복은 신들의 활동인 이론적인 관상과 동일시
되는데, 아리스토텔레스의 윤리적 관점은 칸트의 의무와 덕목에 대
한 관계에서 자리를 가질 수 있다. 칸트의 도덕적 견해는 덕목의 중요
성을 신중한 이해/오성을 통해 도덕적 의무의 틀에서 수용한다. 그
럼에도 불구하고 헤겔은 칸트의 도덕적 견해를 비판하고 윤리적 차
원의 삶을 이차적인 것으로 취급한다고 말한다. 헤겔은 어떤 철학적
기반에서 칸트에게 이런 비판을 하는가?

헤겔과 윤리적인 삶

　『법철학』에서 헤겔은 도덕성을 윤리적인 삶과 구분한다. 칸트에
게 당위는 도덕적 영역에 속하지만, 헤겔에게 당위는 윤리적인 삶

---

35 *Ibid.*, 170.

즉 가정, 시민사회 그리고 국가에서 다루어진다.36(『법철학』 §108).
도덕의 권리는 세 가지 영역을 포함하는데, 이것들은 변증법적으로
연관되며, 목적(책임성과 수단), 의도성(행복), 선(실현된 자유)을 말한다
(법철학 §114).

　헤겔의 칸트 비판에 의하면, 칸트는 무제약적인 순수한 의지의
자기결정을 의무의 근거로 정의한다. 인간의 의지가 외부의 영향을
받지 않고 자율로 결정할 때, 의무는 자율성과 도덕적 입장에 확고한
토대와 출발점을 제공한다. 칸트의 철학에서 도덕의 영역은 더 이상
윤리의 삶 영역 즉 가정, 시민사회 그리고 국가와 관련하여 다루어지
지 않는다. 이런 점에서 칸트는 도덕성을 '공허한 형식주의'로 환원
시키고, 사회 안에서 드러나는 변증법적인 긴장이나 대립을 고려하
지 않고, 오로지 '의무를 위한 의무'를 말한다(§135).

　『정신현상학』(Phenomenology of Mind)에서 헤겔은 칸트가 세계에
대해 도덕적 견해를 가지고 있다고 본다. 칸트는 도덕적 세계관에서
보편성은 개인의 영혼에서 구현된다고 본다. 개인은 의무를 통해
모든 행동의 보편적 조건을 규정하는 근거가 된다. 칸트에 따르면
도덕성은 인간의 행동과 의지의 자율성에 관련된 것이고, 개인의
이성은 의지의 격률을 통해 가능한 보편적 입법에 연관된 것이다.37
　헤겔이 보기에, 비록 의무가 칸트처럼 자의식의 본질적인 목적과
대상을 형성한다고 해도,38 의무는 본질로 다양한 윤리적 삶의 영역
에 속하는 한 가지 특징에 불과하다. 도덕적 세계관은 도덕성의 함축

---

36 *Hegel's Philosophy of Right*, 1942.

37 Hegel, *Phenomenology of Mind*, 351.

38 *Ibid.*, 353.

적-경험적 측면(감성)과 명백한 측면(도덕적 의무)의 변증법적 관계 또는 매개에 기초한다. 이것은 반립과 긴장의 계기들을 포함한다. 헤겔은 고대 그리스의 윤리 전통에 호소하고, 도덕의식은 아리스토텔레스처럼 행복을 포기할 수 없으며, 또한 행복을 도덕의 목적에서 탈락시킬 수도 없다고 주장한다.[39] 칸트에게 행복—아리스토텔레스적인 의미에서—은 절대적인 의무에 비해 이차적이지만, 헤겔에게 행복은 의무와 더불어 변증법적인 관계를 이룬다.

자연의 세계에 관계하는 경험과 감성은 이러한 변증법적 과정의 계기가 되며, 도덕적 의식과의 일치를 산출한다. 이것은 자연의 세계 안에 있는 잠재태(경험과 감성)가 변증법적으로 발전하면서 현실태의 계기에 도달한 것을 말한다. 달리 말하면 "감성은 변증법적 과정과 매개를 통해 도덕성과 일치 해야 한다"[40] 이런 점에서 헤겔은 도덕성과 자연(또는 행복)이 현실태에 도달하기 위해 필연적으로 이 둘의 조화를 요청한다. 자연은 감성이며 충동과 성향에서 행동을 결정지으며, 이것은 순수의지 또는 자의식과 대립한다. 그러나 자연은 의식 안에 존재하고, 순수의식은 감성에 관계하며, 이 둘의 조화와 일치는 변증법의 본질적인 요소로 파악되어야 한다. 자연과 감성, 인간의 순수의식(consciousness in self; Bewusstsein an sich)의 대립은 —반성하는— 자의식을 통해 지향되며, 이것으로 인해 도덕의 진보가 나타난다.[41]

그러나 헤겔에게 도덕의 진보는 의무의 완전성을 향한 도덕적 노력을 의미하지 않는다. 오히려 그것은 변증법적 운동에서 매개되

---

39 *Ibid.*, 354.
40 *Ibid.*, 355.
41 *Ibid.*, 356.

는 도덕과 행복 간 중용을 취하며, 이 둘을 조화롭게 유지한다. 도덕과 현실의 조화를 요청함으로써 도덕성은 본질적이 되며, 의무는 더럽혀지지 않은 순수한 궁극적 요소(즉자)가 된다. 도덕성은 이러한 순수 목적에 일치하여 존재한다.[42]

도덕의식은 스스로 존재하지만 이에 대립하는 자연을 발견한다. 이러한 변증법적 계기는 의식과 감성의 조화에 대한 두 번째 요청으로 인도한다. 도덕적 자의식은 의무를 순수 목적으로 설정하고, 자연적인 성향이나 충동과는 다르다. 그러나 반성하는 자의식은 감성과 순수 도덕의식을 매개한다. 성향과 충동은 칸트처럼 이성의 영역에서 억압되거나 배제되는 것이 아니라, 변증법적으로 이성과의 조화와 일치로 나간다. 왜냐하면, 자기를 실현하는 의식은 도덕적 행동이며, 자연적 충동과 도덕성의 조화를 실현할 때, 여전히 자연의 충동 형식을 수용하고 받아들이기 때문이다.[43]

칸트의 도덕적 세계관을 비판적으로 다루면서, 헤겔의 첫 번째 전제는 "도덕적으로 완전한 실제적인 자의식은 존재하지 않는다" 두 번째 전제는 "도덕적이지 않은 현실적 존재는 없다"[44] 세 번째 입장은 도덕과 현실적 실제의 일치이며, 이것은 현실태를 넘어서는 완전한 도덕성을 의미한다. 도덕의식은 재설정되며 현실적 존재에 구속된다. 이러한 두 가지 전제들에 대한 종합적인 일치에서 현실태와 의무는 초월적 관계(하나님)에서 확인된다.[45]

---

42 *Ibid.*, 360.
43 *Ibid.*, 364.
44 *Ibid.*, 360.
45 *Ibid.*

요청된 존재인 하나님은 조화를 포함하는 중용에서 나타나며, 도덕성 자체 개념 안에 함축된다. 그리고 하나님은 일치 또는 현실태를 위해 존재하며, 이러한 현실태는 목적의 내용에 비추어볼 때 행복을 의미하고, 형식에서 볼 때 일반존재가 된다. 일반 인간 존재는 의무와 행복 둘 다 필요로 하고 요청한다. 이 지점에서 헤겔은 진정한 의미에서 도덕성을 다룬다. 도덕적 태도는 다양하고 변화된 성격에서 추구된다. 의무의 다원성과 복수성에서 볼 때 많은 의무는 규정된 것이며, 도덕의식을 위해 결코 성스러운 것이 아니다. 도덕적 태도의 다양한 유형들에서 의무들은 본질적인 존재와 가치를 가진다.[46]

그러나 만일 그리스도를 쫓기 위해 부모를 떠나야 한다면, 이것이 종교적인 의무라면 부모를 공경하라는 도덕적 의무 사이에 긴장과 대립은 단순히 헤겔처럼 변증법적인 계기와 운동으로 해소될 수 있을까? 의무들 사이의 긴장은 해석의 갈등을 요구하며, 상황에 적합한 이해와 책임으로 취해져야 하지 않나? 만일 헤겔이 정신의 역사적 현상 과정에서 인식을 절대지로 파악한다면, 도덕이나 윤리는 절대지에 비해 상대화가 되어야 하나? 살인하지 말라는 절대 명언과 나의 행복을 추구하는 사이에 존재하는 변증법적 중용은 무엇인가?

어쨌든 헤겔은 의무 간 긴장과 대립을 인정의 윤리로 해결하려는 것처럼 보인다. 의무의 다원성들은 다양한 의식들에서 나타나며 칸트의 도덕적 세계관과는 다르다. 왜냐하면, 칸트에게 도덕적 세계관은 순수의식 즉 이성에 근거하며, 그것은 성스럽고 본질이다. 그러나 헤겔의 인정윤리는 다른 도덕적 의식이 있음에 주목하고, 상호 주관

---

46 *Ibid.*, 356.

적이며, 다른 많은 도덕 역시 성스럽고 본질임을 확인한다. 다양한 존재들은 이들의 도덕적 의식 안에서 의무의 본성으로 인해 서로 대립하고 갈등하며, 보편성과 특수성의 일치를 도덕과 행복의 변증법적 매개와 조화를 통해 도달하려고 한다. 이러한 내재적 일치는 "이제 세계의 지배자와 규칙 제정자가 되며, 도덕성과 행복의 조화를 산출한다. 동시에 다원적 형태의 의무들을 거룩하게 한다"[47] 헤겔의 인정윤리에서 칸트의 특수의무는 타자와의 상호 주관적인 관계에서만 정당성을 가질 수 있다.

만일 헤겔이 의무를 변증법적인 매개의 차원에서만 성스러운 것으로 강조한다면, 행복은 우발적으로 간주한다. 행복은 은총의 결과로 기대된다. 의무는 여전히 본질의 진리에 속하며, 하나님은 절대적 존재로서 사고의 대상이 되며, 현실적인 실제를 넘어서는 분으로 요청된다. 그러나 도덕성은 자연적인 감성(동정심이나 연민)에 의해 조건 되고, 영향을 받기 때문에 완전할 수가 없다. 다시 말하면, 하나님의 은총 안에서만 도덕적으로 불완전한 지식과 의지가 완전해지며, 행복은 하나님의 자유로운 은총의 행동으로 주어진다. 하나님은 행복을 불완전 도덕의식에 분배하며, 은총을 통해 도덕적인 태도와 의미를 완성한다.[48]

이런 점에서 헤겔은 자신의 변증법적인 방법에서 하나님을 은총과 행복을 위해 필연적인 존재로 요청한다. 하나님의 은총은 인간의 행복을 위해서만 필요하며, 하나님은 그분의 계명과 의로움을 통해

---

47 *Ibid.*, 358.

48 *Ibid.*, 359.

칸트처럼 도덕성에만 일방적으로 관련되지 않는다.

그러나 신학적으로 볼 때, 하나님 은총의 자유로운 행동은 하나님의 의로움과 관련되지만, 헤겔의 변증법적 방법에서 재단되고 만다. 헤겔의 필연성 변증법은 순수행동(actus purus: 하나님의 절대 완전성) 안에 있는 하나님의 자기운동과 ─하나님처럼 되어가는─ 인간의 자기신뢰 사이에서 동일성으로 드러난다. 결국, 헤겔은 인간으로선 파악할 수 없는 하나님의 주권성과 자유를 포기한다. 칼 바르트는 과연 헤겔이 하나님의 은총과 의로움 간의 실제적인 변증법을 파악했는지 의심한다. 왜냐하면, 하나님의 은총과 의로움은 사랑 가운데 거하는 하나님의 자유에 근거하기 때문이다.[49] 이러한 자유는 은총과 심판으로 드러난다. 인간은 하나님의 계명을 의무로 준수하지만, 무책임에 대한 한계를 가지며 하나님의 은총을 간구한다.

어쨌든 헤겔의 필연의 변증법에서, 의무와 일치하지 않는 것은 절대적인 하나님의 관점에서 초월하며, 이러한 빛에서 도덕성은 행복과 더 이상 대립하지 않는다. 왜냐하면, 여기서 화해는 정립과 반대보다 더 숭고한 일치를 의미하기 때문이다. 모든 것을 이해하는 것은 바로 모든 것을 용서하는 것이다(Tout comprendre c'est tout pardoner!).[50]

헤겔에게 도덕성은 이러한 순수한 목적의 행동이며, 동시에 자연적 감성을 넘어서는 의식을 말한다. 도덕성은 감성과 혼용되어있고 또한 감성에 대립하고 투쟁한다. 이러한 도덕적 자의식은 완성을 향해 가지만, 이러한 도덕적 완성은 지상에서 결코 완성될 수 없다.[51]

---

49 Barth, "Hegel," in *Protestant Theology in the Nineteenth Century*, 406.

50 Hegel, *The Phenomenology of Mind*, 388.

51 *Ibid.*, 365.

사실, 헤겔은 도덕적 진보와 완성에 큰 기대를 하지 않는다. 오히려 사실주의적으로 ―아리스토텔레스처럼― 중용의 상태 즉 도덕성과 자연적인 성향을 화해하는 데 관심한다. 그렇다고 해서 최고선을 향한 도덕적 노력을 불필요하게 여기지도 않는다. 여기서 절대적인 의무는 자연의 온전 함에서 표현되며, 도덕법은 자연법이 된다.[52] 도덕법이 자연법이 된다는 헤겔의 논리는 토마스 홉스와 연관되는 것처럼 보인다. 홉스에게 자연 상태는 만인 대 만인의 투쟁을 말하지만, 자연의 권리는 자유로 파악되며, 자연법은 삶의 보존과 안전, 평화를 지적한다. 여기서 도덕법은 자연법과 다르지 않다. 그런가 하면 로크의 자연법에 따르면, 인간은 만인 대 만인의 투쟁이 아니라 하나님의 형상으로서 도덕적 존재로 살아간다.

그러나 헤겔의 화해 개념은 칸트처럼 정언명령을 설정하고, 정의와 공동선을 위해 악의 문제를 진지하게 고려하지 않는다. 오히려 도덕법과 자연법의 조화로운 일치 또는 화해가 헤겔에게 중요하며, 도덕적 의무와 행복이 공존한다. 그러나 도덕적 의무와 행복이 화해되는 삶은 경험적으로 어렵다. 살인하지 말라는 계명과 자기 행복 추구를 위해 억울한 자들의 희생 장소를 피해 가는 것은 헤겔의 변증법으로 파악하기 어렵다. 가해자를 용서해야 하는가? 도덕은 용서하는 것으로 전이되고, 용서는 하나님의 은총으로부터 온다. 그러나 헤겔에게 용서는 정의와 도덕의 영역에서 충분히 고려되지 않는다. 칸트가 용서를 정언명령으로 파악한다면, 그것은 동정심과는 다른 하나님의 용서 계명을 좇아가는 인간의 의무에 속한다. 용서는 회복

---

52 *Ibid.*, 363.

하게 하는 정의(restorative justice)를 의미한다.

칸트와 윤리적 삶

우리는 헤겔의 칸트 비판에서 칸트의 도덕철학에 대한 포괄적이
며 본질적인 내용을 담고 있음을 본다. 물론 헤겔은 칸트에게 도덕성
과 자연적 성향 사이에 긴장이 있음을 인식하지만, 행복을 향한 자연
적 성향을 도덕적 의무에 변증법적으로 매개한다. 그것은 헤겔의 중
용의 삶을 말한다. 도덕적 의무로서 정의나 공공선은 상대화된다.

그러나 칸트에게 인간의 자유는 도덕성의 근원이며, 모든 행동이
좋은 삶 또는 행복을 위해 수행된다면, 그것은 자연적인 본능에 의해
추동된다. 비록 절제, 자기조절, 신중한 숙고는 많은 점에서 선한
것이지만, 칸트는 선한 의지를 자체상 선한 것으로 주장한다. 자연적
성향이나 인간적인 노력을 통해 획득되는 덕목들보다 선한 의지와
의무가 더 숭고하다. "보석처럼 선한 의지는 여전히 자체의 권리를
통해 스스로 비치는데, 이것은 사물이 스스로 전체 가치를 가지고
있는 것과 같다."[53]

그리스의 윤리이론은 선함과 행복을 추구하지만, 여전히 칸트가
보기에 충분하지 않다. 왜냐하면, 그리스의 목적론적 행복론은 실천
이성과는 다르며, 그것은 의무나 선한 의지를 강조하지 않는다. 그리
스의 목적론적 윤리에서 실천이성은 최고선이 되지 않는다. 칸트에
의하면, 윤리적 중용과 행복의 원리는 의무의 정언명령에 따라 대체

---

53 Kant, "Fundamental Principles of the Metaphysics of Morals," in *Basic Writings of Kant*, 152.

되어야 하며, 선한 의지가 출발점이 되어야 한다. "나는 해야만 한다. 그러므로 나는 존재한다"(I ought, therefore I can).[54]

칸트의 주요 관심사는 선한 의지를 통해 당위나 책임의 기반을 설정하는 것이다. 이것은 동시의 정의 문제가 되며 공공선이 된다. 예를 들어, 거짓말하지 말라는 당위적 명령은 순수 실천이성에서 선험적인 지위를 가진다. 이것은 여타의 경험적인 동기를 필요로 하지 않는 선험원리이다.[55] 이러한 당위는 인간의 자연적 본성이나 세계의 상황에 관여되지 않는다. 행동이 도덕적으로 선한 것이라면(선한 의지), 그것은 도덕법에 일치하며 또한 법을 위해 행해져야 한다.[56]

앞서 살펴본 것처럼, 선한 의지를 통해 덕의 함양은 중요하다. 타자를 위해 내가 가질 수 있는 가장 위대한 사랑은 타자를 자기처럼 사랑하고 용서하는 것이다. 자신을 위한 의무는 최고의 조건과 모든 도덕성의 원리를 형성한다. 의무를 위반하는 사람은 남성다움을 상실하며, 동료 이웃들에게 자신의 의무를 행할 수가 없다.[57]

선한 의지만이 우리에게 의무와 덕을 행하게 한다. 우리가 타인들에게 동정심을 갖지 않는다고 해도 여전히 이들을 도와줄 도덕적 의무를 진다. 선한 의지의 함양을 통해, 우리는 타인을 무한한 가치의 존재로 여기는 의무를 진다. 우리가 자신을 존중하는 의무를 갖고 있듯이, 타자 또한 존경과 존엄으로 대한다. 자기 향상의 의무는 덕

---

54 Lehmann, *Ethics in a Christian Context*, 179.

55 Kant, "Fundamental Principles of the Metaphysics of Morals," in *Basic Writings of Kant*, 147-148.

56 *Ibid.*, 148.

57 Kant, "Duties to Oneself," in *Lectures on Ethics*, 118.

목을 함양하는 측면을 가지며, 중요한 의무 가운데 하나가 된다. 이 것이 행복을 최종적으로 보증한다. 칸트처럼 표현하면, 선한 의지로 타인을 용서하라. 이것이 나를 행복으로 인도한다.

선한 의지의 함양과 의무는 도덕에 대한 감정주의적 접근에 대해 비판적 교정을 한다. 만일, 자기 평가가 선한 의지의 함양에 근거하지 않는다면, 의미 없는 개념이 되고 만다. 도덕적 삶은 의무(이성)와 자기만족 사이에 끊임없는 투쟁 가운데 서 있으며, 때론 자기만족과 이해관계는 선한 의지를 압도한다. 그러나 본래 도덕적 의무는 자기 존경이며, 적절한 자기 평가는 인간성의 가치에 근거한다. 그것은 선한 의지와 도덕법과의 비교로부터 비롯되는 것이지, 타자와의 비교로부터 오는 것이 아니다.[58] 자기 평가가 도덕적 품성의 발전에 기초하지 않는다면, 자기기만이나 윤리적 이기주의, 교만 심지어 자기도취로 가게 된다. 우리는 도덕적 성격을 위해 자유를 행사해야 하는 의무가 있고, 이러한 도덕적 성품의 발전은 책임으로 행해진다. 따라서 칸트에게 행복을 향한 자연적 성향 또는 중용의 삶은 도덕적 의미에 일치할 때만 그 의미를 획득한다.

하버마스에 의하면, 칸트의 합리적인 자율성은 헤겔의 윤리적 사유에서 하락되지 않는다. 헤겔에게 개인은 공동의 윤리적인 삶 또는 인륜성(Sittlichkeit)에 종속되며, 이것은 문화적 습관과 전통에 근거한다. 그리고 시민사회에서 타인을 배려하고 연대하는 사회적 자유의 차원을 담고 있다. 전통에서 근대사회로 나가는 역사적 이행에서 종교나 형이상학적 세계관은 뒷전으로 밀려나고, 자율적인 개인은

---

58 *Ibid.*, 127.

도덕적 우주에서 중심역할을 차지한다. 담론 윤리적 틀에서 하버마스는 칸트적인 의미에서 자율성과 실천이성을 소통행위(언어 행위)와 합의를 위해 발전시킨다. 하버마스는 정언명령을 상호 주관적 상황에서 본질적인 것으로 간주하고, 헤겔의 인정윤리를 수용한다. 하버마스의 소통윤리는 합리적인 담론의 소통적인 구조에 자리매김한다.59 여기서 헤겔의 상호작용이 상호 주관적 소통의 토대가 되며, 이러한 토대 위에서 칸트의 도덕 보편성이 구축된다.

그러나 하버마스의 칸트 비판에서 스토아 철학의 원리와 도덕의 역사적 차원에 대한 칸트의 진지한 수용을 간과한다. 헤겔이 자연적인 감성을 도덕적 의무와 조화를 위해 변증법적으로 매개하고 화해의 본질적인 요소로 본다면, 칸트에게 당위와 존재의 구분은 자연적 성향의 측면을 역사적이며 코스모폴리탄적인 프레임에서 통합한다. 코스모폴리탄 또는 세계정부의 법은 보편적인 환대의 조건이 된다.60 칸트는 자연이라는 용어를 인간 이성에 관련지어 보다 적합한 방식으로 사용으로 하는데, 이런 점에서 칸트의 환대윤리는 헤겔의 인정윤리에 대한 응답일 수 있다. 칸트의 환대윤리는 헤겔의 칸트 비판을 넘어서며, 특히 칸트의 도덕철학이 텅 빈 형식주의라는 헤겔의 공격은 적합하지 않다.

칸트는 도덕을 세계사적인 환대윤리와 세계정부의 비전에서 진화론적인 측면과 역사적인 측면을 고려하면서 보편사의 틀 안에 통합한다. 칸트의 환대윤리는 그의 식민주의 비판과 연관되며, 또한

---

59 Habermas, *Justification and Application*, 1.
60 Kant, "To Eternal Peace," in *Basic Wirings of Kant*, 448.

헤겔의 주인과 노예의 인정투쟁과 더불어 다루어질 필요가 있다. 이 분야는 근대성이 미완의 프로젝트에 속하며 포스트콜로니얼로 전개되는 기반을 제공한다. 이러한 문제틀은 3장에서 상세하게 다루게 될 것이다.

어쨌든 칸트와 헤겔에서 나타나는 문제는 의무의 충돌과 긴장을 어떻게 해소하는가 하는 것이다. 나는 부모를 공경해야 한다. 그러나 나는 그리스도를 따라가야 한다. 선한 의지는 상황에 따른 적합한 해석을 요구한다. 어떻게 해석할 것 인가는 일차적으로 선한 의지와 관련되지, 나의 행복이나 중요 태도가 두 가지 사이 의무의 충돌을 결정짓지 않는다. 행복이 선한 의지를 좇아간다면, 나는 의무를 행하는 곳에서 행복을 느낀다. 의무와 타자의 인정은 보다 넓은 해석의 틀 안에서 자리 잡게 된다. 나는 부모를 공경함으로써 그리스도의 제자직 명령을 거절할 수도 있다. 그럴 경우 비도덕한 자로 비난받아야 하는가? 선한 의지와 도덕적 동기는 삶의 자리와 더불어 고려되어야 한다. 칸트에게 이런 문제가 정언명법과 가언명법의 구분에서 나타나기도 하지만 충분하게 다루어지지 않는다.

도덕적 명법: 카테고리칼 그리고 가언적

칸트에게 일반 도덕 원리는 경험이 아니라 선험적으로 추론할 수 있다. 도덕성의 선험적 측면은 형이상학의 토대가 되는데, 도덕적 의무는 상황과는 무관하게 절대적이며 항상 도덕적으로 구속력을 가진다. 칸트는 거짓말하지 말라는 것을 절대의무로 간주하고, 카테고리한 것으로 말한다. 정언명법은 형식원리인데, 우리는 결과를 고려하지 않고 어떤 일을 행해야 한다. 그것은 "귀결을 고려함 없이 자체상 객관적으로 필요한 행동을 선언하는 것이며, 질문의 의지 없이 실천원리로 타당하다."61

인간의 행동이 일반법에 보편적으로 일치하는 것은 의지의 원리에 봉사하는 것이다. 개인적인 도덕의 준칙 또는 격률은 주관적이며 보편이 될 수 없기에, 그것은 모두에게 타당한 원리에 따라 행해져야 한다. "당신의 격률이 항상 보편 법이 되도록 행동해야 한다."62 개인의 도덕적 격률은 개인의 성향에 따라 결정되는 행동의 주관적 원리이지만, 반면 이성의 규칙 아래 있는 객관적 원리는 모두를 위해 타당한 실천법이다. 이것은 의지를 위해 당위적이며, 이성의 명령으로 부른다. 따라서 정언 명령적이다.63 형식원리로서 정언명법은 도덕적인 격률과 법을 추론하는 기본 틀을 제공한다.

보편성의 형식원리에 근거하여 이것은 행위자 중심의 윤리로 말할 수 있는데, 도덕적 행위는 원리, 격률 그리고 규칙에 일치하여 행해지며 실천적인 명법은 인간을 목적 자체로 여긴다. 이러한 법 자체는 존경의 대상이며, 계명이며 의무를 통해 행해진다. 이것은 자연적 성향이나 목적의 대상과는 무관하게 도덕적 가치를 지닌다. 개인의 격률은 이러한 실천법을 순수하게 존중해야 하며, 심지어 모든 개인의 성향을 방지하면서 추종해야 한다.64 그래서 칸트의 도

---

61 Kant, "Fundamental Principles of the Metaphysics of Morals," in *Basic Writings of Kant*, 172.

62 *Ibid.*, 160.

63 *Ibid.*, 171, 178.

64 *Ibid.*, 159.

덕적 의무는 공공선과 정의를 강조한다.

의무와 정의가 만나는 지점에서 지고의 선이 발견될 수 있고, 이러한 선함은 항상 자체상 실천 법에 따라 행동하는 인간에게 현재한다. 성서는 이웃을 사랑하라고 명령한다. 심지어 원수까지도 포함되는데, 감정으로서 사랑이나 용서는 감각의 성향에 자리 잡지만, 이것은 명령 되지 않는다. 그러나 칸트에게 실천적 사랑이나 용서는 의지와 행동의 원리 안에 설정되며 명령 될 수가 있다.[65] 이것이 용서를 둘러싼 문제에서 칸트와 헤겔이 서로 갈린다. 헤겔에게 용서는 중용의 덕에 속하지만, 칸트에게는 정의와 의무에 속한다.

그러나 거짓말하지 말라는 의무는 다른 도덕적 의무와 충돌하지 않는 한 고려된다. 예를 들어 누군가의 죽음을 방지하기 위한 도덕적 의무로 인해 나는 거짓말을 할 수 있다. 살인을 방지하는 의무는 거짓말하지 말라는 의무에 앞선다. 이것은 가언적 명법이며 때론 상황에 따라 살인자에게 거짓말을 하고 사람의 생명을 살리는 방법으로 행해진다. 다른 한편, 자기 욕심을 위해 타인에게 거짓말하는 것은 심각하게 해를 끼친다. 이것은 타인에게 해를 끼치지 않는 원리 또는 의무(nonmaleficence)에 반하게 되며, 거짓은 보편적인 법이 될 수 없다.

그런가 하면 가언명법은 행복을 증진하기 위한 수단과 상황적으로 실천적인 필연으로 고려된다. 따라서 이것은 가언적이고 상황적이다.[66] 예를 들면 행복을 위해 수단을 선택하는 기술이나 덕목은 좁은 의미에서 신중함으로 부를 수가 있으며, 이것은 또 다른 목적을 얻기

---

65 *Ibid.*, 158.
66 *Ibid.*, 173.

위한 수단으로 명령받기 때문에 가언적이다.[67] 우리는 독재자를 존경하지 않는다. 오히려 저항하고 보다 큰 공공선과 억압당하는 자들의 권리를 위해 헌신하는 의무를 진다. 그러나 합리적인 사람들에게 저항하고 자신의 이해관계를 증진 시키는 것은 가언적이 아니다.

가언적 차원에는 선한 의지를 통해 고려될 수 있고, 중용의 덕목을 요구한다. 비록 도덕법이 목적 자체가 된다고 해도, 인간 삶의 상황적 차원은 신중한 판단과 해석이 필요하다. 이것은 칸트에게 있는 해석학적 차원이다. 그러나 도덕의무는 정언명법 아래서 신중한 판단과 해석을 도덕법에 일치시킬 것을 요구한다.[68] 도덕의무와 상황에 대한 신중함은 해석과 반성의 차원에 속한다.

그러나 칸트는 덕목을 다룰 때 선한 의지와 연관 지어 충분한 해명을 하지 않는다. 덕목은 구체적이고 특수한 상황에서 요구되기 때문에 지혜의 덕이 없는 도덕적 의무는 치명적인 귀결을 낳을 수가 있다. 이러한 측면은 칸트의 한계에 속하는데, 왜냐하면 칸트는 이성을 도덕성의 토대로 강조하기 때문이다. 만일 이성이 도덕적 의무들을 보편적이고 절대적으로 구속력을 지닌 것으로 요구한다면, 이성은 자연과 세계와의 상호작용에서 더 해석학적으로 정교하게 다듬어 질 필요가 있다. 물론 칸트의 이해를 가능하게 하는 오성은 정치적 신중함과 사회 역사적 상황에 관련할 수 있다. 이성의 보편적 원리와 자연과 세계와의 상호작용은 칸트에게 매우 중요하게 고려되지만, 정언명법과 가언명법 간의 해석학적 순환에 대해 칸트는 한계를 가

---

67 *Ibid.*, 173-174.

68 Lehmann, *Ethics in a Christian Context*, 178.

진다.

어쨌든 합리적인 존재는 자유의지와 자율성을 가지고 있으며, 자율성은 인간의 존엄에 본질이며 도덕적 가치를 지닌다. 자율성의 원리는 모든 합리적 존재의 이념에 근거하고 보편법을 제공하는데, 이러한 보편적 입법은 무제약적이다. 합리적인 존재의 사회는 목적의 왕국을 형성하며, 정언명법(또는 실천명법으로 알려진)의 두 번째 정식에서 잘 드러난다. "자신이든 타인이든 어떤 경우라도 인간을 결코 수단으로만이 아니라 목적 자체로 다루라"[69]

칸트의 도덕철학은 마르크스의 종교비판에서도 중요성을 가진다. 마르크스에 의하면, "급진적인 것은 뿌리로부터 사태를 파악하는 것이다. 인간을 위해 뿌리가 되는 것은 인간 자체다…. 종교비판은 인간은 인간에 대해 최고의 존재라는 교리로 끝난다. 이것은 정언명법의 교리이며, 인간을 수치스럽게 하고 노예화하고, 포기해버리고 경멸하는 모든 상황을 전복하는 것이다"[70] 마르크스는 칸트의 보편적 실천법에 동의할 수 있고, 이러한 실천법은 의지의 객관적인 원리를 형성한다, 인간은 수단이 아니라 목적 자체로 존재한다. 여기서 칸트와 마르크스를 매개하는 가능성이 존재한다.

물론 우리는 선생이나 의사들을 교육의 증진과 건강을 개선하기 위한 수단으로 이용하기도 할 것이다. 그러나 우리가 이들에 대한 사용 수단을 갖지 않을 때도 여전히 이들을 존경과 존엄을 가지고 대해야 하는 도덕적 의무가 있다. 의무의 정언명법은 의지의 객관적

---

69 *Ibid.*, 186.

70 Marx, "Towards a Critique of Hegel's *Philosophy of Right*: Introduction," in *Karl Marx Selected Writings*, 69.

원리로 작용하며 개인의 격률을 객관적이거나 정언적 원리에 따라, 즉 모든 합리적 존재에 보편적으로 타당한 원리에 귀속시킨다. 특히 의료윤리적인 상황에서 의무론자들은 삶의 신성함과 자율성에 대한 존중에 대해 의견이 나뉜다. 삶의 신성함를 옹호하는 사람들은 자살을 돕는 행위나 안락사에 대해 반대를 한다. 반면 개인의 자율성을 존중하는 사람들은 자살이나 안락사의 문제에서 개인의 도덕적 권리를 인정한다.

자유의 이념과 목적의 왕국

인간은 감각의 경험 세계와 이해의 지성의 세계에 속해있다. 감각의 세계에서 인간의 행동은 인과적으로 나타나며, 욕구와 성향이라는 자연법(자연의 타율성)에 의해 결정된다. 그것은 행복에 기인 된다. 그러나 인간은 동시에 지성의 세계에 속해있고, 의지의 인과성을 자유의 이념에 따라 파악한다. 이것은 선한 의지이며 자율성에 연관된다. 인간의 모든 행동은 순수의지의 자율성 원리에 일치하며, 최고의 원리로 도덕성에 기반을 둔다.[71]

자율성은 도덕의 보편원리에 관여되며, 이것은 합리적 존재들의 모든 행동의 토대가 된다. 자유에서 자율성으로 그리고 자율성에서 도덕법으로 움직인다. 우리가 스스로 자유로운 존재로 생각할 때, 우리는 오성의 세계에서 도덕성과 더불어 살아간다.[72]

---

71 Lehmann, *Ethics in a Christian Context*, 211.

72 Kant, "Fundamental Principles of the Metaphysics of Morals," in *Basic Writings of Kant*, 210.

존 롤스에 의하면, 칸트는 자율성의 개념을 정언명법에 따라 기초하고, 인간은 자율적으로 자유롭고 동등한 이성적 존재로 행동한다. 도덕법은 윤리의 공동체 안에서 인간의 행동을 지배하고, 도덕 원리들은 목적의 왕국을 위한 입법으로 간주 된다. 이것은 모든 사람에게 그리고 공공의 영역에서 받아질 수가 있다. 여기서 존 롤스는 그의 본래 위치(original position) 개념을 칸트의 정의를 공정함으로 파악하면서 전개한다.[73] 본래 위치 개념은 가설적인 의미에서 설정되는데, 존 롤스의 정의-공정함에서 중요한 것은 본래 위치가 무지의 베일에 싸여 있다는 것이다. 무지의 베일은 상대방의 관심과 이해를 모른다는 가설에 기초해있고 그래서 서로에 대해 무지하다. 이러한 무지는 서로에게 같은 것이다.[74] 사업가와 예술가가 서로 만나서 계약과 합의를 한다면 본래 위치는 서로의 이해나 관심에 대해 모를 수밖에 없다. 이것은 무지의 베일에 싸여 있어서 동등한 것이다. 서로 모르기 때문에 본래 위치는 동등성을 기반으로 해야 하며, 정의는 공정하게 전개되어야 한다.

그러나 하버마스의 논의에 따르면, 만일 의지가 도덕적 성찰에 의해 인도된다면, 그것은 완전히 합리적이며, 자율적인 것으로 부를 수가 있다. 실천이성은 도덕성과 동일한 한계와 영역을 가진다. 자율성에서 이성과 의지가 일치를 가진다면, 하버마스는 칸트가 자율적 의지를 전능한 의지로 착각하고 있다고 비판한다.[75] 칸트는 자율적 의지를 지성의 영역으로 치환하기 때문이다. 지성의 영역에서 자율

---

73 Rawls, *A Theory of Justice*, 220.

74 *Ibid.*, 102.

75 Habermas, *Justification and Application*, 10.

적 의지 는 거의 전능한 힘을 가지고 행사한다. 실제로 이성과 의지의 능력 그리고 실천이성 개념은 세계 안에서 교정과 변화를 거친다. 그러므로 하버마스는 정언명법과 보편원리를 상황에 적합하고 예민한 방식으로 적용할 것을 주장한다. 여기서 실천이성은 상황에 대한 적합성 개념에 의해 인도된다.[76]

그러나 하버마스와는 달리 칸트는 의지의 자율성은 도덕성의 지고의 원리이며, 정언명법에 기초하며 타율성—가언적인 명법에 근거한—과는 대립한다.[77] 더욱이 칸트는 근본적인 악의 문제를 간과하지 않는다. 하버마스의 적합성 개념은 칸트의 가언적 명법에서 고려될 수가 있다. 그러나 자유 개념은 칸트에게서 선한 의지의 자율성을 설명하는데 열쇠와 같다. 이것은 오로지 선험적으로 제시될 수가 있다. 자유는 모든 합리적 존재들의 자산이며, 의지에 결부된 행위에 속한다. 합리적 존재들은 의지가 있으며, 자유의 이념을 따르고 있다. 이들은 자유의 개념을 떠나서 행동할 수가 없다. 왜냐하면, 도덕법은 자유와 연계되기 때문이다. 실천이성 또는 합리적 존재의 의지는 자유 개념 아래서 스스로 자유로운 존재로 간주한다.[78]

하버마스 소통이론에서 대화자들에게서 자유 개념이 보편적으로 허용된다면, 상황에 적절하게 행동하는 적합성 원리는 가설적인 것으로서 의미가 있다. 또한, 자유는 존 롤스의 본래 위치 개념에서 동등성으로 파악된다. 무지의 베일에서 우리는 상대방을 자유롭고

---

76 *Ibid.*, 13-14.

77 Kant, "Fundamental Principles of the Metaphysics of Morals," in *Basic Writings of Kant*, 210, 198.

78 *Ibid.*, 205.

동동한 존재로 인정한다. 그런 점에서 칸트의 자유 개념은 정의-공정함으로 전개된다. 물론 하버마스 역시 그의 소통이론에서 자유 개념은 비강압적이며, 이상적이며, 민주주의적인 대화와 합의 과정에서 기본적으로 전제된다. 오히려 적합성의 원리는 칸트의 가언적인 명법에서 특히 정치적 신중함이 고려되는 정치윤리에서 충분히 수용될 수가 있다.

자유 이념은 우리의 의지와는 무관하게 오는 것이며, 우리는 자유가 나의 삶과 생각에 영향을 미치는 것을 안다. 자유의 이념 자체는 물 자체에 속하며 우리에게 알려질 수가 없다. 이것은 후설의 생활세계 개념과 유사하다. 역사, 사회, 문화가 인간의 의식에 들어와 영향을 미치지만, 여전히 생활세계는 우리에게 충분히 알려지지 않으며 선험적으로 머문다. 칸트는 나의 오성에서 현상의 세계를 범주화하고 이해한다. 그러나 오성-이해는 이성과의 역동적인 상호작용보다는, 이성이 오성-이해를 선험적으로 규제하는 형식논리로 작용한다. 이성은 경험의 세계와는 무관해야 하나? 이미 오성에는 경험이 들어와 있지 않나? 이성이나 합리성은 역사와 사회 문화에서 설정되고 형성되지 않은가? 아시아 사람의 선한 의지가 아프리카 사람의 선한 의지가 보편적으로 타당하고 동등할 수가 있을까? 생활세계가 달라지는 곳에서 상대적인 것이 필연적으로 나타난다. 그러나 이러한 상대적인 것으로 선험적인 생활세계가 해소되거나 환원되지 않는다.

칸트에게서 이성의 세계가 경험의 세계와 관계하지 않고, 오성-이해의 세계에 규제원리로 작용한다면, 이성의 선험성이 인간에게 계시처럼 드러나게 되는데, 과연 이성의 선험성은 경험의 세계와는 무관해야 하는가? 오히려 이성의 선험성은 생활세계 안에 들어와 있고, 경험을 통한 오성의 영역에 관여함으로써 경험의 영향을 받고 지배도 한다. 그렇다면 이성은 경험을 합리적으로 규제하고 인도하는 생할 세계를 통해 재해석 되어야 하지 않는가? 인간의 이성 역시 경험의 세계로부터 초월하지는 않는다. 칸트의 이성과 경험의 이분법적 구분은 도덕적 기여에도 불구하고 생활세계론을 통해 보다 상황에 적합하게 그리고 가언적인 명법을 해석학적으로 수용하면서 발전될 수가 있다.

어쨌든 칸트에게서 자유는 도덕법의 조건이며, 도덕법은 자유를 인식하는 근거가 된다. 자유는 도덕법 안에서 스스로 알려진다. 물자체는 현상의 배후에 존재하지만, 그것은 오성의 세계에 존재하는 인간에게 영향을 미친다. 인간이 일차적으로 자신의 의식에 근거하고 감각에 의해 영향을 받는다면, 인간의 의식은 지성 즉 오성의 세계 안에서 감각적 인상이나 경험과는 무관한 이성의 사용을 할 수가 있다.[79]

이성은 순수 자발성이며, 오성의 영역 위에 존재하며, 감각과 같은 직관을 포함하지 않는다. 우리가 사물들에 의해 영향을 받을 때 이러한 감각이나 인상이 드러난다. 그리고 오성은 감각의 직관을 규칙 안에 포섭하며, 이러한 것들을 의식 안에 통합한다. 이러한 의식의 통합과정이 없이 우리는 생각할 수가 없다. 의지는 욕구나 성향 아래 있는 것들을 고려하지 않는다. 그것은 모든 욕구와 감각적 성향들을 지배한다.[80]

---

79 *Ibid.*, 215.

우리가 스스로 주체로 인식하고, 지성의 세계의 도덕법을 고려하면서 의지의 자율성에 복종한다면, 그것은 정언적이 된다. 우리의 행동은 도덕법에 일치하며, 이것은 의무가 된다. 자유 이념은 우리를 지성의 세계의 회원으로 만들며, 따라서 우리의 행동은 항상 의지의 자율성에 확인되어야 한다. 그러나 여전히 감각세계의 회원으로서 우리의 행동이 정언적으로 일치하는지 확인해야 하고, 정언적 의무는 종합적인 아프리오리의 전제를 함축한다. 이것은 이성에 따른 지고의 조건을 포함한다.[81] "자유는 오직 이성의 이념이다."[82] 그러므로 자유는 순수이념이며 경험의 대상이 되지 않는다. 경험을 통해 이상이나 자유는 알려지지 않는다. 순수 이성은 순수이념을 통해서 활동한다. 이성은 도덕적 이해와 관심을 통해 실천적이 되며, 이것은 규제원리로서 도덕법과 행동을 안내하는데 직접적인 관심을 한다. 법은 의지에 주관적인 영향을 미치며, 그 객관적인 원리는 이성 자체에 의해 제공된다. 만일 개인의 주관적인 도덕의 격률이 보편타당성을 가지고, 의지를 결정하는 데 충분하다면, "그러한 관심은 오로지 순수한 것이다."[83]

만일 성서적으로 볼 때 죄가 용서되고 자유를 느낀다면, 자유는 칸트와는 달리 경험적인 차원을 가진다. 하나님이 은총으로부터 오는 자유가 있지만, 죄로부터 자유라는 경험적인 측면이 있고, 무엇을 위해 자유를 갖는 존재론적인 측면이 있다. 칸트의 문제는 이성의

---

80 *Ibid.*
81 *Ibid.*, 211-212.
82 *Ibid.*, 213.
83 *Ibid.*, 217, footnote 18.

영역이 역사적 경험이나 사회적 조건으로부터 초월한 자리에 있는데, 나의 선한 의지는 이미 역사와 사회에 구속된다. 그렇다면 선한 의지와 이성의 관계는 일방적이 아니라 상호작용으로 파악될 필요가 있다. 더욱이 급진적인 악은 인간의 삶에 영향을 미친다.

그러나 칸트에게서 이성은 이념(이상적 개념)의 경우에 순수하고 자발적으로 작용하며, 이념은 감각에 의해 주어진 모든 것을 초월한다. 그것은 가장 중요한 기능을 감각의 세계와 오성의 세계를 분리하는 데서 나타나며 오성 자체의 한계를 진단한다. 순수 이성은 지성의 세계에서 법을 정언적으로 수여하며, 실천이성은 현상의 세계 외부에 존재하는 오성의 세계에서 자리를 잡고, 스스로 실천적으로 자유롭게 작동한다.[84] 이것은 칸트의 형식주의를 말하고 그의 이분법적인 도식에 근거가 된다.

칼 바르트의 평가에 의하면, 칸트의 실천이성 철학에서 이성은 한 가지 종류인데, 그것은 이론적이며 실천적이다. "순수 이성은…실천 이성이다, 순수 이성에 의한 지식 그리고 하나님, 자유 그리고 영혼 불멸에 대한 진정한 지식은 실천이성에 의한 것이다. 그것은 의무에 일치하여 수행되는 도덕적 행동 안에서 함축적으로 수행된다. 그러므로 실천이성에 의한 지식은 순수 이성에 의한 지식이다."[85]도덕성이 우리를 관심하는데, 왜냐하면 그것은 인간 존재로서 우리에게 타당하기 때문이다.

칸트의 인식론은 다음의 원리에서 보인다: "단순한 현상에 속하는

---

84 *Ibid.*, 216.

85 Barth, "Kant," in *The Protestant Theology in the Nineteenth Century*, 262.

98 | 제1장 _ 근대 정치이론과 정의론

것은 필연적으로 이성에 의해 물 자체의 본성에 종속된다."[86] 어떻게 정언명법이 가능한가 하는 물음은 자유 이념에 대한 가설을 통해 답변이 이루어질 수 있다. 지성의 의지는 자유로우며 또한 자율성이 의지를 결정하는 본질적인 형식 조건이기 때문이다. 모든 격률이 법으로 보편적 타당성을 갖는 것은 법이란 순수실천 이성의 형식이며, 그것은 자발적으로 드러나며 의지를 규정한다. 그러나 어떻게 순수 이성이 실천적으로 되는가 하는 문제는 인간 이성을 넘어선다.[87]

이런 측면을 통해 칸트는 목적의 이상적인 왕국을 개념화한다. 인간들의 관계는 목적과 수단으로 간주하지만, 하나님은 도덕적 세계의 기원자이며 지배자이다. 하나님은 도덕적 인간들을 창조했고, 인간들은 하나님 왕국의 자유로운 회원과 시민이 되며 왕국의 조직과 제도를 만든다. 하나님의 백성에 대한 이념은 오로지 교회의 형식에서 이루어질 수가 있는데, 보이는 참된 교회는 지상에서 하나님의 도덕 왕국을 대변하며, 그것은 보편성, 순수성, 자유, 불변성을 요구한다.

교회는 본질로 하나인 교회로 연합된 보편적인 교회로 고려될 수 있으며, 오직 도덕성이나 순수성이 교회 연합의 원리가 되어야 한다. 그러한 성격은 교회와 국가권력의 관계에서도 자유와 공화제 원리 아래 있어야 하는 것을 말한다. 변경될 수 없는 교회법은 오직 하나님의 일이며, 그 행정과 집행은 다른 장소들과 시간에서 변경될 수 있다. 교회는 하나님 도성을 대변하는 것으로 규정되며, 신적인

---

86 Kant, "Critique of Practical Reason," in *Basic Writings of Kant*, 218.
87 *Ibid.*, 219.

도덕적 아버지 아래 있는 집에 비교된다.[88]

칸트가 위반을 향한 내적인 경향("아담 안에서 우리가 모두 죄를 지었다")에 동의하는 한, "죄는 우리의 본성 안에 있는 내면적인 악함으로 인해 결과하는 것"으로 본다.[89] 악은 오직 도덕적인 악으로부터 나오지 인간 본성 자체 안에 있는 한계로부터 오는 것이 아니다. 그러므로 인간은 타락에 대한 책임이 있다. 우리 안에 있는 도덕적 악이 본래 나타난다는 것을 입증할 근거는 없다.[90] 유혹을 통해 모든 악이 시작되었지만, 선을 향한 인간의 본래 성향은 여전히 유혹의 영에 대립하여 개선의 가능성을 가진다.[91]

이러한 관점에 근거해 칸트는 예수 그리스도를 '모든 순수성의 도덕적 성향의 원형'으로 정의한다. 하나님 존재의 원형으로서 그리스도는 하늘로부터 우리에게 왔으며 그분은 말씀이 되었다(Fiat!). 모든 존재가 말씀을 통해 있으며, 말씀 없이 피조된 것은 존재하지 않는다.[92] 칼 바르트의 해석에 의하면, 칸트의 기독론은 그의 삼위일체론 사유에 연관되며, 삼위일체는 사랑하시는 분(아버지), 인간성의 이상을 대변하는 나신 분(아들) 그리고 신적인 지혜(성령)[93]를 나타낸다. 그리스도 육체의 수납(assumption of human flesh)에서 또는 겸비의 상태에서 칸트는 '인간성 자체가 악'이 아니라고 주장한다.[94] 하나님의

---

88 Kant, "Religion within the Limits of Reason Alone," *ibid.*, 412-413.

89 *Ibid.*, 393.

90 *Ibid.*

91 *Ibid.*, 394.

92 *Ibid.*, 398-399.

93 Barth, "Kant," in *Protestant Theology*, 274.

94 *Ibid.*, 399.

아들은 우리의 원형이며, 신실한 모방을 통하여 우리 스스로—비록 인간의 한계에도 불구하고—고양해야 한다. 이러한 도덕적 완전은 하나님의 마음에 합한 이상적인 것이지만 욕구와 성향에 의존되는 지상의 존재에게도 가능하다.

이 지점에서 칸트에게 결정적인 것은 하나님의 마음에 합하거나 영접할 수 있는 '하나님의 아들에 대한 실천적인 신앙'이다.[95] 하나님을 도덕적으로 만족하게 할 수 있다는 이념은 인간의 이성 안에 현재하며, 이러한 원형은 인간 이성 안에서 찾을 수 있다. 이것은 오직 이성의 한계 내에 있는 종교를 다루는 데서 드러나는 예수 그리스도에 대한 도덕 신앙의 중요성이기도 하다.

---

95 *Ibid.*, 400.

II. 헤겔의 종교와 도덕

헤겔(1770-1831)은 초기에 칸트에 몰두했고 칸트의 도덕철학과 종교에 지지했다. 당시 기독교의 실증성은 계몽 군주 프로이센의 프리드리히 2세(1712-1786)의 권위에 의해 부각되고, 헤겔 시대에 만연해 있었다. 당대 프리드리히 2세의 계몽정책을 통해 종교적 관용정책이 시행되었지만, 그의 뒤를 이은 프리드리히 빌헬름 2세(1744-1797)는 1788년도에 악명높은 종교정책을 시행했다. 비록 외견상 관용의 원리가 법적으로 인정되었지만, 종교적 가르침의 자유는 제한되었고, 전통적인 루터란 개신교에 국한되어 있었다. 칸트는 견책되었고, 당대 중요한 저널들의 검열을 피하고자 출판사들은 외국으로 이주했다.

1795년 쓴 『기독교 종교의 실증성』에서 헤겔은 종교는 권위나 전제, 부자유가 아니라, 사람들의 심정에서 온다고 보았다. 헤겔은 종교의 주제를 철학적 해명으로 간주하고, 하나님의 본성과 실제를 세계, 역사 그리고 인간과 관련해서 다루었다. 헤겔은 철학적 신학 또는 종교철학을 통해 칸트의 신 요청 이론을 넘어서서 신론과 종교를 갱신하려고 했다. 영의 자기 드러냄에 주목하면서, 헤겔은 물 자체를 이성을 통해 논의하고 칸트와는 다른 길로 들어선다. 칸트에게 물 자체는 의식의 위부에 있으며 현상계를 초월한다.

그러나 헤겔은 칸트의 이성과 오성의 구분이 불필요한 것으로 비판하며, 변증법적 논의를 통해 동일성과 대립의 원리를 파악하려고 한다. 일치는 적대관계의 근저에 놓여있으며, 이러한 일치는 총체성을 이성의 화해를 통해 즉 변증법적으로 파악하고 현실화될 때 가능해진다. 변증법적으로 파악되는 이성은 칸트의 오성(이성으로부터 소외된 반성) 우위에 있다. 영은 역사와 사회 안에서 인간 의식의 합리적 진보에 따라 이성은 역사 안에서 파악되며, 세계사는 이성 안에서 실현된 것으로 본다.[1]

헤겔에게 하나님은 모든 것의 시작이며 종점이다. 심지어 모든 것은 하나님으로부터 시작하며, 하나님께로 돌아간다. 하나님은 한 분이며 철학의 유일한 대상이다. "그러므로 철학은 신학이며…그 자체로 하나님께 봉사한다."[2]

철학의 소명은 하나님을 아는 데 있으며, 기독교의 합리성이나 종교의 합리적 내용을 변호한다. 하나님의 화해에 대한 성서적 이념에서 볼 때 종교는 더 이상 인간의 이성을 넘어가지 않는다. 철학은 종교의 합리적 내용을 제시하고, 대변적인 종교 언어(상징적이며 메타포적인)를 개념적이며 학문적인 언어로 파악하고 치환하는 것이다. 계시종교로서 기독교는 아직 우주적 영의 자기 인식적 최종단계에 이르지 못했다. 하나님은 인간 예수와 동일시되지 않지만, 하나님은 모든 개인과 동일시되거나 동일하지 않을 수도 있다.[3]

대변이나 상징적인 종교 언어는 이미지와 상징에서 작동되는 인

---

1 Marcuse, *Reason and Revolution*, 10, 45.

2 Hegel, *Lectures on the Philosophy of Religion*, 1: 84.

3 Taylor, *Hegel*, 210.

지 형식이며, 이것은 철학적인 개념적 사고와는 다르다. 기독교는 여전히 불행의식 가운데서 부분적으로 살아가며, 대변이나 제의의 불 명료한 언어를 가지고 있다. 이것은 그리스도의 과거와 그의 최종의 재림 사이에 설정되고 표현된다.[4] 불행한 의식에 대한 개념은 개인 신도들과 사제 사이에 설정되는데, 사제는 하나님과 직접적인 교제를 한다. 개인 신도들은 사제에 대한 순종을 통해 '독립적인 자기 존재의 모든 능력을 포기한다.'[5]

대변적 언어로 치장된 종교는 사변적 사고의 명료함에 기인 되는 절대지에서 다시 표현되어야 한다. 자신의 사변철학을 위해 헤겔은 삼위일체 교리를 유용화하며, 하나님의 존재는 스스로 영으로 계시한다. 이러한 자기 계시는 세계와 관련되며, 모든 우주적인 실재의 근저가 된다. 헤겔에게 기독교의 삼위일체 교리는 하나님을 절대적 상호주관성으로 파악하는 중심이론에 속하며, 하나님을 도덕의 입법자와 집행자로 파악하는 칸트의 신 요청 이론과는 다르다. 헤겔에게 영지는 신앙의 자리를 대신하며, 세계는 영의 유출로 존재한다. 철학은 이념적으로 볼 때 신앙과 은총을 초월한다.

삼위일체론적 측면에서 하나님은 상호주관성 안에서 절대정신으로 정의되고, 세계, 역사 그리고 인간성과의 관계에서 전개된다. 헤겔은 종교의 진화를 인간의 역사에서 파악하며, 그의 존재-신학 (onto-theology) 또는 하나님과 인간을 존재론적으로 등치시킨다. 여기서 하나님은 인간 존재나 의식의 진보에 일치해서 파악된다. 존재-

---

4 *Ibid.*, 211.

5 Hegel, *The Phenomenology of Mind*, 129.

신학의 틀에서 개인의 주체성은 사회와 더불어 정신의 운동을 통해 드러난다. 이것이 정신의 유출을 통한 신적인 상호주관성 과정에서 중요한 계기가 된다.[6]

『정신현상학』(1807)에서 헤겔은 철학의 주제를 절대적인 것으로 개념화하고, 실체와 주체를 통합한다. 동일성과 차이 또는 이념과 실제적인 것은 변증법의 과정과 운동에서 드러나며, 여기서 이러한 두 가지 계기들은 폐기되고 또한 보존되면서 지양된다(aufgehoben). 정신은 인간 의식과 상호작용을 거치며, 세 가지 단계(의식, 자의식, 이성)에서 다루어진다.

이성은 정신의 자기운동을 통해 윤리적이고 문화적인 단계를 성취하며, 정신은 또한 예술과 종교 그리고 철학(절대지)에서 최고의 형식을 발견한다. 철학은 포이어바흐적인 의미에서 종교를 부정하지 않는다. 종교는 인간 의식의 투사가 아니라, 인간의 투사와는 다른 과제를 상징언어와 제의에서 가진다. 그러나 철학은 하나님에 대한 지식을 개념적이며 학문적인 용어로 파악한다. "하나님은 순수 사변적인 지식에서만 도달될 수 있고, 오로지 이러한 지식 안에 존재한다. 왜냐하면, 하나님은 영이며, 이러한 사변적인 지식은 계시종교에 의해 제공된 지식이다."[7]

헤겔의 화해철학에서 결정적인 것은 역사에서 일어난 신 죽음에 대한 개념이다. 이것은 위르겐 몰트만이 기독교의 정치신학을 사랑과 해방이라는 틀에서 삼위일체 십자가 신학으로 나가도록 자극한

---

6 Hegel: *Theologian of the Spirit*, 7.

7 Hegel, *The Phenomenology of Mind*, 446.

다. 헤겔은 십자가를 하나님의 역사로 이해했고, 화해의 이념으로 개념화한다. 성령은 사랑으로서 하나님의 자기 구분화(성부/성자)를 폐기한다.[8]

따라서 위르겐 몰트만은 삼위일체의 하나님-사건을 하나님의 역사로 자리매김하며, 하나님의 미래 또는 종말론과 관련된다. 그 현재 형식은 화해이며 삼위일체는 하나님의 역사에서 변증법적 사건으로 파악된다. 이것이 십자가에서 일어난다. 몰트만의 말을 들어보자. "삼위일체 교리의 내용은 그리스도 자신의 실제 십자가이다. 십자가에 달리신 그리스도의 형식은 삼위일체다."[9]

헤겔의 존재-신학적인 접근은 몰트만의 삼위일체신학에서 십자가 중심으로 나타나고, 정신의 유출을 통한 하나님의 자기운동은 역사와 사회 그리고 인간들과 관련해서 다루어진다. 하나님의 자유, 주권성, 역사 이전의 존재와 같은 개념들은 폐기 처분된다. 이런 점에서 몰트만은 내재적 하나님에 대한 성서적 진술을 제거하고, 하나님의 자존성이 세상 이전에 있었다는 것을 경건한 사변으로 치부한다. 하나님의 자존성은 폐쇄된 존재에 갇힌 추상적인 개념이며, 하나님은 오로지 세상과의 관계를 위하여, 즉 경륜적 삼위일체로 대신한다. 하나님은 창조 안에서 우리를 위해 존재하며, 우리는 창조 이전에 하나님의 자존성을 추구할 수가 없다.[10] 헤겔적 존재-신학 더 나아가 하나님 존재의 필연성은 몰트만의 만유 재신론과 삼위일체론에 결정적이다.

---

8 Moltmann, *The Crucified God*, 254.

9 *Ibid.*, 246.

10 *Ibid.*, 255.

어쨌든 헤겔에게 성육신의 종교 또는 계시종교는 유대교로부터 기독교로 진화하고 발전한다. 그리스도만이 역사적인 의미에서 유한하고 무한한 영의 수렴점으로 파악된다. 이러한 내용은 절대 종교이며 신적 존재가 여기서 계시 된다. 계시종교의 그리스도는 힌두교의 범신론이나 다신교적인 의미에서 다양한 아바타라(avatara)로 드러나는 것과는 다르다.[11]

하지만 헤겔은 신 죽음의 개념을 화해의 형식에서 파악하고, 신 죽음은 불행의식의 고통스러운 경험에 속한다고 본다. 종교적이거나 믿음의 의식은 상상력이거나 그림 언어적 사고에 머물러있다. 이것은 자의식의 확실성을 갖지 않는다. 이것을 넘어서는 완전한 화해는 아직 오지 않았고, 절대지를 통해 변형을 기다려야 한다. 왜냐하면, 그것은 종교적 의식과는 구분되기 때문이다.[12]

자아가 절대정신의 삶을 성취한다면, 그것은 정신의 마지막 구현이며, 정신은 절대지 안에서 자기 자신을 안다.[13] 실제로 종교적 의식은 자의식의 과정에 대립하며, 자의식은 아름다운 영혼의 형식에서 파악되고, 순수하고 투명한 일치 가운데 자의식은 스스로에 대한 지식을 가진다. 순수한 내면성에 대한 순수지식은 정신이며, 하나님 자신에 대한 자기 직관이 된다.[14] 헤겔의 불행의식은 절대자와 인간의 종교적 추구에서 다양한 계기들(금욕주의, 스토아, 회의론)에서 나타나며, 신을 중재하는 사제와 인간들 사이(교회)에서도 나타난다.

---

11 Taylor, *Hegel*, 198, 209.

12 Hegel, The *Phenomenology of Mind*, 460, 462.

13 *Ibid.*, 469.

14 *Ibid.*, 467.

칸트에게 실천이성은 물 자체로부터 영향을 받으며, 이것은 자유와 도덕성, 정언명법과 최고선의 근거가 된다. 실천이성은 의무적으로 여기에 봉사한다. 그러나 물 자체와 현상계는 이분화된다. 이러한 칸트의 이분화에 반하여, 헤겔의 아름다운 영혼은 칸트의 도덕적 세계관의 반립(선한 의지와 절대 악)을 넘어서 자신의 확실성을 의식하는 단계를 말한다. 아름다운 영혼은 미학적 차원을 말하지 않고 내적인 정화와 은총을 갖는 의식을 말한다. 헤겔은 하나님에 대한 자기 직관을 아리스토텔레스와 공유하며, 아리스토텔레스에게 행복은 이론적 관조로 개념화된다. 완벽한 행복은 아리스토텔레스에게 진리에 대한 무사심한 관조가 된다. 지성은 인간 안에 내재하는 신적인 것이며, 본래적이며 신성의 삶에 접근한다. 신성의 활동은 인간 지성의 관조 활동에 관련된다.[15]

헤겔은 자신의 변증법적 틀 안에 아리스토텔레스적인 논리와 운동을 통합한다. 일치는 잠재태와 현실태와의 관계에서 파악되며, 개별적인 잠재태는 존재론적 운동 안에 내재해있고 현실적인 존재 안에서 실현된다. 만일 칸트가 실천이성을 오성과 구분해 종교적인 의미에서 도덕 합리성의 보편적인 유형으로 파악한다면, 헤겔은 역사 과정의 운동을 통해 지식과 정신의 변증법적 일치에 관심한다. 절대적인 존재는 ─쉼이 없는 정신의 운동과 전체 운동의 마지막에서 안식을 취하는 차원을 고려하지 않는다면─ 추상적이며 텅 빈말에 불과하다. "상징적인 이념에서 종교적 교제에 대한 그림 언어적 사고는 개념적인 생각이 아니다. 이러한 요소 안에서 정신의 대변은

---

15 Aristotle, *Nichomachean Ethics*, X.VIII. 8.

그러나 내적으로 볼 때 동일한 결함을 갖는데, [이것의] 형식을 고려할 때 본질적인 존재 자체가 갖는 결함과 같다. 본질적인 존재는 추상이며, 따라서 단순성의 부정이다. 그것은 타자이다. 동일한 방식으로 정신은 본질적인 존재의 요소 안에서 단순한 일치의 형식이 된다. 이런 이유로 인해 그것은 본질상 다르게 되어가는 과정이다. 정신은 본질로 이것을 의미한다. 타자를 위하여 구체적이며 현실적으로 된다는 것은, 자신의 순수한 생각을 취소하고 넘어선다. 구성된 개념은 정신의 자기 개념 안에 있다."16

　헤겔의 존재-신학에서 하나님은 되어가는 존재이다(에베하르트 융엘). 내재적 삼위일체는 필연 적으로 역사의 과정을 통해 경륜적 삼위일체로 되어간다. 하나님은 존재론화 되며, 오시는 하나님은 역사로 해소된다. 몰트만에게 하나님이 '오시는' 하나님으로 파악된다면, 그리스도의 부활은 종말론적으로 유보된다. 왜냐하면, 오시는 하나님과 더불어 부활이 의미가 있기 때문이다. 융엘처럼 하나님이 역사적으로 되어가는 존재라면, 내재적 삼위일체론은 몰트만처럼 불필요하게 된다. 하나님은 역사화가 되기 때문이다. 역사화 되어버린 하나님과 오시는 하나님의 긴장은 몰트만과 융엘에게 여전히 남아 있다. 헤겔 철학의 영향이 여기서 강하게 드러난다.

　헤겔에게 하나님은 변증법적 틀 안에서 표현되며 정신의 운동에 기인한다. 하나님은 세계를 향한 정신의 자기 드러냄에서 필연적인 존재가 된다. 헤겔의 정신철학은 삼위 일체적이라기보다는 사위 일체(Quaternity)적일 수가 있다. 왜냐하면, 헤겔은 악을 "정신의 자연적

---

16 Hegel, *The Phenomenology of Mind*, 450.

존재의 자기 중심성," 반면에 선은 객관적으로 존재하는 자의식으로 말한다.17 삼위일체 하나님 안에 악이 같이 존재한다.

헤겔에서 악의 급진적 현실은 칸트처럼 진지하게 취급되지 않는다. 헤겔에게 하나님은 존재-변증법적 논리와 운동 그리고 진보에 갇혀 버리고, 사회 역사적 틀에서 다름, 불이익, 특수한 것은 선과 악을 포함하는 정신의 보편성에 종속된다. 이것은 헤겔의 비관주의를 지적하며 급진적인 악에 대한 투쟁을 포기한다.

그러나 헤겔의 변증법적 방법이 주어진 사태에 대해 대립과 저항의 논리에 기인한다면, 변증법적 사고는 문제틀적인 사고방식을 통해 비판적으로 보충될 수 있다. 문제틀적 사고방식은 주어진 것들의 자명한 것에 판단유보를 한다. 현실을 분석하고 해명하는데 주변부로 밀려 나간 것, 배제된 것, 억압된 것을 보편담론의 권력에 대한 분석을 통해 파악한다. 여기서 화해는 비판적으로 개념화되고, 고고학적인 문제틀과 권력관계의 분석을 통해 이성의 보편적인 일치를 다루는데, 그 제한성과 한계를 드러낸다. 이성은 헤겔처럼 절대지를 소유하는 것이 아니라, 진리를 향해 접근할 뿐이다. 지식은 생활세계와 더불어 축적되고 이해 지평이 열리지만, 생활세계는 여전히 선험적이다.

그러나 헤겔에게 신개념은 진보의 변증법에 근거하며, 기독교의 삼위일체론은 여기에 순응되고 재단된다. 하나님은 세계로부터 자유롭지도 못하며, 내재적 삼위일체 즉 하나님의 자존성과 주권은 경륜적 삼위일체, 세계와 인간을 위한 필연적인 하나님으로 해소된

---

17 *Ibid*, 454.

다. 하나님의 역사를 위해 하나님의 존재는 오로지 역사 안에서 되어
가는 존재로 치환된다.

　그러나 헤겔과는 달리, 화해는 성서적 콘텍스트에서 종말론 즉
오시는 하나님을 대신하지 않는다. 미래의 하나님은 오히려 화해된
세계 안에 담겨 있는 현상 유지와 비인격적인 악의 현실을 간과하지
않는다. 여전히 화해된 현실 가운데 비인격적 실재들, 하나님이 없는
폭력적 세력들과 급진적인 악의 현실은 존재한다. 하나님의 미래는
몰트만처럼 요청되거나 지상에서 이루어지는 천년왕국적 모티브로
해소되지 않는다. 하나님의 새하늘과 새땅은 역사적인 그리스도의
십자가와 부활에서 열리고 시작되지만, 역사와 우주의 완성은 하나
님의 신비와 주권에 속한다. 하나님은 여전히 세계와 인간과 다른
분으로 존재한다. 그러나 교회는 성령의 오심과 그리스도의 파루시
아 사이에서 하나님 종말의 완성을 선포하고 희망하며, 지금 여기서
실천해나갈 것이다. 내재적 삼위일체는 경륜적 삼위일체를 위해 포
기되는 것이 아니라 하나님의 은총으로 완성하는 미래의 삶(새하늘과
새땅)에서 일치로 드러난다.

　헤겔처럼 이성이 세계를 지배한다면, 세계사는 합리적으로 세계
정신의 필연적인 코스를 거쳐 진행한다. 헤겔의 하나님 개념에서
죄 된 현실성은 역사와 사회에서 어떤 자리를 갖는가? 헤겔에게 종
말과 하나님의 미래는 어디에 위치하는가? 역사와 우주적 완성으로
새하늘과 새땅은 절대지로 환원되어야 하나?

　의무와 시민들의 덕목이나 인륜성(*Sittlichkeit*)이 공공의 삶에서 이
성에 의해 구현되고 윤리적 규범을 위해 전개된다면, 우리는 신적
존재처럼 고양된('deified') 국가에 보편 이성의 권위를 인정해야 하는

가? 도덕적 책임과 정의를 위한 종교적 기여는 사회와 정치영역에서 어떻게 찾을 수 있을까?

헤겔은 종교에 호소하지 않는다. 오히려 국가 즉 정치적으로 조직화된 공동체가 그리스 시민 국가(polis)처럼 공공의 선을 위해 윤리적 삶을 회복하길 원한다. 이런 점에서 헤겔은 칸트의 도덕철학과 자율성 그리고 하나님의 나라를 목적의 왕국으로 실현하려는 윤리적 비전과는 다르다.

비판적 고찰: 목적의 나라와 정치윤리

헤겔의 기독교적 개념과는 달리 칸트는 역사에서 드러나는 정신의 자기운동을 통해 진보에 대한 신념을 견지하지 않았다. 오히려 그는 하나님에게서 오는 초월적 영향을 기대하고, 하나님 나라의 원리를 통해 인간의 삶과 도덕을 재창조하려고 했다. 근본적인 악의 원리는 선함에 더불어 혼용되어있고, 이것은 악을 선의 부재(privatio boni)로 파악한 아우구스티누스에 접근한다. 칸트는 인간의 연약함이나 자기 이해나 악의를 원죄로 파악했고 사도 바울에게 동의한다. "아담 안에서 우리는 죄를 지었다"(롬 5:12).

이러한 관점은 거듭남이나 중생을 요구하며, 온전한 마음의 변화를 통해 새로운 피조물로 나간다. 이것은 칸트에 대한 신학적 해석의 물꼬를 터줄 수가 있다. 바르트에 의하면, 하나님의 은총에 대한 칸트의 호소는 하나님 나라에 대한 그의 이념과 관련되며, 하나님은 보혜사 성령을 통해 인간을 용서하고 의롭게 하신다. 그렇다 해도 성서적 주제들, 예를 들어 은총, 속죄 또는 선택은 칸트의 종교철학에서 단편으로만 남는다. 칸트는 성서적인 이념들의 가능성을 논박하지 않았고, 신학과 철학과의 대화를 위한 가능성으로 남겨놓았다.[18]

합리적 존재는 하나님 나라에 속하며, 보편적인 도덕법을 의지의 자유를 통해 복종한다. 의무는 목적의 왕국 모든 회원에게 적용된다. 도덕성은 합리적인 존재가 자체상 목적이 되는 조건이며, 존재는 목적의 왕국에서 입법적인 회원이 된다. 자율성은 인간성 존엄의 기반이 된다. "의지의 격률은 필연적으로 자율성의 법과 일치하며, 그것은 거룩한 의지이며, 절대적으로 선하다."[19]

더 나아가 칸트는 그의 의무윤리와 실천의 명법을 목적의 왕국을 통해 이해한다. 이러한 왕국을 통해 칸트는 "공동의 법체계 안에서 다른 합리적 존재들의 연합"으로 이해한다.[20] 모든 합리적 존재는 객관적인 공동의 법 아래 서 있고, 각자는 다른 존재들을 목적 자체로 존중하고 대한다. "도덕법 아래서 인간들의 연합"은 ―이러한 법이 공공적이며, 윤리적-시민적인 경우― 사회 또는 윤리의 연방으로 불린다. 칸트는 시민사회에 도덕적 차원을 개방하며, 정치사회와 구분한다. 칸트에 의하면 "그것은 특수하며, 독특한 연합과 덕의 원리이며, 따라서 근본적으로 정치적 연방과는 구분되는 형태이며 제도이다."[21]

정치사회에서 사람들이 사회적으로 공공의 사법 아래 구속되어 있다면, 시민사회(윤리-시민)에서 사람들은 비강제적 법 즉 덕의 법

---

18 Barth, "Kant," in *Protestant Theology*, 288, 297.

19 Kant, "Fundamental Principles of the Metaphysics of Morals," in *Basic Writings of Kant*, 196.

20 *Ibid.*, 190.

21 Kant, "Religion within the Limits of Reason Alone," *ibid.*, 406.

아래서 연합된다. 정치적 연방의 시민들은 윤리적인 조직이나 그룹에 자유롭게 참여하며, 윤리적 연합은 공공의 법에 근거하고, 법의 규정을 따른다.[22] 여기서 중요한 것은 칸트가 시민사회를 도덕사회로 근거하고, 정치사회에 대한 개혁을 시도한다. 도덕과 정치에 대한 반성에서, 칸트는 자신의 정치윤리를 도덕 정치의 틀에서 발전시켰다. 도덕 정치가는 덕의 영역을 대변하고, 윤리적 영역이 정치사회 안에 스며들어야 한다. 정치는 권리와 법의 영역에 적용된다. 정치학은 권리와 도덕에 관한 적용된 이론이며, 정치적 신중함과 기술은 백성을 지배하고 다스리는 메커니즘을 위해 사용된다. 도덕과 법의 개념은 정치적 신중함과 같이 가는데, 이런 것이 사라질 때 정치적 신중함이나 기술은 자연의 메커니즘(이해관계와 권력 획득)에 의해 지배되고, 공허한 것이 되고 만다.[23]

"그러므로 너희는 뱀처럼 지혜로워라" — 이러한 성서적 진술은 정치의 격언이지만 도덕은 제한조건을 가진다. 그것은 비둘기처럼 온순하라는 것이다. 이러한 성서적 진술에서 정치의 갈등은 도덕과 상충되어 나타나지 않는다. 뱀의 지혜와 비둘기 순결함의 상관관계에서 시민사회의 총체성은 연합된 일반의지의 집단적인 도덕적 일치에 근거하여 세워진다. 시민사회는 공동의 의지와 정의 그리고 영구적인 평화를 위한 공공선을 산출한다.[24] 이러한 칸트의 시민사회에 대한 도덕적 견해는 매우 중요하다. 시민사회는 도덕에 근거하며, 시민들의 일반의지에 근거하여 정의와 평화라는 공공의 선을

---

22 *Ibid.*, 407.

23 Kant, "To Eternal Peace," *ibid.*, 460.

24 *Ibid.*, 459.

향해 정치사회를 개혁하면서 움직여야 한다.

정치윤리에서 칸트의 관심은 법과 권리개념을 정치와 관련짓고, 정치의 제한조건인 법적 근거를 기초하는 것이다.[25] 목적의 나라는 사회, 정치적 차원을 가지며 도덕 정치가를 정치적 도덕가(political moralist)와 구분된다. 도덕 정치가가 정치적 신중함의 원리와 덕목을 도덕과의 연관에서 추구한다면, 그는 사법의 결함을 이성과 합리성의 모델에 따라 고치거나 개혁하려고 한다. 도덕 정치가는 헌법 제도의 최종적 목적에 접근할 때, 변화의 필요성을 고려한다. 이러한 최종목적은 권리와 법에 일치될 때 최상이 된다. 그러므로 도덕 정치가는 정치적 신중함이 필요하며, 더 나은 사법제도는 무능함으론 실행되지 않는다. 칸트는 이런 점에서 심지어 저항과 폭력적 행동이 뒤따르고 처벌되더라도 혁명의 가능성을 열어놓는다.

칸트는 정치적 신중함을 사법개혁의 효력을 위한 의무로 파악한다. 그것은 공공의 법과 권리의 이념에 일치해야 한다. 심지어 칸트는 혁명을 자연의 요청으로 유용화하고, 철저한 개혁과 사법적 제도를 자유 원리의 기반에 세울 것을 주장한다. 그러나 혁명은 "보다 큰 억압을 은닉하기 위해 남용되어서는 안 된다."[26]

도덕 정치가의 과제는 정치적 도덕주의자와 대립하며, 후자는 도덕의 체계를 정치적 이해에 따라 주조하고, 그 목적을 기껏해야 도덕을 정치에 맞추는 정도로 제한한다.[27] 칸트는 정치적 영역에서 복잡한 문제들을 고려할 때 엄격주의자가 아니다. 왜냐하면, 그는 정치

---

25 *Ibid.*, 460.

26 *Ibid.*, 461-462, footnote 10.

27 *Ibid.*, 465.

도덕가들을 날카롭게 비판하고, 이들은 정치적 신중함을 위반하며, 도덕 정치가들이 시도하는 개혁과 진보를 불가능하게 만든다고 역설한다.[28]

이러한 칸트의 관점은 하버마스의 칸트 비판에 보충적 역할을 한다. 하버마스는 실천이성을 목적 지향과 선 그리고 권리의 측면에서 일치시킬 것으로 제안한다. 하버마스는 이러한 실천이성의 일치는 칸트의 초월의식 일치를 통해서는 불가능하다고 본다. 칸트의 실천이성의 거대 담론은 다양한 논쟁들의 형태와 소통의 과정에서 추구되고 정교화되어야 한다.[29]

그러나 칸트가 법과 정의를 다룰 때, 그는 정치적 신중함과 도덕성에 호소하며, 상황에 적합한 적용을 함축한다. 스토아 철학의 한계를 비판하지만, 칸트는 신중함의 덕목을 그의 정치윤리에 통합시키고, "도덕법과 반대되는 것은 악 자체"라고 말한다.[30] 스토아 철학자들은 인간의 도덕 투쟁을 인간의 자연적 성향과의 갈등으로 간주했고, 인간의 내재적 성향들은 의무를 성취하기 위해 극복되어야 할 장애로 보았다. 이들은 보편적인 도덕 원리를 인간 본성의 존귀함 즉 자유로부터 추론했다.

그러나 칸트에 의하면, 스토아 철학자들은 자유 안에 담겨 있는 악의 현실을 발견할 수 없었다. 이런 점에서 칸트는 사도 바울의 제자로 남는다. "우리의 싸움은 인간(자연적 성향)을 적대자로 상대하는 것이 아니라 통치자들과 권세자들, 이 어두운 세계의 지배자들과

---

28 *Ibid.*, 462.

29 Habermas, *Justification and Application*, 16.

30 Kant, "Religion within the Limits of Reason Alone," in *Basic Writings of Kant*, 396.

하늘에 있는 악한 영들을 상대하는 것이다(엡 6:12)."[31]

칸트는 정치를 도덕과 관련해서 개혁해나갈 것을 강조했다. 정치는 일차적으로 도덕에 일치되어야 하는데, 왜냐하면 정치가들은 국민의 권리를 권력자들에게 희생시켜서는 안 되기 때문이다. 칸트의 도덕 정치에 의하면, 권리와 법 또는 사법체제는 도덕에 무릎을 끌어야 한다. 교활한 음모 정치에 쐐기를 박기 위해 칸트는 다음과 같은 정치적 격률을 쓴다: "공공성을 요구하는 모든 격률은 그 목적을 상실하지 않으려면, 권리, 법 그리고 정치에 일치해야 한다."[32]

정치가들은 이러한 공공성의 요구를 정치적 목적에 일치시켜야 하며, 공공영역에 국가를 봉사하게 해야 한다. 칸트의 선험적 입장은 모든 행복의 경험적 조건을 넘어서서 목적의 왕국을 가리킨다. 이러한 목적의 왕국은 법의 실체에 영향을 미치며, 보편적인 입법성의 형식을 고려한다. 이것은 윤리적 공동체를 지적하며, 덕의 왕국이다. 모든 인간은 이것을 최고의 사회 선으로 추구하고, 점차적인 개혁과 혁명을 통해 실행해 나가야 한다.[33] 이러한 칸트의 정치이론은 하버마스의 소통정치를 위해 개방적일 수 있다. 적어도 목적이나 의무에 근거한 칸트의 도덕 정치는 도덕적 신중함과 같이 작동한다.

---

31 *Ibid.*, 397.

32 Kant, "To Eternal Peace," *ibid.*, 475.

33 *Ibid.*

III. 신학과 칸트

　신학의 영역에서 알브레히트 리츨(Albrecht Ritschl, 1822-1889)은 칸트의 도덕철학에 주목하고 그의 목적의 왕국을 새로운 방식, 특히 신학적인 칭의론과 화해론을 통해 발전시켰다. 리츨은 루터의 칭의론의 실천적 연관을 성화의 윤리신학을 위해 설정하고, 당대 헤겔 철학의 영향 아래 있던 사변적 합리주의와 루터란 정통주의 그리고 슐라이어마허의 주관주의로부터 거리를 취했다.

　리츨의 윤리신학은 주로 그의 슐라이어마허 비판에서 볼 수 있는데, 슐라이어마허는 의존 감정을 종교의 중심으로 놓았다. 슐라이어마허는 칸트와 헤겔의 전통에 반기를 들었고, 종교의 자리를 하나님에 대한 의존 감정에 설정하면서, 의존 감정과 의식에서 하나님의 현존을 느끼고 파악할 수 있다고 생각했다. 이러한 입장은 하나님을 절대지(헤겔) 또는 도덕적 의무(칸트)에서 파악할 수 있다는 것에 반대한다.[1]

　칸트와 신학의 관계를 해명하기 위해 슐라이어마허의 중요성을 칸트와 헤겔과 연관 지어 다룰 필요가 있다. 슐라이어마허의 몇 가지 한계를 분석한 후, 리츨이 어떻게 슐라이어마허의 종교적 주관주의

---

1 Barth, *Protestant Theology in the Nineteenth Century*, 439.

를 비판적으로 넘어가는지 검토할 것이다.

슐라이어마허: 칸트와 헤겔

프리드리히 슐라이어마허(1768-1834)는 19세기 개신교의 교부로 불린다. 그는 계몽주의에 잠깐 몰두했고, 경건주의 모라비안 공동체와 낭만주의에 깊게 관여했다. 이런 배경을 통해 그는 서로 다른 입장을 종합하려고 했다. 슐라이어마허의 『기독교 신앙론』(*Christian Faith*)은 개혁교회와 루터란을 하나로 연합한 프로이센 시대의 첫 번째 교의학으로 간주한다. 그의 사고는 서로 다른 입장들의 대립을 피해 화해와 중도에 근거하며, 종교적 경험에 중심을 둔다. 하나님의 현존에 대한 변증법적 이해나 접근은 헤겔처럼 정신운동이 아니라, 인간의 의식 즉 의존 감정에서 파악된다.[2]

슐라이어마허에게 하나님은 형용할 수가 없고, 인간의 의식 안에 설정된다. 경건한 자의식에 대한 지적인 반성은 하나님, 세계 그리고 윤리에 대한 신학적인 진술을 제공한다. 기독교의 경건한 의식은 신학의 중심주제로 들어오며, 그의 신학과 윤리를 형성하고 결정한다. 슐라이어마허는 당대 계몽주의나 합리주의의 종교 비판적 입장을 거절한다. 또한, 칸트를 추종하면서 도덕적 의무나 하나님의 계명으로 종교를 인식하는 것에 반대했다. 합리주의 전통은 도덕성을 "종교의 최종적 의미와 내용"으로 간주했다.[3]

---

2 *Ibid.*

3 Welch, *Protestant Thought in the Nineteenth Century 1*, 34.

슐라이어마허의 접근은 칸트의 철학 윤리와 대립하며, 종교의 자리를 인간의 실천적인 도덕에 설정하는 것이 적합하지 않다고 판단한다. 기독교는 단순히 도덕의 종교와 동일시 될 수 없다. 칸트에 의하면, 인간의 자유는 도덕적 경험의 필요한 근거로 요청된다. 종교와 신학은 인간의 도덕 이성 안에 현재하는 예수 그리스도의 원형을 도덕화한다.

그러나 칸트의 도덕 종교에 반하여, 슐라이어마허는 경건은 하나님에 대한 절대 의존 감정과 동일시한다. 경건은 무한한 신성의 영향 아래 있는 종교적 자기 존재의 심원한 수준으로 인도한다. 『신앙론』에서 슐라이어마허는 말한다. "모든 교회의 [일치와] 교제의 근거를 형성하는 경건은 자체상 순수하게 고려할 때, 지식이나 행동이 아니라 경험의 즉각적인 자의식의 변형을 말한다."4

슐라이어마허는 경건을 모든 다른 감정들로부터 구분하고, 경건의 자기 동일 본질을 절대적으로 하나님에 의존된 것으로 개념화한다. 이것은 절대 의존 감정인데, 이러한 감정은 완전한 의존 감정으로 더 잘 표현할 수도 있다.5 슐라이어마허에 대한 헤겔의 비아냥은 여기에서 비롯되었다. 만일 절대 의존이 종교의 진정한 성격이라면, 강아지야말로 기독교인이 되는데 최고의 입후보자가 된다.6 그러나 슐라이어마허의 의존 감정은 경건을 의미하지, 강아지는 경건을 갖지 못한다.

헤겔에 의하면, 종교철학의 진정한 주제는 하나님의 본성과 실제

---

4 Schleiermacher, *The Christian Faith*, §3 (이하 CF).

5 *Friedrich Schleiermacher*, ed. Keith Clements, 99.

6 Brandt, *All Things New*, 48.

에서 찾아야 한다. 헤겔은 하나님과 인간의 상호관계를 다룰 때, 사변철학으로 발전시키고 종교에 대한 개념적인 토대를 놓았다. 그의 종교철학은 신론과 종교의 철학적 갱신을 요구하며, 신학은 철학의 특수분과가 된다. 그는 포스트 형이상학의 틀에서 하나님에 대한 인식과 종교의 이성적 내용에 관심을 가졌다. 철학 또는 사변 신학은 하나님께 봉사하며, 하나님은 모든 것의 시작이며 목적이다. 왜냐하면, 모든 것이 하나님으로부터 나오고, 회귀하기 때문이다.[7]

종교의 합리적인 내용을 강조하면서, 헤겔은 종교에서 나타나는 상징적이며 대변적인 언어를 개념적이며 과학적인 틀에 통합시킨다. 하나님의 존재는 정신으로 드러나며, 영은 삼위일체의 세 번째 인격으로서 창조하며, 소통하며, 완성시킨다. 정신은 세계와 관계하고 인간에게 알려진다. 하나님은 절대적인 상호주관적으로 세계와 인간과 관련되며, 인간의 지성 안에서 인식된다.[8]

그러나 헤겔의 사변적이고 지성적인 방향에 반해, 슐라이어마허는 종교의 본질을 의존 감정에서 찾고, 신학을 추구한다. 비록 슐라이어마허가 삼위일체론을 거절하지는 않지만, 하나님의 자존성(내재적 삼위일체)은 인간의 종교적 감정에 알려질 수가 없다. 슐라이어마허는 유일신론적인 틀에서 '우리를 위한 하나님'(경륜적 삼위일체)에 관심했고, 우리에게 그리스도와 성령을 통해 오신 하나님을 종교적 의존 감정을 통해 해명하려고 했다. 그는 종교철학을 윤리위에 근거했다. 슐라이어마허의 주요관심은 종교의 활동적인 삶에 있고, 헤겔

---

7 Hegel, *G.W.F. Hegel: Theologian of the Spirit*, 5.
8 *Ibid.*, 7.

의 사변적 신학을 거절한다. 왜냐하면, 헤겔은 신앙을 영지에 종속하기 때문이다. 헤겔의 변증법에서 신학은 궁극이전의 단계에 속하며, 사변철학의 절대지가 최종의 자리를 가진다.

그러나 슐라이어마허는 신학을 종교철학으로 대신하지 않는다. 슐라이어마허는 신앙론 1-31장의 항목에서 초기 종교론의 입장에 관련짓고, 이후 기독교의 신앙 교리를 32항목에서부터 전개한다. 그는 철학적 신학을 종교철학에 근거해서 개념화하지만, 이것을 윤리의 통전적인 특징으로 다룬다. 윤리는 역사와 사회 안에서 드러나는 인간의 도덕적 행동에 대한 학문이며, 자연의 원리와 대립한다. 이러한 틀에서 신학은 교회와 신앙의 긍정적인 학문으로 가능해진다.[9]

다른 한편, 슐라이어마허는 개혁신학적 경건주의 모델을 칸트에 대립시키는데, 칸트는 하나님과 영혼 불멸성을 선험적 실천이성을 통해 파악했다. 슐라이어마허가 비판하는 것은 칸트의 시도 즉 종교를 오직 이성의 한계 안에 설정하는 것이다. 슐라이어마허는 종교를 하나님에 대한 절대 의존 감정, 즉 경건에만 근거를 두고, 종교를 도덕성으로 환원시키는 합리주의적 시도에 반기를 들었다.

칸트에게서 도덕적 완성 안에 있는 인간은 하나님의 존재인 예수 그리스도로부터 오며, 예수 그리스도는 하나님의 아들로서 겸비의 상태에서 인간성을 입었다. 그의 인간성은 하나님의 마음에 합한 위대한 실례가 된다. 인간의 공동의무는 스스로 도덕적 완성의 이상으로 고양하는 것인데, 이것은 우리 안에서 찾을 수 있는 예수의 도덕적 원형을 추구하는 것이다. 이러한 도덕적 완성이 하나님의 마음에

---

9 Barth, *Protestant Theology*, 429.

흡족한 것이며, 인간의 도덕적 입법 이성에 근거한다. 우리는 이러한 이성에 일치하고 살아갈 수 있어야 한다.[10] "인간의 이성 안에 존재하는 오직 이러한 이념의 실천적 정당성에 대한 믿음만이 도덕적 가치를 가진다"[11] 그러나 슐라이어마허에 의하면, 성육신은 그리스도 안에 있는 하나님의 현존이며, 그리스도는 '그분의 하나님-의식의 능력'을 통해 해석된다. 이것이 '그리스도 안에 있는 하나님의 진정한 존재'를 말한다.[12] 예수의 하나님-의식의 능력은 상대적으로 초자연적이며 또한 교회의 역사적 삶에서 소통된다. 그리스도에게 헌신한 신앙인은 그리스도—하나님의 완전한 의식—를 통해 전체 하나님-의식을 소유한다.

슐라이어마허에 대한 비판적 평가

슐라이어마허의 기독론에서 바르트는 만일 그리스도의 원형 또는 그리스도의 자의식이 본래적이고 완전한 것이라면, 이것은 점차 기독교인의 의식에 부여된다. 이것은 그리스도를 통한 구원을 말하는데, 그리스도의 자의식은 기독교인에게 영적 자극과 운동으로 이어진다. 이것이 '교회 안에 있는 그리스도 영의 삶'이다.[13] 의존 감정 안에서만 하나님은 우리에게 원인으로 드러나며, 그분이 인간의 감정을 형성한다. 인간 존재의 출처로써 그리스도는 인간의 감정과

---

10 Kant, "Religion Within the Limits of Reason Alone," in *Basic Writings of Kant*, 399-400.

11 *Ibid.*, 401.

12 CF §94.

13 Barth, *Protestant Theology in the Nineteenth Century*, 451.

구분되지 않는다. "그리스도는 경건한 감정 자체의 진지함과 강함에 따라 서거나 무너진다"[14] 그리스도의 본래 근원은 개별적인 기독교인에게 연관되며 연쇄적으로 관련된다.

바르트에 의하면, 슐라이어마허의 문제는 하나님의 말씀에 대한 확신이 없으며, 말씀은 신앙과 관련되지 않는다. 그러나 만일 신앙이 성령의 진정한 신학이 된다면, 말씀이 고려되어야 한다.[15] 만일 인간의 종교적 의식이 신학의 주제라면 "어쩌면 결국 슐라이어마허는 경건을 영지로 변형시킬 수 있다."[16]

이러한 바르트의 평가는 일면적으로 보인다. 왜냐하면, 슐라이어마허는 의식이나 의존 감정을 통한 연쇄의 모델에 근거하지 않고, 그리스도와 연합이라는 개혁신학의 모델에 근거하기 때문이다. 슐라이어마허는 그리스도와의 연합에 초점을 맞추고, 그리스도의 영향은 말씀이 설교를 통해 믿는 자들에게 소통되는 데서 본다. 그리스도의 신적 능력은 인간의 내면 안에 거한다. 다음과 같은 슐라이어마허의 말을 들어보자. "그리스도는 그분의 구원과 속죄의 활동 안에서 즉각적으로 임재하고 실현된다. 그것은 예언자적, 제사장적 그리고 왕적이다" 이러한 개혁주의 경건 모델에서 회개는 설교를 통해 오며, 그것은 신앙에서 최종적으로 발생한다. 따라서 신앙은 그리스도의 일이다. "은총의 이러한 신적인 역사는 초자연적이며, 그것들은 그리스도의 인격 안에 계신 하나님의 존재에 의존되고 그분에게서 실제로 나온다."[17]

---

14 *Ibid.*, 457.

15 *Ibid.*

16 *Ibid.*, 418.

그러나 슐라이어마허의 그리스도 연합이라는 개혁주의-경건 모델과는 달리, 리츨은 루터의 칭의론을 근거로 전통적인(두 본성의 연합이라는) 기독론 중심의 모델을 발전시킨다. 하나님의 나라를 최고선으로 개념화한다. 기독교 윤리는 최고선의 윤리로 고려되며, 하나님의 나라를 지적한다. 하나님 나라는 문화적인 선을 종속시키며, 하나님 나라의 증거를 위해 사용한다. 문화적 영역은 하나님의 나라의 빛에서 상대화되고, 변경되고, 변혁된다.

물론 슐라이어마허에게서 결정적인 것은 최고선을 요청하는 것이다. 슐라이어마허는 최고선을 윤리학의 중심주제로 구성했다.[18] "최고선의 개념에 관하여"라는 베를린 아카데미 강연(1827; 두 번째 강연은 1830년 행해졌다)에서 슐라이어마허는 말한다. "우리가 이런저런 관점을 취하는 것에 따라 선은 때론 황금시대로 드러나기도 한다. 여기서 방해받지 않고 완전히 만족스러운 개인 간의 소통이 있는가 하면, 때론 지상에서 사람들에 대한 정의로운 지배에서 영원한 평화로 드러날 수도 있다.… 아니면 경건의 자유로운 공동체 안에서 하늘나라로 드러난다. 각자 이 모든 것은 전체를 대변하는 개별인 것 안에서 다른 요소들을 포함한다."[19]

그러나 리츨과는 달리 하나님 나라 이념은 슐라이어마허에게 종말 완성의 교리와는 거리가 멀다. 영원한 삶의 이념은 기독교적 의식의 지적 능력과 경험을 넘어서며, 슐라이어마허의 두 왕국 개념은 루터의 두 왕국—그리스도의 제사장 지배와 시민 정부—에 기초한

---

17 CF §108.5.

18 Rendtorff, *Ethics I*, 154

19 Cited in Brandt, *All things New*, 73.

다. 슐라이어마허는 그리스도의 제사장직을 하나님의 보편적 지배로부터 분리하고, 그리스도의 일은 교회의 모든 영적 지배의 정점으로 파악한다. 시민 정부는 그리스도의 왕권으로부터 분리되며, 시민 정부에 낯설다. 슐라이어마허는 정치적 종교와 신정정치 즉 종교적 국가를 거절한다.[20]

하나님의 보편적 지배와 그리스도의 영적 왕권을 이분화함으로써, 그리스도의 효력과 혜택은 교회의 영역에 제한되고, 슐라이어마허는 세계 안에서 드러나는 하나님 화해의 보편적 차원을 축소한다. 슐라이어마허의 신학의 결점은 칭의의 은총에 대한 불명료한 이해에서 볼 수 있는데, 우리의 외부에서 일어난 칭의는 하나님의 의로움과 해방의 자유로운 선물과 연결되지 않는다. 따라서 그는 하나님의 칭의의 우선권을 사도바울과 연관지어 충분히 해명하지 못한다. "우리가 아직 약할때에, 그리스도께서는 제때에, 경건하지 않은 사람들을 위하여 죽으셨습니다…. 그러나 우리가 아직 죄인이었을 때에, 그리스도가 우리를 위하여 죽으셨습니다. 이리하여 하나님께서는 우리에 대한 자기의 사랑을 실증하셨습니다"(롬 5:6, 8) "세례를 받아 그리스도 예수와 하나가 된 우리는 모두 세례를 받을 때 그와 함께 죽었다는 것을 여러분은 알지 못합니까(롬 6:3)?"

하나님의 자유로운 선물은 칭의의 해방 은총으로써 하나님 약속의 말씀과 선언 안에서 영원한 생명으로 활성화되며, 성령을 통하여 중재된다. 그리스도와 연합을 통한 효력과 혜택에 앞서 하나님이 그리스도를 통하여 죄인을 의롭게 여기신다. 그러나 바울과는 달리

---

20 CF §105.3.

슐라이어마허에게 종교적 감정은 신앙론에서 하나님에 대한 의존 감정 즉 경건으로 파악되고, 그의 신학적 체계를 위한 기본원리로 등장한다.[21]

하나님은 인간의 상대적인 것과 한계를 넘어서며 하나님의 자존 성은 인간의 개념에 나타날 수 없다. 하나님은 인간의 인식을 통해 객관화되지 않는다. 왜냐하면, 하나님은 종교적 의식 안에서 파악되기 때문이다. 기독교 강요의 시작에서 우리는 칼뱅의 진술을 회상한다. "자기 지식이 없이 하나님에 대한 지식이 존재하지 않는다."[22]

슐라이어마허의 제한성은 교의학적 반성을 오직 인간의 의존 감정에 근거 짓는 데서 볼 수 있다. 그것은 하나님이 그리스도 안에서 자기 계시를 통해 성령으로 인간의 의존 감정이나 의식에 영향을 미친다는 성서적 진술이나 내러티브에 주목하지 않는다. 십자가 신학의 스캔들이나 부활의 소망은 슐라이어마허 신앙론에서 자리를 갖지 못한다. 그의 비신화론적인 프로젝트는 동정녀 탄생, 기적, 승천, 종말론에서 행해진다. 슐라이어마허와는 달리 성서의 생활세계는 성서의 풍부한 상징과 내용을 의존 감정과 더불어 해석되고 공공 영역을 위해서 소통되어야 하지 않나?

물론 슐라이어마허는 안셀름의 하나님 개념에 동의할 수 있다. 하나님에 대해 그 어떤 큰 존재를 생각할 수가 없다. 그러나 슐라이어마허는 스피노자의 하나님과 자연(세계)의 직접성을 포기하지도 않는다. 이베리아 반도(스페인과 포르투갈) 출신 유대인 바룩 스피노자

---

21 *Ibid.*, 130.

22 Calvin, *Institutes of the Christian Religion 1.*

(Baruch Spinoza, 1632-1677)은 초기 종교 담화론에서 슐라이어마허에게 영향을 미쳤고, 하나님은 세계 안에 그리고 세계는 하나님 안에 존재하며 움직인다고 말한다. 개인 존재나 모든 유한 것은 하나님의 외부에 존재하지 않는다.

이것은 무주론(acosmic)—우주는 하나님과 무관하게 독자적으로 존재하지 않는다—한 차원을 지적하는데, 하나님이 모든 존재하는 것들의 내적 원인이 되기 때문이다. 하나님은 우주의 외부 또는 초월하여 존재하지 않는다. 자연의 모든 것은 우주 전체의 부분이 되지만, 그렇다고 해서 하나님과 자연이 하나라는 것을 유보 없이 말하지도 않는다.[23]

초기에 슐라이어마허는 스피노자를 성령의 경험적 차원에서 높이 평가했지만,『기독교 신앙론』에서 그는 유일신론를 전개하고 스피노자의 범(재)신론적 경향을 피해간다. 하나님의 무한성은 개별 자아와 동일시되지 않는다. 슐라이어마허는 신 중심적 또는 유일신론적인 틀에서 여전히 유한이 무한 안에 본질로 존재한다는 것을 폐기하지 않는다. 그러나 이러한 상호존재성은 유한과 무한의 동일성을 가차 없이 범신론이나 범재신론적인 방식으로 말하지 않는다. 하나님은 자연 이상이며, 하나님은 스피노자의 하나님과 자연(*Deus sive natura*)[24]의 모델을 넘어선다.

그렇다면, 스피노자적인 범신론—하나님과 자연을 같이 병치시키는 것—과 급진적인 하나님의 초월성은 어떻게 화해가 될 수 있는

---

23 *A Spinoza Reader*, 16, footnote 9.
24 *Ibid.*, 203.

가? 유한한 존재가 무한한 신성 안에 들어오는 것은 이미 의존 감정에서 하나님의 초월성은 상대화되지 않는가?

스피노자에 대한 슐라이어마허의 애착을 보면서, 라인홀드 니부어는 기독교 윤리의 문제점을 본다. 슐라이어마허에 의하면, "경건한 자의 관조는 영원한 신성 안에서 그리고 이것을 통해 모든 유한한 보편적 존재들의 즉각적인 의식이다.… 이러한 관조가 발견되는 곳에 종교가 만족 된다.… 다른 한편 종교는 정확하게 인간의 행동과 생산을 동시에 구분하며, 이들을 자연적 관계의 총체로 결합한다. 그러나 경건한 자는 고백하길, 그는 이러한 결합에 대해 아무것도 모른다고 한다. 사실, 경건한 자는 인간 행동을 관조하지만 이러한 관조에서부터 윤리적 체계는 발생하지 않는다."[25]

라인홀드 니부어에 의하면, 슐라이어마허의 입장은 함축적인 범신론에 가깝다. 그것은 종교와 도덕성의 구별로 귀결된다. 초기에 슐라이어마허의 종교적 담화에서 함축적인 범신론이나 일원론(monism)적 경향은 전적 타자로서 하나님과는 다르다. 그러나 후기에 들어오면서 신앙론에서 슐라이어마허는 신앙의 유일신론적 타입 즉 예수 그리스도의 구원에 근거한다. 그의 유일신론적인 신앙의 타입은 해석학적 성격을 가지며, "기독교 교리는 언어에서 진술되는 종교적 체험에 대한 해명이다"[26] 여기서 교리는 언어 없이는 진행될 수 없으며, 진정한 교리는 표현, 설교 그리고 소통을 통해 순환된다.

슐라이어마허는 소통의 해석학적 중요성을 제시하며, 교리와 종

---

25 Cited in Niebuhr, *Moral Man and Immoral Society*, 68.
26 CF §15.

교적 경험의 관계를 해명한다.

교리는 하늘에서 떨어진 것이 아니다. 역사적 과정을 거치고 사회적 조건들 안에서 의존 감정을 통해 경험되고 이해된 것들을 언어로 표현하는 것이다. 교리의 모든 진술은 역사적-체계적이며, 그 정당성은 모든 시대에 항상 동일한 것으로 드러나지 않는다. 기독교 종교는 다른 콘텍스트에서 그리고 역사적 발전과정에서 다른 언어로 표현된다(예를 들면 그리스 정교회, 로마 가톨릭, 종교개혁).[27]

이런 점에서 리처드 니부어는 슐라이어마허의 해석학에서 도덕적 차원과 그 기여를 높게 평가한다. 해석가는 문장구조를 이해하면서 도덕적 존재로서 저자와 대화하고 저자의 감정을 느낀다. 해석의 기술은 의미를 산출하고 회복하는 데 있으며, 그것은 도덕적 행동에 속한다. 여기서 해석에는 윤리적 차원이 강조되고 텍스트의 의미산출과 회복에서 도덕성이 고려된다. 이것은 슐라이어마허의 윤리적 해석학을 말하는데, "해석자의 수행은 인격적이며 창조적인 것이며 또한 학문적인 것이다. 말하는 저자나 화자의 자아에 대한 상상력의 재구성에서 공감의 노력은 항상 문헌학의 원리를 넘어서서 해석기술의 영역으로 들어가야 한다."[28]

리출과 칭의의 은총

앞서 본 것처럼 슐라이어마허의 한계는 그의 신학의 방법론에서

---

27 *Selections from Friedrich Schleiermacher's Christian Ethics*, 33.
28 H.R. Niebuhr, *Schleiermacher on Christ and Religion*, 79.

의존 감정이나 경건을 근거로 기독교의 신앙 체계에 접근하는 데서 볼 수가 있다. 그리스도 신성의 교리는 신앙을 반성하는 데서 추론되며, 신앙의 전제가 되지는 않는다. 경건이 칭의의 은총을 선행한다. 그러나 슐라이어마허와 달리, 성서적으로 볼 때, 인간의 경건은 하나님의 은총에 대한 체험에 근거하고, 하나님의 객관적 약속을 앞서가지는 않는다. 아브라함은 경건해서 하나님을 만난 것이 아니라, 먼저 찾아오신 하나님의 약속과 선택에 경건하게 믿음을 가지고 응답한다. 슐라이어마허에게서 하나님으로부터 오는 약속과 계약은 인간의 경건한 감정에 의해 객관적인 우위가 상대화되고 만다. 이런 점에서 리츨은 슐라이어마허를 낭만주의적 감정 주의로 채색된 주관주의자로 비판한다.

리츨의 배경은 개혁교회와 루터란 교회의 연합에 근거한 프로이센 연합교회에 속하지만, 루터란 정통주의 고백파와 대립한다. 리츨의 관심은 신앙과 학문적인 논의와 윤리적인 삶을 하나로 묶는 것이며, 이러한 종합을 19세기 독일문화에 연관 짓는다. 이런 과제를 위하여 리츨의 주요관심은 신앙의 실천적이며 윤리적 연관성을 칭의와 화해의 모델에서 구축하는 것이다.

리츨은 새로운 신학적 방향을 열어놓고 형이상학적이거나 주관주의적 또는 헤겔적인 사변철학과는 달리 실천적이며 역사적인 방향으로 나간다.[29] 의존 감정에 대한 비판에서 리츨은 신앙을 칭의의 은총 안에 설정하며, 신앙을 경건으로 파악하는 주관적 이해의 한계를 넘어선다. 그는 칸트의 도덕철학의 중요성을 회복하고, 의무와

---

29 Welch, *Protestant Thought in the Nineteenth Century 2*, 2-3.

도덕적 발전을 하나님 나라의 윤리를 통해 전개한다. 칸트의 영향은 신학의 윤리에서 전개하는데, 그렇다고 해서 우리가 슐라이어마허의 윤리적 신학을 외면할 필요는 없다.[30]

리츨은 기독교인의 존재를 칭의와 화해로 특징짓고, 기독교는 윤리적 소명에서 표현되는 살아 있는 삶의 스타일로 표현한다. 그는 신학을 철학에 종속시킨 헤겔과 투쟁하며, 신학을 철학적 개념과 판단에 맡기는 것을 거절한다. 슐라이어마허에 대한 비판에도 불구하고, 여전히 그는 슐라이어마허의 유일신론적 믿음에 빚을 지고 있다. 이러한 믿음의 스타일이 기독교를 특징짓고, 리츨은 기독교를 '종교의 목적론적인 타입'에 속한다고 본다. 이것은 "본질로 다른 종교의 신앙들과 구분된다. 유일신론의 신앙에서 모든 것은 나사렛 예수 안에서 성취된 구원에 관련된다."[31]

리츨에 의하면, 칭의의 은총과 화해, 예수 그리스도 중심성 그리고 하나님의 나라가 인류를 위한 최종적인 목적이 된다. 리츨은 슐라이어마허의 하나님의 인과성 즉 창조와 구원에서 의존 감정과 더불어 일어나는 것에 거리를 취하고, 윤리적인 존재에 고유한 가치를 부여했다.

리츨과 루터 해석

리츨은 역사적인 사실 즉 예수 그리스도 안에 주어진 계시로부터

---

30 Ritschl, *The Christian Doctrine of Justification and Reconciliation* (=JR) , 8-14.
31 Schleiermacher, *The Christian Faith*, §11; 참조. JR 8-9.

시작한다. 이것은 신약성서에서 진술된 것이며, 종교의 사회적 차원을 강화한다. 그의 윤리신학에서 괄목한 것은 적합한 인식론인데 하나님은 우리를 향한 은총의 행동으로 파악된다. 이것은 루터의 영향에서 비롯된 것이다. 리츨은 인간을 위한 하나님에 대해서 언급한다. 하나님은 그리스도의 계시 안에서만 알려진다.

루터에 의하면, 하나님과 신앙은 같이 속한다. 이러한 계시와 믿음의 상관관계는 하나님에 대한 자연적 지식 또는 슐라이어마허의 의미에서 의존 감정과는 대립한다. 이러한 통찰은 루터의 『대교리문답』(*Large Catechism*)에서 잘 표현된다: "하나님을 가진다는 것은 온 마음을 다하여 그분을 신뢰하고 믿는 것과 다르지가 않다… 왜냐하면 하나님과 믿음은 같이 속하기 때문이다."[32]

리츨은 루터를 루터란 정통주의에 대항하여 그의 신학적 규범으로 이용하는데, 루터란 정통주의는 아리스토텔레스 철학에 영향을 받았고, 루터의 용서 교리를 법적이며 전가적인 카테고리를 통해 왜곡시켰다. 여기서 하나님은 율법 수여자와 심판자로 드러난다. 그러나 진정한 루터는 멜란히톤의 전가적 해석을 통해 매개된 루터란 정통주의와 다르다. 후자인 경우 칭의론은 법적 개념으로 드러나고 도덕적 차원이 상대화가 된다. 물론 멜란히톤은 칼뱅의 영향을 받았고 성화의 차원을 강조했지만, 그의 전가적 칭의론에는 도덕적이라기보다는 법적 의미가 강하다.

리츨의 루터 해석은 근대 루터 연구에 문을 열었고, 20세기 루터 르네상스의 배경이 된다. 리츨의 역사적 사고는 아돌프 폰 하르나크

---

32 Luther, "The Large Catechism (1529)," in *The Book of Concord*, 386.

의 교의학 역사연구에서, 칼 홀의 루터 연구에서 그리고 에른스트 트뢸치의 기독교 사회적 가르침에 가교가 된다.33

기독교 경건의 우위성에 대립하여, 리츨은 계시 중심을 통해 종교의 본질을 이해하고, 계시와 무관한 인간 예수에 대한 모든 지식이나 역사적인 이해는 무의미하다. 리츨의 체계에서 그리스도 중심의 신학과 성서는 결정적이며, 우리는 그리스도를 개인의 경험에서 인정한다. 더 나아가 리츨은 영혼과 신학은 자연과학적 지식과의 연관성을 고려할 필요가 없다고 말한다. 모든 타 종교의 경건은 불가능한 것으로 본다.34

그러나 리츨이 바울의 진술을 통해 화해를 그리스도 안에서 세계와 하나님의 화해에 천착한다면, 화해의 복음 보편성은 타 종교의 경건을 고려해야 하지 않나? 그러나 그의 화해 개념은 도덕적으로 파악되고 문화 순응적으로 행해진다. 리츨의 역사적 예수 연구는 그리스도의 역사적 삶을 통해 구성적인 측면을 가진다. 그는 종교개혁을 통해 신약성서의 원류로 돌아가길 원했고, 여기서 그는 죄의 용서, 칭의 그리고 화해라는 성서적 개념을 교회 공동체의 기원과 연관 지어 높게 평가했다. 지상의 삶에서 예수에 대한 역사적 지식은 예수의 가르침과 수난과 더불어, 초대교회 공동체에 지대한 영향을 미쳤다. 사도들의 삶에서 하나님의 은총과 윤리적인 방향은 하나님 나라를 향해 설정되어 있었고, 초대교회의 신앙에서 예수는 기독교적 해석의 규범이 된다. 리츨은 슐라이어마허에 대한 비판에서 기독

---

33 Welch, *Protestant Thought I*: 11-12.
34 Troeltsch, *The Christian Faith*, 16-17.

교 윤리의 내적인 의미를 그리스도 중심적으로 그리고 칸트의 목적 왕국을 통해 확대한다.

리츨: 칭의와 화해

리츨에 의하면, 루터의 칭의론의 독창성은 죄인의 도덕적 고결함이나 선행에도 불구하고, 용서를 개인적인 경험에서 인격적으로 파악하는 데 있다. 그것은 외부에서부터(extra nos, 하나님으로부터) 전가되고, 선언된다. 그러나 의롭다고 선포하는 것(Gerechtsprechung)은 하나님의 판결에서 죄인이 의로워지는 것을 말한다. 더구나 하나님의 은혜로운 판결은 믿음 안에서 하나님의 자비로우신 선함에서 활성화된다. 이것은 즉각적으로 믿는 자의 새로운 자기 이해, 즉 화해된 하나님의 자녀를 지적한다. 믿는 자는 하나님과 개인적인 교제로 들어가며, 세계 안에서 자신을 하나님 나라를 위한 하나님의 동역자로 자리매김한다.

칭의는 화해의 콘텍스트에 설정되며, 화해는 칭의를 활성화한다. 화해는 칭의를 효율적으로 즉 의롭게 선언하는 것과 연관된다. 이런 점에서 화해는 하나님의 자비에 대한 진정한 파악이며, 신앙은 그리스도에 의해 형성된다. 이러한 리츨의 입장은 로마 가톨릭의 입장 즉 믿음은 카리타스에 의해 형성된다는 것과는 다르다.[35]

칭의와 화해는 서로 분리되지 않지만 동일시되지도 않는다. 또한, 서로 환원되지도 않는다. 결정적인 것은 효율적이며 동시에 전가적

---

35 *Ibid.*, 25; Lotz, *Ritschl and Luther*, 38

인 차원을 칭의에서 파악하는 것이며, 여기서 칭의는 죄의 용서와 더불어 중생과 화해와 연결된다.[36] 죄는 칭의와 화해의 통전적인 틀에서 파악되고 극복된다. 신앙은 '하나님 즉 우리 주 예수 그리스도의 아버지에 대한 신뢰'로 간주한다.[37] 믿는 자는 하나님의 용서를 현재로 대변하며, 중생의 삶의 과정을 주관적인 측면에서 효율적으로 이해한다. 그리고 믿는 자는 하나님의 협력자로서 화해된 사람이 된다. 칭의는 하나님 화해의 사랑을 통한 '종교적 규제원리'이며, 기독교인의 전체 삶을 형성하고 인도한다.[38]

리츨은 이러한 칭의의 통합적 모델을 하나님에 대한 의존 감정을 주도원리로 삼는 슐라이어마허로부터 구분 짓는다. 리츨은 루터의 칭의론을 만회하고, 외부에서 선언되는 전가적인 차원과 실천적이며 효율적인 차원을 결합한다. 리츨에게서 칭의는 특별히 실천적 성격을 가지며, 종교적 존재의 실천적인 성격은 화해에서 표현된다. 칭의는 최고선, 즉 하나님의 나라를 향한 삶의 방향으로 움직인다. 칭의의 목적은 축복이며, 하나님의 나라에 참여하는 것이다. 이것은 "사랑을 증대하는 행동을 통해 인간성을 도덕적으로 조직화"하는 것이다.[39] 하나님과의 종교적인 관계는 그리스도와 성령에 의해 인도되는 도덕적 활동을 통해 회복된다. 믿는 자는 하나님의 나라를 위한 협력자로 정의된다.

종교 윤리적 삶의 스타일(Lebensführung)은 리츨에게 역사발전을

---

36 Lotz, *Ritschl and Luther*, 33-34.

37 Welch, *Protestant Thought I*. 28.

38 Lotz, *Ritschl and Luther*, 35.

39 *Ibid.*, 38.

통한 기독교 전체를 이해하는 주요 개념이며, 다른 시대들에서 화해에 대한 기독교적 의식을 윤리적으로 파악한다. 이러한 카테고리가 체계적이며 역사적인 방식으로 화해에 대한 규범적인 표현을 명료화하고, 리츨의 신학적인 틀로 들어온다. 기독교는 특별한 방식에서 그리스도를 통한 도덕적인 구원의 종교이며, 도덕적 초점이 하나님 나라의 이념에 대한 적합한 이해가 된다.

신학적 의무론과 하나님의 나라

리츨은 신학적 의무론으로 칭의와 화해의 통합모델을 개념 지었다. 그는 칸트의 하나님 나라에 대한 윤리적 반성을 진지하게 고려하며, 도덕의 법으로 구속된 시민들의 연합을 신학적으로 표현하려고 한다. 칸트에 근거하여, 리츨은 슐라이어마허-헤겔적인 종교접근을 비판하고, 자신의 출발점으로 온전한 계몽주의를 제시한다. 칸트의 도덕적 틀에서 리츨은 화해를 '인간 삶의 실현된 이상'으로 또는 '칭의의 의도된 결과'로 이해한다.[40]

리츨의 화해 개념은 헤겔의 변증법적인 의미에서 정립과 반립이 조화가 되고 일치하는 운동과는 다르다. 오히려 리츨의 화해 개념은 성서적인 의미에서 하나님의 나라를 지적하며, 칸트철학에서 볼 수 있는 지상에서 이루어지는 목적의 나라를 고려한다. 바르트의 평가에 의하면, "완전한 화해는 믿는 자에게 하나님이 아버지로 도전하는 것이며, 그를 절대적 신뢰와 어린아이 같은 감정에서 의롭게 하는

---

40 Barth, *Protestant Theology in the Nineteenth Century*, 643.

것을 말한다. 믿는 자에게 세상 위에 있는 영적 지배를 주고 하나님의 나라를 위한 일에 관여시킨다."[41]

칸트는 교회 질서를 엄격히 주장하는 정통주의자들에 대해 날카로운 비판을 퍼부었지만, 그는 신앙의 내용을 보존하고, 성서의 중심 교리와 도덕성을 합리적인 신앙으로 통합시켰다. 이것은 이성의 한계 내에서 가능한 종교를 의미한다. 칸트의 합리적 신앙은 예수 그리스도 안에 있는 하나님의 계시를 불필요하거나 피상적인 것으로 폐기하지 않는다. 그러나 도덕성은 자유롭고 이성적인 인간 존재에 근거 되며, 그는 이성에 의해 무조건적인 도덕법에 구속된다. 모든 사람에 대한 존경의 도덕은 입법적인 이성에 근거하며, 기독교 신앙이나 종교적인 콘텍스트와는 무관하다. 종교 또한 도덕적 당위와 의무에 관심하며, 하나님이나 이성은 도덕적 입법자로 간주한다.

종교는 실천이성에 근거하며, 교리나 예전 준수에 근거한 조직적인 체계를 요구하지 않는다. 오히려 그것은 심정에 초점을 주며 도덕적 의무를 하나님의 계명으로 준수한다. 기독교 신앙은 도덕의 합리적 종교와 혼동되어선 안 된다. 그러나 그것은 종교의 합리적 내용을 위한 껍질이 된다. 우리 안에 계신 하나님은 도덕법이다. [42]

따라서 이성은 성경과 교회의 신앙을 해석하는 기준이 되고, 동시에 도덕적 개선을 위해 성서 주석의 원칙으로 작용하며, 합리적 종교의 목적이 된다. 칸트는 다음처럼 말한다: "성서 텍스트는 외부적인 권위에 대해 그저 수동적인 순종을 강요하는 것처럼 보인다. 그러나

---

41 *Ibid.*

42 Habermas, *Between Naturalism and Religion*, 214.

성서는 우리 안에 거룩함을 산출하고 이와는 다르게 해석되어야 한다. 그것은 외부의 권위와는 달리 명백하게 할 필요가 있는데, 우리 자신이 도덕적 성향을 발전시키는 일을 수행해야 하는 것이다."[43]

칭의의 은총—하나님이 우리를 위하여 그리스도 안에서 행하신 일—은 성화의 은총으로 대체 된다. 우리는 도덕적 가치가 있는 삶을 살아야 한다. 도덕법은 하나님의 나라에 대한 성서적 개념에서 온다. 그것은 하나님에 대한 도덕적 요청과 영혼 불멸에 관련지어 최고선의 개념으로 번역된다. 하나님 나라 이념은 종교와 윤리적인 것을 포괄하며 인간이 추구할 최고선과 공동의 윤리적 과제를 위한 최종 목표를 의미한다. 그것은 이웃사랑을 통해 활성화되며, 모든 다른 것들이 흘러나오는 지고의 선이 된다. 이것은 도덕적 행동의 보편적인 근거이며, 도덕적으로 선한 행동은 필요한 것이다. 하나님 나라는 그리스도 안에서 공동체의 최고선으로 거룩하게 제정되었으며, 공동체의 모든 회원이 세계 안에서 도덕적 실현을 통해 성취할 수 있는 윤리적 이상이다. 하나님 나라는 교회 안에서 도덕적 활동을 통해 그리고 그리스도의 도덕적 모델에 따라 이뤄질 수 있는 것이며, 도덕적 소명은 세계 즉 결혼, 가정, 시민, 사회적 삶 그리고 국가와 관련해서 실행된다

칸트 목적의 왕국은 하나님 나라에 대한 도덕적 해석에서 강하게 반향된다. 이것은 천년왕국적 모티브일 수도 있고, 성서적 천년왕국의 실현에 대한 도덕적 접근일 수도 있다. 신학적으로 볼 때 종말론은 윤리와 더불어 간다. 윤리적 소명은 보편적인 도덕법과 인류의 친교

---

43 Kant, "The Conflict of the Faculties," in Kant, *Religion and Rational Theology*, 268, 233-327.

를 성취하는 것이며, 하나님 나라의 성서적 개념은 종말론적 의미로 채워진다. 이러한 의미는 천년왕국적인 의미에서 지상에서 도덕적으로 세워지는 데 있고, 종교적인 의미론이 세상을 변혁하는 능력으로 예견되고 드러난다.

리츨은 목적의 왕국에 대한 칸트의 이해를 프로이센 시대의 문화적 가치들과 일치시켰고 조화를 추구했다. 목적 왕국의 보편적인 목적은 발전된 사회, 문화구조와 갈등하지 않으며, 그것은 가족의 도덕적 친교와 민족의 친교 그리고 세계 제국 안에서 국가들의 결합을 통해 수행된다.[44] 윤리 공동체는 모든 사람이 최고선으로 증진하면서 지상에서 얻을 수 있는 것이며, 이것은 이미 순수 실천이성을 통해 도덕법에 대한 존경 안에 담겨 있다. 칸트는 신앙을 위해서 문을 열어놓고, 합리적인 것을 신앙의 인식론적이며 도덕적인 태도와 동일한 것으로 추구한다. 종교적 믿음보다는 도덕적 합리적 믿음이 "목적의 성취에 대한 신뢰이며, 이러한 목적의 증진은 의무이다. 그러나 이것의 실현 가능성에 대해 우리가 통찰을 갖는 것은 불가능한 것이 아니다."[45]

칸트의 관심은 도덕법 안에 포함된 내용으로서 신앙이나 약속이 아니다. 오히려 신앙과 약속의 도덕적 형식은 우리가 실천해야 한다. 그것은 칸트적인 의미에서 기독교의 신앙개념을 '칭송하는 모방' 일 수 있다. 도덕 신앙은 종교적 신앙의 껍질로부터 온다.[46]

이렇게 고려해볼 때, 칸트의 도덕철학에서 괄목한 것은 지상에서

---

44 JR, 309-312.

45 Kant, *Critique of the Power of Judgment*, 336.

46 Habermas, *Between Naturalism and Religion*, 222-223.

약속된 하나님의 나라를 최고선으로 실현하는 것이며, 초월적이고 종말론적인 하나님 나라의 이념을 세계 내적인 유토피아로 전환하는 것이다. 이런 프로젝트는 실천이성의 요구를 만족하게 하며 윤리 공동체를 실현해나가는데, 이것은 피안의 삶의 약속이나 영혼 불멸을 추구하는 것과는 상관이 없다.[47]

물론 칸트의 철학적 신학은 종말론적 소망을 충분히 차 안의 윤리적 유토피아로부터 구분하지 않는다. 이러한 인상이 칸트를 추종하는 리츨을 문화의 그리스도를 퍼트린 신학자로 의심받게 하였다. 왜냐하면, 온전한 화해가 문화와 더불어 일어났고, 이것은 하나님 나라의 이념을 통해 성취되었기 때문이다. 예수 그리스도는 유보함이 없이 칸트 목적의 왕국에서 중요하다. 리츨은 다음처럼 말한다: "하나님 나라의 기독교적 이념은 인류의 연합을 지적하며—이것은 회원들의 상호 도덕적 행동을 통해 외부적으로 그리고 내적으로 가장 포괄적으로 가능한 연합을 말한다."[48]

이러한 관점은 하나님의 미래로부터 오는 종말론적인 차원을 봉쇄할 수 있다. 더욱이 리츨의 한계는 십자가 신학의 형태에서 사회로부터 밀려 나간 자들을 위한 복음의 아남네시스적 연대를 부르주아 문화와 화해를 종속시켜버릴 수도 있다.

---

47 *Ibid.*, 222.

48 *Ibid.*, 284. Cited in H.R. Niebuhr, *Christ and Culture*, 98.

공공신학, 윤리적 공동체 그리고 문화

칸트는 기독교 신앙에 대한 모방을 통해 신앙공동체의 설립을 윤리적 법 아래 있는 하나님의 백성으로 파악했다. 실천이성은 복잡한 세계 안에서 윤리적 공동체의 합리적인 개념을 설정해야 한다.

이것은 또한 공화주의적 시민들로 구성되는 글로벌 사회를 사법적 시스템으로 조직화는 방향으로 나간다. 칸트의 윤리—시민 공동체 개념은 사법적—시민사회와는 다르며, 그의 철학적 인식론은 기독교 전통에 의존하고 있다. 칸트의 윤리적 공동체는 로컬 문화가 아니라 글로벌 연관성을 가진다. 왜냐하면, 도덕적으로 입법적 이성은 덕을 윤리적 사회를 위해 지지하며, 이것은 모든 것을 포괄하는 도덕의 왕국을 영구적인 평화로 나가게 한다.

하버마스의 평가에 의하면 "이성은 종교적인 케이크를 가질 수도 없고 먹을 수도 없다. 그럼에도 불구하고 칸트의 종교철학의 구성적인 의도는 여전히 주목할 가치가 있다. 우리가 포스트 형이상학적 조건 아래서 실천적 이성의 사용을 위해 주요한 세계종교들의 명료한 [도덕적] 능력으로부터 배우길 원한다면 그렇다."[49]

칸트가 순수 이성보다 실천이성을 우위에 두는 것은 리츨의 윤리신학에서 볼 수 있다. 리츨의 문화 개신교는 교회 공동체, 경제, 민족 그리고 정치적인 영역에서 기독교적 도덕의 소명을 수행하려는 노력에서 표현된다. 정치적 권위에 순응하면서 기독교인은 공공의 선을 위해 시민의 일에 관여하면서 이들의 사회적 소명에 충실한다.

---

49 Habermas, *Between Naturalism and Religion*, 227.

이러한 공공영역의 참여는 기독교인들을 그리스도를 드러내는 실례로 만들어간다.[50]

인간의 윤리적 문제와 하나님의 나라에 대한 칸트의 이해와 더불어, 리츨은 윤리신학을 루터의 칭의론에 근거하는데, 루터에 대한 그의 창조적 해석은 칭의론과 화해론의 통전에서 그리고 기독교인의 자유 개념에서 잘 나타난다. 이런 점에서 리츨은 칸트의 실천이성에 전적으로 순응하지도 않으며 계몽주의의 낙관주의와도 거리를 취한다.

칸트는 인간의 도덕적 자율성이 종교적 의존성을 갖는 것을 비판했다. 사실 하나님은 물 자체 영역에 속하는 자유에 대한 보충으로 요청했다. 칸트는 여전히 계몽주의의 낙관주의에 사로잡혀있고, 인간의 자율성과 도덕적 자기 정당화를 위한 능력을 신뢰한다.[51] 칸트의 성육신에 대한 반성에서 말씀은 원형이며, 도덕적 완전의 이상을 위한 실례가 된다. 인간의 공동의무는 인간성을 도덕적으로 완전하게 고양하는 것이며, 이것이 하나님 마음에 드는 것이 된다. 이것은 인간 이성에 내재해있고, 도덕적 입법 이성 안에 거하며, 의무는 이러한 원형에 일치해야 한다.[52]

이러한 칸트의 입장은 루터가 윤리를 신앙과 은총에 기초 지우는 것과는 다르며, 루터는 리츨의 입장에 결정적인 것이 된다. 리츨은 복음의 역사적 사건들을 교회 안에서 신앙을 전개해가는 규범으로 고려한다. 리츨의 예수 개념에서 하나님의 자유로운 용서의 은총에

---

50 Niebuhr, *Christ and Culture*, 91, 97.

51 Lotz, *Ritschl and Luther*, 148-149.

52 Kant, "Religion Within the Limits of Reason Alone," 399-400.

대한 강조가 있고, 예수는 하나님 사랑의 계시자이며 중재자가 된다. 하나님 나라 안에서 도덕적 덕목과 윤리적 활동은 예수를 통한 구원과 교회와 세계를 다스리는 그분의 주권으로부터 분리되지 않는다.

죄의 용서로서 칭의는 신앙과 은총 안에서 파악되며, 하나님 화해의 사건을 보증하고 실현한다. 화해는 교회에서 일어나는 삶의 이상이며 사건이다. 칭의의 전가적(forensic) 이해는 종교개혁의 원리와 일치해서 확인된다. 이제 예수는 인간성의 원형적 이미지가 되고 인간성과 하나님의 나라를 연합한다. 예수는 자신의 목적을 하나님 자신의 목적과 동일시했고, 이것은 인간의 목적과도 같다. 하나님의 사랑을 드러냄으로써, 예수는 하나님이 된다. 우리는 칭의를 얻으며 하나님의 나라에 오직 예수를 통해서 들어가며 그분의 교회 안에서 우리는 예수 안에 계신 하나님을 만난다.[53]

이러한 리츨의 관점은 칸트와 다르다. 왜냐하면, 칸트는 예수를 오로지 도덕의 원형으로 하나님을 세계의 도덕 지배자로 개념화하기 때문이다.[54] 우리의 이성 안에서 이러한 도덕적 원형을 추구함으로써, 칸트는 윤리적 공동체의 이념을 다듬었고, 사람들은 덕목의 법 아래서 연합된다.[55] 하나님은 세계의 도덕 지배자이기 때문에 윤리적 공동체는 하나님의 계명 아래 있는 하나님의 백성들에 의해서만 고려된다.[56]

이것은 보이지 않는 교회를 지적하며, 사람들에 의해서 제정되는

---

53 Barth, "Kant" in *Protestant Teology*, 647.

54 Kant, "Religion Within the Limits of Reason Alone," 410.

55 *Ibid.*, 406.

56 *Ibid.*, 410.

것의 도덕적 원형에 봉사한다. 따라서 보이는 교회는 지상에서 하나님의 도덕적 왕국을 제시한다. 보이는 교회는 보이지 않는 교회의 이념과 조화를 이루는 사람들의 실제적인 연합을 말한다.[57]

그러나 리츨은 교회를 칸트적인 의미에서 도덕적으로 설정된 하나님의 나라를 혼동하지 않는다. 교회에서 결정적인 것은 계시와 더불어 예수 그리스도의 하나님에 대한 믿음이며, 이것이 칭의와 화해의 근거가 된다. 하나님 나라의 이념은 역사적으로 예수의 인격 안에 근거하며, 이것이 또한 윤리적으로 파악된다. 예수를 윤리적으로 파악하면서 리츨은 주장하길, 그리스도는 그분의 소명을 인간성의 보편적인 교제에서 확인했다.[58] 이것이 리츨의 사회개혁에 힘을 실어주는 규제원리이며, 세계 안에서 교회의 도덕적 책임을 고무한다. 리츨은 비록 비스마르크를 귀족주의나 사회혁명에 비해 진보적으로 지지했지만, 그렇다고 해서 비스마르크 정치에 무비판적인 것은 아니었다.

오토 폰 비스마르크(Otto von Bismarck, 1815-1898)의 독일통합(1871)에서 독일 민족국가의 통일과 더불어 독일 제국의 식민주의적 성격을 우리는 간과할 수가 없다. 비스마르크의 보수적인 국제 외교와 현실정치(Realpolitik)가 1차 세계 대전의 도화선이 될 수 있었던 것 역시 무시할 수 없다. 비스마르크는 빌헬름 1세에게 충성했고, 민주주의를 불신했고, 동프로이센의 귀족 지주계급들인 전통적인 융커(Junker) 엘리트들을 통해 강력한 관료제로 통치했다.

---

57 *Ibid.*, 411.

58 JR, 443,

비스마르크 시대를 살았던 리츨이 지고의 목적으로서 하나님 이념을 보다 큰 사회정의, 민주주의와 자유를 위한 진정한 방법으로 파악했다면, 이것은 사회개혁을 위해 헌신하는 윤리적 소명으로 발전될 수도 있었을 것이다. 그러나 리츨의 문화 개신교의 보수주의는 부르주아 프로이센 사회의 세례를 듬뿍 받은 것으로 비난받는다. 리츨은 본 대학의 교수를 거쳐(1846-1864) 1864년부터 괴팅겐 대학교수로 재직하면서 죽을 때까지 그곳에서 가르쳤다.

바르트가 괴팅겐 대학교수 시절(1921-1925) 리츨의 전통을 잇는 보수적인 신학자들에 대한 반감은 지대했다. 당시 독일 제국의 외상이었던 발터 라테나우(Walter Rathenau)가 암살당했을 때, 괴팅겐 대학의 교수진들이 이 사건을 국수적으로 용인하는 태도를 비판했다. 그 이유는 라테나우가 유대인이었고 그를 암살한 사람은 극단적인 반유대주의자였기 때문이다. 바르트의 비판에 의하면, 괴팅겐 대학의 신학부 창설자인 리츨의 보수적인 태도처럼, 그의 추종자들 역시 시대의 문화적인 분위기에 부화뇌동하면서 라테나우의 암살자를 용인했다.[59]

리츨에 대한 날카로운 비판에도 불구하고, 바르트는 리츨의 중요성을 칸트적인 의미에서 계몽주의의 이론적이며 실천철학에 호소하는 데서 보았다. 그러나 바르트는 리츨을 개신교 신학을 비스마르크 시대에 부르주아 이상에 순응시킨 자로 이해했다. 리츨의 삶의 이상은 '비스마르크 시대의 민족-자유주의 독일 부르주아지의 전형'이었다.[60]

---

59 정승훈, 『칼 바르트와 동시대성의 신학』, 59.

하지만 리츨의 중요성은 자연종교에 대한 그리스도 중심적 거절과 함께 화해와 종말론에 대한 윤리적 해석에서 찾을 수 있다. 이러한 신학적 모델은 심지어 바르트나 본회퍼에게서도 결정적이다. 리츨은 공공신학과 윤리적 책임성을 위해 칸트의 도덕철학과 근대의 정치이론에 깊게 관여한 고전적 실례로 볼 수 있다. 그는 당대 공론장에서 윤리신학을 구현했고, 하나님 나라를 칭의와 화해를 통해 기독교 윤리의 목표로 다듬어간 선구자였다. 그의 하나님 나라의 신학은 스위스의 종교사회주의자인 레온하르트 라가츠에게, 그런가 하면 미국에서는 사회복음운동을 주도한 월터 라우션부시(Walter Rauschenbush)에게 반향을 가진다.[61]

사회정의와 문화의 영역에서 공공의 선에 대한 한계에도 불구하고, 리츨은 신학적 의무론의 통찰을 제공하고, 신학과 철학의 대화에 중요성을 제시했다. 그의 신학적 윤리적 통찰은 칸트적인 틀에서 포스트 형이상학으로 발전하는 비판이론과 대화를 통해 그 의미가 확장될 수 있다. 여기서 대화론적인 접근은 종교적 전통에 대한 비판적인 태도를 취하지만 동시에 이러한 전통으로부터 배움에 열린 자세를 가진다.[62] 윤리에 대한 신학적 정당성의 문제는 공공신학에서 여전히 중요하며, 윤리에 대한 신학적 기반에 새로운 관심을 불러일으킬 수 있다. 그것은 희망과 종말론의 정치신학에 대한 오늘날 논의에서 정점에 달한다.

---

60 Barth, "Albrecht Ritschl," *Protestant Theology in the Nineteenth Century*, 642.

61 H.R. Niebuhr, *Christ and culture*, 101, 113,

62 Habermas, *Between Naturalism and Religion*, 245.

보론: 루터의 칭의론과 경제적 정의

루터의 칭의론은 하나님에 대한 신앙고백에 근거한다. 십계명 1조에 대한 루터의 반성을 고려하지 않고 그의 칭의론을 이해하기는 어렵다. 이러한 칭의론은 초기자본주의에서 나타나는 이자와 고리대금업에 저항한다. 이러한 사회사적 상황에서 은총에 의한 죄의 용서, 악의 세력으로부터의 구원, 영원한 생명의 약속은 단순한 영적인 자유가 아니라, 화해를 위한 자유와 이웃에 대한 윤리적 책임을 담고 있다.

루터는 칭의론을 경제적 이슈에 관련지었고, 맘몬의 지배와 구조가 생명의 하나님과 대립적인 관계에 있음을 보았다. 그는 모든 것을 "삼켜버리는 자본"의 시스템에서 밀려난 자들과 가난한 자들의 권익을 위해 투쟁했다. 돈과 재산에 몰두하는 자들은 맘몬을 하나님으로 섬기며, 이들은 모든 뜻과 마음을 돈과 재산에 둔다. "이것은 지상에서 가장 공동의 우상이다"[63] 하나님에 대한 우리의 관계는 경제적 현실에 의존하며, 불의한 경제적 조건은 하나님에 대한 참된 예배를 무너뜨린다.

루터에게 토라는 말씀과 행동의 일치를 말하는 다바르(dabar)를 의미하며, 다바르는 말씀을 행하는 것(verbum facere)을 말한다. 라틴어에서 토라는 계명과 약속을 포함하는 가르침이나 교리를 의미하

---

63 Luther, "Large Catechism," BC, 387. 여기서 논의되는 루터의 칭의론과 사회 경제비판은 필자의 다음의 글을 요약한 것임을 밝힌다. 정승훈, "종교개혁 칭의론의 사회 경제적 해석", 김동춘 책임편집, 『오직 믿음으로만? 칭의와 정의』(서울: 새물결플러스, 2017), 270-281.

는데, 히브리 성서의 의미에서 그것은 율법보다는 하나님의 거룩한 가르침으로 이해된다. 토라는 율법/복음, 계명/약속, 심판/은총을 포함하며, 이러한 상관관계에서 하나님의 일치를 말한다. 루터는 믿음을 십계명의 첫 번째 계명에 연관 짓고, 칭의는 일차적으로 하나님께 정의와 공의로움을 드리는 것(Deum justificare)으로 말한다. 우리가 하나님의 약속에 대한 신뢰 안에서 활동하고, 하나님의 용서를 받아들일 때, 우리는 하나님께 공의로움을 돌려 드리는데, 이것이 하나님을 정당화(justification of God)한다.[64]

루터에게 토라는 죄를 고발하는 율법 이상의 의미를 가지며, 계약의 말씀과 구원의 약속은 그리스도 안에서 계시 된 말씀과 같은 것이다. 루터에게서 히브리성서는 "약속과 은총의 말씀을 포함하며, 거룩한 믿음의 아버지들과 예언자들은 토라 아래서 지켜지고, 우리처럼 그리스도에 대한 믿음을 가지고 있었다."[65]

탁상담화에서 루터는 말한다: "히브리인들은 근원에서 물을 마시고, 그리스인들은 근원에서 흘러나오는 물을 마시며, 라틴 사람들은 도랑에서 물을 마신다"(WA Tr 525). 루터는 코부르크(Colburg)에 머물던 당시 유스투스 요나스(Justus Jonas)에게 편지를 썼는데(1530. 6. 30.), 십계명은 복음의 변증법이라고 말한다. 그리고 복음은 십계명의 수사(rhetoric)이다. 그러므로 우리는 그리스도 안에서 모세의 모든 것을 가진다. 그러나 모세 안에서 우리는 그리스도의 모든 것을 갖지 않는다. 루터는 십계명의 제자가 되었다고 말한다(WA Br 5, 409, 26-29).

---

64 Iwand, *The Righteousness of Faith According to Luther*, 21.
65 "Preface to the Old Testament"(1523, rev. 1545)," in Luther, *Martin Luther's Basic Theological Writings*, 114.

루터는 토라의 핵심인 십계명을 진지하게 고려했고, 토라의 사회 정의는 루터의 칭의론을 급진화시켰다. 하나님과 맘몬의 대결은『대요리문답』(1529)에서 루터는 남의 것을 훔치지 말라는 계명의 빛에서 숙고한다. 칭의는 하나님의 오이코노미아(oikonomia)를 준수하고, 하나님께 공의로움을 책임적으로 돌려 드리는 행위이며, 맘몬의 정치경제학 지배체제에 도전한다. 하나님의 오이코노미아는 하나님의 경제 질서와 정의를 의미하는데, 이것은 토라에서 희년과 가난한 자들, 외국인들에 대한 배려에서 잘 드러난다.

루터는 초기자본주의 시스템을 직시하면서 고리대금업과 상행위와 거래의 타락으로 인해 가난한 자들이 일상의 삶에서 강요된 높은 가격과 경제적 부담으로 인한 고통을 보았다.66 루터는 맘몬을 초기자본주의 현실의 총체적인 시스템으로 간주했고, 인간은 탐욕을 통하여 맘몬의 세계에서 신으로 등극하려 한다고 말한다. 모든 것을 삼켜 먹는 자본의 증식과 총체적 지배는 하나님 말씀에 대한 믿음과 용서의 은혜와는 거리가 멀다. 이들은 큰 도둑들이며 안락의 자에 앉아 위대한 주인행세를 하며 명예롭고 존경스러운 시민으로 대접받는다. 법의 옷을 입고 법의 비호 아래 시장은 강도의 소굴이 되고 만다.67

루터는 가톨릭 신학자 요한 에크(John Eck; 1486-1543)와의 논쟁에서 그를 부를 축적하는 전문가(plutologian)로 공격하고, 로마 가톨릭에 대해서 다음처럼 말한다: "기본적으로 교회 전체의 영적 지배는

---

66 Luther, "Large Catechism," BC, 417-418.
67 *Ibid.*, 418.

돈, 돈, 돈 이외에 다른 것이 아니다. 모든 것이 돈을 증식하는 데로 가동된다."68

루터에게 중요한 것은 개별 자본가들에 대한 비난이 아니라, 모든 것을 자본의 강요와 지배를 통해 궁핍화를 초래하는 맘몬 체제의 우상과 권력들이다. 루터에게 맘몬은 자본축적의 과정에서 드러나는 구조적인 부정의를 의미한다. 이것은 모든 것을 삼켜버리는 자본을 통하여 사회와 역사를 지배하며 부단한 자본증대와 발전을 영구화한다. 자기 증식의 자본 운동과 모든 것을 삼켜버리는 기능은 초기 자본주의 생산의 맹목적인 강요로 드러나며, 세계는 거대상인들이 소자본 상인들을 먹어 버리는 각축장이 된다. 루터는 목회자들에게 고리대금을 비판하고, 자본의 축적과정에서 드러나는 기독교적인 성격을 폭로한다. 루터는 인간의 탐욕이 얼마나 기술적으로 경건한 자처럼 꾸미고 나타나지만, 이들은 불한당들이고 거짓말쟁이들이라고 폭로한다(LW 21: 183). 중상주의 체제에서 독점자본과 식민주의 경제는 스페인 가톨릭의 이데올로기이며, 국내에서 모든 것을 삼켜버리는 자본의 시스템이 삶의 구석까지 침투한다.

루터는 초기자본주의의 기독교적인 성격에 주목했고, 남미에 대한 스페인의 식민주의 정책이 초기자본주의와 엮여 있음을 보았다. 고리대금과 투기와 축적에서 초기자본주의의 위험과 불합리성을 보았고, 중세기 가톨릭교회와 찰스 5세 그리고 자본가 푸거 가문(the Fuggers)의 결탁을 직시했다. 국제적인 관계에서 드러나는 독점무역과 상행위 그리고 은행 자본가들에 대한(푸거와 웨슬리 가문) 폭리와

---

68 Marquardt, "Gott oder Mammon," 193.

부의 축적은 루터의 칭의론과 신앙고백에 중요한 자리를 차지한다.

이미 마르크스는 본원적 축적을 분석하면서 자본축적의 기독교적 성격을 날카롭게 비판했다. 그리고 루터의 저작을 높게 평가하고 인용한다. 루터는 "고리대금에 대한 설교"(1519-1520), "상업과 고리대금"(1524), "고리대금 비판의 설교를 위한 목회자들에게 조언"(1540)에서 그의 경제적인 입장을 밝힌다. 마르크스는 "고리 대금 비판의 설교를 위한 목회자들에게 조언"을 적극적으로 인용했다. 마르크스는 1503년 콜럼버스의 편지를 인용하기도 한다: "금은 놀라운 것이다! 금의 소유자는 그가 원하는 모든 것의 지배자이다. 금은 심지어 영혼들을 천국으로 들어가게 한다."[69]

라틴 아메리카에 대한 스페인의 식민주의는 역사적으로 자본의 본원적 축적이 된다. 이러한 식민주의화에서 얻어지는 막대한 수익과 잉여가치는 동시에 본국의 자본주의 생산과정에서 지속인 자본축적과 연관된다. 네덜란드 식민주의 행정의 역사는 지상에서 가장 파렴치한 기독교 인종의 야만성, "사기, 뇌물, 대학살, 공격성"이라는 가장 비상한 관계를 말한다.[70]

칭의의 통합적 모델: 사건(하나님의 죄의 용서)과 과정(하나님의 선물)

루터에게 칭의는 믿음을 통하여 우리가 얻는 그리스도의 낯선 의로움이다. 그것은 우리의 외부에서 죄를 용서하시는 하나님의 자

---

69 Marx, *Capital I*: 229.
70 *Ibid.*, 916.

유로운 은총의 행동을 말한다. 믿음이 우리를 의롭게 하는 것은 주관적인 의지가 아니라 성령을 통하여 그리스도의 임재를 붙들기 때문이다. 이러한 믿음 안에 있는 그리스도의 임재가 인간의 갱신과 성화의 근거가 된다. 믿음은 사랑 안에서 활성화된다(갈 5:6). 그러나 이것은 로마 가톨릭처럼 인간의 선행이나 카리타스에서 믿음이 활성화되는 것을 말하지 않는다(fides charitate formata). 오히려 믿음 안에 내주하는 그리스도가 믿음을 사랑 안에서 활성화 한다(fides Christo formata). 루터에게 법정론적인 차원과 효율적이고 변혁적인 차원은 그의 칭의론 이해에 통전 된다. 루터의 "믿음으로만(sola fidei)"은 "그리스도로만"(solus Christo)과 밀접히 연관된다. 우리의 외부에서(extra nos) 일어나는 은총의 사건으로 칭의(하나님의 호의; favor Dei)는 과정으로서 삶(하나님의 선물; donum Dei)에 관련되며, 그리스도와의 환희에 찬 교환(fröhliche Wechsel)은 루터의 칭의론에서 삶의 변혁적인 차원을 지적한다. 성령과 말씀을 통하여 우리는 그리스도의 것이 된다.

루터는 이것을 믿음의 세 번째 혜택, 즉 믿음이 우리의 영혼을 그리스도와 연합하게 하는 것이라고 지적한다. 『기독교인의 자유』에서 에베소서 5:31-32절을 근거로 루터는 그리스도와 믿는 자들의 영적 결혼의 신비를 해명했다. 이러한 환희에 찬 교환을 통하여 그리스도는 우리에게 속한 죄와 사망과 저주를 나누시며, 인간의 영혼에 은총과 생명과 구원을 허락하신다.[71] 우리의 내적인 사람은 항상 매일 갱신되고 새로워져야 한다. 인간은 자기 자신에게 구부러진 왜곡된 존재(homo incurvatus in se)며, 우리의 겉사람은 속사람에

---

71 *Martin Luther's Basic Theological Writings*, 603-604.

상응한다.

루터의 칭의론은 하나님의 약속으로서 성례와 밀접한 관계를 갖는데, 루터는 성만찬의 사회비판적 차원을 다음처럼 말한다. "여기 성만찬에서 당신의 마음은 사랑 안에서 외부를 향해 나가야 한다. 그리고 이것은 사랑의 성만찬임을 배워야 한다[그리스도부터]. 사랑과 지지가 당신에게 주어질 때, 당신은 그리스도에 대한 사랑과 지지를 가난한 자들에게 줌으로써 답변한다. 당신은 그리스도와 그분의 거룩한 말씀에 행해진 모든 수치스러움을 슬프게 느껴야 한다. 당신은 기독교의 모든 비참함과 억울하게 희생당한 자들의 불의한 고통에 슬픔을 느껴야 한다. 세계에 이러한 비참함과 불의한 고통이 넘쳐나고 있다. 당신이 더 이상 할 수 없다면, 당신은 저항하고, 일하고, 기도하면서 이러한 사실에 대해 마음속 깊은 동정을 가져야 한다."72

칭의론의 성만찬적인 차원은 살아계신 그리스도와의 연합이며, 공공영역에서 궁핍한 자들에 대한 디아코니아를 포함한다. 예수에 대한 아남네시스적인 회상과 억울한 희생자들과 연대는 루터의 칭의론에서 분리되지 않는다. 그리스도에 대한 믿음만이 우리를 의롭게 한다. 우리가 용서함의 은총을 얻을 때 이웃들을 돌보고 사랑하는 활동적인 삶으로 나간다.73 사랑 안에서 활성화되는 믿음(갈 5:6)은 공공영역에서 하나님의 동역자로서(God's collaborators) 사회정의와 예언자적 디아코니아에 관여한다.

루터의 마리아 찬가(1520-1521)에서 우리는 하나님 은혜의 사건이

---

72 "The Blessed Sacrament of the Holy and True Body and Blood of Christ···"(1519), in *Martin Luther's Basic Theological Weitings*, 247.

73 Gollwitzer, *Krummes Holz—Aufrechter Gang*, 313.

마리아에게 어떻게 나타나는지 읽는다. 루터는 마리아를 궁핍한 자들 가운데 한사람으로서 칭의 은총의 대표로 파악한다. 마리아는 권력을 가진 자들의 가부장적인 문화에 대항하고, 하나님 은총의 주도권을 말하며, 위계질서와 제도화된 지배에 도전한다(LW 21:328-329). 루터는 프리데릭 제후에게 보낸 편지에서 자신의 정치신학을 다음처럼 쓴다(1522. 3. 7.): "[로마 교황청의] 영적인 독재는 약화되었습니다. 이것은 나의 저술들을 통해 시도했던 것입니다. 이제 나는 하나님이 예루살렘과 두 지배의 영역에서 활동하시는 한, 하나님이 더 많이 가신다는 것을 봅니다. 최근에 내가 배우는 것은 영적인 것만 아니라 세속의 권력도 복음에 복종해야 하는 것입니다…. 이것은 성서의 이야기에서 분명하게 드러납니다." 물론 우리는 농민전쟁(1524) 당시 루터의 다음과 같은 표현을 용인할 필요가 없다: "고난, 고난, 십자가, 십자가—이것이 기독교인의 권리이다. 다른 것은 없다". 그러나 농민전쟁에서 국가폭력에 대한 루터의 날카로운 비판 역시 간과될 필요가 없다.

칭의의 법정론적 모델?

그러나 멜란히톤은 루터와는 달리 외부로부터 그리스도의 의로움의 전가를 법정론적으로 파악했고, "믿음을 통해 그리스도를 위하여 은총으로부터"란 말로 표현했다.[74] 협화 신조에서 성화나 다시 사는 생명(vivification)은 성령과 성례전을 통해 믿음 안에서 시작되

---

74 "The Augsburg Confession," BC, 39-40.

고 진보된다. 그러나 여기서 믿음 안에 내주하시는 그리스도의 칭의는 성화를 다루는 데서 언급되지 않는다. 이후 루터란 역사에서 법정론적인 칭의론은 규범적으로 역할을 했지만, 루터의 칭의론에 이중적인 차원과 더불어 사회적 실천이 간과되었다. 이것은 루터란들이 오지안더의 신비한 연합과 칭의론에 대한 비판에 근거하기도 한다.

루터의 그리스도와의 연합은 물론 안드레아스 오지안더(Andreas Osiander, 1496-1552)와는 다르다. 오지안더는 뉘른베르크 종교개혁 운동의 지도자였다. 인간의 영혼에 내주하는 그리스도가 인간을 성화시키고 온전하게 하며 신성화로 나가게 한다. 칭의는 그리스도 내주하심의 귀결이 되며, 점점 더 그리스도처럼 됨으로써, 이러한 것이 우리를 하나님 앞에서 의롭게 한다. 여기서 죄의 문제는 대양의 물 한 방울처럼 하찮은 것이 되고 만다. "항상 죄인 항상 의인"이라는 루터의 입장은 실종된다. 오지안더를 비판하면서 협화 신조는 칭의를 중생(성화, 삶의 갱신)으로부터 날카롭게 구별했다. 오지안더와는 달리 중생이 칭의의 귀결로부터 온다. 우리가 칭의의 은혜를 입으면, 성령이 우리를 새롭게 하고 성화시킨다. 선행의 열매는 이러한 성화나 중생으로부터 온다.[75] 루터가 선행을 칭의(사건과 과정의 통합으로서)로부터 오는 것으로 보았다면, 협화 신조는 선행의 성화 귀결로 보았다.

이런 점에서 종교개혁의 칭의론에 대한 몰트만의 비판적인 질문은 중요하다. (1) 종교개혁의 칭의론은 그리스도의 십자가뿐만 아니라 "부활"의 구원론적 차원을 제시해야 한다. (2) 그것은 단순히 "우리의 외부에서"(extra nos)라는 객관주의적인 은총이 아니라 "성령

---

75 *Ibid.*, 569.

의 체험으로부터" 기술되어야 한다. (3) 칭의론은 "종말론적으로" 열리고 사회적 실천을 고려해야 한다. 몰트만은 성령 안에서 활동적인 삶과 매일의 부활 경험을 칭의론에 보충하기 위해 "중생은 칭의를 보충한다"라고 말한다.[76] 몰트만의 성령론적인 칭의론의 관점은 칼뱅에게 가까이 다가간다.

---

76 Moltmann, *Spirit of Life*, 164. 정승훈 "종교개혁 칭의론의 사회경제적 해석," 281.

IV. 공리주의

제레미 벤담(1748-1832)은 고전적인 공리주의를 대변한다. 제임스 밀은 벤담의 추종자로서 스코틀랜드 철학자이며 경제학자였다. 그의 아들 존 스튜어트 밀(John Stuart Mill, 1806-1873)은 공리주의 도덕 이론을 옹호하는 가장 중요한 사상가로 평가된다. 존 스튜어트 밀은 공리주의 도덕의 종교적 성격을 하나님의 성품을 통해 표현한다. 하나님이 창조주로서 피조물의 행복을 원하신다면 그리고 이것이 창조의 목적이라면, 유용성은 심오하게 종교적인 성격을 가진다. 왜냐하면, 공리주의 철학은 하나님의 완전한 선함과 지혜를 신뢰하기 때문이다.[1]

공리주의 철학은 칸트의 도덕 이론을 비판적으로 취급하지만, 칸트의 윤리적 관심을 독특한 가치와 다른 방식으로 명료화한다. 휴머니즘은 공리주의 윤리에 스며있고, 기존 사회질서와 도덕에 대한 점진적 개혁에 관여한다.[2]

필자는 우선 제레미 벤담과 존 스튜어트 밀의 공헌과 약점을 검토하겠다. 밀의『자유론』은 중요한 기여에 속하지만, 이 저작이 어떻게

---

1 Mill, "Utilitarianism," in *Classics of Moral and Political Theory*, 1006.
2 Gustafson, *Ethics II*, 106.

자유방임 자본주의, 식민주의 그리고 사회진화론과의 연계되는지 비판적으로 분석한다. 이러한 분석을 토대로 애덤 스미스를 공리주의 입장에서 구분 짓고, 자유방임주의를 스미스의 국부론에서 기원을 찾는 논의를 비판한다. 이러한 작업은 존 스튜어트 밀과 스펜서의 사회진화론과의 비판적인 분석을 요구한다. 이런 점에서 애덤 스미스를 도덕철학자로 파악하고, 그의 경제이론에 관련짓는 것이 중요하다. 스미스의 식민주의 비판은 밀이 인도의 영국 지배를 옹호하는 것과는 전혀 다르다. 스미스의 식민주의에 대한 비판은 마르크스 본원적 축적론에 영향을 주었고, 유럽의 식민주의 이론과 자본축적이 기독교적인 성격을 가진다는 것은 스미스의 이론적 기초가 된다. 그러나 스미스의 노동 분업이론은 사회적 소외와 노동자들의 곤궁한 현실과 이들의 신체에 대한 정치의 억압적 차원을 도외시한다. 마르크스와 푸코는 신체 권력의 분석과 노동자들의 소외 현실을 다루는 데서 고려될 필요가 있다.

자유와 무해함의 원리(nonmaleficence)

밀(J. S. Mill)에 의하면, 인간의 유일한 의무는 행복(혜택의 의무)을 극대화하고, 최대 다수를 위해 고통을 극소화하는 것이다(무해함의 원리). 우리는 무엇을 해야 하는가? 하는 당위적 질문은 가능한 최상의 귀결을 산출하면서 답변할 수 있다. 이것은 유용성을 도덕의무의 궁극적 근거로 파악하는 데서 가능해진다. 공리주의는 모두를 위한 최대행복을 목표로 삼는다. 도덕적 행동은 그 귀결로 결정되며, 옳고 그르거나 칸트적인 의미에서 정언명법으로 결정되지 않는다.

밀(J.S. Mill)은 칸트를 비판하는데, 다음과 같은 보편원리를 의무의 근거로 놓는 것은 오류에 속한다. "네가 행동하는 규칙은 모든 합리적인 존재들이 법으로 수용하고 받아들이도록 행동하라"[3] 그러나 밀에 의하면, 칸트의 이러한 입장은 다음의 사실을 도외시한다: "모든 합리적 존재가 매우 쇼킹한 비도덕한 행동의 규칙을 수용하는 데서 대립과 논리적(신체적인 것은 말할 것도 없고) 불가능성이 존재한다."[4]

그러나 밀의 주장과는 달리, 칸트는 도덕의 보편원리를 고려할 때 비합리적인 규칙으로 드러나는 귀결에 근거하지 않는다. 개인의 도덕적 격률은 정언명법에 일치해야 하고, 그것은 인간을 목적 자체로 존중하는 보편적 기준을 말한다. 칸트에 의하면 합리적이고 도덕적인 존재들이 쇼킹한 비도덕한 일들을 자행할 때, 이들은 더 이상 합리적이거나 도덕적인 존재가 아니다. 그저 악을 수행하는 존재가 된다.[5]

어쨌든 공리주의에서 결정적인 것은 유용성의 원리이며, 제레미 벤담(Jeremy Bentham)의 표현에서 잘 볼 수 있다: 최대의 행복 원리는 최고선이다. 행복 추구는 보편적이며, 인간은 행복을 최상의 목표로 설정한다. 사회나 공동체의 행복을 추구하면서 옳은 일을 하는 것은 비용과 혜택을 통해 귀결들을 계산하는 것이 된다.

사적 유용성은 공적인 유용성과 더불어 논의되지만, 세계의 선이 개인의 선으로 구성될 때 그렇다. "개인 모두는 사회에 명백하게 해로운 것에 대해서 거리를 취해야 한다"[6] 의무는 객관적 실제로서 하

---

3 Cited in *ibid.*, 996.

4 *Ibid.*

5 Sandel, *Justice. What's the Right Thing to Do?*, 121.

6 Mill, "Utilitarianism," in *Classics of Moral and Political Theory*, 1005.

나님에 대한 신앙에 근거하며, 개인의 종교경험에 따라 활성화된다. "개인은 도덕적 책임에서 초월적인 사실을 본다. 객관적 실제는 물 자체의 영역에 속한다."[7]

밀의 관심은 법과 사회적 배열에서 모든 개인의 행복이 전체의 이익에 조화를 이루는 데 있다.

개인성의 함양은 행복한 삶의 본질에 속하며, 타인에 대한 해로움을 끼칠 때만 제한된다. 개인의 자유에 대한 강조는 개인의 삶에 간섭하는 공동체나 정부의 사법적 권위를 약화한다. 이것은 설령 타인에게 해로움을 방지하는 정당방위 차원에서 행해진다 해도 마찬가지다.

행복을 보증하는 일차적인 수단은 타인의 존엄과 인격적 자율성을 존중한다. 선택과 결정을 가능하게 하는 자유는 인간의 행복에 기본적이다. 양심과 취향, 추구의 자유 또는 인간의 존엄(무해함의 원리)은 공공선을 계산하는 것 이상이다. 따라서 밀은 정부와 국민을 동일시하는 개념에 반대하며, 정부는 강제를 포함한다고 본다. 정부의 공권력은 공론에 일치하여 개인의 자유를 침해할 때 여전히 비합법적이다. 밀은 반대 입장을 갖는 개인에게 강제력을 행사하는 국민 여론이나 정부의 공권력 행사는 비합법적으로 간주한다. 최상의 정부는 정부라는 이름 이상이 아니다. 인류는 한 사람의 입장에 침묵을 강요할 수 없다. 그렇다면 그것은 반대 입장의 사람이 힘을 가지고 인류에게 침묵을 강요하는 것과 마찬가지다.[8]

밀이 옹호하는 정의 개념은 개인의 자유와 소유권, 사법적으로

---

7 *Ibid.*, 1009.

8 Mill, "On Liberty," *ibid.*, 944.

정당화된 재산권에 초점을 맞춘다. 정의는 공평함(impartiality)이며, 다른 의무나 덕목―관대함, 선호 또는 혜택―에 도움을 준다. 유용성 원리는 모든 윤리적 이슈를 다루는데 궁극적 법정에 호소하며, 무해의 원리는 자유의 토대가 된다. 밀은 독재 정부의 체계에 대항하여 언론의 자유를 보증한다.9 그러나 언론의 자유에도 불구하고, 선동을 통해서 또는 플래카드를 걸어놓고 비즈니스하는 사람이나 사적 재산을 도둑질로 비판하면, 이러한 언론의 자유는 처벌된다.10

칸트의 격률 ― "너의 행동 규칙이 모든 합리적 존재들에 의해 법으로 수용되도록 행동하라." 이러한 칸트의 격률은 다음처럼 밀의 격률로 바뀐다: "모든 합리적 존재들은 집단적인 이해관계에 혜택을 주는 입장을 취해야 한다."11

그러나 밀은 무엇이 집단적인 이해관계에 혜택을 주는지 또한 무엇이 집단적인 이해나 관심인지에 대해서 침묵한다. 밀과는 달리 사회는 개인들의 집합 이상이다. 사회가 개인의 삶을 인도하고 조절한다. 사회는 개인에게 안전망을 제공하고, 제도나 법체제 또는 복지에 따라 도덕적 연대와 더불어 합리화된다. 공리가 진리라면, 밀의 개인주의는 사회를 컨트롤하며, 정부는 개인적인 일들에 간섭하지 말아야 한다. 이것은 밀에서 드러나는 자유방임주의를 말한다. 이것은 경제적 영역에서 자유시장 자본주의를 공고히 하고, 경제를 국가로부터 분리한다. 이것은 개인을 보호함으로써, 유용성과 개인의 혜택을 위해 고려되지만, 공공선이나 분배의 정의에 대립한다.

---

9 *Ibid.*, 943.

10 *Ibid.*, 963.

11 "Utilitarianism," *ibid.*, 1021.

고전적 공리주의와 문제점

벤담은 고전적 공리주의를 당대 산업혁명으로 넘쳐나는 부정 착취를 비판하기 위해 개혁의 틀로 사용한다. 벤담의 시대는 미국과 프랑스 혁명에 의해 드러난 사건들과 변화들에 대해 깊은 도전을 받았던 시대였다. 사회개혁을 하기 위해 벤담은 도덕성을 강조하고 이것이 세계를 행복하게 만드는 것이라고 주장했다. 그러나 벤담은 추상적인 도덕의 규칙이나 이성의 원리에 별다른 관심을 보이지 않았다.

벤담은 데이비드 흄(1711-1776)의 윤리를 수용하고, 공리를 도덕의 토대로 주장했다. 흄에 따르면, 모든 윤리적 문제를 다룰 때 유용성은 도덕적 결정에서 주요 원리가 된다. 유용성은 도덕의 토대가 되며, 인류와 동료 이웃과 피조물에 연관된다.[12] 이성은 양심이나 도덕적인 선이나 악의 근거가 되지 않는다. 이성은 열정의 노예이다.[13] 도덕은 인간의 열정을 자극하고 이러한 열정을 산출하거나 봉쇄한다. 도덕성은 이성을 추론하는 데서 발견되지 않는다. 왜냐하면, 도덕의 규칙들은 인간 이성의 결론들이 아니기 때문이다.[14]

행동을 도덕적으로 움직이는 것은 감정이며, 동정심은 위대한 덕목이다. 동정심과 대립하는 잔인함이나 증오는 악이며, 도덕 감정은 윤리적 주관주의와는 다르다. 도덕적 감정은 인간의 형성과 기질에 근거한 지식의 형식이다. 만일 이성이 인간으로 하여금 선한 것을

---

12 David Hume, *An Enquiry Concerning the Principles of Morals*(1751), 231.

13 Hume, "Selections from the Treatise of Human Nature," in *Classics of Moral and Political Theory*, 753.

14 *Ibid.*, 756.

하도록 가르친다면, 도덕적 감정은 유용한 것이 행해지도록 한다. 이성과 감정은 서로 결합하여 작용하며, 도덕적 구분은 이성에게서 나오지는 않는다.15 이성의 기능은 자기애나 욕심, 야망 그리고 모든 적절하지 못한 천박한 열정 들에 대항하여 사회적이며 관대한 자극을 옹호한다. 감정은 인류의 행복을 위한 느낌을 말하며, 유용하고 혜택을 주는 사람들을 위해 존재한다. 도덕성은 이성의 대상이 아니므로,16 흄의 윤리적 감정론은 인간 중심적 견해에 문제를 제기한다. 그것은 모든 살아 있고 느끼는 존재들을 포함한다. 모든 동물은 감각과 본능적 충동이 있으며 영장류처럼 덕과 악에 반응한다.17 고통이나 쾌락이 도덕적인 선과 악을 구분한다.

흄의 도덕론은 애덤 스미스의 도덕 감정론에 중요한 의미가 있다. 유용성이 흄처럼 스미스에게도 중요하지만, 스미스는 공리주의적 개혁에서 유용성의 문제를 다루지 않았다.18 애덤 스미스(1723-1790)는 자유방임주의 자본주의를 옹호하지 않았다. 그의 잘 알려진 표현인 '보이지 않는 손'은 『도덕 감정론』(1759)에 나오며, 에드먼드 버크(Edmund Burke)와 데이비드 흄에게 적극적인 평가를 받았다. 그러나 스미스의 표현은 자유방임 자본주의를 옹호하는데 남용되었고, 경제 부문에 대한 국가 개입에 저지했다. "[부자들]은 가난한 자들과 더불어 모든 개선의 산물을 나눈다. 이들은 보이지 않는 손에 이끌리며, 거의 만들어진 생필품의 동일한 분배를 하게 된다. 땅이 모든

---

15 *Ibid.*

16 *Ibid.*, 761.

17 *Ibid.*

18 Smith, *Theory of Moral Sentiments*, Part IV. IV. I. 1-11: 179-187.

거주자에게 동일하게 나누어진다면, 의도하든, 알고 있든—이와는 상관없이 사회 이해를 증진하여 인류 번식에 수단을 제공한다."[19]

스미스의 동정심 개념은 인간의 도덕성을 강조하며, 완전한 자유와 경쟁 조건 아래서 작동되는 자기 이해와 맞물린다. 사회적 유용성이 아니라, 경쟁이 추동력이 된다. 국부론(*The Wealth of Nations*)에서 노동 분업과 자기 이해는 보이지 않는 손에 의해 이끌리며, 목적을 증진한다. 이것은 개인의 의도에 속하는 것이 아니다. "자기 자신의 이해를 추구하면서, 인간은 종종 사회의 이해를, 자신이 실제로 의도했던 것보다 더 효율적으로 증진 시킨다."[20]

그럼에도 불구하고 스미스는 경제영역에서 가난을 퇴치하기 위한 국가의 개입에 관대했다. "가난하고 비참한 자들이 더 많은 사회는 결단코 번영하거나 행복할 수가 없다. 게다가 전체 국민을 먹이고, 옷을 입히고, 거주지를 제공하는 것은 정의다. 관대하게 의식주가 제공되기 위해 이들의 노동의 산물을 나누는 것은 정의에 속한다."[21]

벤담은 흄과 스미스를 추종했지만, 동물의 권리를 보호했고, 도덕의 최고 원리를 고통에 비해 행복이나 유용성을 극대화하는 것으로 파악했다. 유용성은 아픔이나 고통을 방지하고 쾌락이나 행복을 산출하는 그 어떤 것을 의미하며, 그것은 동물까지 포함한다. 고통이나 쾌락의 느낌은 인간의 도덕적인 삶을 이끌어가는 주인이 된다. 여기서 인간을 오로지 이성적 존재로 파악하는 자연법(아리스토텔레스토마스아퀴나스)은 난센스로 조롱받는다.[22] 유용성의 원리는 신의

---

19 Smith, *Theory of Moral Sentiments*, IV. 1. 10.

20 Smith, *The Wealth of Nations*, 572.

21 *Ibid.*, 110-111.

계명이나 추상적인 도덕 규칙을 제거하며, 도덕성은 세계를 행복하게 만드는 데 관계한다.

벤담에 의하면, 하나님은 혜택을 주는 창조주이며, 모든 경우에 종교의 진술들은 유용성과 일치 한다. 종교의 대상이 되는 하나님은 보편적으로 지혜롭고 능력이 있는 것처럼 혜택을 주시는 분이다.[23] 하나님은 침대에서 고통 가운데 죽어가는 사람을 편안하게 죽이는 것을 금지하실까? 벤담은 그의 임종 시 안락사를 원했지만, 거절당했다고 전해진다.[24] 벤담은 법을 전문으로 공부했고, 법의 목적을 모든 시민의 복지를 증진하는 것으로 이해했다.

개인의 자유는 이것을 위해 제한될 필요가 있다. 이기주의적 편리함에 대립하여, 그는 정부로 하여금 처벌과 보상을 하도록 했고, 공공복지를 약화시키는 개인의 이기적인 경향에 반대했다.[25] 벤담의 공리주의에서 쾌락에 대한 질적인 구분은 존재하지 않는다. 그는 사람들이 애호하는 것에 대한 도덕적 가치를 전혀 고려하지 않았다.

그러나 밀(J. S. Mill)은 쾌락의 정도를 구분 짓고, "배부른 돼지보다 불만족한 인간이 되는 것이 더 낫고, 만족한 바보보다는 불만족한 소크라테스가 되는 것이 낫다"라고 말한다.[26] 밀은 벤담처럼 모든 것을 쾌락과 고통의 계산으로 환원하는 것은 어리석은 일로 비판한다. 인간 존엄의 도덕적 이상과 자유의 원리는 유용성과는 상관없이

---

22 Sandel, *Justice*, 34.

23 Cited in James Rachels and Stuart Rachels, *The Elements of Moral Philosophy*, 100.

24 *Ibid.*, 101.

25 Niebuhr, *The Nature and Destiny of Man,* 107.

26 "Utilitarianism," in *Classics of Moral and Political Theory*, 999.

필요하다.

기독교 윤리의 관점에서 구스타프슨은 윤리를 정당화하는 고전적 공리주의 입장을 높게 평가한다. 구스타프슨은 벤담의『도덕원리와 입법에 대한 입문』(*An Introduction to the Principles of Morals and Legislation*)에서 나오는 다음의 진술을 고려한다. "자연은 인류를 두 주인의 지배, 즉 고통과 쾌락 아래 두었다. 이 두 가지만이 우리가 해야 할 것을 지적하고 결정한다…. 이것들은 우리가 해야 하고 말해야 하는 것을 결정한다. 예속을 벗어버리기 위한 모든 노력은 이것들을 제시하고 확인할 뿐이다."[27]

만일 고통과 쾌락이 모든 삶의 영역에서 인간을 지배한다면, 구스타프슨은 공리주의와 아리스토텔레스의 행복 개념 사이에 친화력을 본다. 아리스토텔레스는 인간의 행동과 자연적 욕구에 주목하고, 사람들의 선은 타인의 선을 고려하는 보편적인 선과 무관하게 실현될 수 없다.[28]

하지만 구스타프슨이 아리스토텔레스 중용의 덕을 비용과 혜택의 분석에 근거한 공리주의와 화해시키는 것은 무리가 있어 보인다. 인간은 특수한 본성을 가지고 있고, 특수한 목적을 향해 움직인다. 아리스토텔레스는 선을 쾌락에 동일시하는 것에 반대하며, 행복은 신성의 세계에 관련된 것으로 보았다.

덕의 실행은 선의 목적을 위한 수단이 아니라, 목적의 중심 부분에 속한다. 아리스토텔레스의 목적론은 공리주의에서 주장하는 귀

---

27 Cited in Gustafson, *Ethics II*, 102.
28 *Ibid.*, 104.

결주의와는 다르다.[29]

벤담에 의하면, 유용성은 혜택이나 쾌락을 산출한다.[30] 윤리의 목적은 우리에게 의무가 무엇인지를 말한다. 도덕성은 비용과 혜택에 근거하며, 사회적 귀결은 충분할 정도로 비용과 혜택에 대한 계산을 통해 고려된다. 만일 도덕성이 원하는 귀결을 낳기 위해 돈 계산에 의존된다면, 유용성의 이론은 인권과 도덕적 의무를 비용 계산으로 환원시켜 버린다. "쾌락은 도덕적 입법자인 개인이 고려하는 목적이다. 쾌락과 고통은 개인이 더불어 일하는 도구들이다."[31]

공리주의 관점에서 사회는 개인의 총계로 파악되며, 사회문제는 행복을 극대화하고 고통을 극소화하는 유용성의 원리로 해결하려고 한다. 공동체는 회원들로 구성되는 환상적인 기구에 불과하다.

이러한 측면은 권력의 관계와 구조에 연관된 사회문제를 야기하는 원인을 간과한다. 마르크스에 의하면, 유용성의 이론은 사회적 사실들에 근거하며, 그 경제적 내용은 기존상태를 위한 단순한 변명이 되고 만다.[32] 벤담은 모든 기존의 관계들을 완전히 유용성의 관계로 종속시키고, 공리를 무조건 모든 다른 관계들의 유일한 내용으로 고양했다. 마르크스에 의하면, 공리주의에서 부르주아는 더 이상 특수 한 계급으로 나타나지 않고, 부르주아의 존재 조건은 전체사회의 계급이 된다.[33] 공리와 도덕적 반성은 협소한 영역에서 행해지고,

---

29 MacIntyre, *After Virtue*, 149-150.

30 Bentham, "An Introduction to the Principles of Morals and Legislation," in *Ethics for Life*, 272.

31 *Ibid.*, 273.

32 Marx, "Utilitarianism," in *Karl Marx Selected Writings*, 189.

33 *Ibid.*, 188.

사회와 경제 관계들에 대한 비판은 오로지 제한적으로 해명되며, 착취자의 입장에 의존한다. 실제로 공리주의는 부르주아지의 조건을 위한 편견에 불과하다.[34]

벤담과 팬옵티콘

벤담은 자신의 공리주의 산출법을 통해 사법적인 처벌 체제를 비판하고 개혁하려고 했다. 범죄자들을 처벌하는 사법적 정의는 문제시되며, 모든 처벌 자체는 악으로 간주한다. 처벌 정의는 그 귀결로 행복을 증대하기보다는 사람들에게 해로움을 주며, 벤담은 감옥 개혁안을 제시하기도 했다.

그것은 팬옵티콘(Panopticon)인데, 1791년 영국 의회에서 승인되기도 했다. 팬옵티콘은 세워지지 않았지만, 여기서 벤담의 공리주의 윤리와 합리성을 잘 볼 수 있다.

죄수들을 감시하는 팬옵티콘에 대한 서문에서 우리는 벤담의 사회적 혜택을 위한 윤리적 의도를 읽는다: "도덕 개혁—건강 보존—활성화된 산업—지침의 확산—공공적인 부담을 줄이는 것—말하자면 반석 위에 경제를 설정하는 것—지극히 어려운 빈민법의 문제를 없애기보다는 하나로 연결 짓는 것— 이 모든 것이 팬옵티콘 건축에 포함된 간략한 생각이다!"[35]

팬옵티콘의 메커니즘에 의하면, 감시자는 중앙 탑에 위치하고,

---

34 *Ibid.*
35 Cited in Foucault, *Discipline and Punish*, 207.

반면 미친 사람, 환자, 처벌자, 노동자 또는 학생은 각각의 방에 감금된다. 죄수들은 중앙 탑에서 감시받지만, 자신들이 어느 순간에 감시받고 있는지 알 수가 없다. '중앙탑의 감시자는 아무에게도 보이지 않은 채 죄수들을 엿본다.'[36]

이러한 입장은 빈자들을 효율적으로 관리하려는 벤담의 기안에서도 볼 수 있는데 그는 가난한 자들을 위해 국가의 지원이 없이 스스로 운영되는 집을 제시했다. 만일 길거리의 거지들이 다른 사람에게 동정심이나 혐오의 감정을 일으킨다면, 이것은 일반 공공의 유용성에 해로움을 준다. 거지들은 길거리에서 제거되어야 하고 노동 교화소에 감금되어야 한다.[37] 일반적인 복지나 행복을 증진하기 위해서라면, 빈자들의 인권과 자유를 탈취해도 된다. 벤담은 인간의 존엄성이나 권리에 대한 적절한 관심을 보이지 않는다. 권력 관계는 사회에서 문제시될 수가 없다.

우리 시대에 벤담의 공리주의적 합리성을 가장 날카롭게 분석한 사람은 미셸 푸코(Michel Foucault)인데, 푸코는 팬옵티콘을 감독과 컨트롤의 고전적인 예로 지적한다. 여기서 권력은 실험실처럼 규율적인 기술을 통해 작동되고, 죄수들의 행동을 한꺼번에 감시하는 권력의 효과를 낳는다. 푸코의 말을 들어보자: "지식은 권력의 증대를 지지하며, 권력이 행사되는 모든 영역에서 지식은 새로운 대상을 발견한다."[38]

팬옵티콘은 권력의 윤곽을 드러내는데, 그 사용에 있어서 교육과

---

36 *Ibid.*, 202.

37 Sandel, *Justice*, 35-36.

38 Foucault, *Discipline and Punish*, 204.

의학적 취급 그리고 생산과 처벌에 이르기까지 다양한 가치를 가진다. 이것은 모든 일상의 삶에서 권력의 관계를 규정하고, 적용하는 일반적인 모델이다. 권력의 확대를 효율적으로 만들며, 그것은 병원과 작업장, 학교 그리고 감옥 등에서 실행될 수 있다.[39]

푸코의 팬옵티콘 해석에서 정치 권력은 인간의 신체에 계산과 유순함, 경제적인 유용성 그리고 감독을 통해 행사된다. 이러한 규율적인 권력은 인간의 신체를 유순한 몸으로 다루는 데 목적이 있으며, 이런 권력 메커니즘은 사회에서 재생산적이다. 규율은 신중한 신체의 컨트롤을 통해 신체의 유순함과 유용성에 강제되며, 그것은 17세기와 18세기의 역사 과정에서 일반적 지배 형식이 된다.[40]

사회적 신체는 권력 관계로 들어오며, 개인의 신체들을 예속시켜 나가는 과정은 권력의 유용성을 증대시킨다. 이러한 증대과정이 인간의 신체를 규율하는 사회제도들에 기입된다. 이성의 공리주의적 타입은 인간의 몸을 컨트롤하고, 사회에서 전체 인간의 삶을 감독하는 기술적 합리성을 공고히 한다.

유용성 원리와 종교적 성격

만일 벤담이 도덕성의 유일한 목표를 공동체 전체의 유용성을 극대화하는 데 관심한다면, 그는 개인의 자유와 권리를 무시하고 죄 없는 사람들이나 그룹을 속죄양으로 쉽게 삼을 수가 있다. 이에

---

39 *Ibid.*, 205. 206.
40 *Ibid.*, 137.

대해 밀(J. S. Mill)은 이의를 제기한다. 공리주의는 개인의 권리를 강조하면서 발전시킬 필요가 있다. 타인에게 해를 끼치지 않는 무해의 원리(nonmaleficience)는 개인의 정당한 권리를 보호하고, 보다 관대한 사회를 위해 강제나 규제를 허용하지 않는다. 이러한 원칙이 공동체의 행복을 극대화하는 의무보다 더 중요하다.

밀(J.S. Mill)의 무해의 원리는, 바로 개인이 자신의 신체와 마음에 대한 주권자임을 확인한다. 비록 개인의 고결함이 고전적 공리주의 입장에 반한다고 해도, 개인의 주권성은 자신의 고통을 끝장내는 데 —예를 들어 자살이나 안락사 같은 경우에— 정당화된다. 공리주의 원리에서 결정적인 것은 일반 행복이며, 이것은 자연적 감정이나 인류의 사회적 감정의 기반이 된다. 이는 인간 본성의 강력한 원리이기도 하다. "사회상태는 인간에게 자연적이고, 필연적이며 습관적이다… 이러한 사회연합은 인간의 야만 상태로부터 점점 더 벗어날수록 인간을 하나로 묶어 준다."[41]

밀의 사회철학에 의하면, 모든 인간의 이해는 사회나 문명의 상태에서 동등하게 고려되고 논의되어야 한다. 절대 군주제에서는 이것이 불가능하다. 행복-도덕성은 사회적 유대와 사회의 건전한 성장이 될 때, 각각의 개인에게 보다 강력한 개인의 이해를 제공할 것으로 본다. 개인과 타인의 복지조화는 윤리적 기준으로 인정된다. 밀은 비록 벤담의 유용성의 원리를 비판하지만, 개인의 자유를 공리적인 고려에 기초한다.

밀은 공리주의 정신을 행복 이론에서 보고 도구적인 가치를 선으

---

41 Mill, "Utilitarianism," in *Classics of Moral and Political Theory*, 1011.

로 파악한다. 예를 들어 의학 기술이 건강에 기여하고, 음악연주 기술이 쾌락을 준다면 그것은 선한 것이다.[42] 선한 것은 무엇이든 수단을 언급하는 것이지, 목적이 아니다. 이러한 입장은 의무론이나 목적론(아리스토텔레스)과는 다르다. 수단이 쾌락이나 행복을 창출하기 위한 도구가 된다면, 목적은 수단을 정당화해도 된다. 유용한 수단은 목적을 위해 무엇이 옳은지 그른지를 판단하는 기준이 된다.

밀이 최대행복의 원리를 주장한다면, "행동은 행복을 증진하는 정도에 따라 옳은 것이 되며, 행복을 산출하지 못하면 잘못된 것이다."[43] 이런 관점은 쾌락을 덕목의 차원으로 고양하고, 고통으로부터 벗어나기 위해 덕목에 대한 사심 없는 사랑을 함양한다. 만일 우리가 돈이나 명성을 사심 없는 방식으로 원한다면, 그러한 덕목은 목적 차체를 획득하기 위한 수단이나 도구로서 의미가 있다.[44]

그러나 이러한 도구주의적 관점은 목적을 위한 수단을 정당화하며, 수단은 목적의 일부가 된다. 이성은 목적을 위해 도구를 사용하며, 돈이나 명성이 생존투쟁의 과정에서 어떻게 획득되는지에 대해 침묵한다. 열등한 자들의 현실은 적자들의 주도권에 의해 개선이나 행복, 진보를 위한 수혜자의 차원에서 허락되지만, 이들이 처해있는 문제 자체에 대해선 고려되지 않는다. 목적(도구적) 합리성은 행복한 삶과 연관 지어 행동의 귀결을 계산하고 산출해내는데 결정적이다.

공리주의 원리에서 정의 개념은 유용성이나 취향에 따라 다양한 사람들에게 달라진다. "아무도 관대함이나 혜택에 대한 도덕적 권리

---

42 *Ibid.*, 997.

43 *Ibid.*, 998.

44 *Ibid.*, 1013.

를 갖지 않는다. 왜냐하면, 개인들에 대해서 우리는 도덕적으로 그러한 덕목을 실천하도록 구속하지 않기 때문이다.[45]

밀의 종교적 성격은 황금률과 이웃사랑의 계명을 공리주의 도덕의 이상적 완전함으로 구성하는 데서 볼 수가 있다. 일반 행복은 하나님이 승인하는 기준이며 본질이다. 모든 도덕성의 궁극적 승인은 유용성이며, 이것이 인류의 주관적 감정이나 양심과 관련된다. 나사렛 예수의 황금률에서 밀은 '유용성 윤리의 완벽한 정신'을 읽는다.[46] 이웃을 자기 몸처럼 사랑하는 것은 유용성 도덕의 이상적인 완전함을 지적한다.[47]

다른 한편, 밀은 기독교의 윤리적 가르침을 유일한 지침으로 지지하지 않는다. 다른 종교나 세속적인 윤리도 인류의 도덕적 중생을 이루기 위해 공존한다. "진리의 전체를 위한 부분으로 행해지는 다른 배타적인 주장 역시 보호되어야 한다."[48] 신약성서에 대한 밀의 독해는 청교도주의적 취향을 담고 있는데, "복음은 항상 이전에 존재한 [구약의] 도덕성을 언급한다."[49] 밀에 의하면 사도 바울도 심지어 로마 시대의 노예제도를 정당화했다고 주장한다. 그러나 밀은 모든 차별을 넘어서는 바울의 복음의 포괄적이며, 보편적인 의미에 대해서는 침묵한다.

헤겔의 비판에 의하면, 유용성의 이론에서 인간은 이성에서 유용

---

45 *Ibid.*, 1020.
46 *Ibid.*, 1003.
47 *Ibid.*
48 Mill, "On Liberty," *Ibid.*, 961.
49 *Ibid.*, 960.

한 수단을 발견하고, 자신만을 보존하려고 한다. 유용성의 형식은 모든 다양한 인간의 관계들을 유용성이라는 단일원리로 통합시킨다. 이것은 변증법적 운동과 매개를 고려하지 않으며, 절대적인 존재에 대해서 무지하고, 오직 유한 것에만 관심한다. 유한하고 제한적인 것에 대한 지식은 획득할 수 있는 최상의 지식에 이르는 진리로 간주한다.[50] 유용한 것은 공공선을 위한 것이며 모든 사람에게 봉사한다. 이러한 관점은 바로 인간 본성을 통해 유용성의 상호작용을 지지한다. 따라서 헤겔의 비판에 의하면, 공리주의는 종교를 상업적인 수익에서 특징짓는다. "경건은 모든 것에 유익하다"(딤전 4:8).[51]

구스타프슨은 리처드 니부어의 책임윤리에 영향을 받은 윤리 신학자이지만, 자살 문제에서 공리주의에 동의를 표한다. 자살행위는 제한적인 의미에서 자유의 행동이며, 행위자는 자기결정의 힘을 행사하며, 진정한 자율적인 행동을 드러낸다.[52] 구스타프슨의 신 중심적-칼뱅주의적 윤리에서 특이한 것은 하나님은 깊은 좌절 가운데 있는 사람들에게 더 이상 주권자가 되지 않는다. 칭의의 은총과 용서는 삶의 갱신을 포함하지 않으며, 오히려 도덕적 실패로 사람을 인도한다. 피해자로부터 받은 용서가 신 중심의 윤리에서 결정적이다.

구스타프슨에 의하면, 복음을 선포하는 것은 많은 사람이 느끼는 죄책을 누그러뜨리는 것이 아니다. 용서의 확신을 수용하는 사람들에게 도덕적 실패들이 드러난다. 비록 하나님 은총과 용서의 말씀이 들려진다고 해도, "용서는 약간의 종교적 미신에 불과하다"[53] 오히

---

50 Hegel, *Phenomenology of Mind*, 331.

51 *Ibid.*, 331.

52 *Ibid.*, 207.

려 이들은 자신들의 도덕적 실패로 인해 상처와 고통을 당하는 피해자의 용서가 필요하다. 이런 점에서 신 중심의 윤리는 신 중심이 아니라 피해자 중심으로 전환한다.

그렇다면 구스타프슨은 예수의 십자가에 대해 진지한 반성을 해야 하지 않나? 예수는 희생자로서 죽지 않았나? 하나님의 정의와 은혜의 용서는 예수 희생에서 드러나지 않는가? 바울은 십자가에서 저주를 받은 그리스도의 희생에서 하나님의 용서 은총을 보지 않았나? 바울의 칭의론에는 그리스도의 희생에서 우리를 향한 하나님의 사랑을 선언하지만, 이것이 가능한 것은 성령을 통해 믿음을 선물로 받는 사람에게 하나님의 의로움이 주어진다. 믿음을 통해 의로움을 얻은 자들은 영적으로 죽음을 경험하고 그리스도의 옷을 입는다. 이런 자들은 ―인간의 곤고한 상태 즉 내재적 죄로 인해― 도덕적 실패를 한다고 해도, 스스로 자신을 치고 복종시키며 살아간다. 칭의가 나를 위한 은총의 사건이며 이미 존재의 변화가 시작되고 자신의 죄로부터 죄책에 대한 메타노이아의 길을 걷는 사람들이다. 바울의 칭의론이 과연 종교적 미신에 불과한 것일까? 메타노이아에는 피해자에 대한 죄책과 배상을 담고 있지 않는가(삭개오의 경우 또는 빌레몬과 오네시모의 경우; 빌레몬서 1:18)?

구스타프슨이 말하는, 희생자가 용서할 수 있는 능력은 어디서 나오는가? 이들에게 필요한 것은 배상이나 회복이 아닌가? 설령 칭의의 은혜를 입은 기독교인이라고 해도 범죄자를 용서하기는 어렵다. 유대인들은 히틀러를 용서할 수가 있는가? 팔레스타인 사람들

---

53 *Ibid.*, 211.

은 피해자 중심의 감옥에 갇혀 버린 이스라엘로부터 피해와 희생을 당한다. 이들에게 필요한 것은 가해자를 용서하는 것이 아니라, 삶의 권리를 되찾아주는 정의가 더 중요하지 않는가? 백만 달란트의 탕감을 받은 사람은 자기 동료와의 관계에서 정의를 실현하지 못해서 심판당한다.

어쨌든 구스타프슨에게 공리주의적 성격을 본다. 귀결로부터(피해자의 경험으로부터) 문제를 해결하는 것은 피해자의 문제는 정의에 속한다. 바울은 하나님의 은총 안에서 일어난 용서와 화해의 사건에 대한 경험은 영적 죽음으로 파악한다. 메타노이아의 삶에서 피해자에 대한 반성과 사죄가 이어진다.

구스타프슨에게는 의무와 의무의 요구를 넘어서는 행동(super-erogation; 선하지만 도덕적으로 요구되지 않는 행동)을 고려하지 않는다. 자선단체에 정기적으로 기부하는 것은 도덕적 의무를 넘어서지만 선한 행동일 수 있다. 한 국가가 이웃 국가의 시민을 범죄로부터 보호하는 것은 의무는 아니지만 선한 것일 수 있다. 구스타프슨이 공리주의 윤리와 기독교 윤리 사이에 유사점을 본다면, 그는 칭의론을 피해자 중심으로 바꾸어놓고 귀결주의를 강조한다. 예수의 삶과 가르침에서 그리고 지상에서 나타나는 하나님 나라의 개념에서 구스타프슨은 이러한 유사점을 본다.[54] 그러나 바울의 칭의론은 귀결주의에 나타나지 않는다. 그것은 더욱 깊게 존재론적인 차원에서 원죄와 관련되고, 회개는 피해자에 대한 사죄를 담는다. 은총은 삶에서 실천적으로 살려지기 때문이다.

---

54 *Ibid*, 115.

구스타프슨은 밀에게 동의하면서 다음의 사실을 확인한다: "만일 그렇다면, 행복은 인간 행동의 유일한 목적이 된다. 행복의 증진을 통해 모든 인간 행동이 판단된다. 여기서부터 도덕성의 기준이 필연적으로 드러난다."[55] 치유할 수 없는 몸과 정신의 아픔이나 깊은 고통에 대한 선하고 현실주의적 근거들이 존재한다. 지속인 가난이나 실업, 인간 존엄성의 상실, 어려운 상황으로부터 구제나 희망의 부재 등에서 사람은 깊은 좌절 가운데 스스로 목숨을 끊을 수가 있다. "도덕주의자들이나 하나님이 이러한 사람들을 판단하는 자가 되어서는 안 된다."[56]

그러나 공리주의자들은 인간 존엄성에 대한 도덕적 가치보다는 산술과 비용을 통해 효과를 얻어 내려는 귀결주의자로 비난받는다. 원하는 귀결의 합의를 공공정책이나 영역의 문제들에서 또는 다원주의적 사회 안에서 이끌어 내기는 어렵다. 공리주의는 중간 계층의 관심과 이해를 대변한다.

마르크스에 의하면, 유용성의 관계는 타인에게 해를 끼침으로써 자신에게 혜택을 이끌어 낸다. 이러한 관계는 착취의 관계를 의미하며, 유용성의 카테고리는 타자와의 사회적 교류를 통해 만들어지는데, 그것은 부르주아 경쟁 원리를 구현한다. 그것은 개인에게 더 자유로운 발전을 위한 추동력이다. 이것은 '상호 착취의 의식을 모든 개인의 보편적인 상호관계'로 특징짓는다. 결국, 유용성의 이론은 착취와 동일시된다.[57]

---

55 Cited in Gustafson, *Ethics II*, 106.

56 *Ibid*, 209.

57 Marx, "German Ideology," in *Karl Marx Selected Writings*, 188.

공리주의와 식민주의

밀은 사회발전에서 천재의 중요성을 땅 위의 소금으로 강조한다. 천재가 사회의 구성원들을 정부의 대중정치나 집단적 평범함으로부터 구원한다고 말한다. 민주주의 정부는 국민주권으로 인해 평범함 이상으로 나갈 수가 없다. 천재에 대한 밀의 호소는 —비록 그가 영웅숭배에 수긍하지 않았다고 해도— 엘리트주의 정치를 선호한다. "많은 사람은 보다 탁월한 재능 있는 개인이나 소수 사람의 조언과 영향에 의해 인도되어야 한다… 평균적인 인간의 명예와 영광은 [이러한 탁월한 자들의] 주도권을 추종하는 데 있다."[58]

이러한 관점은 예외적으로 탁월한 개인이나 정치적 천재들의 독재에 의해 쉽게 손상될 수 있다. 전제나 독재를 행사하는 것은 악한 귀결을 가져오지 않으면 허락된다. 악한 열매를 맺지 않는다면 독재나 전제주의는 개인들을 개선하고 문명화된 존재로 함양하기 위해 사용될 수 있다.[59] 한편, 개인의 진보와 발전이 중요하며 다른 한편 사회적 진보는 엘리트들에 의해 주도된다. 개인성의 함양과 사회 진보란 이름으로 일련의 독재와 전제는 허락될 수 있고, 이러한 엘리트주의는 식민지배를 옹호하는데 여실히 드러난다.

벤담은 밀의 가족과 친근한 관계를 맺고 있었고, 밀의 아들 존 스튜어트의 교육을 책임졌다. 1823년 존 스튜어트 밀은 동인도 회사의 관리로 일했는데, 그의 아버지 제임스 밀은 고급관리였다. 존 스

---

58 Mill, "On Liberty," in *Classics of Moral and Political Theory*, 969.
59 *Ibid.*, 967.

튜어트 밀이 11살이 되던 해, 여러 권으로 된 아버지의 저술『영국의 인도역사』(History of British India)를 읽고 교정을 했다. 이 역사책이 1818년에 출간되면서, 그의 아버지 밀은 동인도 회사에서 중요한 직책을 가지게 되었다. 1830년 그는 동인도 회사의 고위급 자리로 승진하고 죽을 때까지 그 자리에서 일했다. 그의 아들 밀 역시 동인도 회사에 고용되었고 훗날 주요 감독관(Chief Examiner)으로 승진했다. 또한, 그는 1868년도까지 영국 의회에서 회원으로 활동했다.

『자유론』(On Liberty, 1859)에서 밀은 사회적 자유를 다루면서, 사회적 자유는 정치적 지배자의 독재에 저항하고 개인의 자유를 보호하는 것으로 말한다.[60] 밀에 따르면, 프랑스 혁명은 군주제와 귀족주의 독재에 갑작스럽고 폭력적인 경련처럼 발생했다. 그러나 그는 '자율 정부'가 진정한 의미에서 국민주권과 힘을 표현하는지에 대해 의심했다. 자율 정부 개념에서 다수의 독재라는 권력 남용이 일어난다.[61]

그러므로 밀은 집단적인 대다수 의견이 개인의 독립성을 침해하고 간섭하는 것에 제한을 가했다. 그러한 간섭이 허락되는 것은 타인에 대해 주는 해로움을 방지할 때, 즉 정당방위 차원에서만 가능하다.[62] 밀은 마르크스의 도덕적 견해에 공감할 수 있다. 마르크스에 의하면 도덕은 계급의 이해에 구속된다. 밀에 의하면 "상승하는 계급이 있는 곳에서 대부분 도덕은 계급이해와 계급 우월성의 느낌으로부터 나온다."[63]

---

60 *Ibid.*, 936.
61 *Ibid.*, 938.
62 *Ibid.*, 940.
63 *Ibid.*, 939.

마르크스는 도덕 철학자가 아니라 사회 비판가였고 자본주의의 비인간적인 현실에 대한 도덕적 분노가 있었다. 도덕은 종교와 더불어 이데올로기 영역에 속한다. 마르크스주의에서 도덕은 계급적 성격을 가지며, 프롤레타리아의 계급 투쟁의 이해에 예속된다.[64]

그러나 밀에게 도덕은 부르주아의 계급을 옹호하는 성격을 가진다. 밀의 진보 원리는 자유와 개선에 근거하며 문화나 전통적인 관습의 지배에 적대적이다. "적절하게 표현하면, 대부분 세계의 지역들은 역사가 있지 않다. 왜냐하면, 전통적인 관습의 전제주의가 완전하기 때문이다. 이것은 모든 동양 사회에 대한 경우이다. 관습은 거기에 존재하고 모든 경우에 최종의 호소가 된다. 정의와 권리는 관습에 대한 일치를 의미한다."[65] 사회 진보를 위해 밀은 전통적인 관습과 문화적인 계약으로 강제되는 동양 사회를 공격한다.

밀에 의하면, "우리는 진보적이며 변화하는 존재들이다. 우리는 기계를 통해 끊임없이 새로운 고안품을 만들어내며, 더 좋은 것으로 대신하기까지 기존의 것들을 유지한다. 우리는 정치와 교육, 심지어 도덕에서 개선을 위해 노력한다. … 우리는 지금까지 존재한 적이 없는 가장 진보적인 사람들이며…. 나의 판단에 의하면, 유럽은 전적으로 진보적이며 많은 측면의 발전을 위한 길들의 다원성에 빚을 지고 있다."[66]

밀은 유럽 중심적 견해에 몰입되어 있었고, 식민지배의 이념을 옹호했다. 비-자유적 실천들 즉 독재나 억압적 강요 정치는 비서구

---

64 Kamenka, *Marxism and Ethics*, 57.

65 Mill, "On Liberty," in *Classics of Moral and Political Theory*, 971.

66 *Ibid.*, 971-972.

사람들과 사회들을 향해 정당화된다. 전통적인 관습의 전제주의는 인간의 진보에 방해되며, 식민주의 개입을 옹호했다. 전제주의는 야만적인 사람들을 다루는데 적합한 정부의 방식으로 규정된다. 목적이 야만적인 사회를 개선하는 한, "수단은 실제로 목적을 효율적으로 함으로써 정당화된다."[67]

만일 수단이 목적을 달성하는 정도에 따라 정당화된다면, 이러한 공리주의적 정치원리는 막스 베버적인 의미에서 목적 합리성이 된다. 여기서 수단은 목적을 효율적으로 하기 위한 도구가 된다.

실제로 목적은 수단을 도구로 정당화하고, 공리주의적 합리성은 식민지배라는 목적을 정당화함으로써 쉽게 왜곡된다. 이러한 공리주의적 입장은 사회주의에서도 흔히 발견되는 목적(혁명)이 수단(폭력)을 정당화한다는 슬로건에서 여실히 드러난다. 도덕이 계급의 이해관계를 반영한다면, 도덕은 사람을 목적으로 취급하는 것이 될 수 없다. 계급의 이해와 혁명의 목적을 위해 도덕은 수단으로 전락할 수 있다. 이른바 우파의 전형으로 여겨지는 식민지배 원리는 여과 없이 혁명을 위해 헌신한 사회주의 이론에 그대로 장착된다. 다윈의 자연선택론은 계급투쟁을 위해 정당화된다. '붉은 피로 물든 이빨과 발톱'은 적자생존을 위한 계급투쟁에서 옹호된다. 결국, 마르크스주의에서 사회진화론적인 모티브가 들어있음을 본다. 물론 마르크스는 다윈의 진화론에서 계급투쟁이론을 지지하는 자연과학적인 기반을 보기도 했지만 그를 사회진화론주의자로 동일시할 필요는 없다. 여전히 억압받는 자들에 대한 해방은 정언명법으로 마르크스

---

67 *Ibid.*, 941.

휴머니즘의 중심에 서 있다. 그러나 마르크스는 정언명법과 진화론 사이에서 도덕을 사회 비판적으로 발전시키지 못했다.

어쨌든 밀에 의하면, 유용성의 원리는 식민주의 논리를 지지한다. 비개입원리는 문명국가들 사이에서만 적용된다. 그러나 비문명적 또는 야만적인 사람들과의 관계에서 예외가 된다. 후자는 국가의 법과 성스러운 의무를 침해한다. 야만인들은 민족이나 국가로 존재할 권리가 없다. 후진적이고 정체된 사회상태의 인종은 미성숙으로 간주한다.[68]

인도의 영국 지배는 침해나 위반이 아니다. 왜냐하면, 그것은 인도 사회를 갱신하고, 개선하기 위한 문명의 도구 즉 후견이 되기 때문이다. 선한 독재에 의한 지배는 필요한 것이며, 이것은 "야만적이고 반-야만적인 자들에 대한 자유로운 국민의 이상적인 지배다."[69]

밀은 벤담의 평등성에 대립하여 다음처럼 주장한다. '한 사람을 위해 가치를 갖는 모든 사람-한 사람보다 많은 사람에 대한 무가치'[70]이다. 밀에 의하면 극단적인 개인주의가 다수를 대신하고, 개인 한 사람보다 더 많은 사람을 위한 가치는 존재하지 않는다.

많은 점에서 밀은 공리주의적 진보 원리는 사회진화론에 영향을 미쳤고, 2차 세계 대전 이후 개발과 근대화에 대한 사회과학적 접근에서 많은 논의가 되었다.[71] 마찬가지로 스펜서는 벤담의 공리주의 철학을 그의 첫 번째 원리로 수용하지만, 공리주의를 옳은 것을 위한

---

68 *Ibid.*

69 Mill, *Considerations on Representative Government* (1861), 79.

70 Mill, "Utilitarianism," in *Classics of Moral and Political Theory*, 1026.

71 McCarthy, *Race, Empire, and the Idea of Human Development*, 176.

충분한 지침으로 동의하지 않았다.72

그러나 여전히 스펜서는 공리주의의 전통에 있고 행복을 도덕성의 궁극적 목적으로 간주했다. 밀은 스펜서에게 동감을 표시하고, 다음처럼 말한다. "윤리에서 그리고 모든 다른 과학적 연구 분야에서 이러한 과정의 결과 일치와 공명에서 각각이 서로 합력하며 다른 분야의 참됨을 입증한다. 일반적인 전제에 과학적 증명[사회진화론]을 제시하는 것은 필요하다."73

스펜서의 사회진화론은 윤리와 다른 과학적 연구에서 서로 일치하고 공명이 된다. 적자생존과 진보 신념이 일반적인 전제에 과학적 증명을 통해 참됨을 입증한다. 이제 사회진화론은 윤리와 더불어 여타의 모든 인문학적인 연구에서 통섭의 원리로 등극한다.

허버트 스펜서(1820-1903)는 적자생존이라는 용어를 만들었는데 다윈의 『종의 기원』(Origin of the Species, 1859)을 통해 영향을 받았다. 다윈 역시 『종의 기원 5판』(1869)에서 스펜서의 적자생존이라는 용어를 수용한다. 스펜서는 밀의 자유방임주의 자본주의를 정당화했고, 다윈의 자연선택과 자유방임주의를 그의 사회진화론에 통합시켰다. 만일 인간의 역사가 약자를 희생시켜 만들어진 적자생존의 역사라면, 약자와 가난한 자를 보호하기 위한 정부의 개입은 불필요한 것이다.

"자연의 전체 노력은 부적합한 자들을 제거하는 것이며, 이들의 세계를 제거하고 우월한 자에게 기회를 제공하는 것이다.… 부적합

---

72 *Ibid.*, footnote 4.

73 Mill, "Utilitarianism," in *Classics of Moral and Political Theory*, 1027.

자들은 죽는 것이 최상이다."[74]

스펜서에 따르면 세속적인 성공과 진보는 도덕적 우월성을 평가하는데 결정적이다. 적자생존은 경쟁과 더불어 진보에 대한 신념을 정당화하는 보편 도덕원리이다. 적자생존은 자연에게 '이빨과 발톱의 붉은 피'를 제공한다. '이빨과 발톱의 붉은 피'는 1850년 알프레드 테니슨이 쓴 시인데, 생존투쟁을 위해 약탈적인 자본주의와 과도한 개인주의를 표현한다. 이것은 경쟁과 진보에서 드러나는 현상이며, 유럽 인종은 열등 인종과 비교할 때 역사발전의 정점에 서 있다. 하나님의 의도는 문화적으로 인간성의 진보에서 드러나는데, 이것은 역사적으로 야만적인 단계에서 지성적이며 도덕적으로 문명화된 기독교 문화의 발전에서 확인할 수가 있다. 문명선교는 백인 남자의 부담(White man's burden)이며, 명백한 운명이다. 밀(J.S. Mill)의 자유론은 열등한 사회를 식민지화하는데 정당화했고, 제국주의는 유럽 엘리트 인종의 의무이며, 사회진화론을 강화한다.

결론적 평가

밀(J.S. Mill)은 『자유론』에서 개인을 도덕 이념으로 강조하고, 벤담의 공리론을 넘어선다. 그러나 밀은 정의와 평등함의 객관적 실제를 공평함과 분배 특히 사회적 약자를 고려하면서 다루지 않는다. 개인 각자의 도덕성은 유용성의 기반에서 판단되며, 일반도덕 원리나 규칙에 근거해서는 안 된다. 예를 들어 특수한 상황에서 최대 다수의

---

74 Spencer, *Social Statics*, 414-415.

최대행복을 위해 행해지는 거짓말이나 살인은 비도덕적인 것이 아니다. 그러나 자유가 문명화되고 진보적인 인간에게만 적용된다면, 비유럽권 삶의 스타일은 문화적인 관습과 전통적인 협정에 일치하는데, 이것은 사회 진보를 위해 제거되어야 한다. 밀의 자유론은 유럽문화 사람들을 위한 것이다. 오히려 그는 비유럽권의 사람들을 문화적 습관과 협정에 따라 살아가는 것을 진보의 이름으로 비판하고, 개인들의 권리를 문화적인 요소들에 맡겨서는 안 된다고 본다. 이런 밀의 입장은 역설적으로 비유럽권의 나라들에 대해 식민지배를 정당화한다. 밀의 자유론은 사회진화론과 더불어 전형적인 유럽중심적 입장을 하고 있다.

이런 점에서 공리주의자들은 의무론자들에게 상당한 비판을 받는다. 이들은 의무와 정치적 신중함을 강조하고, 공리주의적 사고방식에는 비용과 수익의 관계에 따라 도덕의 토대를 세운다고 비난한다. 자본주의적 계산이 도덕에 개입되어서는 안 된다. 이것은 모든 가치를 화폐의 가치로 치환해 버리는 문제를 야기한다. 그러나 도덕은 돈으로 환원되지 않는다. 사실 인간의 존엄성과 개인의 권리에 대한 적합한 강조를 우리는 벤담의 최대 행복론에서 찾아보기가 어렵다.[75]

존 롤스는 벤담의 공리주의를 신랄하게 비판하는데, 왜냐하면 벤담은 사람들 간의 차이와 다름을 고려하지 않는다. 다른 사람들은 다른 필요와 목적을 가진다.[76] 만족이나 행복 외에도 다른 선한 것들

---

75 Sandel, *Justice*, 45. 48.
76 Rawls, *A Theory of Justice*, 187.

은 많다. 정의는 편견 없음을 넘어서는데, 왜냐하면 정의는 사람들을 필요와 공적에 따라 공평하게 취급하기 때문이다. 인간을 공동체의 수혜적인 귀결을 위하여 수단으로만 사용하는 것은 도덕적으로 오류이다.

그러나 규칙-공리주의는 일반도덕 규칙을 지키는 것을 중요하게 여긴다. 개인의 행동은 더 이상 유용성의 원리에 따라 판단되지 않는다. 오히려 그것은 어떤 규칙들이 가장 적합한 것인지 묻고, 이것을 공리주의 관점에서 평가한다. 행동에 대한 윤리적 평가는 편견 없이 정당한 규칙들에 기초하며, 이것은 선의 극대화를 위해 디자인된다.[77] 그러나 규칙-공리주의는 규칙에 대한 메타 윤리적 반성보다는 그것이 갖는 귀결과 극대화에 강조를 둔다. 도덕적 규칙이 최대다수의 최대행복을 증진하지 않는다면 도덕 규칙은 폐기되어야 하는가? 도덕 원리나 규칙은 귀결의 극대화를 위해 수단이 되고, 도덕 이성은 도구화가 되어버린다.

---

77 Rachels, *The Elements of Moral Philosophy*, 119.

V. 도덕, 시장 그리고 식민주의

애덤 스미스(Adam Smith, 1723-1790)를 공리주의와 비판적인 연관에서 검토하는 것은 중요한 작업에 속한다. 흔히 애덤 스미스가 자유방임주의의 대변가로 알려졌지만, 사실 그의 저작에서 도덕철학과 경제이론은 서로 관계된다. 스미스에게서 정치 경제학과 도덕적 확신은 정당한 방법으로 사회를 향상해 나가는 본질적인 내용에 속한다. 스코틀랜드 계몽주의 영향 아래 스미스는 개인의 권리를 정치, 사회적 자유와 매개하면서, 정의로운 사회를 창출해나가는 근본 요소로 본다. 계몽적인 개인의 경제적 이해관계는 정부가 성취할 수 없는 사회의 균형 상태를 유지해준다.

스미스는『도덕 감정론』(1759)에서 인간의 행동은 상당할 정도로 동정심, 연민 그리고 공감에 의존한다고 본다. 동정심은 스미스 도덕 이론의 중심에 속하는데, 그것은 나의 감정이 타인에게 공명 되는 욕구이다. 인간은 사회적 존재로서 도덕적인 길을 추구하며, 스미스의 도덕 감정론은 데이비드 흄(David Hume)의 영향을 받았다. 흄은 동정심을 가장 위대한 덕이며, 도덕성의 주요 근원으로 이해한다. 동정과 연민은 타인의 비참함을 만날 때, 인간은 거기에 공감한다.[1]

---

1 Smith, *Theory of Moral Sentiments*, I.i.1.1.

그러나 경제적 영역을 다룰 때 스미스는 계몽된 자기 이해를『국부론』(1776)에서 개념화한다. 그것은 본래 이해를 언급하지, 이기적인 욕심을 말하지 않는다. 본래 이해는 무의식적으로 우리를 보다 큰 선과 행복, 보다 큰 유용성을 위해 일하도록 한다. 동정심은 '보이지 않는 손'에 의해 표현되며, 이것이 경제적 영역에서 인간의 자기 이해를 노동 분업을 통해 규제한다. 도덕의 중심원리인 동정심이 보이지 않는 손을 통해 분업으로 인간의 이해관계가 추구되고 조직된다. 스미스는 한 걸음 더 나아가, 계몽된 자기 이해 관심을 경제영역에서 분업과 경쟁 그리고 시장을 통해 발전시킨다. 스미스에게 "노동 분업은 교환하려고 하는 인간 본성의 성향에서 생겨난다" 왜냐하면 교환하기 위한 "이러한 성향은 인간에게서만 발견되기 때문이다."[2]

스미스의 유명한 표현인 '보이지 않는 손'은 일차적으로 도덕론에서 나타나며, 이것은 사회에 명백한 혜택을 가져온다. 사람들은 사회에서 각자의 이해에 따라 행동한다. 부자들은 가난한 자들에 비해 조금 더 소비할 뿐이다. 자연적인 이기심과 탐욕에도 불구하고, 부자들은 가난한 자들과 더불어 자신들의 모든 진보와 개선을 나눈다. "부자들은 보이지 않는 손에 의해 인도되며, 생필품을 거의 동일하게 분배한다."[3]

사람들은 시장에서 상호교류하고, 경제시스템은 자체상 규제되며, 정부의 개입이 필요하지 않다. 모든 개인은 각자의 이득과 안전

---

2 Smith, *The Wealth of Nations*, 22.

3 Smith, *Theory of Moral Sentiments*, 265.

을 의도하며, 많은 경우에 개인들은 '보이지 않는 손'에 의해 인도되고, 의도하지 않은 목적을 증진한다.4 인간 본성은 시장에서 교환 활동 안에 근거한다. 이러한 인간의 성향은 운송하고 교류하며 무역을 하는데, 모든 인간에게 공통이다. 이러한 성향은 다른 동물에서 발견되지 않는다.5

그러나 과연 『도덕 감정론』이 분업을 통한 자기 이해와 양립될 수 있는가? 노동 분업은 동정과 자기 이해 사이에 조화를 이루는 도덕적 기반이 될 수 있는가? 오히려 분업을 통한 경쟁과 탐심은 노동자의 삶에서 부정의와 소외를 산출하지는 않는가?

스미스의 논증에 의하면, 보이지 않는 손은 교환과 경쟁을 통해 사회의 이해를 진척시킨다. 왜냐하면, 모든 개인은 각자의 이익을 추구할 때 사용할 수 있는 자본을 가장 유리한 방식으로 투자하기 때문이다.6 교환에 대한 인간 성향은 자기 이해 때문에 움직이며, 이것은 노동 분업을 낳고, 시장은 필연적으로 돈을 사용하면서 발생한다. 노동은 상품들 사이에서 교환할 수 있는 가치의 실제적인 척도이며, 보편적인 기준이 된다.7

시장은 인간의 삶과 문명의 운명이 되며, '보이지 않는 손'은 경쟁과 교환을 노동 분업을 통해 규제한다. 만일 시장이 인간의 생산물이 교환되는 운명의 장소라면, 시장의 영역에서 발생하는 경쟁과 탐욕의 무질서를 제거하는 국가의 역할은 무엇인가?

---

4 Smith, *The Wealth of Nations*, 572.

5 *Ibid.*, 22.

6 *Ibid.*, 569.

7 *Ibid.*, 31. 52.

스미스는 모든 개인이 정의로운 법을 위반하지 않더라도, 개인 주체는 세 가지 의무를 진다고 말한다. (1) 군사적 힘에 의해 사회를 폭력과 외국의 침입으로부터 보호할 의무 (2) (정의의 집행과 소유 권의 도입을 통해) 사회의 모든 회원을 다른 회원들의 부정의와 억압으로부터 보호하는 의무; 모든 개인의 자유는 정의롭고 공평한 행정 집행에 근거한다. (3) 정부는 일정한 공공사업과 제도들을 수립하고 유지하는 의무를 갖는데, 이것은 사회를 방어하고 정의를 집행하기 위한 것이다.[8]

도덕적 의무의 틀에서 스미스는 계몽된 자기 이해의 역할과 분업이 사회를 전문화하며, 경쟁은 자본축적의 효율성을 증대한다. 스미스의 가난한 자에 관한 관심은 상업 사회를 방어하는 데서 여전히 중요하다. 경제적 불평등의 수준은 사람들의 동정심을 심하게 왜곡시키며, 부자들을 존경하고 가난한 자를 무시하게 된다. 시장경제는 자유와 규제의 장소가 되어야 하며, 개인과 공공의 선을 정부의 개입과 정의의 집행 그리고 사회제도를 통해 보호되어야 한다.

이러한 스미스의 관점은 식민지 무역경제에 대한 비판의 근거를 제공한다. 스미스는 유럽의 정책이 중상주의와 식민주의에 연계된 것에 주목했고, 이러한 정책이 18세기 유럽의 경제적 불평등을 야기한다고 보았다. 그에 의하면, 아메리카의 발견은 확실히 매우 본질적인 것이었다. 새로운 해외 시장을 유럽의 상품에 개방함으로써, 새로운 분업과 기술을 개선할 수 있게 했다. 유럽인들의 야만적인 부정의로 인해, 모든 자에게 혜택이 되어야 할 사건이 대부분 불행한 식민지

---

8 *Ibid.*, 879, 901, 916.

국들에 멸망과 파괴의 사건이 되고 말았다.9

리버테리안 논쟁과 보편주의적 추론

리버테리안 원리(신자유주의의 철학적 원리)는 경제적 영역에서 프리드리히 하이에크(Friedrich A. Hayek, 1899-1992)와 그의 제자인 밀톤 프리드먼(Milton Friedman, 1912-2006)에서 대변되고, 80년대 로널드 레이건과 마가레트 대처의 시장 친화력과 반-정부 간섭정책에서 표현된다. 철학의 영역에서 로버트 노직(Robert Nozick)이 그의 저서『무질서, 국가, 유토피아』(1974)에서 분배의 정의를 비판하면서 본격화되었다. 여기서 오직 경제영역에 간섭하지 않는 작은 정부만이 정당화되며, 사회 안전을 위해 도적질과 사기와 폭력을 규제하는데 국가의 역할이 한정된다. 이것 이상으로 국가가 개인의 선택과 권리를 강제하고 침해한다면, 국가는 정당하지 못한 것으로 비판받는다. 개인의 권리에 최대의 의미와 강조점을 두고 지극히 작은 정부를 요구한다. 국가권력은 폭력과 도둑질, 사기를 근절하고 계약을 집행하는 개인의 권리를 보호한다.10

이것은 자유방임적인 경제이해를 국가간섭에 대립시켜 놓는다. 이들의 논지에 의하면, 만일 부자들이 가난한 자들을 돕거나 사회복지 제도를 위해 세금을 많이 지불해야 한다면, 그러한 정책은 강압적인 이유로 인해 정당하지 못하다. 리버테리안주의자들은 분배의 정

---

9 *Ibid.*, 563.

10 Nozick, *Anarchy, State, and Utopia*, IX.

의를 비판하고, 분배는 자유로운 출발로부터 나오는 것이지, 이러한 결과가 공평한지 불공평하든지 하는 것과는 무관하다. 만일 어떤 소유자가 과거의 부정의한 행동을 통해 혜택자가 되었다면,[11] 예를 들어 흑인들의 노예제도나 아메리카 원주민을 착취해서 이득을 보고 재산증식을 했다면, 이러한 과거의 부정의는 단순히 세금이나 배상을 통해 면제될 수 있다.

자기 소유권을 유지하기 위해 중요한 것은 노동과 그 결과를 법적으로 취하는 것인데, 이들에게 도덕적 논증은 특혜를 통해 얻은 것으로부터 세금을 부여하고, 노예제도를 통한 강제 노역을 면제받는 정도이다.[12]

리버테리안 원리에서 개인의 자유는 재산 소유권에 따라 자유시장 철학에서 중심역할을 한다. 자유시장원리는 규제되지 않는 시장을 옹호하고, 정부의 규제에 반대하는 목소리를 낸다. 개인에게 해를 끼치는 말라는 공리주의 도덕 이론은 공공선과 부의 재분배 정책과 상충한다. 정부는 개인의 자유를 침해해서는 안 되고, 설령 고용주가 인종이나 종교 또는 성적인 성향 그리고 젠더에 따라 고용인을 차별한다고 해도 그것은 마찬가지다. 차별금지조항은 개인의 자유를 간섭하는 것이며, 타자와 더불어 자발적인 계약협정을 방해한다.[13]

이러한 리버테리안 원리는 스미스가 가난한 자들을 보호해야 한다는 견해에 동의하지도 않고, 국가 개입이나 공공정책, 유럽 식민주의 체제에 대한 비판에 아랑곳하지 않는다. 이러한 리버테리안 원리

---

11 *Ibid.*, 149.

12 Sandel, *Justice*, 65.

13 Friedman, *Capitalism and Freedom*, 111.

에 대해 라인홀드 니부어는 스미스가 여전히 공동체의 보전을 위해 종교적인 지지를 인정했다고 본다. 인간의 자기 이해는 '보이지 않는 손'과 더불어 인도된다. '보이지 않는 손'은 인간 삶의 목적과 의도하지 않았던 행복한 삶을 증진한다. 이런 점에서 '보이지 않는 손'은 자연의 조화로 파악할 수 있다. 달리 말하면 이전에 설정된 사회적인 조화의 힘이 개인의 자기 이해 충돌을 호혜적인 봉사로 변형시킨다. 이런 점에서 스미스는 보편주의적 견해를 가진다. 스미스의 보편 도덕 원리는 우리로 하여금 자기희생을 통해 공동체의 폭넓은 이해와 증진을 위해 헌신하라고 요구한다.14

물론 니부어의 평가처럼, 스미스는 노동자들의 권리가 고용주에게 보호받아야 한다고 주장한다. "입법이 주인과 노동자들의 차이를 규제하려고 하는 곳에서 조언자들은 항상 주인이다. 그러므로 이러한 규제가 노동자들을 위한 것이라면, 그것은 항상 정당하고 공평한 것이다. 그러나 그것은 달리 주인들을 위한 것일 때도 있다."15

스미스에 의하면, 현명한 덕목의 사람은 항상 자신 개인의 이해를 특별한 사회질서를 위한 공공의 이해에 희생시킨다. 이러한 사회질서의 이해는 보다 큰 국가의 이해에 희생된다. 이러한 사람들은 모든 열등한 이해를 보다 고차적인 우주의 이해를 위해 희생하길 원한다. 모든 감각적이며 이성적인 존재들의 위대한 사회의 이해들에서 하나님 자신은 직접적인 집행자와 지도자가 된다.16

---

14 Niebuhr, "The Children of Light and the Children of Darkness," in *The Essential Reinhold Niebuhr*, 173.

15 Smith, *The Wealth of Nations*, 195.

16 Cited in Niebuhr, "The Children of Light and the Children of Darkness," in *The Essential Reinhold Niebuhr*, 173.

이런 측면에서 니부어는 스미스의 보편주의를 강조한다. 이러한 니부어의 입장이 틀린 것은 아니다. 그러나 필자가 보기에, 니부어의 문제점은 자유방임주의를 스미스에게 연결짓는 시도에 있다. 니부어에 의하면, 자유방임주의는 세계 공동체를 설립하고 각국의 자연적인 이해의 조화를 끌어낸다. 하지만 니부어의 평가는 순진하다. 왜냐하면, 역사적으로 볼 때 자유방임주의는 식민지를 창출하고 중심부의 이해관계를 주변부로부터 착취하고 자본축적을 일삼아온 이데올로기였다.

물론 스미스의 도덕과 경제이론이 역사의 과정에서 심하게 오용되고, 개인의 경제적 자유가 자유 방임적인 자본주의 이데올로기로 변형된 것을 부인할 필요가 없다. 남미에 대한 유럽의 중상주의 식민주의를 가장 날카롭게 비난했던 스미스의 이론이 세계를 식민지화하고 도덕과 정치적 규제를 제거해버린 것이 오용된 것은 역사적으로 아이러니하다.[17]

니부어의 도덕적 평가를 검토할 때, 18세기와 19세기 공리주의자들은 개인과 일반적 이해의 관계와 일치를 최대 다수의 최대행복으로 설립하려고 했다. 이러한 공리주의적 행복 원리는 삶에 대한 집단적 이기주의로 흐를 수가 있었고, 소수의 약자나 다른 견해를 가진 자들에게 강요를 부과하는 논리적 귀결을 낳을 수가 있었다. 공리주의에서 '현명한' 이기주의자 개념은 어쩌면 남에게 해로움을 주지 않는 이기주의자라는 스미스의 견해와 묶일 수도 있다. 제레미 벤담은 스미스의 충실한 추종자였고, 자유방임주의 원리에 헌신했

---

17 *Ibid.*, 174.

다. 그는 산업자본주의 안에서 드러나는 규제되지 않는 탐욕을 잘 알고 있었다.[18]

그러나 이러한 니부어의 평가와는 달리, 벤담은 스미스 철학에서부터 국가 개입 정책으로 돌아섰고, 심지어 국가독재의 공리주의적 모델의 씨를 심어놓기도 했다. 스미스는 '보이지 않는 손'을 이해와 충돌의 관계를 넘어서는 정부의 개입 능력에서 충분히 고려하지 않았다. 그리고 가난한 자들을 위하여 사회 안전망을 치고, 부자들의 탐욕으로부터 보호할 것을 정책적으로 제시하지도 못했다.

스미스의 공공사업과 정책에서 중요한 것은 일반적으로 상업과 무역을 용이하게 하며, 전체사회의 혜택을 위해 정의로운 집행을 포함하는 것이다. 특별히 중요한 것은 스미스가 경제적인 부와 특권층의 자녀들에 비해 모든 국민의 자녀에게 균등한 교육의 기회를 부여하는 것이다.[19]

그러나 사회적 조화를 향한 스미스의 민주적인 비전은 계급 갈등의 현실에 구속되고, 스미스 자신은 이러한 계급 투쟁의 현실을 보이지 않는 섭리에 지나친 낙관으로 인해 주목할 수가 없었다. 개인의 이해와 정부개입의 극소화에 주목하지만, 스미스는 자연적 조화에 비전을 놓지 않았고, 단순히 자유방임주의를 정당화하지는 않는다. 왜냐하면, 스미스는 중상주의 세계무역과 식민주의에 날카로운 비판가였고, 존 스튜어트 밀의 자유방임주의나 스펜서의 사회진화론과는 전혀 다른 방향에 서 있었다.

---

18 *Ibid.*, 176.
19 Smith, *Wealth of Nations*, Book V. Ch. 1. Part 3, 989.

스미스와 식민주의 비판

스미스를 존 스튜어트 밀이나 사회진화론과 날카롭게 분리하는 것은 식민주의에 대한 태도에서 명백하게 드러난다. 사실 스미스는 초기자본주의 시대에 스페인의 중상주의와 이에 결부된 식민주의를 날카롭게 공격했다. 그는 자본의 글로벌 논리를 파악했고 해외 상업과 무역과 관련하여 자본의 논리적 축적을 알고 있었다.[20] 신대륙에 대한 스페인의 식민주의 정책을 비판적으로 보면서 콜럼버스의 신대륙 발견과 희망봉을 거쳐 동인도로 가는 해로에서 그는 매우 중차대한 사건들을 보았다. 이러한 세계사적 사건들을 통해 혜택이 주어질지 아니면 불행이 야기될지 아무도 예견할 수 없다고 보았다.

유럽의 문명과 군사적 우위는 식민지에서 모든 종류의 가혹한 부정의를 저질렀고, 모든 상업적 혜택은 실종되고 처참한 불행에 잠기고 말았다. 유럽인들은 금을 찾아서 혈안이 되었고, 식민지의 소유를 탐내는 부정의와 어리석음을 자행했다.[21] 이러한 식민주의는 상반되는 얼굴들을 가진 괴물 같은 키메라(chimenra)의 기획에 불과했다. 스미스는 이미 콜럼버스의 신대륙 발견에서 드러나는 식민주의와 이에 결부된 '자본축적의 기독교적 성격'을 간파하고 있었다. 원주민들을 기독교로 개종시키기 위해 식민주의 프로젝트의 부정의와 폭력이 정당화되었다. 스페인 여왕 이사벨라 1세가 제정한 카스틸 의회(Council of Castile, 1480)는 식민지에서 금을 획득하려는

---

20 *Ibid.*, 474.
21 *Ibid.*, 747, 794.

자들에게 매력적으로 되었다. 무방비 상태의 원주민들에 대한 무자비한 약탈과 금, 보물에 대한 갈망은 허용되었다.[22]

식민주의 경제에 대한 강한 비판에서 우리는 스미스의 도덕철학의 원리가 그의 경제와 정치적 견해에서 여실히 드러나는 것을 보게 된다. 중상주의는 식민주의 시대에 해외무역을 국가에 의해 규제하는 착취체제이며, 16세기부터 18세기까지 경제이론의 주류를 이루었다. 이것은 악명높은 삼각주 무역의 패턴을 북대서양에 만들어놓았는데, 식민지로부터 원료가 중심부로 수입되고, 원료가 중심부 국가에서 가공된 후 다른 식민지들로 재분배된다. 유럽의 항구에서 노예선은 제조품을 싣고 아프리카로 향하고, 이후 노예선은 제조품들을 팔고 노예를 산다. 배는 다시 아프리카에서부터 신대륙으로 향하고, 노예는 원료제품과 교환되고 대농장으로 팔려나간다. 그리고 배는 삼각주 무역을 마치고 최종지인 유럽의 본국으로 다시 돌아온다.[23]

중상주의 무역 자본주의 단계는 17세기와 18세기에 걸쳐 독점무역 회사들에 의해 실행되고, 강력한 연방 국가들, 예를 들어 네덜란드와 영국 그리고 프랑스가 지지했다. 식민지주의자들과 자본주의적 노예제도 그리고 경제적인 민족주의 중상주의를 촉진하는 주요 요인으로 작용했다. 영국에서 중상주의는 왕의 권한을 제한했던 장기 의회(1640-1653) 기간 정점에 달했다. 화란의 인도회사(1602)는 제노아를 패배시킨 후, 영국의 무역과 경쟁 관계로 들어갔다. 화란의

---

22 *Ibid.*, 711-712.

23 Franck, *Dependent Accumulation and Underdevelopment*, 14-17.

인도회사는 대략 1610~1620년부터 1730~1740년 사이에 유럽세계 경제에서 주도적인 역할을 했다. 화란은 식민체제를 발전시키고 1648년 위대한 상업의 시대를 구가했다.

동인도 회사는 엘리자베스 1세 여왕 치하(1600)에서 제정되었고, 인도에서 영국 지배는 1757년 플라시(Plassey) 전투에서 거둔 군사적 승리에서 시작되어 1858년까지 지속한다. 이러한 식민주의 경제시스템은 산업혁명(1760-1830)을 향한 길을 예비했다. 여기서 중요한 기술적 변화는 수송체계와 더불어 농업과 제조업, 광산에서 노동 생산성을 증대시켰다. 실제로 산업혁명은 자본주의 축적과 더불어 이전 역사적인 식민지 약탈을 통한 자본의 본원적 축적과 인도에서 영국의 식민 지배(1858-1948)를 고려하지 않고 이해될 수 없다. 4차 영국과 화란의 전쟁(1781-1784) 이후 당대 유럽세계 경제금융의 중심지였던 암스테르담은 런던에 의해 뒤바뀐다.[24]

중상주의 경제정책은 식민지 무역을 규제하고 의존적인 식민지 체제에서 생겨나는 잉여물과 노동력을 통해 착취하는 것이다. 경제 슬로건은 "싸게 사고 비싸게 파는 것"이었다.[25] 스미스는 독점을 "중상주의 시스템의 유일한 엔진"으로 정의한다.[26] 그는 삼각주 무역의 실태를 인식하고 있었고, 영국의 상인들이 신대륙의 대농장과 해외 국가 사이에서 매우 유리한 교환과 무역을 체결할 수 있었다고 말한다. 삼각주 무역과 해운업과 선박 제조 기술의 발전에서 노예와 사탕 수수는 브리스톨(Bristol)을 18세기 영국의 제2 도시로 변화시켰다.

---

24 Arrighi, *The Long Twentieth Century*, 143.

25 Dobb, *Studies in the Development of Capitalism*, 209.

26 Smith, *The Wealth of Nations*, 800.

1731년 이래 위대한 영국과 식민지들은 여전히 영국의 대농장에서 생산되는 사탕수수를 위한 거의 유일한 시장으로 존속했다.[27] 사탕수수로 정제된 알코올인 럼주(Rum)는 무역에서 매우 중요한 품목이었고 아메리카에서 아프리카로 운반되었고, 럼주로 번 돈으로 아프리카 노예들은 아메리카로 팔려나갔다.[28]

　　자본은 리버풀에서 행해진 노예무역을 통해 축적되고, 맨체스터의 전력과 에너지를 공급했다. 맨체스터의 상품들은 아프리카로 팔려나가기 위해 리버풀의 해안을 거쳤고, 영국은 무역과 상업의 중심지가 되었다.[29] 식민지에서 벌어드린 잉여물들은 유럽의 산업을 증대시켜주었고, 경제적 향유의 본래 근거였다. 독점은 식민지 주변 국가들이 중심부에 의지하고 종속되는 원리적인 표시였다.[30]

　　이런 점에서 마르크스가 스미스의 식민주의 비판에 동감을 하는 것은 놀라운 일이 아니다. 마르크스에 의하면, 위트레흐트 평화조약에서(the Peace of Utrecht) 영국은 스페인 식민주의자들을 물리치고, 아시엔토 조약(Asiento Treaty)에서 노예무역을 시행할 수 있는 특권을 허락받았다. 1713년 영국은 스페인의 남미 식민지에 연간 4,800명의 노예를 공급하는 아시엔토 계약을 체결했다. 이러한 특권은 당시 행해지던 아프리카나 영국의 서인도뿐만 아니라, 더 나아가 아프리카와 스페인 아메리카를 포함했다. 따라서 영국은 스페인 지배령의 아메리카에 상품을 공급하는 경제적인 권리를 얻었고, 1743

---

27 *Ibid.*, 733.
28 *Ibid.*, 734.
29 *Ibid.*, 735.
30 *Ibid.*, 752.

년까지 4,800명의 흑인이 해마다 팔려나갔다. "리버풀은 노예무역을 등에 업고 살을 찌웠다. 이것은 본원적 축적의 방법이었다."[31]

독점경제와 식민주의에 대한 스미스의 비판에서 식민지로부터 산출되는 잉여물들은 부정적이며 비합리적인 중상주의 자본주의의 실태를 드러낸다. 중심부와 주변부의 외적인 요소들에서 저개발이나 불균형의 상태가 식민지 주변부에서 촉진된다. 스미스의 비난은 처절할 정도이다. "유럽의 정책은 식민지들의 번영을 위해서 아무것도 한 것이 없다."[32] 오늘날 스미스의 경제이론을 표방하면서 여전히 중상주의 식민주의적 멘털리티를 행사하는 리버테리안들에게 스미스는 여전히 내재적 비판의 원류가 되지 않나?

스미스의 도덕 비판은 영국이 자원해서 식민지들에 대한 모든 권위와 지배를 포기하라는 데서 정점에 달한다. 스미스의『국부론』은 식민주의에 대한 그의 통렬한 도덕적 비판 없이는 진정한 의미를 파악할 수 없다. 주변부의 백성들은 이들의 이해를 대변할 관리들을 선택하고, 이들 자신의 법을 집행할 수 있게 해야 한다.[33] 그러나 이런 가능성은 식민지에서 가능하지 않았다. 모든 상업적 혜택은 원주민들에게 다 실종되어버렸고 이것은 엄청난 재난이었으며, 유럽의 경제적 군사적 우세함은 부정의와 폭력을 식민지에 행사했지만, 유럽인들에게는 면죄부를 주었다.[34]

마르크스는 스미스의 산업자본주의 이전의 자본축적에 대한 분

---

31 Marx, *Capital I*, 924.

32 Smith, *The Wealth of Nations*, 747.

33 *Ibid.*, 782.

34 *Ibid.*, 794.

석을 그의『자본 1』에서 수용하고, 본원적 축적이란 항목에서 특히 유럽 기독교인의 야만적인 자본축적의 성격을 폭로했다. 이러한 중상주의적 자본축적과 불행한 식민주의가 스미스와 마르크스에게 새로운 경제이론을 시작하는 출발점이 된다. 마르크스에게 자본주의 생산 양식은 산업혁명에 초점이 맞추어진다. 그는 역사적 전제로서 식민주의 착취경제를 역사적 자본 운동과 이에 결부된 세계사적인 경제혁명의 과정에서 분석했다. 이것은 훗날 인도와 중국에서 자행되던 영국의 식민지배에 맞물려 있다. 자본주의 생산 양식은 자본의 역사적 축적과정에 대한 분석 없이는 사회적 동력을 상실하고 만다.[35]

이런 현실은 신자유경제이론이나 경제 세계화 과정에서 여전히 제국의 지배 아래 은폐된 형태로 독점과 불균형 조약들에서 볼 수 있다. 마르크스는 식민지 시스템을 산업자본주의의 기원으로 파악하고, '본원적 축적의 기독적 성격'으로 명명했고 스페인, 네덜란드, 영국이 자행한 노예무역과 원주민 약탈과 살해와 사기질로 정죄했다. 마르크스가 기독교적인 식민주의 체제를 설명할 때, 자본의 본래 축적의 주요계기들은 다음의 사실들에서 보여진다. 그것은 "아메리카에서 금과 은의 발견, 파괴, 노예화 그리고 광산에서 원주민들의 무덤을 만들어버린 것, 더 나아가 인도에 대한 정복과 약탈의 개시, 아프리카를 상업적인 흑인사냥을 위한 보존지역으로 전환시킨 것이다."[36]

---

35 Marx, *Capital I*, 873-875.
36 *Ibid.*, 915.

노동 분업의 한계와 문제

스미스의 노동 분업은 일면적이고 비판의 표적이 된다. 긍정적인 측면에서 분업은 노동량의 증가를 통해 생산증대를 가져오며, 인간의 기술과 숙련도 노동시간을 절약한다. 노동은 기술과 기계 개발을 통해 용이해지고 시간이 단축된다.[37]

푸코는 노동과정에서 신체 권력의 강제에 주목하고 신체와 자본주의의 관계를 해명한다. 자본주의 체제에서 인간의 신체는 규제되며 생산 기제의 한 부품처럼 삽입된다고 본다. 인구 현상은 경제 과정에 순응된다. 푸코에 의하면, 인간 축적을 자본축적에 순응시킬 때, 인간 그룹은 생산력의 확장에 구속되고 다양한 수익의 배당에 할당된다. 이러한 자본의 효율성은 부분적으론 신체 권력의 행사를 통해 다양한 방식의 적용을 통해 가능해진다.[38]

실제로 스미스에게 노동 분업은 대단한 것이며, 생산 노동에서 숙련과 합리적 판단을 엄청나게 개선한다.[39] 스미스는 분업과 더불어 분업을 효율적으로 해줄 수 있는 적절한 기계의 적용을 고려했고, 이것이 노동을 단축하고 생산과정에서의 어려운 장애들을 용이하게 해줄 것으로 본다.[40] 분업의 긍정적인 측면을 지나치게 확신하면서, 스미스는 분업의 부정적인 측면을 소홀히 한다. 분업화된 생산과정에서 단순노동을 반복하게 할 경우, 인간의 숙련도는 인간의 지성

---

37 Smith, *The Wealth of Nations*, 14.
38 Foucault, *The History of Sexualit I*, 141.
39 Smith, *The Wealth of Nations*, Bk 1. Ch.1.
40 *Ibid.*, 16.

적인 능력이나 신체적인 상태를 담보로 얻게 된다.

초기 산업시대의 열악한 노동상황에서 단순노동을 반복했던 사람들에게 정신과 육체의 상태는 거의 고갈되고 파괴되다시피 했다. 이러한 비인간적인 상황은 제조업과 공정을 하는 방직공장에서 이루어졌는데, 오죽하면 윌리엄 블레이크(William Blake, 1757-1827)가 "어두운 사탄의 공장"이라고 부를 정도였을까! 산업혁명 시대(1760-1830)에 어두운 사탄의 공장에서 토해내는 소음과 엄청난 쓰레기 더미와 더불어, 인간의 소외와 신체의 왜곡된 상태는 분업에서 나타나는 참담한 귀결이었다.[41] 생산 기제와 생산라인에서 노동자들은 부품처럼 되어버리고, 이러한 노동의 비참함과 사회적 병리 현상은 스미스의 낙관적 견해를 근저에서 뒤흔들어버린다.

그러나 마르크스는 노동 분업을 비판하면서 결코 스미스가 분업이 미치는 해악에 대해서 맹목적이지 않았음을 밝힌다. 마르크스는 『국부론』 4권 1장에서 나오는 문장에 주목한다. "인간의 전체 삶은 약간의 단순한 작업을 하면서 보내지만… 일에 대한 이해할 기회가 없어진다.…일반적으로 인간 피조물이 된다는 것은 어리석고 무식해지는 것과 같다… 그것은 심지어 인간의 신체 활동을 타락시키고, 또 다른 일의 고용에서 활력과 지속력을 가지고 인간의 힘을 행사할 수 없게 만든다… 특별한 노동기술에서 인간의 숙련도는 이런 방식에서 볼 때 지성적이며 사회적 그리고 가정의 덕을 희생시키면서 얻어질 것이다. 그러나 발전되고 시민화된 모든 사회에서, 이것은 가난한 노동자 다시 말해 국민의 위대한 신체가 필연적으로 처하게

---

41 Polanyi, *The Great Transformation*, 39.

되는 상태이기도 하다."[42]

마르크스는 스미스의 입장을 중요하게 고려한다. 산업혁명의 시대에 개발된 기술과 기계는 보편적으로 활용되고 적용되면서, 기계는 노동자를 대신하고 노동기구들은 산업혁명의 출발점이 된다.[43] 무엇을 생산하느냐가 아니라 어떻게 생산되는가 하는 생산 양식(생산력과 생산 관계의 결합과 조직)이 분석의 초점이 된다.

마르크스에 의하면, 스미스의 국부론은 노동자의 희생을 전제로 하지만 동시에 노동자들의 사회적 생산력을 자본가들의 혜택을 위해 복무한다. 노동자는 불구처럼 되어버리고, 노동에 대한 자본의 지배가 창출되며 자본축적이 증가한다.[44] 도덕적 변질과 타락은 자본주의 시스템에서 부인들과 13세 미만의 아동들에 대한 착취에서 발생한다. 영국에서 아동들은 부모에 의해 팔렸고, 노동의 자유가 여전히 외쳐지는 곳에서도 ―아동노동을 제한하는 입법에도 불구하고― 노동착취와 도덕의 부패는 존재한다.[45]

『정치 경제학 초고』(1844)에서 마르크스는 다음과 같이 쓴다: 노동은 부자들을 위해 놀라운 일을 그러나 노동자들에게 벌거벗음을 산출한다. 노동은 [부자들을 위해] 궁전을 만들어내지만, 노동자들을 위해서는 더러운 집만 만들어낸다. 노동은 아름다움을 산출하지만, 노동자들을 불구로 만든다…노동은 기계로 대처 되지만, 일부 노동자는 야만적인 노동 현장으로 보내지고, 다른 부분은 기계로

---

42 Cited in Marx, *Capital I*, 483.

43 Marx, *Capital I*, 497.

44 *Ibid.*, 486.

45 *Ibid.*, 520.

들어간다. 노동은 문화를 만들어내지만, 노동자를 위해서는 어리석음과 무능을 산출한다."[46]

---

46 "Economic and Philosophical Manuscripts," in *Karl Marx Selected Writings*, 79-80.

제2장

사회계약론과
정치이론

I. 리바이어던: 정치적 절대주의

    토마스 홉스(1588-1679)는 자신의 사회계약론을 아리스토텔레스에 대한 비판으로 시작한다. 이것은 『리바이어던』(Leviathan) 46장에서 볼 수 있는데, 아리스토텔레스 도덕철학의 골격은 목적(telos)을 향한 인간의 도덕적 행동에 주목한다. 아리스토텔레스는 삶의 번영을 위해 목적 지향적 행동을 고려하고, 이러한 삶은 덕의 함양 즉 신중함을 발전시키는 데서 온다고 확인한다. 이런 관점은 아리스토텔레스의 정치이론 저변에 깔려있고, 아리스토텔레스는 보다 선하고, 보다 신적인 삶을 도시국가를 위해 성취하려고 한다.[1] 정치학은 합리적인 원리에 일치하는 협약에 의해서만 존재한다. 왜냐하면, 그것은 "행동을 통해서 얻을 수 있는 모든 선한 최상의 것을 목표"하기 때문이다.[2]

    이러한 아리스토텔레스와는 달리, 홉스의 인간 이해는 물질적인 측면에서 파악된다. 인간은 기계처럼 이해되고, 타자와의 윤리적 관계에서 목표 지향이나 삶의 번영을 위한 덕의 함양에 관심하지 않는다. 홉스는 인위적인 인격을 창출하는 기술에 관심하며, 이것을 연방

---

1 Aristotle, "Nicomachean Ethics," in A *New Aristotle Reader,* 364.
2 *Ibid.*, 365.

또는 위대한 리바이어던(*Leviathan*)으로 부르고, 자연적인 것보다 위대한 위엄과 능력을 여기에 부여한다.3

필자는 2장에서 홉스와 존 로크의 사회계약론과 시민사회에 대한 전망을 검토할 것이다. 홉스의 리바이어던은 칼 슈미트(Carl Schmitt)의 정치신학에 지대한 영향을 미쳤고, 민족사회주의에서 총체국가론으로 발전하였다. 전제주의 국가에 저항하면서, 새로운 정치신학의 운동은(몰트만, 메츠) 유럽에서 아우슈비츠 이후 태동 되었다. 신학에서는 홉스의 정치이론과 칼 슈미트의 정치신학을 비판적으로 평가한다. 이어 리버럴 민주주의, 개인의 권리 그리고 재산권에 대한 존 로크의 기여를 분석한다. 로크에 대한 논쟁적인 토론에서 노예제도와 식민주의에 비판적 논의를 검토하고, 그의 정치이론 한계와 약점을 수정한다. 사회계약론과 목적론적인 논증은 존 롤스의 정의론에서 어떻게 반성하는지 확인한다. 롤스는 아리스토텔레스의 정의론을 비판적으로 수용하고, 또한 로크의 약점을 갱신한다. 그리고 자신의 다름의 원리를 사회 민주적인 방향으로 전개한다. 마지막으로 루소의 일반의지와 시민사회론을 검토하고 이에 대한 헤겔비판을 살피도록 하겠다. 그리고 공화제 민주주의에 대한 루소와 마키아벨리의 유사점을 논의할 것이다.

홉스와 정치이론

홉스에게서 결정적인 것은 자연적인 것(힘, 신중함, 기술, 탁월함, 자유,

---

3 Hobbes, "The Introduction of Leviathan," in *Classics of Moral and Political Theory*, 552.

덕목)과 본래인 것 또는 도구적인 것(자연의 힘보다 더 많은 것을 획득하는 수단과 도구들)을 권력 개념에서 파악한다는 것이다. "평화나 전쟁행위에서 신중함의 이름은 권력이다."[4] 인간은 덕이 아니라 권력의 방향으로 움직인다. 이것은 타자를 향한 전쟁에서 볼 수 있다. 인간 존재를 평화로 인도하는 것은 인간의 열정들인데 홉스에 의하면, 죽음의 공포는 생존을 위해 필연적이다. 이성에 의해 인도될 때, 인간은 평화의 협정을 체결한다. 홉스는 이것을 자연법으로 부른다.[5] 홉스는 전쟁의 악을 피하고자 국민적 승인을 통해 하나로 묶는 인간의 권력을 공고히 하는데, 이것이 '연방권력'이다.[6]

만인에 의한 만인 투쟁

토마스 홉스(1588-1679)는 개신교 종교개혁이 정점에 달하던 영국에서 태어났다. 그는 근대정치 이론의 토대를 놓은 사상가로 여겨진다. 그의 정치철학은 영국의 시민전쟁(1642-1651)에 관련되며, 전쟁을 피하기 위한 제안으로 사회계약을 기초하고 국가의 권력을 공고히 하려고 한다. 개인적 이기주의를 공격적이며 쉽게 전쟁을 일으키는 호전적인 것으로 파악하면서, 그는 자연 상태에서 인간의 삶이 "고독하며, 가난하며, 구역질 나며, 잔인하며, 수명이 짧다"라고 본다.[7] "자연은 인간들을 평등하게 만들었다."[8] — 이것은 홉스의 기본

---

4 "Leviathan," Chapter 10, *ibid.*, 579.

5 "Leviathan," Ch. 13, *ibid.*, 593.

6 "Leviathan," Ch. 10, *ibid.*, 577.

7 "Leviathan," Ch. 13, *ibid.*, 592.

전제에 속하지만, 인간의 자연적 상태에서 전쟁을 일으키는 세 가지 원인이 있다. 그것은 획득을 위한 경쟁, 안전을 위한 염려, 명성을 위한 영광이다. 인간 존재는 전쟁상태에 거하는데, 만인이 만인에 대항하고 투쟁한다.9

도덕성은 자기 이해와 경쟁으로부터 나오는 실제적인 문제들을 사회적으로 해결하기 위해 발전된다. 우리가 평화스러운 상태에서 협력하면서 살기 원한다면, 사회계약을 필요로 한다. 도덕 가로서 홉스는 자연법을 이성의 일반적 규칙으로 본다. 이것은 삶의 파괴와 평화를 보증하는데, 일차적인 법으로 부른다. 두 번째 법은 자연의 권리로서 자유를 말하는데, 이것은 모든 수단을 통해 스스로 방어한다. 평화를 위한 노력은 자기방어로부터 온다: "타인이 너에게 해야 하는 모든 것을 요구한다면 너도 그에게 같은 것을 하라"10 이것은 복음의 법이며, 이것이 정의의 원천이며 본래인 것이다.

홉스의 입장은 아리스토텔레스와 현격히 다르다. 아리스토텔레스는 인간을 본성상 정치적 동물로 규정하고, 지배자와 피지배자의 관계를 강조한다. 아리스토텔레스에게 자연적인 노예개념은 그리스 중심주의에서 나타나고, 비-그리스적 사람들을 노예나 야만인으로 동일시한다. 그의 자연개념은 목적 지향적이며, 자연은 목적 없이 아무것도 하지 않는다.11

올바른 이성은 공동원리가 되며 여기에 부합한 행동이 중요하다.

---

8 *Ibid.*, 591.

9 *Ibid.*, 592.

10*Ibid.*, 594.

11 "Politics," in *A New Aristotle Reader*, 509.

인간의 탁월함은 인간을 선하게 하고, 그의 일을 수행하는 훌륭한 상태를 지적한다.[12] 이성에 의해 중용을 취하는 선택이 중요하며, 정의의 덕목은 중용의 상태로 파악된다. 정의는 정치적 연합에서 사람들을 법에 구속하며, 법과 정의로부터 이탈될 때, 인간의 삶은 비참해진다.[13] 만일 인간이 본성상 사회적이라면, 목적으로서 행복은 영혼의 선함에 있게 되며, 영혼의 활동은 탁월함과 일치한다. 이 것은 플라톤처럼 영원한 선을 지향하는 행동과는 상관없다.[14] 도덕적 탁월함은 습관의 결과이며, "입법자들은 습관을 통해 시민들을 선하게 만들어야 한다."[15] 정치가의 삶에서 결정적인 것은 관조의 삶을 위해 모든 외부적인 영향을 끊어내는 것이다.[16]

이러한 아리스토텔레스와는 달리, 홉스는 자연법을 신의 계명이나(목적을 지향하는) 덕목으로 이해하지 않는다. 그것은 사회계약을 근거로 평화의 조항들을 위해 이성의 일반적 규칙을 지적한다. 자연은 주권에 선행하지 않으며, 우리는 자연, 심지어 우리의 자연적 본성을 변형하고, 주권을 인위적인 것으로 만들어간다.

권리는 자유에 있으며, 법은 사람을 서로 구속한다. 자연법의 진정한 교리는 참된 의미에서 도덕철학이며, 도덕철학은 선에 대한 학문이다. 자연법(예를 들어 정의, 적절함, 공평함, 자비)은 이성이나 공동의 삶이나 덕목에서 거절되지 않는다. 이것들은 이성의 명령이며,

---

12 "Nichomachean Ethics," *ibid.*, 382.

13 "Politics," *ibid.*, 510.

14 "Nichomacheam Ethics," *ibid.*, 371-372.

15 *Ibid.*, 376.

16 "Politics," *ibid.*, 525.

부적절한 방식으로 자연법으로 불린다. 왜냐하면, 법은 자기보존과 방어의 결론이기 때문이다. 그러나 법이 적절하게 불릴 때, 그것은 권리에 의한 사람들에 대한 명령을 의미한다.[17]

정의가 각자에게 정당한 몫을 주는 것이라면, 그것은 타당한 계약을 유지해야 한다. 상호 계약에서 인간은 보편적 권리를 배상하고, 필요한 것은 적절하게 포기하기도 한다. "계약의 정당성은 시민 권력을 형성하면서 시작된다. 이것은 사람들로 하여금 충분히 계약을 지키도록 하며, 여기서 사회적인 예의가 시작한다."[18]

이런 관점은 홉스의 도덕 이론을 사회계약을 통한 주권으로 특징짓는다. 홉스의 도덕철학의 핵심은 자연법의 특징을 다듬고, 사회계약을 통해 평화를 보증하는 것이다. "평화를 중재하는 모든 사람은 자유로운 행동이 허락되어야 한다. 이것은 자연법이다. 평화를 명령하는 법은 목적이며, 이러한 중재를 명령하는 것은 수단이며, 수단을 중재하는 것은 자기 행위이다"[19] 인간이 비도덕하고 고독하며 잔인한 상황에 처해있는 자연 상태를 극복하기 위해, 홉스는 도덕의 틀 안에서 시민 정부 이론과 사회계약론을 발전시킨다. 이것이 홉스의 리바이어던 저변에 깔린 내용이고, 리바이어던은 인간의 기술로 만들어진 불멸의 신이 되며, 연방 또는 라틴어로 키비타스(civitas) 즉 국가로 불린다.

---

17 "Leviathan," Ch. 15, in *Classics of Mora; and Political Theory*, 604.

18 *Ibid.*, 598.

19 *Ibid.*, 602.

자연법과 주권

홉스의 정치철학은 영국 시민전쟁(1642)으로 인해 초래된 정치적 위기와 관계가 있다. 찰스 1세(1600-1649)가 스코틀랜드의 반란(1640)을 막기 위해 의회를 소집했을 때, 찰스 1세와 그의 캔터베리 추기경 윌리엄 로드(William Laud)는 장로교회와 심각한 갈등을 일으켰다. 의회는 장로교와 청교도들로부터 지지를 받고 있었고, 의회와의 갈등은 시민전쟁의 도화선이 되었다. 전쟁상태는 시민들의 저항과 시위로 인해 걷잡을 수 없는 무질서로 빠져들었고 결국 찰스 1세는 처형당한다(1649).

왕을 지지했던 홉스는 위협을 느껴 프랑스로 도피했고, 그곳에서 1651년부터 1652년까지 머물게 된다. 그의 책 『리바이어던』(Leviathan)은 1651년 런던에서 출간되었고, 그의 가장 유명하고 영향력 있는 책이 되어 서구 정치철학과 도덕 이론의 토대가 되었다. 윤리적인 삶을 위해 사회계약이 요구되며, 무질서한 자연의 상태를 방지하기 위해 안정적이고 협력의 사회가 필요하다. 사회적 존재로서 인간은 사회 안에서 자신과 타인을 보호하는 규칙과 법에 복종해야 한다.

14장에서 홉스는 자연의 권리(jus naturale)를 삶의 보존을 위한 자유로 규정한다. 자유는 외부의 장애가 없는 상태로 파악되는데, 자연법(lex naturalis)은 이성의 일반적 규칙 또는 책임이 된다. 이성의 의무는 인간으로 하여금 삶의 파괴를 피하도록 한다. 의무는 자유와 다르며, 자연법과 더불어 모두는 평화를 추구해야 한다. 여기서 자연의 두 번째 법은 자기방어이다. 타자에 대한 자기방어는 만인 내 만인의 전쟁상태에 있을 때 필요한 것이 된다.

세 번째 자연법은 평화를 위해 계약을 만드는 정의다. 이것을 위반하는 것은 부정의며, 반면 평화를 위한 계약을 만드는 것은 정의다. "권리의 상호위탁은 계약으로 불린다."[20] 자연법은 평화를 최고선으로 강조한다. 모든 개인은 인간의 삶을 보존하고 타인의 공격으로부터 방어하는 것이다. 평화는 삶의 수단이다. 우리 모두 삶에 대한 자연의 권리 또는 도덕의 권리를 가지며, 자기 보존과 방어를 도덕적 자격으로 파악한다. 도덕의 권리는 삶을 존중하는 데서 나타나며, 이것은 인권의 존엄과 가치의 근원으로 간주한다. 이런 점에서 헤겔이 말한 것처럼, 도덕법은 자연법이 된다.

그럼에도 불구하고 홉스는 개인의 가치를 칸트적인 의미에서 정언명법이 아니라, 권력의 관점에서 고려한다. 가치나 존엄은 주어지는 것이며, 심지어 권력의 사용에 따라 측정된다. 이것은 개인의 가치에 속하며, 절대적인 것이 아니다. 그것은 타인의 필요와 판단에 의존된 사물과 같다.[21] 여기서 볼 때, 홉스의 권력 이해가 경제영역으로 환원되지 않는다고 하더라도, 그것은 많은 다양한 영역의 실재를 권력의 관계로 드러낸다. 그의 도덕철학은 평화에 이르는 수단에 근거하며, 삶의 가치와 존엄을 국가 연방을 통해 평가한다. 그러므로 홉스는 인간의 존엄성을 리버럴민주적인 의미에서 추구하지 않는다.

리바이어던 13장에서 홉스는 강력한 중앙 권력을 갖춘 국가의 필요성을 제시하고, 국가의 절대적 권리를 강조한다. 인간 본성에 대한 홉스의 이해에 따르면, 자연 상태에서 만인은 쉬지 않는 권력과

---

20 "Leviathan," Ch. 14, *ibid.*, 595.
21 "Leviathan," Ch. 10, *ibid.*, 579.

확신을 향한 욕망과 권리를 갖는데, 이것은 죽어야 끝난다. 이것은 필연적으로 갈등 즉 만인 대 만인의 전쟁(*bellum omnium contra omnes*)으로 이어진다.

이런 조건에서 안전을 위한 길은 모든 권력과 힘을 하나의 의지에 귀속시켜 공동의 권력을 설정하는 것인데, 이것이 모든 사람의 계약을 통해 온다. 연방국가(*commonwealth* 또는 *civitas*) 사람들이 하나의 인격 구현체로 연합되고, 리바이어던과 같은 불멸의 신을 창출하는 것이다. 이러한 국가 아래서 우리는 평화, 자기방어, 안전을 얻게 된다. 이러한 구현된 인격체는 주권으로 불리며, 다른 개인들 위에서 힘과 권력을 행사한다.[22]

주권 권력은 정치 또는 사회제도를 통해 나타나는데, 인간의 모든 권리와 능력은 국민의 승인을 통해 주권 권력에 위탁된 것이고, 이로부터 나온다. 예를 들어 재산권, 처벌, 화폐를 주조하는 공권력 또는 군사력 동원과 전쟁 그리고 평화의 체결 등을 말한다. 만일 시장사회가 만인 대 만인의 투쟁으로 치닫지 않으려면, 공권력을 가진 주권 지배가 필요하고 이것은 무제한적이며 나누어질 수 없다. 국가법은 자연법이나 교회 또는 양심의 소리에 호소하면서 제한되어서는 안 된다. 국민은 국가의 명령과 법에 복종해야 한다. 위대한 권위는 국가의 주권에 주어진 것이고, 이것은 시민전쟁에서 드러나는 비참함이나 엄청난 재난을 해결한다.[23]

홉스는 절대적이고 무제한 주권국가의 권력제정을 말한 뒤에, 국

---

22 "Leviathan," Ch. 17, *ibid.*, 608.

23 "Leviathan," Ch. 18, *ibid.*, 612.

민승인을 통한 의회민주주의 차원을 언급한다. 국민의 이해를 대변하는 의회는 보통선거를 통해 시행되며, 모두가 투표를 통해 주권국가가 평화와 개인 삶의 보호를 위한 결정과 판단을 할 수 있는 권위를 부여한다. 주권 권력은 국민의 승인에 의해 구성된 의회를 통해 부여된다.[24] 그러나 국가가 국민에게 자살을 명하거나 상처를 입히고 스스로 불구자가 되라고 한다면, 또는 개인을 공격하는 자들에게 저항하지 말라고 한다면, 국가의 명령에 불복종하는 저항의 가능성이 생긴다. 국민 개개인은 자연의 권리(자기 보존과 방어)를 위해 불복종의 자유를 가진다.[25] 국가의 공권력 행사가 전제적이거나 부당할 경우, 국민 편에서 불복종과 저항권이 생겨난다.

시장경제와 정치

홉스의 정치이론에 경제적 토대가 있는데, 경쟁 시장은 주요한 역할을 한다. 홉스 시대에 영국은 시장사회로 특징되고, 인간의 노동이 상품으로 전환되는 초기자본주의 성격을 가진다. 시장의 관계들이 모든 사회적 관계들을 형성하고 결정짓는데, 이것은 전통적인 관습이나 신분에 기초한 사회나 독립 생산자로 구성된 가내 수공업에 기초한 제조업 사회와는 다르다.[26]

『리바이어던』의 24장에서 홉스는 인간의 노동을 상품으로 간주하며, 상품은 수익을 위해 교환된다고 주장한다. 식민지 해외무역은

---

24 "Leviathan," Ch. 18, *ibid.*, 608.

25 "Leviathan," Ch. 21, *ibid.*, 623.

26 Macpherson, *The Political Theory of Possessive Individualism*, 48.

국가 연방에 속해있고, 원료를 사들이고 해외에 나가 상품을 파는데, 영국은 이미 1670년도에 미국의 뉴잉글랜드, 메일랜드, 버지니아 등에 식민지를 만들었다. 해외식민지 이주와 무역을 통해 영국의 경제 상황은 발전하기 시작했다. 경제분배에서 홉스는 정의란 모든 사람에게 각자의 정당한 몫이 주어지는 것으로 말한다.[27] 모두에게 정당한 몫을 주는 것은 국가의 임무이며 법에 기초한다. 각 개인에게 평등한 분배를 준수하는 것은 분배의 정의이며, 사회의 모든 구성원이 공동으로 누린다. [28]

그러나 홉스의 분배 정의에서 드러나는 문제는 거대한 부자들과 이들의 야심과 탐욕을 권력의 신호이며 명예스럽다고 생각하는 데 있다.[29] 더욱이 중심부와 식민지 사이에서 생겨나는 불균등한 정책에 대한 비판적 태도를 홉스에서 발견하기 어렵다. 홉스는 영국의 노예무역과 식민지에 대한 착취에 침묵한다.[30] 영국의 역사에서 노예무역은 1562년 엘리자베스 1세 치하(1533-1603)에서 시작되었고, 1807년도에 이르러서야 폐지된다.

영국의 중상주의는 장기의회(1640-1660) 기간 정상을 누리고 있었다. 영국의 동인도 회사는 1600년도에 시작되고 식민지 팽창에 열을 올렸다. 홉스의『리바이어던』은 중상주의 시대 국가의 절대권력에 관련되며, 시장경제는 국가와 자본의 융합에 예속되어 있었다. 영국의 동인도 회사(1600-1708)는 약탈과 과도한 세금을 통해 얻은 투자이

---

27 "Leviathan," Ch. 24 in *Classics of Moral and Political Theory*, 634.
28 "Leviathan," Ch. 15, *ibid.*, 602.
29 "Leviathan," Ch. 10, *ibid.*, 581.
30 "Leviathan," Ch. 24, *ibid.*, 636.

익을 인도로부터 취했다. 영국의 철강산업은 16세기와 17세기 이탈리아 제노아에 의해 주도된 금융자본에 의해 급속도로 팽창했다.[31]

　이것이 홉스가 살았던 영국 사회의 모습이었다. 해외시장 시스템은 영국 국내의 시장사회를 발전시키는 데 결정적인 역할을 했지만, 아직 충분한 부르주아 계급사회로 발전되지는 않았다. 엔클로저운동(The enclosure movement)은 가난한 자들에 대한 부자들의 위로부터 혁명으로 불리는데, 13세기부터 시작되었고, 1780년도 정점에 달했다. 그 결과 자작농들은 자본가에 속한 농부들로 전락했다. 엔클로저 법안은 1760년 이후부터 효력을 발생하고, 1760년과 1820년 사이에 가난한 노동자들은 경작지에서 쫓겨났다. 경작지를 잃은 노동자들은 영국 북부의 산업도시에 필요한 노동력을 제공했는데 이것이 산업혁명의 촉진제가 되었다.[32]

　홉스는 이러한 부르주아 사회가 위기와 착취 그리고 세계시장의 식민주의로 점철될 것을 예견하지 못했다. 강력한 주권국가가 부와 권력을 위해 경제적 경쟁을 실현할 것으로만 주장했다. 절대국가가 권위를 행사하면서 시민들의 삶을 위해 시장에서 일어나는 남용에 개입한다. 국가가 시민의 삶과 군사, 사법 그리고 교회를 지배한다면 주권 지배가 없는 소유권은 존재할 수가 없다.

---

31 Arrighi, *The Long Twentieth Century*, 209-210.
32 Beaud, *A History of Capitalism 1500-1980*, 64.

홉스와 정치신학

홉스의 『리바이어던』(1651; 라틴어 출간 1668)은 유럽에서 역사적으로 칼뱅주의의 저항권과 정치이론에 맞물려 있다. 1572년 성 바돌로메 대학살은 메디치의 카트린(Caterina de Medici)의 음모를 통해 일어났다. 프랑스에서 활동하던 주도적인 칼뱅주의 위그노들과 추종자들은 집단살육을 당하고, 이들의 지도자였던 콜리니 장군(Admiral de Coligny)은 살해당한다. 이후 모나코마키스트(monarchomachists)로 불리는 저항권자들이 왕권에 대한 저항권 이론을 유포하기 시작했고, 이것은 군주제와 정치 절대주의에 대항하는 근대의 제헌 정부의 시작을 알린다.

제네바의 종교개혁자인 요한 칼뱅(1509-1564)은 자신의 조국 프랑스에서 활동하는 위그노들에게 보낸 편지에서 제도권 정치의 틀 안에서 이들의 저항권을 정당화했다. 정부 관리들의 법은 프랑스 군주제의 절대주의와 대립한다. 칼뱅 자신은 국가 안에서 신분 계급(ephori)에 주목하고 위그노들에게 전제주의 지배자에 저항하여 국민의 자유를 위해 개입하고 이들의 의무를 다하라고 격려했다.

칼뱅은 자연법과 국민주권 그리고 폭력사용에 대해서 거리를 취했지만, 신중한 시민 불복종은 그의 정치신학 저변에 깔려있다. 그는 비상사태—전쟁—에 직면하여 여전히 공개 저항의 가능성을 열어놓았고, 프랑스에서 종교전쟁은 1562년부터 1598년 사이에 벌어졌다.

대학살을 피해 목숨을 건진 프랑스와 호트만(Francois Hotman, 1524-1590)은 정부 관료들과 귀족들에게 저항권을 촉구하고, 그의 책

『프랑코-갈리아』(Franco-Gallia, 1573)는 민주적인 국가의 형식을 지지하고, 저항권과 국민의 정치적 권위를 강조한다. 제네바에서 테오도르 베자(Theodore Beza, 1519-1605)는 칼뱅의 후계자로서 1차 프랑스 종교전쟁(1562-1563)에 칼뱅의 권유로 참전했다. 그는 국민의 정치 권리를 통해 전제주의 지배에 저항권을 옹호했다.『정부 관리들의 권리』(The Right of Magistrate)에서 베자는 호트만에게 많은 영향을 받았고, 백성은 지배자를 위해 창조된 것이 아니라 지배자가 백성을 위한 존재 한다고 주장했다.

베자는 사적 시민의 저항권은 반란으로 권력을 탈취한 자에게 향하며, 의회의 법적 권리는 정부 관리들을 통한 왕의 권력을 제한하는 것으로 말한다. 호트만과 베자의 정치적 입장은 스코틀랜드 신앙고백서(Scots Confession, 1560)에 잘 나타난다. 여기서 전제주의에 저항하고 억압받는 자들을 지지하며 독재 권력으로부터 죄 없는 자들의 삶을 보호하는 것은 중요하다. 가난한 자는 지주들의 탐욕으로부터 보호되어야 하며, '기독교적 사회주의'는 국민주권과 경제의 영역에서 표현된다.[33]

저명한 저술『독재자들에 대한 방어』(Vindiciae contra tyrannos)는 1579년 이후부터 유포되었는데, 정치 이론사에 매우 중요한 영향을 미쳤다. 이것은 1648년과 1689년에 영어로 번역되었고, 책의 저자는 필립 드플레시스-모네이(Philip du Duplessis-Mornay, 1549- 1623)로 추정되는데, 그는 바돌로메 대학살 이후 가톨릭과 제휴된 군주제에 강력한 저항을 한 지도자였다. 이 저작에서 연방 민주주의 국가개념

---

33 McNeil, *The History and Character of Calvinism*, 300.

이 주장되고, 성서의 계약개념이 국민 저항권으로 정당화된다.

연방 계약론은 구약성서에 근거하며, 하나님의 율법과 이스라엘 백성을 고려하는 이중적인 의미에서 계약이 논의된다. 일차계약은 하나님이 십계명을 통해 시내산에서 이스라엘 백성과 맺은 것이다. 이차계약은 하나님 앞에서 왕의 지배계약을 말한다. 왕과 백성은 '약속의 공동 서명자들'이고,34 왕은 항상 이들이 하나님의 은총에 의해 선택된 자이며, 백성들을 통해 그리고 백성들을 위해 다스리는 것을 명심해야 한다.35

여기서 국민주권은 중심자리를 차지하며, 계약신학의 틀에서 전개된다. 계약신학(federal theology)은 하인리히 블링거(Heinrich Bullinger)로부터 유래하며, 구약의 계약개념은 폐해지는 것이 아니라 신약성서로 이어진다. 특히 미국의 정치사에서 새로운 식민지는 1628~1630년 사이에 매사추세츠 베이지역에서 시작되었다. 존 윈트로프(1588-1649)는 첫 번째 주지사였고 청교도의 주도적 인물이었다. 그는 1630년 매사추세츠 베이회사 앞에서 '미국을 계약의 나라'로 호소했다.36

매사추세츠 베이회사(The Massachusetts Bay Company)는 공동 주주 무역회사이며, 1629년 영국의 국왕 찰스 1세와 협정을 체결했고, 뉴 잉글랜드의 방대한 지역을 식민지 거주지역으로 만들었다. 이것은 청교도 그룹에 유리한 조건을 허락했고, 존 윈트로프의 지도력을 통해 종교 공동체로 발전했다. 영국의 첫 번째 식민 이주자들은

---

34 *Constitutionalism and Resistance in the Sixteenth Century*, 143.

35 Cited in Moltmann, *God for a Secular Society*, 28.

36 *Ibid.*, 30.

1630년에서 미국을 향해 출항했고, 매사추세츠 베이 식민지는 보스턴을 중심으로 발전했다.

미국 독립선언서(American Declaration of Independence, 1776)에서 정치적 계약이념은 다음처럼 표현된다: "우리는 이런 진리들을 자명하게 여긴다. 모든 사람은 평등하게 창조되었고, 창조주에 의해 이들에게 양도될 수 없는 천부의 권리들이 부여되며, 여기에는 생명, 자유 그리고 행복 추구가 속한다."

개혁주의 전통에서 정치신학은 이미 저항권과 국민주권에 근거하며, 홉스의『리바이어던』의 한계를 넘어선다. 특히 만인 대 만인의 전쟁이라는 부정적인 인간 이해를 하나님의 형상으로 뒤집는다.

이런 정치사를 고려할 때, 홉스의『리바이어던』이 1561년에 출간된 것에 주목할 필요가 있다. 이것은 찰스 1세 처형 2년 후였다. 국왕 찰스의 처형은 당시 의회의 권력을 장악하고 있던 칼뱅주의들의 국가론과 저항권에 의해 행해졌다. 그러나 홉스는 주권 의지와 사회계약을 자연법의 틀에서 개혁 신학과는 다른 방향으로 움직인다. 자연법 안에서 모두는 영속적이며 쉴 줄 모르는 권력욕으로 인해 위기와 충돌의 상태로 들어간다. 이러한 권력 지향의 욕구는 죽음으로 끝장난다. 이러한 전쟁의 비참한 상태를 피하기 위해 사회계약을 체결하고, 국민의 자유와 권력을 주권 의지에 위탁해야 한다. 시민사회나 국가는 이러한 계약을 근거로 출현하며 국가 연방을 창출하는데, 이것이 불멸의 신이라는 의미에서 리바이어던이 된다. 국가 주권은 세속적인 일에서나 종교적인 영역에서 모든 권력과 권위를 소유하고 행사한다.

홉스는 장로교 집안에서 성장했지만, 성서적인 계약개념을 고려하지 않았다. 그의 성서적 입장은 하나님의 주권에 주목되고, 그것이 군주제이든지 아니면 의회이든지 또는 국민주권이든지 귀족주의적 연방이든지 관여하지 않는다.37 홉스의 관심은 인간들 사이에 사회 계약을 제의하고 끊임없는 전쟁에 종지부를 찍는 것이다. 만일 인간이 본성상 늑대라면, 이들의 상호 간의 투쟁에서, 리바이어던이 전제주의자가 되어서 무질서를 끝장낸다면 그것으로 충분하다. '선한' 리바이어던(욥 41:24)은 영국 의회를 상징하는 사악한 베헤모스 (Behemoth)와 대립한다.

홉스의 정치신학은 특히 독일에서 법학자인 칼 슈미트(Carl Schmitt) 에게 수용된다. 슈미트는 보수적인 법률가이며 나치당의 회원이었다. 슈미트는 리바이어던에 주목하면서 '정치신학'이란 용어를 정치 주권을 위해 사용한다. 근대국가이론은 세속화된 신학의 개념이며, 국가의 정치이론은 유비론적으로 하나님에 대한 신학적인 토론에서 볼 수 있다. 그는 칼뱅주의의 하나님을 리바이어던, 즉 홉스의 불멸의 신과 동일시했다.38

『토마스 홉스의 국가론 리바이어던: 정치 시스템의 의미와 실패』 (The Leviathan in the State Theory of Thomas Hobbes: Meaning and Failure of a Political Symbol, 1938)에서 슈미트는 홉스의 이론에서 보호와 복종이라는 상호관계에 주목했다. 국가의 보호를 위해 개인들은 복종해야 한다. "국가는 …나의 신체적인 존재의 안전을 보증한다. 그 대가로 무조건 복종을 요구한다… 다른 모든 토론은 '정치 이전'의 조건,

---

37 "Leviathan," Ch. 20 in *Classics of Moral and Political Theory*, 620.
38 Carl Schmitt, *The Leviathan in the State Theory of Thomas Hobbes*, 32.

즉 안전이 없는 상태로 가게 되는데, 이런 상태에서 개인은 궁극적으로 더 이상 자신의 신체적 안전을 확신할 수 없다…"39

슈미트는 유대-기독교 전통에서 영적인 영역과 정치적 영역을 분리한 것을 공격했고, 홉스의 입장이 이러한 정치와 종교의 구분에 대립한다고 주장한다. 슈미트에 따르면, "홉스는 유대인을 종교와 정치의 구분을 파괴한 혁명 국가의 원조로 간주했다.… 홉스에 의하면, 세속정부와 종교영역의 구분은 비유대인인 이방인들에게 낯설며, 종교는 이들에게 정치의 한 부분이 되기 때문이다."40

그러나 슈미트는 홉스를 비판하는데, 왜냐하면 홉스는 여전히 사적인 영역에서 종교의 자유와 권리를 부여하기 때문이다. 사적 영역에서 사상과 신앙의 자유를 말하면서, 홉스는 리버럴 헌법 체계의 틀 안에서 개인의 자유와 권리를 허용한다. 슈미트에 따르면, 실제로 종교의 자유를 위한 홉스의 유보는 리바이어던을 거세해버리고, 국가의 권위를 악화시킨다.41

슈미트와는 달리, 홉스의 정치이론에서 종교적 차원을 검토하는 것은 중요하다. 홉스는 하나님 나라에 대한 자신의 반성에서 하나님의 주권을 고려했고, 이것이 자연적 이성과 계시와 신앙을 명령한다고 보았다. 그는 하나님의 보편적 지배 아래 있는 자연적인 것이 이성의 권위를 명령하며, 여기서 홉스는 국민의 공동 승인의 중요성을 강조한다. 자연법은 하나님의 율법 아래 있으며 도덕적 덕목들 예를 들어 평등함, 정의, 자비 그리고 겸손을 강화한다.42

---

39 *Ibid.*, 45.
40 *Ibid.*, 10.
41 Moltmann, *God for a Secular Society*, 39.

자연 이성의 명령을 통해 우리는 하나님을 이성적으로 예배하며, 여기에 기도와 감사, 봉헌 그리고 희생이 포함된다.[43] 하나님에 대한 예배법은 하나님의 계명(또는 자연법)에 순종하는 것이며, 자연 이성은 개인들에게 하나님의 계명을 명령한다. 왜냐하면 "순종이 제사보다 낫기 때문이다."[44]

하나님의 자연 왕국과 신적인 자연법을 근거로 흡스는 국가 연방을 사회계약론과 국민의 공동 승인의 행위에 기초한다. 국가 리바이어던은 하나님의 정의와 도덕법에 봉사하는 한, 선한 것이다. 이런 점에서 흡스의 이론은 슈미트의 파시즘 전제국가이론과는 전혀 다르며, 미국의 청교도와도 다르다. 그의 관심은 어떻게 사회를 —칼뱅주의 신앙이 아니라— 공공영역에서 이성에 기초한 사회계약과 국민주권 그리고 공동 승인을 통해 다스리며, 시민의 복종을 주권론에 초점을 맞춘다. 흡스는 여전히 성서적 전통에 서 있다.

그러나 흡스와 슈미트의 약점을 비판하면서, 아우슈비츠 이후 새로운 정치신학이 몰트만과 요한 밥티스트 메츠에 의해 전개되었다. 이들은 세속화된 사회에서 기독교 신앙의 공공적 사용에 초점을 맞추고, 슈미트의 정치신학과 전제주의 국가이론을 비판했다. 종교는 정치적 주권 지배의 영역에 통합되어서는 안 된다. 그러나 흡스의 정치이론을 슈미트의 전제국가론에 동일시하는 것은 오류에 속한다.

흡스의 정치론에 대한 오해로 인해 새로운 정치신학은 공공영역에서 신앙의 적합하고 비판적 사용보다는 국가영역 즉 정치사회에

---

42 Leviathan, Ch. 31 in *Classics of Moral and Political Theory*, 673.

43 *Ibid.*, 675.

44 *Ibid.*

일면적으로 관련된다. 정치, 경제, 문화, 교육, 타 종교의 영역에서 신앙의 공공적 비판적인 사용은 공공신학의 과제로 넘겨진다. 이런 점에서 공공신학은 정치신학과 대립 되기보다는 정치신학이 원하는 신앙의 공공적 사용을 시민사회의 다양한 영역들로 확대하고, 근대정치이론과 깊은 비판적 대화를 요구한다.

그러나 슈미트의 관심은 정치와 종교의 일치를 전제주의 국가의 빛에서 회복하는 것이다. 『정치적인 것의 개념』(*The Concept of the Political*)에서 슈미트는 다음처럼 말한다: "국가는 결정적인 정치 기구로서 엄청난 권력을 소유한다. 전쟁을 수행하는 가능성을 가지며 국민의 삶을 공공적으로 처분할 수 있다. 『의로운 전쟁』(*jus belli*)이 이것을 말한다. 그것은 이중의 가능성을 제시하는데, 국가 구성원인 국민으로부터 기꺼이 희생할 요구할 권리와 주저하지 않고 적을 죽이는 권리를 말한다."[45]

결론적 평가

홉스는 세속정부의 절대주의 또는 군주론적 절대주의를 대변한다. 그러나 그의 입장은 여전히 근대의 국가를 지지하는 국민적 승인 또는 사회계약론에 근거한다. 홉스의 정치론은 근대이전의 선언—"짐이 곧 국가다"(*L'état, c'est moi.* Louis XIV, 1638-1715)—과는 판이하다. 홉스에서 국가 주권은 시민들의 사회계약에 기초하며, 국가의 권위는 시민사회의 평화와 안전을 지키는 데서 부여된다.

---

45 Schmitt, *The Concept of the Political*, 46.

유럽국가들의 근대체제는 30년 전쟁(1568-1648)을 웨스트팔리아 조약(Treaty of Westphalia, 1648)에서 표현되는데, 이것은 홉스의 『리바이어던』이 출간되기 3년 전 체결되었다. 이 조약은 아우크스부르크 평화의 원칙(1555)—그의 지역이 그의 종교다(*Cuius regio, eius religio*)—을 확인한다. 지배자의 종교가 지배지역의 종교를 결정한다. 더 이상 가톨릭은 신성로마제국을 통해 지역 국가나 주권 영역을 침해할 수가 없다. 독립 주권국가는 최고 권위의 수준으로 고양되고, 신성로마제국의 보편주의적 요구와 지배권에 저항한다. 홉스의 이론에서 국가가 '신적인 존재'로 고양된다고 해도, 이것은 슈미트가 홉스를 루이 14세와 동일시하는 것과는 상관이 없다.[46]

오히려 홉스는 근대 자유주의의 측면을 드러내며, 의회민주주의에서 국가 주권은 국민의 안전을 위한 법의 근거가 된다. 이것은 정의와 평등에 기반이 되며, 국민으로부터 합의와 복종을 이끌어 낸다. 국민은 국가와 법의 권위 없이 충돌과 전쟁의 위기로 인해 살아갈 수 없다. 홉스에게 자유는 자연의 권리이며, 인간의 삶을 보존하며, 인간의 판단과 이성에서 중요한 것을 행한다. "자유는 외적인 장애의 부재를 의미한다."[47]

홉스에게 모든 개인은 본성상 동일하며 또한 자유롭다. 국가의 주권은 계약과 제도를 통해 모든 사람의 승인을 통해 확인된다. 복종의 행위에서 책임과 자유는 주권국가에 대한 인간의 창조로 드러나며, 모든 개인 주체는 행동의 저자가 된다. 그는 하나님의 백성으로

---

46 Schmitt, *The Leviathan in the State Theory of Thomas Hobbes*, 32.
47 "Leviathan," Ch. 14 in *Classics of Moral and Political Theory*, 593.

서, 주권국가가 개인의 권리를 침해할 때 불복종할 권리가 있다.[48]

홉스는 국민의 안전을 위하여 정의가 평등하게 모든 부류의 사람들에게 집행되어야 한다고 주장한다. 많은 사람이 노동을 통해 스스로 유지할 수 없다면, 이들은 개인의 자선 행위에 내맡겨져서는 안 된다. 사회제도를 통해, 즉 국가 연방의 법을 통해 이들에게 사회 안전망이 제공되어야 한다.[49]

도덕성은 국가와 더불어 있으며, 국가의 목적은 인간 존재를 경제적인 영역에서 살아갈 수 있도록 보장하며, 사회적인 도덕 존재로 가능하게 한다. 국가는 공권력으로 규칙과 법을 시행하지만, 시민의 도덕적 삶을 보장해야 한다. 홉스에서 정부의 일차적인 목적은 평등한 권리를 시행하고 시민들의 삶을 보호하는 것이며, 국민은 사회계약을 통해 그들 자신의 권리를 보존한다. 전쟁을 통한 죽음의 공포를 걷어내고 상호 협정을 위해 이성은 평화의 조약들을 만들어낸다. 홉스에 의하면, 자연의 법이 존재하며 평화를 명령한다. 이것은 인간의 보존을 위한 수단으로 시민사회에 관심한다.[50]

자연의 권리는 인간 삶의 보존을 위한 자유로 구성되며, 자연의 법은 이성의 일반규칙 또는 의무로 구성된다. 여기서 모두는 평화를 추구하며 스스로 방어한다. 정의나 부정의는 계약이 제대로 수행되는지에 의존된다. 권리는 의무에 앞서 우선권을 가지며, 개인은 자신의 자유와 존엄을 사법의 영역 안에서 찾는다. 도덕적 자율성을 통해 개인의 권리는 자연법의 요구를 판단하며, 자신의 이성을 바르게

---

48 "Leviathan," Ch. 21, ibid., 624.
49 "Leviathan," Ch. 30, ibid., 668.
50 "Leviathan," Ch. 5, ibid., 603.

사용하는데, 왜냐하면 이성이 자연법을 요구하고 명령하기 때문이다.

홉스에 의하면 고대 그리스나 로마의 자유는 개인이 아니라 도시 국가의 자유였다. "모든 연방 국가는 절대적인 자유를 가졌다." 그리고 이러한 국가를 대변하는 자들은 다른 백성들에게 저항하거나 이들을 침해했다.[51] 백성들은 집단적 아니면 공공선을 근거로 군주제를 혐오하도록 가르쳤고, 시민 개인의 이해는 보존되었다. 그러나 근대의 자유 개념은 법을 통한 주권국가의 선 결정에 주어지며, 시민들의 행동을 규제하며 복종과 의무 그리고 책임감을 통해 시행된다. 국민의 안전을 위해 정의는 모든 부류의 사람들에게 공평하게 실행될 것이 요구된다.[52]

그리고 홉스는 국민저항과 혁명을 위한 가능성을 열어놓았다. 만일 국민이 합법적인 것과 불법적인 것을 판단한다면, 그것은 이들의 양심과 사적인 이성적 판단에 기인한다. 이들이 지배자들을 독재자로 비난할 때, 언제든지 저항과 혁명은 합법적인 것이 된다.[53]

이러한 관점은 —사적 영역을 통제하는 총체적 국가 주권을 신의 영역으로 강조하는— 슈미트의 정치신학과는 전혀 다르다. 슈미트의 정치신학은 히틀러의 민족사회주의 안에서 정점에 달하지만, 사회주의적 리바이어던에서도 여실히 드러난다. 슈미트에 의하면, 서구의 리버럴 민주주의자들은 볼셰비키 마르크스주의자들에게 동의한다. 이들에게 국가는 권력 장치이며, 기술적으로 볼 때 매우 다양한 정치적 위상들은 중립적인 도구로 사용할 수 있다.[54]

---

51 "Leviathan," Ch. 21, *ibid.*, 622-623.

52 "Leviathan," Ch. 30, *ibid.*, 667.

53 "Leviathan," Ch. 30, *ibid.*, 664.

그러나 슈미트와는 전혀 다르게 서구의 리버럴 민주주의 전통은 사회계약과 국민승인에 기초하며, 프롤레타리아 독재개념에 근거한 레닌주의 개념과는 태생적으로 다르다. 절대주의 정부에 대한 경향에도 불구하고, 홉스의 민주주의는 여전히 리버럴 민주주의 특징을 국민적 공동 승인에 기초하고, 국가의 절대권력에 대한 저항을 일반투표로 견제하며, 합법적인 정부가 되도록 견인할 수 있다.

---

54 Schmitt, *The Leviathan in the State Theory of Thomas Hobbes*, 42.

II. 사회계약과 민주주의

홉스와는 달리 존 로크(1632-1704)는 삶과 자유와 재산과 같은 자연법 개념을 정부 권력을 억제하면서 전개한다. 국가는 개인의 자연법을 손상하는 권력 행사를 할 수 없다. 로크는 고전적인 공화주의자며, 영국의 계몽주의와 자유주의에 기여했고, 정치적 자유와 ―독재에 저항하는― 의회 정부를 지지했다. 종교적 관용과 교회와 국가의 분리는 그의 이론에서 결정적이다.

로크는『두 정부론』(*Two Treatises of Government*)을 썼고, 1688년 명예혁명을 옹호했다. 그는 홉스의 절대주의 철학에 반감이 있었다. 제임스 2세 치하의 스튜어트 지배는 1688년 영국의 정치 엘리트들에 의해 오렌지 윌리엄 3세에 대한 정치적 양도를 통해 붕괴하였다. 오렌지 공은 영국과 스코틀랜드 그리고 아일랜드를 소유하고 지배하게 된다.

권리장전(Bill of Rights, 1689)과 더불어 정규적인 의회가 소집되고, 자유로운 선거제도, 의회에서 표현의 자유가 도입되었다. 가톨릭 군주제나 절대군주는 근저에서 뽑히고 만다. 종교의 관용정책이 실행되고, 반대자들은 정부에 반역을 꾀하지 않는 조건에서 허락되었다. 장로교주의는 스코틀랜드의 공식종교가 되었고, 종교적 교리는 웨스트민스터 신앙고백으로 규정된다.[1]

로크의 삶에서 중요한 계기는 샤프츠베리 애슐리 경(Lord Ashley of Shaftesbury)의 주치의가 된 것이고, 애슐리 경은 찰스 2세(Charles II)에 적대적이었다. 정치적 이유로 샤프츠베리가 1682년 화란으로 도피했을 때, 로크 역시 그의 후원자를 쫓아서 1년간 머물다 명예혁명 이후에야 돌아올 수가 있었다. 로크가 화란의 도피 생활을 끝내고 영국으로 귀환한 후, 그의『두정부론』에서 윌리엄 3세의 왕권을 국민적 승인을 기반으로 정당화해주었다.

로크의『두 정부론』은 정치적 혁명을 담고 있으며 독재와 군주적 절대주의에 저항하는 자연법의 회복을 주장한다. 자연법은 모든 사적 시민에게 있으며, 독재자에 대한 퇴위와 살해를 옹호한다. 로크는 반율법주의론이나 독재자를 살해하는 종교 분파주의적 정당성도 받아들이지 않았다. 그러나 로크는 사사 에홋이 모압왕 에글론을 살해하는 사건에서 성서적 근거를 찾았다(사사기 3:12). 이것은 시민전쟁 이후 찰스 1세가 처형당한 사건과 유비론적으로 비교할 수 있는 것으로 보았다. 또 사사 입다(Jephtha)도 백성들에 의해 지도자로 선출되었고, 암몬 족속들에게 반란을 일으켰다(사사기 11).[2] 물론 로크는 초기에 리버럴, 자유민주적인 방향을 옹호한다고 볼 수는 없다. 오히려 홉스는 세속적 절대주의 정부를 옹호한다. 사회계약은 권위를 전적으로 지배자에게 부여했다.

17세기 절대주의에 특징적인 것은 로버트 필머(Sir Robert Filmer)의『가부장 지배 또는 왕의 자연적 권력』(*Patriarcha, or the Natural*

---

1 Gonzalez, *The History of Christianity II*, 209.

2 Locke, *Two Treatises of Government*, XXXV.

Power of Kings)이었지, 홉스의 리바이어던이 아니었다. 필머에 의하면, 우리는 부자유하고 동등하지 않게 태어났고, 정치사회는 하나님의 질서에 근거하는데, 이러한 하나님의 질서 제정은 가부장의 자연적 질서에서 계시 된다. 군주의 본래 권력은 아버지와 남편으로서 아담의 권리에서 볼 수 있다.[3]

첫 번째 정부론에서 로크는 아담을 통해 주어진 하나님의 지배를 근거로 한 필머의 가부장적 제도 옹호에 비판적 입장을 취한다. 로크는 하나님의 소유권(workmanship)을 강조하는데, 모든 사람은 서로 간의 예속함이 없이 하나님의 소유 또는 창조의 기술로 간주한다.[4] 이것은 남성주의적 능력과 가부장적 지배를 약화시킨다. 부모에 대한 공경과 감사는 아버지와 자녀들의 관계처럼 정치적 복종과는 상관이 없다. 로크의 입장은 신적 권리에 의한 왕의 권력을 무너뜨리며, 왕의 권력은 출생에 의한 인간 존재의 부자유와 위계질서에 근거한다.[5]

비록 첫 번째 정부론(ca. 1679-1681)에서 로크는 저항권이나 혁명을 주장하지 않지만, 두 번째 정부론(1681-1683)에서 로크의 혁명론적 입장이 드러나는데, 그것은 반역재판과 도시 반란 그리고 탄압을 언급한다.[6] 로크의 정치이론은 사회계약론과 국민적 승인에 근거하며 왕과 백성 간의 계약은 중요하지 않다. 지배자들은 단순히 봉사자들이고 관리들이다. 공권력은 입법에 따라 실행하며 예속된다.[7]

---

3 *Ibid.*, XVIII-XIX.

4 Locke, *The Second Treatise*(=II), Ch. 2, 6.

5 Locke, *The First Treatise*(=I), Ch. 1. 5, 6.

6 Locke, *Two Treatises of Government*, XXI.

7 II. Ch. 13, 152.

로크는 독재에 저항하며 독재는 공공의 선을 방해하고 정부를 해소한다. 혁명의 권리는 사적이거나 집단적인 시민들로 구성된 혁명의 에이전트들에게 주어진다. 이것은 재산 보전, 평화, 시민들 간의 일치를 자연적 권리의 회복으로 의미한다.8 독재자에 대한 전쟁상태에서, 독재자는 "먹이 짐승, 즉 위험하고, 치명적으로 유해한 짐승"으로 비난받는다.9

로크의 리버럴 논의는 도덕적인 반성에 관련되는데, 자연 이성은 법이 무엇인지 명령한다. 자연법은 하나님에 의해 아담과 모든 인류의 마음 안에 기입되었다. 부모가 자녀들을 자신의 소유가 아니라, 하나님의 소유로 보존하고 양육하고 교육하는 것이 필요하다.10 하나님과 자연은 이성과 계시와 관련되며 하나님과 자연법의 전통에서 있다. 그러나 로크의 자연법 이해(실재주의적)는 『인간 이해에 대한 에세이』(Essay Concerning Human Understanding)에서 나타나는 그의 경험주의적 입장과는 대립 된다. 여기서 로크는 인간은 태어날 때 마음의 상태가 백지상태(tabla rasa)에 불과하다고 말한다. 지식은 오직 경험으로부터 온다. 자연법이 하나님을 통해 모든 사람의 마음에 기입되어 있다는 실재주의적 입장은 로크의 경험주의와는 양립하지 않는다.

어쨌든 자연의 상태에서 이성은 타인에게 폭력이나 사기나 협잡을 할 수가 있고, 전쟁상태로 갈 수 있다. 전쟁상태를 피하기 위해 이성은 모든 개인의 승인을 통해 사회계약이나 협정을 체결하고 시

---

8 II. Ch. 19, 226.
9 II. Ch. 3, 16.
10 II. Ch. 6, 56.

민사회를 형성할 필요가 있다. 목적은 소유권을 보증하고, 이것은 공공선을 위한 사회법에 의해 규제된다. 완벽한 민주주의 정부형태에서 개인은 인격이며 소유가 된다.[11]

이러한 측면은 자연의 상태가 자연법을 갖는 것을 전제로 한다. 모든 국민은 자연적으로 완전한 자유의 상태에 있으며 자연법의 경계에 있다. 이것은 모든 사람 안에서 삶, 건강, 자유를 말하며, 소유관계에서 예속과 상호 해로움을 끼치지 않는 평등과 독립의 상태를 지적한다.[12]

이러한 관점은 홉스의 부정적인 인간 이해를 넘어서며 자연 상태에서 만인 대 만인의 투쟁은 오류로 본다. 로크에 따르면 하나님이 모든 것을 소유하셨기 때문에 그 형상을 닮은 인간 역시 소유할 수 있는 동물이다. 또 로크는 신학적 논쟁 가운데 하나인 율법의 기능에 대한 칼뱅의 주장을 수용하여, 율법의 첫 번째 기능을 국가의 정당성을 위해 개념화했다. 즉, 하나님은 백성의 부정의와 폭력을 억제하기 위해 시민 정부를 제정한다(롬 13:4). 이것은 자연 상태에서 드러나는 공격자들이나 범죄자들에 대한 적절한 방어와 개선이 된다.[13] 칼뱅은 시민 정부를 자연법(율법의 제1 기능)에서 파악하고, 도덕법으로 불리는 하나님의 법도 자연에 대한 증언으로 말한다. 이것은 하나님이 사람의 마음에 새겨놓으신 양심에 대한 증언 이상 아무것도 아니다 (『강요 4』 21:16).

칼뱅의 전통에서 로크는 입법의 권력이란 국민을 대표하는 자에

---

11 II. Ch. 8, 120; Ch. 10. 132.

12 II. Ch. 2, 6.

13 II. Ch. 2, 13.

게서 나오며, 국민은 정부의 형식을 임명하고 입법을 구성한다고 본다. 입법은 성스러운 것이며 변경될 수 없다. 그것은 사회의 공공 선에 관계되며, 바로 국민의 선을 위해 설계된다.[14] 정부는 제한적이 며 해체될 수 있지만 시민사회는 그렇지 않다. 인간은 사자에게 먹히 기 위해 시민사회에 들어가는 것이 아니다. 이것은 정치적인 의미에 서 혁명을 특징짓는다. 1989년 동구권에 불어닥친 혁명은 로크의 정치적 입장에서 볼 수 있다.[15] 로크의 정치철학과 사회계약론은 미 국 독립선언서(1776) 기안자인 토머스 제퍼슨에게 결정적인 영향을 미쳤고, 제퍼슨은 자연법 전통을 대변했다.

로크의 견해에 의하면, 인류의 자연조건(자연법)에서 시민 권리는 존재하지 않는다. 그러나 자연조건은 도덕성이 부재한 상태가 아니 다. 자연조건은 모두가 다른 사람을 침해하거나 개입하지 않는 완벽 하고 온전한 자유 안에 있는 상호 주관적인 평등함을 전제한다. 자연 법은 모든 도덕성의 기반이며 하나님에 의해 부여된다. 이것은 타인 을 해롭게 하지 말라는 명령이며, 자연 상태는 홉스처럼 전쟁이나 무질서와는 상관이 없다.

그러나 자연 상태에서 자연의 권리와 소유권에 대한 향유는 위협 과 지속인 위험으로 인해 매우 불확실하며 불안전하다. 이것은 타인 의 침해, 공격과 폭력에 취약하다. 자연 상태에서 많은 것이 개인의 삶의 보호를 위해 요구되며, 이로 인해 시민사회와 정부가 출현한다. 정부는 공동의 승인을 통해 인간의 삶과 자유와 자산을 보존해야

---

14 II. Ch. 11, 134, 135.

15 Locke, *Two Treatises of Government*, XXXVI.

하며, 사회계약을 통해 구성된다.[16]

승인, 도덕적 논증, 저항권

　사람은 자연 상태에서 벗어나면서 시민사회로 들어간다. 시민사회는 시민들 간의 계약을 통해 삶과 자유와 소유를 보존하는 사회를 말한다. 정부의 권력은 국민에 의해 대변된다. 국민의 승인에 의해 입법의 권력은 사회와 시민들을 보호하기 위해 설정된다. 입법은 사회 최고의 권력으로 국민의 삶과 재산을 임의로 함부로 해서는 안 된다. 아무도 사적 개인들에 대한 절대적이며 임의인 권력을 가질 수 없다. 입법의 권력은 사회의 공공선을 위해 제한된다.[17]

　로크는 정부의 세 가지 기능(입법, 행정, 사법)을 구분하고 자유를 증대하려고 한다. 독재는 행정부가 입법부를 예속시키거나, 아니면 사법부가 행정부에 의해 남용될 때 생겨난다. 권력 남용은 사회를 전쟁의 위기로 치닫게 하고 국민은 정치 권력을 제거하고 입법부를 새롭게 제정할 권리를 가진다. 이 부분은 공공영역의 정부개입에서 대단히 중요한 차원을 가진다. 로크의 민주주의 시스템과 시민사회론은 권력 남용을 견제하는 데서 잘 드러나며, 시민의 자유와 승인에 정부의 공권력이 침해하면서 들어올 때 시민 저항으로 이어진다.

　로크에 따르면, 입법부를 소집하거나 해산하는 권력은 행정부에 있지만, 그렇다고 해서 행정부에 우위권을 주지 않는다. 그것은 국민

---

16 II. Ch. 9, 123, 124.
17 II. Ch. 11, 135.

의 안전을 위한 신뢰 관계를 유지하기 위해서이다.[18] 로크의 정치철학에서 도덕성은 규칙과 법에 설정되며, 국민적 승인에 기초한다. 인권은 국민의 공공선에 일치하여 유지되며, 국민은 규칙과 법 조항에 복종할 것을 동의한다. 도덕적으로 구속력을 갖는 규칙들은 조화로운 삶과 사회적 존재의 협력을 용이하게 한다.

로크의 승인개념은 저항의 차원을 가지며 정부는 국민의 승인 없이 국민을 강제할 수 있는 권리를 갖지 못한다. 권력은 국민 전체기구인 공동체로 귀속되며, 이것이 정부의 형식을 규정한다. 국민은 법에 대해 자유로운 승인을 하지만, 시민법이 공공영역에서 인권을 침해할 때 국민은 승인을 철회하고 저항할 수 있다. 이런 점에서 사회계약론은 인종 분리를 강요하는 시민법이나 제도를 정당화하지 않는다. 그것은 시민의 자유와 인권을 침해하기 때문이다. 전쟁상태를 회피하기 위해 사람은 자연 상태를 떠나고 시민사회로 들어간다. 그러나 여전히 폭력과 침해가 발생할 때, 사람들은 정의를 집행하기 위해 '하늘에 호소'할 수 있다. 즉 혁명은 양심에 근거하며, 양심은 '모든 사람의 최종 판단자'가 된다.[19]

식민지 상황에서 식민주의 지배 시스템은 조롱과 저항에 직면하는데, 인종 분리 정책에서 승인 이론은 특별법과 사회정책을 부당한 것으로 간주한다. 만일 흑인 식민들이 투표권에서 박탈당하고, 입법의 과정에 참여할 수 없다면, 국민적 승인이 없는 부당한 법 조항들은 불복종과 저항에 직면한다. 사회계약론을 비판하는 사람들은 승인

---

18 II. Ch. 13, 156.
19 II. Ch.3, 21.

개념에는 정당함이 결여되어 있다고 한다. 흑인은 여성들과 마찬가지로 헌법 규정안에 들어있지 않기 때문이다. 마이클 샌델은 공평함이란 측면에서 사회계약론을 비판한다.[20]

그러나 샌델의 비판은 로크나 루소 그리고 칸트에 대한 무지에서 온다. 샌델 이전에 사회계약론과 날 선 이론적 공방을 벌인 사람은 헤겔과 마르크스인데, 샌델은 그의 정의론에서 이런 치열한 논쟁을 언급조차 하지 않는다.

샌델과는 달리 사회계약론의 출발점은 개인의 자유와 주권 그리고 경제적인 소유권을 근거로 한 공정 또는 평등이다. 이러한 정치원리는 국민의 투표권을 제거하는 권위의 강제력이나 부정의에 대한 저항이나 혁명의 가능성을 포함한다. 만일 미국의 헌법 전문에서 흑인과 여성에 대한 투표권이 없다면 이러한 부정의에 저항하는 사회계약론이 불공평한 것으로 비난당하여야 하는가?

로크에 의하면 사회는 모든 시민 개인들의 승인으로 구성되며, 그렇지 않을 경우, "본래 계약은 아무것도 아니거나 아니면 협정과는 무관하다."[21] 이러한 관점은 정치사회를 리바이어던으로 고양하는 헌법과는 다르다. 시민사회는 정치사회(국가)보다 우선권을 가진다.

시민 불복종과 사회계약

시민 불복종문제는 사회계약론과 인권사상에서 본질적인 부분에

---

20 Sandel, *Justice*, 143.
21 II. Ch. 8, 97.

속한다. 도덕성은 사회정의 안에서 양육되고 추구된다. 도덕적인 개인은 비도덕한 사회의 체제에서 위협이 되기 때문이다. 60년대 시민 불복종 운동을 비판하면서, 저명한 뉴욕의 변호사인 루이스 왈드먼 (Louis Waldman)은 다음처럼 말한 적이 있다: "그러므로 미국은 마틴 루터 킹의 이론을 수용할 수 없다. 킹과 그의 추종자들이 선택하려는 것은 비합법적인 것임을 알아야 한다. 나는 단언하건대, 그러한 이론 은 불법적일 뿐만 아니라, 이러한 이유만으로 포기되어야 한다. 왜냐하면, 그것은 비도덕 하며, 민주 정부의 원칙들을 파괴한다. 마틴 루터 킹이 증진하려는 것은 모든 시민의 권리에 위험이 된다."[22]

그러나 마틴 루터 킹(1929-1968)은 『버밍햄 감옥에서 보낸 편지』 (1963)에서 도덕적 분노와 현실에 대한 좌절을 말한다. "…당신이 증오로 가득 찬 경찰관을 볼 때 그리고 경관들이 당신의 흑인 형제들과 자매들을 저주하고, 발로 차고, 폭력적으로 대하고 심지어 죽이는 것을 볼 때; 당신이 이천만 흑인 형제들 대다수가 풍요로운 사회의 한복판에서 빈곤의 우리에 갇혀 압사당하는 것을 볼 때…"[23]

왈드먼과 마틴 루터 킹의 대립적인 견해를 고려할 때 짐크로 법 (Jim Crow laws)은 사회계약론이 무엇을 의미하는지 테스트한다. 인종 분리가 미국에서 시민전쟁 이래로 짐크로 법안들에 의해 합법화 된다면, 이것은 1865년 노예제도 철폐 이후 1868년부터 시민인권 운동 시기까지 대략 100년 동안 이어졌다. 이 법안들은 미국의 흑인 시민들을 차별하고 주변부로 밀어내고, 이들에게 투표권을 없애 버

---

22 Bedau, *Civil Disobedience*, 107.

23 *Ibid.*, 76-77

리고 직장을 갖거나 교육이나 다른 사회적 기회를 제한한다.

공공신학의 관점에서 마틴 루터 킹은 십자가의 의미를 끌어내고, 십자가를 나무에 매달려 죽은 흑인들과 연관 지었다. 마틴 루터 킹의 공공신학은 하나님의 화해 의미가 백인 우월주의에 대한 대안으로 강조하고, 짐크로 법안에 대항하는 자유 투쟁에서 시민 인권운동을 가동했다.[24]

사회계약론의 관점에서 볼 때, 공공신학은 하나님과 자연법을 통해 표현되며 흑인이든 여성들을 포함한 모든 이들의 자연법은 양도될 수가 없으며 침해되어서도 안 된다. 인종 분리는 부정의하고 비도덕 하며, 이에 대해 도전해야 하고 국민의 승인, 특히 희생자들로부터 승인을 얻어야 한다.

로크에게 "입법 제정은 사회의 첫 번째 기본행위이다." 이것은 "승인과 국민의 임명"[25]에서 온다. 국민 이외에 아무도 법을 제정할 수 있는 권리가 없다. 그리고 국민은 법에 복종한다. 국민의 권력은 새로운 법 제정을 통해 자신들의 안전을 제공하며, 이것이 폭동을 막는 최상의 울타리가 된다.[26] 만일 국민이 입법에 제한을 가하고, 최고 권력을 의회에 잠정적으로 부여한다면, 권력의 남용자들은 몰수된다. 국민은 주권자로 행동할 권위를 가지며 스스로 입법행위를 해나간다. 낡은 법 위에 새로운 형식의 법을 세워야 한다.[27] 사회협력과 상호혜택은 인간의 자유, 승인 그리고 저항에 따라 판단되며,

---

24 Cone, *The Cross and the Lynching Tree*, 71-73.

25 II. Ch.19, 211.

26 II. Ch.19, 223.

27 II. Ch. 19, 243.

시민 헌법은 법적인 성격을 가지며 소유권과 평화 그리고 일치를 위해 국민의 삶에 봉사한다.[28]

자연법의 당위는, 달리 말하면 하나님의 의지인데 사회에서 중단되지 않는다. 개인들은 자신들의 삶과 자유와 존엄 그리고 소유권을 보호해줄 국가에 동의를 한다. 자연법이 양도될 수 없는 것이라면 하나님의 지배는 정부 권위를 대처한다. 적법성은 정부에 대한 시민 대표로부터 오며, 이러한 대표는 소유권과 같은 다른 권리들과 더불어 자기 보존의 양도할 수 없는 권리를 보존한다.

로크의 승인개념은 정부의 유익을 지지하지만, 입법부의 권력을 오직 사회를 보존하기 위해 제한한다. 이것은 시민들을 파괴하고 노예로 만들고 이들의 삶을 피폐하게 만드는 데서부터 보호하는 것이다.[29] 한 걸음 더 나아가, 로크는 정당한 혁명을 개념화하며, 이것은 독재에 대항하는 승인의 원리에 기초한다. 그는 데이비드 흄 (1711-1776)을 비판한다. 흄에 의하면 "하루 벌어 조그만 급료를 가지고 근근이 살아가는 가난한 농부가 과연 자신의 나라를 떠날 수 있는 자유로운 선택을 할 수 있다고 진지하게 말을 할 수 있는가?"[30]

좀 더 극단적으로 표현해보면, 동성애자는 정부의 동성애 차별법에 승인할 수 있는가? 또는 비동성애자는 정부의 차별 금지법에 승인할 수 있는가? 만일 입법 권력이 성적 지향으로 인해 다른 사람을 보호하려고 다른 입장의 사람을 차별한다면, 사회적 승인의 문제는 어떻게 추구되어야 하나? 차별 금지법은 합리적인 비판의 표현이나

---

28 II. Ch. 19, 228.

29 II. Ch. 16, 184.

30 Cited in Rachels, *The Elements of Moral Philosophy*, 94.

공공선을 인정하는가? 여기서 가장 큰 문제는 남에게 피해를 끼치지 못하게 하는 원리와 더불어 국민적 승인인데, 이것은 종교적 입장 이전에 시민사회와 민주주의의 기반을 규정하는 문제에 속한다.

로버트 필머(Robert Filmer)의 가부장적 정치제도를 비판하면서 로크는 하나님의 소유권은 자유, 평등 그리고 소유를 지지한다고 말한다. 만일 섹슈얼리티(sexuality)가 인간의 삶과 인격에 속한다면, 동성결합이나 결혼은 투표의 문제에 속하지 않는다. 오히려 그것은 자연법에 속하며 정부가 공공선을 위해 방어할 수도 있을 것이다. 동성결합의 권리를 인권으로 파악하는 도덕적 추론은 종교적 판단과 차별에 근거하지 않는다. 그러나 종교는 종교적인 입장과 판단을 공공영역에서 명확하게 제시할 수 있다. 입법 권력을 통해 국가 개입(동성결합을 위한)은 이에 반대하는 다수 개인의 권리를 역차별하면서 정당화될 수 있는가? 오히려 정부는 개입보다는, 시민들의 자유로운 토론과 도덕적 판단, 문화적 관습에 더욱 많은 소통의 권리를 보장하고 시민의 삶과 자유 그리고 공공선이 무엇인지 시민사회로부터 경청해야 하지 않나? 이러한 소통을 통해 공공영역의 복합적인 문제는 시민적 승인을 통해 보다 합리적으로 조율될 수가 있지 않을까?

사회계약론에 의하면, 법에 복종하는 책임은 시민들이 기본법을 보장받고 공공선을 위해 유익할 때 주어진다. 사회제도와 사회정책 그리고 특별법안을 존중하는 이유는 여기에 근거한다. 그러나 타인이 이러한 법적인 유익함에 참여하지 못하면, 혜택을 받지 못하는 사람들은 시민적 동의를 통해 보호되어야 한다. 도덕성은 공공선에 근거하며, 정의는 사회에서 최고선으로서 간주한다. 이러한 관점은 사법의 틀 안에서 평등이나 자유 그리고 민주주의 형식적 원리를 넘어서서, 경제적 불평등과 부정의 체제를 개혁할 것을 요구한다.

사실, 로크는 소유권을 인격의 권리 안에서 체계화했고, 모든 합리적 존재는 소유할 수 있는 자격을 가진다. 생존의 권리를 위해 가난한 자들을 먹이는 것은 필요하다. 가난한 자들에 대한 우리의 의무는 소유권에 해당하는 것이고, 이것은 청지기적인 책임을 포함한다. 사적 소유는 공공의 선을 위해 허락되며, 모두의 생존을 위해 입법이 관여한다. 하나님은 가난한 형제들에게 잉여의 재산을 나누는 권리를 주었으며, 이들이 절박하게 요구할 때 거절하지 말라고 하셨다. 아무도 타인의 삶을 마음대로 할 수 있는 권력을 가지고 있지 않다. 하나님은 모두가 가난한 자들의 필요를 충족시켜주며 살길 원하신다.[31] 그렇다면 로크는 어떻게 노예와 식민주의 관계를 고려하면서 사회계약론를 발전시키는가?

노예제도와 식민주의

로크는 첫 번째 정부론의 서두에서 말한다: "노예제도는 사악하고 비참한 인간의 자산이다. 그것은 우리 국가의 관대한 기질과 용기에 직접적으로 대립한다. 신사가 아닌 평범한 영국인이 노예제를 옹호하는 것은 거의 생각할 수가 없다."[32]

그러나 두 번째 정부론의 16장 "정복에 관하여"에서 로크는 정당한 전쟁에서 정복자의 권력을 포로에 대한 전제적 권리로 간주한다.

---

31 I. Ch. 4, 42.
32 I. Ch. 1, 1.

"l정복재는 전쟁상태에서 포로가 된 자들의 생명에 대해서 절대적인 권력을 가지고 몰수한다. 그러나 정복자는 이들을 자신의 소유로 할 수 있는 권리와 자격은 없다."[33] 정복자에 대항하여, 정복된 백성들은 멍에나 컨트롤 아래 있으며 항상 이러한 상태를 벗어날 수 있는 권리를 가진다. 그것은 폭거나 독재자로부터 자유로워지는 것이다.[34]

로크에게 중요한 것은 승인이론인데, 정부는 자유로운 국민의 승인 없이 복종을 요구할 권리를 갖지 않는다. 정복자는 정당한 전쟁에서 피정복 국가의 자산과 포로들에 대한 권력을 가진다.[35] 로크는 다음처럼 묻는다: 왕이나 정복자는 기부나 하사를 위해 피정복자의 토지 전체나 일부를 몰 수 할 수 있는가?[36]

그럴 경우 정복 국가의 백성들에게 준 왕의 약속이나 하사품은 피정복 국가의 편에서 볼 때 부정의가 되며 조롱거리나 음모에 불과하게 된다. 여기서 로크의 논의는 의아스럽다. 왜냐하면, 정당한 전쟁에서 정복자는 피정복 국가에 대한 전제적인 권리를 갖기 때문이다. 반면에, 정복자는 피정복된 백성들에게서 아내나 자녀들을 정복으로 인해 탈취할 수 있는 법적인 자격을 갖지 않는다.

다른 한편에서 로크는 식민지 착취를 정당화한다. 아메리카 원주민의 땅이 쓸모없는 황무지가 될 경우, 이러한 부유한 땅의 왕은 영국의 일용 노동자보다 의식주가 열악하다.[37] 하나님은 세상을 인간들

---

33 II. Ch. 16, 180.
34 II. Ch. 16, 192.
35 II. Ch. 16, 193.
36 II. Ch. 16, 194.
37 II. Ch. 5, 41.

에게 공동으로 주었고 땅은 공동으로 경작될 수 있다. 하나님은 세상의 땅을 부지런하고 합리적인 사람이 사용하도록 주었다. 그것은 남의 것을 탐내는 호전적인 자의 탐욕이나 상상력을 위해 주어진 것은 아니다. 노동은 땅에 대한 근면한 자의 자격이 된다. 이후 미국의 역사에서 로크의 『두 정부론』은 법정에서 원주민의 땅의 권리에 대한 식민지 착취를 옹호하기 위해 인용되고 남용되기도 했다.[38]

간략히 말하면, 우리는 하나님의 소유이며 하나님의 소유권 자격을 가진다. 하나님의 소유권 개념은(God's workmanship) 역설적으로 식민지 착취를 정당화하는 기반을 제공한다. 미국의 땅을 비옥하게 경작할 수 있는 능력의 사람들은 아메리카 원주민들보다 더 나은 권리를 가진다. 그렇다면 로크는 유럽의 식민주의자와 아메리카 원주민의 관계를 하나님의 소유를 통해 식민지 착취를 정당화하기보다는 상호 간의 승인을 통해 해명해야 하지 않을까?

아메리카 원주민들이 자연의 상태에 산다면, 이들은 상호신뢰와 계약을 할 수 있는 능력이 있지 않은가? 그렇다면 로크는 원주민들 역시 상호 협정에 의해 '자유롭게 이들의 지배자들과 정부의 형태를 선택'할 수 있는 것을 인정해야 하지 않는가?[39]

만일 로크가 소유가 인간의 삶, 자유, 자산, 종교에 관여된 것으로 정의한다면, 소유는 인격을 인정하며, 인격 안에서 노동은 하나님의 소유와 인간의 노동 권리와 연관되며, 특별한 도덕적 성격을 가진다. 그렇다면 로크와는 달리, 소유는 노동에 대한 보편적 권리의 틀 안에

---

38 II. Ch. 5, 34; Locke, *Two Treatises of Government*, XI.

39 I. Ch. 8, 102.

서 도덕적 특징을 가지며, 하나님의 소유권은 공공의 선을 위해 가난한 자들과의 연대를 고려하여 재해석 되어야 한다.

『두 정부론』에서 드러나는 로크의 애매한 입장은 혼란과 논쟁을 야기하는데, 불행하게도 로크는 노예제도를 정당화했고, 그가 공저한 『캐롤라이나의 기본법』(*Fundamental Constitutions of Carolina*, 1669)에서 귀족주의가 전제되고 있음을 본다. 로크는 캐롤라이나 기본법에 대한 수정판에서도 노예제도에 대한 항목을 고치지 않았다. 그는 1672년 시작된 영국의 아프리카 회사에 주식을 가지고 있었고, 이 회사는 영국의 노예무역을 독점했다.[40]

샤프츠베리의 애슐리 경의 정치적 조언자로서, 로크는 상업과 아메리카 식민지 문제에 대해 많은 정보를 가지고 있었고, 심지어 노예무역 회사에 투자했으며, 무역과 대농장의 위원회의 비서로 관여했다. 캐롤라이나의 대지주들을 보조하면서 로크는 샤프츠베리 애슐리 경으로 하여금 캐롤라이나의 기본법을 초안하도록 조언했다. 그러나 『관용에 대한 에세이』(1667)는 로크의 입장 변화를 지적한다.[41]

이런 측면에서 포스트콜로니얼 이론을 대변한다는 하버드 대학의 호미 바바(Homi Bhabha)가 로크를 무분별하게 인용하면서 자신의 흉내내기(mimicry) 개념을 옹호하는 것은 문제가 있다. 호미 바바는 영국의 식민주의자들에 대한 피식민지 인도인의 흉내내기를 단순히 부정적으로 볼 것이 아니라 조롱거리와 같은 저항으로 해석할 수 있다고 말한다. 피식민지 인도인에 대한 영국의 식민주의 담론은 흉내

---

40 McCarthy, *Race, Empire, and the Idea of Human Development*, 167.

41 Locke, *Two Treatises of Government*, XVII.

내기를 만들어내지만, 이것은 식민주의 체제를 약화하고 전복시킬 수 있다. 이러한 흉내내기는 프랑스 심리학자 자크 라캉(Jacques Lacan)으로부터 오는데, 이것은 위장(camouflage)의 효력을 가진다.

식민주의자들은 문명선교를 옹호하기 위해 뱀의 혀처럼 이중의 언어를 사용하는데, 모방과 반복을 산출한다. 인도의 모방 사람(mimic person)은 영국의 미션 스쿨에서 교육을 받고 성장한다. 인도의 혈통과 피부를 가지고 있지만, 영국인의 취향과 도덕, 지성을 갖춘 자이다. 이들은 영국과 인도 사이에서 통역관의 역할을 하며 자신의 정체성을 숨기는 자이다. 모방의 사람은 식민정부의 자기도취적인 요구에 위협을 가하기도 하고 권위를 방해하기도 한다.[42]

이것을 위해 호미 바바는 로크의 『두 번째 정부론』에서 다음의 문장을 인용한다: "개혁의 문명선교에 대한 위협은 흉내내기와 조롱거리 사이에 있는 영역으로부터이다. 이러한 이중적인 규율에 대한 시선이 다르게 설정될 때, 그러한 위협이 나타나는데 식민주의에 대한 나의 모방이 여기서 나온다."[43]

호미 바바의 모방의 사람에 대한 논의는 식민지 시대에 민족주의자들의 저항을 도외시한다. 친영국의 입장에 있던 통역관이나 영국 식민지 정부에서 관리로 일했던 인도의 엘리트들을 과대평가한다. 더욱이 로크의 흉내내기와 조롱거리의 관계는 로크의 식민지에 대한 복잡하고 애매한 입장을 해명하지 않고, 인용할 경우 흔히 포스트콜로니얼 이론가들이 쉽게 저지르는 해석학의 영양실조에 걸리고 만다.

---

42 Bhabha, "Of Mimicry and Man, 129.

43 *Ibid*., 127.

오히려 예술과 문화의 삶에서 드러나는 미메시스(mimesis)는 영국 식민정부의 인도 관리들의 친영적인 태도나 흉내내기와는 다르다. 그것은 식민지 문화에 대한 저항의 합리성을 담고 있고, 문학과 예술에서 식민지 현실에 대한 비판적인 담론에서 나타날 수가 있다. 이것은 종속된 자들의 지식과 투쟁을 식민주의의 거대 담론에 대립시킨다.[44] 미메시스 개념에는 지배자들에 대한 조롱거리가 담겨 있다. 로크의 흉내내기/조롱거리의 관계를 식민주의자에 대한 비판으로 차용하길 원한다면, 그의 승인 이론을 확대하고 피식민지 백성의 권리를 보호하는 방향으로 전개할 수 있어야 한다.

노예제도에 관한 로크의 입장은 다음처럼 표현된다: "팔린 인격이 절대적이며 인위적이며 전제적인 권력 아래 있지 않다는 것은 분명하다. 어떤 경우에도 주인은 노예를 죽일 권력을 가질 수 없다. 어떤 경우에도 노예는 예속상태에서 자유롭게 해야 한다. 그리고 주인은 인위적인 권력을 노예의 삶에서 가질 수 없다. 주인은 노예에게 상해를 입히면서 쾌락을 누릴 수 없다. 그러나 노예의 눈이나 치아가 상실된다면 그를 자유롭게 내보내야 한다(출 21)."[45]

로크의 복합적인 태도에는 여전히 리버테리언이나 안티-국가적인 비전과는 달리 공동체적 차원이 있다. 로크가 재정과 상업의 단계에서 자본주의 윤리를 정당화하고, 무제한적 소유를 방어했다고 해도 그에게서 여전히 가난한 자들에 대한 고려를 외면할 필요가 없다.

---

44 Chung, *Critical Theory and Political Theology*, 230. 여기서 필자는 호르크하이머, 아도르노, 벤야민으로 이어지는 미메시스의 사회비판적 측면을 고려하고 포스트콜로니알 이론으로 전개한다.

45 II. Ch. 4, 24.

승인하는 시민은 평등의 정도를 포함하고, 하나님의 소유권 개념과 사회계약을 통해 주변부로 밀려난 사람들을 위한 몫을 나눌 수가 있다. 소유는 노동의 보편권리를 통해 인격의 권리에 따라 조직된다. 인간은 하나님 소유권의 표현이며, 타인 역시 하나님의 소유이며 이들의 필요를 존중해야 한다. 궁핍한 자들을 먹이고 보호할 의무가 존재한다. 우리에게 사적 소유권이 허락되지만, 그것은 공공선을 위한 나눔의 청지기 직으로 이해되어야 한다. 입법은 소유를 규제하고 적법한 방식에서 물질적인 삶은 모두에게 특히 사회에서 밀려난 자들을 위해 사용되도록 해야 한다.

비판적 평가

로크는 근면하고 이성적인 자들의 노동윤리를 높게 평가한다. 이것은 호전적이고 위험한 자들의 상상력이나 탐욕과는 다르다.[46] 하나님은 세상을 근면하고 이성적인 자들의 유익을 위해 주었다. 로크의 입장은 막스 베버의 개신교의 윤리와 자본주의 정신과 유사하다. 세계 내적 노동윤리는 자본주의적 경쟁과 절제 그리고 축적을 정당화한다. 정치사회가 사적 소유권을 보호하고 아무도 불평등한 소유의 체제에서 살아서는 안 된다. 가난한 자들 역시 혜택을 입어야 한다. 노동은 창조적인 활동이며, 도덕적 가치를 지닌 인간의 삶을 강화한다.

로크에 의하면, 정부는 소유권을 규제하고 보존하기 위해 법을

---

46 II. Ch. 5, 34.

제정하고, 법을 집행하고 외국의 침입으로부터 국가 연방을 방어할 때 공동체의 힘을 사용한다. 이 모든 것은 공공의 선을 위해서만 할 수 있다.[47] 재산을 보존하는 데 국민적 승인은 옳고 그름을 결정하는 기준이 된다. 사회는 법에 의해 규제되고, 법은 공공선을 위해 자유와 재산권을 방어한다. 달리 말하면, 이것은 평화, 안전 그리고 국민의 공공선을 지적한다.[48] 로크에게 비판적인 것은 인권과 재산권의 보존이 하나님의 의지와 소유권의 표현이며, 인간의 노동에 로크는 도덕적 성격을 부여한다. 노동은 공포나 외부의 제한 없이 행해져야 한다. 우리는 도덕의 규칙이나 시민법을 좇아 승인하고, 사회적 존재로서 상호 협력하면서 사회의 공공선으로 나가게 된다.

다른 한편 로크는 보다 많은 생산력을 위해 공동의 토지를 묶어 제한할 것을 주장한다. 이것은 애덤 스미스에게도 나타나는데, 이러한 공공지의 제한은 로크에게 국민적 승인에 근거해야 한다.[49] 왜냐하면, 로크 당시의 불평등한 소유 관계 때문이었다. 미국의 광대한 자원을 언급할 때, 자연이 공동으로 제공 한 모든 선한 것에 대해 모두가 사용하고 경작할 수 있는 권리를 가지며, 각자의 노동을 통해 산출한 것들에 대한 소유권을 가진다.[50]

재산권을 보호하는 것은 적법한 부의 축적에 있지만, 타인에게 해를 입히면서 소유를 무제한의 방식으로 증대시키는 것을 의미하지 않는다. 타인에게 속한 토지나 상품들을 파괴해서도 안 되며 공동

---

47 II. Ch. 1, 3.
48 II. Ch. 9, 131.
49 "아무도 시민들의 승인 없이 어떤 부분도 폐쇄하거나 취할 수가 없다." II. Ch. 5, 35.
50 II. Ch. 5, 46.

지를 황무지로 만들어서도 안 된다. 공정한 소유의 한계를 넘어서는 것은 각자의 소유에 속하는 것이 아니라 오히려 타인에게 속한 모든 것을 파괴하는 행위가 된다.[51]

간략히 말해, 로크에게 시민 자유는 도덕적 자유를 구성하는 주요 요소가 되며, 인간의 존엄성을 확인한다. 지배자와 시민 사이의 정치적 관계에서 법의 목적은 오직 승인에 의해 설정되며, 법은 자유를 보존하고 확장해야 한다.[52] 이러한 측면은 주인과 노예의 관계에서 드러나는 것과는 다르며, 주인과 노예에서 드러나는 이러한 정치적 강압은 주인의 절대적이며 비합리적인 힘에 근거한다. 그러나 로크의 리버럴 민주주의는 아무도 열악한 상황에서 살아서는 안 된다는 원리를 충분히 해명하거나 발전시키지 못한다. 그것은 가난한 자들과의 연대에서 나타날 수 있는 공공의 선을 말하는데, 물론 로크는 이러한 측면을 의식하고 있었고 하나님이 가난한 형제들의 생존 권리를 보호하신다고 말한다. [53] 이러한 한계는 루소를 통하여 그리고 현대 정치철학에서 존 롤스를 통해 새로운 차원으로 전개된다.

---

51 *Ibid.*
52 II. Ch. 6, 57.
53 I. Ch. 4, 42.

III. 존 롤스: 정의론과 목적론적 논의

사회계약론 전통에서 존 롤스(1921-2002)는 그의 『정의론』(*Theory of Justice*)에서 정의를 공정함으로 다룬다. 롤스는 아리스토텔레스의 정의론을 고려하는데, 탐욕(*pleonexia*)으로부터 절제는 매우 중요하게 본다. 이것은 탐욕을 근거로 스스로 부당한 이득을 취하려는 데서 물러서는 것이다. 각자의 정당한 몫에 속하는 것을 탈취해서는 안 된다. 아리스토텔레스는 소유가 인격에 속하며 각자의 몫에 정당한 것으로 해명한다.[1] 롤스는 그러한 자격은 사회제도들에서부터 기인하며, 이러한 개념은 아리스토텔레스의 사회정의에 적합하다고 본다. 이것은 정의의 기본구조를 특징짓는다.[2] 롤스의 입장을 정확하게 파악하기 위해 아리스토텔레스의 정의론을 우선 검토하는 것이 중요하다.

아리스토텔레스와 정의

아리스토텔레스(BCE 384-322)에 의하면, 정의는 목적론적 성격을

---

1 Rawls, *A Theory of justice*, 9.

2 *Ibid.*, 10.

가진다. 사회적 실천의 목적을 고려하면서, 정의는 영예의 덕목이나 배상 또는 도덕적 배상과 처벌에 관련된다. 윤리는 정치와 더불어 가며, 이러한 상호연관에서 정의는 영예와 덕, 선한 삶과 분리되지 않는다. 따라서 정의는 각자 개인에게 정당한 몫을 주는 것이며, 개인의 인격이나 도덕적 배상의 근거는 정당한 분배에 의존한다. 정의는 두 가지 요소를 포함하는데, 그것은 '물적인 것들(Things)과 ―물적인 것들이 할당된― 인격들'이다.

달리 말하면 "평등한 인격들에게 물적인 것들은 평등하게 할당되어야 한다."3 그러므로 정당한 것은 법적이며 평등한 것이다. 모든 법은 집행에서 정치사회를 위해서 행복을 산출하고 보존해야 한다. 왜냐하면, 정의는 타인들과의 관계에서 가장 위대한 탁월함으로 고려되기 때문이다.4

그러나 아리스토텔레스는 평등을 덕목으로 규정하며, 덕목은 분배되는 것에 관련된다. 예를 들어 플루트를 연주할 경우, 여기에 관련된 업적은 플루트 연주를 탁월하게 할 수 있는 능력이다. 그것은 부나 출생의 고결함이나 비천함이나 신체적인 아름다움과는 아무런 상관이 없다. 설령 출생과 아름다움이 플루트를 연주하는 능력보다 더 큰 자산이 된다고 해도 그렇다.5

따라서 정의는 차별의 차원을 포함하며, 적합한 능력과 업적에 따라 최고의 플루트 연주가에게 최고의 플루트를 나누어줄 때 그 정당한 몫을 가진다. 최상의 플루트는 최고의 연주가를 위한 것이며,

---

3 Aristotle, *The Politics*, Book III. Ch. XII [1282b]

4 "*Nicomachean Ethics*," in *A New Aristotle Reader*, 409.

5 Aristotle, *Politics*, Book III. Ch. XII [1282b].

플루트의 목적은 탁월한 음악을 만들어내거나, 최대 다수의 최대행복을 극대화하는 것이다. 따라서 아리스토텔레스의 목적론적 논증에는 플루트를 분배할 때, 그 목적에 따라 적절한 할당을 고려한다. 목적에 관한 탐구는 상품의 정당한 분배가 어떻게 이루어져야 하는지를 결정한다. 그러나 이것은 공리주의에서 나타나는 유용성의 원리나 사적인 이해와는 다르다.[6]

아리스토텔레스적인 의미에서 분배의 정의는 형식적으로 볼 때 평등하지만 내용으로 볼 때 차별적이다. 최고의 플루트는 최고의 연주가에게 정당한 몫으로 돌아가기 때문이다. 선의 목적이나 활동은 부나 직책의 기회, 영예로움의 분배에서 결정적이다. 정치의 목적은 선한 시민을 형성하고, 정치적 결사에서 시민들의 선한 성품을 함양하는 것이다. 경찰이나 정치적 연합은 선을 증진하는 목적에 헌신해야 하며, 그렇지 않을 경우, 법은 단순한 계약이 되지, 삶의 규칙이 되지 않는다. 이러한 규칙은 사회의 구성원들을 선하고 정의롭게 만든다.[7]

귀족적인 지배가 부분적으로 요구되며, 소수 부유한 귀족이 소유를 보호하거나 경제적인 번영을 위해 지배해야 한다. 민주주의는 시민 권리와 다수의 정치권위와 결정에 근거한다. 그러나 민주주의는 정치사회의 목적을 남용할 수가 있고, 정치사회는 다수의 지배를 위해 선호될 수 없다. 이러한 정부의 두 가지 형식은 시민의 덕을 함양하는 것을 약화할 수 있고, 덕의 함양이 정치 결사의 최고의 목적

---

6 Sandel, *Justice*, 188.

7 Aristotle, *The Politics*, Book III. Ch. IX [1280b].

이 된다. 이것이 시민들로 하여금 덕을 통해 선한 삶을 살아가게 하며, 공공선을 증진한다. "도시국가의 목표와 목적은 선한 삶이며 사회적 삶의 제도들은 목적에 이르는 수단이다"[8] 이러한 아리스토텔레스의 정의론을 파악하기 위해 고대 아테네의 정치제도를 살펴보는 것이 중요하다.

귀족주의와 민주주의

고대 아테네의 민주주의는 기원전 508~507년 클레이스테네스(Cleisthenes)가 정치 개혁을 도입하면서 시작된다. 이것은 공화제가 아니라 백성이 스스로 다스리는 직접 민주주의 시스템이었다. 아티카(Attica) 전체는 백 개의 공동구역으로 분할되고 데메(deme)로 불렸다. 각각의 데메에 거주하는 사람들은 의장과 재정 담당자를 선출하고, 자치 지배를 했다. 30명으로 구성된 판사들이 민사에서 일어나는 분쟁을 다스렸고, 최고 권력은 데메의 민의(assembly)에 주어졌다. 여기서 아테네 의회에 파송되는 50명의 의회원이 선출되었다. 최고의 권력은 아테네 국가였고 여기서 민의는 오백 명의 의회원들로 구성되었다. 아테네 시민들은 민의에 참여하고 투표할 수 있는 권리를 가졌다.[9]

아테네 도시국가는 민의(ekklesia), 위원회(boule) 그리고 국민법원(dikasteria)으로 구성되었다. 경찰제도가 없었던 아테네에서 법원

---

8 *Ibid.*

9 Engels, *Origin of the Family, Private Property and the State*, 64.

은 종종 적수들을 처벌하는 일로 사용되기도 했다. 페리클레스(Peri-cles, BCE 495-429)가 기원전 460년도에 지도자로 임명되면서 아테네 민주제는 황금기를 맞이한다. 그러나 404년에 스파르타에 패배한 후 아테네는 이른바 30명의 권력 지배자들로 구성된 과두제로 대체되고, 스파르타의 과두제를 모방하지만 이후 다시 민주주의 시스템은 338년 마케도니아 필리포스 2세의 군대에 의해 정복될 때까지 지속한다.

아테네의 민의는 아크로폴리스 서쪽에 있는 곳에서 보통 한 달에 한 번 5~6천 명 정도가 모였던 것으로 추정된다. 제비뽑기를 통해 의장들이 선출되었고 단 한 번 직책을 담당했다. 군사와 재정, 생필품 공급, 입법 및 수정과 재판, 외교, 조약체결 문제 등에 걸친 광범위한 문제를 다루었다. 지나칠 정도로 강하고 아테네에 위험스러운 인물은 10년간 추방하는 투표제도가 있었다. 표현의 자유(parrhesia)는 시민들의 가장 중요한 특권에 속했다. 그런가 하면 제비뽑기로 선출한 500명으로 구성된 위원회(boule)가 있었는데, 매일 모였고, 보통 1년 동안 봉사했다. 국가 위기나 전쟁의 경우 민회를 거치지 않고 위원회에서 해결했다. 위원회는 민의의 집행부와 같은 역할을 하면서 민의를 위해 행정 위원회와 선출된 대표들을 관리했다. 법원은 6천 명의 배심원과 해마다 추첨에 의해 뽑힌 지배기구(archai)가 있었다. 민의에서 만들어진 법령들을 수정하기도 하고, 추방제도나 빚의 면제와 같은 일들에 관해 결정을 내렸다. 공적 지위를 이용한 이득을 보려고 한 자들은 처벌되었다.

민주주의를 비판한 사람들, 예를 들어 투키디데스(Thucydides, BCE 460-400)나 아리스토파네스(Aristophanes)는 아테네의 민주주의가 뛰어난 웅변가들이나 엘리트들에 의해 지배되고 민중 선동으로 간다고 불평했다. 투키디데스는 민주주의가 가능한 것은 페리클레스와 같은 인물이 지도자가 될 때이며 그렇지 않으면 매우 위험하다고 보았다. 사실 그리스에서 위원회는 영향력 있고 부유한 사람들이 지배하기도 했다. 가장 악명높은 결정은 407년 아르기누사이(Arginusae) 전투에서 승리한 6명의 장군을 처단한 일과 소크라테스 처형으로 볼 수 있다. 법에 따른 합리적 지배는 민중 선동에 의해 얼룩져 있었다.

아리스토텔레스의 민주주의 비판에는 역사적으로 소크라테스 재판과 처형(BCE 399)을 소급할 수 있다. 당대 사법제도에는 임명 판사가 존재하지 않았고, 소크라테스를 고소한 자들에 대한 심의가 불가능했다. 소크라테스는 아테네 종교를 비판하고, 젊은 사람들을 부패시킨 죄목으로 재판에 넘겨지고, 사형을 당했다. 당시 아테네 시민들은 다양한 신을 위해 제의와 축제, 희생 제사 그리고 신성한 유물을 방문하면서 자신들의 종교심을 표현했다. 많은 신에게 경건한 태도를 통해 섬기지 않으면, 신들은 유능한 사람들과 가족들과 또한 사회를 파괴할 수가 있다고 믿었다. 소크라테스에게 이러한 관습적인 종교 행위는 찾아보기 어려웠다. 신들은 선한 사람에게 해로움을 끼치지 않으며, 소크라테스는 스스로 선한 사람으로 이해했다. 소크라테스의 종교심은 지혜와 자기반성 그리고 선한 삶에 근거해 있었고, 당대 아테네 민주주의적 종교심과는 판이하였다.

그러나 더욱 중요한 것은, 아테네의 민주주의 방식에 대한 소크라테스의 날카로운 비판에 있었다. 399년 아테네의 민주주의는 대단히 취약했다. 정치에서 다수의 지배는 다수의 악덕과 폭력으로 나타났다. 시민으로서 개인이 정치에 관여하지 않으면 비난당하고, 어리석은 자로 취급당했다. 민주주의에서 정의를 위해 투쟁하는 사람들은 다수의 공중여론에 의해 추방을 당하거나, 살해당할 위험이 있었다. 소크라테스는 민의의 불법행위를 비판하고, 아테네 법정은 감정에 호소하며, 선동적인 연설에 의해 좌지우지된다고 비판했다. 이러한 종류의 민중 선동주의는 정치체제를 부패시킨다. 더욱 심각한 것은, 제비뽑기를 통해 직책을 맡은 자들은 전문적인 식견도 없을 뿐만 아니라, 국가의 중차대한 문제 들을 다룰 때 지극히 피상적인 지식으로 인해, 시민의 삶과 국가를 망하게 할 수 있다. 이러한 자들에게 권력을 줄 때, 부정의와 사회의 위기가 필연적으로 나타난다.

플라톤의 『변명』(Apology)에서 소크라테스는 아테네의 다신교를 비판하고 유일신에 헌신했다고 전해진다. 그러나 소크라테스는 자신이 신들에 대한 불경죄를 범했다는 것을 논박했다. 결국, 소크라테스는 반-민주적 선동자들과 연루된 자로 처형당한다. 개방적이고 자유로운 표현은 아테네의 민주주의가 위협될 때 차단된다. 웅변가 데모스테네스(Demosthenes, BCE 384-322)의 언급—스파르타에서는 오직 스파르타 정치체제만 찬양되지만, 아테네에서는 심지어 스파르타 체제조차도 자유롭게 찬양될 수 있다—은 무색하다. 소크라테스의 처형은 이후 중요한 사상가들에 대한 투옥이나 처벌로 이어진 것으로 추정된다. 아테네의 민주주의에서 반역이나 중상모략, 범죄로 인해 처벌되기보다는 자유로운 표현이나 새로운 사상에 대한 가르침으로 처형당했다. 소크라테스 판결에서 501명의 배심원 가운데 280명은 처형을, 221명은 반대 의사를 표현했다.

그리스 단어인 정치(politikos)는 도시국가(polis)로 번역되고, 아테네와 스파르타와 같은 조그만 도시국가에서 정치, 종교, 문화적인 이슈들이 서로 엮어진다. 아리스토텔레스의 정치학은 시민들의 행복한 삶에 관심한다. 정치와 윤리적인 삶은 서로 구분되지 않는다. 정치가의 가장 중요한 과제는 입법에 있으며, 시민들을 위해 관습과 사회제도 특히 도덕교육에 관계한다. 아리스토텔레스의 철학적 논리에는 네 가지 원인이 중요한데, 물질 원인(질료인), 형식 원인(형상인), 효율적 원인(작용인) 그리고 최종적 원인(목적인)이다.[10] 예를 들면, 진흙(물질적 원인)은 도공(효율적 원인)에 의해 도자기 병(형식적 원인)으로 조성될 수 있다. 최종적으로 이것은 물이나 술 또는 다른 액체를 담을 수 있는 것이 된다(최종 원인).

마찬가지로, 도시국가 역시 네 가지 원인을 통해 설명될 수가 있다. 이것은 공동체(코이노니아)이며, 개별적인 기능과 이해를 공동으로 가진다. 여기에는 가정, 경제적인 계급, 지역 정치연합 등 다양한 개별적인 계기들이 포함되는데, 궁극적으로 도시국가는 개인들로 구성된 시민으로 이루어진다. 시민들은 물질적인 원인이며, 도시국가는 이에 따라 형성된다. 도시국가의 형식적인 원인은 정치 기구(politeia)에 주어지는데, 이러한 정치구성은 도시국가 시민의 삶에 질서를 부여한다. 이것은 유기체의 영혼처럼, 시민들 삶의 방식을 의미한다. 도시국가의 존재는 효율적인 원인 즉 지배자를 요구하며, 이러한 지배 원리는 정치의 직책과 관리를 위한 입법자인데, 이들은 아테네의 솔론(Solon)이나 스파르타의 리쿠르고스(Lycurgus) 같은 지배자일 수가 있다.

---

10 Aristotle, *Physics*, II. 3.

솔론(BCE 630-560)은 민주주의의 토대를 놓았고 시민제도를 새롭게 규정했다. 솔론의 개혁 이전에 귀족들이 정부를 독점하고 있었지만, 솔론은 부에 기초한 사회계급들을 통해 귀족주의를 해소했다. 그러나 기원전 594년 시행된 솔론의 농지개혁과 빚의 사면에서도 여전히 귀족들은 자기 권리를 확보할 수가 있었다. 물론 민주주의 정체 제도가 확립되었지만, 아테네는 여전히 계급사회였다. 마르크스가 본 것처럼, 솔론의 정치혁명은 아테네에 팽배한 노예제도를 막기 위해 부당한 방식으로 취해진 귀족들의 재산을 몰수했지만, 사유재산을 민주주의적으로 시행하지 않았다. 빚의 사면제도는 귀족들의 탐욕을 막기 위한 것이었다.[11]

그러나 클레이스테네스(Cleisthenes, BCE 570-508)의 혁명에 이르기 전까지, 고대 아테네는 여전히 땅을 빌려주는 방식으로 귀족들의 고리대금업이 융성했고, 이것은 솔론 이전에 억압적인 지배체제와 다를 바가 없었다. 상업과 수공예품은 발전했고 주요 직업이었는데 광범위하게 노예노동에 의존했다. 아테네인이 계몽되면서 과거와 같은 방식으로 동족을 착취하기보다는 비아테네 사람들과 노예들을 착취하기 시작했다. 귀족들의 힘은 여전히 강했고, 이전의 특권을 누렸다.[12] 아테네의 인구 대다수는 노예였고, 도시국가가 부와 상업과 산업이 발전하면서 첨예하게 드러난 것은 귀족과 자유 시민의 대립보다는 주인과 노예들의 갈등과 대립이었다. 아테네가 몰락한 것은 민주주의가 아니라 노예제 때문이었다.[13]

---

11 Engels, *Origin of the Family, Private Property and the State*, 63.

12 *Ibid.*, 64.

13 *Ibid.*, 65.

클레이스테네스(BCE 570-508)는 솔론의 문제를 타협적인 방식으로 민주적인 개혁을 통해 140-200개 데메(deme)로 구분 짓고 아테네 도시와 농지 그리고 해안촌락으로 나누었다. 각각의 데메는 로컬의 민의와 시장을 가지게 되고 이들은 전체 시민 의회에 보고했다.

이것이 아리스토텔레스가 보고 있던 아테네 도시국가의 모습이었다. 아리스토텔레스에 의하면 도시국가의 최종 원인은 공동체의 선한 삶을 위한 것이다. 선한 삶과 행복이 도시국가의 적절한 목적이 된다. 도시국가는 특별한 인구, 즉 주어진 영토 안에 시민기구의 질료와 형식으로 합성된 것인데(hylo-morphic), 이런 형식 원인의 구성은 입법자에 의해 수행되며, 정치가들에 의해 지배된다.

아리스토텔레스는 플라톤의 유토피아 정치를 거절한다. 시민들은 사법제도에 참여할 수 있는데, 이들은 여성, 외국인이나 도시의 임시 거주자들 또는 노예들과는 완전히 분리된다. 아테네에서 시민들은 민의나 위원회 또는 다른 정치 기구에 참여할 권리가 있으며 배심원 역할을 할 수가 있었다. 근대의 대표 민주주의와는 달리, 아테네는 직접 민주주의 형식을 가지고 있지만, 노예나 여성들, 외국인들은 배제했다.

인간은 본성상 정치적 동물이며 더불어 살아가는 사회적 존재다. 전제적 지배는 주인과 노예의 관계에 기초하며, 자연적 노예개념을 통해 정당화된다.[14] 남성은 여성보다, 연장자는 청년보다, 지도력에 더욱 적합하다. 어린 사람들은 어른들의 후견과 감독을 필요로 하는데, 이들의 합리성이 아직 완전하지 않거나, 미숙하기 때문이다. 이

---

14 *Politics*, I. 4-8.

런 남성 지배는 정치지배에 그대로 반영된다. 소수의 과두 지배는 부유한 자들로 구성되며, 민주주의는 가난한 자들을 광범위하게 포함한다. 이것은 혼합된 시스템으로 구성될 수 있으며, 시민들의 중간 계층에 의해 적절하게 주도된다.15 어쨌든 아테네에서 투표권은 자유로운 남성 시민에게만 허락된 것이다.

아리스토텔레스의 사법 이론은 그의 정의론에 기초를 두고 있는데, 보편적 정의 개념은 정치적 공동체의 행복과 공공이익에 관심한다. 그러나 어떤 점에서, 이런 공공이익을 위해 아리스토텔레스는 강자—설령 범죄로 인해 피소되지 않더라도—에 대한 추방을 고려한다.16 정의가 공평한 분배에 관련되는 한, 이것은 능력이나 업적에 근거하며 차별적이다. 정의는 개인의 업적과 배상에 따라 —최고의 플루트와 연주자에 관련하여— 혜택이 분배된다.17

이런 점에서 아리스토텔레스는 민주주의에 비판적이다. 모두가 다 최고의 플루트를 요구할 수도 없고, 가질 수도 없다. 마찬가지로 소수의 지배자는 부자가 최고의 플루트를 가져야 한다고 하지만 이것도 오류에 불과하다. 이 두 가지 정치적 견해는 도시국가의 목적이 부를 극대화하거나 자유와 평등을 극대화하는 데 있지 않고, 행복한 삶에 있음을 고려하지 않는다. 도시국가의 목적으로서 선한 삶은 고귀한 행위에 있다. 이런 점에서 아리스토텔레스에게 정의에 대한 바른 개념은 능력과 업적을 갖추고 도시국가에 기여할 수 있는 자들을 위한 것이며, 이들은 덕목, 재산, 자유를 갖추고 있다.

---

15 *Ibid.*, IV.11.

16 *Ibid.*, III.1284b15-20.

17 *Nicomachean Ethics*, V.3.

그러므로 아리스토텔레스는 귀족주의적이다. 다시 말해 귀족(aristoi)은 최상의 사람을 말한다. 이런 귀족적 정치체제에서 각자의 개인은 덕목을 함양하며 실천을 통해 탁월함의 삶과 온전한 행복을 추구한다. 모든 시민은 정치적 직책을 유지하고 사적 재산권을 유지한다. 모든 시민을 위한 공공 교육의 시스템에 참여하며 공동의 목적을 나눈다.[18]

민주주의(가난한 자들의 지배)와 소수의 부자가 지배하는 과두제(Oligarchy)에서 아리스토텔레스의 귀족주의는 중산계층을 통해 중용의 정책을 추구하며, 이성의 규칙에 복종할 것을 요구한다.[19] 중간계층을 통한 귀족 지배는 소수의 부자에 지배되는 과두제나 가난한 자들에 의해 지배되는 민주주의의 한계를 넘어서서 더욱 정의로우며 보다 안정적이다. 이러한 중용의 틀에서 아리스토텔레스는 민주주의를 고려했고, 혼합 형태의 정치지배를 거절하지 않는다. 이것은 근대 공화제의 국민주권과 의회민주주의에 접근할 수 있다.[20] 아리스토텔레스의 정의론은 한나 아렌트(Hannah Arendt)나 공동체주의자인 알래스데어 매킨타이어(Alasdair MacIntyre) 또는 하버드 대학의 마이클 샌델(Michael Sendol)과 시카고대학의 리버럴 정치학자인 마사 누스바움(Martha C. Nussbaum)에게 영향을 미쳤다.

---

18 Politics, VIII.1.

19 *Ibid.*, IV.11. 1295b4-6.

20 *Ibid.*, III.11; IV.2. 1289a26-38.

존 롤스: 정의와 본래 위치

존 롤스는 아리스토텔레스의 도덕 이론과 경제적 정의를 높게 평가하지만, 정의를 사회계약의 철학적 전통에 근거 짓는다(로크, 루소, 칸트). 여기서 공정함은 본래 협정에 근거하며, 이런 정치적 전통에서 중요한 것은 본래 입장이 평등에 기초하고, 가설적인 의미에서 자연 상태에 상응하기 때문이다. 마찬가지로, 롤스는 무지의 베일에 가려져 있는 원리들을 추론해내고, 아무도 타인에 비해 유리하거나 불리한 입장에 처해서는 안 된다고 본다. 간단히 말하면, 우리는 무지의 베일에서 아무것도 알 수가 없다. 최고의 플루트는 경쟁과 연주의 탁월함을 통해 최고의 연주자에게 상품으로 주어질 수 있다. 다른 한편 플루트를 배우려고 하는 학생에게 격려의 차원에서 선물로 주어질 수도 있다. 그가 훗날 최고의 연주가가 될지는 아무도 모른다. 계급, 인종, 젠더와 무관하게 정의는 공평하게 분배되어야 하고 정치적 견해나 종교적 확신에서도 마찬가지다.

본래 위치(original position)에서 정의의 두 가지 원리는 가설적인 계약들로부터 오며, 첫 번째 원리는 평등한 기본 자유(표현과 종교의 자유)를 모든 시민을 위해 제공한다. 가설적인 승인을 통해 법은 전체 공공이익에 부합하여 정당한 것이 된다. 만일 최고의 플루트는 최상의 연주자에게 주어져야 한다고 법제화가 된다면, 이것은 차별로 가는 길목이 된다. 무지의 베일에서 평등함과 공정함은 해명되어야 한다. 두 번째 원리는 사회적 약자들을 위해 사회 경제적 평등에 관심한다. 왜냐하면, 사회 경제적 불평등이 존재하기 때문이다.

롤스는 자연 상태를 사회계약론의 전통에서 정교화하게 다듬고,

정의와 공평함을 일치시킨다. 이러한 정의의 원리를 만족하는 것은 공평한 사회로 불리며, 사회제도들은 모든 비판과 개혁을 통해 정의의 원리로 일치하여 수행될 수 있다. 우리는 시민사회의 일반적인 시스템과 규칙에 계약의 관계로 들어간다.[21]

무지의 베일에 있는 본래 입장은 도덕적 존재로서 인간을 고려하면서, 혜택을 입는 자나 불이익을 당하는 자의 상황에 따라 의존되지 않는다. 이것은 선과 옳은 것을 가능하게 하고, 사회의 기본구조에 적용된다. 이것은 반성적인 평형을 포함하며, 기존의 판단이 본래 위치와 부와 권위의 바른 분배에서 드러나는 간격이나 차별을 다루지 못하고, 기존의 판단을 수정한다.[22]

이런 절차를 통해 우리는 판단의 충돌을 피하고 서로의 평형을 유지할 때까지 조율할 수 있다. 롤스의 반성적 평형(reflective equili-brium)개념은 해석학적 연관성을 가진다. 인식론과 도덕적 동기를 통전하고 정의에 대한 이해를 적절한 방식으로 다룬다. 이것은 도덕적 신념에 대한 존중과 더불어 기존 판단의 한계를 수정하고, 주어진 상황에서 도덕적 판단의 의미론적인 회복을 시도한다.

반성적 평형은 사회의 공공영역과 도덕의 복잡성을 다룰 때 중요하다. 그러나 그것은 또한 역사적 영향과 전통 그리고 문화적 조건들을 고려할 필요가 있으며, 해석학적인 절차에서 보편성의 원리(또는 정언명법)가 —이러한 원리를 침해하는— 특별한 상황에서 가언적 원리를 통해 조율되고 수정되지만, 여전히 보편성의 원리는 정의로서

---

21 Rawls, *A Theory of Justice*, 12-13.
22 *Ibid.*,18.

약화되지는 않는다. 각각의 다른 생활세계에서 보편원리 또는 공공선을 위한 정의는 도덕적 상대주의로 가지 않는다. 사회 자체가 도덕적 차원을 포함하며, 인간의 문화적 삶에서 정의와 공공선은 여전히 중요하기 때문이다. 이런 점에서 반성의 평형은 생활세계 이론 안에서 서로 상이한 문화와 종교로 구성되는 다원화사회에서 인종, 계층, 계급, 성과는 무관하게 보편적 정의를 공정함에 기초한다.

이런 측면에서 롤스는 아리스토텔레스의 입장을 수용할 수 있다. 그러나 아리스토텔레스는 실천이성을 선의 영역에서 윤리적인 자기 이해에 제한시키고 실천적인 신중함을 이론적 이성(episteme)에 대립시킨다. 그러나 의무론의 전통에서 정의는 사회계약에 근거하며, 그것은 아리스토텔레스의 목적론적 논증이 자연적인 적합성과 개인의 탁월함에 근거해 있는 것과는 다르다. 왜냐하면, 후자의 경우 노예나 여성 그리고 자녀들에 대한 가부장적 지배와 정치 귀족주의를 양산한다. 시민의 승인과 국민주권 그리고 보통선거는 행복한 삶을 향한 목적론과 적합한 자보다 더 큰 정의를 추구한다.

그럼에도 불구하고 롤스는 아리스토텔레스의 경제적 정의를 충분히 다루지 않는다. 아리스토텔레스는 두 가지 타입의 경제를 구분했다. 첫 번째 타입의 경제(oikonomike)는 가계와 도시국가에 시민들의 기본욕구를 충족시키기 위해 상품을 공급한다. 다른 타입은 돈의 축적을 위한 것이다(chremastike). 자본 취득을 위해 사람들은 팔고 사는 경제행위에 들어간다. 이것은 돈을 상품의 교환 가치를 위해 사용한다. 이러한 경제유형은 부자연스러운 것이며, 인간의 욕망을 증대하고 쾌락을 추구한다. 개인은 공동체의 이해를 파괴하고 환상을 갖지만, 아리스토텔레스는 도시국가의 선을 위해 도덕적 교육을 함양하고 자본 취득의 경제에 대한 정치적 제한을 가한다.

알렉산드로스 대왕의 스승으로서 아리스토텔레스는 그의『형이
상학』에서 오직 한 사람만이 지배한다고 말한다: "다수의 지배는 선
하지 않다. 지배에는 한 사람만이 있어야 한다."[23] 그러나 경제적
영역에서 아리스토텔레스는 여전히 오늘날 중요한 통찰을 제공한
다. 돈은 사람들의 다른 욕구를 매개한다. 사람들이 돈의 기능을 규
정할 때, 남용의 가능성이 생겨난다. 돈은 공동체에서 인간의 기본욕
구를 충족시키는 데 필요한 정도의 상품 교환을 매개한다. 그러나
돈의 축적이 목적 자체가 될 때, 이것은 도덕적인 문제를 넘어서서
삶을 파괴한다. 돈의 끝없는 축적을 통해 인간은 환상의 먹잇감이
되고 만다. 결국, 그것은 공동체와 개인의 삶을 파괴한다. 여기서
아리스토텔레스는 이자와 독점을 정치적으로 금지한다.

물론 고대 아테네는 계급사회이며, 노예를 제도화하고 가부장적
인 지배체제를 공고히 한 사회였다. 도시의 중심인 아고라(agora)에
서 자유 시민들이 공동체의 공동 문제를 논의하고 정치적인 삶에
참여할 때, 여기서 상품 교환과 매매행위도 이루어진다. 노예가 없는
평민들과 가난한 농부들은 제한적인 의미에서 정치적인 일들에 관
여했다. 시대적인 제약—계급사회와 다른 민족들에 대한 배제—에
도 불구하고 아리스토텔레스가 도시국가의 공공선을 위해 자본축
적을 비판한 것은 중요하다.

기원전 594년 솔론(BCE 630-560)의 농지개혁에서 소수의 부유한
귀족으로부터 많은 농부는 땅을 지킬 수가 있었다. 솔론은 귀족 지주

---

23 Duchrow and Hinkelammert, *Tanscending Greedy Money*, 95.

들과 농민들 사이에 발생한 갈등을 해결하려고 했다. 가난한 농민들은 채무를 갚지 못할 때 빚의 노예가 되었다. 모든 빚을 사면하면서 솔론은 노예로 팔린 농부들을 해방시켰다. 혜택을 입은 자들은 토지의 소유자로 부상하고, 불이익을 당한 자들은 토지의 재분배와 더불어 채무변제를 요구할 수 있었다. 이것은 고대 그리스의 평등주의에 근거한 접근이었다. 솔론은 소작농들의 예속과 빚을 면제했지만, 정치적 책임에 대해 위계 질서적인 입장을 취했다. 평등한 토지 개혁은 명백하게 거절했다. 노예들의 노동을 통해 자산을 확충한 부유한 자유 시민들은 아고라에 참여하여 정치적 자유와 여가를 누릴 수 있었다. 땅은 소유했지만, 노예 없이 스스로 노동했던 소작농들과 땅이 없던 일용 노동자들은 민의와 배심에 참여하는 권리를 유지할 수 있었지만, 정치적 지위는 얻지 못했다. 기원전 400년경 아테네 시민들의 1/4은 땅을 소유하지 않았다. 여기서 민주주의는 불평등하게 분배된 소유와 노예들에 관계된다.

소크라테스와 플라톤은 아리스토텔레스의 정의론에 관련되는데, 소크라테스의 원리는 지식과 삶의 조화는 탁월함(arete)이다. 이것은 '나는 내가 모르는 것을 안다'라는 소크라테스의 원리 저변에 깔려있다. 환상적인 지식에서 해방될 때, 인간은 참된 자기 존재에 도달한다. 자신의 무지를 알기 위해 사람은 생각과 삶의 조화에 도달한다. 아리스토텔레스에게 돈에 대한 인간의 탐욕스러운 축적은 환상에 기초한다. 『변명』에서 플라톤은 소크라테스의 입을 통해 지식과 삶의 조화원리인 탁월함은 부로부터 나오지 않는다고 한다. 소크라테스는 부에 대한 고삐 풀린 탐욕을 무지로 폭로하며, 이후 아리스토텔레스의 경제비판에 유사점을 가진다. 돈-이자-소유의 관계에서 경제적 정의는 소크라테스, 플라톤 그리고 아리스토텔레스를 통해 여전히 우리 시대에 중요한 통찰을 제공한다.[24]

비판과 다름의 원리

롤스의 정의론에서 로크의 정치이론과 사회계약론이 그의 도덕 의무론적 틀에서 다루어지고 로크의 한계와 아리스토텔레스의 문제를 칸트적인 차원에서 전개한다. 그러나 미셸 푸코를 추종하는 학자들에게 롤스의 정의 이론은 계보학적으로 볼 때 계몽의 보편원리와 이성에 근거한 거대 담론이 된다고 비판한다.

푸코의 문제틀 방법은 롤스의 반성적 평형의 개념을 권력과 지식의 상호관계에 주목하도록 도움을 준다. 실천이성의 이념과 원리로 당연히 여겨지는 것들에 대한 고고학적 판단중지가 주어진다. 롤스의 반성 평형 이론은 배제되고 이탈된 자들을 자연의 상태 본래 위치와 평등의 관점에서 수용할 수 있다.

실제로, 부정의와 불평등의 다양한 형식들에서 인종과 계급, 성은 사회계층에서 중요한 이슈로 등장한다. 이러한 문화의 영역들에서 발생하는 이슈들은 신념과 가치, 상징과 이미지, 실천과 제도들, 민족주의와 글로벌 사회의 구조와 기능에 깊숙이 파묻혀있다.[25] 이런 문제들은 법적으로 무시되지만 문화적인 차원에서 제거될 수가 없다.

---

24 *Ibid.*, 93.

25 McCarthy, *Race, Empire, and The Idea of Human Development*, 30.

우리는 무지의 베일에서 선택한다. 왜냐하면, 우리는 경제적인 상황이나 인종 계층, 젠더 또는 종교의 영역에서 서로 다른 사람들의 이해와 동기를 알 수가 없다. 베일에 싸여 있는 무지의 현실은 평등함의 본래 위치를 택하게 하고, 이것은 공리주의나 자유방임주의 입장 또는 리버테리언 원리를 거절한다.

롤스는 사회계약론을 모든 시민을 위한 평등한 기본 자유의 원리를 통해 정교화하게 다듬는다. 이것은 사회 민주주의적인 방향으로 가면서 양심과 사상의 자유에 대한 권리를 포함한다. 로크는 이러한 방향에서 더 잘 파악되고 전개될 수 있다. 롤스는 권리와 자유를 민주적인 평등으로 통전하고, 공평한 기회의 동등성 원리와 다름의 원리(difference principle)를 주장한다.[26]

특히 다름의 원리는 정의를 공정으로 규정하고 사회 민주적인 차원에서 전개되며, 정치와 윤리에서 목적론적 이론의 한계를 넘어선다. 다름의 원리에 의하면, 자연적으로 유리한 사람들은 이들보다 재능이 있어서 얻는 것이 아니다. 오로지 훈련과 교육의 비용을 통해 재정지원을 받는다. 이러한 재정지원은 덜 유리한 사람들을 도울 수 있어야 한다. 그렇다고 해서 차이를 제거하는 것을 말하지 않는다. "사회의 기본구조는 이런 우발적인 것들이 가장 혜택을 받지 못하는 사람들을 위하여 작용하도록 조직될 수 있다."[27]

이러한 관점은 평등의 위치를 지적하며 목적론적 정의론과는 대립 된다. 자유시장은 기회의 공평함을 제공한다. 설령 부와 수입이

---

26 Rawls, *A Theory of Justice*, XII.

27 *Ibid.*, Sec. 17.

능력과 재능의 자연적 분배에 따라 결정된다고 해도, 자유시장은 필연적으로 수입과 부의 공평한 분배를 하지 않는다. 결과는 도덕적으로 볼 때 임의적이다.

마찬가지로 롤스는 아리스토텔레스의 목적론적 입장에 이의를 제기하는데, 왜냐하면 사람들이 자신들의 재능과 노력을 통해 가져올 수 있는 배상에 따라 분배가 정해져서는 안 되기 때문이다. 우리가 탁월한 성품에 따라 적합하게 취급되어야 한다면, 그러한 성격은 대부분 어린 시절 부유한 가정이나 유리한 사회적 상황에 대부분 의존된다. 여기서 도덕적 배상이 적용되어서는 안 된다.[28]

정의가 공정함이라는 관점은 정의가 덕의 함양을 통한 행복이라는 입장을 거절한다. 앞에서 본 것처럼, 아리스토텔레스는 정치사회의 목적을 직책과 영예의 분배와 관련하여 선한 삶을 증진하는 데서 보았다.

시민적 도덕에 탁월한 사람들과 이들의 성품은 공공선을 고려하는 데 최고의 사람으로 인정되어야 한다. 이들은 정치적 인정과 영향에서 도덕적 업적에 타당하며, 덕목은 바른 습관을 발전시키거나 도덕적으로 배우고 실천하면서 함양된다. 아리스토텔레스에게 법의 일차적 목적은 선한 품성을 위해 습관을 함양시키는 데 있다. "입법자들은 시민들의 습관을 형성하면서 이들을 선하게 만든다. 이것은 모든 입법자의 소원이며, 이것을 효과적으로 하지 못하는 사람들은 과녁을 빗나간다. 이런 점에서 선한 헌법이 나쁜 것과는 구분이 된다."[29]

---

28 *Ibid.*

그러나 마이클 샌델에 따르면, 인간의 선에 대한 도덕적 고려는 과학적 지식과는 상관이 없다. 실천적 지혜 또는 덕목은 정치적 함의를 가지며 동료 시민들을 위해 인간적인 최고의 선을 추구한다.[30] 품성과 판단의 특질을 가진 사람들은 시민적 덕목에서 위대하며 공공선과 일치한다. 정치사회의 목적은 시민 도덕을 존중하고, 보상하는 것이다. 시민적 탁월함을 지닌 사람들에 대한 공공적 인정은 선한 사회의 교육적 역할이 된다. 법은 선한 품성을 형성하며 우리를 시민적 도덕으로 가게 한다. 시민들은 실천적 지혜와 적절한 판단을 위한 능력을 훈련해야 하고, 선한 삶을 위한 자신들의 인간적 본성을 함양해야 한다. 도덕적 배상은 목적론적 정의론과 영예스러운 덕목을 결합하는 아리스토텔레스의 철학에서 결정적이다.[31]

그러나 아리스토텔레스를 추종하는 샌델과 달리, 롤스는 도덕적 배상을 분배의 정의로 간주하지 않는다. 예를 들어 부자들의 세금 인상은 부자들에게 도덕적으로 적합한 것을 빼앗아간다. 대학입학 사정에서 인종의 다양성에 대한 긍정적인 정책(Affirmative action)은 대학 지원시험(SAT)에서 높은 점수를 취득한 학생들이 받아야 하는 도덕적으로 정당한 것에 불이익을 준다. 그러나 분배의 정의에서 문제는 규칙과 적법한 기대(세금 인상이나 대학입학 행정 기준)에 근거하지, 배상의 덕이나 도덕적 업적과는 다르다.[32]

다름의 원리는 선한 삶과 공공선을 분배의 정의에 의해 평등한

---

29 Aristotle, *Politics*, Book III. 1003b.

30 Sandel, *Justice*, 199.

31 *Ibid.*, 194-195.

32 *Ibid.*, 160-162.

의미에서 증진 시키려는 정치사회의 목적을 용이하게 한다. 우리가 정치적 또는 사회적 동물이라는 의미에서 인간의 본성을 실현하려고 한다면, 부정의와 불평등의 구조와 현실이 사회계층에 존재한다. 정치사회에서 도덕적 삶은 평등과 다름의 원리를 고려하지 않은 채, 달리 말해 주변부로 밀려난 사람들을 보호하지 않으면 적합하게 수행될 수가 없다.

다름의 원리는 소유권에 집중하는 민주주의나 리버럴 사회주의 체제에서 충분히 고려될 수가 있다. 이것은 사회적 약자에 대한 로크나 루소의 연대적 관심을 통전시킨다. 다름의 원리는 상호성의 원리이며 사회이익을 적합하게 분배하는 것이다. 사회는 한 세대에서 다른 세대를 거치면서 자유롭고 평등한 시민들 간 합력의 공평한 체계로 파악된다.

물론 의사의 급료와 버스 기사의 급료 사이에는 불평등이 존재한다. 그러나 이득을 취하는 사람들은 불이익을 당하는 사람들의 혜택을 위해 세금을 인상하거나 후자의 교육과 건강과 복지를 위해 일을 할 수 있다. 이러한 다름의 원리를 통해 불평등은 해소될 수 있다. 소유권 중심의 민주주의는 경쟁시장 시스템과 더불어 작동된다. 이것은 부의 소유와 자본을 확대하면서 사회를 시민들 간의 공평한 합력의 체계로 발전시킬 수 있다. 그러나 그것은 동시에 불공정을 전제로 한다. 왜냐하면, 기존의 질서가 우리가 해야만 하는 방식을 결정하지 않기 때문이다.[33]

불공정은 다름의 원리를 통해 해소되어야 하고, 이것은 자유의

---

33 *Ibid.*, 165.

시장에서 형식적 평등과 경쟁에 근거한 리버테리언 원리를 비판한다. 리버테리언 원리는 자유방임주의 대변가인 밀톤 프리드먼(Milton Friedman)에서 표현된다: "삶은 공평하지 않다… 그러나 우리가 개탄해 마지않는 바로 불공평함으로부터 얼마나 많은 혜택을 입고 있는지 인정하는 것은 중요하다."[34]

그러나 프리드먼의 입장에 저항하여 롤스의 논증에서 공정함으로서의 정의는 개인의 소유권을 포함하지만, 출생에 의한 사적 소유의 자연법은 허락하지 않는다. 리버테리언 체계의 문제는 그것이 분배의 몫을 부적절하게 즉 도덕의 관점과는 무관하게 다루는 데서 볼 수 있다.[35]

그러나 다름의 원리는 불평등한 부와 재능과 재정 보조의 분배를 교정하며, 전체 공동체를 유익을 위해 확인한다. 롤스의 전략은 자유롭고 평등한 도덕적 인간에 대한 존중에 근거하며, 현실적인 유토피아를 칸트의 목적 왕국처럼 건설하려고 한다. 여기서 하나의 질문은 공정함으로써 정의가 소유권 중심의 민주주의에서인지 아니면 사회민주주의 시스템에서 가장 잘 실현되는가이다. 롤스에 의하면, 그러한 선택은 "역사적 조건들, 전통들, 제도들 그리고 각 나라의 사회적 역량들에 의해 해결되도록 맡겨진다."[36]

---

34 Milton and Rose Friedman, *Free to Choose*, 136.

35 Rawls, *A theory of Justice*, sec 12.

36 *Ibid.*, XVI.

IV. 일반의지

사회계약론의 전통에서 우리는 장 자크 루소(1712-1778)의 중요성을 살펴볼 필요가 있다.[1] 앞에서 본 것처럼 홉스와 로크는 정치와 사회정의에 대한 자연주의적 접근에서 자연의 상태를 통해 전개했다. 이들의 자연 상태에 관한 입장은 아리스토텔레스의 정치이론과 토마스 아퀴나스의 자연신학과는 다르다. 여기서 교회, 왕 그리고 귀족은 서로 연합되고 기독교의 가르침은 군주제의 신적인 성격을 옹호했다. 계몽의 전제주의 시대에 이러한 입장은 종교와 인간 이성, 자연법 그리고 정치적 정의에 근거해서 설정되었다. 그러나 계몽주의자들은 종교와 국가의 종합에 대립하여 날카로운 비판을 제기했고, 대중들의 계몽을 위하여 교육과 건전한 이성, 진보를 강조했다. 이러한 계몽의 기획은 디드로(Diderot)의 『백과사전』(*Encyclopedia*)에서 볼 수 있다.

그러나 루소는 백과사전편찬에서 드러나는 계몽주의와 진보 신념에 심각하게 비판했다. 이것은 과학과 예술에 대한 루소의 『첫 번째 담론』(*Discourse on the Sciences and Arts*)에서 잘 볼 수 있다. 이것은

---

1 Rousseau, *The First and Second Discourses*. 두 번째 담론(*Discourse on the Origin and Foundations of Inequality Among Men*)은 루소가 디종 아카데미의 또 다른 현상 논문을 위해 작성한 것이다.

1750년 현상금을 내건 디종 아카데미(Dijon academy)의 질문에 대한 답변이기도 하다. ─ "과학과 예술의 회복은 도덕을 정화했는가?" 간략히 말하면 루소의 답변은 부정적이다. 과학과 예술의 진보는 항상 도덕에 해롭다. 왜냐하면, 이익들은 인간 마음의 자연적 덕목을 부패하게 하기 때문이다.

이 장에서 우리는 루소의 사회계약론과 국민주권을 논의하고 일반의지가 자유, 정의, 연대에 어떤 역할을 하는지 분석한다. 루소의 계몽주의와 진보의 비판에서 그의 도덕철학에 대한 기여가 검토된다. 루소는 칸트에게 깊은 영향을 미쳤지만, 루소와 칸트는 종종 헤겔의 비판 때문에 그 진의가 오해됐는데, 루소와 칸트의 관점에서 헤겔의 비판을 검토하는 것이 중요하다. 국가와 시민사회의 관계는 루소의 정치경제학에서 정의와 연대와 더불어 분석된다. 중요한 것은 루소와 마키아벨리를 공화제 민주주의의 대표하는 사상가로 파악하는 것이며, 마키아벨리의 군주론은 공화제의 차원에서 평가한다. 마지막으로 루소에 대한 신학적 평가는 디트리히 본회퍼의 분배 정의와 더불어 루소에 대한 칼 바르트의 적극적 수용을 정리한다. 루소는 공공신학에서 교회와 국가 그리고 경제적 정의를 논의하는 데서 중요한 자리를 차지한다.

루소와 계몽주의

디종 아카데미 문제를 반성하면서 루소는 갑작스러운 영감에 대해 말한다. 인간은 자연적으로 선하지만, 사회 체계의 모든 대립과 제도의 남용으로 인해 인간은 악하게 되었다.[2] 루소의 윤리적 관심은 『첫 번째 담론』에서 표현된다. "우리의 영혼은 완전을 향한 과학과 예술의 발전에 상응하여 타락했다."[3]

루소는 고대 스파르타와 로마 공화제의 덕과 애국주의를 선호했고, 이것은 그의 도시 제네바에 반영된다고 말한다. 루소는 고대의 정치사상가들은 도덕성과 덕목을 말했지만, 근대는 비즈니스와 돈에 관해서만 이야기한다고 개탄한다.[4] 계몽과 근대는 부와 사치를 생산했지만 건전한 도덕과 정치 권력에 대해선 치명적이다. 사치는 필연적으로 도덕을 해소하고 취향의 타락으로 귀결된다. "우리는 고대의 단순성에 대한 기억에서 기쁨을 얻지 못하고는 도덕을 반성할 수가 없다."[5] 스파르타는 도덕적이었지만 아테네는 부패했다. 비록 로마 제국은 세계의 모든 부를 삼켰지만, 로마는 야만의 먹잇감이 되고 말았다.[6]

루소는 고대 그리스의 아테네에서 빚어지는 도덕적 타락에 대해 부정적이다. 『정치』에서 아리스토텔레스는 독재자는 공공의 이익에 관심이 없으며, 자신의 쾌락과 부라는 사적 목적을 추구한다고 쓴다. 이것은 명예를 위한 공공의 모티브와 대립한다. 직책을 가진 자들은 공공의 의무를 갖지만, 이들은 자신들의 사적 목적을 위해 남용한다. 진정한 지배형식은 공공의 이해를 고려하면서 다스려야 한다. 사적 이해에 따라 다스리는 자들은 부패한 자들이다.[7]

---

2 Rousseau, *On the Social Contract*, 8. [이하 SC]

3 "First Discourse," 39.

4 *Ibid.*, 51.

5 *Ibid.*, 53-54.

6 *Ibid.*, 51.

7 Aristotle, *The Politics of Aristotle*, Vol. 1, V. X; III. VII

정의를 고려하면서 루소는 고대 도시국가의 고전적인 개념으로 되돌아갈 것을 촉구한다. 이것은 덕목과 애국주의에 의해 고취되어 있었고, 당대 거대국가를 향한 정치적 트렌드와 다르다. 이러한 자본주의 국가는 상업경제와 해외무역에 의해 움직이는데 로크, 애덤 스미스 그리고 존 스튜어트 밀에게서 볼 수 있다.

학문과 예술에 대한 날카로운 비판에서 역설은 루소가 무지함을 찬양하는 데서 볼 수 있다. 당대 최고 학문의 중심지인 디종 아카데미에서 루소는 이러한 역설을 말한다. 그러한 역설이나 대립은 루소가 화해하려고 하는 내용이다. 사실, 루소는 고결함과 덕목을 지식이나 학문보다 더 선호했다. 계몽주의는 예술과 학문의 증진으로 인간의 삶과 사회를 타락시켰고, 이러한 문제들은 모든 시대와 장소에서 볼 수 있다.[8] 근대와 진보에 대한 루소의 비판에서, 루소는 홉스와 로크의 정치적 전통에 관련되며, 공화제적 민주주의와 국민주권을 옹호한다.

루소는 그의 정치이론에서 단순히 낭만주의적이거나 근대이전을 옹호하는 사람은 아니다. 근원으로 돌아가자는 루소의 요구는 자연의 상태에서 인간의 자유와 동정심 그리고 평등함에 있다. 이러한 입장은 역사의 발전에서 드러나는 불평등과 지배를 극복하기 위해 사회계약론과 국민주권에 기반을 제공한다.

애국적 시민의 정치 기구는 조그만 도시국가에서 사회계약과 입법을 통해 구현되며 이것은 정의, 권리 그리고 시민의 덕목을 강조한다. 계몽주의, 진보 그리고 근대성에 대한 루소의 논쟁은 디종의 두

---

8 "First Discoure," 34. 40.

번째 질문(1754)에 대한 답변에서 볼 수 있다. ㅡ"인간 불평등의 기원은 무엇인가? 그것은 자연법에 의해 인정되는가?" 루소의 입장은 자연의 본래 상태에서 드러나는 자유, 선함, 평등을 다루면서 전개한다.

자연의 상태와 소유의 불평등

루소는 자연 상태에서 인간은 본성상 선하다고 본다: "산업, 언어, 국가, 전쟁, 결사, 동료 이웃 없이 또한 이들에게 해를 끼칠 필요도 없이, [인간은 자연의 상태에서] 숲을 돌아다닌다."9

자연적 인간은 어리석지만, 자기충족적이며 평화스럽고, 선한 동물이다. 인간은 자기 보존과 동정심으로 인도된다. 내적인 이성에 의해 자연법은 합리적인 존재의 법이 되지만, 루소에게 이성은 시민사회를 전제하며 사회나 국가의 권위 안에서 합리적인 정의의 기준을 설정한다. 이것은 아리스토텔레스 또는 토마스 아퀴나스 여전히 홉스나 로크에게서도 나타난다.

그러나 루소에게 인간은 덜 이성적 존재이며, 보다 예민한 존재이다. 인간은 본성상 정치적이거나 사회적 동물이 아니다. 루소의 자연 상태의 개념은 홉스의 만인 대 만인의 투쟁을 옹호하지 않는다. 홉스에게 "인간은 자연적으로 겁이 없으며 오로지 공격하고 싸움을 한다."10

홉스의 자연법은 신체적인 자연법을 의미하며 시민사회를 선행한다. 그것은 인간 이성의 자연법과 다르다. 그에게 인간은 자연적으

---

9 "Second Discourse," 137.

10 *Ibid.*, 107.

로 악하며 선함이나 덕목을 갖고 있지 않다.[11]홉스의 부정적 인간 이해와는 달리, 루소는 자연 상태를 역사적인 진리보다 가설적이며 조건적인 추론을 통해 개념화한다.[12] 자기 보존이 위협되지 않는다 면, 인간은 악하지 않으며 그는 연민의 내적 충동에 의해 움직인다.[13]

동정심 또는 연민은 가장 중요한 덕이며 부드러운 소리처럼 자연 적인 감정이다. 이것은 자기애의 행동을 누그러뜨리며 법, 도덕, 덕 목을 대신하며 전체 인류에 상호 보존 기여한다.[14] 루소의 인간 이해 에서 괄목할 것은 자연 상태에서 인간을 자유로운 에이전트로 확인 하는 것이며, 자유로운 행동을 통해 다른 짐승들과 구분 짓는 것이 다.[15] "[야만인]은 자유롭게 동의하거나 저항한다. 무엇보다 이러한 자유 의식 안에서 인간 영혼의 영성이 더 드러난다."[16]

자기 보존과 행복은 평등한 상태에 있는 자연적 독립성의 원리를 강조하며, 이 두 가지 원리들은 이성에 앞서 있고 인류에게 가장 적합 한 것이다. 이것들은 아리스토텔레스처럼 사회성의 원리를 요구하 지 않는다.[17] 하지만 자연 상태의 인간성은 침해를 당하며, 소유의 불평등이 발생한다. 진화론적인 규모에서 물질적인 생존 수단을 위 한 폭력적인 경쟁과 홉스적인 의미에서 만인 대 만인의 전쟁이 발생 한다. 로크의 공리에 따르면 "소유권이 없는 곳에는 상해도 없다."[18]

---

11 *Ibid.*, 128-129.

12 *Ibid.*, 103.

13 *Ibid.*, 96.

14 *Ibid.*, 133.

15 *Ibid.*, 113.

16 *Ibid.*, 114.

17 *Ibid.*, 95.

전쟁과 같은 상황은 시민사회의 토대로 인도되며, 시민사회의 안전과 자유를 위해 소유를 사회계약을 통해 법적 권리로 변형한다. 자연적 연민은 야만인이 타인을 해롭게 하지 못하도록 하며, 불평등은 자연 상태에선 거의 볼 수가 없다. 그러나 진화론적인 발전 규모에서 만인의 전쟁이 도래하며, 잔인한 폭력이 동반된다. 따라서 단순한 소유는 법과 질서를 통해 재산권으로 변형된다. 불평등이 증대하면 법과 소유권은 혁명을 거치면서 첫 번째 단계에서 설정된다. 정부 제도는 두 번째 단계에서 설정된다. 세 번째 단계는 국가권력을 인위적인 권력으로 변형하며, 인위적인 권력은 정의롭지 못하며 독재 지배를 정당화한다.[19] 마지막 단계는 만인 대 만인의 투쟁을 말하며 도덕적 타락은 새로운 정의를 위하여 혁명으로 전복된다.

불평등은 사회와 더불어 시작되며, 사회 안에는 부자유, 독재 그리고 노예제도의 가능성이 존재한다. 시민사회는 인간의 자연적 자유를 타락시키며, 역사는 진보라기보다는 타락으로 간주한다. 자기애(amore propre)는 탐욕과 악한 열정을 의미하며, 자연적이고 순전한, 선한 자기애와 대립 된다.

선한 자기애는 타인의 고통에 대한 동정심과 더불어 인류의 상호 보존을 유지한다. 루소의 반-유럽주의 입장은 야만인의 존엄을 인정하는 데서 볼 수 있다. "지금까지 북서아메리카 원주민인 카리브족(Caribs)들이… 자연의 상태에서 막 벗어났는데, 이들은 삶에서 가장 평화로운 족속들이고 시기심에 거의 집착하지 않는다. 이들이

---

18 *Ibid.*, 150.

19 *Ibid.*, 177.

부담스러운 열대의 기후에서 살아간다고 해도 그렇다." 20

루소의 자연으로 돌아가라(*Revenon a la nature!*)21는 구호는 자연 상태의 인간 존재에 근거한다. 볼테르는 루소가 반-문명적이며 자연의 숲으로 돌아가라고 한다고 말한다. 22 그러나 칼 바르트에 의하면 이러한 표어가 루소 자신에게서 오는 것인지 의심스럽다고 한다. 어쨌든 이러한 표어는 짐승처럼 살기 위해서 낭만적인 의미에서 순수자연의 상태로 돌아가는 것을 말하지 않는다. 강자의 권리나 불평등은 자연 상태에도 존재한다. 오히려 그것은 시민사회를 적절하게 자연법에 근거 지우려는 가정이다. 자연법은 자유로운 에이전트로서 인간의 자연적 자유와 평등의 이상이며, 모든 의지를 하나의 의지로 결합하고 일치시킨다.23

그러나 『두 번째 담론』에서 일반의지 개념은 드러나지 않고 사회계약론에서 결정적인 역할을 한다. 그러나 두 개의 담론들에서 서로 연관적으로 전개된다.24 루소에 의하면 자연적인 인간은 사회적 덕목이나 다른 능력들을 볼 때 잠재적으로 완전성을 가지고 있다. 지배와 예속에서 드러나는 불평등은 자연 상태에선 거의 볼 수가 없다.25

루소의 사고실험은 본래 위치(original position)에 근거하는데, 그것은 가설적이며 조건적인 추론에서 전개된다.26 자연 상태에서 인

---

20 *Ibid.*, 136.

21 Barth, "Rousseau," in *Protestant Theology in the Nineteenth Century*, 168.

22 "Introduction," in *The First and Second Discourse*, 20

23 "Second Discourse," 169.

24 Durkheim, *Montesquieu and Rousseau*, 135.

25 "Second Discourse," 140.

26 *Ibid.*, 103.

간의 본래인 위치는 자유, 평등 그리고 개인의 권리를 위한 정치적인 기반이 된다. 이것은 노동 분업과 진보에 기초한 시민사회의 문제를 극복하려고 한다. 루소의 관점은 야만인이 자연적으로 잔인하며, 잔인함을 극복하고 부드러워지기 위해 문명을 필요로 한다는 입장과는 다르다. 그 어떤 것도 자연의 본래 상태에 있는 인간만큼 유순한 것은 없다. 자연에서 인간은 잔인한 짐승들의 어리석음과 멀리 떨어져 있으며 문명인의 치명적인 계몽과도 다르다.[27]

진보와 문명선교의 식민주의 개념은 타당하지 않다. 왜냐하면, 진보는 인류를 파괴하거나 약화한다. 노동을 통해 땅의 개발과 분업이 나타나고, 소유권이 인정될 때 첫 번째 정의가 나타난다. 노동은 지속적인 소유를 창출하며, 소유를 재산으로 변형한다. 토지분배는 자연법과는 다른 재산권을 창출한다.[28]

루소는 소유의 첫 번째 결과는 초기 불평등의 귀결로 본다: "한마디로 말하면, 한편에서 경쟁과 라이벌, 다른 한편에서 이해의 반대가 있다; 그리고 항상 타인을 희생시키면서 수익에 대한 은닉된 욕망"[29]이 있다. 소유는 정치사회의 기반이며 엄청난 비판에 직면한다. 왜냐하면, 루소가 보기에 그것은 범죄, 살인, 비참과 공포를 야기하기 때문이다.[30]

소유는 자연적인 연민을 약화하며, 평등을 파괴한다. 그것은 인간을 탐욕적, 야망적 그리고 악하게 만든다. 만인들 사이에 영속적인

---

27 *Ibid.*, 150.

28 *Ibid.*, 154.

29 *Ibid.*, 156.

30 *Ibid.*, 141.

286 | 제2장 _ 사회계약론과 정치이론

갈등과 충돌이 드러난다. 그것은 '가장 공포스러운 전쟁상태'인데, —홉스가 언급한 것처럼— 투쟁과 살해로 막을 내린다.31

사회계약과 재산권

소유가 타인에게 부담스러워질 때 공포스러운 상황이 나타나며, 이것을 피하기 위해 사람들은 정의와 평화를 보증하고 최고의 권력에 이양한다. 루소에 의하면, 사회와 법의 기원은 약자들에게 새로운 억압을 주며, 부자들에게는 새로운 힘을 부여한다. 그것은 항상 자연적 자유를 파괴하며 소유와 불평등의 법을 영원히 설정한다. 이것은 사회 전복을 현명하게 철회될 수 없는 권리로 변화시키며 소수 야망의 사람들 유익을 위해 인간 전체를 노동과 예속과 비참으로 구속한다.32

가난한 자들에 대한 연대의 원리는『두 번째 담론』에서 잘 표현된다: "대다수 당신의 형제들이 당신의 지나친 필요로 인해 죽어가고 고통스러워하는 것을 모르는가? 당신은 당신의 필요로 넘어서는 공동의 생계 수단으로부터 스스로 적절하게 하려고 인류에 대한 승인과 일치를 명백하게 필요로 하는 것을 모르는가?"33

정부는 임의의 권력을 행사해서는 안 되며, 그러한 권력 행사는 사회의 권리를 위한 토대가 될 수 없다. 정치 기구는 국민과 대표 간의 진정한 계약으로 설립되어야 하며, 계약으로 당사자들은 법을 준수할 것을 약속한다. "법은…국가의 본질을 구성하며 모두가 법에

---

31 *Ibid.*, 157.
32 *Ibid.*, 160.
33 *Ibid.*, 158.

의해 자연적 자유로 돌아간다."34

사회 불평등의 문제를 다룰 때, 루소는 법의 제정과 소유권를 첫 번째 단계로 여기며, 부자와 가난한 자의 신분이 확인된다. 공적인 지배기구와 제도들은 두 번째 단계이며 권력자와 약자의 신분이 확인된다. 세 번째 마지막 단계는 합법적인 권력이 임의인 권력으로 변질되는 것인데, 여기서 주인과 노예의 신분이 정당화된다. 이것은 불평등의 마지막 수준이며, 새로운 혁명이 정부를 해체하고, 합법적인 기구로 갱신한다.35

『사회계약』(Social Contract)에서 루소는 인간의 자유를 포기하는 것은 인간으로서 신분을 포기하는 것으로 말한다. 이러한 신분은 인간성의 권리와 심지어 의무를 포기하는 것이다.36 자연 권리는 시민사회에 선행하며, 시민사회는 자연 권리를 전제하는데 시민사회는 사회계약과 일반의지 안에서 국민의 승인을 통해 시민의 자유를 설립하고, 이것은 국민주권을 지적한다.

이것은 루소의 입장과 공헌을 말한다. 루소는 시민사회 안에서 자유의 중요성을 기본적인 협정을 통해 요구하며, 이것은 아리스토텔레스적인 의미에서 덕의 함양과는 다르다. 첫 번째 담론(고대 로마의 공화제와 덕의 함양)과 두 번째 담론(소유의 불평등과 권력 부패에 대한 비판) 사이에 역설적인 관계가 존재한다. 루소에게 중요한 것은 자연 상태와 불평등의 사회적 기원을 분석하면서 자연적인 자유와 평등을 사회계약과 일반의지 개념을 통해 회복하려고 한다. 이것은 시민사회

---

34 *Ibid.*, 170.

35 *Ibid.*, 172.

36 SC, Book I, Ch. IV.

와 공화제 민주주의의 구성에서 정점에 달한다.

일반의지, 시민, 연대원리

『사회계약』1권 1장 서두에서 루소는 다음처럼 쓴다: "인간은 자유롭게 태어났다. 그리고 모든 곳에서 인간은 사슬에 묶여있다." 이것은 루소의 정치사상을 자연 상태 인간의 자유가 근대사회의 진보와 긴장 관계에 있음을 말한다. 근대사회는 학문과 과학기술에 기초하며 노예제도를 강화한다. 이러한 입장은 모든 기존의 제도와 사회진보에 대한 혁명적 자극을 내포한다. 또한, 루소는 사회질서는 성스러운 권리며 모든 다른 제도들의 기반이 된다고 말한다.[37]

자연적 자유에서 문명화된 사회의 노예제도로 이전할 때, 루소는 사회질서를 사회계약을 통한 성스러운 권리로 파악한다. 여기에 정치 권리와 자유가 근거하는데, 사회계약을 정의할 때 루소는 개인의 자유를 기본적인 자연법으로 본다.

개인의 자유는 일반의지가 없이는 이해할 수 없으며, 일반의지는 도시국가를 유지한다. 실정법에서 자유가 보장되며, 또한 자유가 법을 제정한다. 루소에 의하면, "우리 각자는 인격과 능력을 일반의지의 최상의 지도 아래 공동으로 모은다. 이러한 [일반의지의] 기구 안에서 우리는 각자 사회의 구성원을 전체 공동체의 분리될 수 없는 부분으로 수용한다."[38]

---

37 SC, Book I. Ch. I.
38 SC, Book I, Ch. VI.

일반의지에 참여하면서 인간은 모두를 위해, 모두는 개인을 위해 존재한다. 공적인 개인-시민(citoyen)은 사회연합을 통해 모든 개인의 집합 이상이 된다. 모든 개인은 권력을 공동체 자체에 승인을 통해 이양한다.

만일 사회계약을 각각의 권리와 전체 공동체에 이양한다면, 고대 아테네 민주주의 방식에서 행해지던 추첨이나 제비뽑기가 아니라 보통투표를 통해 승인되어야 한다. 승인과 보통선거 그리고 참여 민주주의는 개인의 양도할 수 없는 권리를 침해하거나 홉스처럼 전제주의 정부로 귀결되는가? 루소는 양도할 수 없는 권리(로크) 개념에서 결함을 본다. 왜냐하면 "만일 권리가 사적 개인에게 맡겨질 때…정치적 연합은 필연적으로 전제주의적이거나 비효율적인가?"39

이러한 딜레마를 피하려고 루소는 일반의지에 호소하고 개인과 공동체는 이러한 지배 아래서 적절한 관계를 유지할 수 있다고 본다. 정치적 연합이나 결사는 도덕적이며 집단적 기구를 산출하며 그것은 도시, 공화국 정치 기구 또는 국가로 불린다. 수동적일 때, 그것은 주권이 되며 활동적일 때, 그것은 권력이 된다.40 주권은 전체 기구 정치의 성격이며, 도덕적이고 집단적인 기구나 의회에서 대변된다. 이것은 개인 그룹이나 전체를 말하지 않는다. 주권은 공리주의 원칙과 개인주의적 자유 개념(존 스튜어트 밀)에 대립한다. 공화국은 의회에 의해 다스려지며 시민들은 투표권을 가진다. 일반의지는 다수의 공동 이해 안에 기인하기 때문이다.41

---

39 *Ibid.*
40 *Ibid.*
41 SC, Book IV. Ch. III.

개인적인 지도자들에 의한 정치 권력의 집행은 자유롭게 표현되는 국민의 의지에 예속되어야 하며, 이것은 국민주권으로 나타나고, 일반의지는 평등한 사회를 전제로 한다. 이러한 시민사회는 일반선거와 법에 의해 집행되며, 모든 시민에게 평등하게 영향을 미쳐야 한다. "법은 일반의지의 공적이며 엄숙한 행위이며, 모두는 기본 협정을 통해 이러한 일반의지에 복종해야 한다."[42]

공공선을 위한 일반의지의 논리는 정치 권리의 원리를 말하는데, 이것은 전통적인 공공선을 국민주권으로 변형시키며, 국민주권은 승인에 기초한다. 그러므로 모든 합법적인 정부는 법에 의해 지배되는 공화제이다.[43] 이러한 관점은 시민(citoyen)을 단순한 부르주아로부터 구별하며, 공화국은 일반의지의 구현이 된다. 개인은 국가 안에서 국민주권을 통해 연합된다. 이들은 시민이며 국민주권에 참여하며 또한 법과 국가에 복종한다.[44]

루소는 정치경제 또는 공공경제를 구별하고, 공공경제는 정부로 부르면서 최고의 권위인 주권과 구분한다. 기구정치는 일반의지를 갖춘 도덕적 존재이며, 공동체와 각 개인의 삶 보존과 행복을 지향한다. 시민 주체들에 대해 피해를 끼치는 방식으로 작동되어서는 안 되며 오로지 이들의 이익을 위해 자유, 인권, 소유권을 통해 실행되어야 한다. 시민은 일반의지(일반성)를 위해 주권에 종속되며, 일반의지는 공공선을 위해 존재하고 "모든 법의 근거이며 보충"이 된다.[45]

---

42 SC, "Geneva Manuscript," Book II, Ch. IV.

43 SC, Book II, Ch. VI.

44 Barth, "Rousseau," in *Protestant Theology in the Nineteenth Century*, 175.

45 "Discourse on Political Economy," SC, 216.

일반의지는 공공 이해에 기초하고 모두의 의지와는 다르다. 후자는 사적 이해를 오로지 사적 의지들의 총괄로만 본다.[46]

시민의 덕 또는 애국주의는 사적의지가 일반의지에 일치하여 나타나며, 사회를 도덕적으로 만든다.[47] 의무는 규칙과 법을 추종하며 자기애를 제쳐두고 사회를 위해 행해지며, 의무와 덕은 더불어 존재한다. 만일 아리스토텔레스가 자기 함양과 선한 삶(사회의 목적)에 일치하여 법을 개념화하고 도덕적 배상을 중요하게 여긴다면, 루소는 일반의지의 중요성과 시민사회의 구현에 초점을 맞추며, 여기서 의무와 덕은 사회적 약자를 고려하면서 효율적으로 작동한다. 이것은 루소를 아리스토텔레스 목적론으로부터 구분 짓지만, 루소는 덕의 문제를 시민사회 안에서 의무의 문제와 연관하여 발전시킨다.

루소는 일반의지를 공공경제의 일치 원리로 간주하고, 공공경제를 모든 시민을 의한 정의로 지지한다. 그것은 "특별히 가난한 자들을 부자들의 횡포로부터 보호한다."[48] 그것은 정부의 가장 중요한 과제 가운데 하나가 된다. 부의 극심한 불평등을 막아야 하는 과제는 부자들로부터 재산을 탈취하는 방식이 아니라, 재산축적의 수단을 제거하는 것이다. 이것은 가난한 자를 구제하는 빈민소를 세우는 것이 아니라, 시민들을 가난하게 만드는 사회체제를 봉쇄해야 한다.[49]

루소에게는 사치와 빈곤을 야기하는 명백한 원인이 있으며, 사적 이해를 공공이익을 위해 대체 하는 방안도 존재한다. 그런가 하면

---

46 SC, Book II. Ch. III.

47 *Ibid.*, 217.

48 *Ibid.*, 221.

49 *Ibid.*, 221-222.

시민들의 상호 증오나 무관심을 공공의 선으로 증대시키는 것이나 백성들의 타락이나 정부 기구의 약화를 조장하는 원인도 존재한다.[50] 그러나 가장 위험한 것은 사적 이해를 공공의 영역에서 행사하고 영향을 미치는 것인데, 사치는 부의 결과이며 또한 이것은 부를 필요한 것으로 만든다. "사치는 부자와 가난한 자 둘 다 부패시키며, 부자는 소유함으로써, 가난한 자는 소유에 대한 갈망으로 인해 그렇다. 사치는 국가를 게으름과 자기도취에 팔아넘긴다. 그것은 국가를 모든 시민으로부터 탈취하며, 가난한 자들을 부자들의 노예로 또한 이들 모두를 단순한 생각의 노예로 만든다."[51]

시민사회의 위험 요소로서 사치를 지적하면서, 루소는 소수의 사람이 공적인 일에 영향을 미치는 것을 봉쇄한다. 루소는 이러한 연대의 원리는 시민 간의 분배 정의를 강화하며, 보다 평등한 방식으로 개인과 사회의 관계를 특징짓는 공공선을 지적한다. 이것은 엘리트주의적 자유와 진보 개념에 대립하며, 식민지 전제주의를 정당화하는 것을 거부한다. 실제로, 루소는 국가나 시민사회를 추상적인 개인의 자유나 평등을 통해 추론하지 않는다. 오히려 일반의지로부터 연대 의지가 출현하며, 이것은 헤겔의 비판—일반의지는 개인 의지의 공동요소이거나 전체—과는 전혀 다르다.

---

50 *Ibid.*, 222.

51 SC, Book III. Ch. IV.

보론: 헤겔과 정치철학

헤겔의 철학은 세계가 당위론적으로 존재하거나 행해야 할 것을 가르치지 않는다. 오히려 철학은 개념을 통해 세계의 현실을 반성하고 파악하는 것을 과제로 삼는다. 철학의 비판적 기능은 정치활동을 위해 철학의 이데올로기적 남용에 방어하지만 그렇다고 해서 국가의 제도에 저항하거나 혁명의 실천을 제시하지도 않는다. 이론은 실천에 대하여 회고적인 효과나 반성적 태도(*ex post facto*)를 가진다. 그러나 헤겔 철학의 입장은 항상 일관적이지가 않다. 왜냐하면, 그는 철학의 비판적 기능을 허용하고, 프랑크푸르트 시절 혁명적 실천을 예비하는 철학적 반성을 고려했기 때문이다.[52]

헤겔 철학의 발전과정은 대략 다섯 가지 단계로 파악된다. (1) 철학에 대한 종교적 토대(1790-1800)의 시기는 그의 청년기 신학 저술(Theologische Jugendschriften)에서 잘 볼 수 있다. (2) 당대 철학적 체계들에 대한 비판적 시기(1800-1801)는 주로 칸트, 피히테, 셸링에 주어진다. (3) 초기 헤겔 철학의 완성은 예나 시절(1801-1806)에 쓴 철학의 체계에서 드러나는데, 『윤리성의 체계』(*System der Sittlichkeit*)와 예나 시절의 논리와 형이상학 그리고 실제철학에서 나타난다. (4) 『헤겔의 정신현상학』(1807) (5) 마지막 체계의 시기는 1821년에 나타나는데 『대논리학』(1812-1816), 『법철학』(1821) 그리고 베를린에서 행한 역사철학과 철학, 미학 그리고 종교사 등에 관한 강연들에서 나타난다.[53]

---

52 Habermas, *Theory and Practice,* 179-180.

53 Marcuse, *Reason and Revolution,* 28-29.

헤겔의 정치철학에서 중요한 것은 그리스의 고전적인 도시국가 개념을 국가로 전환하는 것이며, 국가는 시민들에 대해 권위와 권력을 가진다. 그의 정치철학은 토마스 홉스와 연관되고 사회계약론의 전통 특히 칸트와 루소에 대해서는 비판적이다.

헤겔에 의하면, 칸트의 권리이론에서 "최상의 요소는 개인의 자유에 대한 제한이 아니면 변덕에 불과하다. 이것은 모든 다른 개인의 변덕과 더불어 보편법에 일치하여 존재하기 위해서이다."[54]

칸트적인 의미에서 권리는 루소의 견해를 취하는데, 헤겔은 칸트와 루소에게 절대적이며 이성적인 의지나 진정한 정신이 존재하지 않는다고 본다. 오히려 "특별한 개인들의 의지와 정신이 이들의 변덕에 존재하며, 이것들이 본질적이며 일차적인 기반이 된다."[55] 개인적인 변덕의 원리가 수용될 때 합리적인 것은 이러한 개인적 자유를 제한하는 것으로만 선언된다. 헤겔은 이러한 견해를 단순히 외적이며, 형식적인 것으로 거절한다. 왜냐하면, 후자는 변증법적인 의미에서 보편적이거나 사변적인 사유를 고려하지 않기 때문이다.

헤겔에 의하면, 루소의 기여는 일반의지를 국가원리로 파악한 데서 볼 수 있다. 그러나 루소는 일반의지를 오로지 개인 의지가 결정하는 형식에서 파악하고, 따라서 일반의지를 절대적으로 합리적인 의지가 아니라 일반의지로만 간주한다.[56] 루소는 일반의지를 변덕스러운 개인 의지에서 산출되는 것으로 이해한다. 이러한 루소의 관점은 치명적인 귀결을 낳을 수가 있는데 왜냐하면 루소는 국가에서

---

54 Hegel, *Philosophy of Right*, para. 29.

55 *Ibid.*

56 *Ibid.*, para. 258.

개인들의 연합을 사회계약으로 환원하기 때문이다. 이러한 사회계약은 개인의 임의인 의지나 의견에 근거한 것이며, 이들의 변덕스러운 승인이 중심이 된다. 의지는 오로지 제한된 개인의 의지 형식에서 개념화되고, 일반의지는 절대적으로 이성적인 의지가 아니라 공동의지로 간주한다. "그것은 의식적인 개인 의지로부터 산출된다. 따라서 국가에서 개인들의 연합은 계약이 되며, 이것은 변덕, 견해, 선택적이며 명백한 승인에 근거한다." 헤겔에 따르면 루소는 "절대적으로 신성한 것, 절대적인 권위와 위엄을 파괴했다."[57]

헤겔의 견해에 의하면, 시민사회는 갈등과 적대 감정으로 가득 차 있으며, 모두가 만인 대 만인의 투쟁 상태에 있다(*bellum omnium contra omnes*). 홉스가 자연 상태에서 야만과 투쟁의 현실을 본다면 헤겔은 시민사회에서 본다. 그러나 국가는 도덕적 우주로서 합리적이며 최종적이다. 법의 지배는 근대사회에서 나타나는 사회적 대립을 규제하는 적합한 방식이다. 국가는 개인의 삶을 보호하고, 근대사회를 이성적 사회로 변형시킨다.[58]

근대사회에서 해방된 개인은 비판 이성이나 사회계약을 통해 국가와 사회의 화해를 건설할 수가 없다. 왜냐하면, 개인은 보편성을 포함하지 않으며, 보편성이 특수한 개별의지와 일반의지에 공동의 근거를 제공하기 때문이다. 실제로, 개인의지는 일반의지의 부분이 될 수 없다. 사회계약 이론은 잘못된 전제를 하고 있다. 그것은 개인 법의 영역을 초월할 수가 없다. 계약의 콘텍스트에서 국가와 사회는

---

57 *Ibid.*

58 Marcuse, *Reason and Revolution*, 182-183.

개인의 이해관계를 다스리는데 임의이다. 헤겔은 사회계약의 철학적 기반을 거절한다.[59]

그러므로 사회계약의 실험은 프랑스 혁명에서 위협과 공포를 극대화하는 결과를 낳았다. 헤겔의 루소 비판은 이런 점에서 프랑스 혁명에서 나타나는 자코뱅들의 공포정치에 관련되며, 이들은 개인의 의지와 정신을 개인의 변덕으로, 더 나아가 사회의 본질적이며 일차적인 기반으로 만들어놓았다.[60]

로베스피에르가 루소와 동일시될 수가 있을까? 루소가 공포정치의 주범인가? 어쨌든 헤겔은 루소를 일반의지를 절대적으로 합리적인 의지의 요소에 기초하지 않았다고 비난한다. 루소에게 국가는 개인들의 임의인 결정이나 승인에 근거하기 때문이다.

헤겔에 대한 루소와 칸트의 응답

사실상 루소는 일반의지를 개인 의지의 집합 또는 공공결정을 통한 모든 사람의 의지로 동일시하지 않았다. 일반의지를 모든 사람의 의지와 구분 지으면서, 루소는 일반의지가 공동의 이해와 공공의 선에 기여하며, 그것은 항상 옳고 양도할 수 없다고 말한다. 루소는 "사람들의 고려가 항상 동일한 도덕성을 가진다"라고 주장하지 않는다.[61]

오히려 루소는 도덕성을 의지의 순수함에 근거를 두고, 공공의

---

59 *Ibid.*, 185.

60 Hegel, *Philosophy of Rights*, para. 29.

61 SC, Book II. Ch. III.

삶 영역에서 도덕의 실현을 사회계약과 국민적 승인을 통해 드러나는 일반의지에서 보았다. 사회계약은 기본적 자연법인 개인의 자유에 기초하지만, 사회계약은 개인의 모든 권리를 공동체 전체의 유익함에 가져다준다고 보았다.

일반의지와 공권력은 개인들 힘의 총계에 의해 뒤집히지 않고, 공공의 선에 저항하는 사적인 이해관계의 의지로 환원되지도 않는다. 입법자의 학문 즉 정치의 격률은 시민 국가와 구분되며, 이것은 정치적인 실제의 삶에서 특수한 상황과 조건에서 드러나는 일반의지와 시민들 의지 사이의 저항과 충돌에 관심한다. 자연적 질서에서 보면 일반의지는 가장 취약하다. 정부 법인의 의지는 두 번째로 취약하다. 그러나 가장 취약한 것은 개인의지다. 그러나 완전한 입법에서 사적 또는 개인의지는 타당하지 않으며, 법인의지는 종속적이며, 일반의지가 이 둘을 지배하는데 결정적이다.[62]

정치학의 격률에서 루소는 도시국가에서 행해진 고대의 공화제를 선호했고, 여기서 대립이나 갈등은 사적 이해와 공공의 이해관계에서 축소되었다고 본다. 그러므로 "국민의지 또는 주권의지는 국가에 관해 일반적이며, 정부와의 관계에서 온전한 것이며, 정부는 전체의 부분으로 간주한다."[63]

루소의 국민주권은 일반의지로부터 오고, 홉스나 헤겔과는 다른 정치적 전통에 서 있으며 공화제 도시국가에 대한 선호로 나타난다. 홉스와 헤겔에게 국가의 권위에 대한 강조는 중간계급의 상업 사회

---

62 SC, Book III. Ch. II.

63 *Ibid.*

의 팽창주의를 규제한다.

만일 양도할 수 없는 개인의 권리가 미국 독립선언서에서 전체 공동체의 이익에 연관되지 않으면, 개인들의 결사가 서로 다른 이해 관계들로 인해 갈등을 초래할 때 독재를 유발하든지 아니면 효과적인 해결 방법이 어려워진다. 이 지점에서 루소는 일반의지의 개념을 도입하고 국민주권을 전제주의에 대립시킨다. 일반의지의 지도 아래 개별 시민들은 개인의 몫을 받는다. 정치 권리 원칙은 시민 국가를 통해 정의되며, 여기서 개인은 시민의 자유와 재산 소유권과 사업을 할 수 있는 권리를 얻는다. 시민의 자유는 일반의지에 의해 제한된다. 시민 국가에서 도덕적 자유가 첨부되며, 이러한 도덕적 자유가 인간을 진정으로 주인으로 만든다. 법에 대한 복종은 이러한 자유로부터 온다.[64]

이러한 관점은 의지를 내적으로 정화하는 '의무를 위한 의무' 개념과는 다르다. 루소는 선의 윤리적 측면, 즉 윤리적인 삶(Sittlichkeit)의 영역을 고려하며 이것은 공공의 삶에서 정의를 위해 실현된다. 이것은 세계에 대한 헤겔의 윤리적 견해와도 다르지 않다.

이런 점에서 헤겔의 루소 비판은 수긍하기가 어렵다. 그것은 루소의 저작들 안에 담긴 일반의지의 사회윤리적 차원을 간과한다. 헤겔의 비판이 프랑스 혁명의 공포정치 빛에서 행해진다면, 루소와 자코뱅을 유보함 없이 일치시키기도 어렵다. 루소는 일반의지와 국민주권을 위해 혁명을 지지하지만, 테러 정치나 폭력을 인정하지 않는다.

또 헤겔이 칸트가 도덕의 사회 역사적 차원을 무시하고 급진적인

---

64 SC, Book I. Ch. VIII.

개인의 자율성을 위해 텅 빈 형식주의(empty formalism)를 추구한다고 비판한다면, 헤겔은 칸트의 정치이론을 완전히 무시한다. 칸트는 그의 정치이론에서 코스모폴리탄 의도를 통해 보편사 이념을 개념화했고(1784), 역사의 중요성에 주목했다. 칸트에 의하면 역사 일반에서 인간 의지의 자유 역할을 고려한다면, 비로소 자유의 정규적인 진행을 발견할 수 있게 된다.[65]

칸트는 자유 개념을 진화론적인 규모에서 역사와 관련짓고, 인간의 충동과 성향들을 고려한다. 칸트는 자연의 목적론적 역사에서 다음처럼 말한다: "자연은 인간이 모든 것을 발전시키도록 의도한다. 이러한 발전은 인간의 동물적 존재의 기계적인 질서를 전적으로 스스로 초월한다. 인간은 자신의 이성을 보증하고 본능으로부터 자유롭게 되는 것을 제외한 채 이외의 다른 행복이나 완전함에 참여하지 않는다."[66]

루소의 중요성을 고려하면서 칸트는 말한다. "루소는 그가 [자연 상태의] 야만인들의 조건을 선호했을 때 전적으로 틀린 것이 아니다. 우리는 예술과 과학에 의해··· 엄청날 정도로 높은 수준으로 문명화되었다. 그러나 우리가 진정으로 윤리적으로 되기 전에 문명의 많은 부분은 (제거되어야 한다)."[67]

더욱이 루소는 일반의지를 모든 특수한 개인이 갖는 공동의 변덕에서 파악하지 않았다. 사회계약의 과제를 개인의 특수의지들에 만

---

65 "Idea For Universal History with Cosmopolitan Intent [1784]," in *Basic Writings of Kant*, 119.

66 *Ibid.*, 121.

67 SC, "Discourse on Political Economy,"128.

족시키고 일치시키지도 않았다. 이러한 루소와 칸트의 입장은 헤겔 비판의 한계를 넘어간다.

루소가 경제적인 부를 고려할 때 재산권은 모든 시민의 권리에서 가장 성스러운 것이다. 많은 점에서 자유보다 더 중요하다. "재산은 시민사회의 진정한 기반인 시민들의 관여를 진정으로 보증한다."[68] 루소는 규제되지 않고 고삐 풀린 행복추구권을 옹호하는 자들과 다르다. 사적 소유는 제한적인 의미에서 성스러운 개인의 권리이며, 사회계약과 일반의지 원리에 의해 도덕적으로 정당화된다. 여기에는 가난한 자들에 대한 연대가 고려된다. 루소는 무제한적인 재산권을 비판했고, 이것은 착취의 수단과 부자유에 근거한다고 보았다.[69]

물론 이러한 관점은 헤겔의 시민사회 분석에도 결정적이다. 헤겔은 시민사회를 욕구의 체계로 정의했고, 노동과 교환을 통해 필요를 만족하고 배가하며 충족시킨다고 본다. 헤겔에게 사회계약은 상호 인정을 통해 소유권을 보증하는 수단이 되며, 소유를 사적 소유로 변형한다. "인격은 그의 소유에 예속되며, 소유를 통해서만 인격이 된다."[70] 그러나 헤겔에 의하면 사회계약은 단순히 개인들의 특수이해를 규제할 뿐이고, 사적인 법의 영역에 머물고 만다. 그러나 모든 개인은 사적권리와 일반권리가 충돌하는 데서 생겨나는 사기나 범죄를 넘어가야 한다. 가난한 자들의 연대처럼(루소) 헤겔 역시 사회제도가 약자들의 권리를 보호하는 역할을 해야 한다고 본다.[71]

---

68 *Ibid.*, 225.

69 Macpherson, *The Life and Times of Liberal Democracy*, 16.

70 Marcuse, *Reason and Revolution*, 194.

71 *Ibid.*, 196-197.

만일 루소가 근대성과 진보를 부패와 변질로 본다면 헤겔은 이성의 발전에 신뢰를 가지며, 근대국가가 사회적 노동 분업과 합력 그리고 합리화를 통해 개인의 필요와 보편적인 것의 화해를 시키는 상징으로 본다. 헤겔의 윤리적 삶의 영역(가족, 시민사회, 국가)에서 사회제도가 약자를 보호하는 차원은 매우 중요하다.

헤겔: 시민사회와 국가

헤겔은 시민사회를 '개인 간 경제적 관계의 장소'로 파악한다.[72] 변화의 체계는 노동 분업, 교환 그리고 합리화를 통해 개인의 욕구를 만족하고 배가시키며 충족시킨다. 그는 근대 경제이론가들 특히 제임스 스튜어트(1707-1780)와 애덤 스미스(1723-1790)를 연구했고, 시민사회의 치명적인 귀결을 간과하지 않았다. 이것은 대량생산의 위기와 노동자들의 소회와 사회적 불균등으로 이어진다.

"부의 과잉에도 불구하고 시민사회가 충분히 부유하지 못한 것은 명백하다. 사회의 부와 자산들은 지나친 가난과 빈곤층을 야기하는 것을 충분히 조절하지 못한다."[73] 시민사회에서 부의 축적이 일어나지만, 반면 빈곤이 노동자계급에서 증대한다. 이것은 시민사회에서 드러나는 경제의 맹목적 현실 즉 무질서를 말한다. 이 문제는 국가에 의해 극복된다.

시민사회는 국내의 문제를 넘어 해외시장에서 문제를 해결하기

---

72 Taylor, *Hegel*, 432.

73 Hegel, *Philosophy of Right*, para. 245.

위해 경제적 팽창과 식민지화로 나간다. 헤겔은『법철학』(§ 246-248)에서 식민지 팽창의 문제를 논의한다. "해양에 의해 가장 위대한 정보 소통의 수단과 부에 대한 욕망은 먼 거리의 땅을 상호 교류하게 하며, 이것은 상품 교환으로 귀결된다. 상호교류에서 문화의 주요한 수단이 발견되며, 그 안에서 또한 무역이 세계사적 중요성을 얻게 된다"(§ 247).

헤겔은 간헐적으로 일어난 독일의 식민주의와 함께 영국과 스페인의 식민주의 문제를 잘 알고 있다. 헤겔의 이러한 입장은 1부에서 본 것처럼 애덤 스미스의『국부론』에서 비판적으로 분석되고, 마르크스의『자본 1』에서 본원적 축적론에서 잘 나타난다. 시민사회는 위기와 소외 그리고 계급 간의 증오로 얼룩져 있다. 그러나 헤겔에게 스미스의 '보이지 않는 손'은 역사의 과정에서 이성의 간지의 도구로 봉사한다.[74]

헤겔에게 근대국가는 시민사회를 통합하고, 국가는 이성적 필연성의 실현 또는 이성의 자기 명료화로 나타난다. 이것은 윤리적 삶 최상의 구현이다.[75] 하지만 헤겔은 고대 그리스의 윤리적 삶이 진보와 부르주아 시민사회를 통해 영원히 상실되었고, 이것은 이제 군주제로 구현된다고 말한다. 도시국가는 관료제에 의해 집행되는 제헌적인 군주제를 통해 실행할 수 있다.[76] 무질서한 의미에서 자연의 상태는 시민사회로 변형되었고, 사적 소유가 보장된다. 그러나 자연법이론은 시민사회를 목적 자체로 만들었다.

---

74 Taylor, *Hegel*, 433.

75 *Ibid.*, 428.

76 *Ibid.*, 443.

이에 반하여 헤겔은 자연과 시민사회를 국가 안에 예속시키고, 국가는 시민사회를 대신하지 않는다. 오히려 국가는 시민사회의 이해와 관심을 자율적인 국가의 틀 안에서 보호한다. 이것은 헤겔의 정치철학에서 전제주의적이라기보다는 권위적인 차원을 지적한다. 왜냐하면, 국가는 시민사회의 적대적인 대립을 초월하기 때문이다. 국가 안에서 개인과 보편성의 완전한 일치가 일어나고 개인들의 진정한 이해와 관심이 보존되고 만족 된다.

이 점에서 헤겔과 홉스 사이에 유사점이 있지만, 홉스는 주권국가의 형식—민주주의, 과두제 또는 제한적 민주주의—에 관심하지 않았다. 국가의 권위가 다른 국가들과 시민들과의 관계에서 확립된다면 충분하다. 마찬가지로 헤겔에게도 정치적 형식의 차이들을 다루는 것은 중요하지 않다. 주권국가가 시민사회에서 사회 경제적 관계들의 일치를 유지하면 충분하다. 독일에서 나폴레옹 체제가 붕괴한 후, 헤겔은 근대의 제헌 군주제에 관심했다. 이것은 나폴레옹의 체제를 이어가는 진정한 유산이다. 헤겔은 제헌 군주제가 시민들에 대한 국가의 권위와 더불어 중산층 사회의 경제구조를 보존한다고 믿었다. 보편성(국가)은 객관적인 실제로서 개별성(시민사회)에 강제되어야 한다. 규율의 정부에서 헤겔은 국가를 시민사회의 우위에 놓고, 시민사회가 야기하는 계급 간의 대립과 적대의 치명적 결과들을 해결하려고 했다. 이런 점에서 헤겔의 시민사회개념은 협소한 의미에서 경제적 관계를 지적하며, 주권국가는 경제 문제에 개입하는 규율 국가로 파악된다.[77]

---

77 Marcuse, *Reason and Revolution*, 172-175.

제헌적 군주제에 대한 헤겔의 보수적 경향에도 불구하고, 그의 노동에 대한 관점과 소외 그리고 시민사회 안에서 드러나는 도덕적 측면과 사회적 자유를 간과해서는 안 된다. 헤겔은 애덤 스미스의 분업을 통해 시민사회가 객관적으로 도덕적 연대를 산출하는 것을 간과하지 않았다. 한편으로는 노동 소외와 계급 간의 갈등과 대립이라는 비참한 현실이 있지만, 다른 한편 시민사회 안에 분업을 통한 도덕의 발전이라는 긍정적 측면이 존재한다. 『법철학』의 입문에서 헤겔은 윤리적 삶(Sittlichkeit)을 반성하면서, 리버럴 정치 질서를 배제하지 않고 사회적 측면에서 수용한다. 사회제도들은 개인의 자유를 보증해야 한다. 여기서 헤겔은 칸트나 루소와 다르지 않다. 국가가 법적으로 구성된 사회제도라면 개인의 자유를 보호해야 한다.

"권리의 기반은… 의지이며, 의지는 자유롭다. 그러므로… 권리 체제는 현실화된 법의 영역이다"(§4). 헤겔은 법을 단순히 개인의 자유를 보장하는 차원을 넘어서서, 개인의 자유가 현실화되는 영역을 창조해야 한다. 이것은 자유로운 개인의 자기실현을 목표로 하는데, 왜냐하면 권리는 개인의 자기실현 영역이 되기 때문이다. 이것은 단순히 국가에 의해 통제되는 법질서를 말하지 않는다. 헤겔에 의하면 의지의 자유는 주관적 의식과 객관적인 대상의 대립을 넘어서는 의지의 활동에 근거한다. 이러한 변증법의 목적은 보다 고양된 객관적인 현실(화해된 현실)로 향상된다(§28). 권리가 현실화된 자유의 영역이라면 사회적 세계는 이러한 실현된 개인의 자유를 위한 배경이 된다. 이것은 시민사회의 제도들을 고려하면서 공동체적 질서를 지적한다.

사회제도 안에는 이미 합리성이 존재하며, 규범적인 새구성의 과정을 거쳐 형성된다. 개인의 사회적 자유는 객관적으로 사회질서 안에 설정되고 보증되어야 한다. 헤겔은 개인적, 도덕적, 사회적 측면에서 자유를 고려하며, 다양한 자유의 모델은 어떻게 사회적 실제 안에서 객관적인 구조와 실천과 제도들을 통해 실현되는지 관심한다.

헤겔은 이미 베버나 뒤르켐이 사회학적으로 파악한 시민사회의 병리를 노동의 분업을 통해 파악했다. 그는 로크와 칸트와 마찬가지로 고전적인 재산권과 기본자유권을 옹호했다. 그러나 이러한 추상법은 상호 인정이라는 측면에서 파악된다. 인격으로서 서로를 존중하는 데서 재산권과 기본자유권이 확립된다(§36). 그리고 이것은 공공선으로 구속되어야 하는데, 자유의 사회적 구현은 선한 의지와 도덕성(칸트)과 더불어 정언명법으로 파악된다. 의지의 자유 도덕적 형식은 단순히 주관적인 것을 넘어서서 사회적 측면을 지적한다. 경제영역에서 개인의 이기심은 모든 사람의 필요와 충족을 위해 작용하고 타자에 대한 인정에서 다루어져야 한다. 시장 자본주의 경제에서 분업은 단순히 부정적으로 기능하는 것이 아니라 공공선을 위해 합리화하고 제도화 되어야 한다. 이것은 도덕의 연대를 강화할 수 있다.[78] 시민사회 분석에서 헤겔은 노동의 소외와 경제적 영역에서 나타나는 대립을 보지만, 다른 한편 사회제도들의 발전을 통해 사회적 약자를 고려하는 도덕의 연대성을 동시에 고려한다. 이것은 헤겔의 인정 개념의 사회 윤리적 차원을 말하며 루소의 연대의 원리와 다를 바가 없다.

사회적 세계에서 도덕은 공공선을 고려하면서 추구되며 이러한

---

78 Honneth, *The I in We*, 68.

사회적 자유는 정언명법에 의해 요구된다. 사회적 또는 윤리적 자유는 사회제도들의 구조와 실천을 공공선을 향해 고려하며, 여기서 사회적 자유가 실현된다. 윤리적 삶의 영역에서 사회제도는 개인의 자기실현 조건이 된다. 가정, 시민사회 그리고 국가는 개인의 자기실현과 사회적 재생산에서 결정적이다. 이러한 헤겔의 사회 제도적 측면에서 자유의 고려는 근대의 정치철학뿐만 아니라 오늘날 여전히 중요하다.[79]

헤겔의 국가론은 사회계약론을 비판하고 국가는 사회와 구분된다. 로크와 루소에게 사회계약은 권위적인 국가형태를 인정하지 않는다. 시민사회는 주관적인 욕구와 변덕 그리고 대립하는 쌍방 간—동등하고 독립적인 위치에 있는—에 기인한다. 여기서 계급 간 대립과 적대관계는 필연적이다.[80]

헤겔의 정치철학은 반동적인 성격을 가진다. 그것은 군주제를 약화하고 의회의 권력을 증대하는 영국의 개혁장전(English Reform Bill)에서 드러난다. 프랑스의 7월 혁명(1830)에서 부르봉 왕가는 전복되었고, 투표권이 민주적인 방식으로 채택되었다. 영국에서 투표권 개혁의 문제는 날이 선 논쟁으로 이어졌고 의회 권력의 강화를 목전에 두고 있었다. 그러나 이러한 영국의 개혁에 대해 헤겔은 죽기 전(1831) 영국의 개혁안에 대해 날카롭게 비판하고 군주제의 권위와 권력을 방어했다. 국민 안에서 힘을 추구할 경우 영국은 개혁 대신 혁명을 초래할 수 있다고 경고했다.[81]

---

79 *Ibid.*, 27-30.

80 Marcuse, *Reason and Revolution*, 174.

81 Habermas, *Theory and Practice*, 189.

국가는 시민사회를 위해 존재하는 것이 아니라 국가가 재산, 개인의 자유 그리고 안전을 도모한다.

헤겔에게 개인의 자유는 국가의 권위에 의해 조절되며, 이것은 시민사회의 위기와 문제로 인해 그렇다. 국가는 내용으로 보편정신을 가지며, 보편정신은 예술과 종교 그리고 절대지(철학)에 존재한다.[82] 세계사는 자기 실현된 이성이며, 이런 실현된 존재는 지식이고, 지식의 발전은 자유 개념에서 나온다. 이것은 이성의 필연적인 발전에 속하며, 정신 자의식의 전개와 자유에 속한다. "이것은 보편정신의 전시와 현실화이다."[83]

헤겔은 근대국가의 기본원리로부터 돌아서고 자유와 직접 투표는 원자론적이며(atomistic) 추상적인 견해에 불과하다고 비판한다. 왜냐하면, 그것은 국가를 '초보적이며, 비합리적이며, 야만적이며 공포스러운 의미에서' 개인들의 집합 덩어리로 만들기 때문이다.[84]

그럼에도 불구하고 헤겔은 프로이센을 시민사회에 대립하는 근대국가의 최종적 실현으로 간주하지도 않았다. 또 헤겔의 국가론을 나치의 전제주의 국가로 여길 수도 없다. 헤겔의 국가론에서 시민사회는 지배되어야 하지만 반면 전체에 대한 직접적 전제주의적 지배는 파시즘 형태에서 일어난다. 파시즘의 지배 아래 있는 시민사회가 선동을 통해 국가를 지배한다.[85]

반면에 헤겔의 국가개념은 비판 이성의 기준과 보편적인 법을

---

82 Hegel, *Philosophy of Right*, para. 341.

83 *Ibid.*, para. 342.

84 *Ibid.*, para. 303.

85 Taylor, *Hegel*, 452; Marcuse, *Reason and Revolution*, 216.

통해 모든 개인의 이해를 방어하는 정부에 근거한다.[86] 이것은 그리스의 도시국가 모델을 대신한다. 보편적인 의미에서 국가는 구체적 개인의 구현이며, 일반의지와 특수의지의 일치를 시민들의 의무와 책임을 위한 권위로 대변한다. 또 시민들의 권리를 인정한다.[87]

헤겔의 프랑스 혁명에 대한 비판적 분석과 국가개념은 영국의 에드먼드 버크(1729-1797)의 보수주의와 연관시킬 수도 없다. 버크는 자코뱅을 비난하면서 프랑스 혁명에 대한 반성(*Reflections on the Revolution in France*, 1790)에서 프랑스 혁명을 공격했다. 프랑스 혁명의 테러와 폭력에 대한 비판은 칸트, 헤겔 등 당대 지식인들에게 상식이었다. 오히려 버크의 문제는 프랑스 혁명에서 드러나는 민주주의, 국민주권, 보통선거 등을 공격하고 영국의 전통적인 관습과 정치제도에 대한 종교적 재가 등을 추구한 데서 볼 수 있다. 개인의 자유보다는 전통과 문화 그리고 안전성이 버크의 정치원리였다.

버크는 홉스와 로크의 사회계약론을 비판하고, 새로운 사회는 인간에 의해 만들어지지 않는다고 주장했다. 오히려 사회에는 서로 다른 세대들을 연결해주는 보이지 않는 끈들이 있으며, 그것은 관습과 제도와 더불어 이어진다. 이러한 제도와 전통과 문화적 관습들은 보호되어야 하며, 변화하는 상황에 적용되고, 존중되어야 한다. 그는 미국의 독립과 헌법에서 영국의 전통적인 헌법 제도를 추종할 것을 기대했다. 비록 버크가 근대정치의 보수주의의 대변가로 불리지만, 그의 도덕적 입장이나 식민지에 대한 비판은 나름의 정당성을

---

86 Marcuse, *Reason and Revolution*, 180-181.

87 *Ibid.*, 203.

가진다. 버크는 워런 헤이스팅스(Warren Hastings)를 탄핵했는데, 헤이스팅스는 1772년부터 1785년 사이 인도 벵골의 총독이었다. 1787년 버크가 헤이스팅스를 탄핵한 것은, 헤이스팅스가 인도사회에 서구사회의 표준적 권위와 합법성을 적용할 수 없다고 주장했기 때문이다. 그러나 버크는 자연법 개념에 호소하고, 도덕적 원리들은 모든 사람에게 보편적으로 근거하며, 여기에 모든 인종의 문화나 조건들은 종속되어야 한다고 주장했다.

그러나 에드먼드 버크와는 달리, 헤겔은 홉스의 리바이어던 정치철학에 서 있고, 주권은 일반의지에 있지 않다. 그는 국가의 권리는 보편사에서 세계정신에 예속되며, 세계정신 개념에서 국가는 보편사의 실제적 내용으로 말한다. 개별적인 것들은 세계정신의 무의식적 수단이며 기관이다.[88]

헤겔의 독일 중심은 동양의 전제주의나 노예제도와 관련된 민주주의와 귀족주의(그리스와 로마)를 비판하는 데서 드러난다. 그러나 독일 국가는 종교개혁의 영향 아래 있으며, 제헌적 군주제를 취한다. 이러한 국가의 형태는 역사발전의 틀에서 자유의 실현으로 완성된다.[89]

헤겔의 군주제에 대한 마르크스의 비판에서 정치 사법제도(정치사회)는 보편적인 의미며, 모든 개별적인 것(가족과 시민사회)을 지배하고 결정한다. 마르크스는 당대 프랑스를 보면서 일반 투표권을 지지하는 민주주의를 정치사회와 시민사회의 위기를 해결하는 것으로 옹호했다. "진정한 민주주의에서 정치적 국가는 사라진다."[90] 국민

---

88 Hegel, *Philosophy of Right*, para. 344.

89 Marcuse, *Reason and Revolution*, 235, 237.

90 Marx, *Critique of Hegel's Philosophy of Right*, 32.

을 창출하는 것은 헌법이 아니라, 국민이 헌법을 창조한다. "민주주의는 구약성서처럼 모든 다른 국가의 형식들에 관계한다. 인간은 율법 때문에 존재하는 것이 아니라, 오히려 율법이 인간의 선을 위해 존재한다. 민주주의는 인간 존재이다. 그러나 다른 정치적 형식에서 인간은 오로지 법적 존재에 불과하다."[91]

그러나 마르크스는 헤겔의 근대적 국가의 현실을 사실적으로 기술하는 것을 비난하지 않았다. 오히려 헤겔의 문제는 존재하는 것을 본질로 제시하는 데 있다. 헤겔의 표현—이성적인 것은 현실적이다—은 비이성적인 현실로 인해 대립한다. 헤겔은 어떻게 공공의 문제가 자체상 현실로 존재하게 되는지 충분히 제시하지 못했다. 헤겔은 오로지 자신의 논리를 위해서만 기술할 뿐, 공공의 문제가 왜 현실로 드러나는지 추구하거나 분석하지 않는다. 물론 헤겔이 현실에서 대립이 넘쳐나고 비참한 것에 주목한다고 해도 사태는 마찬가지다.[92] 헤겔의 논리는 보편적인 것과 다양한 형식들에서 나타나는 보편적인 내용에서도 드러나는데, 이것은 국가에 대한 형이상학적인 환상의 토대가 된다.

실제로, 헤겔의 국가철학은 변증법적인 논리에 근거하며, 아리스토텔레스의 잠재태와 현실태의 개념을 통합시킨다. 질료와 형식의 관계 또는 합성의 원리(hylomorphism)에서 발전모델은 잠재태에서 끊임없는 현실화로 나가는 과정에서 파악된다. 잠재태는 발전의 현실적 과정에서 스스로 실현하려고 하는데, 이러한 과정에서 헤겔은

---

91 *Ibid.*, 28.
92 *Ibid.*, 58.

역사의 일반적인 법칙을 보려고 했다.

아리스토텔레스에 따르면, 자연은 변화와 수정의 원리로서 두 가지 차원을 가진다. 자연은 질료이며 또한 형식(목적)이다. 모든 것은 목적을 위한다. 되어가는 과정에서 엔텔레키아(*entelecheia*)는 변화의 지속인 과정이나 목적(energia)에 연관되어 진행되는 일을 의미한다. 잠재태(질료, 예를 들어 다듬어지지 않고 형체가 없는 나무의 부분은 잠태적 상태이다). 그리고 현실태는 형식(목적)이며 본체의 실제적 상태가 된다. 행위가 현실적이지만, 불완전한 행위는 보다 완전한 행위를 위해 여전히 잠재태로 머문다. "현실태의 뜨거움, 잠재태의 차가움… 잠재태의 현실태는 [여전히] 잠재태로서 변화이다."[93]

아리스토텔레스의 변화 논리는 헤겔의 변증법적 역사개념에서 결정적이다. 헤겔은 계몽주의 철학에 근거해 있고, 진보와 발전과 성인됨을 향한 중산층의 열망을 표현한다. 이성은 세계의 주권으로서 자연에서 드러나며, 인간의 이성을 통해 역사에서 실현된다. 인간 이성은 추동력이 되며, 그 본질은 자유이며, 자유에 대한 자의식의 과정을 통해 현실화된다. 자의식은 이해, 필요, 생을 거쳐 가며, 역사 이성의 진보를 향한 개인들 사이에서 투쟁이 일어난다. 역사의 보편 원리는 개인들을 도구로 사용하며 세계정신의 에이전트로 만든다. 이러한 개인들은 자유보다 높은 목적을 위한 보편 이해에 봉사한다. 역사는 필연적으로 보편사이며, 위대한 인물들이나 문화 전체를 통해 전개된다.[94]

---

93 "Physics," Book II. Ch. 8, in *A New Aristotle Reader*, 112, 108
94 Marcuse, *Reason and Revolution*, 229-230.

아리스토텔레스의 목적론적 사유는 헤겔의 변증법적 사유로 전환되며, 역사의 발전과 진보는 ─신적인 능력을 갖춘─ 세계정신을 향한 것이다. 역사적인 객관적 세력의 법칙은 동양의 문화에서 그리스와 로마로, 봉건주의 태동에서 부르주아 사회의 설립으로 이행된다.

세계정신의 지배에서 비참과 파괴는 진리와 자유를 받쳐주는 계기나 수단으로 파악되며, 이성의 간지(cunning of reason)에 봉사한다. 세계정신, 형용할 수 없는 하나님은 스스로 물질화하고 자유를 실현하려고 노력하며 오직 국가 안에서 제도화된다. 국가의 권리는 세계정신과 보편사에 종속된다.[95]

역사의 주요 단계─동양의 전제주의, 그레코-로만의 민주주의와 귀족주의, 독일 기독교 군주제─는 자유의 발전에서 개념화되고, 군주제의 독일 민족은 진정한 자유의 근거이며, 독일 종교개혁에서 정점에 달한다. 정신의 자유는 여기서 첫 번째로 파악되고, 기독교의 자유와 평등을 통해 주체의 원리가 드러난다. 이것은 제헌 군주제에서 구현되고, '자유 실현의 완성'이 된다.[96]

역사적 변화가 발전을 의미한다면 발전의 원리에는 잠재적인 목적지가 존재한다. 잠재태는 모든 과정을 지배하는 의식적인 실천을 통해 스스로 실현한다. 생각하는 주체는 스스로 산출하며, 잠재적인 것을 현실적으로 새로운 조건으로 변형시킨다. 이러한 과정은 역사에서 드러나며, 국가에서 실제적인 보편성으로 진행되고, 국가는 이성과 도덕성에 의해 창출되고 유지된다.[97]

---

95 *Ibid.*, 134-135.
96 *Ibid.*, 237, 245.
97 *Ibid.*, 239-240.

루소와 전제주의?

헤겔적인 변증법적 방향에 대립하여, 루소의 반-진보적인 입장은 괄목할 만하다. 자유, 평등, 국민주권의 기본원리는 루소의 시민사회론에서 중요하며, 모든 시민은 충분한 사적 소유권을 가지고, 개인의 독립성을 증진한다. 이것은 자기 충족이며 모든 개인을 스스로 주인으로 만든다. 당시에 그것은 사회 안에서 상호 의존성과 연대를 보증한다. 이런 관점에서 루소는 때때로 혁명을 이상적인 도시국가를 향해 필연적인 것으로 생각했다.

여기서 루소가 과연 전제주의적 사상가였는지 살펴볼 필요가 있다. 『사회계약』 2권 4장에서 루소는 말한다. "만일 국가나 도시가 오직 도덕적 인격이며, 이러한 삶이 사회구성원들의 연합 안에 존재한다면 …그것은 공동체 전체에 가장 적합한 방식으로 각각의 부분을 움직이고 설정하기 위한 보편적 강제력을 가져야 한다."

만일 우리가 이러한 문장에서 전제주의적 요소를 감지한다면, 사회계약은 정치 기구에 사회구성원에 대한 절대적 권력을 제공하는데, 이것은 일반의지에 의해 지도된다. 그러나 루소에게 결정적인 것은 주권은 주인이 노예에게 주는 명령과 같은 것이 아니다. 그것은 국가와 사회구성원 사이에서 맺어지는 사회계약으로서 합법적인 협정을 말한다. 이것은 공평하고, 유용하며, 확고한 방식으로 수행된다. 개인 주체가 사회협정을 존중하는 것은 자신들의 의지에 복종하는 것이며, 이것은 다음을 지적한다: '각자 개인은 모두에게 그리고 모두는 각자 개인에게',98 "그러므로 시민은 그가 할 수 있는 모든 봉사를 국가로부터 받는다. 주권은 시민 주체를 공동체에 유용하지 않은 사슬로 채워 부담을 줄 수 없다."99

루소의 보편의지는 리바이어던과 같은 전제주의 국가와는 다르다. 그것은 헤겔의 권위주의적인 군주국가와도 다르다. 루소의 시민사회론은 국민주권, 사회계약, 보편의지, 독재에 대한 정당한 혁명 그리고 일반투표를 통한 참여 민주주의로 특징된다. 루소는 시민사회를 정치사회와 분리하지 않았다. 시민사회를 —헤겔처럼— 국가 이념 또는 이성의 절대 진리의 필연적인 계기로 개념화하지도 않았다. 오히려 출발점은 국민주권과 승인에 있으며, 이것은 사회계약에서 정교화되고, 일반의지에 묶인다. 정치사회는 그 의미를 시민사회를 보증하고 성취하는 데 있으며, 헤겔처럼 보편적인 것(국가)이 개별적 이해(시민)와 시민사회의 필요를 규제하거나 지배하지 않는다.

이런 점에서 루소의 보편의지는 1789년 "인권과 시민들의 선언"의 여섯 번째 항목(Declaration of the Rights of Man and of the Citizen)에서 잘 나타나며, 이것은 근대 프랑스 헌법의 근본문서에 속한다. 여기서 법은 보편의지의 표현으로 명시된다.

루소의 시민 국가개념은 전제주의 국가와는 상관이 없다. 후자는 공공의 선을 증진하는 데 관심이 없다. 루소의 국가개념은 공화주의적 민주주의에 근거가 되어있고, 가난한 자들과의 연대를 강조한다. 만일 법이 공권력을 위해 국민적 승인(보통선거)을 거쳐 입법에 의해 실행된다면, 이것은 모든 사람에게 구속력을 가진다. 이런 과정과 민주적 절차를 전제주의적으로 비판하는 것은 지지하기 어렵다.

---

98 SC, "Genevan Manuscript," Book I. Ch. VI.
99 *Ibid.*

예를 들면, 알렉시스 토크빌(Alexis Tocqueville, 1805-1859)은 그의 고전적 저서인『미국에서의 민주주의』(*Democracy in America*)에서 루소의 영향을 초기 미국 정치 제도에서 로컬 공동체(township)의 참여 민주주의에서 보았다. 이 공동체에는 이, 삼천 명의 주민들이 거주했고 삶의 일상적인 관계들을 유지하는 중심역할을 했다. 이러한 참여 민주주의는 중앙정부나 대다수의 횡포를 막는 역할을 했으며, 자유로운 국민의 힘이 행사되는 영역이었다. 대표들은 연간 선출되었고, 미국 정치 행정은 탈중심화되어있었다. 세금을 거두거나 학교를 설립하는 등의 일은 국가가 아니라 로컬 공동체에 속했다.[100] 그러나 흑인과 아메리칸 원주민에 대한 노예제와 식민지에 대해 우려를 나타냈다.

---

100 Tocqueville, *Democracy in America*, 106-107.

V. 공화제와 군주론

    루소는 마키아벨리의 군주를 도덕적이며 집단적인 인격으로 해석한다. 군주는 왕이나 군주로서 자연적 인격으로 공고화된다. 비록 군주가 법의 권력에 의해 지배적 인물이 되고, 국가의 공권력으로 강화된다고 해도,[1] 군주만이 법에 따라 권력을 분산시키고 해체할 수 있는 권리가 있다. 다른 행정과 기관의 체제는 군주제 안에서 결합하며, 군주는 백성의 저항을 약화하는 데 관심한다. 그러나 군주의 관심은 백성들이 힘을 가지기를 바랄 수도 있다.

    이 점에서 루소는 마키아벨리의 『군주론』(*The Prince*, 1532)에 주목하는데, 루소는 마키아벨리가 심오한 정치이론가이며 백성들에게 위대한 교훈을 제공한다고 말한다. 물론 이러한 정치적 교훈은 군주에게 주는 것처럼 보인다. 루소는 마키아벨리를 '존경할 만한 사람으로 그리고 선한 시민'으로 인정한다. 군주론은 공화주의를 지지하는 저술로 봐야 한다. 메디치 가문의 군주제적 지배로 인해, 마키아벨리는 자유에 대한 그의 사랑을 감추었지만, 숨겨진 의도를 명백하게 했다. 이런 점에서 마키아벨리의 군주론과 『티투스 리비에 대한 담론』(*Discourses on Titus Livy*, 1517; 1531년 출간), 『플로렌스의 역사』

---

1 SC, "Genevan Manuscript," Book I. Ch. VI

(*History of Florence*, 1525)에서 드러나는 차이점을 확인하는 것이 중요하다.2

니콜로 마키아벨리(1469-1527)는 르네상스 휴머니즘의 전통 위에 서 있었고, 피렌체 공화국에서 외교와 군사 분야의 책임을 맡은 고립 관리로 일을 했다. 그는 1498년부터 1512년까지 ―메디치 가문이 권좌에서 물러났을 때― 피렌체 공화국에서 권력 서열의 두 번째인 사법부의 수장과 공화국의 비서(오늘날 국무장관)로 일을 했다.

군주론에서 드러나는 그의 입장은 군주의 덕과 기술(virtu)을 요구하는 지배 형식에 초점이 맞추어진다. 이것은 권력과 영광 그리고 안전을 얻기 위한 것이며 기독교적 도덕과는 대립한다. 심지어 마키아벨리는 권력을 다시 획득한 메디치 가문을 위해 군주론을 썼지만, 아무런 호응을 얻지 못했다. 그는 결국 정치적 지위에 재기하지 못했다.3

그러나『담론들』(*Discourses*)에서 마키아벨리는 로마의 공화국을 논의하고, 공동체의 이해 전체를 공화제 안에서 추구했다. "의심할 여지 없이 공공이해가 존재하며, 결코 이것은 공화제를 제외하곤 지도 원리가 된 적이 없다… 광범위한 대다수는 공공의 이해와 일치하는 이해를 한다"4『공공의 일들』(*Res publica*)은 그리스어로 정치적인 것(*politeia*)으로 번역되는데, 르네상스 시대에 이것은 군주제와는 달리 정부 형태인 공화국으로 번역되었다. 공화국은 왕이나 소수 귀족의 전유물이 아니라 모든 시민에게 공적으로 속한다.

---

2 *Ibid.*

3 "Machiavelli's Letter to Francesco Vettori," in *Classics of Moral and Political Theory*, 481.

4 Machiavelli, "Discourses," Book 1. Ch. 2. *ibid.*

마키아벨리에 의하면, 군주제는 의심의 여지 없이 전제주의이며, 귀족제는 엘리트들의 지배인 과두 정치로 변질된다. 그러나 국민에 의해 다스리는 민주주의 지배는 민중 선동이나 무질서로 변질된다. 모든 국가는 역사적인 발전에서 볼 때 군주제에서 귀족주의로 또한 귀족주의에서 민주주의로 악순환을 거친다.

고대 로마의 공화제는 악순환의 단계를 거치면서 집정관과 원로원에서 다스려졌는데, 군주제와 귀족주의의 혼합된 형태였다. 국민 대표인 호민관은 집정관과 원로원의 권력을 견제하고 국민의 이해를 대변했다. 권력의 혼합된 형태에서 공화제는 더 안정적이고 확고해졌다. 권력의 세 가지 타입에서 공화제는 권력을 가장 정당하게 나누었고, 권력 균형에서 고대의 로마가 완전한 공화제로 발전할 수 있었던 것은 행운이었다.[5]

마키아벨리에 의하면, 로마 공화국의 첫 번째 설립원리는 호민관들과 더불어 사람들의 야망과 불미스러운 행동을 법으로 통제하는 검열자들에게 볼 수 있다.[6] 공화국에서 개혁원리는 이러한 첫 번째 원리로 돌아가는 것이며, 서로 다른 성격과 시민들을 통해 공화국을 보다 유연하게 변화하는 상황에 적응할 수 있도록 했다. 군주제로는 이것이 불가능했다.[7]

고대 로마의 역사에서 그라쿠스 형제의 개혁운동과 비극적 실패가 있었다고 해도, 이들이 평민의 보호자인 호민관으로서 개혁정책을 펼친 시기(기원전 133년 이후)는 중요하다. 사실 공화정의 전성기는

---

5 *Ibid.*

6 Machiavelli, "Discourses," Book III. Ch. 1, *ibid.*, 544.

7 Machiavelli, "Discourses," Book III. Ch. 9, *ibid.*, 546.

카르타고와의 첫 번째 전쟁(기원전 264년)에서부터 그라쿠스 개혁의 시작되던 시기로 볼 수 있다.

마키아벨리와 루소의 정치이념은 다른 역사적인 시점에서 논의되고 다른 목적으로 추구되지만, 이들은 다양한 사회적 문화적 영향 아래 있었다. 이 둘은 정부에 대한 공화제적인 접근을 공유했고 국민주권을 중요하게 고려했다.

그러나 마키아벨리는 인간을 시기와 야망으로 뭉쳐있고, 본능적인 욕구에 지배된다고 본다. 그리고 동시에 인간은 공공선을 추구하고 모두에게 유익을 끼치려고 한다.8 군주론에서 마키아벨리는 인간은 '반은 사람'(법과 합의에 관련된다), '반은 짐승'(강제적인 힘에 관련된다)으로 파악한다. 9 인간에 대한 이러한 복잡한 관점은 모든 인간이 군주에 대해 믿음을 가져야 하는 중요성을 역설하게 한다. 군주에 대한 이러한 신뢰를 위해 두 가지 방식이 존재하는데, 하나는 법에 일치하는 것이며, 다른 하나는 권력에 부합하는 것이다. 법은 인간에게, 다른 권력은 짐승에게 필요하다. 법의 지배방식은 비효율적이며, 두 번째 방식인 권력에 호소하는 것이 필요하게 된다. 군주는 인간과 짐승을 어떻게 효과적으로 다스릴 것인지 이해해야 한다.10

군주론은 메디치 가문에게 헌정되지만, 마키아벨리는 군주의 정부에서 백성의 중요성을 표현하는 것을 감추지 않는다. 백성을 이해하는 것과 마찬가지로, 사람은 군주가 되어야 한다. 군주에 대한 분명한 개념을 갖기 위해 그는 백성에 속해야 한다.11 마키아벨리는

---

8 Machiavelli, "Discourses," Book I, Preface, *ibid.*, 528.

9 Machiavelli, *The Prince*, 45.

10 *Ibid.*, 45.

전적으로 군주의 지배를 다루지만, 마키아벨리의 관심은 지배체제 즉 어떻게 국가가 지배되고 유지되는가 하는 것을 검토하는 데 있다.

이런 점에서 이것은 근대국가의 군주에 관련된다. 무장한 예언자들을 무장하지 않는 예언자들과 비교하는 것은 중요하다. 이것은 공화국의 담론에서 결정적이다.[12] 모든 무장한 예언자는 승리했지만, 비무장한 예언자들은 파괴당했다. 마키아벨리의 관심은 정치적 현실주의(political realism)를 유지하는 것이며, 현실적인 사태에 대한 상상적인 견해를 취하기보다는 실제의 진리를 추종길 원한다.[13]

이러한 현실정치는 군주의 편에서 책략을 요구하며, 인간 일반은 손이 아니라 눈으로 판단하기 때문이다. 모두가 볼 수 있지만, 소수만이 만진다. 모두가 당신이 어떤지 보지만, 거의 당신이 누군지를 모른다. 이러한 소수들도 국가의 주권을 지지하는 다수의 견해에 대립하려고 하지 않는다.[14]

마키아벨리의 정치철학은 공화제를 강조하는 데서 중요성을 가지며 국민주권에 호소하는 개혁원리에 있다. 다른 한편 근대국가에서 지배정치는 현실주의와 책략 그리고 기만으로 넘쳐난다.

그러나 루소는 국민의 일반의지에 관심하며, 투표를 통한 대표자 선출을 강조한다. 일반의지는 양도할 수 없고 파괴될 수도 없다. 주권국가는 강제가 아니라 법에 의해서만 행동해야 하며 오로지 법만이 일반의지의 진정한 행동이 된다.[15] 국민은 국가를 거절하는 권리

---

11 *Ibid.*, VIII.

12 *Ibid.*, 14.

13 *Ibid.*, 40.

14 *Ibid.*, 47.

를 가지며 공동의 협정을 통해 철회하기도 한다.16

루소에게 정부를 구성하는 것은 법이며, 계약이 아니다. 국가 의회에서 국민의 이해를 대변하는 것은 근대적 성격을 가지며, 고대 그리스나 로마적이거나 중세적인 것이 아니다. 후자는 귀족주의나 군주제에 혼합되어있고, 여기서 인간 존재는 변질되고 존엄성은 사라진다. 이러한 정부 형태는 사적 개인들의 활동이나 전복 또는 국가의 권력을 통해 남용된다. 그러나 주권은 이런 방식으로 대변될 수 없다. 그것은 일반의지에 근거하며, 이것을 통해 법에 의한 민주 정부를 설정한다.17

법을 집행하는 데서 국민대표는 단순히 국민의 에이전트들이지, 주인이나 군주를 대변하는 관리들이 아니다. 이들은 모든 결정적인 것을 결론지을 수가 없다. 왜냐하면, 국민이 지지하지 않는 법은 효력이 없다. 일반의지의 선언에 의해서만 법이 민주주의 정부 기구에 존재하게 되며, 국민이 지도자를 정부의 기능을 수행하는 에이전트로 임명한다. 이들은 입법과정에서 국민을 대변하는 것이 아니라, 법의 집행에서만 대표기능을 할 수 있다.18 국민은 지도자를 임명하고 파면할 수 있고, 이들의 기능은 국가에 의해 주어진다. 모든 시의 공동의 협정에서 루소는 다음처럼 말한다: "국가 안에 철회될 수 없는 기본법이 존재하는 것은 아니다. 심지어 사회계약도 마찬가지다."19

---

15 SC, Book III. Ch. XII.

16 SC, Book III. Ch. XVIII.

17 SC, Book III. Ch. XVII.

18 SC, Book III. Ch. XV.

19 SC, Book III. Ch. XVIII.

자유, 혁명, 분배 정의

루소의 정치경제학에서 결정적인 것은 기본원리에 근거하는데, 자연은 인간을 행복하고 선하게 만든다는 것이다. 그러나 사회는 인간에게 이러한 자연적 권리를 빼앗고 비참하게 만든다.[20]

고대 그리스가 정치질서의 중요성을 덕목의 차원에서 강조한다면, 루소는 자연의 상태를 진지하게 고려하면서 자유를 강조한다. 『사회계약』(*Social Contract*)에서 정치사회는 시민의 자유를 보호해야 하며, 이러한 자유는 자연의 상태에서 존재하던 자유를 대신한다.[21]

사회의 역사가 합법적인 정부의 단계를 거쳐 가는 한, 그것은 만인 대 만인의 투쟁과 비교될 수 있는 극단적인 불의 상태로 종결될 수 있다. 『두 번째 담론』에서 루소는 다양한 역사의 전개에서 드러나는 불의의 진행 과정을 분석했다. 첫 번째 단계에서 법과 소유권이 설정된다. 부자와 가난한 자의 신분은 이 단계에서 확립된다. 관리제도 또는 정부는 두 번째 단계에 속하며, 여기서 강자와 약자가 설정된다. 마지막 단계는 합법적인 권력이 전제권력으로 변질되는 것인데, 여기서 지배자와 노예 신분이 확립된다. 이것은 부정의의 마지막 단계이다. 이러한 단계에서 루소는 새로운 혁명을 고려하며, "혁명은 정부를 해체하거나 합법적인 제도에 가깝게 만든다."[22]

루소에 따르면, 자유는 자연으로부터 부여받는 선물이며, 자유를 통해 인간이 된다. 그러나 권력 남용과 헌법 체제에 왜곡이 존재한

---

20 SC, 7.

21 SC, Book I, Ch. VI-VIII; Rousseau, *The First and Second Discourses*, 21, 24.

22 "Second Discourse," 172.

다. 만일 지배권위와 권리가 파괴된다면, 이것의 합법성은 즉각 중지
된다. 국민은 더 이상 이러한 지배체제에 복종할 이유가 없다. 지배
권위인 법이 국가의 본질을 규정한다. 그러므로 "모두가 권리를 통
해 각자의 자연적 자유로 돌아간다."[23]

루소는 비적합하고 전제적인 정부를 전복할 것을 지지하고, 혁명
의 정당한 권리를 옹호한다. 『사회계약』(Social Contract)과 두 번째
담론(Second Discourse) 사이에는 기본적 일치가 존재한다. 그러나 루
소는 폭력혁명에 대해서 신뢰하지 않았고, 상당히 의심했다. 루소는
프랑스 혁명 당시 막시밀리앵 드 로베스피에르(Maximilien Robespierre)
의 테러 정치와는 전혀 다르다. 『사회계약』(Social Contract)은 테러 지
배를 통한 일반의지를 집행하는 것을 전혀 옹호하지 않는다. 오히려
그것은 시민의 자유와 적법한 상태에서 모든 것의 정당한 소유와 재산
권을 지지한다. 도덕적 자유가 시민국가에 보충된다.[24]

군주제에 대한 저항은 혁명으로 이어진다. 우리는 『에밀』(Emile)
의 한 구절에서 다음의 입장을 읽는다: "너는 현재의 사회질서가 필
연적인 혁명에 종속될 것을 생각하지 않은 채 그저 신뢰한다… 귀족
은 평민이 된다. 부자는 가난한 자가 된다. 군주는 신하가 된다….
우리는 위기의 상태와 혁명의 시대에 접근하고 있다."[25]

루소의 『사회계약』(Social Contract)은 프랑스 혁명에서 비판의 원
리로 작용했다. 그러나 로베스피에르와 자코뱅은 루소의 사회계약
론을 새디스트적인 광기에서 테러 지배(1793-1794)를 공고히 하면서

---

23 Ibid., 169-170.

24 SC, Book I, Ch. IX.

25 Rousseau, *Emile*, trans. Bloom, 194

왜곡시켰다. 자코뱅의 대량살해는 마르키 드 사드(Marquis de sade, 1740-1841)의 영향으로부터 오며, 새디스트적인 혁명의 혐오는 폭력과 공포에 기인한다. 로베스피에르는 말한다: "타자의 행복은 결코 사드적 주체에 목적이 되지 않는다. 반대로 사드적 주체는 악, 범죄, 살인, 보복을 선전하며 여기에 거침없이 헌신한다."[26]

　　루소를 새디스트적인 관점에서 자코뱅의 테러 정치와 동일시하는 것은 근거가 없다. 이런 점에서 헤겔의 루소 비판은 대단히 취약하다. 물론 헤겔은 혁명이 근대국가로 안내한다는 점에서 존중했지만, 혁명의 테러 지배를 루소로부터 기인한다고 오해했다. 사실 헤겔(1770-1831)은 나폴레옹 정복에서 나타나는 개혁 운동에 영향을 받았고, 미래의 프로이센 왕 군주 프리드리히 빌헬름 4세(Fredrick William IV, 1795–1861)의 명백한 반동의 정치를 예견했다. 반동적인 정치로 인해 프리드리 빌헬름 4세는 1848년 독일혁명의 빌미를 제공했다. 중풍으로 인해 그의 동생인 빌헬름 1세(1797-1888)가 1858~1861년 사이에 섭정하는데, 결국 빌헬름 1세 치하에서 비스마르크(1815-1898)는 리버럴 근대주의를 배격하고 사회주의를 탄압했다. 이것은 독일 민족주의 정치와 통일로 이어진다.[27]

　　국가개념에서 루소는 헤겔과 전혀 다르다. 자연적 자유에서 인간은 적자생존의 위협을 받고, 강자는 약자를 자유롭게 지배한다. 합법적으로 규정된 시민의 자유에서 인간은 자유로운 시민이 되며, 법을 통한 모든 개인의 권리와 자유를 준수한다. 사회계약 안에서 개인의

---

26 *Robespiere*, ed. George Rude, 135.

27 Taylor, *Hegel*, 454.

V. 공화제와 군주론 | 325

자유와 권리는 공공의 선을 위한 연대에서 구체화한다.

루소는 경제적 정의를 분배의 차원에서 고려하고 가난한 자들과 사회에서 밀려 나간 자들에 관한 관심을 그의 정치경제학 사유에서 표현한다. 루소는 각자에게 주어지는 정당한 몫(*suum cuique*)을 사유재산과 시민 자유 안에 설정하고, 공동체의 기반으로 삼는다. 각자 주어지는 정당한 몫의 원리는 "모든 소유권의 기반으로 봉사한다.28

라틴어 표현인 *suum cuique*는 플라톤의『공화국』(*Republic*)의 정의론에서 나타나는데, 플라톤에 의하면 "모두가 각자의 일에 전념하는 데서 정의가 존재한다. 남의 일에 개입하지 말아야 한다."29 각자의 능력과 재능에 따라 모두가 국가와 사회 전체에 봉사한다. 모두가 각자의 몫을 받아야 하며, 권리와 소유를 빼앗겨서는 안 된다.30

루소에 의하면 정의와 부정의의 진정한 원리는 모두에게 최고의 선인 기본적이고 보편적인 법에서 발견되어야 한다. 이것은 개인 간의 사적 관계에 근거가 되지 않는다.31 사유재산과 시민의 자유가 일반의지와 더불어 공공선을 위한 공동체의 기반으로 파악된다면, 루소는 플라톤의 '각자의 정당한 몫'을 한 걸음 더 나아가 경제적 분배에서 전개하고 시민사회에서 가난한 자들을 보호하는 연대의 원리로 다듬는다. 이것은 또한 보통선거를 통한 참여 민주주의를 지지한다. 루소의 입장은 합법적인 권위와 집행을 경제적 분배 정의를 통해서 정교화하면서 플라톤의 원리인 *suum cuique*을 진일보시

---

28 SC, "Geneva Manuscript," Book II. Ch. IV.

29 *Republic*, 4.433a.

30 *Republic*, 4.433e.

31 SC, "Geneva Manuscript," Book II. Ch. iv.

킨다.

그러나 루소는 모두가 모두를 다스리는 순수한 직접 민주주의는 불가능하다고 여긴다.[32] 이것이 루소를 마르크스의 프롤레타리아의 민주적 독재로부터 구별 짓는다. 물론 마르크스는 이러한 직접 민주주의 독재개념을 프랑스 혁명 당시 파리 코뮌에서부터 돌출하지만, 루소의 입장은 개인의 자유, 소유권 그리고 시민사회 안에서 연대가 중요하지 사적 재산의 철폐를 주장하지 않는다.

공공선은 두 가지 원리들에서 파악되는데, 그것은 자유와 평등이다. 시민의 자유와 더불어 루소는 평등을 옹호하는데, 재산과 부를 고려할 때 누구는 풍부해서 살 수 있지만 다른 사람은 가난해서 자기를 팔아서 연명하는 일이 있어서는 안 된다. 이러한 연대의 원리는 "상품과 상류층의 영향에서 적절함을 또한 하류계층에서 드러나는 탐욕과 지나친 소유욕에 적절함을 요구한다."[33]

여기서 중요한 것은 루소가 플라톤의 *suum cuique*를 연대의 원리 특히 경제영역에서 분배의 정의로 파악하는 데 있다. 여기서 루소는 이상적이라기보다는 현실을 직시하고 부르주아의 무제한적인 부의 축적에 제동을 걸고, 또한 이에 대항하는 가난한 자들의 소유에 대한 혁명적 갈망에 시민적 연대로 나가게 한다. 엄밀한 의미에서 루소는 진정한 민주주의는 존재한 적이 없고 앞으로도 존재하지 않으리라고 본다. "만일 신들의 백성이 있다면, 이들이 민주주의적으로 스스로 지배할 것이다. 그러한 완벽한 정부는 나에게 적합하지

---

32 *Ibid.*

33 SC, Book II. Ch. XI.

않다."34

이 점에서 우리는 요한 칼뱅에 대한 루소의 존경심을 이해할 필요가 있다. 제네바의 입법과 지배 형식에서 칼뱅의 제한성에도 불구하고, 그의 경제윤리는 루소와 가깝다. 이것은 막스 베버의 칼뱅주의와 자본주의 정신에 대한 사회학적 분석을 검토하게 한다.

막스 베버는 청교도의 윤리에서 드러나는 세계 내적 금욕주의가 자본주의 정신에 선택적 친화력을 가지고 역사적 발전에 동인이 되었다고 본다. 물론 이것은 칼뱅 이후 청교도 역사에서 드러나는 종교적 이념(이중예정론)과 이에 결부된 윤리적 태도가 자본주의적 합리적 발전을 가져온 것에 초점을 맞춘다.

절대 이중예정론에 근거한 청교도의 귀족주의적 윤리에서 자본주의의 목적 합리성은 더 이상 시민사회에서 드러나는 인정과 연대 그리고 문화적 가치 합리성의 발전을 봉쇄해버리고, 출구가 없는 사회를 만들어버린다.

그러나 칼뱅은 청교도적 칼뱅주의와 다르다. 세계를 긍정하는 칼뱅의 신학은 복음의 사랑과 연대를 통하여 가난한 자들과 어린아이들, 사회의 약자들을 보호한다. 칼뱅은 복음의 빛에서 정치 경제적 영역에서 드러나는 불의와 폭력적 구조를 날카롭게 분석했다. 칼뱅은 제네바로 유입해 들어오는 피난민들을 고려해야 하고, 이들의 비즈니스에서 재정적인 도움을 주기 위해 생산적인 신용 이자를 허용했다. 그러나 고리대금업을 위한 이자는 엄격히 금지했다. 이자율은 조절되고, 필요한 상황에 따라 법적으로 규제되었다. 의회와 당회

---

34 SC, Book III. Ch. IV.

의 많은 기록에서 우리는 고리 대금업과 가난한 자들에 대한 경제적 착취에 대한 논쟁문건들을 볼 수 있다. 칼뱅은 기독교적인 사회 휴머니즘의 방향으로 움직이며, 에스겔 18:7-8 주석에서 생명에 대한 선한 관리는 상호적인 것이며, 하나님은 누구에게도 남을 억압하라고 하지 않는다고 말한다. 하나님은 인간을 사회의 유대로 묶으며, 우리는 서로를 위하여 선한 행정과 삶을 영위할 수 있어야 한다. "사람을 학대하지 않으며, 빚진 사람의 전당물을 돌려주며, 아무것도 강제로 빼앗지 않으며, 굶주린 사람에게 먹을 것을 주며, 헐벗은 사람에게 옷을 입혀주며, 돈놀이를 하지 않으며, 이자를 받지 않으며 흉악한 일에서 손을 떼며 사람과 사람 사이에서 공정한 판결을" 내리는 자는… "의로운 사람이니 반드시 살 것이다"(겔 18:7-9).

칼뱅은 모세-바울의 전통에서 만나의 경제학을 매우 중요하게 고려했다(고후 8:15). "많이 거둔 사람도 남지 않고, 적게 거둔 사람도 모자라지 않는" 원리는 부와 상품의 분배에서 사회의 경제적 평형을 유지하며 아무도 궁핍 가운데 고생을 해서도 안 되고, 남을 착취해서도 안 된다. 부자는 가난한 자들의 목회자이며, 가난한 자들은 하나님의 영접자며, 그리스도의 대변자이다.[35]

칼뱅의 사회 휴머니즘은 부자들로 하여금 사회 공공의 이익을 위하여 부의 탐욕에서부터 해방하고 가난한 자들과 연대하게 하며, 가난한 자들은 일거리가 없이 빈둥거리거나 구호를 받는 자들이 아니라 정당한 노동을 통해 하나님으로부터 오는 권리를 추구해야 한다. 칼뱅의 입장은 소유적인 시장 개인주의나 청교도적인 세계 내적

---

35 Bieler, *La Pensée Économique et Sociale de Calvin*, 327.

인 금욕주의와는 전혀 다르다. 이것은 하나님의 오이코노미아인 희년 사상을 진지하게 고려하고, 땅에 대한 주기적인 분배와 이자로부터의 해방을 유지하며, 재산은 축적이나 투기나 독점을 통한 사회적 억압과 불평등의 근거가 되어서는 안 된다. 이러한 희년 사상을 기초로 칼뱅의 만나의 경제적 관심은 다음의 표현에서 잘 나타난다: "각자의 능력으로부터 각자의 필요로."[36] 이러한 칼뱅의 입장은 세계 내적 금욕을 통한 청교도의 자본주의 정신보다는 사회 안에서 경제적 약자에 대한 연대를 포함한다.

루소와 노예제도 비판

루소는 평등과 자유에 기초한 루소의 공화제 정부 형태는 군주제보다 고대 그리스의 정치적 실천의 우위성을 지적했다. 도시국가는 애국주의와 덕목에 기초해있으며, 이것은 스파르타와 초기 로마 정부에서도 볼 수 있다는 것이다. 그러나 아테네는 사실상 민주주의가 아니라고 비판한다. "그것은 전제주의적 귀족주의이며, 지식인들과 웅변가들에 의해 지배되었다."[37]

물론 루소는 그리스 도시국가와 같은 조그만 정부를 선호했고, 상업의 발전과 자본가계급이 판치는 도시에 비판적이었다. 그것은 시민(citoyen)적 자유와 도덕 그리고 연대의 원리에 기초한 시민사회를 말하지, 헤겔처럼 경제적인 영역에서 계급 투쟁의 현장으로 파악

---

36 *Ibid.*, 336.
37 "Political Economy," SC, 213.

하지 않는다. 루소는 자유의 원리를 아리스토텔레스의 행복한 삶의 가치에 대해 의심하고, 자연적 노예 상태를 전제하는 아리스토텔레스 귀족 정치로부터 거리를 둔다.

정의는 각자의 능력과 재능에 따라 정당하게 몫이 나누어지고 각자가 권리를 가질 때 오는데 이것을 경제적 분배 정의에서 실현되어야 한다. 이러한 루소의 입장은 아리스토텔레스가 목적론적 원리에 따라 *suum cuique*를 전개하는 것과는 다르다. 정의는 정당한 역할을 하는 사람들에게 적합한 것이다. 역할은 각자의 자연적 본성을 실현하게 한다. 각자에게 정당한 몫을 주는 것은 개인의 자연적 본성에 맞는 영예와 지위를 주는 것이다. 목적론적 해석에 의하면 *suum cuique*는 선택의 자유를 약화하고, 자연적인 노예제도를 정당화한다. 노예제도가 정당한 것은 두 가지 조건에 맞는데, 필연적이며 자연적인 것이다.

도시국가가 노동 분업을 요구하고, 노예제도는 시민들이 공공의 선을 위해 모임 장소에서 활동하는 시간에 이들의 가사를 돌보는데 도움을 준다. 더욱이 노예제도는 태어나면서부터 결정되는 자연스러운 것이다. 자연적인 노예는 본성에 적합하게 그 역할을 수행하면 된다. 정의의 문제는 목적론과 적합성의 윤리에서 자연적인 몫에 할당되고, 사회적인 계급 제도를 정당화해 버린다.[38]

그러나 아리스토텔레스와는 달리, 루소는 자연의 상태에서 강자의 권리는 전쟁상태로 변질되고, 그러한 강자의 권리는 적합한 책임을 산출하지 못한다고 본다. 전쟁을 통한 노예제는 합리적으로 개인

---

38 Sandel, *Justice*, 202-203.

의 양심에 따라 구속력을 갖지 못한다. 강자의 힘에 근거한 사회적 제도가 권리를 산출하지 않는다. "힘이 권리를 만들지 않는다"[39] 마찬가지로 노예는 자연적이지도 않으며 합법적인 협정에 근거할 수 없다. "왜냐하면, 아무도 자연적인 권위를 갖지 않기 때문이다"[40] 노예는 인간의 본성이나 자연적 자유에 속하지 않는다.

프랑스는 노예무역(1721-1730)에 경제를 의존하고 있었다. 흑인 법령(Code Noir, 1684)은 식민지에서 흑인 노예에게 적용되고, 낭트(Nantes)는 주요 노예항구였다. 프랑스의 노예선은 아프리카로 출항했고, 아프리카 노예들을 아메리카와 카리브 지역의 대농장으로 이전시켰다. 프랑스 혁명을 통해 노예폐지법령(1794)이 선포되지만, 노예무역은 1818년부터 1831년까지 여전히 불법으로 시행되었다.

휴고 그로티우스(1583-1645)는 저명한 화란의 법학자이고 국제법의 아버지로 간주된다. 그는 1621년 화란에서 체포될 것이 두려워 1631년까지 루이 13세의 보호 아래 파리에 머물렀다. 그로티우스는 그의 주저인 전쟁과 평화에 관한 법(*De Jure Belli ac Pacis*, 1625)을 출간하고, 법의 일반이론을 제시한다. 그것은 다양한 세력들과 독립 국가들 사이에서 전쟁을 억제하고 규제하는 것이다. 자연법은 지역과 상관없이 모든 사람에게 ―이들의 종교적 믿음과는 무관하게― 적용되어야 한다. 그것은 '마치 하나님이 없는 것처럼' 시행되어야 한다.

그러나 루소는 그로티우스의 군주제에 대한 옹호를 거절했다. 군주제에서 사적 개인은 주인에게 노예처럼 굴종 되어야 한다. 아리스

---

39 SC, Book I, Ch. IV. 49.

40 *Ibid*.

토텔레스와 더불어 그로티우스의 노예제도에 대한 정당성을 문제시하면서, 루소는 심지어 전쟁에서도 노예제도는 가능하지 않다고 말한다. 전쟁을 통한 노예의 정당화라는 그로티우스의 입장은 잘못된 것이다. 루소에 의하면 "승자는 패배자를 죽일 수 있는 권리가 있다. 패배자는 자유를 담보로 그의 삶을 얻을 수 있다. ― 이것은 협정인데 승자와 패배자 모두에게 유리할 때보다 적법하다."[41]

루소에 의하면, 전쟁에서 패배한 자들을 노예로 정당화하는 그로티우스의 입장은 전쟁은 국가와 국가 사이에서 벌어지고, 사적 개인은 전쟁터에서 군인으로서 우발적으로 적수가 되는 것이지, 시민들로 만나는 것이 아니다. "심지어 전쟁 중에서도 정당한 군주는 사적 개인의 인격과 재산을 존중한다. 설령 그가 적수의 나라에서 공화국에 속하는 모든 것을 탈취한다고 해도 그렇다."[42] 정복의 권리를 고려할 때, 강자의 법은 패배자들을 노예로 삼을 권리를 설정할 수 없다"[43] 포로를 노예로 삼는 일은 불가능하다.

유럽 사회의 진보를 비판적으로 분석하면서, 루소는 '덕이 없는 영예' '행복이 없는 쾌락'을 유럽 사회의 정신으로 특징짓는다.[44] 루소는 식민지배를 비판하면서 희망봉의 총독인 반 더 스텔에게 잡힌 어린 호텐토트(Hottentot)의 원주민 이야기를 예로 든다. 그 원주민은 기독교적인 방식으로 양육되었고, 유럽적인 관습에 따라 교육되었다. 총독은 이 원주민에게 큰 기대를 걸었고, 파견인과 더불어 인도

---

41 SC, Book I. Ch. IV.

42 *Ibid.*

43 *Ibid.*

44 "Second Discourse," 180.

식민지로 보내졌다. 그곳에서 그는 화란의 인도회사에 고용되어 일했다. 파견인이 죽고 난 후 그는 희망봉으로 돌아왔고 그의 호텐토트 원주민 친지들을 방문하게 되었다. 그리고 양가죽 옷을 입으면서 유럽적인 정장 옷을 벗어버리기로 했다. 그는 다음처럼 선언했다: "그러므로 나는 기독교 종교를 나의 모든 삶을 위해 거절한다. 나의 결정은 나의 조상들의 종교와 방식과 관습에 따라 살고 죽는 것이다."[45]

비록 루소는 유럽의 식민주의와 글로벌 중상주의 무역의 시스템을 재산 불평등의 기원으로 분석하지 않았지만, 그의 사회계약론은 일반의지의 틀에서 국민주권을 지지하고 식민주의를 비판하는 철학적 근거로 작용한다. 루소는 포스트콜로니얼 조건에서 특징되는 오늘날 공론장에서 공공 철학자로 고려되고 그의 통찰은 시민사회와 민주주의 그리고 연대와 더불어 발전할 수 있다.

---

45 Rousseau's Notes of "Second Discourse," 225-226.

VI. 신학적 평가: 자연법, 분배 정의, 주권

신학적 콘텍스트에서 디트리히 본회퍼는 '각자에게 정당한 몫' (*suum cuique*)에 중요한 반성을 남겼다. 이러한 분배의 정의는 고대 그리스의 정의 원리와 로마법의 표어에서 잘 드러나는데, 본회퍼는 이것을 신학 윤리적 방향으로 전개한다. 개인의 몫은 각자에게 속한다. 동시에 이것은 모든 경우 다르며 평등하지 않다. 천부적인 권리가 자연적으로 주어진다면, 이것은 외부의 강압적인 비자연적 권리에 의해 파괴될 수가 없다. '각자의 정당한 몫'의 원리에서 본회퍼는 모든 다른 권리의 우위에 있는 자연법을 인정한다. 이것은 인위적이며 혁명적인 분출에서 드러나는 폭력으로부터 자연적인 것을 보존한다. 그것은 다른 사람에게 정당한 권리가 나의 권리처럼 정당한 것임을 지적한다.[1]

본회퍼는 자유의 개념에서 두 가지 차원을 포함하는데, 그리스도 안에서 나타나는 하나님의 은총은 인류에게 자유로운 것이며, 또한 우리는 하나님을 위하여 자유한 존재다. "하나님은 창조의 세계로 들어오시고 자유를 창조하신다."[2]

---

1 Bonhoeffer, *Ethics*, 151.

2 Bonhoeffer, *Creation and Fall*, 63.

자유의 신학적 원리에서 각자에게 주어지는 정당한 몫의 원리는 아리스토텔레스의 자연적 노예개념과 반립된다. 본회퍼에 의하면, 정당한 몫(suum cuique)의 원리는 적용에서 여전히 한계가 있다. 왜냐하면, 권리 간의 충돌은 자연적인 것 안에 있기 때문이다. 분배의 원리는 자연적인 것 안에서 권리들의 충돌을 간과하며, 정의를 유지하기 위해 외부로부터 개입하는 실정법을 요구한다. 자연적으로 주어진 정당한 영예와 권리는 창조주 하나님과 관련되며, 하나님은 개인들을 하나님의 형상으로 창조하셨다. 비록 충돌의 세계 안에 살지만, 개인의 권리가 인정된다. 인간이 하나님의 형상이라는 의미는 인간이 하나님을 예배하는 데서 자유롭다는 것을 말한다. "자유는 인간 존재가 소유하는 특질이 아니다. 그것은 능력이나 인간 안에 깊숙이 숨겨진 존재의 품성도 아니다. 자유는 발견될 수 있다."[3]

이런 점에서 본회퍼는 자연적 몫과 권리의 원리를 궁극이전의 것으로 해석하고, 예수 그리스도가 이것을 모두 각자에게 성령을 통해 주신 것이라고 말한다. 궁극이전의 것은 종말 이전의 것이며 종말 즉 궁극적인 것에 의해 결정된다.[4] 궁극이전과 궁극적인 것의 관계는 예수 그리스도 안에서 화해의 현실을 가진다. 여기서 세계는 궁극적인 것을 향해 성숙해나간다. 따라서 "영원한 생명, 새로운 생명은 보다 큰 능력으로 지상으로 치고 들어오며, 지상의 삶에서 자신의 영역을 가지고 승리한다."[5]

다른 한편, 본회퍼는 각자의 정당한 몫의 원리에서 개인은 자연적

---

3 *Ibid.*

4 *Ibid.*, 152.

5 *Ibid.*, 132.

인 권리를 가지고 세계로 들어온다고 본다. 그는 목적론적인 입장을 비판하는데, 왜냐하면 이러한 목적론적 도덕론에서 개인의 자연법은 오직 공동체에 예속되고 사회적 행복을 증진하는 데 적용되기 때문이다. 이러한 사회적 행복론은 개인의 모든 정당한 권리를 재단질 해버리는 공리주의에서도 드러난다. 여기서 개인은 공동체의 목적을 위한 수단으로 전락한다. 공동체의 행복은 개인의 자연적 권리에 선행한다.6

따라서 사회 행복론(social eudemonism)은 개인의 자연적인 삶을 공격하며, 그 귀결은 전제주의로 나타나며 개인의 모든 권리를 파괴하는 무질서로 드러난다. 사회행복론에 저항하면서, 본회퍼에게 중요한 것은 하나님이 개인을 하나님의 형상에 따라 지으셨고, 하나님 자신이 개인의 권리들을 자유를 통해 인정하신다는 것이다. "각자의 정당한 몫의 원리는 이성이 획득할 수 있는 최상의 것이며, 그것은 실제에 일치하고 자연적인 삶에서 하나님이 개인에게 준 권리를 분별한다(물론 이 사실에 대해 이성은 아무것도 알지 못한다)."7

본회퍼에게 개인은 자신의 자연적 권리를 사회행복론에 저항하고 방어할 자격이 있다. 왜냐하면, 하나님이 개인의 삶을 보증하기 때문이다. 타자를 속죄양으로 잡고, 개인을 집단 인종주의 체제로 묶는 파시즘 안에서 사회행복론이 드러날 때 본회퍼는 날카롭게 거절한다.

다른 한편 칼 바르트는 루소의 정치철학에 주목했다. 루소는 주권

---

6 *Ibid.*, 152.
7 *Ibid.*, 153.

을 일반의지에 근거 지우고, 이것은 제헌적 군주제에 의해 대변될 수 없다고 못 박았다. 의회민주주의에서 의회의 회원들은 단순히 국민의 이해와 관심을 위해 일하는 에이전트이다. 왜냐하면, 이들은 일반의지를 선언하는 국민주권에 기초해서 법을 집행하기 때문이다. 모두가 다 평등하게 다스린다는 순수하고 진정한 민주주의는 지상에서 불가능하다. 루소는 정치 기구의 일반의지를 독재에 의한 정부의 권력 남용이나 파괴에 대립하는 증거로 강조한다.

바르트에 의하면 의회 제도는 보통선거에 근거하며 국민주권은 루소가 대변하는 정부의 가능한 형태에 속한다.8 "기독교 공동체와 시민 공동체"(The Christian Community and the Civil Community)에서9 바르트는 자신의 정치윤리가 루소에 가깝게 서 있음을 말한다. 기독교의 정치적 사유와 행동을 고려하면서 바르트는 복음의 관점에서 전개한다. 이러한 복음에 대해 루소의 정치이론은 친화력을 가진다. "우리는 [여기서 전개되는 기독교 정치윤리에서] 루소를 회상한다면 불평할 이유가 없다… 우리는 이러한 친화력을 부끄러워할 필요도 없다."10

바르트는 도시국가 즉 시민 공동체가 예수 그리스도의 나라 안에 있으며, 기독교 공동체는 자유로운 국민의 시민 공동체인 민주주의와 친화력을 가진다. 민주주의 국가는 경제적 영역에서 사회정의와 더불어 있다. 바르트는 교회가 사회의 낮은 계층과 잃어버린 자들에게 초점 맞출 것을 강조한다. 바르트 연대의 윤리는 다음에서 표현된

---

8 Barth, "Rousseau," in *Protestant Theology in the Nineteenth Century*, 177.

9 "The Christian Community and the Civil Community (1946)," in *Karl Barth: Theologian of Freedom*, 265-296.

10 These 28, *ibid.*, 290.

다: "가난한 자들, 사회적으로 그리고 경제적으로 연약하고 위협되는 자들은 항상 교회의 본래이며 특별한 관심의 대상이 되어야 한다. 교회는 항상 국가가 사회의 이러한 연약한 사람들에게 특별한 책임을 갖도록 주장해야 한다."[11]

민주주의와 공정함은 연대의 원리에서 표현되며, 이것은 공론장에서 가난한 자들과 사회적 약자들에 대한 교회의 책임과 더불어 정부를 향한 비판의 소리를 담는다. 정부가 더 많은 민주주의와 사회 정의 그리고 사회적 약자들과의 연대를 지향할 때 교회는 하나님 나라의 빛에서 협력할 수 있다. 이런 점에서 바르트의 정치윤리는 루소를 적극적으로 수용하며, 자연법과 시민사회이론을 공공신학을 향한 길로 열어준다. 이런 점에서 바르트는 공공신학을 위해 예언자적 지평을 연다.

루소에게 각자 개인은 자신의 몫에 대해 항상 모두를 위한 공동체의 권리에 예속된다. 일반의지로 표출되는 공동체의 권리는 개인의 정당한 몫을 사회행복론처럼 희생시키는 것이 아니라 도덕적으로 그리고 사법적으로 보호한다. 이러한 사회계약론은 사회적 유대와 연대의 중요성을 지적하며, 주권을 행사하는 실제적인 힘으로 드러난다.[12]

주권 행위는 우등한 자가 열등한 자에게 내리는 명령이 아니다. 주인이 노예에게 내리는 명령도 아니다. 그것은 적합한 협정과 계약에 근거하며, 사회계약론을 기반으로 가진다. 여기서 '각자의 개인은

---

11 These 17, *ibid.*, 284.

12 SC, "Geneva Manuscript," Book I. Ch. III.

모두를 위해 그리고 모두는 각자의 개인을 위해'(each to all and all to each)13라는 원리가 가능해진다.

비판적 반성

루소의 사회계약론과 두 개의 담론에서 자연적인 선함에 대한 낭만적 감정주의와 ―자연을 조작하고 제한하는― 시민사회 간에 해결되지 않는 내적 갈등이 있음을 본다. 홉스의 부정적인 인간 이해 ―"인간은 선의 이념이 있지 않다"14―와는 달리, 루소는 야만인을 동정심이 많고 예민한 존재로 파악한다. 자연 상태의 인간은 고통받는 사람들에 대한 연민과 다른 사람의 아픔에 공감한다. 그러나 자연 상태에서 이러한 공감은 이성의 상태에 처한 문명화된 개인에게 약화된다. 동정심은 자연적인 감정으로서 자기애를 적절하게 조절하고, 인간 전체를 상호 보존하는 데 기여한다.15

자연 상태에서 자연적 감정이나 동정심은 '그 부드러운 소리'16를 통해 법, 도덕, 덕을 대신한다. 가장 큰 덕의 사람은 자연의 단순한 충동에 저항하지 않는다. 루소는 자연적 선함의 격률을 선호한다. "가능한 타인에게 해를 끼치지 않고 선한 것을 하라." 이것은 합리적인 정의의 숭고한 격률 우위에 있다. "타인이 너에게 해주길 원하는 것을 타인에게 하라."17 이것은 루소의 무해 원리를 말한다.

---

13 *Ibid.*, Book I. Ch. VI.

14 "Second Discourse," 128.

15 *Ibid.*, 133.

16 *Ibid.*

루소의 윤리적 주관주의는 마음의 법에 거하며, 동정, 연민 그리고 용서가 중요하다. 이성이나 사회의 영향보다 더 중요하다. 교육은 주로 자연적 발전과 내적인 선함에 장애가 되는 사회의 부정적인 영향을 제거하는 데 있다. 그러나 루소는 자연적 자유에서 인간은 적자생존에 위협을 받으며, 야만적인 세력들에 취약한 것을 안다.

이 지점에서 루소의 윤리적 주관주의는 극단적이지 않고, 보편적 도덕 기준이나 사회계약 안에서 공공선에 기초한다. 루소에 의하면, "모든 정의는 하나님으로부터 온다. 하나님만이 근원이 되며… 의심할 여지 없이 인간을 위한 보편적 정의가 존재한다. 이것은 이성으로부터만 나오며 인간성의 단순한 권리에 기초한다. 이러한 정의가 인정되려면 상호적이어야 한다… 그러므로 권리와 의무를 결합하는 계약과 법이 있어야 하며, 이것이 정의를 목적에 부합하게 한다."[18]

시민의 자유에서 개인들은 법을 통해 모든 사람의 권리와 자유를 보호하기 위해 선서한다. 공동의 선은 정치사회에 기초해야 하며, 마음의 법(자연의 상태에서)이 도덕 이론(시민사회)과 교차되는 곳에서 규범의 자리를 가진다. 이것은 단순히 윤리적 주관주의가 아니라 공동체적인 도덕적 추론이며 법적이며 합리적 지배 아래에 있다. "정치 기구는 [집단적인 의미에서] 의지가 있는 도덕적 존재이며, 이러한 일반의지는 항상 전체와 개인의 보존과 복지를 지향한다. 이것이 법의 근원이며… 정의와 부정의의 규칙이다."[19]

루소는 자연 상태에 있는 인간에 대한 낭만주의적 이해에 머물지

---

17 *Ibid.*, 133.

18 SC, "Geneva Manuscript," Book II. Ch. IV.

19 SC, "Discourse on Political Economy," 212.

않는다. 오히려 자연 상태의 인간을 사회계약을 통해 시민사회의 법으로 통합한다. 그의 윤리적 관점은 소외의 문제와 윤리성의 회복을 민주주의적 평등과 경제적 자유의 틀에서 발전시킨다. 물론 이것은 헤겔의 윤리적 삶의 영역에서 국가개념에 결정적이기도 하다. 이것은 사회제도들의 문제와 사법적인 체제 그리고 관료주의적 행태를 개혁하고, 리버럴 민주주의와 시민사회의 한계를 극복해나간다.

루소는 사적 소유와 시민의 자유를 공동체의 기반으로 파악하고 이러한 틀 안에서 각자에게 정당한 몫(*suum cuique*)이란 분배의 정의를 고려한다. 아리스토텔레스의 엘리트주의적 윤리에서 엘리트의 정치 시스템은 공적에 기반 되는데, 이것은 분배의 정의에 대립한다. 아리스토텔레스의 엘리트주의적 정의 개념과 도덕적 추론에 의하면, 경제적 약자와 주변부의 사람들(여성, 빈자, 노예)에게 공평한 기회는 허락되지 않는다. 그러나 루소의 정치 도덕적 입장은 동등함을 요구하며 사람들을 엘리트주의 입장에 반대하여 공평하게 취급할 것을 주장한다. 도덕성은 민주주의, 자유 그리고 경제적 자유에 의해 함양되며 형성된다. 가난한 자들을 위한 관심은 결정적이다. 타인과의 연대가 없는 소유와 재산은 공허한 것이며, 도덕적 성격을 갖춘 소유는 공동체와 정의를 위해 의미가 있다.

로크 역시 비슷하게 말한다: "[주 하나님은 궁핍한 형제에게 그분의 넘치는 자산을 사용할 권리를 주셨다. 가난한 자들이 이러한 권리를 절박하게 요구할 때 거절될 수 없다. 아무도 타인의 삶을 지배하는 정당한 권력을 가질 수가 없다… 하나님은 이들의 필요를 허락하신다. 그러나 보다 강한 힘을 가진 자는 연약한 자를 강압하고, 그를 복종하도록 지배하며, 단도로 그의 목을 겨누고 죽음이나 아니면 노예로 전락시킨다."20

오늘날 정치이론과 정의에 관한 토론에서 사회계약론은 존 롤스의 정의론에서 정교하게 다듬어진다. 정의는 공정함이며, 본래 위치에 의하면, 사회정의가 경제적 분배에 기초하며, 자유와 사회민주주의 방향으로 간다. 이것은 사회적 약자에 대한 로크와 루소의 전통을 강화하고 이들에 대한 공공의 관심을 환기시킨다. 롤스의 중심개념은 정의란 공정함이며, 헌법적 민주주의는 공리주의의 한계에 도전하고 대안으로 등장한다. 공리주의는 자유하고 동동한 인격으로서 시민들의 기본권리와 자유를 고려할 수가 없다. 필요한 것은 절대적으로 민주적 제도의 중요성에 대한 고려다.21

정치적 자율성은 사회 안에서 공공선을 방어하는 수단으로 봉사한다. 이것은 고대의 도시국가에서 나타나는 덕목을 옹호하며, 또한 소유-개인주의를 통해 자유와 평등함을 왜곡시키는 자유지상주의 안에 반대한다. 해방은 이러한 공공선과 연대를 향하지 않을 때 취약해지며, 그 진의가 상실된다. 연대를 향한 해방에서 도덕은 민주주의, 자유, 법의 공정한 실행을 통해 시민사회의 기초가 된다. 시민들의 국가의 자유는 연대 안에서 묶어지며, 이것은 주권으로 이해된다.22 국민주권은 공공선과 사회적 약자들과의 연대에 기초할 때, 비로소 개인 시민의 자유와 평등함과 도덕이 의미가 있다.

루소의 시민 공화주의의 틀에서 본질적인 것은 다원주의 사회 안에서 민주주의와 정의 그리고 연대를 삶과 문화의 다양한 방식에

---

20 Locke, *First Treatise*, art. 42.

21 Rawls, *A Theory of Justice*, XII.

22 Habermas, *Between Naturalism and Religion*, 273

서 전개하는 것이다. 이런 점에서 서구의 근대성은 포스트콜로니얼 상황에서 미완의 과제를 가진다. 이것은 문명충돌의 위기를 넘어가며, 인종민족주의를 시민사회 안에서 도덕적 원리에 근거한 균형 잡힌 민족주의로 발전시키게 한다. 국민주권에 대한 공화주의 이념은 평등한 보편주의의 도덕적 기준을 만족하게 하는 데로 확장되며, 리버럴 민주주의 헌법 체계와 양립한다.23

루소의 공화제 민주주의는 칸트의 코스모폴리탄 비전과 환대의 윤리에서 식민주의를 비판하는 데서 철학적 정점에 도달한다. 세계 정부의 정치적 헌법은 코스모폴리탄 조건에서 다문화 사회에 나타나는 주요 문제들—이민, 종교다원주의, 부정의, 인종차별—을 고려해야 한다. 이런 문제들은 사회계층과 글로벌경제 시스템 안에 기초하며, 사회계약의 철학과 도덕적 입장을 도전한다. 이런 점으로 인해 3장에서 칸트의 코스모폴리탄 윤리를 검토하고 발전시키는 것은 중요하다.

---

23 *Ibid.*, 274.

코스모폴리탄 원리와
인정투쟁

구스타프슨에 의하면 칸트의 의무윤리는 바른 행위와 정언명법에 근거한다. 그것은 기껏해야 순수이념형에 적합하다. 개인의 도덕적 격률은 보편법에 일치해야 한다. 보편성 원리는 의지의 자율성에 기반이 되며, 인간을 수단이 아니라 목적으로 존중한다. 이것은 개인 행위자를 중심으로 하거나 의무 중심으로 특징되는데, 개인의 격률과 규칙에 일치해야 한다.[1]

구스타프슨은 칸트의 윤리사회에서 사회 도덕적 이념을 인식하고, 이것이 사회의 최고선이며, 덕의 왕국이라고 말한다. 그러나 구스타프슨은 칸트가 인간의 상호연관성에 별다른 주목을 하지 않았다고 비판한다.[2] 구스타프슨의 신 중심 윤리는 칸트의 윤리와는 전혀 다른 방향을 지적하며, 아리스토텔레스와 토마스 아퀴나스와 공명을 가진다.

이 장에서 필자는 구스타프슨의 비판의 한계를 분석하고, 또한 칸트의 도덕철학을 그의 보편사를 통해 해명한다. 칸트는 목적론적

---

1 Gustafson, *Ethics* 2, 123.

2 *Ibid.*, 124.

사유 방식을 위해 공간을 제공하며, 스토아 철학을 수용한다. 칸트의 코스모폴리탄 원리와 환대의 윤리는 포스트콜로니얼 이론을 위해 중요하다. 그의 도덕철학은 영구평화론에 연결되며, 루소의 정치이론을 개념화한다. 칸트의 보편사 철학은 스토아 이념을 코스모폴리탄 원리로 발전시키고 식민주의와 노예제도에 대한 비판을 담고 있다. 이어 필자는 헤겔의 인정투쟁이 어떻게 해방과 포스트콜로니얼 상황에서 전개되는지 분석할 것이다. 칸트와 헤겔이 다른 철학 체계와 방법을 가지고 있다고 해도, 이 두 사상가의 근대성에 대한 기여와 포스트콜로니얼 통찰은 공공신학에 중요한 의미를 지닌다.

I. 칸트와 역사철학

토마스 아퀴나스는 모든 것이 하나님으로부터 나오고(*exitus*), 하나님에게로 되돌아 간다고(*reditus*) 말한다. 하나님을 기원과 종착점으로 하는 것은 자연질서와 더불어 신학의 윤리를 목적론적인 틀에서 발전시킨다. 이러한 윤리의 패턴에서 모든 것은 자연적으로 창조주 하나님을 향한 질서가 되며, 자연적인 도덕법(이성과 양심)은 하나님의 마음 즉 영원한 법에 참여한다.

아퀴나스에 의하면, 자연법에서 이성은 타고난 도덕적 지식(synderesis)에 기초하며, 이것은 인간 마음의 자연적 성향을 말한다. 선은 이러한 자연적인 도덕적 성향에서 악을 피하고 행해진다. 이성은 이해(이론적 원리)와 도덕적 실천원리(synderesis)로 구성되며, 인간의 법인 양심에서 같이 적용된다. 인간은 하나님의 영원한 법에 참여하며, 이것을 자연법으로 부른다.[1]

토마스 아퀴나스가 도덕적인 삶을 목표를 향해 완성해가는 운동으로 파악한다면, 인간의 선은 행복에 있다. 행복은 삶의 번영(*eudaemonia*), 즉 궁극적 목적이며, 이는 하나님을 의미한다. 그것은 하나님에 대한 비전을 말하며, 이외 모든 다른 것은 이차적인 의미에

---

1 ST, Ia2ae. 91. 2.

서만 선하다.2 덕목이나 선한 성향, 습관은 인간의 번영이나 행복에 기여하고, 신중함은 도덕적이며, 지성적인 덕을 말한다.

신학 윤리에는 두 가지 측면이 있는데, 하나는 자연과 인간 활동의 이해이며(이것은 관찰, 반성 그리고 추상화에 근거한다), 다른 하나는 계시와 믿음을 통한 하나님의 지식에 의한 것이다.3 하나님에 대한 신앙은 이성과 이해—창조의 질서에 근거한—와 더불어 정당화된다.

구스타프슨의 신 중심 윤리는 이성을 자연적 성향에 연관 지으며, 인간 삶의 사회적 성격의 중요성에 관심한다. 자연의 세계에서 인간의 상호 의존성은 도덕적 규범의 근거로 파악된다.4 구스타프슨은 칸트를 비판하는데, 그 이유는 칸트가 집단적인 도덕 행위자, 다시 말해 도덕의 사회적 측면을 간과했기 때문이다. 칸트의 도덕 이론은 "정치적이며 사회적 정책의 사회 제도적인 선택들에 직접 적용될 수 없다."5 구스타프슨의 비판은 수수께끼처럼 들린다. 오히려 칸트의 도덕 이론은 정반대로 정치 사회적 중요성을 코스모폴리탄 원리에서 찾기 때문이다. 의무윤리와 권리의 중요성을 사회 정치적 상황에서 이해하려면, 칸트가 어떻게 스토아의 윤리와 사회계약론(특별히 루소와 관련하여)을 철학화했는지 검토해야 한다. 이것은 칸트의 보편사에 대한 철학적 개념을 코스모폴리탄 의도성과 영구평화를 통해 강화된다.

칸트의 도덕 윤리는 공화제 정부를 고려하지 않으면 적합하게

---

2 Davis, *The Thought of Thomas Aquinas*, 230.

3 *Ibid.*, 46.

4 *Ibid.*, 132.

5 *Ibid.*, 128.

파악되지 못한다. 칸트의 역사철학은 진화론을 목적론에 따라 정교화하는데, 칸트의 도덕철학은 코스모폴리탄 비전을 갖는 보편사 안에서 설계된다. 이러한 측면은 칸트의 도덕철학이 권리와 정의에 대한 사회이론의 포괄적인 차원을 갖고 있음을 지적하는데, 칸트는 공화제적 민주주의와 코스모폴리탄 환대의 윤리를 기획한다.

칸트는『도덕의 형이상학 기본원리들』(1785)에서 도덕을 경험적인 동기나 성향과는 다르게 선험적 이성에 기초를 두며, 목적론적 역사를『코스모폴리탄 의도성』(1784)을 통해 정교화한다. 그는 의무 윤리에 역사, 사회, 정치적인 틀을 통해 폭넓은 스펙트럼을 제공하는데, 그의 도덕이론은 정언명법의 객관적 의미에서 도덕과 정치의 갈등을 해결하려고 한다.

칸트는 법과 권리를 정치에 결합하면서 정치의 제한조건을 설정한다. 칸트의 정치윤리는 도덕 정치가를 제시하며, 정치적 신중함의 원리를 도덕과 공존시킨다. 그의 정치윤리는 도덕 정치가의 책임을 통해 전개되는데, 헌법의 한계와 결함을 이성의 이념에 따라 개혁하려고 한다. 칸트의 모델은 정치적 도덕주의자와는 대립되며, 후자는 정치를 도덕과 일치시키려는 목적에 저항한다.6

1장에서 다루었듯이, 칸트는 하나님 나라의 이념을 윤리적 연방을 통해 제시했고, 악의 현실은 개인의 열정을 넘어 사회적으로 구속된다. 사회적 존재로서 인간은 악의 경향으로 인해 —즉 시기, 권력욕, 탐욕, 치명적인 성향으로— 서로를 타락시킨다.7 이런 점에서

6 Kant, "To Eternal Peace," in *Basic Writings of Kant*, 465.

7 Kant, "Religion within the Limits of Reason Alone [1793-1794]," *ibid.*, 85

구스타프슨이 칸트의 윤리를 자아 중심적이며 개인주의적으로 비난하는 것은 옳지 않다.[8]

급진적인 악과 유혹의 세력에 저항하기 위해 칸트는 사회와 인류를 위한 공공선을 추구하며, 이를 도덕법과 일치시킨다. 이것은 사회 도덕적 이념이며, 사회는 윤리-시민적이며, 윤리적 연방(ethical commonwealth)으로서 법적-시민적 사회와는 다르다. 이러한 특수하고 독특한 연합은 덕목의 나라로 불리며, 인간들은 이러한 덕목의 나라를 사회의 최고선으로 증진할 의무를 진다. 이러한 도덕 개념은 사회 정치적 구성요소를 가지며, 따라서 구스타프슨의 칸트 비판의 한계를 교정한다.[9]

칸트의 사회적 도덕은 보편적 인권을 강화하며, 모든 인간과 국가를 목적으로 존중한다. 이들은 공리주의적인 의미에서 집단적 행복의 단순한 수단이 아니다. 의무는 인권을 방어하기며 모두를 목적으로 존중한다.

이런 점에서 볼 때 칸트의 정치철학은 리버테리언 원리와는 다르다. 후자는 자기 소유를 목적으로 파악하며, 타자의 복지를 위한 수단으로 고려하지 않는다. 리버테리언에게 인간의 기본권은 소유하는 개인(possessive individualism)이 되며, 무제한의 시장경제와 양립한다. 이것은 연대원리를 약화하며, 불이익을 당하는 자들을 위한 사회 안전망을 제거하고 공공선을 도외시한다. 사실, 심지어 로크(1632-1704)도 자기 소유의 무제한 권리나 리버테리안의 자유방임주

---

8 Gustafson, *Ethics* 1: 123.

9 *Ibid.*, 124.

의를 옹호하지 않았다. 오히려 그는 경제적 약자를 고려했고 이들을 위한 사회 안전망을 필요한 것으로 간주했으며, 소유 개인주의의 한계를 알고 있었다.

칸트와 스토아 원리

칸트는 사회 도덕론을 전개하면서 스토아주의를 수용한다. 이것은 칸트의 도덕철학과 의무윤리를 폭넓은 스펙트럼으로 열어주는데, 스토아주의는 칸트의 보편사에 대한 철학적 전개에서 제시된다. 스토아의 교리는 종교-형이상학적이며, 하나님 이념을 첫 번째 원인 또는 자연의 보편법으로 파악한다. 이성은 인간성과 우주의 토대이며, 삶의 목표는 이성에 따라 사는 것을 말한다. 달리 말하면 자연 즉 우주는 로고스, 질서의 신적 원리에 의해 채워져 있으며, 이것이 우주를 조절한다. 인간은 도덕적 타락에도 불구하고, 하나님과 같은 합리성을 가지고 있으며, 씨앗과 같은 우주의 이성(logos spermatikos)을 가지고 있다.

자연법은 인간의 삶이 자연의 조화로운 발전에 일치하도록 요구하며, 이성의 존엄성에 대한 도덕-종교적 자유는 하나님과 연합된다. 도덕적 삶의 완성은 감성의 세계에서 외적인 조건이나 사건에 방해받지 않는다(*apatheia*). 이러한 이념은 고대 그리스 황금시대의 한 부분으로 존재했다가, 철학의 역사에서 실종되었다. 칸트는 세계사의 새로운 시대에 스토아 원리를 회복하려고 한다. 스토아주의 관점은 아리스토텔레스와 크게 다르지 않다. 아리스토텔레스는 덕을 행복의 기반으로 개념화했고, 외적인 재산을 취득하고 사용하는 데서 윤리적으로 적절하게 고려한다.

마찬가지로 스토아 철학에서도 덕은 무조건 선한 것이며, 외적인 선함에 호소함 없이 오직 행복의 요소가 된다. 모든 다른 선한 것들은 엄격하게 거절되지 않고, 아리스토텔레스의 외적인 덕목들을 포함한다. 스토아주의의 행복은 이라스토텔레스의 귀족주의적 목적론(또는 토마스 아퀴나스의 귀족주의 군주제)보다 민주주의적이다.

모두가 동일한 도덕적 성격을 가지며, 하나님과 같은 이성적인 마음이 있고, 평등하고 행복할 수 있다. 의지의 의무는 이러한 자연법을 분별하는 것이며, 감각의 외적 욕구를 조절하며 하나님 안에서 숨겨진 인격을 성취하는 것이다. 이것은 인간의 내적인 존엄과 더불어 의지와 섭리의 조화로 인도된다. 개인주의는 종교적이며 윤리적인 책임성을 통해 표현되며, 보편주의와 일치한다. 합리적인 존재로서 인간들은 하나님의 보편적 이성을 반성하는 데 기본적으로 동일하다. 모든 사람은 똑같이 하나님에 대한 동일 지식으로 불리며, 자연의 신적인 법에 복종함으로써 윤리적으로 서로 연합한다.[10]

이것은 스토아 철학의 보편적 자연법에서 드러나는 특징을 지적하며, 코스모폴리탄 비전에 담긴 세계시민 사상을 말한다. 칸트는 스토아주의의 보편적 자연법과 덕목 그리고 코스모폴리탄 원리를 높게 평가한다. 스토아주의자들은 인간의 삶에서 악과 선의 갈등을 고려하면서 덕목의 중요성을 강조했다. 덕은 그리스어와 라틴어에서 용기와 가치를 의미하며, 라틴어에서는 적수의 존재를 전제한다. 덕은 행복을 위해 충분하며 열정으로부터의 자유(*apatheia*)롭기 위

---

10 Troeltsch, *The Social Teaching of the Christian Churches*, 65-66.

해 이성을 추종하는 것이 본질이다. 로고스 또는 보편이성은 모든 존재에 내재하며, 스토아철학은 공동 이성과 모든 사람의 본질적 가치를 평등하게 인정한다. 이것은 아리스토텔레스의 위계 질서적인 목적론과는 다르다. 이성과 덕에 따라 살아가는 것은 우주의 신적인 질서에 일치하여 조화롭게 사는 것이다.

그러나 칸트에 의하면, 도덕적으로 선하기 위해 모든 인간 안에 심겨진 선의 씨앗 또는 로고스 씨앗(*logos supermatikos*)을 좇는 것으로 충분하지 않다. 이성이 방해받지 않고 실현되려면 급진적인 악의 현실을 직시해야 하고 투쟁하고 극복해야 한다.[11] 칸트는 덕을 고귀한 것으로 간주했고, 자연적 성향은 자체상 고려될 때 선한 것이다. 덕이 전체 조화로 이어질 때 그것은 행복이다. 만일 이성이 행복을 성취한다면 그것은 신중함으로 불린다. 스토아주의는 인간의 도덕적 투쟁을 자연적인 성향 간의 충돌로 이해했고, 위반의 원인은 자연적 성향들과의 투쟁에서 실패했을 때만 파악된다.

칸트의 설명에 의하면, 여전히 스토아주의에는 악과 죄에 저항하는 세계변혁의 차원이 결여되어 있고, 그것은 상실되어 버리고 되돌아갈 수 없는 고대 그리스의 황금 시기에만 관심한다.[12] 스토아주의는 인간 마음의 사악함에 대항하는 지혜를 요구하지 않는다. 보편적인 도덕 원리는 인간 본성의 존엄에서 나오며, 자유는 자연적인(또는 본성의) 성향의 지배로부터 독립을 말한다. 인간의 본성 또는 자연은

---

11 Kant, "Religion within the Limits of Reason Alone [1793-1794]," in *Basic Writings of Kant*, 395.

12 *Ibid.*, 396-397. See further Troeltsch, *The Social Teaching of the Christian Churches* I: 66.

이성적으로 생각할 수 있는 능력이며, 도덕법은 직접적으로 이성으로 나오며, 이성만이 도덕법을 만든다. 도덕법을 통한 이성의 명령은 절대적이며 부패한 의지는 인간에게 있다.

칸트는 스토아 철학의 도덕성을 가치 있게 판단하지만, 특수한 도덕의 선의 원리들은 여전히 악과 투쟁 하기 위해 격률로서 존재해야 한다고 본다. 악과 투쟁이 없을 때, 모든 덕목은 취약해지며 도덕의 원리를 공격하는 반란자들은 처벌되거나 근절될 수 없다.[13] 공공의 삶에서 인간 존엄에 대한 칸트의 강조는 자유의 중요성을 도덕의 지고의 원리로 간주하며, 따라서 정의와 도덕성은 자유와 자율성에 연결된다. 우리는 합리적인 존재며 공공의 삶에서 이성을 사용한다. 반면 자율적인 존재는 자유롭게 행동하고 선택한다. 이성과 자유의 능력은 모든 인간에게 공통이며 순수 실천이성에 근거하고, 이것을 통해 우리는 도덕성의 지고의 원리에 도달한다. 칸트의 도덕 합리성은 보편적으로 자유와 자율성에 근거하며 개별적인 인권과 보편적인 인간의 권리를 목적으로 주장한다. 그것은 사회의 집단행복을 개인의 번영이나 행복을 극대화하는 수단이 되어서는 안 된다.

그러나 칸트는 스토아의 덕목윤리를 자신의 도덕적 합리성—자유, 자율성 그리고 정의—에 통합한다. 이해나 선호 또는 덕목에 대한 경험적인 고려는 보편사에서 드러나는 보편적 도덕 원리를 위한 기초를 위해 수용된다. 경험적 요소들, 예를 들어 선한 삶 또는 행복을 위한 선호나 욕구는 다양하며 주어진 상황에서 우발적이며 보편사와 관련된다. 그러나 도덕성의 존엄은 경험적, 역사적 흐름과 전개

---

13 *Ibid.*, 396, footnote 14.

에서 옳고 그름을 구분하면서 찾을 수가 있다. 칸트의 도덕적 합리성은 자기 입법의 자율성에 근거하는데, 이것은 목적 또는 도구적 합리성(타율)과는 다르다. 타율성은 인간의 이성을 목적성취를 위해 도구적인 수단이나 계산을 통해 다룬다.

보편사에서 칸트는 도덕의 합리성과 선한 의지가 타율이나 도구적인 수단과 타협하는 것이 아니라, 경험적이며 역사적인 흐름과 전개 과정에서 공동선과 정의를 추구한다. 칸트의 도덕 이론은 역사 과정을 통해 드러나는 객관적인 도덕의 세계에 주목하는데, 이것은 도덕에 대한 객관적 이론이다.

실천이성은 역사의 한계 내에 존재하며, 역사와의 상호작용을 통해 도덕의 합리성을 전개해 나간다. 해석학적으로 표현해보면, 나의 실천 도덕 이성은 역사적으로 영향을 받으며 사회 문화적 조건에 관련되지만, 그렇다고 해서 도덕적 합리성이 상대화되기보다는 여전히 생활세계처럼 인간의 삶을 악과 투쟁하면서 이끌어간다. 정의와 공공선은 사회적 조건들로 인해 공공영역에서 상대화되거나, 타협되거나 해체되지 않는다. 실천이성은 도덕 원리와 법을 위해 우리의 선한 의지를 지배하며, 선한 의지는 보편사적 콘텍스트와 더불어 가며, 개인의 자율성은 문화나 도덕적으로 상대화되는 것이 아니라, 역사 안에 담겨 있는 보편적인 도덕법에 따라 정의와 공공선을 위해 증대된다. 이러한 칸트철학의 도덕적 합리성은 루소의 사회계약론을 수용하면서 시민사회에서 구체화된다.

자체상 목적을 선택하는 것은 인간의 존엄을 위해 자유롭게 행동하는 것이며, 이것은 정의와 공공선의 문제가 된다. 칸트는 목적론적 사유나 공리주의—개인을 희생시키는 최대 다수의 최대행복 아니면 극단적인 자유방임주의―를 넘어선다. 인간은 목적을 추구하고 실현하는 데 타율적이 되거나 도구적 수단이 되지 않는다. 오히려 인간은 도덕적 입법의 저자이며, 인간을 목적 자체로 다루며, 인간을 수단이나 유용성으로 파악하는 여타의 시도에 제동을 건다. 철학적 비판은 인간을 사물로 환원시키는 물화에 저항한다.

칸트의 도덕철학은 급진적 악을 고려하지 않으면 이해하기 어렵다. 칸트에 의하면, 악은 훈련되지 않는 자연적 성향에서 찾아지는 것이 아니라 이성의 배후에 숨어있는 보이지 않는 원수와 같다. 도덕법에 저항하는 것은 악 자체이며, 이것은 근절될 수가 있다. 이성만이 도덕적 진리를 가르치며 악과의 투쟁을 실천하게 한다. 이성은 지혜의 이름으로 부르기 타당하며, 바울이 말하는 '보이지 않는 원수'에 주목한다. 악은 보이지 않는 원수로서 인간 외부에서 인간의 삶에 악한 영향을 통해 알게 된다 "우리의 싸움은 인간(자연적 성향)을 적대자로 상대하는 것이 아니라, 통치자들과 권세자들과 이 어두운 세계의 지배자들과 하늘에 있는 악한 영들을 상대로 하는 것입니다"(엡 6:12).[14] 이것은 악의 급진적 성격을 보여주며 인간에게 파악되기 어려운 현실을 말한다. 선과 악의 끊임없는 전쟁은 인간의 발전에서도 볼 수 있고, 이러한 적대관계(비사회적 사회성, the unsocial sociability)로 인해 시민사회가 필요해진다. 칸트는 공화제 민주주의와 시민사회를 옹호하며, 스토아주의의 코스모폴리탄주의를 통해 민주주의 이념을 확대시킨다.

---

14 *Ibid.*, 397.

보편사와 코스모폴리탄 의도

스토아 철학에 대한 칸트의 수용에서 우리는 칸트가 보편사의 틀에서 코스모폴리탄 원리를 정교화하게 다듬어가는 것을 본다. 스토아 철학에서 드러나는 두 가지 시민권 개념은 개인의 특별한 도시 또는 국가 시민과 더불어 우주와 세계시민에 관련된다. 칸트에 의하면, 역사는 인간 의지의 자유의 활동 무대이다. 규칙적인 진행은 "느리지만, 여전히 전체 인류의 본래 성향을 지속하며, 진보해나가는 진화다."15

칸트의 사회 도덕론은 스토아 윤리를 정의의 사회윤리적 방향으로 통합하며, 여기서 인간 삶의 사회적 성격이 자연의 세계와 상호의존성과 더불어 중요시된다. 인간의 자연적 욕구와 성향은 스토아의 관점에서 볼 때, 합리적인 활동에 인도되며, 자기 결정의 실천은 악의 현실과 투쟁한다. 느낌과 자연적 성향은 보편사의 진행에서 목적을 향한다. 이것은 자연의 목적론적 이론에서 도덕적 활동을 위해 필요한 조건이 된다. 칸트의 목적론적인 자연 개념에서 자연의 진행은 목적을 드러내며, 인간의 부조화와 갈등에도 불구하고 조화를 산출한다.

모든 피조물의 자연적 성향은 이들의 목적에 따라 전개된다. 이것은 진화를 통해 도덕의 진보를 말한다. 이것은 한 수준에서 다른 수준으로 점진적으로 진보해나가는 계몽의 과정이고, 역사적 축적을 검토하기 위해 테스트와 경험과 정보를 요구한다. 목적을 향한 수단의

---

15 Kant, "Idea for a Universal History with Cosmopolitan Intent [1784]," in *ibid.*, 119.

전개에서 자연은 인간의 이성과 의지의 자유를 부여하며, 이것은 인간의 특질을 볼 때 자연의 목적으로 드러나며, 인간의 자질과 발전은 모든 쾌락과 통찰과 지성과 더불어 이성의 지배를 통해 성취된다.[16]

　칸트의 목적론은 진화론적이며, 역사적인 발전 도식에서 개념화되며, 아리스토텔레스의 목적론적 추론과는 다르다. 아리스토텔레스는 잠재태와 ―자기 함양의― 현실태의 관계에 대한 도덕적 반성을 통해 중용의 입장에서 목적이 추구된다. 아리스토텔레스의 목적론은 생물학 특히 동·식물들을 분류하면서 존재의 연쇄 고리를 위계질서적으로 파악한다. 식물과 동물의 저급한 질서에서 고차원적인 인간의 질서로 파악하는데, 그는 이러한 위계질서 존재의 연쇄 고리에서 원인론과 내적인 목적론을 발전시켰다. 그러나 역사문제는 그의 도덕론에서 거의 고려되지 않는다.

　그러나 칸트는 스토아주의를 통해 진화론적인 틀에서 자연의 목적론적 견해를 통해 의무와 인권으로 강화하고 정의와 공공선으로 재해석한다. 자연의 목적론은 인간의 이성과 대립하지 않으며, 의무와 책임을 위한 자연적 근거는 중용이 아니라 상호 의존성에 기초하며, 목적론적 역사로 통합된다. 여기서 공동체의 상호 사회적 선은 중요하며, 이것은 여타의 사회진화론에서 칸트를 구별한다.

　칸트에게 도덕적으로 선한 행동은 도덕법에 일치해야 하지만 도덕법 자체를 위해 행해지는 것과는 다르다. 여전히 인간의 동기가 도덕적 행동에 의미를 부여하며, 의미 있는 행동은 도덕적 행동에 기반하고, 의무의 동기는 인간 성향의 동기나 귀결과는 다르다. 칸트

---

16 *Ibid.*, 120-121.

에게서 의미 있는 행동은 도덕적 행동이다.

도덕의무는 인간의 행동에 도덕적 가치를 부여하며 도덕적인 신중함이나 타자를 돕는 동정심을 배격하지 않는다. 신중함과 타자를 돕는 동정심은 도덕의 가치를 약화하지 않기 때문이다. 도덕의무는 동기, 가치와 관련되며, 칸트의 도덕철학은, 마이클 샌델이 비판하는 것처럼, 감정과 덕목의 차원을 오로지 의무를 위해서만 행해야 하는 감정 혐오주의와는 상관이 없다.[17]

자연과 역사와 더불어 칸트는 인간의 이성과 도덕적 원리를 돌출하려고 하며, 이것이 칸트에게 의미 있는 행동이 된다. 이러한 측면은 막스 베버의 네 가지 합리적 유형에 보충적이다. 막스 베버는 인간의 행동을 분석하면서, 목적 합리성(수단과 목적에 근거한 도구적 합리성), 가치 합리성(귀결을 고려하지 않는 심정 윤리), 전통적 합리성(문화적 습관이나 종교로부터 오는 합리성) 그리고 감정 합리성(감정에 의존되는 합리성)으로 분류한다.

베버에게 목적 합리성은 목적을 위해 여타의 수단을 사용하고, 의미 있는 행동으로 파악되는데, 이것은 공리주의나 사회진화론 또는 마르크스주의에도 드러난다. 목적이 수단을 정당화한다. 목적 합리성의 한계를 넘어서기 위해 막스 베버는 책임 윤리와 심정 윤리의 상호보충성을 반성하지만, 도덕 합리성에 대한 반성이 충분히 고려되지 않는다. 칸트의 도덕 합리성은 역사적으로 파악되며, 인간을 목적으로 존중하는 데서 의미 있는 행동이 된다. 보편사와 코스모폴리탄의 틀에서 전개되는 칸트의 도덕 합리성은 의미 있는 행동으로

---

17 Sandel, *Justice*, 115.

서 베버의 합리성 이념형을 보충할 수 있다.

칸트는 자연의 상태를 악을 향한 경향으로 특징짓는다. 왜냐하면, 인간은 자연과의 의존에서 자연적 대립과 야만의 조건에 있다. 이것은 인간의 동물성을 말하며, 자기보존과 종족보존 그리고 타인과의 사회적 교제로 특징된다. 이것은 '자연의 조야함의 악덕'[18]으로 불리며, 이성을 요구하지 않는다. 칸트의 발전 도식은 인간성을 향한 경향을 포함하며, 이성을 요구하는 자기애로 불린다. 이것은 평등을 원하지만, 여전히 시기와 경쟁이 인간의 삶에서 나타나며 적대 감정을 통해 타자를 지배하려는 우위로 드러난다. 그러나 자연은 이러한 경쟁을 문화를 향한 추동력으로 이용하며, 이러한 악들은 문화의 악들로 불린다. 최종적으로 인격성을 향한 성향은 인간 안에 있는 도덕법을 존중하는 것이다. 이성은 무조건 도덕법을 명령하며, 이것은 도덕적 감정을 의지의 추동력으로 사용한다. 이것은 '자체 의지의 충분한 인센티브'가 된다.[19]

그러나 악을 향한 성향은 인간의 본성(습관적인 욕구나 강한 성적 욕망 concupiscence) 안에 있으며, 개인의 주관적 격률을 도덕법에서 빗나가게 한다. 인간 존재 안에 있는 악의 자연적 성향(인간 본성의 나약함, 마음의 불순함과 부패)[20]은 문명과 문화를 통해 오랜 과정의 필터를 거치면서 도덕화 또는 도덕성으로 진입한다. 문명국가는 여전히 이성의 빛을 드러내지만, 고통과 재난의 단계(a glittering misery)를 포함하

---

18 "Religion Within the Limits of Reason Alone [1793-1794]," in *Basic Writings of Kant*, 376.

19 *Ibid.*, 377.

20 *Ibid.*, 379-380.

며, 자연적 성향의 발전(동물성)에 구속된다.

자연의 목적은 인간을 보다 고귀한 목적을 수용하게 하고 동물적 조건이 도덕성을 향해 초월하도록 한다. 동정심이나 이타적인 행동은 도덕적 가치의 요소가 되며, 물론 이것은 도덕적 의무나 동기를 대신하지 않는다. 자연은 모든 인간의 능력을 발전시키기 위해 수단을 사용하며, 이것은 사회에서 발생하는 인간의 대립이나 적대를 신의 섭리에서 파악한다. 자연이나 섭리는 악을 선으로 되돌리며, 인간은 자신의 탁월한 자연적 능력들을 자연 없이는 발전시킬 수 없다. 자연에는 사회적 불일치나 적대감이 존재하지만 그럼에도 불구하고 자연의 지배와 섭리 가운데 있다. 칸트는 적대를 인간의 '비사회적 사회성'으로 말하고, 사회로 들어가는 인간의 성향으로 말한다. 이러한 성향은 지속인 상호적 저항과 연결되며 사회를 해체하려고 위협한다. 이러한 위협으로 인해 결국 사회는 법적 질서를 가지게 된다.[21]

이러한 적대로 인해 인간의 성향은 법의 지배를 받는 사회질서로 들어간다. 타인과 연합하려는 인간 성향에도 불구하고, 인간의 비사회적 특징으로 인해 지속인 저항과 많은 악이 발생한다. 자연적인 충동이나 자극은 인류로 하여금 이들의 자연적 능력과 발전을 새롭게 하게 만든다.

첫 번째 단계는 역사의 발전과정 중 야만주의에서 계몽된 마음을 통해 문화로 이행하면서 성취되며, 문화는 인간의 사회적 가치를 구성한다. 인류의 모든 탁월한 자연적 능력들은 경쟁적이거나 소유

---

21 Kant, "Idea for a Universal History with Cosmopolitan Intent [1784]," *ibid.*, 122.

I. 칸트와 역사철학 | 363

하고 지배하기 위한 탐욕스러운 욕망 그리고 호전적인 본성이 없이는 발전할 수가 없다. 자연은 불협화음을 원하며, 인류를 '게으름과 비활동적인 만족에서 벗어나 노동과 문제'를 일으키게 만든다.[22]

칸트의 철학적 역사개념은 진정한 경험의 역사를 —선험적 원리에 근거한— 보편사의 이념을 통해 제거하지 않는다. 인식의 영역에서 순수 이성은 단순한 이념들을 통해 오성-이해에 규제적으로 작용하지만 이러한 이념들은 경험 또는 진정한 경험의 역사나 대상에 관여하지 않는다. 그러나 칸트의 철학적 역사개념에서 실천이성은 힘을 가지고 있고, 자연의 계획과 더불어 —불이익, 실패 그리고 저항 등을 통해— 상호작용한다. 자연 상태의 야만인 조건은 모든 자연적 성향을 지니며 시민사회로 진입한다. 이러한 세계의 진화는 도덕의 진보를 위한 목적으로 통합되며, 이성이 명령하는 도덕법은 영구평화를 향해 의무개념을 증진한다.[23]

순수이성비판에서 칸트는 감성과 오성(이해)의 관계를 설정하고, 감성을 통한 자연 세계에 대한 경험을 오성이 범주화하고 종합하면서 이해한다. 감성에 대해서 오성-이해는 선험적이며 동시에 경험적이다. 오성-이해는 감성의 경험을 개념화하고 내용을 구성하며 인식을 가능하게 한다. 이것은 오성의 구성 원리를 말한다. 내용이 없는 사고(인식)는 공허하고, 개념이 없는 직관은 맹목적이다. 인식은 사고와 직관 또는 내용과 개념의 종합이다. 자연의 대상을 경험하고, 수용하고, 지각하는 감성과 경험을 사고하고, 범주로 개념화하

---

22 *Ibid.*, 123.
23 "To Eternal Peace," *ibid.*, 451.

는 오성-이성을 통해 인간은 인식하게 된다.

그러나 이성은 자연 세계로부터 매개되는 경험과 무관하다. 이성은 몇 가지 개념과 원리의 기원이며 감성과 오성-이해로부터 독립적인 몇 가지 개념과 원리의 기원이다. 이것은 원리 아래서 오성/ 이해의 규칙을 일치시키는 능력이며, 순수 이성의 초월적 이념을 말한다. 하나님 이념은 감각적 경험이나 오성-이성을 넘어서 있으며 초월적 이념을 구성한다. 이성은 이러한 초월적 이념을 취할 수 있다. 이것은 이성의 규제원리를 말하는데 오성-이해처럼 구성 원리를 제공하지 않지만, 이론적 활동을 지배한다. 이성의 규제적 원리는 오성-이해의 다양한 인식 개념을 통해 선험적 일치를 제공한다.

그러나 보편사에서 칸트는 스토아의 자연과 이성개념을 수용하며, 이성은 오성-이해와 관련될 뿐 아니라, 자연과 역사에 관여하는 '역사 이성'으로 전개되며, 이성은 정치적 신중함이나 경험의 영역에서 악과의 투쟁에 관여한다. 실천이성은 역사적으로 관여되며, 자연적 성향이나 덕목들을 포괄한다. 물론 여기서 실천이성은 여전히 도덕 이성으로서 정언적으로 작용한다.

루소가 자연의 상태를 자연적 자유와 평등의 기반으로 간주한다면, 이것은 시민사회에서 벌어지는 만인 대 만인의 투쟁을 극복한다. 그러나 칸트는 루소와 달리, 역사를 발전의 도식 즉 도덕과 사회의 진보에서 고려하며, 그의 급진적 악에 대한 이해는 스토아의 원리를 역사개념에 도덕적 합리성을 통해 수용한다. 여기서 도덕적 합리성은 경험과 무관하게 파악되는 것이 아니라, 도덕적 감정과 경험적 현실에 역동적으로 관여된다. 물론 칸트의 인식론적 측면에서 도덕적 합리성은 오성-이해와 관련되지만, 그의 철학적 역사개념에서 도덕 합리성은 이미 경험의 현실에 관여된다. 자연의 상태와 시민사회는 이성의 원리의 틀에서 디자인되고 강화된다. 이성의 원리는 모든 곳에서 드러나는 급진적 악의 현실과 대립한다. 칸트의 역사-합리적인 인간 이해는 루소의 자연 상태에 대한 선호나 혹은 홉스의 리바이어던이 요구하는 만인 대 만인의 투쟁과도 다르다. 역사발전과 더불어 도덕의 진보가 드러나며, 실천이성은 자연과 역사에 관여한다. 그것은 '역사 이성'으로 베버의 가치 합리성과는 달리 도덕 합리성이라는 이념형으로 분류될 수 있다. 칸트의 '도덕 합리성'은 특히 하버마스의 소통 합리성으로 발전하기도 하지만 사회진화론이나 자유방임주의에 대한 강력한 비판의 무기로 등장한다. 노동 분업을 통해 사회가 합리화되고 전문화될 때, 인간의 도덕성 역시 진보한다. 이것은 과거의 부정의와 오늘의 삶의 공공선을 위해 —희생자들에 대한— 아남네시스적 자기반성을 강화하며 역사와 시민사회에 대한 도덕적 토대를 제공한다.

『도덕의 형이상학의 기본원리들』(*Fundamental Principles of the Metaphysics of Morals*, 1785)에서 칸트는 자연을 목적의 왕국(이론적 이념)으로 고려하며, 반면에 윤리는 가능한 목적의 왕국 또는 자연의 왕국(실천이념)으로 파악한다. 후자는 외부로부터 필요에 따라 움직이는 기계처럼 효율적 원인인 법에 의해서만 가능해진다.[24] 칸트는 모든 격률을 자연의 보편법과 목적 자체를 통해 목적이 가능한 왕국을 자연 왕국과 조화시키려고 한다. 자연의 목적론적 역사는 철학적 섭리를 통해 자연을 정당화한다. 칸트의 도덕 이론은 역사에 대한

---

24 "Fundamental Principles of the Metaphysics of Morals [1785]," in *Basic Writings of Kant*, 193, 195.

철학적 개념과 관련되며, 자연의 왕국은 목적의 왕국으로 진화론적인 범위로 발전한다. 칸트의 목적론적 역사는 자연을 포함하며, 그의 도덕 이론은 역사의 틀에서 경험적 현실들과 깊게 관여된다.

자연과 역사적 발전에 대한 이러한 관점은 개인적 차원에서 드러나는 경험과 이성의 이분법적 구분을 유연하게 한다. 물론 거대한 진화의 범위와 역사의 발전에서 칸트는 실천적, 도덕 이성과 자유를 방어한다. 이것은 열정과 자연적 성향에 포로가 되지 않도록 이성을 강조하고 방어한다. 그러나 진화의 과정은 적자생존처럼 단순히 잔인하거나 경쟁적이지만은 않다. 오히려 진화는 목표와 목적을 내포하며, 칸트는 이것을 자연의 목적론에서 도덕의 진보로 표현한다. 칸트의 철학적 목적론은 자유방임주의나 사회진화론과는 확연히 구분된다. 왜냐하면, 칸트의 관심은 도덕의 진보이며 ―사도 바울에 일치하여― 급진적인 악이 현실에 대한 저항을 의미하기 때문이다.

보편사 이념에서 칸트의 코스모폴리탄 의도성은 인류의 역사가 전반적으로 숨겨진 자연의 목적 실현으로 보게 한다. 이것은 내외적으로 완벽한 헌법을 만들어내며, 자연이 인류의 모든 성향을 발전시키는 곳은 오로지 국가이다.[25] 영향을 주는 역사는 자연의 경험적 영역과 분리되지 않으며, "창조의 위엄과 지혜를 찬양하는 것은 선한 것이다"[26] 도덕의 진보는 법의 개선과 진보와 관련됐다.

세계의 진화(또는 섭리)는 더욱 높은 목적을 향해 나가며, 그것은 객관적 최종목적을 지적한다. 시대의 역사는 도덕의 발전으로 특징

---

25 *Ibid.*, 129.

26 *Ibid.*

되며, 우리 이후 세대는 역사의 부담과 짐을 해결하려고 할 것이다. 의심할 여지 없이 이들은 고대의 역사를 자신들의 관점으로부터 고려할 것이며, 어떤 국가들과 정부들이 세계에 기여하거나 어떻게 손상을 입혔는지를 검토할 것이다.[27]

칸트에게 역사는 현재와 상호연관 되면서 드러난다. 과거의 역사는 목적론을 위해 비판적으로 검토된다. 사실 이러한 칸트의 목적론 역사개념은 에드몬드 후설과 유사점을 가진다. 후설은 생활세계를 다루면서 인간의 의식은 전통의 침전물에서 드러나는 애매함과 명료하지 못한 것, 또는 편견과 억압을 부단히 비판하고 해방을 향해 진보한다고 본다. 이것은 후설의 목적론적 역사이해이며, 과거나 전통의 오류나 편견과 억압에 대한 책임 비판과 해방의 기획을 담고 있다.

생활세계는 주어진 것이며 선험적으로 모든 인간의 삶의 지평을 이루는데, 지평은 생활세계에 대한 인간의 주체적 반성을 통해 열리고 확대된다. 도덕 합리성이 의미 있는 행동이 된다면, 의미 지평은 도덕적 반성과 삶에 주어진다. 이러한 현상학적 반성을 통해 인간은 모든 자연적 편견과 경험의 제한성에 역사 비판적인 태도를 견지하며 해방을 향해 나간다. 이러한 역사적 자기반성은 과거와 현재에 비판적이며 구성적인 해석을 통해 조화와 의미를 향해 나가는데, 후설은 이것을 '역사에 대한 목적론적 견해'로 파악한다.[28]

칸트에게 진화론적 과정은 지혜로운 창조주의 섭리와 배열에서

---

27 *Ibid*. 451.

28 "The Matematization of Nature," in *The Essential Husserl*, 363.

파악되며, 악한 영의 지배에 있는 것이 아니다.[29] 칸트는 진화론적 발전을 신적인 섭리로 통합시키고, 이것을 시민사회와 인권의 발전에서 본다. 인류가 추구하는 최근의 문제는 시민사회의 성취에 있으며, 행정적으로 권리를 일반적으로 조직화하고 다스린다. 도덕 이성은 역사와 더불어 목적론적으로 드러나며 악과의 투쟁을 통해 의미와 조화로운 삶을 시민사회 안에서 정의와 공공선을 위해 드러낸다.

'역사에 대한 목적론적 견해'는 칸트 도덕철학의 지평이 비판적 책임과 의무에 기초하며 해방적임을 알 수 있다. 예를 들어 유대인은 프톨레마이오스(Ptolemies) 시대에 성서의 그리스어 번역을 통해 진보했다. 그것은 이후 역사를 이끌어가는 내적인 동인이 되었다. 칸트는 데이비드 흄을 인용하는데, "투키디데스(*Thucydides*)의 첫 페이지는 실제 역사의 시작이다."[30] 투키디데스는 대략 기원전 400년에 일어난 펠로폰네소스 전쟁사를 경험적인 자료들을 근거로 전례 없는 객관적 입장에서 다룬다. 그리스의 역사는 보존되었고, 적어도 참된 것으로 입증된다. 우리는 그리스의 지속인 영향을 로마 제국의 정치 기구 형성과 또는 변형에서 본다. 역사적 영향의 연쇄반응은 그리스-로마 문명 아래 있던 야만인들의 발전에서도 드러난다. 우리는 계몽된 국가들을 통해 제헌 정부의 규칙적인 개선 절차를 발견하며, 법은 궁극적으로 모든 국가에 주어진다. 인류의 역사는 미래의 비전을 열어준다. 왜냐하면, 그것은 자연이 심어놓은 씨앗들의 완전한 발전을 향해 작용하기 때문이다. 이것은 지상에서 그 소명을 성취

---

29 Kant, "Fundamental Principles of the Metaphysics of Morals [1785]," in *Basic Writings of Kant*, 123.

30 Kant, "Idea for a Universal History with Cosmopolitan Intent," *ibid.*, 131, footnote 2.

한다.31

칸트의 시도는 일반적인 세계사를 쓰는 것이며, 자연의 계획은 자체상 신의 섭리로 파악된다. 이것은 완벽한 인류의 시민연합을 목표로 하며, 이러한 시민연합은 목적의 왕국 개념을 정치 사회적 차원으로 확대한다. 이것은 자연의 의도에도 도움이 된다.32 개별국가는 전체의 유지에 관심하며, 이러한 기구정치는 많은 혁명을 통해 변혁이 일어날 것이라는 희망을 제공한다. 자연의 최고 의도성은 코스모폴리탄 조건이며, 이것은 모든 인류의 본래 성향이 발전하기 시작하는 자궁과도 같다.33

칸트와 가다머

그러나 칸트의 역사철학은 한스 게오르그 가다머의 해석학에서 실종된다. 가다머는 칸트의 이성 비판에서 판단의 논리적 기반은 특수한 상황들과 자연적 성향들을 보편적인 것 안으로 포괄하며, 그의 미학적(경험적 또는 반성적) 판단은 형식적인 적합성을 통해 이해된다고 본다.34 인간의 의지는 순수 실천이성의 자기 입법에 기초하며 감성이나 도덕적 느낌을 배제한다. 공동의 일반적 센스나 지각(sensus communis)은 칸트의 도덕철학에서 자리를 갖지 못한다.

가다머의 평가에 의하면 이해는 보편적인 것을 특수한 상황에

---

31 *Ibid.*, 132.

32 *Ibid.*, 131.

33 *Ibid.*, 130.

34 Gadamer, *Truth and Method*, 31.

적용하는 것을 말한다. 이런 점에서 아리스토텔레스는 칸트의 한계
를 넘어서서 윤리를 해석학적 연관성으로 다룬다. 물론 가다머는
아리스토텔레스가 역사적 차원이나 해석학적 관심이 미비한 것을
안다. 그러나 이성의 적절한 사용은 도덕적 삶에서 중요한 역할을
하며, 이성과 지식은 목적론적으로 되어가는 존재에 결부되어있다.
아리스토텔레스는 플라톤 선의 이념이 '공허한 일반성'(empty gen-
erality)이라고 비판했고, 인간적으로 선한 것 즉, 인간 행동을 통한
선한 것을 추구했다. 아리스토텔레스는 플라톤의 토대가 되는 덕
(arete)과 지식(logos)의 일치가 과장된 것임을 비판한다.

인간의 도덕적 지식은 노력과 이성의 추구이며, 윤리는 실천을
말한다. 인간은 그가 실행하고 어떻게 행동하는가에 따라 되어가는
존재다. 인간이 특수한 실천적인 상황에서 선함을 만난다면, 도덕적
지식의 과제는 구체적인 상황이 인간에게 요구하는 것을 결정한다.
구체적인 상황에 적용할 수 없는 지식은 의미가 없고, 심지어 상황이
요구하는 것을 애매하게 만들 위험성이 있다. 도덕적 반성의 본질은
도덕의 연관성에 방법의 문제를 제기한다. 지식은 도덕적 존재의 본질
적인 요소이다. 특수한 상황과 연관되는 도덕적 반성과 지식의 문제는
가다머의 해석학에 중요하다. 왜냐하면, 가다머의 해석학은 존재가
처한 상황과 유리된 채 있는 순수지식과는 구별되기 때문이다.35

해석자는 그가 해석하는 전통에 관여되어 있으며, 이해 자체는
역사적 사건이다. 가다머의 해석학에서 역사는 존재론화 되는데, 특
히 아리스토텔레스가 도덕적 지식을 객관적 지식으로부터 구분 지

---

35 *Ibid.*, 314.

은 것은 가다머에게 매력적이다. 인식하는 사람은 그가 관찰하고 주목하는 상황의 우위에 위치하는 것이 아니라, 그 안에서 즉 역사로부터 영향을 받는다. 아리스토텔레스는 도덕적 지식(프로네시스, phronesis)과 이론적 지식(에피스테메, episteme)을 구분했다. 도덕적 지식은 수학적 이성이나 이론적 지식에서 배울 수 없다. 인문학은 도덕적 지식에 관련된다. 도덕적 지식은 상황에 대한 경험적 자체를 포함하는데, 가다머는 아리스토텔레스가 분석한 신중함에 주목한다. 사려 깊은 반성의 덕인 신중함 곁에는 공감하는 이해가 있다. 여기서 이해는 도덕적 지식의 덕을 제한하는 것으로 소개된다.[36]

그러나 가다머의 해석학에서 결정적인 것은 역사의 영향인데, 인간의 의식에 영향을 미치는 역사개념은 이미 칸트 철학에 마련되어 있다. 가다머에게 "역사적이라는 것은 개인의 지식이 결코 완전할 수 없다는 것을 의미한다."[37] 이것은 헤겔의 절대지에 대립한다. 그러나 역사적 상대성은 정의와 평등의 문제를 상대화하는가? 이성이 역사의 영향에 구속된다고 하더라도, 도덕 원리는 상대화되기보다는 역사와 사회 안에 존재하는 악한 세력들의 현실과 투쟁하면서 발전하지 않는가? 가다머의 해석학에서 정의의 문제는 잘못된 전통으로부터 비판적인 물러섬 정도로 언급된다. 이것은 연대와 해방으로 나가지 못한다. 역사 안에서 도덕적 이성에 대한 해석은 정의와 공동선을 고려하지 않을 경우, 가다머의 존재론적 해석학은 더 비판적일 필요가 있다.

---

36 *Ibid.*, 322.
37 *Ibid.*, 302.

칸트에게 해석학의 차원은 현상학적인 태도를 포함하며, 도덕원리가 생활세계처럼 보편사 안에서 전개되지만, 역사로 해소되지는 않는다. 공동의 일반적 센스나 지각(sensus communis)을 당연한 것으로 여기는 자연적 태도에 칸트는 도덕의 합리성을 병립시키고, 책임 비판과 편견으로부터의 해방을 역사적 발전과정에서 악과의 투쟁이라는 측면으로 발전시킨다. 의무와 정의 그리고 자율성은 역사로부터 상대화가 되는 것이 아니라, 역사의 악들과 투쟁을 통해 심화한다. 가설적 명법은 역사적 발전단계에서 목적을 위한 수단 또는 신중한 반성을 위해 고려되기도 한다. 반면에 정언명법은 이성과 선 자체에 일치하면서 보편사와 관련된다. 그러나 칸트는 여전히 역사가 인간 이성의 다양한 형식들을 조건 짓고 결정하는지에 대해 충분한 반성과 해명을 하지 않는다. 다양한 역사와 장소들에서 생활세계는 다르게 나타난다. 도덕의 정언명령은 다양한 문화와 사회 그리고 역사보다 상황에 적합한 신중한 방식으로 전개될 수 있다. 도덕의 생활세계는 객관적이며 인간의 삶에 주어진 것이지만, 각각의 다른 문화와 사회(유럽, 아프리카, 아시아)에서 다르게 나타난다. 이러한 다름에도 불구하고 생활세계는 모두에게 공동적이며, 도덕의 보편적 지평 안에서 움직인다. 상대적인 특징에도 불구하고 생활세계는 인간의 삶에 일반적이며 보편적인 구조를 제공한다.[38]

후설적인 의미에서 생활세계와 지평 이론은 칸트의 목적론 역사를 보충해주고, 민주주의적 합의와 인정의 정의로 나가게 해줄 수 있다. 사실, 칸트의 보편사에 대한 철학적 개념은 의무와 신중함,

---

38 "Elements of a Science of the Life-World," in *The Essential Husserl*, 373-374.

자율과 타율 그리고 정언명법과 가설적 명법에 대한 변증법적 관계
와 역사, 사회 조건들에서 구현된다.

II. 사회계약과 코스모폴리탄 윤리

　칸트는 어떻게 개인의 격률을 보편화하는가? 개인의 격률이나 도덕의 규칙은 대립 없이 보편법이 될 수 있는가? 개인행동의 격률을 보편화하는 데서 이것을 테스트하는 기준이 있는데, 개인의 격률은 정언명법에 일치해야 한다. 칸트는 정의론을 사회계약에 근거하며, 정의로운 헌법은 개인의 자유와 모두를 조화시켜야 한다고 본다. 칸트는 계몽주의의 긍정적인 차원에 호소하고 이성의 공공사용 중요성을 강조한다. 인간은 합리적이며 도덕적 존재이며, 인권과 자유 그리고 자율성을 가지며 목적으로 다루어져야 한다. 이러한 전망은 인간성을 목적 자체로 포함하면서 확대된다.

　비록 칸트는 계몽의 발전에서 드러나는 난센스와 비상식적인 것들을 무시하지 않았지만, 그의 견해는 계몽이 인류를 이기주의적 팽창으로부터 방어해줄 것으로 보았다.[1] 칸트에게 계몽의 원리는 사회 안에서 이성의 공공사용을 제한받지 않게 허용하며, 그의 도덕 원리인 자유, 자율성, 성숙함에 결정적이다. 사실, 칸트는 프로이센 군주제와 전제주의를 정당화하지 않았다.

　칸트의 『도덕의 형이상학을 위한 기본작업』(*Groundwork for the*

---

1 Kant, "Idea for a Universal History with Cosmopolitan Intent," in *Basic Writings of Kant*, 130.

Metaphysics of Morals)은 미국 혁명(1776) 이후, 프랑스 혁명(1789) 바로 이전에 출간되었다. 여기서 인권과 국가의 독립은 반-식민주의적으로 다루어지며, 칸트는 리버럴·비판적 사상가로서 폭력과 공포정치에 비판적이지만, 프랑스 혁명의 이념을 적극적으로 평가하는 것을 주저하지 않았다.

칸트는 국제관계에서 그의 도덕 이론을 프랑스 혁명에서 드러나는 사회계약론과 더불어 글로벌 차원으로 확장하면서 코스모폴리탄 국가를 기획한다. 이것은 식민주의를 끝장내고 환대의 법을 통해 영구평화를 이루려고 한다. 사실 칸트는 비판적이고 합리적이었지만, 동시에 하나님의 나라를 지상에 설립하려는 유토피아적이었다. 칸트는 시민 헌법을 모든 인간의 자연적 성향이 들어가야 하는 최종 단계로 보았다. 공공안전을 위해 코스모폴리탄 국가가 도입되고, 이것을 통해 악의 현실에 구속과 억제를 하려고 한다.

칸트의 도덕 이론은 시민 헌법과 정의에 근거한 사회윤리로 나아간다. 완벽하고 정의로운 시민 헌법은 인류가 성취해야 할 최고의 과제가 되는데, 여기서 자연의 지고한 목적이 이루어진다. 이것은 자신들의 노력을 통해 인간의 모든 능력의 발전을 말하며, 사회의 모든 목적을 보장한다. 가장 위대한 자유는 허용되며, 동시에 그것은 자유의 제한을 결정하고 강제한다. 이러한 사회는 자연의 최고목적에 봉사한다. 사회에서 자유는 외적인 법 아래서 발견되며, 저항할 수 없는 세력, 다시 말해 완벽하게 정의로운 시민 헌법은 자연이 인류를 위해 설정한 지고의 과제가 된다.[2]

---

2 *Ibid.*, 124.

이러한 전망은 루소의 사회계약론과 일반의지에 공명한다. 칸트에 의하면, "루소가 야만인들의 조건을 선호했을 때 완전히 틀린 것은 아니다. 물론 이것이 인류가 도달해야 할 마지막 단계가 아니라는 사실을 배제할 때 그렇다."[3] 칸트는 시민사회를 정당한 법적 사회로 간주했고, 이것이 필연적으로 야만인들이 처해있는 잔인한 '자유'이나 자연 상태로부터 탈출하게 해줄 것으로 보았다. 또 시민사회는 인간이 서로 간에 처해있는 빈곤으로부터 자유롭게 해줄 것이다. 시민 연방과 같은 국가는 내적으로는 시민 헌법을 가장 최선의 방식으로 조직하고, 외적으로는 공동협정과 입법을 통해 설정하고 유지할 수 있다.[4] 루소가 자연의 상태에서 드러나는 공감과 연민, 정의를 시민사회에서 계약과 법을 통해 회복해야 할 것으로 본다면, 칸트는 역사의 전개 과정을 보편사의 측면에서 고려하고 악과의 투쟁과 도덕의 진보를 중요하게 고려한다.

합리적인 존재는 법을 요구하며, 법은 모든 사람의 자유를 제한한다. 이러한 요구는 인간들이 일반의지에 복종하도록 주권이 필요하며, 주권 아래서 모든 개인은 공공선에 관련하여 자유롭게 된다. 이것은 가능한 헌법적 성격에 관하여 바른 개념을 요구한다. 또한, 많은 활동에서 경험이 필요하며 선한 의지는 그러한 헌법을 받아들인다.

시민사회는 도덕성과 인격성 그리고 삶 자체의 근원이 될 수 있다. 에밀 뒤르켐에 의하면, 칸트는 도덕의 의무를 인격성과 연관 지어 기술했으며, 사회계약에는 도덕적 기반이 존재한다. 객관적인 사

---

3 *Ibid.*, 128.
4 *Ibid.*, 126-127.

회적 실제(social facts)와 마찬가지로 도덕적 실제(moral facts)가 역사의 발전과 더불어 진보한다. 도덕적 실제는 과학적 경험적 연구를 통해 설명할 수 있으며, 마르크스처럼 경제로 환원되거나 이데올로기가 되지는 않는다. 이런 점에서 뒤르켐은 칸트의 입장—의무는 도덕성의 결정적인 요소이다—을 사회학적으로 중요하게 받아들였고, 사회과학적인 경험 분석을 통해 도덕 이론은 객관적으로 해명될 수 있다고 주장한다.5 칸트에 대한 뒤르켐의 사회학적 평가는 정당하며, 이미 우리는 이것을 칸트가 역사발전에서 어떻게 도덕 이성을 개념화하고 악과의 투쟁과 도덕의 진보에서 확인하는지 보았다.

루소와 더불어 칸트는 불법 야만인들의 상태로부터 역사의 이행 과정에서 국가들의 위대한 연합을 기획하며, 국제연맹의 단계로 들어가려고 한다. 후자는 모든 국가의 연합된 의지에 따라 만들어진 연합된 권력과 결정으로 이루어진다.6 루소의 사회계약을 역사의 진화론적인 범위로 재설정하면서, 칸트의 역사철학은 사회계약론을 코스모폴리탄 원리 안에서 개념화하고 영구평화를 정교화한다. 코스모폴리탄 비전은 루소의 일반의지와 공화제 민주주의를 국제적인 관계에서 재설정하며, 비환대적인 식민주의에 도전하고 환대의 윤리를 보편법으로 증진시킨다.

의무윤리는 법과 정의를 다루는 데서 발전하며, 보편적인 환대를 중요하게 취급한다. 일반의지와 국민주권은 코스모폴리탄 콘텍스트에서 이성, 자율성 그리고 자유와 관련되어 논의된다. 우리는 필연

---

5 Durkheim, *On Morality and Society, Selected Writings*, XIX.

6 Kant, "Idea for a Universal History with Cosmopolitan Intent," in *Basic Writings of Kant*, 126.

의 영역에서 살아가며 자연, 사회 그리고 역사의 영향을 받는다. 반면 도덕의 합리성은 인간의 삶을 자유의 영역으로 인도하고 명령한다. 갭이나 갈등은 우리가 해야 하는 것과 ―자유, 정의 그리고 성숙함에 근거한 시민 헌법을 통해― 반드시 당위적으로 해야 하는 것들 사이에서 일어난다. 이것은 도덕적으로 공공선을 위해 해결되어야한다. 자율성은 리버테리언의 자기 소유개념과는 달리, 도덕법과 민주적인 시민 헌법에 의해 지배된다. 필연성의 영역(자본주의 사회)에서 자유의 영역(지상의 목적왕국)의 이행과정에서 칸트의 도덕적 반성은 마르크스의 프롤레타리아의 독재개념의 한계를 넘어서고, 시민사회를 세계시민사회와 관련짓고 환대의 윤리와 영구평화라는 도덕적 열망으로 고쳐시킨다.

헤겔 비판과 영구평화

칸트의 환대윤리는 구스타프슨이 주장하는 것처럼 주관적인 측면에 근거한 심정 윤리(*Gesinungs-ethik*)와는 상관없다. 구스타프슨은 칸트의 도덕 이론이 "직접적으로 정치나 사회적 정책의 제도적인 선택에 적용될 수 없다"라고 주장한다.7

그러나 칸트는 도덕적 합리성에 근거한 책임 윤리를 지적한다. 우리가 앞서 칸트와 루소에 대한 헤겔비판에서 보았듯이, 헤겔은 그의 제헌 군주제와 국가이념을 통해 칸트의 자유주의와 세계적 영역 그리고 영구평화론을 거절했다.8 국가는 더욱 고귀한 삶의 자리

---

7 Gustafson, *Ethics II*, 131, 128.

로 개념화되며, 애국주의와 동일시된다. 헤겔에 의하면, 이러한 윤리적 심정이나 확신(Sittliche Gesinnung)은 보다 폭넓게 인류를 포괄하면서 확대해 나갈 수 없다. 헤겔은 자유주의 원리를 의심했고, 국가는 개인적인 자유와 평등, 국민을 위한 정부의 책임에 기초할 수 없다고 보았다. 그런 사회는 형식 없는 대중 또는 집단이나 덩어리에 불과하다.9 전쟁과 외국과의 관계에서 권력은 왕권에 속한다. 프로이센 국가는 '자유, 평등 그리고 국민주권'에 대립하면서10 근대국가의 최종적인 실현이며, 이것은 종교개혁과 더불어 헤겔의 독일 중심적 입장에 깔려있다. 헤겔은 프랑스 혁명에서 드러나는 테러와 폭력에 저항했고 또한 영국의 개혁장전을 의심했다. 이런 측면에서 고려해볼 때, 세계국가나 연맹은 국제관계 차원에서 헤겔에게 키메라에 불과하다. "국제법의 규범은…스스로 유지하기 위한 공동의 삶의 본질적인 부분으로 만들 수가 없다."11

그러나 헤겔과는 달리 칸트의 입장이 국제연맹에 기반을 둔다면, 칸트는 도덕의 목적을 개인의 좋은 삶을 위한 외적 수단으로 확대한다. 그러나 이러한 국제적인 방향에 대립하면서 헤겔은 평화가 아니라 전쟁이 국가나 정치사회의 과제에 속한다고 본다. 시민사회는 국가의 필요한 구성요소에 불과하다. 전쟁은 진리의 순간에 보편의 우위성을 구현하며, 죽음은 유한한 인간의 몫이며 운명이 된다. "윤리적인 본질인 국가에서 자연은 능력을 빼앗기며 필연성은 자유의

---

8 Hegel, *Philosophy of Rights*, para. 321-239.

9 *Ibid.*, para. 279, 303.

10 Taylor, *Hegel*, 451.

11 *Ibid.*, 449.

일로 고양된다. 이것은 윤리적인 것이 된다. 유한의 덧없음 [이전 세대로부터 상속된 것은 사라짐이며, 유한의 근저에 놓여있는 부정성은 개인의 본질에 적합한 본질적인 개인성이 된다."12

유한한 존재의 근저에 놓여있는 죽음의 부정성이 개인의 본질에 적합한 것이라면, 윤리의 본질인 국가는 전쟁을 피할 수 없고, 오히려 전쟁을 통해 보편성의 진리를 드러내기도 한다. 전쟁 수행 권력이 왕이나 군주의 손에 있다면, 개인의 운명은 권력자 손의 처분에 맡겨지며, 이들은 임의대로 또는 전제주의적으로 권력을 행사한다.

헤겔의 인정윤리는 세계국가의 다원성을 확장하려고 하지 않는다. 왜냐하면, 국가연맹은 키메라에 불과하기 때문이다. 헤겔의 칸트 비판은 오히려 부메랑이 되어 헤겔에게 돌아온다. 이것은 '국가의 선성함의 재단에 개인을 희생시키는 것'이다.13 비록 헤겔이 보수주의자들과 더불어 가부장의 군주제 권력을 비판했어도, 사실은 부르주아 경제원리와 위기가 민주주의 혁명으로 나가는 것을 의심했고, 자유, 평등 그리고 국민주권에 옹호하지 않았다. 헤겔의 군주제 옹호와 시민사회의 위기는 또 다른 모습의 '헤겔'을 드러내는데, 이것은 그의 주인과 노예의 인정투쟁에서 확인된다. 인정투쟁에서 헤겔은 마르크스로 이어지는 새로운 비판적인 원류로 작용한다. 헤겔과 포스트콜로니얼의 의미는 4장에서 다루어진다.

---

12 Hegel, *Philosophy of Right*, para. 324 E.

13 Taylor, *Hegel*, 449.

식민주의와 노예제도

사실, 칸트는 환대의 윤리를 중요하게 발전시켰고 식민주의를 날카롭게 비판했다. 국가 간에는 우월한 국가나 예속적인 국가가 존재해서는 안 된다.[14] 유럽국가들의 무역에서 이들은 부정의와 정복 그리고 야만 행위를 저질렀고, 이들의 문명은 의심된다. 칸트는 이것을 "아메리카, 흑인 니그로의 나라들, 아메리카 원주민들 그리고 남아공의 희망봉 등지"에서 직시한다.[15]

예를 들어 동인도(힌두스탄)에서 외국 용병들은 무역항을 건설하기 위한 구실로 모집되지만, 용병군단은 원주민들을 억압하고, 원주민들 사이에서 전쟁을 부추긴다. 이들은 기아와 반란, 반역 그리고 인류를 하락시키는 모든 악을 초래했다.[16] 칸트에 의하면, 사탕수수를 재배하는 섬들은 가장 잔인하고 체계적인 노예제도의 장소로 착취당했다. 유럽의 문명국들이 스스로 도덕적으로 선택된 백성이라고 간주했지만, 실제로 이들은 전쟁행위와 권력욕에 봉사했고, 부정의의 열매들을 물 마시듯이 소비했다.[17]

앞에서 본 것처럼, 루소는 전쟁에서 기인하는 노예제도에 대해 날카로운 비판을 가했다. 식민주의는 정복자의 무제한의 권리로 점철돼서는 안 된다. 승자는 패배자를 살해할 권리가 없으며, 자유를 희생하는 대가로 이들의 삶의 권리가 포기되어서는 안 된다. 루소에

---

14 "To Eternal Peace," in *Basic Writings of Kant*, 438.

15 *Ibid.*, 449.

16 *Ibid.*, 450

17 *Ibid.*

의하면, 식민주의론에서 패배자를 살해하는 승자의 권리는 전쟁상태에서 귀결되지 않는다. "전쟁에서 노예가 된 사람이나 정복당한 백성들은—강요로 복종하게 되는 것을 제외하고는—결코 주인에게 예속되어서는 안 된다."18

　여기서 칸트는 식민지와 노예제에 대한 루소의 비판에 동감한다. 루소는 고대 그리스의 노예제도에 대한 비판과 더불어 근대의 식민주의 개념에 저항한다. 사회계약론에서 루소의 공화국은 노예제도를 배제하며, 시민들에게 더 이상 자유나 의지를 박탈하는 것에 반대한다. 일반의지는 모든 사회구성원을 자유로운 시민으로 만든다.19 노예제도는 불합리하며 무의미하다. 이것은 프랑스의 노예제도에 대해 강력히 반발한다. 1794년 프랑스 혁명 기간 법적으로 노예제도는 폐지된다. 이런 관점은 경제적 이득을 위해 행해졌던 프랑스의 노예제도에 대한 비판과 더불어 프랑스 군주제의 정의롭지 못한 체제를 전복한다. 이러한 루소의 노예제 비판은 칸트의 식민주의 비판에서 이어진다.

　칸트는 매우 날카롭게 계몽주의의 어두운 면을 직시했고 진보와 개발의 사기행각이 전쟁과 권리침해를 통해 어떻게 역사적으로 드러나는지 보고 있었다. 계몽과 진보의 변증법에 반대하여 칸트는 이것의 귀결인 식민주의를 극복하기 위해 코스모폴리탄 이념을 제시한다. "코스모폴리탄 이념 또는 세계의 법은 인류 공공의 법을 만들기 위해 명문화되지 않은 제헌적이며 국제적인 법을 …필연적으

---

18 SC, Book I, Ch. IV.
19 SC, Book IV, Ch. III

로 완성한다."20

여기서 칸트가 이러한 주장을 목적론적 발전 도식에 기초하고, 유럽의 문화와 문명을 세계 전체로 유포하려고 했는지 하는 문제가 제기된다. 그는 프랑스 혁명에서 행해진 폭력과 테러에 규범적인 도덕 관점에서 날 선 비판을 했다. 그러나 인간 진보의 기능적 차원에서 정치적, 법적 진보를 환영했다. 이런 입장은 과연 로버트 맥카시가 주장하는 것처럼, 칸트가 규범 윤리와 인간의 기능적 진보 사이에 적합한 고려가 없다고 비난받아야 하는가?21 그렇다면 에드먼드 버크처럼 무조건 프랑스 혁명을 반대하고 귀족제를 옹호한 정치가만이 규범 도덕적으로 옳다고 평가하고 존경할 수 있는가?

칸트는 아프리카 노예무역에 상당한 지식을 가지고 있었고, 그런 실천이나 제도들을 단죄했다. 그는 노예무역에 투자한 적도 없다. 칸트의 환대윤리는 문명화된 유럽의 잔인한 식민주의 행동과는 대립한다. 유럽의 문명은 해외국가들을 정복으로 집어삼켰고 식민주의를 자신들의 문명선교 기반으로 삼은 위선의 역사를 담고 있다. 칸트는 말한다: " 만일 주인이 마음대로 그의 노예의 힘을 사용할 수 있는 권한이 있다면, 주인은 노예가 죽을 때까지 부려 먹을 수가 있을 것이다. 아니면 노예는 (사탕수수 섬에서 착취당하는 니그로들처럼) 좌절의 상태로 내몰리게 된다. 사실 노예는 주인에게 자산으로 주어지지만, 이것은 불가능한 일이다."22

애덤 스미스가 중상주의 무역에서 노예제도와 식민주의를 공격

---

20 *Ibid.*

21 McCarthy, *Race, Empire, and the Idea of Human Development*, 62.

22 Kant, "The Metaphysics of Morals [1797]," 104.

하고 제국주의적 정책을 반대했다면, 칸트 역시 삼각주 무역 시스템에서 빚어지는 식민주의와 노예제도를 통렬하게 비판했다. 이런 콘텍스트에서 칸트의 환대윤리와 코스모폴리탄 원리가 이해되어야 한다. 스미스가 중상주의 식민주의로부터 물러서서 시장경제를 주장한다면, 그의 '보이지 않는 손'과 경쟁이론은 고삐 풀린 무제한의 자본 팽창과 노동자들의 소외 현상을 묵인해서는 안 된다. 자유방임주의가 자유시장과 해외무역으로 아무런 장애 없이 전개된다면, 새로운 형식의 식민주의와 제국주의가 출현하며 열강 간의 헤게모니 쟁탈과 국제 전쟁은 피할 길이 없다.

이 지점에서 칸트는 스미스를 넘어간다. 칸트는 식민주의를 넘어서는 도덕적 대안을 제시하며, 코스모폴리탄 원리를 글로벌 주권 형식과 국제법의 문제로 전개한다. 이것은 반–식민주의 차원과 글로벌 평화와 정의를 담고 있다. 그러나 칸트의 진화론적 관점은 아프리카인들을 백인 유럽의 문화와 정치 시스템에 예속시켜야 하는 취약점을 가지고 있는 것도 간과할 수는 없다.[23]

그러나 칸트는 당대 공화제 민주주의를 최선의 정책으로 보았고, 루소의 시민사회론을 코스모폴리탄과 보편사의 틀 안에서 철학적으로 다듬었다. 이것이 칸트로 하여금 역사의 중요성을 강조하고, 진보의 도식에서 잔인한 폭력으로부터 벗어나고, 시민사회와 공화제 민주주의가 반사회적인 근거들을 봉쇄해줄 것을 기대했다. 많은 악을 제거하기 위해 자연은 사람들을 도덕적으로 발전하고, 칸트는 자연과 역사 이성의 변증법적인 관계에서 하나님의 목적 왕국을 하

---

23 Kant, "Of the Different Races of Human Beings," 8-22.

나님의 섭리로 파악하고 세계사적으로 세워나가려고 했다. 이러한 칸트의 보편사적인 의도성이 과거 유럽 중심주의를 통해 저질러진 식민주의와 부정의, 야만을 정당화하는 이론으로 비난받을 수 있을까? 그런 비난은 존 스튜어트 밀이나 사회진화론자들에게 해당하는 것이지 적어도 칸트에게는 부당하다. 칸트는 밀처럼 식민주의를 정당하고 자비로운 독재자로 합리화하지 않았다. 목적이 수단을 정당화한다면, 칸트적인 의미에서 그것은 피식민지 백성을 목적으로 대하고 도덕적으로 존중하는 데 의미가 있다. 그러나 유럽의 지배목적을 위해 독재와 식민주의를 수단으로 정당화하는 것은 칸트와 거리가 멀다. 오히려 칸트는 영국의 인도 지배에 대한 마르크스의 비판과 유사할 수도 있다. 영국의 인도 지배는 자본주의의 심오한 위선에 불과하다.

칸트는 노예제도를 인류가 유럽문화와 문명선교를 통해 진보해 나가는 데 공헌이 되거나 디딤돌이 된다고 정당화하지 않았다. 그의 보편윤리는 유럽의 팽창주의를 진보의 정점으로 놓고 비서구인이 서구를 모방해야 하는 표준으로 삼지도 않았다. 칸트는 유럽 야만인들과 미국 야만인들의 차이를 인정하지만, 인간의 동물성과 악의 문제를 진지하게 고려했고 식민주의를 넘어설 수 있는 자유로운 국가의 연맹을 전쟁에 반하는 영구평화를 위해 기획했다.[24]

칸트에게 결정적인 것은 본래인 계약과 일반의지, 국민주권을 사회의 모든 구성원과 연방 국가의 자유의 원리를 기초로 설정하는 것이다. 세계시민 개념 역시 상호 의존성, 공동의 입법과 평등을 근

---

24 "To Eternal Peace," in *Basic Writings of Kant*, 445.

거로 한다. 세계시민 개념은 상호 영향과 모든 인류의 보편적 국가의 시민으로 가능해진다.25

"국가들 사이에서 처벌하기 위한 전쟁이 고려되어서는 안 된다. 왜냐하면, 이들 사이에는 우월과 예속의 관계가 존재하지 않기 때문이다."26

코스모폴리탄 헌법과 세계정부

칸트는 헌법 제도를 세 가지 측면에서 고려하는데 (1) 시민법(jus civitatis): 모든 국민의 민족적 시민권에 관한 법률에 일치하여 만들어지는 사법을 말한다. (2) 국제법(jus gentium), (3) 코스모폴리탄법 (jus cosmopoliticum): 세계법을 말하는데, 세계 시민법에 일치하는 모든 인류의 보편적 국가의 시민을 의미한다.27

이 세 가지 관계에서 실천이성은 의무를 부과하지만, 공화제 헌법은 인권에 가장 적합하며, 일반의지는 이성에 기초한다. 그러나 여전히 이기적인 성향은 존재한다. 선한 헌법은 도덕성에 기대되기보다는 선한 도덕이 헌법으로부터 발전한다. 이성은 세계의 진화를 수단 즉 법적 규칙이 작동하는 영역으로 사용하며, 평화를 내외적으로 보장한다.28 공화제 헌법에서 전쟁을 결정하는 문제에서 시민동의가 요구되며 영구평화를 위해 결정해야 한다. 헌법전문은 "일반의지

---

25 *Ibid.*, 441.

26 *Ibid.*, 439.

27 *Ibid.*, 441, footnote 2.

28 *Ibid.*, 455.

의 형식이며, 이것에 의해 군중은 국가가 된다"[29] 공화제 정부에서 헌법의 원리는 행정부와 입법부가 서로 분리되어야 한다.[30]

칸트의 사회이론은 도덕 이론에 근거하며, 의무는 역사적인 틀 안에 재설정된다. 자연의 목적은 이성을 통해 정점에 달하며, 이성은 시민 헌법과 공화주의 민주주의 안에서 법과 정의에 기초한다. 이것은 영구평화와 코스모폴리탄 원리에서도 타당하다.

칸트가 시민 헌법을 고려할 때, "공화주의 헌법은 세 가지 원리에 기반한다. 첫째는 인간으로서 모든 사회구성원의 자유 원리이다. 둘째는 모든 국민이 주체로서 단일한 공동의 입법에 의존되는 원리다. 셋째는 시민으로서 모두가 평등한 원리다. 이것은 본래 계약이념에서 돌출되는 유일한 헌법이다. 국가의 모든 바른 입법은 이러한 계약에 기반을 두어야 한다."[31]

칸트는 루소의 사회계약과 공화제 헌법을 세 가지 원칙 즉 자유, 의존 그리고 평등으로 통합한다. 이 원칙들은 그의 도덕 원리에 의해 기초하며 인도된다. 의무는 사회정의, 특별히 코스모폴리탄 윤리 없이는 적합하게 이해될 수 없다. 자체상 선한 것으로 여겨지는 최고선은 순수 실천이성 아래 있는 선한 의지에 기초한다. 더욱이 그것은 사회계약론과 코스모폴리탄 윤리에서 전개되는 법과 정의에서 중요하게 표현되며, 칸트는 국가의 연방 이념을 옹호하지, 보편 공화국을 위한 모든 연방 국가의 폐지를 말하지 않는다.

하버마스의 논의에 의하면, 칸트는 세계정부 이념을 옹호하며,

---

29 *Ibid.*, 443.

30 *Ibid.*

31 *Ibid.*, 441.

국제연맹을 세계정부의 이행과정에서 첫 번째 단계로 제시한다. 다원적인 글로벌 사회의 법적 정치적 네트워크에서 칸트의 코스모폴리탄 조건을 유토피아적이라고 평가하지 말고, 충분히 현실주의적으로 다시 표현되고 수정될 필요가 있다. 사실 칸트는 루소의 전통에서 있다고 하버마스는 말한다. "다른 경쟁적인 헌법적 전통을 무시한다. 이러한 다른 전통은 국가와 헌법에 대한 이러한 개념적 연결을 거절한다. 리버럴 전통에서 헌법은 권위를 구성하는 기능을 갖지 않고 오직 제한하는 힘을 가진다…자유주의는 이러한 이념을 보다 헌법적 권력분립이라는 근대적인 의미에서 발전시킨다."[32]

하버마스의 세계시민 정부 구상에 의하면, 헌법의 형식은 다양한 국가들 사이에서 합력을 기초로 다자들 간의 네트워크, 트랜스내셔널 합의나 조직을 통해 만들어질 수 있다. 공화제 민주주의 리버럴 타입은 국제법을 구성하는 개념적 모델을 제공하며 연방 국가들의 주권을 제한한다. 이러한 제의는 개별적인 세계시민들과 더불어 정치적으로 구성된 세계사회를 제의하지만, 세계정부를 전제하지 않는다.

민족 주권개념은 새로운 글로벌 지배 시스템에 적응하고 연방 국가를 넘어선다. 국민주권 원리는 고도의 독립적인 글로벌 사회에서 어려움에 직면한다. 주권 국가들은 글로벌이나 지역 수준에서 발생하는 문제를 논의하는 집단적인 노력에 참여할 수 있다. 국제 경제, 환경 정책, 평화와 인권보장 등과 같은 이슈들은 국제조직들에서 해결할 수 있다.[33]

---

32 Habermas, *Between Naturalism and Religion*, 316.

칸트의 코스모폴리탄 견해가 국가 간의 비 강제 연맹에 기초한 것인지 아니면 더욱 강력한 강제력을 갖는 국제연맹의 설립을 요구하는지 물음이 제기될 수 있다.[34] 칸트의 철학적 개념인 보편사에서 자연의 목적론과 역사가 신의 섭리를 위해 인도된다면, 코스모폴리탄 질서는 집행될 수 있는 법의 글로벌 지배 아래서 실행될 수 있다. 물론 이런 경우 자기 이해정치로 변질될 수도 있다. 이러한 국제 정치는 '악마의 인종'에 의해 성취될 우려가 있다.[35] 이를 방지하기 위해서 연방 국가들의 국민주권은 흠 없이 유지되어야 하며 모든 국민의 민족 시민법에 일치하여 구성되어야 한다. 그러한 법은 국제법에 일치하여 수행되며 코스모폴리탄 또는 세계법은 세계 시민법에 일치해야 한다.

이런 점에서 칸트의 코스모폴리탄 비전은 갈등과 불균형, 지역전쟁들로 특징되는 글로벌 사회의 현실을 다루면서 갱신되고 재해석될 수 있다. 세계사회는 위계적인 부조화로 계층화되어있고 구조적인 폭력에 의해 물화되었다. 이런 현실은 중심부와 주변부 간의 정치력 불균등과 시장경제로 특징되며, 중심부 매스미디어의 글로벌 지배를 통해 세계소통의 이데올로기가 지배한다.

---

33 *Ibid.*, 319-20.

34 Kleingeld, *Kant and Cosmopolitanism*, 6.

35 McCarthy, *Race, Empire and the Idea of Human Development*, 144.

III. 해방의 관점에서 비판적 평가

칸트는 개신교 기독교의 거대 담론에 의존하지만, 스토아적인 의미에서 다문화 보편주의를 세계 연방 공화제의 틀 안에서 재구성하면서 약점을 극복한다. 이것은 칸트의 코스모폴리탄 원리와 영구평화를 말한다. 그러나 칸트에 대한 심각한 비판은 인종의 정의와 해방의 측면에서 제기된다. 노예제도의 기억 정치에 근거하여, 토마스 맥카시는 칸트의 보편사 이념과 인종 이해에 날카로운 비판을 한다.

맥카시에 의하면, 칸트는 인종의 위계질서에 체계적인 이론을 발전시켰고 비유럽권 사람들은 자신의 완전한 인간성을 실현할 수 없으며, 정의로운 시민 구성을 할 수 없다고 본다. 칸트에게 여전히 지배적인 것은 글로벌 백인의 우월주의에 대한 이론적 정당화이다. 달리 말해서 '백인종의 문명선교'로 가득 채워져 있다.[1]

하지만 이러한 비판적 평가는 일면적이다. 칸트의 인종 이론은 그의 노예제와 유럽 식민주의에 대한 날카로운 비판과 연관 지어 다루어지지 않으면, 맥카시처럼 오해하기 쉽다. 칸트의 식민주의 비판은 유럽문화와 문명의 유포를 정당화하기 위한 것이 아니다. 그렇다면 그것은 난센스에 불과하다. 칸트는 아프리카 노예무역에서 흑

---

1 *Ibid.*, 26.

인들을 노예로 삼을 수 있는 어떤 권리에 대해서도 단죄를 했다. 칸트는 방관자의 입장과는 전혀 다르다. 그것은 노예무역에서 드러나는 급진적인 악에 대한 저항과 관련된다.[2]

칸트는 노예제도를 유럽 백인의 문명선교에 디딤돌이 되어주는 구실로 인정했는가? 칸트는 사회 다원주의자들처럼 역사적 발전 도식에 근거해서 인종 문제를 위계 질서적으로 파악했나? 그렇다면 칸트는 식민주의나 노예제도를 옹호해야 하지 않는가? 유럽의 우월주의 또는 목적의 왕국은 수단(문명선교와 식민주의)을 호혜적인 독재로 정당화하는가? 호혜적인 독재자는 칸트의 정언명법에서 유럽의 우월주의를 위한 디딤돌 역할을 하는가?

비록 맥카시의 칸트 비판은 몇 가지 측면에서 경청할 말한 것이 있지만, 그의 비판은 칸트의 식민주의와 노예 비판을 비켜 간다. 칸트의 역사에서 신정론(theodicy)은 실천이성의 지도 아래 파악된다. 역사발전에서 빚어지는 타락과 폭력 그리고 억울한 자들의 희생을 어떻게 이해해야 하나? 사실 이것은 신학적인 문제라기보다는 철학의 문제다. 사도 바울의 십자가 신학에서 욥과 같은 신정론의 문제는 존재하지 않는다.

칸트는 스토아의 이성개념이 아리스토텔레스의 목적론보다 더 평등한 관점에서 취해지며, 이러한 평등주의를 자신의 보편사 안에 통합시켰다. 인간의 역사가 발전해온 것을 부인할 사람은 아무도 없다. 문제는 이러한 발전을 어떻게 이해하는 데 논의가 주어진다. 칸트의 보편사의 입장을 유보함이 없이 그리스의 목적론적(위계질서

---

2 *Ibid.*, 64.

적) 사고방식에 일치시키는 것은 오해다. 칸트의 신정론(theo-dicy)은 정의로운 하나님의 믿음에 근거하며, 자연의 목적론은 스토아의 보편 이성과 평등주의 원리에 기초한다. 이것은 인종의 위계질서와는 상관이 없다. 칸트의 신정론은 아우구스티누스의 역사철학과 비교할 수 있는데 하나님의 도성은 세상의 도시에 누룩처럼 침투하며, 더욱 좋은 발전으로 성장시켜 나간다.

그러나 맥카시의 분석에 의하면, 목적론적 이념은 그리스의 자연 개념(physis)에 결정적이며, 이것은 자연적 발전과정과 연계되며 직선적이며, 과거를 축적하는 방식으로 목적을 향해 발전한다. 이러한 그리스의 목적론적 사고는 기독교적 역사이해에 결정적인 영향을 미쳤고, 역사를 창조, 타락, 구원, 최후의 심판이라는 거대 담론으로 채색했다. 기독교 종말론은 그리스의 목적론적 사유 방식과 뒤섞이면서 성장, 발전 그리고 목적을 향해 일직선상으로 움직이며 전개된다. 역사발전은 신의 창조와 섭리 계획의 부분으로 이해되었고, 이것은 역사의 목적이 된다.

칸트는 기독교와 그리스의 이러한 결합을 18세기 말엽에 사상적으로 이어받았고, 자연 우위의 이성 사용을 강조함으로써, 특별히 사회계약론을 전면에 부각했다. 만일 루소가 홉스와 로크 전통에서 자연 상태의 사회계약론에 근거해 인간의 이행을 역사화했다면, 자연사와 ―시민사회를 위한― 이성 규범적 요구 사이에 갭이 드러난다. 자연 상태에서 시민사회로의 이행에서 생겨날 수 있는 갭에 대한 해명을 칸트는 보편사에서 찾는다. 자연사는 이미 스토아적인 의미에서 보편 이성(이성의 씨앗)으로 스며있다. 칸트는 이러한 경험적 사실에서 자연사의 발전을 합리적으로 즉 자연법의 규범적 요구를 통하여 평등하게 파악하려고 했다. 모든 합리적인 존재가 이성적이라면, 인간의 역사는 자연 상태에서 드러나는 동물적인 욕구들과 시기와 악덕에서 볼 수 있는 급진적인 악의 현실과 더불어 투쟁하면서 발전한다. 역사의 전개 과정에서 법적-정치적 일치는 연방국가의 코스모폴리탄 연방으로 나가야 한다. 그리고 그 목적은 정의와 인권과 연대를 위해 하나님의 나라를 지상에 세우는 천년왕국적 모티브를 갖는데, 이것이 그의 영구평화론의 핵심이다.3

스토아의 로고스 씨앗론과 기독교적인 목적 왕국은 일직선상보다는 평등을 근거로 지상에 세워지는 현재 도시국가의 의미다. 사실, 칸트는 자연과 역사의 체계적인 목적론을 코스모폴리탄 질서와 글로벌 시민사회를 통해 현재화했다. 칸트는 계몽의 빛을 통해 고통과 비참의 단계를 갱신하면서 영구평화를 지상에 하나님 나라를 수립하는 데서 그의 도덕철학 과제를 보았다.4

도덕성은 역사의 최종목적에서 결정적이다. 정부의 공화제적 형식은 법의 규칙과 일반의지 그리고 국민주권을 통해 설립된다. 이러한 민주주의 비전은 이제 글로벌 콘텍스트에서 코스모폴리탄 환대의 윤리로 확대된다. 도덕 정치가는 특별한 중요성을 가지며, 정치적 도덕주의자들의 자기 이해에 저항하며, 자기애에 기초한 문명을 목적의 왕국으로 변형시키려고 한다. 문명의 업적이 노예제도와 식민주의에서 드러나는 것처럼, 그것이 도덕성의 부재로 드러날 때, 비록 계몽의 빛을 띤다고 해도 비참을 드러내는 것(glittering misery)으로

---

3 *Ibid.*, 53.
4 *Ibid.*, 137.

끝나고 만다.5

　이런 측면에서 다음과 같은 맥카시의 반론은 수긍하기가 어렵다: 칸트는 "이성의 전개, 끊임없는 진보의 행진 또는 예견되는 행복한 결말을 통해 역사의 공포를 정당화하는 작업을 했다." 이러한 작업은 수긍할 수 없다.6 칸트는 역사를 통한 도덕의 진보를 보았지, 공포와 테러 그리고 폭력을 정당화하지 않았다. 오히려 식민주의와 노예제에 가장 강력한 비판가였다. 그리고 도덕과 리버럴 민주주의를 글로벌 차원에서 영구평화를 위해 설립하려고 했다.

문화인정과 대안 근대성

　이러한 통렬한 비판에도 불구하고, 맥카시는 칸트의 실천이성 우위성의 주장을 적극적으로 평가하는데 주저하지 않는다. 역사에 대한 칸트의 도덕적 관점은—사회와 역사에서 도덕적 중요성에 대한 경시를 한—헤겔이나 마르크스와 비교하면 매우 중요하다.7 그러나 맥카시와는 달리 헤겔의 윤리적 관심과 역사의 진보를 간과할 필요는 없다. 헤겔의 역사철학은 이성의 역사적 내용을 탐구한다. "이성은 세계의 주권자다." — 이러한 헤겔의 전제는 역사의 목적론적 성격을 지적하며, 철학이 경험적 현실과 역사의 흐름과 발전을 이해하는 데 일반개념과 범주를 제공한다. 프랑스 계몽주의 철학의 핵심인 진보 이념은 역사적 사실들을 다음처럼 해석한다. 인간은 이성을

---

5 *Ibid.*, 150.

6 *Ibid.*, 137.

7 *Ibid.*, 140.

향해 나간다. 자유를 위한 투쟁은 역사의 유일한 내용이다. 역사가 목적에 다다를 때 계급의 종언이 나타나지만, 역사의 종언이 나타나는 것은 아니다.[8]

이성은 자연에서 드러나며 인간의 의식과 삶에서 실현된다. 그리고 이성은 역사에서 실현되며, 역사에서 실현되는 이성은 정신이 된다. 정신은 역사의 현실적인 주체가 되며 추동력이 된다. 인간은 자연적인 존재로 특수한 환경이나 국가에 구속되지만, 그는 생각하는 주체며, 사고는 인간의 특수한 환경이나 조건을 넘어서서 보편성을 구성한다. 주체의 사고는 자연적인 제한들이나 외적인 것들을 인간의 발전을 위한 수단으로 사용한다. 사고하는 주체의 역사로서 역사는 필연적으로 보편사가 되며, 정신의 영역에 속한다. 역사의 내용에서 보편적인 것은 민족, 국가, 시민사회, 민주주의, 프롤레타리아, 귀족 그리고 군주제 등에서 나타난다. 역사의 위대한 인물들(알렉산드로스 대왕, 나폴레옹, 크롬웰)이 아니라, 보편적인 것의 삶과 투쟁이 다양한 문화적 역사적 전개에서 드러난다. 이러한 보편의 본질은 정신이며, 정신의 본질은 자유다. 이러한 자유는 시민사회에서 실현되며 통합된다. "세계사는 자유의 의식 진보와 다르지 않다."[9]

인간은 자신들의 이해관계와 욕구를 통해 정신의 진보를 증진하며, 역사 이성을 뒤좇는다. 보편적 과제에서 이성은 개인들의 정치적 야망이나 사건들을 수단으로 사용하며 자유가 증대하도록 만들어 간다. 물론 역사의 전개에서 후퇴와 오류와 실패가 병립해서 나타나

---

8 Marcuse, *Reason and Revolution*, 227.

9 *Ibid.*, 229.

지만, 이것은 외적인 우발적 조건들로부터 오는 것이 아니라, 역사변화의 변증법에서부터 온다. 악이나 부정의 세력들은 모든 현실에 내재해있다. 자유를 향한 도정에서 모든 장애는 인류의 자의식적인 노력을 통해 극복될 수 있으며, 이것은 역사의 보편적인 원리다. 진보는 자유의 자의식 안에서 드러난다. 역사의 인물들은 역사의 현실적 주체가 아니라 세계정신의 대행자이며 집행자이며, 역사 진보의 도구로 작용한다. 세계정신은 역사적 인물들의 노력과 업적을 통해 자유와 이성을 구현하는 데서 드러난다.

동양 사회에서 그리스-로마 사회로 이행, 봉건주의와 시민사회의 출현은 객관적인 역사적 세력의 필연적인 귀결이다. 세계정신의 신적인 능력 또는 섭리는 인간의 행동을 지배한다. 역사는 세계의 어두운 측면을 제시하며, 비참과 재난을 가져오기도 한다. 이러한 살육의 현장에서 인간의 행복과 국가의 지혜, 개인의 덕은 희생당한다. 이것은 이성의 간지(cunning of reason)인데, 비탄과 고난, 패배에서도 진리와 자유는 이것을 도구로 삼아 진보한다.[10] 인간은 실패하고 사라지지만 이념은 승리하고 영원하다.

헤겔 이성의 간지에서 드러나는 하나님 이념은 '십자가에 달리신 하나님'보다는 칼뱅주의의 이중예정론의 하나님처럼 등장한다. 세계정신은 자유를 실현하려고 하며, 자유의 영역에서만 실체화되는데 그것은 국가를 가리킨다. 국가에서 세계정신은 제도화되고 구현된다.

동양 사회에서 정신은 오직 한 사람 즉 독재자 왕에게서 자유롭다

---

10 *Ibid.*, 233.

(전제주의). 독재자는 자유로운 인간이 아니다. 그리스 국가에서 나타나는 자유의 의식은 많은 사람에게 자유롭지만, 여전히 노예를 가지고 있다. 로마 사회에서 자유는 귀족주의적이다. 고대 그리스 도시국가에서 의지의 주체성은 아직 자연적 일치 안에서 깨어있지 않았다. 의식적 개인 주체성의 부재는 민주주의 조건이 된다. 개인의 이해와 공동체의 이해가 충돌한다. 해방된 개인과 동질적인 민주주의 갈등을 소크라테스 재판에서 본다.

소크라테스의 개인의 주체성 또는 내면성에 대한 가르침은 그리스 민주주의에 파괴적 요소가 된다. 이것은 자유로운 표현에서 나타나며, 외적인 권위에 저항하여 인간은 자신의 내면에서 옳고 선한 것을 발견하고 인식한다. 이것은 보편적인 가치를 가진다. 개인의 주체성은 조국과 문화적 전통과 도덕 위에 위치한다. 이것은 아테네 도시국가에 대한 혁명적 저항을 의미한다. 소크라테스를 처형함으로써 아테네인들은 자신들의 민주주의와 사회를 파괴한다. 동질적 도시국가는 노예제도와 이방인을 야만인으로 취급하고 여성을 배제하면서 나타난다. 그러나 자유로운 주체인 개인은 주어진 사물의 질서나 여론을 받아들이지 않는다. 로마의 기독교에서도 노예제도는 철폐되지 않는다.

그러나 독일의 종교개혁에서 진정한 개인의 주체성과 자유와 평등이 나타난다. 사제와 평신도의 위계질서가 철폐된다. 개인의 양심과 자유는 모든 사람의 공동 자산이 된다.[11] 종교개혁을 통해 독일국가는 개인의 자유에 도달한다. 독일의 제헌 군주제 안에서 모두가

---

11 *Ibid.*, 245.

자유롭다. 이것은 1793년 프랑스 혁명의 테러를 극복한 중앙집권적 부르주아 국가이다. 그러나 국가의 권리는 세계정신의 권리에 종속되며 여전히 보편사의 판단에 맡겨진다. 개별적인 민족사는 보편사를 통해 즉 자유에 대한 진보와 기여를 통해 평가된다. 종교개혁을 통해 독일국가는 인간 평등의 본질을 개인의 자유를 통해 확인한다.

역사적 변화는 발전이다. 이러한 발전에는 운명이나 잠재태가 존재한다. 이것은 스스로 자신의 운명을 실현하는데 발전의 최고형식은 자의식이 전체과정을 지배하는 자유에 있다. 생각하는 주체는 역사 안에서 살아가며, 국가의 조직—법과 권리와 도덕성—을 통해 자신들의 이성적인 삶을 실현해나간다. 헤겔은 인간의 역사 실현에서 자유의 진보뿐만 아니라 소외와 비참과 재난을 보았다. 새로운 역사적 형식으로 이행하는 것은 더 고차원적인 역사적 형식의 진보를 말한다. 이것은 이성과 도덕적 진보를 포함한다. 역사의 간지에서 드러나는 부정적인 요소들은 자유와 진보를 위해 극복될 수 있다.

맥카시가 문제 삼은 칸트의 역사발전 도식은 헤겔에게도 타당하다. 도덕의 진보 또는 자유와 이성의 진보를 이루어가는 과정에서 악의 현실은 신 섭리의 도구로 파악되어야 하는가? 칸트와 헤겔은 이 지점에서 취약하다. 성서는 하나님은 십자가에서 예수와 연대하며, 예수는 억울한 희생자들을 편드는 분으로 말한다. 하나님의 섭리를 십자가에서 죄인들과의 연대와 용서 그리고 화해에서 찾아야 한다면, 신학적인 의미에서 섭리는 예수의 실천을 참여하는 제자직으로 표현되어야 한다. 식민지 현실에서 억울한 희생자들의 한숨과 고난에 하나님이 동참하여 오히려 문명선교의 유럽 기독교를 단죄한다. 하나님의 섭리는 더 이상 악의 문제를 정당화하는 것이 아니라 악의 현실들과 투쟁하는 제자직의 실천에서 찾아야 한다. 이것은 기억의 정치를 지적하며, 억울한 희생자 예수에 대한 전복적이며 아남네시스적인 참여를 말한다.

어쨌든 맥카시는 포스트 형이상학적인 인식론을 제의하며 보편사의 과제를 하버마스나 베버와 연관하여 가능한 기획으로 발전시키려고 한다. 만일 베버가 합리화의 독립적인 내적 논리를 문화와 경제영역에서 목적-도구 합리성으로 강조한다면, 하버마스는 발전논리를 생활세계(시민사회)와 체제(정치사회, 경제, 매스미디어)를 구분지으면서 소통 합리성의 틀에서 개념화한다. 소통 합리적 실천은 생활세계를 체제의 자본축적에 의한 식민지화로부터 구출하려고 한다.[12]

하버마스의 소통이론은 베버의 비관적인 결론—즉 서구 합리화 과정에서 드러나는 쇠우리 창살(막스 베버, iron cage)—에 대한 대안으로 나타난다. 『개신교 윤리와 자본주의 정신』의 결론에서 분석되는 베버의 비관주의에 의하면 자본주의적 합리화 과정은 결국 쇠우리 창살에 갇혀 버리고 출구가 없는 상태가 되고 만다. 니체가 근대의 '마지막 인간'으로 묘사한 것이 베버의 결론에서도 공명이 된다. 세계는 '영혼이 없는 전문가들과 마음이 없는 감성주의자'로 거주하게 될 것이다. 생산력과 기술 합리성을 가진 세계는 위대한 자유와 의미, 행복을 가져온 것이 아니라, 제한적인 자율과 텅 빈 쾌락을 초래한다.[13] 지식의 진보는 종교의 세계로부터 탈출시키는 비주술화로

---

12 McCarthy, *Race, Empire, and the Idea of Human Development*, 148.
13 *Ibid.*, 147.

인도되는 것이 아니라, 이성과 진보로부터 탈주술화로 간다.[14]

이 지점에서 맥카시는 묻는다. 칸트의 도덕 정치는 코스모폴리탄 정의를 추구하는데 희망의 실제적인 형식으로 남을 수 있는가? 민족국가의 공화제 연방 이념은 코스모폴리탄 법과 세계시민으로 고취되지만, 과연 칸트의 영구평화이념은 현실적으로 실현될 수 있는가? 연방 국가가 이들의 주권을 국제법이나 조직과 제도에 복종하지 않을 경우, 영구평화는 불가능해진다. 오히려 영구평화보다는 트럼프주의와 중국 시진핑 지배체제의 마찰은 글로벌 현실주의를 드러내고 있다. 심지어 이성적인 희망조차도 경험적인 조건들에 기인하며, 예견될 수 없는 사건들과 이해 갈등은 무시할 수 없다. 이런 점에서 희망의 정치는 환멸의 정치보다 못한 것이 되고 만다.[15]

맥카시는 글로벌 근대성과 문화 간 토론에서 소통의 합리성에 기초한 하버마스의 담론이론을 대안으로 본다. 모든 참여자는 원칙적으로 소통의 수준에서 경쟁과 비 동의, 또는 합의를 거치면서 효율적일 수 있다. 맥카시의 비전은 유럽 중심주의를 초월하려는 그의 시도에서 주목할 가치가 있다. 유럽의 근대성은 다양한 나라들과 문화에서 각각의 근대성을 향한 길들과 더불어 존재한다. 이것은 특수하고 다양한 문화적 콘텍스트들에서 드러난 다차적 근대성이나 대안 근대성들(alterative modernities)을 말한다.

맥카시의 판단에 의하면, "일반적인 것과 특수한 것의 변증법은 우리로 하여금 다른 문화들과 상황들, 역사가 —유럽의 지배의 다양

---

14 *Ibid.*, 144.
15 *Ibid.*, 154.

한 역사와 더불어 또한 유럽의 제국주의에 대한 저항을 포함해서—규범적으로 매우 다른 근대의 문화들과 사회들을 출현시킨다는 것을 기대하도록 만든다. 이것은 다차적 근대성(multiple modernities)을 말하는데 다원성과 변종에 기반 되며-다양한 패턴과 형식들의 융합이 외부의 기원들로부터 나타난다.16

맥카시는 유럽 중심의 모델에 도전하고 비서구 세계를 서구발전의 자원으로 파악한다. 그가 말하는 일반적인 것은 구체적인 것 없이는 현실화될 수가 없다. 이것은 헤겔의 인정 개념으로부터 돌출될 수 있고, 이런 점에서 맥카시는 찰스 테일러(Charles Taylor)의 대안 근대성 개념을 수용한다.

테일러에 의하면, 근대성은 전통문화에 위협을 주며 나타나는 피할 수 없는 물결과 같다. 서구의 근대성은 자본주의 경제 합리성에 기초하고, 비문화적(acultural) 성격을 가진다. 그러나 근대성은 특별히 서구의 독점이 아니다. 근대성은 모든 문화와 사회에서 문화적으로 발전한다. 아시아나 이슬람 국가에서 것과 특수한 것의 변증법은 여전히 헤겔의 사유 안에서 움직인다. 여기서 나타나는 근대성은 문화적이며, 전통적인 가치들을 수용하면서 유럽의 근대성을 비판적으로 수용 하기도하고 또는 창조적으로 만들어나간다. 각각의 문화나 사회에서 나타나는 대안 근대성은 동질적일 수 없으며, 서로 다른 문화적 성격을 가진다. 이것은 근대성에 대한 문화적 이론이 된다.17

---

16 *Ibid.*, 223-224.

17 Taylor, "Two Theories of Modernity," in Gaonka, ed., *Alternative Modernities*, 172-196.

그런가 하면 저명한 사회학자인 아이젠슈타트(S.N. Eisenstadt)는 근대성과 서구화가 서로 다른 것임을 주장한다. 유럽의 근대성은 하나의 길에 불과하며 비서구권의 근대의 길을 대신할 수 없다. 근대성은 유럽의 모델로 환원되기에는 다양하고 복합적이며, 문화에 특수하다. 각각의 근대사회는 고유한 근대성을 지니며, 결과 역시 다르다. 설령 근대성이 유럽에서 정치, 경제 그리고 법적 영역에서 시작되고 사회 구조적 개선과 변화를 가져왔고 세계로 팽창되었다고 해도, 자축시대의 종교와 문화(고대 이스라엘, 고대 그리스 철학, 힌두교, 불교, 중국의 유교 등), 사회 구조 진화와 발전에서 종교 지도자나 지성인들의 역할은 각자 이들의 윤리와 종교적 확신을 발전시켰다. 물론 다양한 형태들의 근대성이 20세기 초에 들어오면서 유럽의 식민주의나 제국주의를 거쳐 아시아나 근동 그리고 아프리카와 라틴 아메리카로 유입된다. 그러나 유럽의 근대성을 '역사의 종언'이나 '문명의 충돌'로 말하기는 어렵다.

근대성에 대한 다차적 해석은 근대성에 대한 서구의 독점을 비판하는 것이며, 근대성은 전통을 해체하기보다는 전통과 문화와 더불어 새로운 문명을 다양한 방식으로 산출한다. 근대는 비서구인이 창출하는 근대문화의 변종에서 미완의 과제로 남으며 근대성은 비판적인 적용과 창조적인 해석을 통해 글로벌 차원에서 진행된다.

찰스 테일러가 근대성을 물결로 말한다면 이것은 단순 물결이 아니라 복합적인 물결로 나타나며, 각자의 종교, 문화, 전통에서 새로운 근대성을 위한 자원을 발견할 수 있다. 여기서 서구의 헤게모니적 근대개념은 해체된다. 사실 베버가 분석한 합리화 과정은 유럽 사회에 국한되며, 자연과학과 기술지배의 합리성을 통해 세계의 주술화로부터 해방된다. 인간의 이성과 계몽은 목적(도구적) 합리성으로 축소되고 식민주의와 후기 자본주의의 쇠우리 창살에 갇히고 만다. 이것은 비문화적인 근대성 이론이다. 도구적 이성의 붕괴가 아니라, 이성의 다양한 형식들이 분석되고, 타문화의 내러티브들이 존중되며 세계종교들의 윤리적 기여에 주목된다.

그러나 대안 근대성 이론에서 많은 담론과 경험들 그리고 도덕적 원리들이 돌출되며, 비교종교윤리들은 중요한 과제에 속한다. 근대성에 대한 문화적 이해는 종교개혁, 프랑스 혁명, 산업혁명 그리고 식민주의를 거치면서 근대 리버럴 정치이론에 표현된다. 헤겔의 주체성 원리와 자유는 칸트의 계몽 비판과 더불어 인정의 문제나 환대의 윤리로 발전된다. 하버마스는 칸트의 보편성 틀에서 헤겔의 윤리적 삶(Sittlichkeit)의 영역을 정치, 경제, 문화의 영역에서 고려한다. 소통의 담론윤리는 이민자들의 인권과 다문화 사회에서 계급, 인종, 젠더, 섹슈얼리티 등의 문제를 다룰 때 평등함과 권리, 동등한 기회를 통해 발전시킨다.[18]

존 롤스는 정치 리버럴 원리에서 정의의 원리는 합의의 틀에서 디자인되고, 다양한 문화의 사람들이 도덕과 종교적 신념을 구현하도록 동등한 기회와 자유, 인권을 부여하도록 해야 한다고 말했다.[19] 롤스의 서로 겹치는 합의(overlapping consensus) 개념은 다양한 그룹들과 민족, 문명, 종교 공동체들이 신중한 민주주의와 헌법적 보호 아래서 동등한 권리, 시민의 책임성, 사회 · 경제적 기회를 누릴 수

---

18 McCarthy, "On Reconciling Cosmopolitian Unity and National Diversity," in *Alternative Modernities*, 221.
19 Rawls, *Political Liberalism*, 134.

있도록 보장해준다. 특수한 문화는 자유의 진보를 향해 유럽의 문화에 예속되지 않고 각자의 근대성을 향한 길을 걸으며, 오히려 유럽의 근대성에 새로운 자극을 줄 수 있다. 다차적 근대성이나 대안 근대성에 대한 사회학적 논의는 칸트의 식민주의 비판과 루소의 반-유럽 중심적인 입장을 포스트콜로니얼 전망으로 열어줄 수가 있다.

칸트: 아남네시스 합리성과 공공신학

정의와 평화를 위해 칸트는 이성은 최고 입법의 힘으로부터 말하려 한다. 그것은 전쟁을 합리화하는 모든 방법을 단죄한다.[20] 칸트는 그리스인들의 격언에 수긍한다. "전쟁이 나쁜 것은 그것이 사람들을 살해하는 것보다 더 많은 악을 산출하기 때문이다."[21] 이성은 평화 상태를 직접적인 의무로 만들며, 그러한 의무는 국가 간의 조약을 통해 설정된다. 그것은 평화적인 연합이며 모든 전쟁을 영구히 종결지으려고 한다. 국가 간 연방 이념은 객관적인 실제를 포함하며 정부의 공화제 형식은 "다른 국가들의 연방 연합을 위해 중심적인 핵심을 제공한다."[22] 국가들의 연방 연합은 이성의 관점에서 파악되며 발생할 수 있는 서로의 적대감을 방지한다.

칸트는 보편적 환대의 의무를 강조하면서 다음처럼 썼다: "코스모폴리탄 또는 세계법은 보편적 환대의 조건에 규정되어야 한다."[23]

---

20 "To Eternal Peace," in *Basic Writings of Kant*, 447.

21 *Ibid.*, 453.

22 *Ibid.*, 447.

23 *Ibid.*, 448.

그는 환대의 본래 개념을 보편적인 의무로 파악하며, 환대의 윤리는 코스모폴리탄 원리의 중심에서 인권과 글로벌 정의를 위한 도덕법으로 작용한다. 환대는 외국인의 권리이며 영구한 손님이 되는 것을 말하지 않는다. 환대는 동료 거주자에게 일정 기간 방문해달라는 권리를 말하지 않는다. 그러나 칸트의 한계는 환대를 거주의 권리로 파악하고 있지 않다는 점이다. 그는 환대를 모든 사람이 할 수 있는 방문의 권리로 이해했고, 문명화된 국가의 비환대적인 행위 즉 식민주의를 비판한다.[24]

칸트는 코스모폴리탄 법에 보편적인 환대를 제한 없이 포괄할 것을 강조한다. 그것은 모든 사람 사이에서 영구평화의 조건이 되며, 이것을 자연법으로 규정한다. 모든 인간은 보편적인 이성을 갖추고 있으며 지구를 공동으로 소유한다. 이것이 우리가 거주하는 지구이며, 모든 인간은 서로 관용해야 한다.[25]

칸트는 오늘날 여전히 환대를 도덕법 또는 땅의 법으로 전개하도록 자극한다. 국제적인 관계에서 거주와 방문은 환영이 되며, 특별히 난민들은 국제법적으로 보호되어야 한다.[26] 사실, 칸트는 자유, 정의, 시민사회를 반–식민주의 틀 안에서 디자인하며, 계몽의 유산은 이성의 공공적 사용에서 후기 근대성의 글로벌 상황으로 확대된다. 권력의 소유는 필연적으로 이성의 자유로운 판단을 부패시킨다. 공공 지식인들은 정직하게 공공영역에서 말을 한다. 정치는 권리가 적용된 교리이며 다음을 의미한다. "그러므로 너희는 뱀처럼 지혜로

---

24 *Ibid.*, 449.

25 *Ibid.*

26 Derrida, *Cosmopolitanism and Forgiveness*, 10-11.

워라. 동시에 도덕적인 보충은 제한조건으로 나타난다. 그리고 비둘기처럼 순진하라." 도덕은 객관적인 의미에서 자체상 구속력을 갖는 법과 실천을 말한다.

지혜(뱀)와 순진함(비둘기)이 하나의 계명 안에서 공존하지 않을 경우, 정치와 도덕에는 갈등이 생긴다. 시민사회를 위한 연합된 일반 의지의 집단적 일치는 공동의 의지를 드러내며, 영구평화의 이념을 실천적으로 집행한다.[27] 칸트는 정치 개혁 측면에서 공공신학에 중요한 기여를 한다.

자크 데리다는 칸트의 도덕 이론에 주목하고 환대의 윤리와 코스모폴리탄 원리를 타자의 인정이라는 측면에서 중요하게 취급한다. 데리다는 자신의 윤리에서 코스모폴리탄 원리와 용서 개념을 포스트콜로니얼의 틀에서 전개했다.[28]

최근에 코스모폴리탄 원리는 도덕적 책임성과 글로벌 정의을 통해 부활한다. 콰메 앤서니 아피아(Kwame Anthony Appiah)는 『코스모폴리탄주의: 낯선 자들의 세계 윤리』(Cosmopolitanism: Ethics in a World of Strangers)라는 저서에서 말한다. "이백 년 전 과거의 모든 인간 공동체는 무역의 단일망과 글로벌 정보 네트워크로 통합되었다. 우리 각자는 사실주의적으로 다른 동료 인간을 접촉하는 것을 상상하고 그들에게 가치 있는 것을 보낸다: 라디오, 항생제 그리고 좋은 아이디어. 불행하게도 우리는 해로운 것을 보내기도 한다. 바이러스, 오염물질, 나쁜 아이디어. 당신이 알고 영향을 미치는 각자의

---

27 "To Eternal Peace," in *Basic Writings of Kant*, 459.

28 Derrida, *Cosmopolitanism and Forgiveness*, 10-11.

사람은 당신이 책임이 있는 사람들이다. 이것을 말하는 것은 바로 도덕성의 이념을 확인하는 것이다."[29]

코스모폴리탄 주의는 모든 인류에 대한 책임감으로 스며있다. 낯선 자들의 삶과 문화를 환대하면서 삶을 가치 있게 한다. 이것은 인정과 글로벌 정의를 통해 타인들을 위한 보편적인 관심과 존중을 가진다. 더 나아가 코스모폴리탄 이론과 환대의 윤리는 계몽과 근대성의 식민주의 시대에서 억울하게 희생당한 자들의 현실과 관련되어 발전될 수 있다. 이들은 보편적인 공동체의 평등한 구성원에서 배제된 자들을 말한다. 코스모폴리탄 이론이 과거의 부정의에 대한 비판적인 분석을 통해 논의되지 않을 경우, 그것은 한낱 글로벌리스트의 지배담론으로 전락하고 만다. 그럴 때 그것은 정의와 국민주권 그리고 연대의 원리를 배신할 수도 있다.

코스모폴리탄의 주제에 대한 비판적 주석과 해석은 진리 내용과 연합되며, 이러한 일치는 진리 내용의 본래 감춤을 드러낸다. 주제에 대한 해석은 진리 내용에 대한 비판을 전제로 한다. 코스모폴리탄 원리의 해석은 사회계약의 내용과 정의와 사회적 약자들에 대한 연대를 심화시킨다. 사회적 약자들과 억울한 희생자들과의 연대와 기억의 정치는 칸트의 글로벌 주권의 기획에서 충분한 해명이 주어지지 않는다.

세계의 탈주술화 과정을 통해 합리화와 전문화가 이루어지고, 역사의 발전에서 계몽과 진보는 자연과학의 발전과 기술지배를 통해 인간의 삶에 엄청난 편리함을 가져왔다. 하지만, 빈부의 격차, 신식

---

29 Appiah, *Cosmopolitanism*, XIII-XIII.

민주의 글로벌 질서 그리고 생태학적인 위기는 계몽의 어두운 유산에 속한다. 이것은 서구의 근대성과 합리화 과정이 필연적으로 쇠우리 창살(막스 베버)에 가두어버리고, 후기 자본주의의 병리 현상을 초래한다. 자본주의는 도구적 합리성과 기술지배를 통해 권력과 지배자를 봉사하기 위해 예속되고 억울하게 희생당한 자들의 등위에 세워진다.

아남네시스적인 반성은 코스모폴리탄의 원리를 글로벌 주권 지배를 다룰 때 정의와 연대 그리고 해방으로 자리매김한다. 발터 벤야민(Walter Benjamin)은 여기서 주목할 필요가 있다. 벤야민의 비변증법적인 사유 방식은 서구 합리성의 역사발전에 은닉된 어두운 폭력의 현실에 깔린 계몽과 진보의 변증법을 저지한다. 벤야민은 기계처럼 진행하는 합리성의 역사에서 그의 역사철학 아홉 번째 테제로 심판의 천사(angel of history)를 말한다.[30]

심판의 천사는 변증법적으로 미래를 향해 움직이지 않는다. 오히려 천사의 얼굴은 과거를 향해 있다. "천사는 멈춰 서서 죽은 자를 깨우길 원하며 산산조각이 나버린 것들을 묶으려고 한다. 그러나 폭풍은 파라다이스에서 불어오며 저항할 수 없을 정도로 천사를 부담스러운 미래로 나가게 한다. 반면에 천사 앞에 놓여있는 폐해 더미는 하늘을 찌른다. 우리가 진보라고 부르는 것은 이러한 폭풍이다."

벤야민은 심판의 천사를 파울 클레(Paul Klee)의 '새로운 천사'(Angelus Novus)에서 본다. 천사는 오로지 과거의 폐허더미를 주시한다. 이것은 미래를 향해 진보의 폭풍처럼 밀려 나간다. 벤야민의

---

30 Benjamin, *Illuminations*, 253-264.

사유 방식은 근대의 역사에서 당연시하는 것을 문제 삼는다. 합리화가 가져오는 진보에 대한 신앙에 급진적인 제동이 걸린다. 벤야민의 근대성과 진보 비판은 루소와 공유할 수 있다. 벤야민은 상부구조와 하부 구조에 대한 마르크스의 통찰을 그의 역사철학에서 위험한 기억을 강조하면서 비판적으로 수정한다.

지성의 영역과 물질적인 생산의 상호관계에서 소유의 불평등과 물화의 현실이 지배한다. 부의 축적은 자본주의 경쟁과 팽창에 의해 가동된다. 이것은 사회적 약자, 낯선 자 그리고 노예의 등위에 세워진다. 내재적 비판은 의미론적인 회복과 해방을 위해 주제에 대한 해석으로부터 온다. 이것은 지극히 당연시 여겨지는 기존의 현실 안에 담겨 있는 편견과 지배를 비판하고 희생자들을 위해 연대로 나간다.

"역사 안에서 발생한 어떠한 것들은 역사를 위해 사라진 것으로 여겨져서는 안 된다"(세 번째 테제). 만일 역사가 아남네시스의 틀에서 권력과 지배를 근거로 계보학적으로 접근된다면, 그것은 역사에서 실제로 있던 것을 기술하는 실증주의 방식(랑케)을 부수고 나간다. 이러한 역사기술에는 유럽의 이성과 권력에 의해 예속된 것, 무의미한 것으로 여겨진 것, 다름을 위한 자리는 없다.

역사가 위험의 순간 빛을 드러내면서 기억을 사로잡는다면, 역사 유물론적인 접근은 자본의 본원적 축적에서 그 진의가 드러나며 과거의 이미지는 식민주의 역사에서 희생당한 자들의 잔인한 현실에 사로잡혀 나타난다. 위험으로서 역사는 "전통과 그 수용자들의 내용에 영향을 미친다" 왜냐하면 억울한 희생자들의 과거는 현재 우리의 마음에 활동적으로 현재하지 않는다. 그것은 역사를 순응주의로부터 방어하며, 순응주의는 지배계급의 도구에 불과하다. 여기서 구원자 메시아에 대한 신학적 통찰이 나타난다. 메시아는 역사의 마지막 심판에서 적그리스도를 제압한다.

공공신학은 코스모폴리탄 원리를 억울한 희생자에 대한 기억의 정치를 통해 그리고 근대의 정치 민주주의와 포스트콜로니얼 조건을 정의, 연대 그리고 공감을 통해 전개해 나간다. 공공신학의 프로젝트는 역사와 사회에서 밀려 나간 자들에 대한 역사 유물론의 통찰에서 비판적으로 배울 수 있다. 이것은 하이데거의 현존재 개념을 부수고 들어간다. 역사의 기획은 '과거 안에서 희망의 불꽃을 타오르게 하는 재능'에 의해 가동된다. "심지어 적수가 승리한다면, 죽은 자조차 그 적수로부터 안전하지 않을 것이다. 그리고 이러한 적수는 승리자가 되려는 노력을 멈추지 않는다"(네 번째 테제).

벤야민의 역사철학 테제에서 칸트의 세계시민 개념은 비판적으로 갱신되고, 그의 도덕적 합리성은 기억의 합리성을 통해 연대의 원리와 도덕적 실천을 강화한다. 이것은 사회진화론의 은폐된 모습으로 드러나는 인종민족주의와 인종차별의 물결에 방어하며, 오늘날 이민 문제와 인종 그리고 문화적 영역에서 성과 젠더에서 드러난다. 코스모폴리탄 조건은 식민주의 상황 이후에 드러나는 글로벌 지배 현실에서 특징된다. 글로벌 주권개념은 제국의 권력으로 출현하며 세계를 지배하고 컨트롤 하는 과정에서 열강들의 치열한 투쟁이 드러난다. 세계시민은 글로벌 주권과 더불어 연방 국가의 쇠퇴로 들어간다.

만일 연방 국가의 주권이 근대 시기에 식민주의와 제국주의의 배경이라면, 제국은 후기 자본주의 시대에 정치, 경제, 문화적 영역에서 드러나는 세계화 과정과 연결된다. 제국은 연방 국가의 영토적 한계를 제거하며, 권력의 비영토적 중심을 확보한다 "탈중심화되고 탈영토화된 지배의 기제가 출현하며", "명령의 네트워크를 조율하면서 변종의 정체성과 유동적인 위계질서와 다원적인 교환들을 가능하게 한다."[31]

코스모폴리탄 도덕과 정치는 글로벌 주권 지배에서 드러나는 신식민주의 현실에 저항한다. 이러한 관점은 공공신학에 중요한 통찰을 제시하는데, 왜냐하면 이것은 글로벌 정의와 연대원리를 리버럴 민주주의에서 드러나는 형식적인 정의론의 한계를 갱신하고 새롭게 발전시키기 때문이다.

공공신학은 신식민주의 조건을 분석하고, 이러한 현실이 사회계층으로 각인된 공공의 영역들과 글로벌 정치경제 관계에서 드러나는지 파악한다. 이런 점에서 공공신학은 근대사회와 리버럴 민주주의에서 드러나는 정의의 문제와 식민주의 비판에 관심한다. 식민주의는 유럽 중심주의에 연루되고 여전히 신식민주의 현실에서 중요한 도전으로 드러난다. 공공신학에서 다루어지는 근대성의 문제는 포스트콜로니얼의 전망을 향해 통찰을 제공하며 후기 근대성의 병리 현상을 넘어서게 한다. 이것은 여전히 후기 자본주의 안에서 정치적 민주주의와 연대원리, 분리되지 않는 근대의 미완 과제를 포함한다.

---

31 Hardt and Negri, *Empire*, XII.

IV. 인정투쟁과 포스트콜로니얼 이론

근대 미완의 과제와 더불어 포스트콜로니얼 전망에서 헤겔은 중요한 사상가이다. 그의 보수적인 경향에도 불구하고, 노동에 대한 심오한 인식과 도덕적 연대 더 나아가 지배와 예속의 관계에서 드러나는 사회와 역사에서 생사를 건 인정투쟁 개념은 공공신학을 위해 중요한 기여를 한다. 여기서 헤겔의 변증법적 논리는 자유와 해방을 향한 진보로 파악된다.

헤겔은 국가(정치사회)를 보편적 도덕성으로 파악하고, 시민사회를 규제하고 지배한다고 말한다. 국가는 국민주권이나 혁명에 반대한다. 말년에 영국의 개혁장전(Reform Bill)에 대한 보수적이며 카산드라와 같은 태도는 초기 헤겔의 시민사회개념에서 검토될 필요가 있다. 그리스 신화에 나오는 아폴로의 여사제인 카산드라의 저주 예언을 신뢰할 수 없는 것처럼, 헤겔의 초기 입장은 말년의 태도와 다르다.

시민사회와 도덕적 연대

헤겔의 초기 입장은 『도덕성의 체계』(*System of Morality*, 1802)—초고는 『정신철학』(*Philosophy of the Spirit*)으로 알려져 있다—와 예나

시절(1803-1806)에 행한 강연들에서 드러난다. 시민사회는 인정을 얻기 위한 투쟁의 영역으로 파악되며, 이것은 인간을 자연 상태로부터 해방한다.[1] 헤겔의 입장을 특징짓는 것은 시민사회에서 권리를 정교화하는 것인데, 이것은 인간의 신분과 존엄을 인정한다. 헤겔의 인정 개념에서 중요한 것은 홉스나 로크에게 드러나는 것처럼, 권리를 사적 소유나 재산권을 보존하는 수단으로 파악하지 않는다.

시민사회의 체계는 자본과 노동력에 기초하며, 과도한 부와 더불어 비참과 부패를 동반하고, 사회의 불평등을 야기한다. 대다수 시민은 저급한 삶의 수준으로 변질되고, 부는 소수의 사람 손에 축적된다.[2] 헤겔은『도덕성의 체계』(System of Morality)에서 다양한 사회제도와 관계들을 분석하고, 서로 대립적인 세력들을 파악한다. 이러한 대립적인 관계들은 사회 노동의 양식에서 출현하며, 노동은 개인의 필요를 만족시키고, 시장을 위해 상품을 생산한다. 사회의 적대관계는 필요와 충족의 변증법적 체계에서 불평등과 부의 격차에 놓이고, 쉽게 해결하기 어렵다. 실제로 대립은 경제구조 안에 내재해있으며, 이것은 근대 시민사회에서 맹목적인 경제 메커니즘에 의해 지배된다. 이것은 국가의 개입을 요구하게 되고, 그 결과 자본주의 경제의 자기 규제적 시스템에 제동을 걸고, 불평등과 대립, 파괴를 방지한다.[3]

이런 점에서 시민사회는 자본의 내적 세력(경제적 인간)과 근대 주권국가의 정치적인(초월적) 권력의 중재 영역으로 작동한다. 비국가적 영역과 제도들은 국가 질서 아래서 자본주의 형성과 구조를 합리

---

1 Habermas, *Theory and Practices*, 187.

2 Marcuse, *Reason and Revolution*, 205.

3 *Ibid.*, 58-59.

화하고 조직한다. 이것은 국가권력의 조절과 규제를 강화하고 그 정당성을 시민사회를 통해 확보한다. 시민사회는 개인에 대한 본질인 권리와 자유를 포기하지 않으면서 작동한다.

시민사회는 근대국가의 내적인 구성요소가 되는 가족, 문화, 종교, 교육 등을 통해 자본주의 구조를 초월한다. 시민사회는 자본주의 사회와 국가의 매개 장소가 되며, 공공영역들을 특별한 방식으로 자본의 논리에 먹잇감이 되지 않도록 방어한다. 공공영역들은 시민사회 안에서 규율과 조절의 네트워크와 정보 시스템에 연관된다. 시민사회는 매개의 영역이 되며, 자본주의 사회 안에서 빚어지는 대립과 적대관계를 규제하는 국가의 개입을 용이하게 한다. 이런 점에서 헤겔의 시민사회와 국가의 관계는 토마스 홉스처럼 리바이어던의 절대권력에 기초하지 않는다.[4] 마이클 하드와 안토니오 네그리 같은 제국의 이론가들은 시민사회의 영역을 제거하는데, 왜냐하면 시민사회는 정치사회(국가)의 내재적 지배를 규율과 컨트롤을 통해 무용해지기 때문이다. 여기서 제국은 헤겔적이라기보다는 신체권력을 가진 리바이어던으로 나타난다. 이런 입장은 푸코를 통해 헤겔을 재설정하는 시도일 수도 있지만, 헤겔의 부정 변증법을 회피하는 경향이 있다.

헤겔에서 생각하는 것은 본질로 우리 앞에 직접적으로 주어진 것에 대한 부정을 의미한다. 세계를 경험하면서 비이성적인 것이 이성적인 것으로 드러난다. 세계는 자체 대립 가운데 있으며, 부정은 미래를 향한 새로운 가능성과 약속을 거절하는 기존의 삶의 체계를

---

4 Hardt and Negri, *Empire*, 329.

향한다. 변증법적 사유는 역사적 발전과정에 기초하며, 인간 주체와 객관적 세계는 상호작용하며 과거에서 현재로 들어온다. 이러한 역사의 현재화에서 과거의 객관적 세계와 관련된 인간 주체는 이미 현재의 세계에서 지배와 특권을 행사한다(군주제는 프랑스 혁명을 통해 부정되지만, 다시 나폴레옹 쿠데타 이후 왕정 복귀를 통해 현재화된다. 파리 코민의 진압을 통해 프랑스 3공화국이 설립된다). 기존 권력이 전제주의적으로 나타나지만, 이러한 전제권력에 의해 밀려 나간 것, 사라진 것은 여전히 부정의 계기로 남아있고, 이성적인 것은 현실적이지만, 여전히 현실적인 것은 불합리하게 남아있다. 자유는 존재론적 카테고리이며, 세계를 경험할 때 변증법적 사유는 세계가 부자유하며, 이러한 부자유함의 구조를 역사적으로 분석하며, 자유를 거절하는 현상 유지에 지속적인 부정을 한다.5

이러한 부정의 변증법에는 단순히 부정적인 측면인 소외뿐만 아니라 노동을 통해 드러난 외화의 긍정적인 측면에 같이 존재한다. 헤겔의 특징은 부정에 대한 일면성이 아니라 부정과 더불어 긍정적인 차원이 병립되는 데 있고, 양측의 중요성을 개념적으로 파악하는 것이다.

인간의 윤리적인 삶이 가족, 시민사회 그리고 국가에 기초해 파악될 때, 이러한 분업은 역사적 단계에서 각각의 상대적인 권리를 유지하며, 최고 단계인 국가 역시 세계의 정신사에서 드러나는 이성의 절대권리에 종속된다.6 헤겔이 종교개혁과 더불어 제헌 군주제에

---

5 Marucse, *Reason and Revolution*, X.
6 *Ibid.*, 411.

호소한다고 해도, 그의 관심은 프랑스 혁명의 이념을 수용하고 시민 사회에 드러나는 자본과 노동의 문제로 인한 대립과 위기를 묵인하지 않는다. 오히려 노동의 중요성에 착안하고, 이것이 인간화와 민주주의 과정에서 자유와 해방의 역할을 한다고 본다.

이것은 헤겔의 주인과 노예의 인정투쟁에서 나타나며, 헤겔은 홉스의 리바이어던을 운명으로 받아들이는 것이 아니라, 인간의 역사를 노예의 노동을 통한 인정과 자유와 진보로 해석한다. 만인 대 만인의 투쟁에서 누구는 노예로 예속될 것이며, 누군가는 주인으로 등장할 것이다. 이것은 역사적으로 볼 때 고대 아테네부터 봉건사회까지 이어진다. 그리고 자본주의 사회에서 노동과 자본을 통해 사회의 위기 요소로 작용한다. 주인은 노예의 노동을 통해 삶을 향유한다. 노동은 노예의 욕구를 제한하고, 노동의 산물을 주인의 만족을 위해서만 이용한다.

헤겔의『정신현상학』(1806)에서 마르크스는 노동철학의 진수를 보았고, 외화(externalization)와 소외가 역사발전에서 결정적인 역할을 한다고 강조한다. 마르크스의 평가에 의하면, 헤겔은 노동을 인간성의 본질로 개념화했고, 헤겔의 위대함은 바로 인간의 자기 창조를 과정으로 파악한 데서 볼 수가 있다. 이런 과정을 통해 사회 문화적인 영역이 객관적인 실체로 드러나며, 이것이 외화의 의미이며, 객관 정신이 된다.7 이러한 외화의 과정에서 헤겔은 노동 분업의 긍정적 차원을 간과하지 않는다.

외화는 노동 분업의 중요성과 더불어 소외의 현실을 파악하는

---

7 McLellan, *Karl Marx Selected Writings*, 101.

헤겔의 중심개념이지만, 마르크스는 이것을 일면적으로 소외된 노동으로만 이해한다. 마르크스는 헤겔이 소외된 노동의 비참한 현실을 간과하다고 말하지만, 그것은 오해에 불과하다. 헤겔은 초기에 경제연구에 몰두했고, 특히 애덤 스미스에 주목했고, 청년 헤겔의 경제적 이념은 게오그르 루카치에 의해 잘 해명되었다. 헤겔은 소외와 더불어 노동의 현실을 잘 파악하고 있었고, 동시에 시민사회의 윤리적 삶의 영역들에서 노동 분업이 개인의 자유를 사회적 차원에서 보증해 주는 데 주목했다.

『법철학』에서 헤겔은 부르주아 사회의 대립과 위기를 분석하면서 다음처럼 말한다. "[거대한] 수익이 출현한다… 다른 측면은 특별한 직업들의 개별분과에 제한된다. 이것의 결과는 계급의 의존과 비탄을 다른 종류 일에 연결한다."(§243)

『법철학』의 서문에서 사회제도가 자유를 보증한다고 말한다. 국가의 정당성은 개인의 자유와 재산을 보호하는 데서 찾을 수 있다. 이것은 루소와 칸트와 다르지 않다. 법의 체계는 개인들이 자기 실현할 수 있는 영역들을 창출해야 한다. 사회제도는 시민들의 자유로운 자기실현에 중요한 역할을 한다. 이것은 공동체적 차원을 개방하고, 개인의 자유가 사회적인 영역에서 구현된다고 본다. 개인적이며, 도덕적이며, 사회적인 자유가 헤겔의『법철학』에서 직접(개인적), 간접성(도덕적) 그리고 특수성(사회, 윤리적)에서 논의된다.

사회제도의 객관적 구조와 실천에서 헤겔은 자본주의 사회의 위기를 차단하려고 한다. 사회, 윤리적 자유는 개인의 자기실현과 더불어 윤리적인 삶의 영역에서 공공선을 위해 추구하는데, 여기서 인정 개념은 가난한 자들을 위한 분배의 정의에 기초한다. "가난한 자들은 생계 수단을 직접 이들의 노동으로 받지 못한다. 이것은 시민사회의 원리인 개인의 독립성과 자기 존중을 침해한다"(법철학, §245). 오히려 경찰이나 노조는 노동자들의 기술과 능력을 보존하고, 이들의 기본적인 생계 수단을 보장한다. 이러한 사회적인 제도들을 통해 노동과 부의 문제가 교정되고, 경제구조가 공공선을 위해 공헌할 수도 있도록 한다. 헤겔의 인정 개념은 사회적 자유를 공동선을 추구하는 사회 제도적 측면에 관련된다.

악셀 호네트(Axel Honneth)에 의하면, 이러한 헤겔의 관점은 에밀 뒤르켐이 가깝게 접근한다. 뒤르켐은 자본주의 노동 분업과 경제구조를 분석하면서 노동의 병리 현상과 더불어 또한 노동 분업의 합리화와 전문화가 기여하는 도덕적 연대감에 주목했다. 시민사회 제도들은 경제구조의 합리화를 통해 시민들 사이에서 공공선과 적합한 급료를 지불하는 윤리적 연대감을 산출한다. 뒤르켐의 유기적 연대감은 헤겔의 인정 개념과 사회적 자유의 실현과 크게 다르지 않다. 시민 각자는 공공선에 기여하면서, 유기적 연대감을 창출한다. 자본주의 경제구조 안에 분업과 합리화는 이러한 도덕적 연대감을 전제한다.8

뒤르켐의 말을 들어보자: "노동 분업은 노동자로 하여금…그의 협력자들을 간과하게 하지 않는다… 노동자는 노동의 의미도 모른 채 신체적인 운동을 반복하는 기계가 아니다… 오히려 노동자는 중요한 것에 봉사한다고 느낀다."9

---

8 Honneth, *The I in We*, 69-70.

9 Durkheim, *The Division of Labor in Society*, 372.

뒤르켐의 유기적 연대감은 헤겔의 인정 개념에서 드러나는 자기 존중과 사회적 자유를 포함한다. 뒤르켐 역시 자본주의 병리 현상으로서 노동의 소외와 위기를 간과하지 않았다. 헤겔 또한 소외된 노동에 대한 분석은 마르크스의 비판과 달리 탁월하다. 소외는 자본주의 아래서 사회적 노동 분업의 결과이며, 헤겔은 소외된 노동의 부정적인 측면에 주목했다. 산업자본주의 안에서 빚어지는 노동자들의 소외는 심각한 것이며, 수많은 노동자는 최저 생계 수단 이하로 떨어지며, 인간의 권리와 존엄 그리고 명예가 실종된다. "그러므로 명백하게 수많은 사람은 잔인함, 건강하지 못한 상태, 작업장이나 공장 그리고 광산에서 신뢰할 수 없는 노동상태에 처하게 된다. 이러한 노동은 이들의 기술을 협소하게 하고 [단순한 노동으로] 환원한다."10

인정투쟁과 인간화

헤겔의 주인과 노동의 모델 또는 변증법적인 이념형에서 리버럴 민주주의는 역사적인 전개 과정에서 근대국가의 보편적인 상호 인정에 도달한다. 인정투쟁에서 헤겔은 자유주의를 합리적인 인정 추구로 보았고, 이것이 주인과 노예의 관계를 극복한다. 여기서 알렉상드르 코제브의 헤겔 해석은 중요하다. 그의 헤겔 『실재 철학』과 『정신현상학』 강연에 의하면 죽음과 공포의식은 인간화 과정과 위신투쟁에서 중요하다. 헤겔은 절대지와 절대정신의 차이를 해소하면서 무신론자가 된다. 기독교 종교에 저항하면서 인간은 노예 상태를

---

10 Lukacs, *Young Hegel*, 331.

그치며 자유의 이념을 실현한다.

마르크스주의자들은 경제적 환원주의로 인해 인간의 삶과 시민 사회에서 드러나는 정치적 지배의 중요성에 대해 별다른 분석과 연구를 하지 못했다. 그런가 하면 파시스트들은 경제적 문제를 간과하고 사회 문화적 현실을 정치투쟁으로 환원시켰다.[11]

독일 파시즘은 인종에 근거한 집단주의를 지도자의 독재를 통해 지배하는 정치 시스템인데, 여기서 국가, 운동(당) 그리고 민족(인종)의 세 가지 원리는 헤겔의 윤리적 원리—가족, 시민사회, 국가—를 대신한다. 국가는 목적 자체가 아니며 인종-민족을 보존하는 수단에 불과하며 인종-민족의 권위가 국가 위에 서 있으며 인종 운동과 개인의 정치 지도력이 지배한다. 집단공동체는 자유로운 개인의 연합이나 헤겔적 국가의 이성적 전체와는 무관하며, 혈통과 땅으로 구속된 '인종의 자연적 실체'로 드러난다.[12]

인종 공동체가 자연적인 조건인 혈통과 땅의 결속을 통해 집단군중으로 우상화되며, 정치 지도자의 지배를 받는다. 여기서 개인의 권리는 파괴된다. 그러나 헤겔에게 민족은 시민사회에서 자유로운 개인들의 연합으로 변형되며, 인간성의 보편적인 개념은 자연적인 인종이 아니라 이성에 근거한다. 이성은 모든 인간의 일치를 자유와 양도할 수 없는 개인의 권리를 보장하며 합리적인 존재로 파악한다. 이런 점에서 독일 파시즘의 정치이론가인 칼 슈미트는 헤겔의 국가 철학을 거절했고, 히틀러가 권력을 장악한 순간 헤겔은 사망 선고당

---

11 Kojeve, *Hegel*, 9.

12 Marcuse, *Reason and Revolution*, 413.

했고, 헤겔은 칼 마르크스와 레닌 사이를 방황한다고 말한다.[13]

알렉상드르 코제브(A. Kojeve)에 의하면 역사의 종언은 헤겔의 보편적인 근대국가와는 다르게 파악된다. 헤겔의 국가개념은 프랑시스 후쿠야마처럼 역사의 종언을 의미하지 않으며, 부르주아지는 니체적인 의미에서 마지막 인간으로 출현하지 않는다. 오히려 역사의 종언은 개인의 권리를 인정하는 평등한 사회를 의미한다.[14] 이러한 미래 사회는 평등한 권리를 가지며, 지배와 계급에서 벗어난 시민(citoyen)국가를 의미한다. 헤겔의 시민 국가개념은 그가 주인과 노예의 인정투쟁을 거쳐 인간은 완벽한 자유와 독립성에 만족한다고 진단하는 데서 알 수 있다. 그것은 '연합된 우리' 또는 '자아들의 복수성'을 말하는데,[15] 이러한 우리-시민은 주인과 노예의 인정투쟁을 통해 도달한 단계이며, 노동, 투쟁과 인정은 경제, 정치, 문화의 영역에서 중요성을 가진다.

이런 점에서 헤겔의 국가개념은 주인과 노예의 인정투쟁을 대신하는 ―신자유주의자 프랑시스 후쿠야마처럼― 역사의 종언을 의미하지 않는다. 후쿠야마에 의하면 인정투쟁은 근대국가에서 정점에 달했고 이제 인간은 보편적인 상호 인정을 통해 충분히 만족한다고 본다. 역사적 진보는 더 이상 존재하지 않는다. 리버럴 민주주의는 모든 국가의 정당성을 인정하는 보편원리를 성취했다.[16]

후쿠야마와 달리 코제브는 오히려 보편적인 동질국가의 부르주

---

13 *Ibid.*, 419.

14 Kojeve, *Hegel*, 12.

15 Hegel, *Phenomenology*, 104.

16 Fukyuama, *End of History*, 207.

아, 정확히 말하면 시민들은 인정을 향한 그의 욕구에 도달하지 못했다. 이들은 니체의 의미에서 마지막 인간들과 동일시되지 않는다.[17] 니체는 홉스의 정치이론에서 개인의 자유를 국가의 권위에 복종시키고, 그 대가로 안전과 보호와 평화를 얻는 시민사회를 통렬히 비난했다. 리바이어던에서 죽음의 공포를 피하려는 개인들의 삶에서 니체는 개인의 쾌락과 위로 그리고 안전을 추구하는 욕구가 바로 현대국가의 목적이라고 파악했다. 근대국가는 인류 전체를 '마지막 인간'으로 변질시킨다. 마지막 인간은 문명으로 길들여진 동물이 되고만다. 이러한 인간은 극복되어야 할 존재가 되는데, 이들은 행복을 추구하고 모든 것을 편협하게 만들며, 모두가 똑같다. 달리 생각하고 말하면 광인의 집으로 끌려간다.[18]

물론 이러한 철학적 진단은 개신교 윤리와 자본주의 정신에서 막스 베버가 서구 합리화 과정의 막다른 골목을 쇠우리 창살에 갇혀버리는 것으로 예견한 베버의 사회학적 분석과도 맞물려 있다. 베버가 자본주의 근대성의 막다른 골목을 피하고자 책임 윤리와 심정 윤리의 결합을 찾으려고 했다면, 헤겔의 인정모델은 니체적인 마지막 인간의 모습과는 다르다.

인정을 추구하는 억압된 자들은 포스트콜로니얼 상황에서 여전히 중요한 해방의 동력을 획득한다. 근대성은 아직 완성되지 않았고, 윤리의 보편성으로 국가지배 아래서 화해가 되지도 않는다. 헤겔의 변증법적 드라마에서 쇼펜하우어가 말한 것처럼 헤겔은 '지성적인

---

17 Kojeve, *Hegel*, XI-XII.

18 "Thus Spoke Zarathusrea," in *The Nietzsche Reader*, 259.

칼리반'(intellectual Caliban)이 되는데, 이러한 인물은 유럽의 식민주의 저항의 상징이 된다. 그리고 비유럽인들의 인정과 해방을 위한 욕구를 긍정한다.[19]

알란 블룸(Allan Bloom)은 코제브의 헤겔 해석의 미국의 편집인이며, 그는 역사의 종언은 평등한 개인의 권리를 인정하는 사회에서 끝날 것으로 전망한다.[20] 헤겔의 미래 국가 비전은 시민 국가에서 나타나며, 계급의 지배와는 무관한 권리의 평등함이 기초가 된다.[21] 민주주의는 시민(citoyen)의 역할이 증대되며, 이것은 단순한 부르주아와 동일시되는 것이 아니라, 아테네 도시국가의 한계를 넘어서 더욱 높은 차원의 국가의 형식을 의미한다. 고대 그리스의 도시국가는 계급사회였고, 사회를 지성적이며 또한 도덕적으로 노예제도를 철폐하며 개인과 전체의 궁극적인 일치를 구현할 수가 없다.[22]

욕구 상태에서 자의식은 타인과의 상호 주관적 관련해서 그 필요를 충족시킨다. 이러한 상호주관성은 헤겔의 주인과 노예의 인정투쟁에서 삶과 죽음을 거치면서 드러난다. 사회적인 드라마의 과정에서 주인은 생사를 건 투쟁에서 노동하는 노예를 의존한다. 욕구에서 인정이라는 이행의 과정에서 헤겔은 자기부정의 도덕적 차원을 상호 주관적인 틀 안에서 고려한다. 자아와 다른 자아는 상호관계에서 각각의 자기중심적인 욕구를 제한하고, 헤겔의 자기부정의 개념은 칸트 인간성의 존중에 가깝다. 우리는 여기서 상호주관성의 특수한 도덕

---

19 Hardt and Negri, *Empire*, 81-82.

20 Kojeve, *Hegel*, 12.

21 *Ibid.*, 19.

22 Marcuse, *Reason and Revolution*, 85,

성이 헤겔에게 나타나며 원초적인 도덕(proto-morality)이 삶의 과정에서 자기의식과 인정을 현실화하는 조건으로 간주할 수 있다.[23]

인간은 완전한 자유와 독립에서 진정으로 만족하며, 헤겔은 이러한 차원을 결사된 '우리', 자아의 복수성에서 찾는다.[24] 결사된 '우리'는 근대국가의 삶에서 실제적인 성취를 발견하며, 주인과 노예 투쟁의 결과로 나타난다. 이러한 존재는 부르주아로 불리며 사적 재산을 소유한 자들이다. 이들은 아직 시민사회에서 전체의 필요와 과제를 공공선으로 의식하고 추구하는 시민이 아니다. 자본주의 사회의 문제는 자본에 의한 부르주아와 노동자의 노예화이며 단순하게 부자들에 의한 가난한 자들의 노예화가 아니다.[25]

부르주아 세계에서 이성은 여전히 부자유스러우며, 비합리적이다. 이성은 자체상 교정 수단을 포함하는데, "상처를 입은 손은 또한 상처를 치유하는 손이다." 아담의 범죄 이후 선악을 아는 지식은 범죄와 죄책을 통해 인간의 삶에 상처를 줬지만, 자유와 이성의 진보에서 상처를 치료해나간다. 이성의 역사적 사회적 현실을 넘어서는 것은 이성 자체이며, 이것은 마르크스 삶의 기존형식들을 이러한 삶의 단계들에 대한 역사적 부정으로 나가게 한다.[26]

---

23 Alex Honneth, *The I in We*, 15-16.

24 Hegel, *Phenomenology*, 104.

25 Kojeve, *Hegel*, 65.

26 Marcuse, *Reason and Revolution*, XIII.

헤겔과 마르크스

마르크스의 변증법은 기존 질서와 현상 유지의 권력에 부정하는 방식에서 헤겔과 공유한다. 계급 사회의 대립은 사회와 역사 발전과정을 이끌어가는 동력이 된다. 진리는 역사의 총체성에서 파악되지만, 헤겔처럼 화해된 이성의 총체성(역사의 합리적 체계)이 아니라, 자본주의 사회 안에서 상품의 물신숭배를 통해 드러나는 부정의 총체성을 의미한다. 마르크스의 변증법은 일반적이 아니라 계급관계를 분석하는 역사 사회적 과정에 연관된 성격을 가진다. 부정의 부정은 새로운 사물의 질서(계급 없는 사회)를 수립하는 데서, 헤겔의 화해 철학 또는 철학적 현실주의는 지양되어야 한다. 진리는 역사적 현실과 유리된 채 나타나지 않으며, 인간의 실제적 역사는 계급 사회(필연성의 영역)가 폐지되는 곳에서(자유의 영역) 시작한다.

자본주의에 대한 부정은 자본주의 자체 안에 내포된다. 혁명은 객관적 조건의 총체성에 의존하지만, 이것은 물질적이며 지성적인 문화와 더불어 조직된 노동계급의 국제적인 그리고 지역적인 투쟁을 통해 사회적 목적을 향해 수행될 수 있다. 인간의 의식이 사회적 존재와 역사적 단계에 조율하고 규정된다면, 이것은 혁명을 위해 가동된다. 그러나 의식이 합리화된 생산 관계를 기초로 한 상품의 물신숭배에 사로잡히는 한 그것은 허위의식, 즉 이데올로기적으로 왜곡된다. 결국, 프롤레타리아의 혁명 의식은 마르크스의 이념형에 속한다.

레닌의 말처럼 모든 것, 예를 들어 물 한잔조차 변증법의 분석이 되는 것은 사회 역사적 과정에 대한 분석에서 가능해진다.[27] 레닌의 헤겔에 대한 반성은 레닌을 조야한 유물론자로 보기 어렵게 한다. 레닌에 의하면 헤겔의 논리학을 철저히 연구를 하지 않은 채 마르크스의 자본은 이해될 수가 없다고 항변한다. 반세기 이후 마르크스주의자들은 마르크스를 이해하지 못했다. 이러한 표현의 진의를 떠나서 레닌은 헤겔의 변증법에 지대한 관심이 있었다. 철학 노트에서 레닌은 헤겔 철학에서 드러나는 보편성과 개별성이 대립항의 일치와 갈등을 통해서 역사적으로 추동되는 것을 감지했다. 레닌은 헤겔이 칸트의 추상적인 물 자체를 비판하고, 인간의 인식기능에 천착하는 것을 적극적으로 평가했다. 인식론은 변증법적 논리가 된다.

유물론과 경험 비판과는 달리, 레닌은 인식의 과정에 무한한 대립의 계기들을 도입한다. 보편성은 특별 계기들 안에 포함되어 있으며, 개인의 지각과 의식은 추상화 작용을 통해 보편적 요소를 포함한다. 심지어 가장 단순한 현상(물 한잔)도 세계의 복합성을 내포하며, 모든 개별적인 것들의 상호 연관성에서 파악되어야 한다. 인간의 지식은 본질로 단편적이며, 불완전하게 남는다. 모든 개별적인 것들의 구체성을 파악하기 위해 모든 현상의 상호연관성 즉 총체성에 대한 절대적이며 보편적인 지식을 필요로 한다. 지식이 발전되고 전개될 때 세계에 대한 모든 반성은 내적인 대립으로부터 인해 불충분해지며 새로운 대립으로 대처된다.

레닌의 반영이론은 여기서 변증법적으로 갱신된다. 물질에 대한 의식의 반영은 결정적이라기보다는 단편적이며, 여전히 대립적 성격에서 파악되며, 이것은 새로운 지식을 향해 나간다. 그러나 이것은

---

27 Kolakowski, *Main Currents of Marxism II*, 314.

헤겔처럼 절대적 완성 즉 절대지로 귀결되지 않는다. 진리자체는 대립이 해소되는 역사적 과정에서 부분적으로 드러날 뿐이다. 부정과 대립은 보편성과 화해의 종합을 위해 희생되어서는 안 된다. 부정의 계기가 실종될 때 변증법은 관념론이 되고 만다. 이것은 레닌의 반영이론 즉 물질로부터 의식의 반영을 보편적으로 설정하는 조야한 유물론과는 다르다. 관념론은 인식의 부분적 측면을 절대화하는 데서 드러난다. 대립의 일치와 갈등에서 레닌의 변증법적 사유는 일치나 화해보다는 갈등에 강조점을 주며, 모든 개별적인 것은 대립의 일치와 총계이며, 이것은 부정과 대립을 통해 즉 부정의 부정을 통해 역사와 사회 안에서 진행된다. 이것은 엥겔스처럼 변증법의 일반화나 모든 것이 변한다는 입장과는 달리, 인간의 인식과 지식이 주체와 객관의 역동적 관계를 통해 주어지는 것을 말한다.

레닌의 "철학 노트"는 당철학이 유물론과 경험 비판에 경도되던 당시 기계론적 유물론을 비판하기 위해 출간되었다. 이것은 부하린과 30년대 그의 추종자에 대한 비판을 포함한다. 그러나 스탈린은 유물론과 경험주의를 레닌주의 토대로 그 지위를 부여하고, 모든 영역에서 과학과 문화에 대한 당 독재로 확립했다.[28]

마르크스주의 전통에서 헤겔의 토론을 넘어서서 헤겔은 여전히 포스트콜로니얼로 해석된다. 식민지 이후의 시대에 여전히 식민지의 지배구조는 다른 은닉된 형식들을 통해 현재의 역사에 들어와있다. 부정의 변증법은 인간의 이성은 물 자체로 존재하는 것이 아니라 역사화되어 있고, 사회적으로 구현된다. 식민주의 범죄로 인해 상처

---

28 *Ibid.*, 464-465.

입은 피지배의 사람들에게 이성은 어떤 정치·사회·문화적 대안을 통해 치유의 역할을 할 수가 있는가?

'포스트콜로니얼' 헤겔

칸트는 순수 이성의 결론에서 세 가지 본질적인 질문을 한다. 나는 어떻게 알 수 있는가? 나는 무엇을 해야 하나? 나는 무엇을 희망할 수가 있는가? 이러한 질문은 인간의 가능성을 도덕 이성을 지상에서 세워지는 목적(자유의 왕국)을 향해 가동화시킨다. 헤겔은 이러한 철학적 관심을 역사적 콘텍스트에서 정신의 운동을 통한 인간 의식의 현상학으로 개념화하고 추구한다. 필연의 왕국에서 자유의 왕국으로의 이행은 인간의 잠재태와 현실태의 틀에서 인정과 화해의 변증법적으로 파악된다. 여기서 부정의 언어와 논리는 기존의 권력과 현상 유지에 대립과 저항의 관계를 가진다.

마르크스는 이러한 필연의 영역에서 자유의 영역으로 이행에 (사유재산 철폐와 모든 평등한 개인의 자유로운 연합과 발전) 방해되는 구체적인 세력들을 분석하고, 사회적 사실들과 특히 경제적인 발전법칙을 객관적으로 기술한다. 사회학적 사실들은 마르크스에게 제거되는 것이 아니라 세계를 변혁하기 위해 필수적인 이론의 영역에 속한다.

헤겔의 정치철학과 국가론은 보수적인 것으로 비판되지만, 그의 노동이론과 시민사회에 대한 반성, 더 나아가 노예와 주인의 인정투쟁은 그의 보수적인 정치철학을 넘어서는 포스트콜로니얼 모습의 헤겔을 함축한다. 인정투쟁에서 자신의 상태를 변화시켜 시민이 되는 것은 오직 노예들이며, 생사를 건 투쟁에 대한 헤겔의 현상학적 분석에서 인정 개념은 상호주관적인 맥락에서 중요하다. 변증법적 인정모델은 유럽의 식민지역사의 배경에서 독해할 수 있다. 유럽의 식민주의 팽창에서 아프리카의 노예화, 아메리카의 약탈, 중국과 인도의 착취에서 여전히 헤겔의 인정개념은 포스트콜로니얼 착상으로 전개될 수가 있다.

유럽의 아프리카 식민지배에서 해방투쟁은 인정의 중요성을 확인한다. 피식민자는 독립적인 자의식으로 인정된다. 억압자의 신분과 권력과 지배는 피억압자의 현실과 관련되며, 이것은 지배와 비인간의 역사 과정에서 외화, 내면화, 소외로 나타난다. 지배자의 의식은 피지배의 의식에서 내면화되며, 해방을 추구하는 데서 피지배자는 억압이 제한상황임을 의식해야 한다. 이런 제한적인 상황은 변혁될 수 있다. 비판의식은 해방의 행동을 위한 동기가 되며, 이러한 역사 사회적인 과정에서 피지배자는 해방을 구성하는 원리가 된다.[29]

지배와 피지배의 관계를 해명하면서 해방의 교육학은 실천 가능해지며 주어진 세계를 문제화하면서 세계에 대한 부정을 드러낸다. 파울로 프레이리(P. Freire)는 교육학적 분석에서 지배자와 억압된 자의 비판적 관계에서 억압된 자는 자율적인 인격이나 독립적인 의식으로 인정을 받지 못한다. 지배자의 신분, 권력, 지배는 억압된 자의 존재 없이는 불가능하다. 이들의 관계는 비인간화로 특징되며, 지배된 자는 이중 구조 의식 다시 말하면 주인의 의식을 내면화한다.[30]

해방의 교육학은 상실된 인간성을 회복하며, 억압자는 자신이 주

---

29 Freire, *Pedagogy*, 34,

30 *Ibid*., 30.

는 억압의 비인간적 현실로부터 해방되어야 하며, 지배된 자는 억압자로부터 주어지는 현실로부터 해방과 인간화를 추구한다. 억압자는 지배된 자 없이는 존재하지 않는다 ― 이것은 해방의 교육학 구성원리다.[31]

헤겔의 변증법적 논리는 해방철학을 위해 유효하다. 이것은 전통적인 논리학에서 드러나는 사유와 실재(또는 인간 존재)의 분리 즉, 인간의 잠재태와 현실태에 대한 과정과 운동을 도외시한다. 기존의 것, 현상 유지 또는 상식을 진리로 설정한다. 그러나 헤겔의 변증법적 논리는 부정의 성격을 견지하며, 주어진 기존의 상식을 거절하고 이러한 상식적 카테고리에 의해 설정된 세계의 지배담론을 부정한다.

그리고 부정성은 외부로부터 오는 것이 아니라 기존 질서로부터 그리고 과정에서 시작한다. 모든 개별적인 것은 새로운 조건으로 진화되며 그 잠재태를 역사의 과정과 단계에서 현실화해야 한다. 그러므로 잠재태 또는 존재하는 것은 부정적인 성격을 가진다. 기존 사물의 질서는 대립으로 배제되고 주변부로 밀려 나간 것에 의해 구성된다. 나의 정체성에는 이미 타인의 배제가 들어와 있고, 정체성은 자체 대립적이다.

주인의 정체성은 노예의 존재를 통해 구성되며 또한 해소된다. 인정 논리는 현실의 보편적 차원을 지적한다. 이러한 보편성은 개념으로 파악되며, 모든 개별 현상들과는 구분되며 개별성 우위에 현실적인 것으로 존재한다. 그러나 개별성은 권위주의적 이데올로기로서 특정 그룹의 특수이해를 보편성으로 고양된 것에 종속되지 않는

---

31 *Ibid.*, 34.

다. 자유의 진보를 통해 더욱 합리적인 사회질서에 호소하기 위해 보편적인 것은 권위주의적이 아니라 이성적인 것으로 여전히 개별적인 것과의 관계 안으로 들어온다. 역사의 개별적 과정들을 통해(노예의 실천 또는 사회에서 밀려 나간 자들의 저항 담론) 우리는 역사와 사회 안에서 부정과 발전을 파악한다.

인간은 자신에게 묶인 족쇄를 부수고 자신의 잠재태를 역사와 사회 안에서 자유의 자의식으로 현실화한다. 진리는 역사발전의 총체성 즉 보편성에서 현실적인 것으로 드러난다. 개념의 구성에서 변증법의 긍정적인 차원(노동 분업)은 특수한 것의 부정을 통해(소외) 보편적인 것(사회적 자유와 연대)을 산출한다. 개별적인 것의 개념은 잠재태와 현실태의 과정에서 개별자 안에 내재한다. 변증법적 사유는 보편적인 것의 근거가 되며, 이 안에서 개별자가 파악되는 한 긍정적인 차원을 가진다. 그러나 보편성은 개별자 외부에 존재하지 않고, 오로지 개별자 안에서 그리고 통해서 즉 개별자의 총체성에서 실현한다.[32]

인정개념은 부정을 통한 개별자의 총체성을 보편적인 것으로 파악하는 데 자유의 진보와 노동의 의미 그리고 해방투쟁이 그 의미다. 대립의 통합은 주체의 해방의식에서 파악되며, 합리적으로 개념화된다. 변증법적 논리는 해방의 논리로 전환한다. 식민지의 기존 질서와 상식에 저항하며, 동시에 억압된 자들의 노동, 투쟁 그리고 자유의 진보를 위해 윤곽을 그린다.

모든 것의 공통적인 것으로서의 존재는 존재하는 것(Seiendes)과

---

32 Marcuse, *Reason and Revolution*, 127.

존재 자체(Sein)의 구분을 전제한다. 그러나 '존재' —장미는 꽃'이다'—
에서 모든 것은 '이다'가 되지만, 아닌 것은 존재가 아니다(nothing).
Being은 nothing으로 전환되지 않는다. 오히려 모든 규정된 것(존
재)은 존재와 무를 포함한다. 모든 존재의 계기(잠재태)에서 아직 실현
되지 않은 것들이 있으며, 존재는 되어감(Werden)의 과정에서 일어
나며, 사라진다.

존재와 무의 일치는 되어감에서 파악되며, 주인 의식(존재)과 노
예 의식(무)은 자유와 진보의 해방투쟁의 역사적 과정에서 기존으로
주어진 주인 권력에 대한 태도와 더불어 인정을 통해 보편적으로
설정된다. 노예 의식 잠재태는 인간화의 과정에서 주인의식의 일방
성을 넘어서서 보편 의식으로 고양되며, 주인과 노예는 인정의 단계
에서 화해된다. 주인의 권력에 대한 자연적 태도는 판단중지 되며,
노예의 생활세계(전통, 언어, 문화, 종교)는 노예의 노동과 자유의 진보
그리고 해방투쟁에서 보편적인 것으로 구현된다.33

즉자(주인)는 타자(노예)와 상호주관성에 있으며, 이러한 연관성이
타자를 인정하는 '즉자 대자적'(an und für sich) 삶의 보편적 특질을
규정한다. 이것은 첫 번째 부정인 타자를 나의 정체성으로 통합하는
두 번째 부정을 통해 보편성의 차원을 획득하는데, 이것이 헤겔이
말하는 '부정의 부정의 차원이며 매개개념을 강화한다. 객관적 세계
는 인간 주체의 발전으로 매개되고 이해되며, 구체적 사회현실에
대한 철학적 해석학을 예비한다.34

---

33 *Ibid.*, 131.
34 *Ibid.*, 133.

인간은 언어를 통해 역사와 전통을 이해하지만 동시에 역사와 전통은 단순히 주어진 것이 아니라 변증법적 발전을 통해 주어지며, 여전히 타자에 대한 배제가 침전된다. 인간은 부정의 부정을 통해 타자와 배제된 것의 의미를 생활세계와 더불어 비판, 연대, 해방을 통해 새로운 의미를 구성하며 새로운 사회질서와 역사발전을 기획한다. 이러한 현상학적, 해석학적 통찰은 헤겔을 포스트콜로니얼 이론으로 설정한다.

헤겔에 대한 포스트콜로니얼 독해는 프란츠 파농으로부터 온다. 피지배자는 지배자와의 관계에서 존재하며, 인정을 위한 투쟁에 관여한다. 프랑스 식민지 상황에서 파농은 아프리카 흑인들의 문제를 다루고 흑인해방의 중요성을 인정 개념을 통해 개념화한다. 인정의 권리는 주인과 노예가 자유와 해방을 향한 생사를 건 치열한 투쟁에서 나타나는데, 이러한 인정, 자유, 해방을 위한 갈등과 투쟁에서, 헤겔의 변증법적 모델은 사회적으로 주인(프랑스 백인)과 노예(아프리카 흑인)의 관계를 다루면서 전개된다. 인정투쟁은 파열과 갈등과 전쟁이 수행되면서 상호 존중의 세계 안에서 구현되고 급진화된다.[35]

코제브의 헤겔 분석에서 인정과 생사를 건 위신투쟁은 파농의 해방투쟁에서 공포의 극복으로 이어진다. 인정에 대한 욕구는 지배와 예속이 첨예화하게 드러나는 식민지 상황에서 구체화 된다. 상호인정은 피식민지의 아프리카 흑인의식에서 해방의 역할과 연결되고, 백인 식민주의자를 만족하게 하고 즐거움을 주는 후견적인 관용에서 인정되지만, 여전히 소외의 현실을 담고 있다. 복합적인 열등감

---

35 Fanon, *Black Skin*, 222.

은 정치적인 지배와 경제적인 부로부터 출현한다. 이것은 심리학적으로 문화적인 의식 안에서 내면화된다. 이러한 식민주의 상황에서 열등감의 대유행이 번져나간다.[36]

주인과 노예의 비판적인 모델에서 파농은 반식민주의 운동을 위해 인정과 소외로부터의 투쟁 해방을 재해석한다. 피식민지 백성들은 생사를 건 투쟁을 통해 완전한 의식을 향한 추동력을 가진다. 여기서 헤겔은 파농에게 유럽 식민지에 저항하는 '칼리반'과 같은 인물로 등장한다. 유럽의 계몽 변증법은 식민주의를 그 역사적 발전에서 배태하지만, 주인과 노예의 인정투쟁의 변증법에서 피식민지 백성들은 절대적인 부정 즉 유럽의 백인에 대한 타자로 만들어진다. 아프리카 노예는 유럽의 자아와 문명의 부정으로 드러나며, 계몽과 식민주의 변증법을 공고히 하기 위해, 유럽의 자아는 폭력을 필요로 하며 식민지의 타자를 지배한다. 자유를 향한 진보와 투쟁의 변증법이 탈식민주의 저항운동에서 설정된다.

이러한 식민지 현실은 결국 부메랑이 되어 유럽의 삶에 카운터 폭력으로 되돌아온다. 밑으로부터 생겨나는 카운터 폭력은 위로부터 취해지는 유럽 식민주의자들의 폭력의 영속화에 대항하여 나타난다.[37] 식민지 현실은 인류가 계급 투쟁의 역사라는 마르크스의 명제를 수정한다. 인류의 역사는 오히려 위로부터의 계급 투쟁으로 시작되고 이에 대한 밑으로부터의 부정 즉 부메랑의 효과로 점철되어 왔다. 식민지의 주체는 절대적으로 타자로 구성되며, 중심부의 주

---

36 *Ibid.*, 13.

37 Hardt and Negri, *Empire*, 131.

체에 의해 취소되고, 때론 부분적으로 수용되고, 통합된다. 이러한 변증법적 지양의 과정에서 절대적 타자는 인정욕구를 위한 해방의 주체로 여전히 남아있다. 후자의 정체성은 변증법적 참여와 인정을 통해 만들어지지만, 동시에 근대 유럽의 사고는 타자와의 변증법적 투쟁에 기초하며 혁명의 과정을 초래한다.38

식민주의 변증법에 저항하기 위해 해방의 교육학은 현실을 직시해서 비판적이며 해방의 틀에서 요구되고 투쟁, 노동, 자기표현이 중요해진다. 자기표현을 위해 식민지 사람들에게 공간을 줘야 하며, 이들의 존재와 존엄성과 타자성은 스스로 표현된다. 언어와 문화적 형성은 억압받는 식민지 백성의 생활세계로 존중되며, 인간의 세계는 언어와 사회적 담론으로 표현된다.

파농(1925-1961)에 의하면 언어는 '육체에서 길을 잃어버린 신'(폴 발레리)처럼 간주 된다.39 흑인의 피부 즉 이들 삶의 노동과 문화를 표현하는 언어는 유럽의 식민주의자들에 의해 대변되거나 상품화될 수가 없다. 모든 식민지 백성들의 삶에서 이들의 지역 문화에 본래 파묻혀버렸거나 죽임을 당했다. 이들은 유럽의 식민주의 문명 언어의 능력에 사로잡혀있고, 기껏해야 호미 바바가 말한바 흉내내기 사람으로 존속할 것이다. 발레리에게 사유하는 것은 존재한 적이 없는 삶을 우리에게 가져오는 노동을 의미한다. 부정의 언어는 식민주의자들의 주사위 놀이를 거절하는 담론과 투쟁으로 드러난다.

파농은 알제리 해방투쟁에서 헤겔을 다시 읽는다. 알제리는 1517

---

38 *Ibid.*, 128.

39 Fanon, *Black Skin*, 18.

년부터 1830년간 오스만 제국의 지배 아래 있었고, 이후 프랑스 지배 아래 편입된다. 이슬람 문화의 전통과 프랑스의 투쟁은 불가피했고, 1954년 아랍-이슬람 연대와 동맹을 주장하는 민족해방전선(Front de Liberation nationale)은 독립 전쟁을 일으키고 1962년 종결된다. 파농은 알제리 독립 전쟁 기간 프랑스에 의해 경영되던 블리다-쟁빌(Blida-Joinville)에 소재한 정신병원의 책임자로 일을 했다. 그의 책임은 식민 저항그룹을 억압하기 위해 고문을 자행했던 프랑스 관리들의 심리적 비탄과 더불어 알제리 고문 희생자들이었다. 파농은 자신이 프랑스 정부를 더 이상 지지할 수 없음을 깨닫고 1957년 독립 전쟁에 투신한다.

"검은 피부와 하얀 마스크"는 알제리인들의 식민주의화된 심리적 상태를 지적한다. 인종적 열등감을 극복하기 위해 알제리인들의 프랑스어 습득은 결국 프랑스 식민주의자의 먹잇감에 떨어지고 만다. 니그로와 언어에서 니그로의 의식은 분열되는데 식민주의자 백인과의 관계와 동료 니그로와의 관계는 달라진다. 프랑스어를 사용함으로써 프랑스의 세계관과 문화 의식을 내면화시키며, 백인이 되길 열망하는 니그로는 언어습득을 통해 더 백인처럼 되어간다. 그러나 니그로의 존재에서 개인의 특수성은 인정되지 않고 일반화한다. 니그로의 존재론은 니그로의 역사 문화적 경험에 기초 되는 것이 아니라 프랑스 백인들에 의해 제조된다. 파농에게 계급과 인종은 불가분리하게 엮어지며, 인종(민족) 문화와 반식민지 투쟁이 민족해방의 중심으로 들어온다. 탈식민지화는 식민지 프랑스 거주자들과 알제리인 간 이항의 대립으로 진행되며, 투쟁과 폭력으로 이어진다. 이것은 식민지배 백성들이 지배자들에 대해 사용할 수 있는 언어가 되며,

중립의 태도는 존재하지 않는다. 언어와 사회적 담론은 식민주의 저항에서 새롭게 창출되어야 한다.

파농은 장 폴 사르트르에게서 반유대주의에 대한 철학적 분석을 수용하고, 식민주의 인종 이론을 비판한다. 인종주의와 반유대주의는 다르지 않다. 두 가지 타입을 구분하지만, 파농은 둘 다 인간으로 살아갈 수 있는 가능성을 봉쇄하고 만다. 사르트르는 파농의 저술 『자기의 땅에서 유배 받은 자들』(The Wretched of the Earth)에 서문을 쓰기도 했다. 식민지의 예속 주체의 본질은 백인 가면을 열망하며, 이것은 나쁜 신앙이다.

사르트르는 헤겔의 주인과 노예의 인정투쟁 이론에 깊은 영향을 받았고, 투쟁은 상호 간 인정을 통해 극복될 수 있다고 본다. 그는 존재론보다는 사회와 역사 안에 인정투쟁을 자리매김하고, 억압을 지배의 타입으로 분석한다. 사회적 연대는 단순한 심리학적 투사가 아니라, 인정의 유대에 기초한 사회 존재론적 실제이며, 사르트르의 정치철학은 헤겔적인 상호 주관적 인정에 근거해서 발전된다.[40] 후기 식민지 이론을 위한 헤겔 독해는 일차적으로 사르트르-파농을 통해서 온다.

그러나 파농의 식민주의 심리학은 최근 후기 식민지 이론을 전개하는 호미 바바처럼 흉내내는 식민지 통역관의 변종이나 이들의 삶과는 다르다. 식민주의는 피식민지 백성들의 타자성과 정체성을 만들어내는데, 인종과 문화적 차이를 제거하고, 차이와 구별을 유럽적인 정체성 안으로 동질화한다. 이것은 일본 식민지역사에서 추구된

---

40 Jean-Paul Sartre, *Notebooks for an Ethics*.

내선일치에서도 볼 수도 있다. 차이와 다름은 막다른 골목으로 밀어지고, 유럽적 의식과 문명의 자기동일성 아래서 모든 피식민적 저항은 포섭되고 만다. "현실이 변증법적이 아니라, 식민주의가 변증법적이다."[41]

헤겔과 해방의 담론

『정신현상학』에서 헤겔은 정치적 지배와 경제적 소유를 다루면서 언어와 사회적 담론 그리고 문화적 구성에 대한 반성을 담고 있다.[42] 심지어 통 속에서 살았던 디오게네스(Diogenes)도 문화적 세계로부터 단절할 것처럼 보이지만, 여전히 문화의 보존 안에 존재한다.[43] 헤겔은 이제 주인과 노예의 인정모델을 국가의 정치 권력과 경제적인 부와 연관 지으면서 개념화한다. 헤겔은 마르크스의 경제적 환원주의의 한계를 넘어서며 정치적 지배의 중요성과 비판적 담론을 고려한다.

지배자들의 부는 노동의 결과로 산출되며, 노동은 보편적인 의미에서 일반적인 향유와 혜택을 준다. 부는 상호 보편적인 노동을 요구한다.[44] 헤겔의 비판적인 의식 현상학에서, 귀족의 성격은 국가의 권위에 일치하며 나타난다. 이들은 국가의 이해에 복종하고, 봉사하며 충심으로 국가를 존경한다.

---

41 Hardt and Negri, *Empire*, 128.

42 Hegel, *Phenomenology of the Mind*, 288.

43 *Ibid.*, 308.

44 *Ibid.*, 291-293.

그러나 저열한 민중 의식은 정치적 지배와 경제적 부에 불협화음을 낸다. 정치적 지배를 쇠사슬로 간주하면서 민중 의식은 지배자에 대한 증오 감정으로 돌입한다. 권력자에게 오직 비밀스러운 악의를 가지고 복종하며 폭동을 위해 준비한다. 민중 의식은 경제적인 부안에서 갈등의 요소를 보며, 부의 영구한 성격에 수긍하지 않는다. 이들은 국가에 복종하지 않는다. 개인의 존재는 민중 의식에 거할 때, '다양한 계급들과 삶의 영역들에 대해 내적으로 비밀스럽게 유보된 정신적 원리'가 된다.[45] 민중의 갈등 의식은 국가의 정치적 지배에 저항하며 폭동의 순간으로 이어진다.[46]

여기서 헤겔은 군주제의 국가를 이상화하지 않는다. 전제적인 정치적 지배와 과도한 경제적 부는 오히려 주인과 노예의 인정투쟁에서 민중 의식은 혁명으로 나간다. 국가권력의 지배에 대해 피지배 계급에서 나타나는 담론의 해방적 역할이 중요해진다. 사회적 담론으로서 언어는 자기표현과 저항의 힘을 가진다. 언어만이 자신을 표현한다. 자아는 상호 주관적이며, 타자는 자기 자신으로 되돌아간다.[47]

지배와 예속의 관계에서 인정욕구는 생사를 건 위신투쟁으로 가는 길목에서 저항의 담론은 중요한 역할을 한다. 갈등과 폭동의 담론에 대항하여 타자인 귀족 의식은 자신으로 돌아가 아첨의 언어를 산출한다. "벙어리 봉사의 용기는 아첨하는 용기로 이전된다."[48] 아첨의 담론을 통해 귀족의 의식은 군주제의 무제한의 권력에 봉사

---

45 *Ibid.*, 297.

46 *Ibid.*

47 *Ibid.*, 298.

48 *Ibid.*, 300.

한다. 이러한 귀족들은 군주에게 문서화된 법적 문서들을 통해 지배 체제를 정당화하며, 국가권력을 보편성으로 고양한다. 귀족들의 아첨과 군주에 대한 감사와 복종의 정신은 민중 개개인을 굴욕의 조건에 처하게 만든다. 모멸과 분노를 느끼는 민중 의식의 개인은 깊은 반란을 생각하며, 사회로 분출된다.

"부는 [상품에 대한 불평이나 거절]을 고객들과 나누지만, [민중] 반역에 대해서는 거만함으로 드러난다."[49] 사회해체가 되는 과정에서 자아는 내적인 불협화음이 일어나고, 하나가 되었던 모든 사람은 분쇄되고 만다. 후원자를 위한 존경은 부서지고, 이제 모두가 아비규환 앞에 서 있다. 그것은 바닥이 없는 구덩이로 나누어 버리며, 모든 견고한 기반과 버팀목이 사라져 버린다.[50]

자의식은 국가의 정치적 지배와 경제적인 부에 대한 비판적인 언어의 형식을 가진다. 완전한 인정을 얻기 위해 피지배 그룹은 비판적인 담론을 채택하며, 이것은 반란과 체제로 나간다. 언어의 문화적 측면은 문화의 전체 영역에 대한 발언인데, 절대적인 자기 정체성을 해체하면서 반란으로 나타난다.[51] 기존 권력에 복종하는 아첨의 언어에는 진리가 존재하지 않는다. 언어는 주어진 것에 대한 표현이라기보다는 다름에 대한 사회적 담론에서 그 진리를 더 크게 드러낸다. 기존 질서를 넘어서는 대안으로써 변증법은 언어 지배와 예속의 구체적 현실에서 사회적 담론을 통해 정치와 경제영역에서 인정투쟁으로 드러난다.

---

49 *Ibid.*, 304.
50 *Ibid.*
51 *Ibid.*, 305.

헤겔의 주인과 노예의 모델은 역사적으로 프랑스 혁명과 관련되어있다. 그의 변증법적 사유 방식은 프랑스 혁명의 테러 정치를 다룰 때 비판적이다. 그러나 그는 민중 의식을 통해 드러나는 역사의 진보와 자유 그리고 해방에 대해서는 개방적인 입장을 가진다. 다양한 자의식의 형식들에 대한 현상학적 분석에서 헤겔은 노동, 투쟁, 정치적, 문화적 인정을 자유와 해방을 위한 사회적 담론으로 발전시킨다. 마르크스와 달리 헤겔은 노동의 폭넓은 스펙트럼을 고려했고, 다양한 공공영역에서 정치적 지배와 경제적 부의 독점에 제동을 걸었다.

그의 인정 개념은 사회학적으로 뒤르켐의 분업에 대한 도덕적 분석과 관련하며, 또한 정치적·문화적 인정은 포스트콜로니얼 상황에서 역사의 종언이라는 사이비 현실에 제동을 건다. 억압된 자들의 자기표현과 이들의 사회적 담론은 시민 국가 안에서 인정될 수 있다. 이것은 군주제를 넘어서며 리버럴 민주주의 형식적 평등을 넘어서서 사회적으로 밀려난 자들과의 연대를 꾀한다. 법적으로 평등한 공민은 지배와 예속을 벗어나 마지막 연대하는 인간으로 나타난다. 후기 자본주의의 병리 현상에 갇혀있는 사회에서 헤겔은 여전히 물화의 지배를 벗겨내는 인간화와 해방 그리고 인정과 비판적 담론을 고려하는 중요한 사상가로 남는다.

제4장

기독교현실주의와
종교사회주의

I. 라인홀드 니부어와 기독교현실주의

　　라인홀드 니부어(1892-1971)―리처드 니부어(1894-1962)의 형―는 사회 문화 그리고 정치적 영역에서 악의 현실을 취급할 때, 책임과 현실주의적 저항에 주목한다. 니부어는 미국에서 가장 대표적인 공공신학자에 속한다. 그는 신정통주의 틀에서 자신의 신학을 개념화하고 책임과 사회 부정의에 대해 비판한다. 니부어는 아우구스티누스와 칼 바르트에게 지대한 영향을 받았지만, 바르트에 대해 상당한 비판적 유보를 표시했다. 니부어는 원죄와 은총에 대한 신학적 근거를 자신의 정치윤리에 유용화하고, 믿음과 회개 그리고 사랑과 용서를 기독교 정치현실주의로 발전시켰다.

　　니부어의 크리스천 현실주의를 공공신학의 고전적인 예로 파악할 때, 니부어는 근대의 정치철학과 사회주의 이론에 비판적이며 건설적인 대화에 관여한다. 원죄와 자유에 대한 그의 창조적 분석은 공공신학의 발전에 탁월한 기여를 했으며, 아우구스티누스의 원죄 한계를 갱신한다. 공공신학을 위해 니부어의 아우구스티누스 해석과 그의 사회주의 이론을 검토할 필요가 있다. 필자는 원죄와 하나님의 형상에 대한 비판적인 해석을 통해 니부어의 입장을 칼 바르트와 에밀 부르너를 비교 검토한다. 보론에서 원죄와 동성애 유전자 그리고 유전공학의 문제를 신학, 윤리적으로 다룬다.

니부어는 갈등 모델을 빛의 자녀들과 어둠의 자녀들에 기초해서 발전시키며 삶의 의지와 힘의 원지를 통해 그의 도덕철학을 개념화한다. 쇼펜하우어의 삶의 의지와 니체의 힘의 의지는 좀 더 철학적으로 다루어질 필요가 있다. 니체는 푸코의 계보학에 결정적인 영향을 미치고 포스트콜로니얼 이론에서 매우 중요하게 전개된다. 제임스 콘은 인종의 정의란 측면에서 니부어에 대해 비판했다. 결론에서 이러한 콘의 비판을 검토할 것이다. 이어 우리는 니부어와 종교사회주의 문제를 칼 바르트와 틸리히와 연관 지어 다루게 될 것이다. 틸리히와 바르트의 종교사회주의 전통은 니부어와 상호 보충적으로 독해 되며, 본회퍼와 해방신학의 예속 근대성의 비판에 주목하게 된다. 마지막으로 후기 자본주의와 정당성의 문제를 다룰 때 필자는 에밀 뒤르켐의 분업 사회학과 유가적 도덕의 문제를 고려하며 공공신학을 위한 중요한 통찰을 수용한다.

기독교 정치현실주의

니부어에 의하면, 기독교인의 삶이 공동체와 국가 그리고 건전한 문화에 책임감을 상실할 때, 참을 수 없는 피안의 종교로 변질된다고 한다.[1] 기독교의 정치 책임성을 위해 니부어는 아우구스티누스의 원죄 개념에 주목한다. 현실주의는 자기 이해와 권력의 요소들을 고려하는 입장인데, 이것은 사회 정치적 상황에서 제도화된 도덕적 규범들과 이념들에 대한 저항에 관련한다.[2]

---

1 Niebuhr, "The Christian Witness in the Social and National Order," in *The Essential Reinhold Niebuhr*, 100.

아우구스티누스(354-430)는 북아프리카 히포의 감독인데, 413년 그의 대작인『신의 도성』(De Civitate Dei)의 집필을 시작하고 426년에 완성했다. 이것은 410년 로마가 비시고트족(Visigoths)에게 약탈당했을 때, 그의 신학적이며 역사적인 답변을 담고 있다. 아우구스티누스의 구원사는 니부어에게 사회와 역사에 대한 현실주의적 접근에 기본 틀을 제공한다. 아우구스티누스의 입장은 악과 원죄의 문제를 다룰 때, 그의 성서적 사실주의(biblical realism)에 기초하며, 이것은 인간 자아에 대한 합리주의적 개념과는 다르다. 니부어는 아우구스티누스를 서구사의 첫 번째 위대한 현실주의자로 평가한다.[3]

민주주의와 도덕성

니부어는 아우구스티누스의 현실주의적 통찰을 그의 '빛의 자녀들과 어둠의 자녀들'에 대한 유형론에서 구체화한다. "근대의 민주주의는 더 큰 설득력 있는 정당화를 위해 더욱더 현실주의적 철학 종교적 기반을 필요로 한다" 우리는 니부어의 현실주의적 입장을 다음의 짧막한 문장에서 읽는다. "정의를 위한 인간의 능력은 민주주의를 가능하게 만든다. 그러나 부정의에 대한 인간의 성향은 민주주의를 필요한 것으로 만든다."[4]

정의는 민주주의와 더불어 존재한다. 민주주의가 없는 정의는 공허하며, 정의가 없는 민주주의는 맹목적인 민중 선동에 불과하다.

---

2 Niebuhr, "Augustine's Political Realism," *ibid.*, 123.

3 *Ibid.*, 124.

4 Niebuhr, "The Children of Light and the Children of Darkness," *ibid.*, 160.

정의와 민주주의와 관계에서 도덕성은 빛의 자녀들인지 아니면 어둠의 자녀들인지 범주화하는 데 결정적인 역할을 한다. 이것은 이항의 대립보다는 더 변증법적 방식으로 행해지고 분석된다. 니부어는 도덕적 냉소주의자를 법을 자신의 의지와 이해관계에 복무시키는 자로 분류한다. 이것은 마키아벨리의 부도덕한 군주론에서 잘 나타난다. 이들은 세계의 자녀들이고 어둠의 자녀들이다.

반면에 빛의 자녀들은 더 보편적인 선을 위해 높은 법과 보편법의 지도 아래 자기 이해를 일치시키려는 사람들이다. 니부어의 정치현실주의에서 결정적인 것은 다음의 성서의 구절에서 잘 표현된다. "이 세상의 자녀들이 자기네끼리 거래하는 데는 빛의 자녀들보다 더 슬기롭다"5(누가 16:8).

어둠의 자녀들은 자신들의 이해와 권력을 제외하고는 법이 없으며 악하고, 그에 따라 이들은 자기 이해의 힘을 민첩하게 사용하며 세속의 일들을 평가하는데 지혜롭다. 그러나 빛의 자녀들은 고귀한 보편적 선이 있고 도덕적이다. 반면에 이들은 자기 이해의 힘과 악한 현실을 고려하는데 무능하며, 어리석다고 평가받는다. 빛의 자녀인 기독교인은 이러한 비난에 책임감과 가책을 느껴야 한다.6

빛들의 자녀와 어둠의 자녀들을 다루면서 니부어는 아우구스티누스 하나님의 도성과 세상의 도성의 개념을 수용한다. 자기애 또는 교만(superbia)은 악의 근거이다. 그것은 하나님에 대한 인간의 포기 결과로 나타난다. 이것은 자아 중심주의이며, 자아를 하나님의 자리

---

5 Cited in *ibid*, 166.
6 *Ibid.*, 166-167.

에 대신하고 자체상 목적으로 고양한다. 기독교 현실주의는 아우구스티누스의 죄와 신앙에 대한 해석에 기초하며, 자기애 또는 자아중심주의는 세상의 도시(*civitas terrena*) 안에 포함된다. 세상의 도시는 하나님의 도시(*civitas dei*)와 구분되는데, 하나님의 도시는 하나님의 사랑(*amor dei*)으로 특징되며 자아에 대한 부인으로 나간다.7

아우구스티누스에 의하면 세계는 바빌론의 강처럼 흐르며, 모든 것이 강물처럼 흐르고 사라진다. 우리가 사랑하는 것은 예루살렘의 토대가 아니라 바빌론의 강이다. 하지만 거룩한 예루살렘의 시민들이 존재하며, 그들은 바빌론의 시류에 스스로 몸을 던지지 않는다. 이러한 이미지는 이상주의적이거나 자연주의적 성격을 말하지 않는다. 오히려 성서적으로 기반한다. 니부어에 의하면, 아우구스티누스는 자아의 성서적 개념을 고수한다. 따라서 아우구스티누스의 은총과 죄에 대한 이해는 토마스 아퀴나스의 합리적인 해석과는 다르다.

목적론적 논증과 신학적 현실주의

토마스 아퀴나스(1225-1274)는 아리스토텔레스를 아우구스티누스와 종합한다. 잠재태와 현실태란 해석의 틀에 근거하여, 도덕적 삶은 목적에서 실현되며 ― 이것은 인간의 본성에 잠재적으로 존재한다. 모든 본성은 이성에 의해 개념화되며, 하나님에 의해 창조된다. 이성은 하나님을 향해 목적을 가진다. 아퀴나스에게 하나님 형상은 일차적으로 지성적이며 자연적 특질이다. 인간 존재 안에서 하나

---

7 "Augustine's Political Realism," *ibid.*, 126.

님에 대한 유사점에서 발견되는데, 이것은 신앙과는 무관하며, 아담의 타락에도 불구하고, 모든 인간이 존재론적으로 하나님에 대한 유사점을 지식과 이해의 능력에서 가진다. 지식과 이해의 능력은 인간의 영혼을 말하며, 이러한 이해의 능력은 타락 이후에도 파괴되거나 상실되지 않는다.8

이러한 아퀴나스의 해석에서 니부어는 인간의 책임성과 자유 그리고 자기 초월이 약화되며, 가톨릭의 원죄 개념은 생물학적 유전으로 파악된다. 이러한 유전은 개인의 책임과는 상관이 없다. 가톨릭의 전통에서 원죄의 형식적인 요소는 본래 의로움의 부재(privation of original justice)이며, 구체적으로 그것은 성적충동(concupiscence)인 죄로 나타난다.9

아퀴나스와는 달리 니부어는 아우구스티누스 하나님의 형상론에 관심하고, 하나님의 형상은 인간의 영혼에 심겨 있다고 주장한다. 아우구스티누스의 일차적 관심은 자기 초월을 향한 인간의 가능성이며, 인간의 영(정신, spirit)은 기억을 통해 하나님을 향한 종교적 추구에서 볼 수 있다.10 인간은 정신이나 이성을 통해 자기를 초월한다. 자기 초월은 우리를 하나님을 향한 추구로 인도하며, 세계를 초월한다. 합리적이고 지성적인 영혼은 하나님을 향한 영적 갈망에서 드러나는 자기 초월 없이는 적절하게 이해될 수 없다. 아우구스티누스는 아퀴나스 하나님의 형상개념과 다르다. 왜냐하면, 아퀴나스에게 하나님의 형상은 일차적으로 지성적인 성격을 말하기 때문이다.11

---

8 Niebuhr, *The Nature and Destiny of Man*, 153, footnote 4.

9 *Ibid.*, 248.

10 *Ibid.*, 154.

니부어는 아우구스티누스의 자기 초월의 측면을 성서적인 믿음과 관련짓는다. 성서적인 콘텍스트에서 악은 인간의 책임성을 통해 세상으로 들어온다. 죄는 자연적으로 또는 본성으로 필요하지 않다. 왜냐하면, 하나님은 인간을 죄로 예정하지 않았기 때문이다. 하지만 역사적으로 피할 수가 없다. 왜냐하면, 인간은 죄에 대해 책임지기 때문이다.[12]

니부어는 아우구스티누스의 도시개념에서 사회 정치적 차원에 주목한다. 이것은 가족, 사회 그리고 세계를 포함한다. 공동체 전체 안에 위험이 넘쳐나며, 이것은 더욱 큰 바다가 더 위험한 것과 같다. 공동체는 이해와 명백한 갈등에서 나타나는 긴장, 저항 그리고 경쟁에 노출된다.[13]

아우구스티누스에 의하면, 제국의 도시는 공화국이며 권력의 강제와 부정의에 호소하지 않고 지역을 다스릴 수가 없다. "왜냐하면, 몇 사람이 타인을 다스리는 것은 정의롭지 못하기 때문이다"[14] 사회적 평화와 질서가 지배그룹에 의해 유지되는 사회의 지배그룹은 자기 이해의 부패를 피할 수가 없다. 아우구스티누스에 의하면, 지상의 도시(civitas terrena)는 자기애로 부패해있고 하나님을 경멸하고 실패할 수밖에 없다. 반면 신의 섭리에서 볼 때, 지상의 도시는 —불완전한 상태에도 불구하고— 인류의 삶을 위해 잠정적으로 기여할 수 있다. 하늘의 도시는 하나님에 대한 사랑으로 형성되며, 자아를 부인

---

11 *Ibid.*, 153, footnote 4.

12 *Ibid.*, 260.

13 Niebuhr, "Augustinian Political Realism," in *The Essential Reinhold Niebuhr*, 127.

14 Cited in *ibid.*, 128

한다. 그것은 지상의 도시 안에 존재하며, 교회 ─불완전한 형식에도 불구하고─ 영원한 도시를 미리 맛보는 곳이 된다. 이러한 두 도시는 상호작용하고 뒤섞여 있지만, 마지막 심판에서 갈라진다.[15]

아우구스티누스의 현실주의는 냉소주의나 상대주의와는 상관이 없다. 왜냐하면, 지상의 도시는 하나님의 도시와 뒤섞여 있기 때문이다. 이러한 혼합은 카리타스(하나님에 대한 인간의 사랑)와 자기애의 갈등을 의미하며, 루터의 '항상 죄인 항상 의인'이라는 문구에서도 볼 수 있다. 하나님의 칭의의 은혜를 통해 나는 죄 용서받고 의로운 자로 살아가지만, 여전히 세속의 도시에서 죄를 범하며 살아간다. 그리고 아우구스티누스는 하나님의 도시를 보이는 교회와 동일시하지 않는다.[16]

자기애와 하나님 사랑, 이 두 가지가 혼재되어있는 현실에서 카리타스(하나님에 대한 사랑)는 순수하게 영적인 것도 아니며, 이 세상으로부터의 도피를 말하지도 않는다. 이것은 사회 역사적 성격을 가지며, 하나님을 위한 가족과 국가의 일상적인 책임을 말한다.[17] 니부어의 현실주의에서 책임성은 중요하며, 인간의 행동에 대한 보편적인 특징은 스토아주의처럼 규범적으로 수용될 때 비판적이고, 심지어 해체될 수 있다. 니부어에 의하면, 선과 악은 인간 본성의 고착된 구조나 토마스 아퀴나스의 자연법이론에서 말하는 것처럼 보편적 이성에 의해 결정되지 않는다.

---

15 Augustine, *City of God*, I. 35.
16 Niebuhr, "Augustinian Political Realism," in *The Essential Reinhold Niebuhr*, 135.
17 *Ibid.*, 137.

원죄와 자유

앞에서 본 것처럼 니부어는 가톨릭의 구분, 즉 본래 의로움(성례를 통한 하나님과의 교제 가운데 주어지는 초자연적 자유)과 피조물의 자연적 의로움(오염되지 않은 이성)의 구분을 문제 삼았다.[18] 전자는 인간의 타락 이후에 상실되었지만 성례전적 은총과 신학의 덕(믿음, 소망, 사랑)을 통해 회복된다. 그러나 자연적인 의로움—오염되지 않은 이성의 능력 안에 있는—은 타락에 의해서도 부패하지 않았다.[19] 이러한 입장은 펠라기안주의와 유사한 것으로 간주하며, 원죄는 초자연적인 것의 부재로 파악된다. 초자연적인 것은 부패하지 않았다.[20]

가톨릭의 입장에 대해 니부어는 본래 의로움과 자연법을 잠정적으로 구분을 할 필요가 없다고 본다. 본래 의로움은 아담의 타락 이후에도 완전히 상실된 것이 아니다. 그것은 죄인 된 인간의 삶에서 인간의 자유와 사랑의 법을 통해 도덕적으로 행할 수 있다는 지식으로 남아있다. 완전히 상실된 본래 의로움은 없으며, 부패하지 않은 자연법(이성)도 없다.[21] 니부어의 원죄 개념은 역사적 불가피성과 인간의 책임성으로 파악되는데, 자유의 행사는 초월적인 인간의 영에서 행해지고, 행동에서 드러난 자유의 잘못된 사용을 인정한다. "인간은 그가 자유롭지 못한 것을 발견하는 데서 가장 자유스럽다."[22]

---

18 Niebuhr, *The Nature and Destiny of Man*, I, 269.

19 *Ibid.*, 282.

20 *Ibid.*, 248.

21 *Ibid.*, 281.

22 *Ibid.*, 260.

원죄는 유전적인 타락에도 불구하고, 책임의 영역에서 인간의 자유의지를 통해 행해진다. 인간의 의지는 선을 행하기에는 여전히 자유롭지 못하다. 그러나 책임에 대해서는 자유롭다. 반면에 죄는 자연적으로 필요한 것이 아니다. 이러한 역설은 아우구스티누스주의자들이나 펠라기안주의자들이 명확하게 파악하지 못했다. 펠라기안주의에서 하나님의 선한 창조는 원죄에 대한 자유의지를 통해 방어된다. 창조 안에 있는 자연 은총에 근거하여, 인간은 의지의 자율성과 자유를 통하여 율법을 성취할 수 있다. 자연 은총은 구원을 위하여 하나님의 특별 은총을 필요로 하지 않는다. 하나님의 특수 은총은 오직 죄를 사면할 뿐 인간의 삶을 변화시키지 않는다. 자유의지의 행사 없이 행해지는 현실적인 죄는 죄로 여겨질 수가 없다. 왜냐하면, 죄의 측면은 인간의 의지 자체 안에서 발견되는 것이 아니라, 인간의 습관이나 본성의 수동성에 기인한다.[23]

펠라기안주의에 반하여 니부어는 하나님의 모습과 형상을 중요하게 구분한다. 여기서 형상은 하나님의 본래 속성, 즉 자기 초월을 말하며, 모습은 하나님의 원형적인 존재를 의미한다. 타락은 인간 안에 있는 하나님의 모습(likeness)을 파괴하지만, 하나님의 형상을 파괴하지 않았다.[24] 아담은 행동하기 전에 죄가 없었다. 그러나 첫 번째 불순종의 행동으로 인해 죄인이 되었다. 니부어는 이런 입장을 '전체 인간 역사를 위한 상징'[25]으로 간주한다. 사실, 우리는 아담과 크게 다르지 않다. 니부어에 따르면, "자기 초월 안에서 본래 완전에

---

23 *Ibid.*, 245.

24 *Ibid.*, 270.

25 *Ibid.*, 280.

대한 의식과 기억이 일어난다."26 이것은 율법의 형식 안에 존재한다. 그러한 완전은 인간의 소유로—초월로서 자아—간주하지 않는다. 자아 자체가 초월이 아니라, 자아 안에는 자기를 초월해서 하나님의 율법을 행하려는 존재론적인 능력이 있다.

아우구스티누스의 사랑을 최종의 규범으로 말할 때, 이것은 자기이해와 권력에 대한 사실주의적 평가에 기초한다. 이것은 근대 기독교의 감정주의적 해석과는 구분되며, 후자의 경우 개인과 집단적인 차원에서 드러나는 이기주의의 힘이 과소평가된다. 감정주의는 자기애의 힘과 한계를 사실적으로 파악하지 못하며, 이것은 근대 리버럴 기독교인들에게 지속해서 나타난다. 리버럴 기독교 안에서 칸트의 공리(나는 해야만 한다. 그러므로 나는 할 수가 있다.)는 복음이 요구하는 것에 연관성을 가진다. 이것은 알브레히트 리츨에게서 잘 볼 수 있는데, 그는 하나님 나라의 복음을 칸트 목적의 나라와 동일화시킨다. 리츨은 하나님 나라의 초월적 차원을 독일 부르주아 문화에 순응시켰다. 니부어는 리츨에 대한 칼 바르트의 비판에 동의한다.27 하나님의 나라는 완전한 화해와 하나가 되며 이것은 독일 민족문화에서 드러난다.

반면에 아퀴나스는 아리스토텔레스적인 기반 위에서 자연법이론을 구성하며, 자연을 '하나님 불변의 규범'28으로 수용한다. 니부어에 따르면, 자연법의 전통에는 현실주의가 결여되어 있다. 목적론적 사고는 인간 행동과 사회조직의 형식들과 규범을 침해할 수 있는

---

26 *Ibid.*, 277.

27 Niebuhr, *An Interpretation of Christian Ethics*, 39.

28 Niebuhr, "Augustinian Political Realism," in *The Essential Reinhold Niebuhr*, 132.

인간의 자유와 죄에 대한 이해가 부족하다. 세계 공동체는 갈등과 분쟁, 경쟁으로 위협되고 반란과 혁명 또는 전쟁으로 갈 수 있다.

아우구스티누스의 한계에도 불구하고, 니부어는 카리타스(하나님의 도시)를 통해 자기애(지상의 도시)를 고치고 새롭게 하는 누룩의 모델을 선호하고, 자연법의 토대 위에 기초한 고전적이거나 중세기적 도덕 이론과 거리를 둔다. 니부어는 니그렌(Anders Nygren)의 아우구스티누스 비판에 동의한다. 니그렌에 의하면 아우구스티누스가 말하는 하나님의 사랑은 신약성서의 아가페를 잘못 해석한 결과이다. 십자가에 드러난 하나님의 자기희생 은총은 인간 사랑의 행위(카리타스)를 위한 토대가 되어야 한다. 후자는 자기애와 죄를 뒤섞어 버린다. 그리스도 안에 있는 하나님의 은총은 믿음 안에서 인간을 의롭게 하고, 인간의 삶을 갱신하고 회복시킨다(인간의 카리타스를 포함하여). 십자가 신학은 아우구스티누스의 칭의와 성화론에서 지속인 원리가 되지 않으며, 이것은 루터와도 다르다.[29] 아우구스티누스와 달리 루터에 의하면 원죄의 본질은 개인의 인격적 행위에서 발견된다. 본회퍼는 루터를 추종하면서, 원죄의 교리는 성을 통한 생물학적 유전에서 찾을 수 없고, 이런 이해는 인간성에 손상을 입힌다고 비판한다.[30]

지상의 평화를 다룰 때, 아우구스티누스는 —만일 사랑이나 신실함에 의해 인도되지 않는다면— 집단적인 자기 이해는 공동체 안에서 경쟁하는 그룹들로 인해 명백한 갈등을 일으킨다. 그런가 하면

---

29 *Ibid.*, 133.

30 Bonhoeffer, *Creation and Fall*, 150. 125.

지배그룹은 공동체 안에서 부정의를 초래한다. "이것이 승리할 경우, 악덕의 노예가 될 것이다."[31] 정의나 율법의 규정으론 결코 개인이나 그룹 간의 경쟁에서 갈등이나 긴장을 방지하지 못한다. 그러나 아우구스티누스의 카리타스 개념은 높은 차원에서 인간과 사회에서 드러나는 자기애의 위험을 갱신하고 변화시키는 누룩과 같은 영향을 준다. 카리타스는 자기애가 자기 패배로 가지 못하도록 막는 데 결정적이며 효율적이다.

아우구스티누스의 정치현실주의를 비판적으로 회복하면서 니부어는 민주주의 문명을 보존하고 책임을 통해 증진 시키려고 한다. 이러한 과제를 위해 니부어의 정치현실주의는 뱀의 지혜와 비둘기의 순진함을 강조한다. "빛의 자녀들은 어둠의 자녀들 지혜로 무장되어야 한다. 그러나 이들은 악으로부터 자유로워야 한다. 빛의 자녀들은 인간 사회에서 자기 이해의 힘을 알아야 하며, 여기에 도덕적 정당성을 제공해서는 안 된다. 이들은 이러한 지혜를 가져야 하며, 공동체를 위하여 개인적으로 집단적인 차원에서 드러나는 자기 이해의 힘에 관여하고 굴절시키고 이용하고 억제해야 한다."[32]

니부어의 기독교 현실주의는 칸트의 모델—실천이성에 기초한 자율적인 인간—을 비판한다. 또한, 아리스토텔레스와 아퀴나스의 인간 이해—목적론적인 발전에 기초해 스스로 덕을 함양하는 인간—에 대립한다. 오히려 니부어는 인간을 책임적인 자유를 가진 존재로 고려하며, 카리타스를 통해 사회를 변화시키려고 한다. 이것은 자기

---

31 Niebuhr, "Augustinian Political Realism," in *The Essential Reinhold Niebuhr*, 133, 136.
32 Niebuhr, "The Children of Light and the Children of Darkness," *ibid.*, 181.

이해의 힘을 과소평가하지 않는다. 인간은 사회를 변화시키는 누룩과 같은 존재이며, 기독교적 현실주의자는 기독교적인 가치인 사랑, 용서, 연대를 통해 사회를 개선하려고 한다.

현실주의와 갈등 모델

공공신학을 다룰 때 니부어는 민주주의, 정의 그리고 근대문명에 중요한 기여를 한다. 또 사회주의에 대한 현실주의적 검토와 평가를 한다. 그는 민주주의와 근대사회를 비판하거나 옹호할 때, 빛의 자녀와 어둠의 자녀를 통해 숙고한다(누가 16:8). 성서의 입장은 니부어의 갈등 모델을 사회에 누룩과 같은 인간 존재를 통해 개념화한다. 빛의 자녀들은 보다 큰 보편법 아래 자기 이해를 예속시키고, 문제를 보다 더 보편적인 선에 조화를 이루며 해결하려고 한다.[33] 그러나 악의 자녀들은 보다 냉소적이며, 자기 이해나 국가 강화를 넘어서는 법을 인정하지 않는다. 그러나 이들은 지혜로우며, 자기 이해의 힘을 근대 사회에서 드러나는 개인이나 집단적인 차원에서 이해한다. 그러나 빛의 자녀들은 도덕적 감정 주의자들이며 자기 이해와 자기 의지의 힘을 이해하지 못하며, 국가와 국제질서에서 나타나는 무질서의 위험을 무시한다.[34]

민주주의 문명은 빛의 자녀들에 의해 세워졌다. 그러나 도덕적 냉소주의자들에게 공격을 당하며 빛의 자녀들은 인간 존재와 도덕

---

33 *Ibid.*, 166.

34 *Ibid.*

감정에 대해 순진하며 추상적인 견해를 가진다. 이런 견해로 인해 빛의 자녀들은 자기 이해와 계급이해의 힘을 사회에서 과소평가한다. 니부어의 평가는 세속화된 이상주의자들, 즉 근대의 빛의 자녀들에게 비판적인 시각을 가진다. 반면에 빛의 자녀들과는 반대로 도덕적 냉소주의자들은 도덕에 대한 저항에도 불구하고 잠정적인 유익을 취한다. 왜냐하면, 이들은 자기 이해의 힘에 대한 평가를 빛의 자들보다 더 기민하게 하기 때문이다.[35]

근대 리버럴 개신교는 가톨릭에 저항하고 출현했으며, 그것은 합리화와 개인주의에 의해 발전된다. 그러나 개신교는 도덕적 현실을 평가하고 사회, 정치적 삶에서 드러나는 자기 이해의 부패를 분석할 때, 세속적 이상주의보다 더 감상적이며 맹목적이다.[36] 근대의 세속주의는 끝없는 사회 진보의 물결에 기초하며, 인간 본성에 낙관주의는 원죄에 대한 기독교적 이념과는 대립한다. 그러나 니부어는 원죄의 교리를 창조적으로 재해석하고 사회 정치이론에 적절하게 적용한다. 그는 근대 세속주의 이상주의에 대한 신뢰를 비판하고, 민주주의적 문화가 인간의 본성과 개인주의에 대해 지나치게 낙관주의 견해를 가지고 있다고 비판한다.[37]

아우구스티누스와 하나님의 형상

물론, 니부어는 아우구스티누스의 원죄 개념에서 드러나는 한계

---

35 *Ibid.*, 167.

36 *Ibid.*

37 *Ibid.*, 170.

에 침묵하지 않는다. 아우구스티누스에 의하면, 원죄는 성적인 삶을 통해 생물학적 유전으로 이어지는 부패를 의미한다. 원죄는 성행위와 이기적 욕망(concupiscence)에 의해 이어지며, 변태적인 의지에 근거한다. 이러한 의지의 변태성은 아담의 후손이 저지르는 죄의 기본적인 형식이다. 성적 욕망은 절제하지 못하는 자기애 또는 교만(sperbia)에 기초하며, 이것은 모든 죄의 뿌리가 되는 인간 행위의 보편적인 구조를 말한다. 타락에 의해 파괴되지는 않았지만, 인간의 의지는 죄로 물들어있고 하나님을 향한 영적 상승을 할 수가 없다. 이것은 하나님의 은총에 의해 해방되어야 한다. 은총은 인간의 자유를 파괴하는 것이 아니라 오히려 새롭게 설정한다.

인간의 자유의지는 죄에 붙잡혀 있으며 자유와 해방을 위해 하나님의 은총을 요구한다. 은총이 우리에게 자유롭게 주어지며, 인간의 자유를 구원을 향해 움직여 나간다. 하나님은 신앙의 영적인 삶과 성장(성화의 과정)에서 인간과 합력 하며 마지막까지 동행하신다. 초자연적 은총의 주입(*gratia infusa*)은 용서의 은총 근거가 되며 하나님은 칭의의 사건에서 주도적으로 활동하신다. 칭의는 영적인 삶의 은총에서 성화를 위해 인간의 의지(칭의의 은총으로 자유롭게 된)와 합력한다. 이것은 칭의 이후 성화의 단계에서 인간의 의지와 합력하여 선한 일을 하게 하는 은총의 차원을 의미한다. 칭의의 과정에서 카리타스(하나님에 대한 사랑)는 중심적인 역할을 한다. 왜냐하면, 사랑이 없는 믿음은 무가치하기 때문이다. 믿음은 사랑을 통해 역사한다(갈 5:6). 하나님에게서 비롯된 의로움은 인간의 자유와 의지 안에 내적으로 설정된다. 성적 욕망은 모든 악의 뿌리이지만, 카리타스는 모든 선의 뿌리가 된다. 카리타스에 의해 하나님은 의롭게 된 죄인의 영혼

에 거주하시며, 영혼은 하나님의 거룩한 삶에 참여한다.[38]

이후 가톨릭 전통에서 성적 욕망은 엄격한 의미에서 죄가 아니라, —세례 은총의 효력을 통해서 볼 때— 죄를 향한 성향으로 간주하였다. 가톨릭의 입장은 종교개혁의 입장, 즉 원죄는 세례의 은총 이후에도 여전히 남아있다는 견해와는 다르다. 물론 원죄는 세례의 은총을 통해 더 이상 외부로부터 전가되지는 않는다.

아퀴나스는 아우구스티누스의 전통을 이어가면서, 원죄는 아담의 죄 유전이지만 더 이상 개인의 책임 문제가 아니라고 주장한다. 악은 선함이나 행복을 실현하는데서 드러나는 인간의 실패로 간주한다. 이러한 행복은 목적론적 차원에서 (아리스토텔레스) 궁극적인 목적이 되며, 신학적인 의미에서 그것은 하나님을 보는 단계(visio Dei)를 말한다. 아퀴나스의 입장은 악을 선의 부재로 파악하는 아우구스티누스와는 다르다. 더 나아가 아퀴나스는 성화의 은총(gratia gratum faciens)과 자유롭게 부여되는 현실적 은총(gratia gratis data)을 구분하고, 현실적 은총은 칭의의 과정에서 중요한 역할을 하지 않는다.[39] 후자의 경우 타자의 구원을 위해 특별한 사람들에게 자유롭게 부어지는 은총인데, 이것은 도덕적 삶과는 무관하며, 초자연적 카리스마적 능력(예언, 기적의 선물, 방언 등) 또는 사제의 성별과 죄 사함 또는 교회 제도의 위계적 권위에 속한다.

더 나아가 아퀴나스는 은총 주입이 인간의 영혼에 부어지며, 이러한 활동을 칭의의 형식적 원리로 파악한다. 반면에 이러한 은총의

---

38 McGrath, *Iustitia Dei*, 32.

39 Davies, *The Thought of Thomas Aquinas*, 270.

합리적인 측면은 인간의 의지와 상호작용하며, 인간의 업적을 얻는 행동의 기반이 된다.[40] 심지어 아퀴나스는 은총을 인간의 영혼 안에 소유하는 영적 특질(habit)로 간주한다. 이것은 하나님과 인간의 본성을 매개하는 역할을 하며, 이러한 은총 주입을 통한 영적 특질의 은혜(habitual grace)는 인간이 소유하는 피조된 은총(*gratia creata*)인데, 이것을 통해 믿음의 사람은 하나님의 거룩한 삶에 참여한다(신성에 참여: deificatio).

피조된 은총은 성령의 초자연적(피조되지않은) 은총과는 다르다. 성령의 은총은 은총 주입을 받을 수 있는 믿음의 사람들에게 끊임없이 역사한다.[41] 토마스의 주입 은총에서 드러나는 피조된 은총은 인간이 소유하는 영적 특질(habitus)이 되며, 이것을 통해 인간은 선행하며, 하나님으로부터 정당한 보상을 받는다. 성화는 인간의 업적이 되며 하나님으로부터 상급을 받는 배상의 차원을 가진다. 토마스가 말하는 주입의 은총은 피조된 것으로서 인간의 영적 소유물이 된다는 점에서 아우구스티누스와 대립한다. 아우구스티누스는 칭의의 사건에서 하나님이 주도적으로 은총을 허락하시며, 칭의의 은혜 가운데 있는 믿음의 사람들이 성화의 삶에서 이들의 의지와 선행을 자극하고 합력하면서 마지막까지 하나님의 자녀로 살아가게 합력한다. 이런 과정에서 믿음의 사람들은 아퀴나스처럼 하나님을 보고 신성에 참여하는 것이 아니라, ―바울처럼― 양자론적인 의미에서 하나님의 자녀가 되는 삶을 산다.

---

40 McGrath, *Iustitia Dei*, 109.
41 *Ibid.*, 108.

가톨릭의 전통을 검토하면서 니부어는 비판적이며 현실주의적 입장을 취하며, 인간의 본성과 운명을 개념화하고, 아우구스티누스의 하나님 형상개념을 자기 초월과 자유를 통해 발전시킨다. 하나님의 형상은 인간의 자기 초월과 자유에서 파악된다. 악의 현실은 하나님이 인간을 위해 창조하신 이러한 인간의 본성을 완벽하게 파괴하지 못한다. 여기서 니부어는 아우구스티누스를 인용한다: "그리고 이것은 나에게 명백해진다. 모든 것은 선하며 아직 부패가 된 것이 아니다… 그러나 모든 것에서 선한 것이 빼앗긴다고 해도… 이들은 있는 그대로 여전히 선하다. 그러므로 존재하는 모든 것은 선하다."[42]

아우구스티누스의 자기 초월의 개념과는 달리, 토마스는 하나님의 형상을 일차적으로 모든 인간에게 공동으로 존재하는 자연적인 특질(지성과 의지)로 파악했고, 이것들은 타락 이후에도 파괴되지 않았다. 그러나 아담 안에 있던 본래 의로움의 상태를 획득하는 것은 초월적인 하나님의 은총이 필요하다. 왜냐하면, 본래인 의로움의 상태는 아담의 타락 이후 상실되었다. 니부어는 토마스의 해석을 비판하고, 아리스토텔레스의 목적론적 철학이 스며들어와 있음을 지적한다.[43]

니부어: 에밀 부르너와 칼 바르트

아퀴나스 신학의 구조는 에밀 부르너(Emile Brunner)의 하나님 형

---

42 Cited in Niebuhr, *The Nature and Destiny of Man*, 267.
43 *Ibid.*, 154.

상론에서도 볼 수가 있다. 부르너에 의하면 하나님의 형상의 형식적인 측면은 파괴되지 않지만, 항상 죄에 의해 오염된다. 이러한 형식적인 측면은 본래 의로움(*justitia originalis*)의 실제적인 측면과 대립하지 않는다. 물론 본래 의로움은 완전히 파괴되었고 상실되었다. 하나님 형상의 형식적 측면은 본래 의로움과 유사하다. 모든 세상의 질서나, 시민적인 삶, 세속적인 제도들과 더불어 삶의 역사 사회적 배열들은 윤리적 삶의 기본적인 요소들이 되며, 이것은 가족이나 시민사회나 국가로 볼 수 있다. 이것은 하나님과 인간 사이를 연결해 주는 접촉점이 되며, 역사적 그리스도와는 무관하게 하나님의 계시에 접근할 수 있다. 아퀴나스처럼 하나님의 계시와 접촉하는 존재론적 가능성이 여기서 출현한다.[44]

부르너에 저항하여 바르트는 부르너가 주장하는 하나님의 계시를 위한 존재론적 가능성이나 하나님의 말씀을 받아들이는 인간의 수용 가능성은 불가능하며, 이러한 가능성은 '주권적이며 자유롭게 선택하시는 하나님의 은총'에서 재설정되고 논의되어야 한다고 말한다.[45] 그러므로 바르트는 아퀴나스의 다음과 같은 표현을 거절한다: "은총은 자연을 파괴하는 것이 아니라 완성한다"(*gratia non tollit naturam sed perficit*).[46] 이것은 예수 그리스도와 무관하며 핵심 이단 사상이 된다. 더 정확히 표현하면 아퀴나스의 본래 은총은 하나님을 만날 수 있는 인간의 존재론적 가능성 즉 하나님의 형상을 파괴하지 않는다. 그러나 하나님 형상의 완성은 초자연적인 은총으로부터만

---

44 *Nature and Grace*, 24. 29.

45 *Ibid.*, 79.

46 *Ibid.*, 21.

가능해진다.

바르트에 의하면, 존재론적으로 인간은 하나님과 유비의 관계에 있지 않다(존재의 유비, analogia entis). 하나님과 인간을 존재론적으로 유사한 수준에서 파악하는 신학(onto-theology)은 거절된다. 그리스도가 하나님과 인간의 관계를 매개하며, 이러한 그리스도론적인 관계의 유비(analogia relationis)를 통해 하나님의 형상은 자유와 책임과 사회성으로 이해된다. 이것은 자유로운 창조주 하나님의 은총 의지에 근거하며, 그리스도 안에서 우리를 위해 성취된다. 인간은 하나님의 형상인 '예수 그리스도 안에서' 창조되었으며 하나님과 계약의 파트너로 불린다.[47]

모든 인류는 하나님의 형상인 예수 그리스도 안에서 창조되었고, 그리스도에 대한 신앙이 없을 때도 여전히 예수 그리스도와 그분의 교회에 존재론적, 보편적으로 참여함으로써 하나님의 의지와 구원의 경륜에 대한 희망을 가진다.

바르트와 부르너의 논쟁을 보면서 니부어는 부르너에게 동의하지만, 동시에 토마스 아퀴나스의 존재 구조를 추종하는 부르너는 거절한다. 부르너의 형이상학적 구분은 정치적으로 위험하고, 심지어 나치에 부역한 독일 기독교인들은 부르너의 자연 신학과 구원의 은총에 대한 존재론적 접촉점을 나치 이데올로기를 옹호하는 것으로 환영했다. 독일 목회자 저널(Deutsche Pfarrerblatt)은 민족 사회주의의 대변지인데, 부르너의 자연과 은총의 논문을 '보물의 원천, 진정한 광산'으로 칭송했다.[48]

---

47 *Ibid.*, 243.

다른 한편, 니부어에 의하면 사도 바울은 성적 번식을 통하여 아담의 죄가 역사적 과정에서 생물학적 유전으로 파급되었다고 보지 않았다. 바울의 원죄는 성적유전과는 전혀 상관이 없다.[49] 이 지점에서 니부어의 입장은 바르트와 공유한다. 바르트 역시 아우구스티누스의 원죄 개념이 성적으로 도덕적인 부패와 질병처럼 파급된다는 것을 거절했다. 니부어처럼 바르트는 원죄를 생물학적 유전으로 받아들이지 않았고, 이러한 아우구스티누스적인 이해는 오류라고 본다. 유전의 죄는 인간의 자유와 책임성의 결여를 의미하는데, 이것은 '가망이 없는 자연주의적, 결정론적, 운명론적인 형식'이다.[50]

우리는 아담 안에서 하나님에 의해 알려지며 아담은 우리의 운명이 아니다. 오히려 하나님은 모든 사람을 아담과의 일치로 보시며, 아담은 평등한 인간들 안에서 첫 번째 죄의 대표(primus inter pares)이며, 동시에 아담의 불순종은 우리의 불순종으로 정죄 된다. 예수 그리스도는 첫 번째 진정한 아담이며, 모든 다른 사람들의 구원과 도덕적 실례의 대표이다.[51]

마찬가지로 니부어는 원죄를 인간의 본성에 속한 것으로 파악하지 않으며, 오히려 그것은 인간의 책임성과 자유의 영역 안에 존재한다. 죄는 '역사적으로' 보편적이며 불가피하지만 '자연적으로'(본성적인 또는 성적인 유전을 통해) 필요한 것은 아니다. 그러나 니부어는 아우구스티누스의 자기 초월 개념(아퀴나스의 합리적인 존재 이상으로)을 결

---

48 *Nature and Grace*, 72.

49 *Ibid.*, 261.

50 Barth, CD IV. 1: 501.

51 *Ibid.*, 512-513.

정적인 것으로 파악하며, 하나님을 추구하는 인간인 종교적 열망과 본성으로 이해한다. 『고백론』서두에서 우리는 이러한 열망을 읽는다. "당신은 우리를 당신을 향해서 살도록 창조하셨으므로, 우리 마음이 당신 안에서 쉴 때까지는 편안하지 않습니다."[52]

자기 초월의 능력은 인간 자아를 넘어서며, 자기 투사는 하나님과 동일시될 수 없다고 본다.[53] 니부어에 의하면 인간의 자기애와 자아 중심은 인간의 자유와 의지의 영역 안에서 불가피하지만, 자연적 필연성에 맞는 것은 아니다. "최종의 역설은 죄의 불가피성 발견은 자유에 대한 인간의 최고의 주장이다."[54]

니부어는 아우구스티누스의 원죄 개념 즉 본래 의로움의 부재에 대해 반대를 하지만 또한 종교개혁의 전적 타락설에도 수긍하지 않았다. 또한, 가톨릭의 구분 ―즉 완전히 상실된 본래 의로움(회복을 위하여 하나님의 초자연적 은총이 필요하다)과 부패하지 않은 자연적인 의로움 (지성과 의지 안에 있는 자연적 특질로서 하나님의 형상)― 역시 니부어에게 비판된다. 니부어의 존재론적 입장은 바르트의 기독교론적 입장과도 다르다. 바르트에게 인간은 하나님의 형상으로 피조되지 않았다. 인간은 하나님의 본래인 이미지인 예수 그리스도에 상응하여 피조 되었다.[55] 바르트는 창세기 1:26을 다음처럼 번역한다: "우리가 인간을 우리의 본래인 [형상] 안에서 그리고 우리의 본래 모습 [likeness]에 따라 창조하자."[56]

---

52 『성 아우구스티누스의 고백록』, 19.
53 CD IV. 1: 166.
54 Niebuhr, *The Nature and Destiny of Man*, 1: 263.
55 CD III/1, 197.

인간은 하나님의 형상 안에서 피조되었고, 이러한 성서의 입장은 인간이 하나님의 형상과 본래 모습을 '존재론적으로' 소유하는 것을 의미하지 않는다. 하나님의 본래 모습이 하나님의 삼위일체 삶의 관계에 상응한다면, 바르트는 관계의 유비가 하나님의 모습을 포함하는 것이 아니라, 하나님과 인간의 서로 다름의 상응으로 말한다.[57]

우리는 하나님의 형상 안에서 피조되었고, 보이지 않는 하나님의 본래 모습인 예수 그리스도(골 1:15)에 대한 믿음을 통해서만 하나님의 삶에 상응한다. 관계의 유비는 그리스도를 통해서 주어진 것이며, 믿음을 요구하며 존재의 유비와는 거리가 멀다. 후자는 인간이 믿음과는 상관없이 하나님 구원의 은총에 접촉점이나 관계를 설정하는 존재론적인 능력을 말한다.[58] 그럼에도 불구하고 예수 그리스도 안에서 피조된 모든 인간은 예수 그리스도에 대한 믿음이 없는 상태에서도 버려진 자가 아니라 그리스도의 은혜 가운데 보편적으로 거한다.

바르트의 관계 유비는 특수함(신앙)과 보편성(그리스도)에서 파악되며, 이러한 관점은 니부어의 자유와 책임의 개념과 대립하지 않는다. 물론 니부어는 자유와 자기 초월을 존재론적인 측면에서 설정한다. 이러한 현실주의적 입장을 위해 니부어는 이레니우스의 구분—본래 모습(죄에 의한 파괴)과 하나님의 형상(죄에도 불구하고 보전)[59]—을 수용한다. 그러나 이레니우스는 니부어와는 달리 하나님의 형상은

---

56 *Ibid.*

57 *Ibid.*, 196.

58 CD III/2:195.

59 *Ibid.*, 270.

바르트처럼 예수 그리스도로 이해하며, 인간은 그리스도 안에서 피조되었다고 본다. 이레니우스의 기독론적 개념에서도 하나님의 형상은 인간 안에서 발견되지 않는다. 오히려 그것은 인간의 성장을 지적하며, 이러한 지속인 성장은 계속 창조(creatio continua)를 의미한다. 이레니우스의 이러한 입장은 니부어(존재론적)와 바르트(기독론적)의 입장과 공유할 수 있다.

바르트에게 중요한 것은 원죄보다 본래인 복이다. 모든 인간이 하나님의 형상인 그리스도 안에서 피조되었다면 그것은 원죄에 앞서며 또한 원죄에도 불구하고 그리스도의 은혜 안에 거한다. 이것은 인간이 갖는 본래 복이다. 이러한 본래 복의 개념은 니부어와 친화력을 가진다. 니부어는 아우구스티누스의 원죄를 갱신하고 심화시키려고 했다. 니부어는 타락하기 전 아담 안에 있는 본래 의로움과 자유의 행사를 통한 죄 된 인간의 자유 사이에 지속인 관계가 있음을 정교화하게 다듬었고, 이러한 자유는 인간의 영 안에 존재하며 사랑의 율법과 관련된다고 본다. 니부어는 바르트처럼 생물학적 차원에서 표현되는 아우구스티누스의 원죄 개념을 거절했고, 죄는 성적 번식을 통해서 인류에게 유포되는 유전적인 타락이 아니다. 니부어는 성적 번식을 통한 유전으로써 원죄를 거절하고, 그의 자유와 책임성을 발전시킨다. 이것은 바르트가 본래 복을 타락에도 불구하고 인간의 삶이 역사를 통해 지속하며, 창세기 5장의 아담의 계보를 지적하는 것과 유사하다. 생육하고 번성하는 본래인 복은 타락에도 불구하고 역사로 이어지고, 이스라엘은 계약의 역사로 불리며 인류는 예수 그리스도의 역사로 불린다.

개신교 종교개혁의 전적 타락의 스킬라(Scylla)와 가톨릭의 인위적인 구분인 카리브디스(Charybdis)의 암초를 피해가면서 니부어는 본래 의로움을 인간의 자기 초월의 가능성 안에 설정하고, 본래 완전에 대한 의식과 기억은 이러한 가능성에서부터 나온다고 본다. 그러나 "이것은 완전함의 소유로 간주해서는 안 된다."[60] 피조물로서 인간은 자유로운 영이며, 모든 도덕적 규범은 인간의 자유를 통해 보다 높은 가능성을 갖고 있다.[61] 만일 본래 의로움을 인간이 존재론적으로 소유하는 것이 아니라 실제로 인간의 영 안에 현재한다면, 이것은 사랑에 대한 성서의 율법을 가리키며, 하나님의 사랑과 인간에 대한 사랑은 더불어 행해질 수 있다. 이것은 토라의 명령이며 인간의 자유를 위한 궁극적 요구가 된다.[62]

그러나 사랑의 완성이 단순히 성취할 수 있는 인간의 가능성이 아니라는 점에서, 그것은 근대의 세속주의 낙관주의와 다르다. 이것은 기독교의 완전주의를 옹호하지도 않는다. 사랑의 법을 실현하는 자유는 여전히 자유롭게 행사되는 것이 아니라 죄에 의해서 오염되어있다. 이것은 하나님의 은총이 필요하다.[63]

이러한 관점은 사회복음의 대변자인 월터 라우션부시(Walter Rauschenbusch)와 대립된다. 라우션부시는 죄란 사회제도와 사회그룹의 권력 지배를 통해서 죄가 사회와 인간의 삶이 침투되는 것으로 보았다. 이것은 생물학적이거나 개인이 도덕적 차원에서 죄의 문제를 등한시한다.[64] 만일 죄의 차원을 오직 사회구제와 제도들을 통해

---

60 *Ibid.*, 277; Niebuhr, *The Nature and Destiny of Man*, 1: 277.
61 *Ibid.*, 286.
62 *Ibid.*, 286.
63 *Ibid.*, 296.

파악한다면 그리고 사회제도와 구조가 개인의 선한 삶과 좋은 사회로 인도된다면, 죄는 존재론적으로 심각하게 취급될 필요가 없다. 사회제도의 갱신과 변혁은 인간의 자유로운 의지를 통해서 오기 때문에 하나님의 은총은 개인의 죄를 용서하는 차원에 머물 수 있지만, 사회변혁의 주체자는 인간의 자유의지가 된다. 하나님의 용서하는 은총이 인간을 변화시키지 않는다면, 인간의 의지가 사회제도의 변화를 이끌어 낸다. 이것은 니부어가 보기에 전형적인 펠라기안주의의 재발로 간주 된다. 사회정의를 위한 헌신에서 인간의 의지는 언제든지 이해관계와 특권으로 인해 부패하거나 변질되지 않는가?

니부어는 아우구스티누스의 성서적 현실주의를 옹호하지만, 그의 생물학적 원죄 이해나 아퀴나스의 형이상학적 이분법을 거절한다. 악은 하나님에 의해서 만들어지지 않았으며, 또한 그것은 인간의 의지 외부에 존재하지도 않는다. 악이 선의 부재(privation of good)라면 그것은 남용되거나 잘못된 방향으로 인도된 의지를 말한다. 기독교 윤리는 도덕적 의지와 자유에 근거하며 죄의 현실로 인해 왜곡된 의지를 넘어서기 위해 하나님 은총의 도움을 구한다. 이런 점에서 아우구스티누스는 니부어에게 신학적인 멘토가 된다. 의로운 자의 상태(칭의의 은총)와 도덕적 노력 사이에 존재하는 윤리적 긴장이 유지된다. 하나님의 은총으로 해방된 칭의의 사람은 성화를 위해 자유와 의지를 행사하고 선행을 추구하면서도 죄의 현실(선의 부재)로 인해 취약한 악한 성향(concupiscience)에 유혹되며, 여전히 하나님 은총의 도움을 간구한다.

---

64 *Ibid.*, 246.

가톨릭의 전통이 이러한 인간의 악한 성향을 죄로 취급하지 않는 것에 반해, 루터는 현실적인 죄로 취급했고 '항상 죄인 항상 의인'의 은총의 역동성으로 발전시켰다. 그러나 루터에게 믿음은 사랑을 통해 활성화되지만, 인간의 카리타스가 믿음과 선행을 형성하는 것이 아니라, 믿음 안에 임재하시는 그리스도가 나의 믿음을 통해 사랑을 활성화하게 만들어가신다. 이런 점에서 바르트는 종교개혁의 전통에 서 있다. 칭의와 성화는 아우구스티누스처럼 구분되고 성화가 인간과 합력을 요구하는 은총으로 파악되는 것이 아니라, 칭의와 성화는 하나님의 은총으로부터 온다. 그리고 이러한 하나님의 은총은 내 안에서 살려지길 원한다. 선행을 위한 나의 자유와 책임성은 그리스도의 은총으로부터 시작된다.

물론 완성을 실현하려는 윤리적 열망은 니부어에 따르면 용서와 화해의 은총과 더불어 간다. 회개는 구원의 시작이며 그것은 믿음의 여정에서 중요한 계기가 된다.[65] 복음 안에는 하나님 용서의 자비가 있으며, 이것이 우리가 극복할 수 없는 잠재적인 죄(롬 7:23)를 이긴다. 칭의는 죄의 용서(사면)로, 다른 한편 하나님의 은총은 의로움의 능력으로 인간의 영혼과 마음 안에 있는 잠재적인 죄의 현실과 대립을 치유하고 새롭게 하신다.[66]

하나님의 은총과 인간의 도덕적 책임에 대한 니부어의 역설적인 비전은 기독교를 해석하면서, 정치적 급진주의(사회복음)를 은총과 죄의 경험을 통해 통섭하려고 한다. 은총의 경험은 마르크스 유토피

---

65 Niebuhr, "The Assurance of Grace," in *The Essential Reinhold Niebuhr*, 70-71.
66 Niebuhr, "Why the Christian Church Is Not Pacifist," *ibid*, 103.

아 비전에서 거절된다. 은총에 대한 경험은 인간을 예속적인 존재로 만들어버린다. 또 리버럴 낙관주의나 진보 신념에서도 은혜와 죄의 변증법적 관계는 약화된다. 이러한 두 가지 다른 형태의 유토피아주의 한계를 비판하면서, 니부어는 종교적으로 사심이 없는 태도를 요구하며, 이러한 태도는 은총의 경험에서 기인한다. 이러한 경험은 사회적 헌신에 대한 이해를 탈각시키지 않는다. 오히려 그것은 정치와 정의 그리고 도덕적 연대에 기여하며, 낙관적인 진보 신화에 대항한다. 그리고 이러한 기독교의 입장이 대공황의 무질서에 포로가 되었다고 비판한다.[67]

보론: 원죄, 게이 유전자, 자연과학

원죄에 대한 신학적 사유는 동성애에 대한 논의에서 새로운 중요성을 가진다. 1993년 게이 유전자(gay gene)가 발견되었다는 소식으로 인해 동성애가 유전자와 관련 여부가 있는지에 대해 엄청난 토론이 주어졌다. 딘 해머(Dean H. Hamer)와 그의 국제 암 연구소 리서치 팀은 남성 동성애자 즉 게이는 유전자로부터 온다고 발표했다. 이들의 발표에 의하면, 게이 유전자는 모계로부터 유전된다. 해머는 다음처럼 썼다: "이제 우리는 남성 동성애의 형식은 유전적으로 어머니에게서 오며, 이것은 유전적으로 염색체 Xq28에 연결된다."[68]

그러나 이에 대해 어떤 게이 변호사는 자신은 동성애가 개인의

---

67 McCann, *Christian Realism and Liberation Theology*, 36.

68 Cited in Peters, *Genetics*, 21.

자유로운 선택이 아니라, 생물학적이라는 과학적 주장에 대해 어떤 합리적 근거가 없다고 반박한다. 이러한 상반된 입장에서 많은 문제가 제기될 수 있다. 만일 게이 유전자를 가진 사람이 자유로운 의지의 선택을 통해 비동성애의 삶을 산다면, 그는 비난받아야 하는가? 만일 성적 취향이 유전적으로 결정된다면, 유전자가 인간의 모든 도덕이나 삶의 태도를 결정지어야 하는가? 이것은 유전자 신화(gene myth)를 만들어내지 않는가?[69]

만일 과학적 사실이 삶에 대한 윤리적 해석을 결정하지 않는다면, 과학적 발견은 신학자로 하여금 기독교 원죄의 교리를 비판적으로 반성하게 할 수 있다. 그러나 과학적 사실이 윤리적 해석을 결정한다면 교회와 신학은 공공의 영역에서 논의되는 정의와 공공선에서 후퇴되고 사적인 일로 끝나고 만다. 자연과학과 대화하고 새로운 신학의 방향을 모색하는 학자들은 원죄와 동성애 문제에 깊은 관심을 보이고 나름대로 신학적인 응답과 윤리적 입장을 소통하려고 한다.

니부어와 아우구스티누스를 다루면서 보았듯이, 하나님이 인간을 선하게 창조했다고 해도, 인간의 본성은 타락했고, 인간의 자연적 성향은 죄를 향한다. 죄는 자연적으로 즉 본성상 하나님 창조의 선하심으로 인해 필요한 것이 아니다. 그러나 이것은 인간의 자유로운 의지의 행사를 통해 불가피하게 역사로 들어온다. 죄를 향한 성향은 아우구스티누스에 의하면, 역사적으로 불가피한 유전적인 특질이 된다. 이것은 질병과도 같은 것이며 성적으로 다음의 세대에게 유전적으로 이어진다. 유전된 죄로서, 죄를 향한 성향은 하나님의 선한

---

69 *Ibid.*, 22.

창조의 관점에서 볼 때 필요한 것은 아니지만, 역사적으로는 불가피하게 된다. 여기까지가 아우구스티누스의 원죄론이다.

게이 유전자가 생물학적으로 결정된다면, 이것은 불가피하게 죄가 된다. 그러나 아우구스티누스는 우리 모두 원죄 아래 있다고 말한다. 그러나 아우구스티누스의 원죄론은 성서적으로 지지할 수 있는가? 바울은 생물학적으로 유전되는 원죄 개념을 말하지 않았다. 그러나 아우구스티누스는 바울을 넘어서서 한 걸음 더 나간다. 생물학적으로 유전되는 죄를 자신의 원죄론의 틀 안에 통합시킨다. 물론 아우구스티누스에게 성 자체가 악하거나 죄된 것은 아니다. 아우구스티누스는 바울의 아담과 그리스도의 유형론(고전 15:22; 롬 5:12-16)에서 자신의 원죄론을 발전시키는데, 만일 아우구스티누스의 원죄 개념을 게이 유전자에 적용한다면, 동성애의 성향이나 동성애자를 혐오하는 성향은 타락한 인간 본성의 신호가 된다.[70]

사회 생물학과 유전자 결정론

그러나 성서적 원죄 개념은 사회생물학을 주장하는 하버드 대학의 에드워드 윌슨(Edward O. Wilson)이나 옥스퍼드의 리처드 도킨스(Richard Dawkins)에게 근거 없는 것으로 단죄된다. 이들은 모든 인간의 사회적 도덕적 삶과 행동에 대해 생물학적 기반을 연구할 것을 주장한다. 왜냐하면, 인간의 도덕적 행위는 생물학적으로 설명될 수 있기 때문이다. "유전자가 문화의 목줄을 쥐고 있다"[71] 그러나 사회

---

70 Peters, *Science, Theology, and Ethics*, 152.

생물학자들의 입장이나 특히 딘 해머의 주장에 게이 유전자 발견에 매우 강한 의심이 주어지는 것도 사실이다.

다윈은 자신의 진화론을 두 가지 개념 즉 돌연변이(또는 임의의 변이, random mutation)와 자연선택을 통해 개념화했다. 모든 살아 있는 유기체는 공동조상을 통해 연결되어있다. 오스트리아 수도승 출신인 그레고어 멘델(Gregor Mendel)은 정원에 심은 완두콩을 7년간 주의 깊게 실험하면서 다음과 같은 결론을 내린다. 유전의 부분과 요소가 존재한다. 이는 훗날 유전자로 불린다. 다윈의 점진적 진화의 변화와 멘델의 유전 요소가 결합하면서, 이른바 신다윈주의(neo-Darwinism)라는 종합이 생겨난다. 여기서 모든 진화론의 변이는 임의대로 생겨나며 또는 유전자의 변화는 자연선택을 통해 주어진다.

리처드 도킨스의 『이기적 유전자』(The Selfish Gene)에서 인간의 행동은 생물학적으로 결정되고 설명되며, 이기적 유전자 프로그램은 생존을 위하여 이타적 행동(어미 새가 새끼 새들에게 음식을 주는 것)을 가능하게 하며, 이타적 행동은 종교적 충동에도 적용될 수가 있다. 진화론은 종교에 대항하는 무기가 된다. 다윈의 업적은 '지성적으로 완성된 무신론'으로 간주 된다.[72] 유물론적 진화에 의해 인도되는 우주에는 "근본적으로 디자인, 목적, 악 또는 선은 존재하지 않는다. 오로지 맹목적이며 동정을 찾아볼 수 없는 무관심만 존재할 뿐이다."[73]

이러한 자연주의적 오류는 맹목적이며 동정을 찾아볼 수 없는 무관심에 기초하며, 세계를 도덕의 장소로 설명할 수가 없다. 세계와

---

71 Wilson, *Sociobiology: The New Synthesis*, 175.

72 Dawkins, *Blind Wachmaker*, 6.

73 Dawkins, *River Out of Eden*, 133,

사회 안에서 신중한 도덕적 선택과 덕의 형성은 선과 악을 구분하고 판단하는 데 필수불가결하다. 유전자 결정론은 사회 생물학의 핵심 이념이며, 진화의 발전은 자기복제를 하려는 유전자의 욕구로 설명된다. 모든 문화적 가치는 자연선택을 통해 진화의 산물로 만들어졌다. 사회 생물학은 인간의 행동을 유전자 원리를 통해 기술하고, 문화, 전통, 언어 그리고 종교에 대한 유전자의 토대를 놓으려고 한다. 그러나 자연선택은 언어의 창조와 조작과는 관련이 없다. 언어 자체는 자연선택을 통해 환경에 대한 순응으로 볼 수가 없다. 인간의 문화는 인간의 두뇌와 의식에 의존하며, "언어의 보편성은 자연의 모든 것과는 다르다."[74]

사회 생물학과 자연과학적 유물론은 자연선택의 원리를 통해 종교적 신념과 열망에 조종을 울리고, 윌슨은 "신학은 독립적 지성의 분과로 생존할 수 없을 것"으로 본다.[75] 도덕성을 자연에 근거할 때, 자연주의적 오류가 발생하고, 도덕적 '당위'는 존재하는 것에 근거한다. 이것은 유전자 신화로 인도한다. 모든 것이 유전자에 있다. 그러나 저명한 생물학자인 케네스 밀러(Kenneth Miller)는 모든 사회적 행동을 자연선택의 귀결로 보는 것은 교만으로 비판한다.[76]

분자 생물학의 중심교리에서[77] 연쇄반응은 일면적으로 DNA에서 RNA를 거쳐 프로틴(단백질)으로 진행된다. DNA는 두 개의 긴 가닥으로 서로 꼬여있는 이중 나선형 구조를 가지며, 세포핵에서 발견

---

74 Cited in Miller, *Finding Darwin's God*, 177.

75 Wilson, *On Human Nature*, 192.

76 Miller, *Finding Darwin's God*, 183.

77 Cole, "The Genome and the Human Genome Project," in *Genetics*, 52.

되어 핵산으로도 불린다. DNA를 이루는 뉴클레오타이드의 핵염기는 시토신(C), 구아닌(G), 아데닌(A), 티민(타이민)(T)의 네 종류다. 이들 핵염기와 연결된 뉴클레오타이드는 DNA를 이루는 기본 단위가 된다. 구아닌은 시토신과 아데닌은 티민과 서로 상보적으로 결합하여 염기쌍을 이룬다. 여기에 유전 정보를 담고 있다. DNA는 스스로 복제하고 유전 정보를 통해 유전자 발현이 일어나게 한다. 그러나 DNA의 염기서열 모두가 유전자 발현에 관여하지 않고, 실제 유전 형질의 발현에 관여하는 염기서열을 유전자(gene)로 부른다.

이것은 RNA를 만들고 RNA는 프로틴을 만든다. 세포 안에 있는 RNA는 모든 살아 있는 세포에 존재하며, 그 주요 역할은 DNA의 정보를 세포핵 외부로 나아가 전달하는 역할을 한다. RNA는 단백질 합성을 조절하며, DNA의 이중나선과 달리 하나의 나선처럼 길게 꼬여있는 단일 구조를 가진다. 이것은 네 개의 알파벳으로 표시된다: A-아데닌; G-구아닌; U-우라실; C-시토신(사이토신).

자기복제를 하면서 DNA의 이중나선은 RNA 안에서 전사(transcription)되고, RNA의 종합효소(enzyme)는 DNA에 부착되고, 유전자 정보가 DNA에서 RNA로 전사 되는데, 이 과정에서 DNA에 적혀 있는 유전 정보를 메신저 RNA(mRNA)로 옮긴다. 기본적으로는 DNA 복제과정 중 한쪽 부분과 유사하나, 전사과정에서는 한쪽 가닥만을 정보로 삼아 옮겨적고 RNA가 합성된 이후 DNA는 원상 복구된다. 그러므로 RNA는 DNA의 메신저 유형이고, DNA의 유전자 정보를 전사과정을 통해(mRNA–transcription) 운반(t RNA)과 리보솜(r RNA) 타입을 가진다. 이것은 세포핵 밖으로 나가고, 리보솜은 프로테인을 합성하며 새포핵 외부에 있다. RNA는 리보솜에 부착되고 유전자 정보를 리보솜에 번역한다. 이것은 프로테인 합성과정을 말한다. 이러한 진행을 거쳐 생물학적 특질이 생겨난다. 이러한 연쇄의 진행(DNA-RNA-프로틴)은 일방적으로 정보를 유전자에서 단백질로 운반하는 가정에 근거한다. 여기서 유전자는 운전자의 좌석에 앉게 되고 인간의 행위와 활동을 결정한다. 이것은 유전자 결정론의 근거를 제공하고, 유전자 공학에서 중심 도그마로 등극하며, 생화학 산업에서 매스미디어를 통해 상업화된다. 여기서 살아 있는 유기체는 유전자의 집합이 되며, 임의의 변형과 자연선택의 힘에 예속된다는 유전자 신화가 거대담론으로 자리 잡는다.

진화는 DNA의 생존 충동에 의해 움직여지며, 인간 존재는 유전적으로 결정되고 유전자의 포로에 불과해진다. 이것이 게이 유전자 문제와 더불어 신학적 인간학에 제기하는 중차대한 도전이다. 매스미디어와 자연과학 잡지에서 유전자가 신처럼 군림하고 칭송되는 자리에, 유전자의 개념에 대한 비판적 논쟁이 있다. 이러한 반론에 의하면 생명의 비밀은 단순하지 않고 복합적이다.

유전자를 활성화하는 프로그램은 세포의 에피제네틱(epigenetic) 네트워크 안에 거주한다. DNA는 유전자 정보를 가지고 있지만, 히스톤 프로테인(단백질)과 연합되며, 세포의 핵에 자리 잡고 있는 염색질(chromatin)을 형성한다. 염색질은 DNA, RNA 그리고 단백질을 포함하는 거대분자 복합체이다. 이것은 세포의 분화에서 염색체를 구성하는데, 이것의 일차적인 기능은 세포분화에서 DNA를 강화하고 DNA 손상을 보호한다. 이것이 유전자 표현을 규제하고, DNA를 규제한다. 에피제네틱의 변화는 유전자의 활동을 변경한다. 유전자는 더 이상 이러한 세포의 과정 위에 또는 별도로 존재할 수 없다. 에피

제네틱은 세포와 세포 간의 조직을 규정하고 개별화한다.[78]

염색질(chromatin)은 DNA 나선들과 상호 관련되며, 여기서 히스톤은 염색질을 구성하는 중심 단백질인데, 8개의 히스톤 단백질로 DNA 조직을 뉴클레오솜(nucleosomes)이라는 기본구조로 만든다. 이것은 150개의 기본 쌍으로 되어있는 DNA의 염기 배열을 여덟 개의 히스톤 단백질에 싸게 한다. 이것이 염색질 섬유를 만든다. 이것이 응축되어 유전자군을 가진 x모양의 염색체(chromosomes)를 형성하는데, 염색체는 인간의 게놈(genome; 염색체 세트)을 조직한다. 염색질은 게놈의 즉각적인 환경을 구성하는 데 매우 중요한 역할을 한다.

이런 측면에서 볼 때 세포 네트워크는 지금까지 유전자 결정론에서 주장하는 것처럼 일면적으로 볼 수 없고 세포 간의 복잡한 네트워크를 통해 다차적인 피드백과 상호작용을 내포하며, 생물학적 과정을 규제한다. 게놈은 DNA에 관여되고, 네트워크는 일방적인 관계가 아니라 모든 방향으로 나가면서, 오류와 손상을 스스로 규제하고 조직화한다. 유전자는 이러한 복합적인 과정들의 부분에 불과하며, "복합적인 자기 규제의 역동적 시스템의 행동을 통해 존재한다."[79]

DNA는 생물학적 형성과 기능을 가능하게 하는 유일한 원인이 되는 에이전트가 아니다. 물론 그것은 에피제네틱스의 네트워크의 본질적인 요소에 속한다. 그것은 필수 불가결한 원료를 제공한다. 사실, DNA는 유전자 콘텍스트 즉 염색체 구조에 의존된다. 세포에는 23쌍으로 배열된 46개의 염색체가 있다. 각 염색체는 모두 서로

---

78 Keller, *The Century of the Gene*, 71.
79 *Ibid*.

결합 되어있는 수백 개의 유전자가 들어있는 긴 DNA 줄이다. 세포의 복합적인 에피제네틱 구조가 DNA를 규제하며, DNA는 최종적으로 살아 있는 세포의 복합적인 구조에 의존된다. 자연선택은 자기조직과정과 유기체의 패턴의 복합성에서 작동하며, 이것은 개인적인 이기적 유전자와는 아무런 상관이 없다.[80]

이러한 관점은 생의 현상에 대해 유전자의 분자구조를 통해 일면적 해석과는 대립된다. 오히려 유기체의 발전과정에서 유전자가 소통하고, 합력하는 다양한 방식들을 연구할 필요가 있다. 진화의 추동력은 생의 내적인 경향 즉 복합성과 질서의 출현에서 새로움을 창조하는 데서 발견될 수 있다. 유전자 코드의 알파벳은 생의 보편적 언어에 대해 충분조건이 아니다. 그것은 자기조직을 가능하게 하는 네트워크에서 볼 수 있다.

일리야 프리고진(Ilya Prigogine)은 노벨 화학상 수상자이며, 브뤼셀 자유 대학의 화학 교수인데, 그의 자기조직 이론에서 확산하고 사라지는 소산 구조(dissipative structure)를 개념화한다. 이것은 비평형(non-equilibrium)과 비일면성(non-linearity)을 통해 해명되는데, 화학의 배열에서 질서 있는 육각형의 패턴과 행동은 평형상태가 아닌 불안정이나 무질서의 순간에 자발적으로 출현한다. 불균형 상태에서 무질서해지는 것이 아니라, 오히려 완전한 질서를 가진 구조로 출현한다. 에너지의 상실(Dissipation)이 오히려 열린 시스템에서 질서의 근원이 된다. 이렇게 해소되고 하락하는 소산구조(dissipative structures)는 더 많은 에네지를 소모하지만, 단순히 무질서로 끝나는

---

80 *Ibid.*, 72, 90, 115.

것이 아니라, 에너지와 물질의 흐름에서 증대되며, 새로운 불안정성을 거쳐 동시에 스스로 증대된 복합계의 새로운 구조로 변형한다. 무질서와 혼돈에서 질서가 탄생한다.[81] 무질서로부터 질서정연한 구조가 태어난다면 다윈의 진화론에서 '진보'의 단계에서 더 고차적인 생명의 출현은 지지받기 어려워진다. 무질서로부터 질서의 배태 — 이것은 생명의 출현이 복합적인 관계 틀에서 시작되는 것을 말한다.

진화론이나 고전 물리학을 태동하게 한 역사·문화적 상황 즉 패러다임이 권력 관계의 긴장과 충돌에 영향을 받는다. 고전 물리학은 상대성 이론이나 양자역학에서 타당성을 갖지 못한다. 세계는 시계처럼 결정론적으로 작용하지 않으며, 더욱이 진화론적으로 발전하지도 않는다. 카오스 이론이 이것을 잘 말해준다. 일기예보는 예측적 확률적으로 말하지, 결정론으로 말할 수 없다. 아마존 밀림에서 나비 한 마리가 펄럭이면 캘리포니아나 중국에 엄청난 폭풍우를 몰고 올 수도 있다. 이러한 나비효과(butterfly effect)는 증시 현상에서 포착할 수가 있다. 유전자에 의한 결정론적 세계관은 점점 더 설 자리가 없어져 간다. 신은 주사위를 던지고 있고 이것은 확률을 통해서만 드러난다.

이러한 관점은 유전자의 임의 변이에 문제를 제기하며, 신다윈주의 이론의 중심교리가 충분하지 못하다고 폭로한다. 생의 전개 과정에서 생물학자들은 보다 큰 복합성이 드러나며, 공생과 합력이 진화의 과정에서 결정적인 역할을 하는 것을 인정한다. 생은 자연에서 벌어지는 투쟁과 경쟁을 통해 지구를 인수하지 않는다. 진화의 과정

---

81 Prigogine and Stengers, *Orders out of chaos*, 143.

에서 생은 공생의 연합과 네트워크 안에서 지속인 합력과 상호 관련성을 통해 드러난다.[82] 설령 게이 유전자 발견이 염색체 Xq28에 관련된다고 해도, 이러한 유전자가 도덕과 성의 취향과 태도를 결정하는 유전자 신화를 배태할 수가 없다. 성적 취향과 태도는 복합적인 환경과 특질에서 드러나며, 누가 유전적으로 게이인지 아닌지 알수가 없다. 성 정체성은 다양한 유전자들이 세포의 다른 환경들과 엮어지고 영향을 받으며 결합하면서 나타난다.

원죄와 자유의지

최근 과학적 세계관에서 진화론이 우위를 점하고 자연과 역사를 구분하지 않는다. 자연은 우발성과 변화에 종속된다. 진화론적 관점에서 보면 아우구스티누스의 선한 창조를 타락한 역사로부터 구분짓는 이분법은 의심스러우며 수용하기 어렵다고 본다. 그럼에도 불구하고 아우구스티누스의 신학에는 동성애를 둘러싼 논의에서 신학의 인간학을 새롭게 구성하게 해줄 수 있다. 왜냐하면, 죄는 본성상 하나님의 선한 창조로 인해 불필요한 것이다. 역사적으로 죄는 불가피하며 성적인 번식행위를 통해 유전된다.

아우구스티누스의 원죄론은 공공신학에서 동성애 문제를 다룰때 고전적인 예가 된다. 그것은 유전자 결정론과 다른 전망을 제공하기 때문이다. 버클리 연합신학대학원 테드 피터스(Ted Peters)는 아우구스티누스에게 주목하고 아우구스티누스의 입장을 요약한다. "죄

---

82 Margulis and Sagan, *Microcosmos*, 15.

는 자연적으로 불필요하다. 그러나 역사적으로 불가피하다."[83] 비록 인간의 죄가 인간의 행동에 기인하지만, 죄에 대한 성향은 유전적인 특질을 가진다. 아우구스티누스에게 원죄는 질병 같은 것이며, 비록 우리가 아담과 같은 죄를 짓지 않지만, 같은 운명의 배를 타고 있다.

아우구스티누스는 말한다: "우리는 아담으로부터 유래하며, 아담 안에서 우리 모두 죄를 지었다. 이것은 우리의 모든 실제적인 죄가 아니라 오직 그의 원죄를 말한다. 반면에 우리는 그리스도로부터 유래하며 그분 안에서 의롭게 된다. 우리는 원죄의 사면뿐만 아니라 우리가 더 한 모든 실제적인 죄들을 포함한다."[84]

이런 관점에서 테드 피터즈는 게이 유전자를 아우구스티누스의 원죄 틀에서 타락한 인간성의 사인으로 보려고 한다. 우리 모두 죄를 향한 성향을 유전적으로 타고난다. 여기서 피터스의 중요한 입장이 표현된다: "과학적 사실은 윤리적 해석의 방향을 결정하지 않는다."[85] 과학적 사실은 여전히 새로운 연구 결과에 비판적으로 열려있으며, 동성애에 대한 신학이나 도덕적 해석 또는 판단이 과학자들의 주장에 의존될 필요가 없다. 자연과학이 인간의 윤리와 도덕을 결정한다면, 인간의 역사는 생물학이나 자연사로 환원되어야 한다. 이것은 자연주의적 오류에 불과하다.

그러나 콜-터너(Cole-Turner)에 의하면, 자연이 선하게 창조되었다는 핵심 주장은 여전히 자연이 무질서하다는 사실에 주목해야 한다고 주장한다. 전통적인 해석에서 무질서는 타락의 결과로 말한다.

---

83 Peters, *Genetics*, 23.

84 Cited in Peters, *Genetics*, 23-24.

85 Peters, *Science, Theology, and Ethics*, 153.

물론 하나님의 선한 창조라는 핵심 주장은 기독교 신학에 결정적이며, 과학기술과 유전자 공학의 성과를 지지한다. 우리는 하나님의 선한 창조로부터 자연과학적 연구를 통해 혜택을 입을 수 있기 때문이다. 그러나 이러한 전통적인 해석은 무질서가 여전히 자연의 세계(또는 선한 창조의 세계)에 존재한다는 사실을 간과한다. 아우구스티누스에게서 아담과 하와는 이들의 불복종에서 무질서를 추구했고, 이미 뱀은 창조의 세계의 일원이 된다. 아담의 죄에 대한 하나님의 처벌은 심지어 성의 번식을 통해 인간의 유전자 결함에 영향을 미쳤다.

신학자들은 다윈의 진화론을 성적 번식과 유전에 대립시키고, 불가피한 인간의 무질서를 진화론의 관점에서 설명하려고 한다. 여기서 성서의 핵심 주장인 하나님의 선한 창조는 다음처럼 수정된다. 창조는 선하지만, 인간의 타락 이전에도 자연의 세계는 무질서하다. 자연의 무질서는 인간의 본성에 침투하고 처음부터 무질서는 인간의 본성에 영향을 미친다. 과학기술은 하나님 의도의 질서에 봉사하기 위해 인간의 무질서한 본성을 치료하고 회복하기 위해 중요한 역할을 가진다.[86] 유전자 결함의 개념은 동성애 문제와 더불어 인간의 유전자 의학에서 결정적인 논의에 속한다. 이것은 특수한 유전자의 무질서한 배열을 찾아내고 기술하기 때문이다.

유전자 연구에서 우리 모두 유전자 결함을 가지고 있고, 우리의 신체적이며 인격적인 특질에 영향을 미친다고 보도된다. 이러한 과학적인 견해는 전통적인 신학의 이념을 지지하기도 할 것이다. 인간은 타락으로 인해 무질서한 자아를 갖게 되었다. 그러나 유전자 조사

---

86 Cole-Turner, *The New Genesis*, 86.

는 이러한 전통적인 타락과 무질서에 대한 설명에 반론을 편다. 선이나 악을 향한 유전자적 성향은 유전자의 동일 과정을 통해 얻어진다. 선과 악, 공격과 이타주의는 같이 진화하며, 생의 진화론적인 역사에서 무수한 사건들을 통해 축적되면서 일어난다.[87]

콜-터너의 신학적 인간학은 자연은 선하지만, 처음부터 자연은 무질서했다는 견해를 확신한다. 우리는 이러한 무질서를 진화론적 과정을 통해 이어받는다. 무질서는 생물학적으로 유전되며, 이러한 무질서는 처음부터 하나님의 선한 창조로부터 온다. 이것은 콜-터너 신학의 인간학 기반이다. 이러한 입장을 근거로 그는 구스타프슨의 신 중심원리에 주목한다. 하나님의 세계 지배는 자연을 질서 있게 하는데, 이것은 자연을 연구하면서 드러난다.[88]

구스타프슨의 윤리는 자연과 하나님을 같이 포괄하며, 그에게서 자연의 능력들은 궁극적 실제의 능력을 드러낸다. 자연의 능력들은 우리로 하나님에게 책임으로 응답하게 한다. 예배, 찬양, 도덕적 활동 그리고 다른 응답이 적합하다.[89] 여기서 자연의 여타 측면이 하나님의 의도와 동일시되고, 인간 활동에 의해 초래되는 많은 위험은 과학기술의 개입으로 자연을 오염시킨다. 물론 부분적으로 인간의 개입은 자연의 결함과 무질서를 억제하고 선한 방향으로 작용시켜 나갈 수 있다. 이것은 질병에 걸린 인간의 피부나 조직들에 대한 수술을 통해 제거될 수도 있고, 인위적인 방식으로 불임부부를 위해 실험관에서 아이를 탄생하게도 한다. 그러나 이러한 노력은 결국, 후회를

---

87 *Ibid.*, 88-99.
88 Gustafson, *Ethics I*, 242.
89 *Ibid.*, 211.

낳게 한다. 종교적 공동체는 자연과 사회를 질서 있게 만들어가는 과학기술의 지배에 책임으로 그리고 적합한 방식으로 응답해야 하며, 도덕적 차원에서 하나님의 지배와 보존을 고려해야 한다.[90]

스피노자의 경우에 신 중심적인 신학은 자연 중심적 신학이다. 스피노자의 하나님과 자연 개념(*Deus sive Nature*)에서 하나님은 '자연'을 산출하는 자연(*Natura naturans*)으로서, 자연을 양육하고 보전하는 '하나님/자연'은 역동적으로 자연 세계를 성장하게 하고 변화시켜나간다. 그러나 산출되고 양육되는 자연(*Natura naturata*)은 수동적인 상태에 머물게 된다. 따라서 "자연은 경건을 불러일으킨다."[91]

물론 스피노자 신/자연 개념에 반대해서 콜-터너는 자연 안에 존재하는 무질서에 대해 인정할 필요가 있다고 주장한다. 선한 창조는 무질서의 자연과 더불어 있다. 구스타프슨 역시 과학기술 개입이 인간의 질병을 치료하고 자연의 결함을 질서 있게 하는 데 필요하다고 말한다. "염색체의 결함이 고쳐질 수 있다면, 우리는 이러한 [과학적 치료에] 승인할 수 있다(이것은 단순히 우리를 거기에 체념하게 하는 것이 아니다). 우리는 제한적인 자연 가능성의 발전에 참여한다."[92]

그러나 콜-터너는 세포 분열 과정에서 일어나는 염색체의 결함이라는 구스타프슨의 견해에 이의를 제기한다. 그리고 묻는다. 어떤 근거에서 그것이 결함으로 간주 되어야 하는가? 하나님과 자연이 구스타프슨에게 서로 강력하게 하나로 묶여있다면, 콜-터너는 구스타프슨이 자연의 결함을 진화론적인 과정에서 해명하기 위해 개념

---

90 *Ibid.*, 210, 242.
91 *Ibid.*, 210.
92 *Ibid.*, 241.

적인 틀을 제공할 수 없다고 본다.93 콜-터너는 하나님의 선한 창조에 자연의 무질서가 존재하기 때문에 하나님을 도덕적으로 요청할 수 없다고 본다.

원죄와 유전자 결함, 게이 유전자를 둘러싼 논쟁에서 공공신학은 유전자 공학이나 의료윤리를 피해갈 수가 없다. 그러나 이러한 신학과 과학의 논쟁에서 하나의 질문이 제기될 수 있다. 하나님의 본래 선한 창조는(핵심 주장) 자연의 무질서와 변증법적 관련을 하는가? 만일 자연이 본래 무질서하다면, 왜 우리는 하나님의 선한 창조로 불러야 하나? 하나님이 무질서와 악을 창조하셨나? 만일 유전자 결함이 본래인 자연의 무질서를 통해 타락 이전에 유포됐다면, 게이 유전자는 결함이 될 수가 없다. 자연의 무질서에서 유전되는 것이며, 그것은 여전히 하나님의 선한 창조에 속한다. 그렇다면 자연의 무질서로부터 오는 전쟁, 살해 — 이 모든 것 역시 하나님의 선한 창조에 속하는가?

자연과학적으로 몰입된 신학자들에게 가장 큰 문제는 자연사와 역사의 구분을 제거하고, 인간의 자유와 책임성을 생물학적이고 자연주의적으로 파악하려는 시도에 있다. 인간의 삶 안에 자연적인 본능이 생물학적으로 들어왔지만 이미 인간의 삶은 역사를 통해 가정, 사회, 문화, 종교를 형성한다. 이러한 사회, 문화적 실제 또는 역사나 전통이 언어를 통해 인간의 도덕적 성향과 성적인 태도를 생활세계적으로 영향을 미친다. 물론 이러한 영향은 일방적이 아니라 인간의 역동적인 생활세계에 대한 반응과 작용이 존재한다. 이것

---

93 Cole-Turner, *The New Genesis*, 91.

을 우리는 해석학적으로 지평 융합(가다머) 또는 다양한 관점들의 윤곽을 모아가는 지평의 축적(adumbration; 후설)으로 부를 수 있다.

만일 유전자 결함이 타락 이전에 자연의 무질서를 통해 유전된다면, 원죄는 진화론적인 범위에서 창조와 인류의 역사를 지배한다. 만일 원죄가 무질서로 인해서 오고, 인간의 자유와 책임성 이전에 하나님의 선한 창조의 부분이라면 굳이 이것을 죄라고 부를 수 있나? 오히려 인간의 타락과 죄의 급진성은 여전히 역사적인 발전과정에서 선의 부재 또는 인간의 책임성으로 봐야 하지 않나? 만일 동성애가 유전자 결핍이 아니라 개인의 선택이나 자유의 표현이라면, 굳이 자연의 무질서로부터 온다고 말할 수도 없다.

이런 논쟁에서 라인홀드 니부어의 원죄와 책임성의 개념은 여전히 중요하다. 인간의 죄는 역사적으로 인간의 자유와 책임성으로 인해 피해갈 수 없다. 이것은 자연의 무질서로부터 오는 것이 아니다. 그러나 인간은 죄 된 행동에 대해 인격적으로 책임의 태도를 가져야 하며, 죄는 피할 수 없는 보편적인 현실이고 결함이다(롬 5:12). 아우구스티누스는 죄의 불가피성과 인간 책임의 두 가지 차원을 고려했다. 인간의 본성은 흠 없이 창조되었지만, 타락 이후 모든 아담의 후예들은 더 이상 건강한 상태에서 태어나지 않는다. 이러한 결함은 모든 자연적인 선함을 약하게 만든다. 그것은 원죄로부터 나오며, 원죄는 인간 자유의지의 행사에 연루된다. 이것이 선의 결함 또는 부재(*privatio boni*)로 인간을 인도한다.

니부어에 의하면, 원죄가 생물학적으로 유전된 타락으로 정의된다면, 이것은 피해갈 수가 없을 것이다. 그럼에도 불구하고 이러한 죄의 불가피한 현실은 인간의 책임성과 자유의 영역 안에 거한다.

이것은 자연의 무질서나 인간의 본래 성품에서 오는 것이 아니다. 죄는 보편적인 의미에서 인간에게 자연적인 것이다. 그러나 죄가 반드시 필요한 것은 아니다. 죄는 자유의 결함에서 우발적으로 오며, 인간 본성의 필연성을 말하지 않는다.[94]

니부어는 아우구스티누스와 종교개혁신학과의 대화를 통해 인간의 의지가 죄에 노예가 되는 것을 사실주의적으로 인정한다. 인간은 하나님 사랑의 법을 성취할 수가 없다. 의지는 자유롭지만, 선을 행하기에는 여전히 자유롭지 못하다. 그러나 인간의 자유는 죄에 대한 책임이 있기 때문에 자유롭다.[95]

이런 측면에서 아우구스티누스는 원죄를 유전적인 것으로 간주하였고, 아담의 죄는 급진적이며, 아담의 후예들에게 영적인 질병처럼 성의 번식을 통해 보편적으로 결정짓는다. 이러한 생물학적인 유전의 죄를 통해 인간 존재는 규정된다. 그러나 이러한 신학적 인간학은 주석적으로 오류이며, 바울은 로마서 5장 21절에서 원죄의 보편성을 생물학적인 유전으로 말하지 않는다.

물론 바울은 아담과 인류의 보편적인 죄의 관계를 지적하지만, 아담의 죄가 성적으로 유전되었다고 하지 않는다. 원죄의 성서적 개념은 인간의 보편적이며 총체적인 죄와의 연관에서 볼 수 있고, 이러한 보편적인 죄의 현실에서 인류는 아담의 후예가 된다. 그러나 하나님은 예수 그리스도 안에서 해방자로 계시하시며, 이러한 죄의 보편적 포로 상태에서 구원한다. 원죄는 질병으로서 유전적인 죄도

---

94 Niebuhr, *The Nature and Destiny of Man, I*: 241-242.
95 *Ibid.*, 244.

아니며, 자연주의적으로 결정되는 운명적인 것도 아니다. 우리는 자발적이고 책임적인 삶에서 아담과 관련되어 존재하지만, 여전히 하나님의 화해 은총 가운데 살아간다.[96]

바르트에 의하면, 아우구스티누스의 원죄 개념은 유전적으로 즉 성을 통해 영적 질병처럼 확산하고 이어진다. 인간 안에 있는 죄를 향한 성향(concupicience)—타락한 성의 관계 안에 내재하는 욕망—은 유전되고 원죄와 동일시된다. 그러나 바르트에 의하면 아우구스티누스의 견해는 성서적으로 지지가 될 수 없다. 로마서 5장 12절과 시편 51: 5절이 원죄를 지지하는 근거로 인용되지만, 바울은 성을 통해 아담의 죄가 유전적으로 확산한다고 말을 하지 않는다.[97]

원죄 안에 있는 인간들을 향해 하나님은 예수 그리스도를 통해 죄 사함과 해방을 말씀하신다. 유전으로서 원죄는 자연주의적이고 운명론적인 것이며 성서적인 것이 아니다. 바르트는 유전으로서 죄를 거절하고, 인간의 책임성과 자유란 측면에서 원죄가 아담과 더불어 모든 인간의 삶에 있음을 말한다. 인간은 아담처럼 자신의 죄에 대한 책임을 진다. 왜냐하면, 아담의 죄가 우리에게 유전되거나 나의 삶에 독소를 주는 대표성을 갖지 않는다. 아담은 동일한 인간으로 죄의 시작을 의미한다(*primus inter pares*, CD IV/1:510). 우리 역시 아담처럼 하나님 앞에서 죄를 지으며, 아담 안에 존재한다. 그러나 죄는 오로지 그리스도와의 관계에서만 이해된다.

롬 5:14에서 예수 그리스도는 본래인 자리에 그리고 아담은 장차

---

96 CD IV/1: 500-501.

97 CD IV/1: 500.

오실 분의 모형으로서 이차적인 자리를 가진다. "모든 사람이 죄를 지었기 때문에 죽음이 모든 사람에게 이르게 되었습니다…. 그러나 아담 시대로부터 모세 시대에 이르기까지 아담의 범죄와 같은 죄를 짓지 않은 사람들까지도 죽음의 지배를 받았습니다"(롬 5:12, 14).[98] 바르트에게 인간의 죄는 아담 안에서 유전이 아니라(ex genitura) 하나님이 정하신다는 것(ex Dei ordinatione)이다. 이는 칼뱅의 요한복음 3:5의 주석에 근거한다.[99] 하나님이 아담의 죄를 판단하고 정하신다. 그러나 인간의 타락에도 불구하고 원죄는 하나님 화해의 은혜에 의해 조건 된다. 창세기 5장 아담의 계보는 인간의 죄에도 불구하고 본래 축복을 이어가시는 하나님의 은혜를 증거 한다. 따라서 바르트는 죄를 그리스도론 이전에 다루지 않고 그리스도론 안에서 다룬다. 이것은 교의학적 사유에서 거의 혁명적인 출발을 의미한다. 아담은 하나님의 형상 안에서 창조되었다. 그리고 하나님의 형상은 예수 그리스도이며(골 1:15), 하나님 본바탕의 본보기(히포스타시스)다(히 1:3).

이런 점에서 바르트의 화해 신학과 원죄 개념은 니부어의 입장을 비판적으로 보충할 수 있다. 니부어는 자유와 자기 초월의 존재론적 가능성을 언급하지만, 여기에 근거하지 않고 하나님 용서의 은총을 요구한다. 그의 존재론적 가능성은 하나님 은총의 현실과 관련되어 역설적으로 서 있다. 그러나 존재론적 가능성을 가지고 에밀 부르너처럼 그리스도와 무관하게 구원의 접촉점을 설정하지도 않는다. 구원은 그리스도 안에 계신 하나님의 은총으로부터 오기 때문이다.

---

98 *Ibid.*, 513.
99 *Ibid.*, 499, 511.

그럼에도 불구하고 원죄는 인간의 자유와 도덕적 책임에서 간주하여야 한다. 인간은 도덕적 존재이기 때문이다. 동성애는 자유와 책임의 문제로 설정된다. 그렇다면 니부어는 그리스도 안에서 세계와 화해하신 하나님 은총의 현실에 주목할 필요가 있다.

그러나 동성애에 대한 바르트의 신학적 반성은 자유와 친교의 콘텍스트에서(CD III/4, 166) 부정적으로 다루어지면서 논란을 일으킨다. 바르트에 의하면 동성애는 신체적이며, 심리적인 더 나아가 사회적인 질병이다. 이것은 환경으로부터 오며 변태의 현상이며 데카당스이며, 바울은 로마서 1장에서 동성애를 우상숭배로 연결지었다. 하나님의 진리를 거짓으로 뒤바꾸며, 하나님 대신 피조물을 찬양한다. 성서에서 말하는 인간성은 공동 인간성으로서 남성과 여성이 더불어 존재하는 것을 말한다. 비인간성의 뿌리로서 남성의 이상은 여성으로부터 떨어져 나오며, 여성 또한 마찬가지다. 그러나 기독교 윤리는 인간의 삶이 동성애의 비극으로 빠져들어 가는 사회 현상을 방어한다. 남성은 여성에게서 또는 여성은 남성에게서 파트너를 만나지 않고, 자신 안에서 지배적 인간이 되려 하며, 자기만족과 자기충족을 채우고 즐거워하려고 한다. 그러나 하나님의 계명은 이러한 고독의 아름다움이 갖는 놀라운 비의(esoteric)에 저항한다.[100]

물론 바르트는 동성애에 대한 이전의 비판에서 다른 입장을 견지하고, 말년에 의사와 심리학자의 깊은 대화에 관여했다.[101] 그러나 그에게 '고독의 아름다움이 갖는 놀라운 비의'로서 동성애는 유전적

---

100 CD, III/2: 166.

101 Barth, *Offene Briefe 1945–1968*, 542–543.

이 아니라 그리스도 화해의 현실에서 봐야 하고, 심지어 하나님은 발람과 같은 지극히 어두운 악의 현실에서도 우리에게 말씀하실 수 있다. 하나님은 인간 없이는 존재하지 않으신다. 모든 인류가 그리스도 화해의 사건 안에 포괄된다. 그럼에도 불구하고 화해되지 않은 주인 없는 폭력의 현실이 존재한다. 우리는 여기에 저항한다. 우리는 니부어와 바르트에게 동성애에 대한 충분한 답변을 듣지 못한다. 동성애가 유전으로 오는 것이 아니라면, 개인의 자유 선택으로 파악된다. 그것은 배제의 논리로 정죄하지 않고 자유와 책임으로 자리매김한다. 이것은 자연과학을 넘어서서 섹슈얼리티에 대한 사회학이나 문화이론과 더불어 간 학문적 소통이론으로 확대되고 논의될 필요가 있다.

공공신학에서 윤리의 문제는 유전자의 조건으로 도덕의 문제가 결정되지 않는다는 입장에 선다. 아우구스티누스와 니부어 그리고 바르트의 전통에서 자유와 책임은 유전자 결함이 인간 본성의 필연성에 속한다고 보지 않는다. 죄는 게이 유전자보다는 자유의지 안에 거한다. 바르트의 비판에서도 동성애는 유전적으로 파악되는 것이 아니라, 인간이 동료 인간을 배격하고 비인간성의 형식을 취하는 자유로운 선택에 속한다. 그러나 그것은 죄 된 선택이다. 기독교 신앙에서 하나님의 자기 소통은 그리스도의 계시와 화해의 사건에서 정점에 달한다. 이것은 인격, 개인성 그리고 자유에 대한 기독교적 개념의 기반이다. 니부어는 인간의 본질을 자유로운 자기 결정에서 보며, 죄는 이러한 자유 안에서 행사되는 것이다. 그것이 잘못 사용될 때 치명적인 귀결을 낳는다. 죄는 인간의 본성 안에 있는 유전자 결함이나 영적 질병이 아니다. 생물학적으로 죄는 결정되지 않는다.

동성애자만 죄인이 아니라 비동성애자 모두가 아담과 같은 상황에 처하여 같은 죄 된 현실 안에서 살아간다.

동성애가 생물학적으로 선 결정된다면, 하나님의 창조 역시 생물학적으로 규정되어야 하고, 하나님의 선한 창조개념은 유지될 수가 없다. 신학적인 전통에서 동성애적인 성향은 원죄로 간주하기보다 그리스도 안에서 나타난 하나님 화해의 현실을 통해 우리는 여전히 화해되지 않은 죄 된 현실 안에서 살아간다. 예수 그리스도가 하나님의 진정한 형상이며, 모든 인류를 하나님과 일치로 불러낸다. 동성애자들이 그리스도의 화해에서 거절되는 사람들이 아니다. 타락 이후의 자연적인 삶은 그리스도의 오심을 향해 나가며, 그리스도가 죄를 용서하고, 제거하며 준 궁극적인 것(과학적인 기여를 포함하여)은 도래하는 하나님의 새하늘과 새땅의 완성을 예비한다.102

이런 점에서 본회퍼의 입장은 중요하다: "예수 그리스도의 몸 안에서 하나님은 인류와 연합했다. 전체 인류가 하나님에 의해 받아들여졌다. 세계는 하나님과 화해했다. 세계의 어떤 부분도 하나님에 의해 받아들여지지 않거나 예수 그리스도와 화해되지 않는 것이 없다. 결코, 아무것도 포기되지 않으며 하나님 없이 살아가지 않는다."103

---

102 Bonhoeffer, *Ethics*, 136, 143.
103 *Ibid.*, 202-203.

II. 삶의 의지와 힘의 의지

니부어의 분석에서 괄목할 것은 생존경쟁과 이기주의적 충동에서 두 가지 다른 형식으로 이행하는 것에 대한 평가에 있다. 하나는 삶을 향한 의지이며, 다른 하나는 권력의지다. 삶의 의지는 영적으로 권력의지 또는 권력과 영광을 향한 의지로 변형된다. 생존투쟁 이상으로 개인이나 그룹들은 갈등 상황에서 자신들의 힘과 위신이 타인에게 침해될 때 방어한다. 이러한 갈등은 계급이나 인종 또는 다른 그룹 간의 투쟁에서 사회에서 집단으로 드러날 때보다 잔인하다. 이러한 갈등 상황은 리버럴 민주주의자들이 순진하게 생각해보는 개인적인 상황을 넘어선다. 삶의 의지와 권력의지 사이에서 나타나는 갈등 모델은 상호 대립에도 불구하고 서로 뒤섞여 있고, 혼용된다.

니부어는 이러한 갈등 모델을 근거로 선과 악 또는 이기주의나 이타주의와 같이 단순한 구분은 타당하지 않다고 판단한다. 그러한 해결은 리버럴 민주주의 이념에서 제시된다.[1]

오히려 니부어의 갈등 모델은 쇼펜하우어의 삶의 의지와 니체의 권력의지를 통해 리버럴 민주주의 이념의 한계를 비판적으로 갱신하려고 한다. 삶의 의지와 힘의 의지가 서로 뒤섞여 혼용되어 갈등과

---

1 Niebuhr, "The Children of Light and The Children of Darkness," in *The Essential Reinhold Niebuhr*, 171.

생존, 경쟁으로 나타날 때, 이를 해결하는 방법은 정치현실주의적으로 추구된다. 그러나 니부어의 갈등 모델은 삶의 의지가 정신적으로 권력의 의지로 변형되는데, 이러한 이론적 배경은 철학적으로 정교하게 다듬어질 필요가 있다. 쇼펜하우어에게 삶의 의지가 고통에 직면할 때 요구되는 것은 타인에 대한 동정과 연민을 통해 개인의 이기주의를 극복하는 것이다.

삶의 의지에는 고통과 위기를 경험하는 갈등의 상황에서 윤리적 요구가 담겨 있고, 쉽게 권력의 의지로 변형되지 않는다. 그러나 니체에게 권력의 의지는 타인의 고통에 대한 연민이나 공감보다는 선악을 넘어서는 태도이며, 일체의 종교적 차원에서 도덕의 필요성을 요구하지 않는다.

니부어의 갈등 모델은 권력의지가 경쟁과 갈등의 상황에서 해결의 출구로 식민주의나 제국주의로 발전하는 것을 고려할 필요가 있다. 삶의 의지가 타인에 대한 공감이나 연대를 저버리고 집단이익을 위해 권력의 의지로 변질될 때 그것은 자유방임주의와 사회진화론과의 연계로 나타나며, 이러한 이론의 정치 사회적 추구는 인종주의와 정치지배 시스템으로 나타난다. 니부어의 평가처럼 스펜서를 서구의 전통에서 도덕 이론과 민주주의적 이념의 대변자로 보기는 어렵다. 물론 니부어는 평등한 정의가 사회를 위한 가장 합리적이며 궁극적인 목적으로 고려한다.

만일 사회적 갈등이 보다 많은 평등함으로 추구된다면, 니부어는 이러한 갈등이 특권이나 계급지배 또는 제국의 지배 영속화를 거절하는 점에서 도덕적으로 정당화한다. 더욱 적은 악을 선택하는 것이 정치적 현실주의에서 적합하기 때문이다. "억압된 자들—이들이 대영제국의 인도든지 아니면 미국의 니그로든지 또는 모든 나라의 산업 노동자이든지 간에—은 자신들을 억압하는 자들에 대해 도전을 할 때보다 더 고귀한 도덕적 권리를 가진다, [이러한 도덕적 권리는 강제력으로 지배를 유지하는 억압자들보다 우위에 있다.”[2]

저항을 향한 도덕적 충동과 자극은 인정된다. 하지만 니부어는 사회계약론의 상황에서 이러한 저항을 옹호하는 정의와 연대의 차원을 다루지 못한다. 로크는 이성의 자연법을 강조했고, 인권윤리를 성서적 이념인 하나님의 형상에 기초했다. 이것은 원죄 개념보다 우위에 있다. 그런가 하면 루소는 삶의 의지에서 권력의지로 이행과정에서 일반의지와 민주적 입법을 통해 시민사회를 정당화했다. 루소의 사회계약론과 정치적 민주주의는 칸트의 코스모폴리탄 비전과 환대의 윤리 그리고 영구평화론으로 발전된다. 이러한 이론적 전통은 삶의 의지와 권력의지를 근거한 니부어의 갈등 모델을 더욱 많은 정의와 공공선을 향해 나갈 수 있도록 도움을 줄 수 있다.

물론 니부어는 루소가 개인과 공동체간의 갈등을 일반의지를 통해 해결하려는 것을 알고 있었다.[3] 그러나 니부어가 루소의 일반의지 개념을 감정주의적 전제주의로 비난하고, 레닌의 러시아 혁명과 관련짓는 것은 옳지 않다. 니부어는 루소의 일반의지가 볼셰비키 혁명의 리더자 소비에트 정치가였던 부하린의 사고에 영향을 미쳤다고 주장한다.

부하린은 그의 저서인 『사적유물론』(Historical Materialism)에서

---

2 Niebuhr, *Moral Man and Immoral Society*, 234,

3 *Ibid.*, 178, 180.

기존의 변증법과는 다른 균형론을 주장했다. 부하린은 개인 의지와 일반의지를 동일시하고, 이것을 마르크스의 유토피아인 자유의 영역으로 해명하고 필연의 영역인 자본주의 사회를 극복하려고 한다. 이러한 유토피아 국가는 사적 소유를 필요로 하지 않는다. 그러나 루소의 헌법적 민주주의나 사회적 약자들에 대한 사법적 보호는 일반의지 개념에 근거한 것이며, 부하린이 일반의지를 공산주의 사회에 적용하고 추구하려는 것과는 전혀 다르다.

니부어는 부하린의 사적유물론』(Historical Materialism)의 유명한 구절을 인용한다. "그런 사회에서 (완전히 발전된 공산주의 사회에서) 사람들의 모든 관계는 각자의 개인에게 분명해지며, 사회적 의지는 이들 모든 개인의 조직이 된다. 이것은… 개인의 의지와는 무관하며 의식적으로 조직된 사회관계를 말한다. [여기서] 사회 현상이 대다수 국민에게 미치는 해로움이나 파괴적인 효력을 관찰하는 것은 불가능하다."[4]

니부어는 부하린의 순수 낭만주의적 입장에 주목하며, 사회 안에서 수행하는 개인 간 이해관계가 완전한 상호성의 일치로 가는 것은 불가능하다.

그러나 부하린의 사회학에 의하면 사적유물론은 기계론적으로 파악되며, 사회혁명의 시기는 기술발전의 빛에서 객관적으로 예견할 수 있다. 인간은 자연의 일부이고 생산 활동이 인간의 정신 현상 즉 이념, 종교, 예술 등을 결정한다. 물이 끓으면 임계점에 도달하고 증기로 변한다. 사회혁명도 이와 같다. 인간의 모든 문화적 측면은

---

4 Ibid., 195.

과학기술적인 변화를 통해 설명될 수 있으며, 생산력의 조건에 따라 진화한다. 국가는 지배계급의 도구이며, 예술은 기술발전과 사회 조건의 산물이다. 야만인은 피아노를 연주할 수 없다. 상부구조는 하부구조에 일정한 방식으로 영향을 미치지만, 최종적인 단계에서 생산력에 의해 조건 된다. 프롤레타리아는 윤리가 필요하지 않으며, 목공이 의자를 기술적인 규칙을 통해 만들어내듯이, 프롤레타리아는 공산주의 사회를 모든 사회구성원의 상호연관성에 대한 지식을 기초로 세운다. 사회적 균형(equilibrium)은 공산주의 사회에서 유일회적으로 설정된다. 부하린의 기계론적인 입장은 인간의 사유, 감정, 문화, 윤리 등 모든 것을 기술 진보의 단계를 통해 설명하며, 사회적 균형은 생산 관계의 발전 수준에 일치하여 이루어진다.[5]

　루소의 일반의지는 공산주의에서 설정되는 부하린의 사회적 균형과는 전혀 다르다. 루소의 사회계약론은 존 로크와 더불어 토마스 제퍼슨의 독립선언서(1766)에 상당할 정도로 많은 영향을 미쳤다. 니부어가 루소의 일반의지를 부하린의 공산주의 사회의 균형에서 보는 것은 역으로 미국의 독립선언서에도 볼 수 있어야 한다. 루소의 국민주권과 헌법적 민주주의 그리고 사회적 약자들에 대한 법적 보호는 일반의지 개념에 결정적이며, 부하린이 기계론적인 발전을 통해 일반의지가 공산주의 사회의 균형에서 일치하는 것과는 다르다. 루소는 삶의 의지와 권력의 의지가 충동하는 지점에서 공공선과 정의를 위하여 일반의지를 고려했다.

　니부어는 민주주의적이며 보편적인 이념을 충분히 고려하지 않

5 Kolakowski, *Main Currents of Marxism*, 3: 61-62.

는다. 그의 민주주의 전통에 대한 분석과 평가는 제한적이며 적합하지 않다. 리버럴 정치이론을 고려할 때 민주주의 이념은 사회계약론의 콘텍스트(루소와 칸트)에서 드러나는 비판적-해방적인 틀에서 다루는 것은 중요하다. 이것은 니부어의 갈등 모델을 보다 적합한 방식으로 연대와 공공선으로 나가게 한다. 니부어의 갈등 모델은 인간은 사회 안에서 누룩처럼 발효 역할을 하는 행위자 즉 아우구스티누스적인 신의 도성의 모델을 근거로 한다. 이러한 인간 이해는 참여 민주주의와 공동의 삶과 정의에 기초한 헌법, 개인의 자유를 고려하면서 심화할 수 있다. 갈등 모델은 급진적 악의 현실을 진지하게 고려하며, 포스트콜로니얼 상황을 위해 유용한 것이 될 수 있다. 정치적 현실주의가 의미가 있을 때는 현실주의자가 사회를 하나님의 도시의 빛에서 누룩처럼 발효시켜 연대의 원리를 발전시킬 때다. 이러한 연대의 원리는 인종주의, 경제적 정의, 주변부로 밀려 나간 자들의 권리와 삶을 위해 사회 안전망을 확보할 때 의미가 있다.

니부어는 헤겔에게 우호적이다. 헤겔의 입장은 사회적 성취가 개인들을 위해 필요하다고 옹호한다. 헤겔의 시민사회와 국가는 개인의 삶을 사회적으로 보장하고 자유를 실현하게 한다. 헤겔은 국가를 궁극적인 것으로 고려했고, 보다 궁극적이고 합리성인 법은 국가 위에 존재한다. 국가는 세계사 안에서 현실적인 내용을 가진다. 세계정신은 절대적 진리를 예술과 종교와 철학에서 드러낸다. 세계정신은 국가에 대해 절대적인 심판자로 스스로 구성한다.[6]

이런 점에서 니부어는 헤겔이 도덕적 냉소주의와는 아무런 상관

---

6 Niebuhr, *Moral Man and Immoral Society*, 180.

이 없다고 평가한다. 헤겔의 관념론에서 국가는 여전히 도덕적인 결함에서 자유롭지 못하며, 변증법적으로 세계사의 연관에서 파악된다. 세계정신은 세계사 안에서 구체적인 보편성으로 개념화되며, 국가는 세계정신과의 연관에 서 있다. 물론 헤겔의 문제는 자기 이해를 역사발전과정에서 변증법적 운동을 통해 극복하려는 인간의 능력에 대한 낙관주의적 견해에서 볼 수 있다.7

니체와 힘의 의지

니부어의 삶의 의지(쇼펜하우어)와 권력의지(니체)에 대한 평가는 비판적 보충이 필요하다. 삶의 의지는 쇼펜하우어로부터 유래하며, 힘의 의지는 삶의 의지를 비판하면서 니체가 발전시킨다. 근대성의 문제를 다룰 때 니체는 니부어의 협소한 평가와는 달리 폭넓은 스펙트럼에서 토론된다. 그리고 포스트콜로니얼 전망에서 그의 힘의 의지와 도덕의 계보학은 푸코의 담론과 권력 관계의 네트워크를 통해 근대성의 문제를 넘어서는 기획에 결정적인 영향을 미친다.

하버마스에 의하면, 니체는 '계몽의 변증법'과 작별을 고하고, 고대 그리스적 신화의 세계로 되돌아간다. 니체에게 근대는 특권을 상실하며, 신화의 몰락과 더불어 시작된 합리화의 긴 역사의 여정에서 마지막 단계를 형성할 뿐이다. 디오니소스적 근원으로 되돌아감으로써 니체는 근대의 정신적 빈곤과 내면적인 궁핍을 넘어서려고 한다.8 니체에 의하면, 삶이 있는 곳에 의지가 존재한다. 이것은 삶을

---

7 *Ibid.*, 181.

향한 의지가 아니라 힘을 향한 의지를 말한다. 살아 있는 피조물들은 삶 자체보다 많은 것들을 가치 있게 여긴다. 심지어 가장 강한 생명체들은 더 많은 힘을 얻기 위해 생을 건다.

삶의 의지는 생존경쟁을 위한 의지보다 더 강하다. 삶의 의지는 힘을 증가시키려는 본능이며, 모든 삶의 기본이다. 힘의 의지는 삶의 의지를 낳으며, 다함이 없다. 삶 자체는 본질로 실제적인 힘 의지의 귀결에 불과하다. 니체에게 중요한 것은 힘의 의지이며, 이것은 영원회귀의 신화에 기반이 되며, 극단적인 허무주의의 형식으로 나타난다. 니체는 삶을 긍정하면서, 자기 운명을 확인하고, 초인을 말한다. 힘의 의지는 존재론적 개념이며, 기본적인 충동을 말한다. 힘의 의지는 다른 우발적인 충동들과 관련되며, 인간은 권력의지가 되고, 세계 전체는 힘들의 관계로 이루어진다.

쇼펜하우어는 니체의 힘 의지론의 스승이 된다. 칸트는 현상계를 물 자체로부터 구분하고, 후자는 인간의 경험이나 오성을 통해 알려질 수 없다. 우리는 나무 자체를 아는 것이 아니라 감성을 통해 지각되고 오성에 의해 파악된 '나무'에 대해서 안다. 그러나 쇼펜하우어는 물 자체를 삶의 의지를 통해 발전시켰다. 칸트에게 대상에 대한 지식은 오성을 통해 지각 경험을 선험적으로 배열되고, 범주로 조직되면서 이해가 된다. 이해는 경험 이전에 존재하고, 초월적이다. 인간의 지식은 경험에 관련되지만, 경험 자체로부터 나오지 않는다. 여러 사람이 동일한 사건(예를 들어, 자동차 사고)을 경험해도 이러한 경험에 대한 이해는 동일하지 않고 다르다. 우리는 현상의 영역을 인식을

---

8 하버마스, 『현대성의 철학적 담론』, 115.

통해 즉 오성의 범주를 통해 알게 되며, 이 현상을 오성의 카테고리에 의해 조직한다. 우리는 세계를 오로지 이러한 표상이나 대변을 통해서 알 수 있다. 그러나 세계는 우리의 선험적인 표상이나 대변과는 무관하게 존재한다. 이것은 물 자체이며, 전혀 알 수가 없다.

그러나 쇼펜하우어는 칸트를 비판하면서, 세계는 삶의 의지 표상이며, 삶의 의지로서 세계는 물 자체로 말한다. 의지는 폭넓은 스펙트럼에서 이해되며, 의지를 통해 우리는 물 자체에 접촉한다. 삶의 의지는 나의 몸에서 체험되며 모든 현상계를 이해하는 열쇠가 된다. 세계는 의지와 표상으로 드러나며. 이 둘은 동전의 앞 뒷면처럼 동일 실제이며, 각각 다른 관점에서 간주된다. 물 자체와 감성은 이런 동일 관계에 있다. 물 자체는 단지 '은닉된 카테고리'이며, 이것은 의지로 치환된다. 삶의 의지가 세계의 본질과 내용이며, 이성이나 정신 또는 하나님이 아니다.

삶에서 드러나는 고통으로부터의 해방과 구원이 어떻게 가능한가? 삶의 의지가 고통의 근원이라는 점에서 그것은 자기부정에서 찾을 수 있다. 자유는 원초적인 인간의 의지에 있으며, 자기 부인과 연민은 그의 도덕철학의 근저에 놓여있다. 불교와 기독교는 무신론자인 쇼펜하우어에게 윤리적 차원에서 의미가 있다. 원죄와 은총에 의한 구원(의지의 거절)은 기독교의 본질에 속하며, 예수 그리스도는 이러한 윤리적 이념을 구현한 보편적인 인물로 파악된다. 불교는 기독교보다 더 자기 부인과 금욕 그리고 연민을 윤리적 이상으로 제시한다.

개별화의 원리(principium individuationis)는 개인이 시간과 공간에서 타인과 분리되어있는 것을 말하지만 세계의 본질에 대한 이해를 통해 극복된다. 의지로서 세계 안에서 모든 것은 하나다. 타인의 고통은 나의 고통이 된다. 개인의 이기주의가 악의 현실을 드러낸다면, 이에 대항하여 의지는 개인과 타인(동물을 포함하여)의 공감적인 연민 안에 묶여있는 것을 알아야 한다. 선은 정의와 특히, 비이기적인 사랑 안에서 드러난다. 쇼펜하우어는 모두가 하나로 묶이는 공감적인 연대에서 기독교와 불교의 금욕주의적 이념을 존중했다. 삶의 의지에 대한 포기에서 인간은 욕구와 집착으로부터 해방되며 삶, 고통 그리고 죽음의 사이클에서 자유로울 수 있다. 삶의 의지에 대한 거절에서 세계와 인간의 진정한 목적은 무(nothingness)를 의미한다.[9]

쇼펜하우어에 의하면 칸트의 물 자체는 개별화의 원리에 속하며, 시간과 공간의 현상계가 된다. 그러나 의지는 물 자체로서 보이지 않으며, 모든 현상에 현재하지만, 여전히 현상계 외부에 존재한다. 개별적인 것들은 의지의 현상으로서 객관적으로 서로 다르게 드러난다. 존재들의 다수성에서 모든 개별적인 것은 다른 것들과 고립되어 존재한다. 예를 들면 두뇌에서 형성된 지성은 한계를 넘어서 다른 것들에 대한 지각-의식으로 나타난다.[10]

니체에게 아폴로는 빛의 신으로서 개별화 과정의 변형된 구현이며, 반면 디오니소스는 다른 개별적 형태로 도취와 엑스타시를 표출하고 생의 충동과 삶의 영원회귀를 상징한다. 아폴로는 제우스의 아들이며, 은혜의 신으로 생명을 움트게 하고, 우주 질서의 상징이자 균형과 조화를 나타낸다. 반면 제우스는 인간적인 부인 세멜레로부

---

9 Kung, *Does God Exist?*, 361-362.
10 Nietzsche, "On Schopenhauer," II, in *The Nietzsche Reader*, 25, 29.

터 디오니소스를 얻었다. 제우스의 신적 부인 헤라는 격노하여 세멜레에게 제우스의 본 모습을 보여달라고 간청하고, 결국 제우스의 모습을 본 세멜레는 강렬한 빛으로 인해 즉사하고 만다. 제우스는 헤라의 분노로 인해 디오니소스를 니사(Nysa) 산의 님프들 손에서 자라게 한다. 디오니소스는 니사의 제우스란 이름을 의미한다. 디오니소스는 포도에서 포도주를 추출하는 기술을 습득하고, 인간에게 포도 재배와 포도주를 만드는 기술을 가르치기 위해 섬들을 여행한다. 이후 디오니소스는 사티로스 사제들과 디오니소스 사제들의 광란한 무리와 어울리고 북부 아프리카와 소아시아를 방랑했다. 개별화의 원리가 파괴될 때, 디오니소스적인 본질이 드러난다.

그러나 니체는 한 걸음 더 나가서 진리, 지식, 도덕성은 삶과 진화를 고려할 때 문제가 된다고 본다. 물 자체는 다른 현상들의 진화론적 과정을 통해 드러나는 산물이며, 현상들은 물 자체의 드러남이 아니다. 물 자체처럼 고립되어 존재하는 것은 없고, 진화의 과정을 통해 권력의 효과로 드러나는 집합만 있을 뿐이며, 이런 점에서 칸트의 물 자체는 공허한 것이다. 쇼펜하우어의 의지 역시 진화의 과정과 변화와 발전과 무관하게 존재하지 않는다. 우리가 힘의 의지와 연관된 효력들(진리, 지식, 도덕성)을 고려한다면, 이러한 효력들은 힘의 의지가 일으키는 것에 불과하다.

인간의 욕구나 열정의 세계와 다른 실제적인 것은 주어지지 않는다. 철학과 도덕, 과학 그리고 종교, 예술 그리고 상식 등은 전체 문명이며, 모든 인간의 행동은 본능적인 충동과 열정을 통해 설명되며, 그것은 힘의 의지를 말한다. 이러한 힘의 의지는 만인 대 만인의 투쟁(홉스)에서 나타나며, 시민사회 안에서도 성취되는 문명과 문화는 인간의 본능적 충동에 기초한 힘의 의지 표출에 불과하다.

니체는 모든 문제를 심리학적인 것으로 환원시키고, 모든 심리학
은 무의식의 본능적인 삶으로 환원시킨다. 심리학은 힘의 의지 발달
이론으로 파악된다. 니체는 힘의 의지를 통해 주인과 노예의 도덕을
설명한다. 힘의 의지는 선과 악을 넘어서며, 진실과 오류를 넘어선
다. 도덕은 관습이나 전통적인 실천들에 대한 복종에서 나오며, 전통
적인 방식이 없는 곳에서는 도덕도 없다. 그러나 전통적인 습관은
이미 유용성을 가지고 있으며, 없는 것보다는 규칙은 있는 편이 낫
다. 도덕은 해석이나 관습의 현상에 대한 오해에 불과하다. 관습의
강요는 그룹의 힘의 의지가 개인의 힘의 의지에 강요하는 것과 다르
지 않다. 그룹의 의지는 가축 떼의 의지와 같으며, 가축 떼란 표현은
사회적 본능을 표현하며, 도덕의 상대성이나 유용성을 표현하는 데
사용되는 기술적인 의미가 있다. 인간의 마음은 감정, 충동 또는 자
극 같은 것으로 구성되며, 이런 점에서 본능적이다. "도덕성은 개인
안에 있는 가축 떼 본성이 된다"[11] 니체는 도덕의 상대성을 주장하
며, 선악의 다양함은 세계 도처에서 발견된다고 말한다. 도덕적 상대
주의가 나타나며, 힘의 의지가 선악의 대립을 넘어선다.

주인 도덕과 노예 도덕

니체에 의하면, 두 가지 기본 도덕성의 유형이 있는데, 주인의
도덕과 노예의 도덕이다. 주인 도덕은 자만과 권력을 가치 있게 평가

---

11 Danto, *Nietzsche as Philosopher*, 139.

하며, 노예 도덕은 친절함, 공감, 연민 등을 적극적으로 평가한다. 주인 도덕의 본질은 귀족성이며, 또 다른 특질은 개방성, 용기, 진실, 자기 가치에 대한 정확한 평가 등이다. 강한 의지의 사람은 이러한 특질들을 선한 것으로 평가하며, 이러한 주인 도덕은 힘의 의지를 통해 자기실현의 오랜 과정을 거친다. 고대 그리스나 로마는 주인 도덕에 근거하며, 주인이 가치들을 창출하고 그것을 세계에 강요하고 각인시킨다. 이것은 삶을 긍정하는 자기 영광의 도덕성이다.

주인 또는 지배자의 도덕은 귀족주의이며, 근대이념의 도덕이 아니다. 그러나 노예 도덕은 주인이 선하고 옳다고 여기는 모든 것들을 의심하고 신뢰하지 않는다. 노예 도덕은 유용성에 기초하며, 선악의 대립이 여기서 유래한다. 노예 도덕에 의하면, '악한' 사람은 공포를 유발한다. 그러나 주인의 도덕에서 공포를 우발하는 사람은 '선한' 사람이다.[12]

니체는 도덕이 삶을 보호한다는 것을 알고 있다. 도덕은 평범한 사람들을 주인이나 강자로부터 보호해야 한다고 말하고, 주인이나 강자를 적수로 돌린다. 도덕은 지배자들의 근본적인 특징인 권력의지를 증오하고 멸시하라고 가르친다. 그러나 이러한 약자의 도덕 의지 또한 권력의지를 은닉하고 있을 뿐이다. 결국 삶 자체는 힘의 의지가 된다.

이 지점에서 우리는 니체가 변증법적 사유와 다른 길을 걷는 것을 본다. 들뢰즈에 의하면, 헤겔의 변증법적 모델은 주인과 노예의 인정 투쟁과 노동에 근거하고, 역사의 과정을 통해 자유의 진보가 노예의

---

12 "Beyond Good and Evil (1886)," 260, in *The Nietzsche Reader*, 356-358.

삶에서 나타난다. 그러나 니체의 계보학은 주인의 관점에 있고, 반면 헤겔의 변증법은 노예의 관점에 있다. 그러나 니체의 관심은 변증법적 인간이 아니라 초인을 통해 인간을 극복하는 것이다.13

니체에게서 이성과 도덕의 진리는 유용한 것으로 드러나지만, 진리는 아니다. 여기서 니체는 칸트와 극명하게 갈라서며 공리주의 입장에 접근한다. 그러나 여전히 니체의 중심원리는 공리주의처럼 동정이나 공감적인 연대가 아니라 힘의 의지가 되며, 본능적 충동이 진화의 과정을 통해 도덕이나 진리에 관해 결정한다. 이런 점에서 니체는 진화론자에 가깝다. 이러한 니체는 사회진화론의 캠프에 소속되기도 하겠지만, 그의 민주주의 비판이 식민주의 옹호로 이어지는지 논쟁의 여지가 있다.

신 죽음이 선언되고 초인은 인간을 극복해야 하는데, 진화론의 목적은 초인이 되는 것이며, 초인이 대지의 의미다. 그러나 니체는 다윈을 넘어서서 힘의 의지를 실천과 활동으로 파악하며, 자연환경에 대한 적응의 차원을 넘어선다. 자발적인 활동으로서 힘의 의지는 삶의 새로운 방향과 해석을 준다. 힘의 의지는 창조적인 충동이며, 성장하며 효과를 드러낸다. 이것은 모든 해석의 조건이 된다. 힘의 의지를 주인 도덕으로 연관 지어 인종주의적으로 해석할 경우, 니체의 근대성 비판과 기독교 비판은 실종될 수 있다.14 이미 니체의 기독교 비판에서 근대 계몽의 변증법과 식민주의는 니체의 허무주의 개념으로 들어온다. 바르트에 의하면, 니체는 당대 비스마르크 시대에

---

13 들뢰즈, 『니체와 철학』, 32-33, 285.
14 "Beyond Good and Evil (1886)," 260, in *The Nietzsche Reader*, 307.

독일 민족주의에 거리를 두었고, 프랑스 문헌과 사상을 높게 평가했다. 자신의 입장으로 인해 니체는 독일이 아니라 스위스 바젤대학에서 교수직을 얻었다. 니체의 정신적 고향은 이탈리아 르네상스에 있다.[15]

계보학과 근대성 비판

근대성에 대한 총체적 비판은 니체의 계보학적 비판으로 드러난다. 니체의 계보학은 기원이나 탄생을 넘어서서 기원 속에 있는 차이와 다름 그리고 거리를 파악하려고 한다. 푸코에 의하면, 계보학은 "이상적인 의미 작용과 무한한 목적론의 메타 역사적인 제시를 거절한다"[16] 니체는 근원(Ursprung)을 발생(Enstehung), 유래(Herkunft), 가계의 내려옴(Abkunft) 또는 출생으로 사용한다. 종교나 도덕의 기원을 찾는 것은 본래 기반을 찾는 것이 아니라 역사적 관계에서 도덕이 어떻게 인위적으로 관계들을 통해 고안되었는지를 비판적으로 검토하는 것이다. 기원(본래 기반)과 유래(출처) 사이에 대립이 있음이 드러난다.

계보학자가 자유의 개념을 분석할 때 그것은 지배계급의 고안물로 폭로된다. 이것은 인간이 본성에 근본적인 것이 아니다. 니체의 역사철학에서 본래인 근원을 찾는 것은 배격된다. 왜냐하면, 여전히 다른 것, 이질적인 것, 비본질적인 것들이 같이 존재하기 때문이다.

---

15 CD III/2: 236.

16 Foucault, "Nietzsche, Genealogy, History," in *The Essential Foucault*, 352.

계보학은 본래 기원이나 시작을 찾는 것이 아니라, 시작과 더불어 동반된 우발적인 것들을 타자의 얼굴로 드러내는 것이다. 계보학은 근원의 키메라를 추방하는 것이다. 이런 점에서 니체의 계보학에서 발생 또는 유래가 근원보다 더 적합한 의미가 있다.

이것은 혈통, 전통 또는 사회적 신분에 관련된 가계나 인종의 유형과 같다. 계보학은 역사로부터 현재로 이어지는 지속성을 추구하는 것이 아니다. 왜냐하면, 과거는 현재에서 활동적으로 존재하지 않기 때문이다. 이것은 토대를 세우는 것이 아니라, 지금까지 당연히 여겨지거나, 부동적인 것에 대한 비판과 문제시한다. "그러나 계보학은 예속의 다양한 시스템, 다시 말해 의미의 예견하는 힘이 아니라 지배자들의 위험한 게임을 재설정하려고 한다… 인간성은 각각의 폭력을 규칙의 시스템에 설치하고 지배에서 지배로 진행한다."[17]

순수 이성(칸트)이나 절대지(헤겔) 같은 개념은 니체에게 거절된다. 왜냐하면, 니체에 의하면 "오로지 하나의 관점을 보고, 안다. 우리가 한 사물에 대해 더욱 많은 영향을 언급한다면, 동일한 것에 대해 우리가 사용할 수 있는 것은 더욱 많은 시선과 다양한 눈들이다. 이럴 때 사물 즉 객관성에 대한 우리의 개념은 더욱더 완전해진다."[18] 여기서 우리는 니체의 허무주의에 방어하는 해석의 차원을 만난다. 금욕적인 해석도 고통에 대해 하나의 의미를 준다. 무의미보다 어떤 의미와 해석이 있다는 것은 좋은 것이다.[19]

그러나 니체가 민주주의 안에 담긴 개인주의적 동질과 편견을

---

17 *Ibid.*, 357-358.

18 "On the Geneology of Morality (1887)," in *The Nietzsche Reader*, 427.

19 *Ibid.*, 435.

II. 삶의 의지와 힘의 의지 | 511

비판할 때, 당대 생물학에 기초한 그의 진화론적 입장은 사회계약론과 민주주의와 공공선에 적합하지 않다. 근대성에 대한 그의 비판을 들어보자: "우리들의 제도들은 더 이상 선하지 않다. 이것은 보편적으로 받아들여진다. 이것은 제도들의 잘못이 아니라 우리의 잘못이다 …민주주의는 항상 하락의 에너지를 조직화하는 형식이다… 근대의 민주주의는 부적합한 '독일 제국'처럼 국가 몰락의 형식이다… 서구 전체는 제도들을 성장시키는 본능을 상실했다. 미래 역시 이러한 본능으로 성장한다. 그러나 어쩌면 아무것도 '근대정신'의 씨앗에 충분히 저항하지 않는다. 사람들은 오늘을 위해서 살며, 이들의 삶은 매우 급하다. ― 이들은 매우 무책임하게 산다. 이것이 바로 '자유'라고 부르는 것이다."[20]

니체는 진보를 근대성의 이념으로 비판하고 르네상스의 유럽을 긍정적으로 평가했다. 그러나 니체의 근대성 비판에서 드러나는 자유 개념은 니체가 생각하는 것보다 훨씬 더 정치 사회적으로 복합적이며 역사적인 혁명 운동들에 관련된다. 한편 계몽주의 이후 과도한 인간 중심이 서구사회를 지배하지만 다른 한편 니체 시대까지만 해도 사회적 억압과 전제주의는 여전히 귀족도덕과 관련되어있었다. 니체가 출생하던 1844년과 이후 프랑스와 독일은 크고 작은 혁명의 소용돌이로 넘쳐나는 시기였다. 그의 '귀족적 급진주의'는 당대 사회운동을 통해 드러나는 민주주의와 인권 그리고 정의와 공공선에 대해 여전히 취약하다.

그가 형이상학에 종언하고 형이상학을 하나님에 대한 믿음과 동

---

20 "Twilight of the Idols (1888)," *ibid.*, 480.

일시하고, 특히 칸트의 물 자체를 비판할 때 잘 드러난다. 칸트의 사회적 관심과 코스모폴리탄주의, 환대의 윤리와 도덕 정치는 '귀족주의적' 도덕가인 니체에게서 찾아볼 수가 없다. 니체의 기독교 비판은 식민지에서 행해지던 노예착취 자본축적의 사이클을 찾아볼 수 없다. 그가 원하는 것은 디오니소스적 신화로 되돌아가 영원히 회귀하는 세계 안에 안주하는 것이다. 니체가 말하는 삶에 대한 긍정은 근대성에 의해 땅에서 버림받은 노예들의 인권과는 아무런 상관이 없는 엘리트적인 삶을 말해야 하나?

허무주의 비판과 한계

만일 니체가 유럽의 인간주의에서 허무주의 기원을 본다면, 오히려 베버의 합리성 분석에서 세계 내적 금욕주의를 통한 자본주의 발전과 더불어 나타나는 물화 현상과 이성의 도구화를 통해 보충될 수도 있다. 니체의 기술방식은 지극히 단언적이다. 니체는 전통적인 도덕, 종교와 문화를 총체적으로 허무주의로 문제시했고(problematization), 허무주의는 모든 위대한 이념들과 가치들—진리, 정의, 사랑, 도덕, 종교—의 논리적 귀결로서, 즉 역사적인 필연성으로 온다고 진단했다. 이런 것들은 유용성을 위한 인간의 고안물에 불과하며, 지배를 유지하고, 인간의 삶의 요구와 힘의 의지에서 나오는 투사에 지나지 않는다고 보았다. 모든 가치와 이념들은 삶의 실제와 욕구와 동떨어져서 물 자체처럼 여겨져서는 안 된다. 이것이 삶의 욕구로부터 이탈될 때, 삶에 대한 적대가 드러나며 결국 무(nothingness)와 데카당스(퇴락)의 충동으로 변질된다. 모든 도덕은 무로 전환되며, 마

침내 허무주의적으로 된다. 니체에게 기독교는 불교와 더불어 허무
주의 종교이다. 기독교의 도덕에서 추구되는 절대적인 진리, 선, 또
는 정의로 인해 오히려, 무를 향한 금욕적 의지가 거룩하게 여겨진
다.[21] 마찬가지로 가치나 도덕에 중립적인 자연과학도 허무주의적
특성을 가진다.

니체의 평가에 의하면, 전통적인 가치나 이념 또는 자연과학적인
기여는 불완전한 허무주의에 속하며, 이것을 전도하기 위해 니체는
활동적인 허무주의를 필요로 한다. 이러한 실천적인 허무주의는 새
로운 기획과 창조를 위해 전통적인 허무주의를 해체하고 파괴한다.
삶에 대한 위대한 긍정을 위해 '모든 가치의 전도'라는 부정을 한다.
형이상학과 종교와 도덕적 가치의 자리에 자연주의적 가치 즉 영원
회귀가 등장한다. 삶이 세계를 긍정하는 기준이 되며, 삶은 힘의 의
지이다. 본능적 삶과 유기적 기능 그리고 모든 활동적인 능력은 니체
의 안티-형이상학적 원리에서 드러나는, 그러나 여전히 영원회귀와
관련된 '형이상학적인 측면'일 수가 있다. 이러한 원리의 상징은 디
오니소스이다.

니체의 디오니소스는 영원히 자기를 창조하며, 영원히 자기를 파
괴한다. 이러한 세계가 힘의 의지 세계며 삶을 긍정하고 정당화하는
디오니소스적인 원리를 말한다. 이런 점에서 니체는 전통적인 허무
주의를 비판하는 사상가이며, 동시에 영원회귀라는 극단적이고 완
벽한 허무주의를 통해 삶을 긍정하는 생철학자이다.[22]

---

21 Kung, *Does God Exist?*, 390.

22 *Ibid.*, 393.

그러나 권력의지에 연루된 진화론적 형이상학(영원회귀)은 서구의 허무주의를 극복하기보다는 새로운 허무주의로 끝나고 만다. 서구의 형이상학을 종지부 찍기 위해 신 죽음의 이론은 유용한가? 기독교의 신개념을 유럽의 근대성과 인간주의와 동일시하고, 근대성에 포로가 된 기독교의 신개념을 비판하는 것은 나름대로 일리 있다. 여기서 하나님은 우주의 질서와 구조, 조화 그리고 목적을 보증하는 분으로 여겨진다. 진화론적 세계관에서 이러한 하나님의 신앙은 급진적으로 의심된다. 그러나 영원회귀의 신화를 운명으로 사랑하며 살아가는 허무주의적 태도나 하나님을 믿으면서 정의와 공공선을 위해 사는 것이 니체적인 의미에서 금욕주의적 허무주의 태도와 무슨 차이가 있는가?

니체는 헤겔적인 의미에서 신 죽음을 말하지 않는다. 헤겔에 의하면 십자가에서 신의 죽음은 무한과 유한의 일치 또는 화해를 말하며, 역사의 전개 과정에서 하나님과 개인의 일치를 정신의 되어감을 통해 파악한다. 그러나 니체는 도덕의 형이상학으로부터 해방하기 위해 초인을 제시하며 포스트-형이상학적으로 사고하지만, 그는 여전히 영원회귀의 형이상학과 생물학적 진화론에 잡혀있다. 새로운 자연과학이 다윈의 진화론의 한계와 문제점을 비판할 때, 니체의 도덕의 형이상학 비판은 설 자리가 없어진다. 초인의 존재론이 우연과 무질서와 과정으로 파악된다면, 역사, 사회, 문화는 자연적 과정의 세계로 환원되어야 하는가? 영원하신 하나님을 살아야만 유한한 인간은 자신의 영원회귀를 깨우칠 수가 있는가? 니체에게 스피노자 신개념이 기독교의 하나님에 대한 대안이 되는가?23

유럽의 근대성과 인간주의가 허무주의로 귀결된다면, 니체는 이것을 의지를 거절하는 금욕적 이념에서 보려고 한다. 고통에 의미와 목적을 부여하며, 고통과 악의 현실에 대한 금욕적 해석은 자살, 허무주의로 간다. 이것은 무를 향한 의지이다. 형이상학적 믿음에 대한 비판에서 니체는 근대의 의지가 합리성과 진리의 신적인 성격에 지나치게 연루된다고 본다. 니체의 계보학은 진리에 대한 반-형이상학적으로 유용화되며, 금욕주의적 태도를 문제시한다. 도덕과 진리는 다양한 관점에서 파악되어야 한다.

진리에 대한 형이상학적 개념을 비판할 때, 니체는 진리와 해석의 문제를 진화론적이며 경험주의적 콘텍스트에서 말할 수가 있다. 여기서 해석은 합리성과 도덕과 어떤 연관을 하는가? 사회 안에서 도덕적 사실들은 객관적으로 존재하지 않으며, 도덕 현상에 대한 도덕주의적 해석만이 있을 뿐이다. 니체는 다수의 도덕을 수용하며 하나의 도덕을 거절한다. 기독교의 도덕 체계는 단죄되는데, 여기서 선악의 대립이 중심이 되기 때문이다. 역사의 과정에서 주인 도덕은 패배를 당했고 유대교와 기독교의 노예 도덕이 로마 제국을 거쳐 세계로 유포되었다.

기독교 비판과 제한성

니체는 기독교의 도덕성을 다음처럼 설명한다. (1) 그것은 인간에게 절대적 가치를 부여한다. 이것은 진화론적 세계에서 나타나는 과정과 사라짐의 흐름에서 나타나는 우발성과는 대립한다; (2) 고

---

23 "European Nihiism (1887)," These 7, in *The Nietzsche Reader*, 387.

통과 악에도 불구하고, 하나님의 선하심이 옹호되며 세계는 완전함과 자유를 가진다; (3) 인간의 절대적인 가치에 대한 지식은 가장 중요한 것들에 대한 가장 적합한 지식을 인간에게 부여한다. 이러한 기독교의 도덕은 실제적이며 이론적인 허무주의를 방어한다.[24] 이것은 일차적인 의미에서 허무주의다.

들뢰즈에 의하면, 삶이 부정되고 제한되는 한 무가치해진다. 삶을 무가치하게 하는 것은 다른 초월적 세계의 진리나 선 또는 신에 관한 형이상학적 원리에서 온다. 이러한 형이상학적(부정적) 허무주의를 넘어서고 삶을 긍정하기 위해 니체는 모든 형태의 초월적인 가치나 신과 진리를 부정하는 극단적인 허무주의 형태로 나간다.[25]

하나님에 대한 기독교적 신앙과 도덕의 질서가 흔들릴 때, 자연의 절대적인 비도덕성은 무질서와 무의미로 드러난다. 니체의 허무주의는 악의 존재를 믿지 않을 때 시작된다. 목적과 의미가 없는 영원한 회귀는 대안으로 나타난다. 놀랍게도 니체는 영원한 삶을 회귀의 형이상학을 통해 긍정한다. 인간의 삶은 영원한 삶이고 회귀하며 이러한 운명을 사랑하는 것은 바로 인간의 삶을 '형이상학적인' 허무주의에 대립하여 긍정하는 것이다. 이런 점에서 니체의 허무주의는 고차원적이고, 삶의 불멸성을 믿으며, 영원한 삶을 운명으로 수용하는 긍정적인 차원을 담고 있다. 니체는 영원회귀를 궁극적 의미로 설정함으로써 허무주의를 피해 가는 생철학자가 된다.[26]

들뢰즈에 의하면 디오니소스와 그리스도 사이에 유사점이 존재

---

24 "European Nihilism (1887)," These 1, *ibid.*, 385.

25 들뢰즈, 『니체와 철학』, 260-261.

26 Danto, *Nietzsche as Philosopher*, 211.

한다. 둘 다 고통을 경험했다. 그러나 기독교에서 삶은 죄인이기에 고통을 받아야 한다. 이것은 니체에게 양심의 가책이나 고통의 내재화로 드러난다. 이것은 기독교가 삶을 부정하는 허무주의적 발상이다. 죄의식을 양산하고, 고통에 의한 정당화 ― 이런 것은 기독교가 만들어내는 구역질 나는 공장이다. 기독교의 사랑 안에는 저주와 수많은 증오가 담겨 있다. 물론 포이어바흐와 같은 변증법 주의자는 기독교의 사랑을 유대교의 증오와 반테제로 놓을 것이다. 십자가에 매달린 신은 상상할 수 없는 극도의 잔인 성의 신비를 드러낸다. 이것은 기독교의 광기이며 동시에 변증법적 광기이다.[27]

여기서 물음이 제기된다. 헤겔의 기독교 이해 즉 신 죽음 철학이 포에어바흐에게 비판될 때, 이것이 성서의 하나님을 말하는가? 십자가에서 그리스도는 악과 저주와 투쟁하고 하나님은 성령을 통해 그리스도를 새로운 생명인 부활로 살려내지 않았는가? 바울의 급진적인 악의 투쟁은 헤겔과 포이어바흐에게 주목이 되는가? 어쨌든 디오니소스에게서 삶은 스스로 정당화된다. 가장 고통스러운 고난조차 긍정한다. 디오니소스는 선악을 넘어서 삶의 모든 것을 긍정하는 자로, 예수는 단순히 삶을 부정하는 자로 대립하여야 하나?[28]

니체는 기독교를 연민의 종교로 이해하고, 예수의 죽음에서 그것을 보았다. 더 나아가 연민은 치명적인 위험을 드러내는데 왜냐하면 연민은 진화의 법칙과 자연선택에 저항하기 때문이다. 기독교는 연민―귀족의 도덕에서 연약함으로 불리는―을 모든 덕목의 덕으로

---

27 들뢰즈, 『니체와 철학』, 44.
28 *Ibid.*, 43.

부른다. 연민은 삶의 가치를 부정하고 무와 데카당스로 가며 결국 실제의 허무주의가 된다. "건강하지 않은 근대성에서 기독교의 연민보다 더 병적인 것은 아무것도 없다."[29]

니체는 유대-기독교의 도덕적 하나님을 극복하고, 영원하며 신성하며 완벽한 세계를 영원회귀로 전환하려고 한다. 여기서 신은 선악을 초월하며, 범신론이 나타난다. 진화의 과정에 목적은 없으며 영원회귀하는 과정만 있을 뿐이다. 여기서 신과 자연을 병치시켜 생각한 스피노자는 니체에게 의미가 있다.[30]

기독교의 심리학은 기독교가 증오와 원한의 정신에서 탄생했으며, 연약함이 강함을 정복하며, 노예가 주인을 정복한다. 노예는 주인의 도덕에서 선한 것으로 존중되는 모든 것에 대해 의심한다. 오히려 연민, 선량한 마음 또는 겸손이 기독교에서 존중되며, 이러한 특성은 존재가 부서지는 고난을 참고 인내하게 하는 유용한 수단이 된다. 노예 도덕은 유용성의 도덕이다. 기독교는 연약하고 사회로부터 밀려나간 자들의 편에 서며, 강한 삶을 보존하려는 본능에 대립한다.[31]

니체의 도덕의 계보학에서 도덕의 힘은 신적인 기원이나 이성에서 오는 것이 아니다. 그것은 도덕의 입법을 제정하는 칸트의 물 자체와 같은 하나님 이념과는 아무런 상관이 없다. 도덕성은 사용이며 기능이다. 니체의 '선악을 넘어서는' 계보학은 근대성의 통렬한 비판을 담고 있으며, 정치와 도덕 이론을 공격한다. 인간성에 대한 믿음은 오히려 니체에게 역겹다. 인간은 길들여졌고 고칠 수 없도록 평준

---

29 "The Anti-Christ," These 7, in *The Nietzsche Reader*, 489.

30 "European Nihilism (1887)," These 7, *ibid.*, 387.

31 "The Anti-Christ: Curse on Christianity," these 5, *ibid.*, 487.

화가 되었지만 스스로 역사의 목적, 정점 그리고 의미로 간주한다. 이러한 인간을 보는 것만으로도 니체는 피곤함을 느낀다.[32] 인간은 병든 동물이다. 특히 "기독교인들은 길들여진 동물이며, 가축 떼 동물이며 병든 인간 동물이다."[33]

　근대 유럽의 도덕성은 가축 떼 도덕이다. 니체적인 의미에서 허무주의는 근대적 인간개념, 달리 말하면 속류적인 '마지막 인간'에 저항하며, 초인을 필요로 한다. 그러나 초인은 영웅도 아니며, 동료들을 지배하는 푸른 눈을 가진 거인도 아니다. 그는 충동적인 본능을 가진 인간이고, 충동의 노예가 아니라 주인을 말한다. 영원회귀를 운명으로 받아들이고 사랑하는 사람이다.[34]

　니체는 칸트의 정언명법—너의 도덕적 격률이 동시에 일반 법칙이 되도록 행동하라—을 공격하며, 도덕은 가치의 문제로 전환한다. 칸트의 급진적 악의 문제는 니체에게서 하나님이 악의 기원으로 전도된다.[35] 관습으로서 도덕성은 법과 사회적 처벌에 의해 보호되며, 이것은 가르쳐질 수 있고 세대를 거쳐 이어진다. 도덕의 유용성이 시대에 따라 달라지면 도덕 또한 달라질 수밖에 없다. 인간 존재가 충분하지 않은 존엄이나 아무렇지도 않게 다루어질 때, 그는 증오의 감정을 가지게 되며 여기서 사제들은 가장 무능한 자들이다. 이들의 무능함으로 인해 증오의 극대화가 방지된다. 결국, 모든 가치의 전도는 가장 고귀한 영적인 보복의 행위에 있게 되는데, "하나님이 마음

---

32 "On the Genealogy of Morality (1887)," thesis 12, *ibid.*, 404.

33 "The Anti-Christ: Curse on Christianity," thesis 3, *ibid.*, 487.

34 Danto, *Nietzsche as Philosopher*, 199.

35 "On the Genealogy of Morality (1887)," Thesis 3, *The Nietzsche Reader*, 301.

의 중심을 보신다"라는 표현에서 사제들은 가장 깊고 고귀한 삶의 욕구를 거절한다. 하나님은 삶의 원수로 간주 된다.

브라만 사제계급은 신과의 신비적 합일을 갈망하며, 불교의 승들은 해탈이나 공 또는 무를 갈망한다. 유대교의 사제들은 지배자, 강자, 귀족에 대항하고 모든 가치를 급진적으로 전도시켰다. 이것은 가장 고귀한 보복행위이며, 귀족주의적 가치 동일화(선=고귀함=권력=아름다움=행복=축복)를 단죄했다. 오직 고통받는 자가 선하다. 약자들과 연대하는 나사렛 예수의 사랑의 복음 역시 유대인의 노예 도덕의 계승이다. 도덕에서 노예의 반란이 일어난다. 평범한 사람들의 도덕이 승리한다.

모든 귀족의 도덕은 스스로에 대한 긍정에서 나오지만, 노예 도덕은 자기부정에서 나온다. 귀족적이며 강한 지배자와 그의 도덕은 증오의 시선을 통해 악한 원수로 재해석된다. 유대인들은 탁월할 정도로 증오의 사제 백성들이며, 평민적 도덕성을 소유하고 있고, 기독교로 스며들며, 로마의 지배 도덕은 패배당한다. 그러나 르네상스 시대에 로마의 가치는 다시 깨어나지만, 종교개혁에서 패배당한다. 프랑스 혁명에서 17~18세기 프랑스의 정치 귀족들은 폭도들의 증오 본능에 의해 타도 당한다.36

기독교 하나님의 개념은 환자들의 하나님이며, 가장 부패한 신의 개념이다. 기독교 종교는 세계와 육체의 원한과 증오를 가르치며, 본능에 대한 도덕적 억제를 통해 산출되는 자기 증오나 공격으로 귀결된다. 이러한 나쁜 의식은 기독교에 대한 심리학적인 반성이다.

---

36 Thesis 16, *ibid.*, 406.

바울의 고향은 스토아 계몽주의의 중심지이며 그의 환각을 통해 부활과 영생에 대한 믿음을 유포하고 사제의 독재를 만들었다.[37]

그러나 니체와 달리 바울은 유대인 바리새인 출신이 아닌가? 성서의 하나님은 시내산과 그리스도의 계약으로 이스라엘과 기독교인을 부르신다. 세상의 불의에 대한 비판과 사회적으로 밀려 나간 자들을 차별 없이 복음의 보편성으로 환대하는 것이 니체가 주장하는 것처럼 허무주의로 인도해야 하는가? 로마의 노예제 사회에서 빌레몬과 노예 오네시모를 화해의 삶으로 인도하는 것이 니체에게 비난받아야 하는가? 오히려 사회의 불의에 눈을 감아버리는 니체의 귀족도덕이 허무주의적이고 비난의 대상이 아닌가?

니체의 모토는 십자가에 달리신 그리스도에 대항하는 디오니소스다. 그는 삶의 긍정을 위해 디오니소스를 선택한다. 플라톤은 모든 가치를 영원하고, 변하지 않으며, 고귀한 세계에 두었다. 영원한 이념의 세계에 근거한 플라톤의 가치철학은 기독교에서도 나타난다. 기독교는 절대가치를 설정하고 인간을 절대적 가치로 만들었다. 기독교는 백성을 위한 플라톤주의다. 기독교의 도덕성은 삶에 대한 주요 범죄자이며, 하나님은 삶과 대립으로 변질되고 만다. 기독교의 하나님은 허무주의를 신처럼 고양하며, 기독교는 개인 증오심의 표현이다.

칼 바르트는 니체의 인간성 개념에 주목했다. 니체의 디오니소스 개념에서 바르트는 동료 인간성이 없는 인간성을 대변하는 예언자로서 니체를 본다. 디오니소스는 이제 니체가 되어야 한다. 진화론의

---

37 Thesis 18, 42, *ibid.*, 491, 495.

깃발 아래서 니체는 힘의 의지를 인간 존재의 지고한 형식으로 발견했고, 이것은 또한 니체 자신의 의지 상징이다. 니체의 문제는 인간을 역겨워하면서 동시에 구원하려고 한다. 니체는 타자의 감정과 느낌에는 관심이 없다. 바르트에게 니체의 기독교 비판은 기독교의 도덕에 집중되며, 이런 점에서 그는 반-도덕주의자가 된다. 니체의 정신적 고향은 이탈리안 르네상스며, 니체의 차라투스트라는 유럽인이다.[38] 니체의 르네상스 유럽 중심주의가 동료 이웃을 고려하지 않으면서 인류를 구원할 수 있을까?

그럼에도 불구하고 니체에게는 십자가에 달린 나사렛 예수에 대한 존중이 있다. 복음은 십자가에서 죽었다. 예수가 살았던 복음은 슬픈 소식(dysangel)이 되었다. 예수의 삶을 실천하는 자만이 기독교인이 될 수가 있다. 심지어 오늘도 그러한 삶은 가능하며, 어떤 사람들에게는 심지어 필요하다. 진정한 원시 기독교는 어느 시대에서도 가능할 것이다."[39] 니체의 그리스도에 대한 반대는 오히려 복음의 실천을 등한시하고 삶을 부정하는 크리스천들에 대한 반대를 의미하는 것은 아닌가?

하지만 니체의 기독교 비판은 총체적이며, 일반적이며, 심리학적인 기초에 근거하다. 니체는 노예 도덕을 허무주의의 근원으로 보며, 유럽을 집어삼킨 것으로 본다. 자연과학의 발전과 유럽 사회의 증대하는 세속화는 결국 아브라함의 하나님을 살해했고, 천 년 이상 서구 사회에서 의미와 가치의 근거로 봉사 되어 왔다. "하나님은 죽었다"

---

38 CD III/2: 236-237.

39 Kung, *Does God Exist?*, 408

라는 니체의 선언은 세속화를 통한 서구 형이상학의 몰락을 의미한다. 신 죽음은 형이상학의 죽음과 동일시되며, 이것은 객관적인 진리에 대한 보편적인 관점의 상실로 인도된다.

왜 그토록 니체는 기독교의 도덕 체계를 비난하고 공격했는가? 바르트가 적절하게 평가하는 것처럼, 니체는 19세기 십자가에 달리신 분의 복음과 사도 바울의 가르침이 19세기 사회주의 운동에 영향을 주는 것을 참지 못했다. 힘의 의지로서 실천은 매우 중요하며 이런 점에서 니체는 도덕주의자가 된다. 그러나 디오니소스-차라투스트라로서 니체는 기독교의 노예 도덕이 사회적 가르침을 지적하며 자신의 권력의지와 귀족주의 도덕에 정면으로 배치되는 것을 알고 있었다. 십자가에 달리신 그리스도 안에서 하나님은 가난하고 주변부로 밀려 나간 민중들과 연대하는 것은 강자의 도덕을 침해한다. 기독교의 '사회주의적' 도덕의 가르침에 저항하여 니체는 선악을 넘어서는 초인이 되어야 하고 반-도덕자가 되어야 한다. 니체가 기독교의 기원이 노예의 반란이나 프로레타이아에서 온다는 주장은 당대 사회주의자들의 입장을 반영한다. 니체의 계급 상황과 귀족주의적 르네상스는 고린도전서 1장에서 표현되는 바울의 십자가 신학과 하나님의 선택을 배격한다.[40] "하나님께서는 세상에서 비천한 것들과 멸시받는 것을 택하셨으니 곧 잘났다고 하는 것들과 없애시려고 아무것도 아닌 것들을 택하셨습니다"(1:28).

푸코에 의하면, 니체는 하나님과 인간이 같이 속하는 지점을 발견했다. 신 죽음은 인간의 사라짐과 관련된다.

---

40 CD III/2: 242.

영원회귀가 철학의 목적이라면, 인간의 종언은 철학의 시작이며 회귀가 된다. 주체로서 인간은 더 이상 철학의 자리에서 자리를 갖지 못한다. 니체는 인간학적인 잠에 빠져있던 칸트의 철학으로부터 우리를 해방시킨다.41 푸코에 의하면 '인간'은 18세기 이전까지 존재하지 않았다. '인간'은 최근의 피조물이며, 지식의 신 즉 데미우르고스(demiurge)가 200년 전에 자신의 손으로 만들었다.42 인간이 인문학의 중심으로 들어오며, 생각하는 주체(데카르트)로서 종교의 형이상학을 비판하고 신의 자리를 대신하기 시작한 것은 근대성의 표현이다. 이것은 근대성의 허무주의, 즉 신의 자리를 '인간'으로 대신하고 신은 인간의 형이상학과 동일시된다. 신과 인간은 존재론적인 차원에서 동일시하고 더 이상 존재-신학(onto-theology)을 거절할 수가 없다.

어쨌든 니체 자신은 객관적 실제에 대한 형이상학적 이념을 거절했고, 지식은 우발적이며 조건적이며 다양한 관점이나 이해관계에 의존된다. 이러한 견해는 관점주의를 지적하며, 과학은 종교와 마찬가지로 하나의 관점이며 해석된다. 허무주의 분석에서 니체는 허무주의란 서구의 위대한 가치와 이념들의 궁극적이며 논리적 귀결을 표출한다. 인간의 가치들과 이념들—진리, 정의, 도덕성 그리고 종교—은 결국 인간이 만든 것이며 또한 인간들이 내린 결정과 규정에 불과하다. 허무주의는 형이상학의 붕괴 후에 출현하며, 그것은 하나님에 대한 신앙의 붕괴가 가져오는 필연적인 효과이다. 만일 하나님이 존재하지 않는다면 모든 것은 허락된다(도스토엡스키). 비슷하게 니

41 Foucaut, *The Order of Things*, 340-241.
42 *Ibid.*, 308.

체는 말한다. " 아무것도 진실이 아니다. 모든 것이 허락된다."[43]

신 죽음 이후 초인은 하나님의 자리를 대신하며, 새로운 가치를 창출한다. 새로운 가치들의 창조자로서 초인은 신 죽음과 허무주의 문제를 해결한다. 초인은 평등을 추구하는 근대성의 '마지막 사람'과 대립하며, 이러한 마지막 사람의 현실을 니체는 민주주의 사례에서 본다. 니체는 서구에서 노예 도덕의 승리를 단죄하며, 민주주의 운동이나 사회주의 운동에서 드러나는 집단적인 인간의 변질을 비판한다. 그런 점에서 니체의 인간성은 동료 인간이 없는 초인이 된다.

영원회귀와 반-인간주의

니체는 민주주의와 기독교를 각자 본능의 충동을 탈취해버리고 모든 인간을 노예처럼 만들어버리는 것으로 본다. 민주주의 운동은 정치조직의 부패한 형식이며, 노예 도덕을 대변하며, 유럽의 도덕성은 가축 떼와 같은 도덕이며, 평등한 권리, 동정, 자기 부인 그리고 자기희생을 포함한다. 공리주의적 행복의 원리—최대 다수의 최대 행복—가 민주주의에서 나타난다. 니체는 모든 가치의 전복을 시도하며 자신의 철학을 모든 가치와 원리들에 저항하는 곳에 위치시킨다. 니체는 모두에게 보편적으로 타당한 유일한 도덕성은 존재하지 않는다고 공격한다. 그는 인간의 발전 역사에서 드러나는 도덕의 다양한 지각과 의미를 발견하려고 한다. 신 죽음 이후 초인은 영원한 회귀와 더불어 가며, 인간은 아직 설정되지 않은 동물이며 극복되어

---

43 Danto, *Nietzsche as Philosopher*, 193.

야 할 존재가 된다.[44]

모든 가치는 운명애를 기초로 한 권력의지에 따라 영원회귀를 통해 해석된다. 모든 가치의 전도는 모든 가치를 재평가하는 저항운동에 이어진다. 형이상학과 종교의 자리에 모든 것들의 영원회귀 이론이 들어오며, 이것이 허무주의에 대한 답이 된다. 결국, 되어가는 세계 안에서 사라지는 것도 없으며, 진리도 없다. 영원한 모래시계처럼 동결된 유동성만이 있으며, 이것은 니체의 영원회귀 형이상학을 말한다. 그리고 이것은 허무주의의 가장 고귀한 형식이다. 세계는 사이클이며 무한하게 반복된다. 현재의 발전도 반복이다.[45]

그러나 니체의 형이상학은 열역학 제2 법칙에 충돌한다. 엔트로피는 증가하며, 열은 스스로 고온에서 저온으로 흐르지 저온에서 고온으로 흐르지 않는다. 우주 전체는 식어가고 있고, 외부에서 열을 주지 않는다면, 그것은 유한의 상태에서 무질서의 상태를 최후로 경험하게 된다. 이것은 우주적인 삶의 마지막이다. 빅뱅 상태가 영원히 회귀 되지 않는다. 영원회귀는 불가능하다.[46] 니체에 의하면, 존재하는 모든 것은 회귀한다. 이전에 일어났던 것은 다시 정확히 같은 방식으로 나타난다. 니체는 서구의 형이상학을 전도시키지만, 최후의 영원회귀 형이상학자로 남으며, 이것은 신비한 경험에 근거한다.

모든 사건의 영원회귀는 삶을 궁극적으로 긍정하며, 이것은 초자연적인 환생을 말하지 않는다. 이것은 운명애를 요구하며, 우리는 이러한 영원회귀의 운명을 긍정해야 한다. 그러나 존재는 목적이나

---

44 "Beyond Good and Evil (1886)," 62, in *The Nietzsche Reader*, 334.

45 Danto, *Nietzsche as Philosopher*, 205.

46 *Ibid.*, 209.

의미가 없으며 필연적으로 무로 귀환한다. 의미가 없는 영원회귀는 허무적이며 기독교의 구원개념과 대립한다. 이것은 세계를 있는 그 대로 인정하는 것을 말한다. 초인은 인류를 허무주의에서 구원하며, 초인과 권력의지는 영원회귀의 중요성에 대한 응답이 되고, 모든 것의 무의미함을 운명으로 수용한다. 니체에 의하면, 영원회귀는 이 전 것들의 돌아옴(Widerkehr) 또는 다시 발생함(Wiederkunft)을 의미하 며, 이것은 가장 극단적인 허무주의 형식이다. 무(nothingness)가 영원 히 되돌아오며, 이것은 '불교의 유럽적 형식'이다. 이것은 가장 과학적 이고 가능한 이론적 가설이며, 여기서 궁극적 목적은 거절된다.47

그러나 초인은 대지의 의미이며, '마지막 인간'과는 대립된다. 마 지막 인간은 가능한 모든 다른 사람과 같은 동질 존재가 되려고 한다. 마지막 인간은 오직 행복하기 위해 행복을 원한다. 그러나 초인은 마지막 속물과 같은 인간을 지배하는 푸른 눈을 가진 자이언트가 아니다. 초인은 본능적 충동의 주인이며 노예가 아니다. 그는 즐거워 하며 죄책감이 없으며 자유로운 인간이다. 스스로 무엇인가를 창조 하면서, 초인은 열정을 과학적이며 예술적인 그리고 철학적인 작업 의 산물로 전환한다. 니체는 초인의 개념에 다양한 내용을 부여한다. 니체의 초인은 권력의지와 더불어 허무주의의 현실을 극복하려는 해석이론이다. 이것은 삶을 긍정하는 철학이며, 이런 점에서 니체는 권력의 의지를 통한 영원회귀의 형이상학의 철학자가 된다. 권력이 없는 삶은 존재하지 않는다. 투쟁이 있는 곳에 권력을 위한 투쟁이 있다. 해석은 타인을 지배하기 위해 주인이 되려는 수단이다. 모든

---

47 "European Nihilism (1887)," these 6, in *The Nietzsche Reader*, 387.

사고의 카테고리는 해석이며, 이것은 권력의지를 통해 이해된다. 권력의지는 세계에 형식과 의미를 부여하며, 의미 없이 인간은 살아갈 수가 없다.

이런 측면에서 니체의 칸트 비판은 논란의 여지가 있다. 니체에 의하면 칸트의 선한 의지와 의무 또는 정언명법은 치명적으로 위험한 것이다. 칸트는 비인격적인 의무를 마치 몰록 신처럼 떠받들고 인간의 삶을 희생시킨다. 이것은 데카당스의 처방이며, 칸트는 '바보'가 된다. 프랑스 혁명에서 칸트는 인류에서 드러나는 도덕의 경향 즉 선을 추구하는 인간의 경향에 주목했다. 혁명은 도덕과 정의를 드러낸다. 칸트를 공격하면서 니체는 인간의 기원을 실천이성이 아니라 동물의 세계로 돌려보낸다. 인간은 창조의 왕관이 아니다. 모든 피조물이 인간 곁에 서 있으며 동일한 완전의 단계에 서 있다. 상대적으로 말하면, 인간은 가장 성공하지 못한 동물이며, 가장 병약하며, 본능에 떠돌아다니는 가장 위험한 동물이다.[48]

칸트 비판을 통해 니체의 도덕적 대안은 무엇인가? 들뢰즈처럼 영원회귀가 윤리적 사유가 되고 실천적 종합을 의미한다면, 그의 격률은 다음처럼 표현되기도 한다. "네가 의욕하는 것, 그것을 네가 영원회귀를 의욕하는 것과 같은 식으로 원하라."[49] 왜냐하면, 여기 삶은 우리들의 영원한 삶이기 때문이다. 이것은 보다 나은 삶에 대한 가능성을 차단한다. 이것이 우리의 운명이며, 무의미의 영원성이지만, 여기서부터 인간은 해석하며 의미를 찾으며 살아간다.

---

48 "The Anti-Christ," thesis 11, 14, *ibid.*, 490.
49 들뢰즈, 『니체와 철학』, 132.

II. 삶의 의지와 힘의 의지 | 529

그럼에도 불구하고 푸코를 통한 니체의 계보학 회복은 도덕적 연대를 사회에서 밀려 나간 자들에 대한 기억과 투쟁으로 전개한다. 현실적 역사(wirkliche Historie)는 절대적 이념이나 이성의 지배에 계보학적 의심을 표현하며, 주변부로 밀려 나간 지식을 해방시키려고 한다. 역사는'전통적인 토대와 지속성의 근저를 뒤흔들 때 효율적이다.[50] 효율적인 역사가 전통의 역사에 대립하고, 계보학은 다양한 권력들의 관계를 분석하고 중심부의 지배체제에 의해 예속된 식민지 문화의 다른 관점을 수용하고, 정의를 위해 차이와 다름을 인정한다. 이것은 예속된 자들에 대한 카운터 기억을 옹호하며, 유럽 중심적 지식 체계와 지배를 폭로한다. 이것은 지식에 대한 의지이며 보편적 이성의 진리를 해체하고 전복한다.[51] 여기서 '과거'의 니체는 주인 도덕을 버리고 노예 도덕을 위해 헌신하는 '오늘'의 니체로 다른 모습으로 돌아온다. 이것은 푸코의 계보학에서 영원회귀의 모습으로 나타나는 니체이지만, 아이러니컬하게도 니체는 귀족도덕이 아니라, 사회로 밀려 나간 노예 도덕의 옹호자로 나타난다.

니체가 공공신학에 주는 도전은 포스트콜로니얼 권력이론, 특히 푸코의 계보학에서 드러난다. 대다수 포스트콜로니얼 이론가는 니체를 좇아 서구 근대성에 대한 총체적 비판과 해체로 나가지만, 이들은 근대성에 대한 니체의 오해와 한계점을 외면한다. 필자의 공공신학은 서구 근대성의 식민지 병리 현상에 대해 비판과 해체를 포함한다. 동시에 푸코의 담론 이론은 근대의 해방 유산과 연대를 위해 해석학적으로 유용화 된다.

---

50 "Nietzsche, Genealogy, History," in *The Essential Foucault*, 360.
51 *Ibid.*, 366.

III. 기독교현실주의와 마르크스 이론

    니부어는 마르크스를 민주주의 전통에 서 있는 것으로 설정한다. 그는 마르크스 이념 안에 민주주의에 대한 낙관적인 입장을 인정한다. 물론 마르크스는 리버럴 민주주의 정치이념에 대항한다. 마르크스주의는 사회교리이며, 프롤레타리아의 절규를 대변하며, 이러한 절규는 리버럴 원리를 '함정과 미몽'으로 단죄한다.1 마르크스주의는 모든 사회적 세력들 사이에서 조화는 혁명 이후에만 설정될 수 있다고 확신한다. 이것은 애덤 스미스에게서도 볼 수 있다. 스미스는 자기 이해와 섭리(보이지 않는 손) 사이에 있는 조화에 주목했다. 피상적인 차이에도 불구하고 니부어는 '고전 자유방임주의 이론과 마르크스주의의 아나키적 밀레니엄' 사이의 중요한 유사점을 고려한다. 유토피아 희망에서 혁명은 역사의 시간으로 들어오며, 이것은 마르크스의 아나키즘(국가의 소멸)에서 정점에 달한다.2

    니부어는 심지어 레닌을 인용한다: "권력을 위한 모든 필요는 사라질 것이다. 왜냐하면, 국민은 강제와 예속이 없는 사회적 존재의 기본조건들에 준수하게 적응될 것이다."3 레닌의 도덕적 냉소주의

---

1 Niebuhr, *Moral Man and Immoral Society*, 176.

2 *Ibid.*, 177.

3 *Ibid.*

에도 불구하고, 니부어는 마르크스주의자들은 도덕적 감정주의의 교리를 여전히 가지고 있다고 진단한다. 그것은 냉소주의적 교리가 아니며 이들은 빛의 자녀들 범주에 포함된다. 니부어에 의하면, 마르크스의 계급투쟁이론은 노동자 자신들의 갈등 경험을 만들어내지만 반대로 계급투쟁이론은 노동자들의 경험에 주목하며 여기에 일치하여 이론을 새롭게 발전시킨다. 이것은 산업 노동자들의 상황에 대한 마르크스주의적 해석이며, 사회와 문화에 대한 이들의 감정과 태도에 관련된다.[4]

그러나 마르크스의 잠정적인 냉소주의적 태도는 사회주의 사회의 도덕적 불감증과 운명으로부터 견뎌내지 못하며, 여기서 마르크스주의는 '어둠의 자녀들의 매개와 수단'이 되고 만다.[5] 니부어의 설명에 의하면, 스탈린이 마르크스주의 초기 몽상가라면, 나폴레옹은 18세기 리버럴 몽상가였다. 스탈린은 레닌주의 원리에 기초했고, 도덕은 전적으로 프롤레타리아 계급 투쟁의 이해에 예속되어야 한다고 주장했다. 소비에트 권력이 도덕과 모든 문화적 가치들을 판단하는 유일한 기준이다. 독재와 폭력이 노동계급의 해방을 위한 수단으로써 권력의 목적을 위해 봉사한다면, 사회의 선은 인권을 희생하면서 극대화할 수 있다. 소비에트의 공리주의는 마르크스의 정언명법을 뒤집어버리고, 억압받은 민중의 해방을 위한 마르크스의 도덕적 헌신은 정반대로 소비에트 국가권력의 강화와 권위를 위한 전제주의로 변질된다.[6]

---

4 *Ibid.*, 144.

5 *Ibid.*

6 Kolakowski, *Main Currents of Marxism*, II. 516.

니부어는 마르크스를 사회의 비판이론으로 유용화하며, 오래된 자유주의와 개인주의 낙관주의를 비판한다.[7] 니부어는 이러한 리버럴주의를 사회복음 운동에서 보았고, 이 운동이 계몽주의와 유토피아 도덕주의에 기초한 것으로 직시했다. 도덕의 냉소주의나 마르크스주의, 파시즘의 전제주의에 저항하며 동시에 리버럴 민주주의 전통의 도덕적 유토피아주의에 의심이 주어진다. 니부어의 관심은 한편으로 세속의 시대에 기독교 신앙을 방어하고 정당화하며, 다른 한편 마르크스주의와 서구 근대성에 몰두한다.

니부어의 정치적 현실주의는 사회주의에 대한 실망으로 인해 개혁정치와 실용주의로 전개되며, 이것은 루스벨트의 뉴딜정책에 대한 그의 지지에서 나타난다. 민주주의는 뉴딜의 사회정책에서 대변되며, 이것은 사회정의와 개혁을 위해 도덕적으로 필요한 것으로 입증된다. 니부어는 뉴딜정책이 미국의 노동계급의 삶에서 가져온 경제회복과 개선을 고려하면서 중요한 업적을 인정했다. 그러나 니부어의 이데올로기적인 표류는 루소를 비판하면서 에드먼드 버크(Edmund Burke, 1729-1797)를 옹호하는 데서 나타난다. 1950년대부터 니부어는 버크를 영국에서 근대의 정치 보수주의의 대변가로 간주하고 여기에 동감을 표시하기도 했다.[8]

니부어는 사회복음을 비판적으로 교정하며, 의회 사회주의를 지지한다. 마르크스의 한계에도 불구하고, 니부어는 기술적인 의미에서 사회정의 문제에 대한 비판적 분석을 수용하고, 도덕주의자들이

7 "Intellectual Autobiography," in *Reinhold Niebuhr*, 8.
8 Niebuhr, *The Self and the Dramas of History*, 163-182.

나 종교적 이상주의자들의 시도가 마르크스에 비해 순진하다고 판단한다. 마르크스 프로그램은 마르크스와는 달리 지상의 천년왕국을 가져오지 않을 것이다.[9]

마르크스에 대한 민주적인 독해를 통해 니부어는 프롤레타리아 계급과 독재에 대한 비판적 분석을 간과하지 않았다. 계급독재는 단지 임시적인 단계에 속하며, 전체사회가 평등한 공산주의 사회로 설정되면 불필요하게 될 것이다. 계급독재에 대한 니부어의 도덕적 비판은 인간 본성에 대한 마르크스주의자들의 낭만적 해석을 폭로하며 이러한 낭만주의의 저변에 공산주의 사회에 대한 신비한 영광스러움이 깔려있다고 본다. 니부어에 의하면, 마르크스주의 낭만주의 상징은 자율적 상호성을 예견하는 데서 드러나며, 실제적인 아나키즘이 공산주의 이론구조에서 정점에 달한다.[10]

사실, 마르크스의 프롤레타리아 계급 독재개념은 혁명 이후 이행기에 잠시 생겨나는 노동자계급의 정치지배를 말한다. 마르크스는 1871년 파리 코민에서 이것이 역사적으로 구현된 것을 보았다. 이것은 레닌처럼 정당 독재를 창출하는 것과는 다르다. 오히려 자기 관리적인 프롤레타리아의 직접 민주주의 형식을 의미하는데, 전체 프롤레타리아의 일반 강제 수단을 통해 지배하며, 의회지배나 사회주의적 당 지배를 말하지 않는다. 이러한 정치 권력의 타입은 노동자 국가를 지적하고, 이행기에 잠시 요구된다. 자본주의 사회의 필요 영역에서 계급 없는 공산주의 즉 자유의 영역으로 이행하는데, 노동자 독재

---

9 Niebuhr, *An Interpretation of Christian Ethics*, 113.
10 Niebuhr, *Moral Man and Immoral Society*, 194.

는 부르주아지의 권력을 컨트롤하고, 국가 기제들을 파괴한다(사유재산의 철폐, 자본가들의 몰수, 생산 수단의 사회화, 상비군의 해산 등). 노동자 독재에는 "보통선거, 직접 입법, 국민 권리, 민병대 등을 포함한다"[11] 이후 노동자계급 국가는 사라진다.

파리 코뮌에 대한 마르크스의 평가는 직접 민주주의에 기초하며, 반-민주적인 독재를 의미하지 않는다. 그의 원리는 자유롭고 평등한 생산자들 결사의 사회(자유의 영역)를 위한 생산 수단의 국유화에 기초한다. 공동 계획을 가진 국가 중심은 밑으로부터 민주적인 지배에 구속되며, 계급 없는 사회를 건설한다. 그러나 프롤레타리아는 지배계급으로 조직되며 '사유재산권에 대한 전제주의적인 장악'을 한다.[12]

실제로 혁명에 관한 마르크스의 입장은 일면적으로 폭력을 지지하지 않는다. 혁명은 콘텍스트에 따라 다르며, 다양한 국가들에서 ─예를 들어, 미국, 영국 그리고 네덜란드에서 ─노동자들이 평화로운 수단을 통해 혁명의 목적을 성취할 수도 있다. 대부분 유럽대륙에서 "우리 혁명의 지렛대는 폭력임이 틀림없다." [13]

그러나 마르크스의 노동자 독재개념은 직접 민주주의 성격과 보복 정치를 하지 않는 평화스러운 측면을 가지고 있다. 그러나 레닌의 일당독재개념에서 왜곡되고 노동자 전체에 대한 독재가 행사되는 치명적인 귀결을 낳는다. 레닌에게서 프롤레타리아 독재는 '억압자들을 무너뜨리기 위해 억압받는 자들의 전위부대를 지배계급으로

---

11 "Critique of the Gotha Programme," in *Karl Marx Selected Writings*, 565.

12 "The Communist Manifesto," *ibid.*, 237.

13 "Letters 1863-1881," *ibid.*, 595.

조직'하는 것이다.14 이것은 반-민주주의적 폭력, 강제에 의한 억압을 포함한다. 심지어 레닌은 민주주의가 사라지기 시작한다고 항변했다. 왜냐하면 "사람들은 점차 공동체의 삶의 기본 규칙들을 준수하는 데 익숙해지기" 때문이다. "이들은 폭력과 강제 없이도 또한 예속 없이도 기본 규칙들을 준수하는 데 익숙하게 된다. 이것은 심지어 국가로 불리는 강제의 특수기관이 없어도 그렇다."15

니부어에 의하면, 마르크스의 노동자 독재개념은 마르크스주의 낭만주의의 상징이다. 이것은 레닌의 반-민주적인 억압에서 드러나는 실제의 아나키즘에서 자율적인 상호성과 익숙함을 예견한다. 그러나 레닌의 경우 공산당에 의해 대변되는 국가가 요구되며, 사회주의에서 완전한 공산주의로 이행에서조차도 당은 노동자계급에 대해 공권력을 행사한다. 완전한 공산주의 슬로건은 다음에서 보인다: "능력에 따라 각자에게, 필요에 따라 각자에게!"16

달리 말하면, 사람들은 공동체 삶의 이런 기본 규칙들을 준수하는 데 익숙해지며, 이들의 노동은 능력에 따라 생산적이며 자발적으로 된다. 아무도 이런 단계를 알 수가 없다. 국가독재는 불가피하며, 국가가 사라질 것이라는 낭만적인 유토피아를 예견하는 데서 오히려 국가독재는 불가피해진다.

마르크스는 자본주의 사회에서 상품에 의해 지배되는 현실(물화)을 보았고, 오히려 파리 코민에서 전체 노동자의 민주적 지배를 적극적으로 평가했다. 이러한 노동자 정부 형식은 의회민주주의와 다르

---

14 Lenin, *The State and Revolution*, 41.

15 *Ibid.*, 42.

16 *Ibid.*, 44.

고, 권력의 분리(행정, 사법. 입법)를 제거한다. 권력의 분리는 관료제, 전문화 그리고 특수화에 기초하기 때문이다.

그러나 마르크스는 이행기에 드러나는 당의 독재와 억압으로 인해 생겨나는 위험한 귀결을 명백하게 보지 못했다. 목적(혁명)은 수단을 정당화한다. 이제 수단(국가 기제들, 관료행정 그리고 특권계급의 출현)이 공산주의 사회에서 목적(혁명)을 위해 지배한다. 사회주의 국가는 완전한 공산주의라는 미명 아래 공공영역에서 권력을 행사하기 위해 개입하며, 국가는 사라지는 것이 아니라 사회주의 리바이어던으로 출현한다.

마르크스의 실패는 독재 권력이 제도적으로 그리고 정치적으로 공산당과 관료제 그리고 개인숭배로 영속화되는 것을 보지 못한 데 있다. 독재 너머에서 기다리는 것은 자본주의 예속으로 자유로운 개인 생산자들의 결사가 아니다. 공산주의 사회는 인간에 대한 인간의 지배를 종결짓지 못하고 새로운 국가독재로 나타난다. 지배하는 것은 지배계급의 관료들이고 노동자의 자리를 대신한다. 관료들의 독재가 앞으로 나가면서 사회주의에서 나타나는 운명이다.17

경제와 상부구조의 상호성

니부어가 마르크스 이론에 담겨 있는 도덕적 냉소주의를 평가할 때, 그는 마르크스의 경제 결정주의를 사적 유물론의 측면에서 변증법적으로 완화시키고 새롭게 해석하려고 한다. 정치 경제학 비판

---

17 Weber, "Socialism," in *Weber Selections in Translation*, 260.

서문(preface to *Critique of Political Economy*)에서 마르크스는 경제적 결정론을 다음처럼 파악한다. 생산 관계들의 총계는 사회의 경제구조를 구성한다. 이것은 법적, 정치적 구조가 출현하는 실제적인 토대이다. 사회의식의 일정한 형식들이 여기에 조응한다. "물질적인 삶에서 생산 양식은 사회적, 정치적, 정신적인 삶의 과정에서 나타나는 일반적인 특징을 결정한다."18

생산 양식이 생산력(기계와 노동)과 생산 관계의 합리적 조직(합리화와 전문화)의 결합이라면, 마르크스는 과학적 기술적 진보가 사회의 경제적 구조를 발전시키는 데 주요한 특징으로 파악한다. 상품사회는 경제적으로 결정되지 않고 오히려 기술적으로 합리화되고 정치적으로 규제된다. 이것은 상품을 신처럼 떠받드는 물신숭배를 말하며, 물화의 지배 상태를 지적한다.

그러나 마르크스가 노동과 합리적 조직의 관계를 다룰 때 니부어는 개념적 명료화가 결여된 것을 본다.

니부어는 엥겔스의 입장에 주목한다. "경제적 조건은 기반이며 상부구조의 다양한 요소들… 계급 투쟁의 정치적 형식들, 결과와 사법적 구성… 법적 형식들… 정치, 법적, 철학적 이론들, 종교적 견해들… 이 모든 것들은 역사적 투쟁들에 대한 영향을 행사하며, 많은 경우에서 투쟁이 형식들을 결정한다."19

니부어에 의하면, 마르크스의 도덕적 냉소주의는 역사에 대한 유물론적 즉 경제 결정론적 해석에서 드러난다.

---

18 Cited in Niebuhr, *Moral Man and Immoral Society*, 145.
19 *Ibid.*

그러나 상부구조와 하부 구조의 관계는 상호 보충적 원리로 파악
되지 않는다. 오히려 사회계급들의 관계는 갈등과 부정의 가운데
있는 권력의지를 통해 해명된다. 자본주의는 프롤레타리아를 통해
자신의 파멸 가능성을 스스로 예고한다. 자본주의의 자동적인 파멸
이 아니라 생산 수단과 국가기구들을 통제하기 위해 노동자계급의
혁명적 투쟁이 요구된다. 이것은 의회민주주의와는 다르다. [20] 국가
는 정통파 마르크스주의에 의하면 지배계급 억압의 도구이며, 노동
자계급의 구원을 위해 부르주아 국가는 파괴되어야 한다.[21]

"만일 가난한 기독교인의 영적 능력이 궁극적으로 온유함에 있다
면, 근대의 가난한 자들에게 사적 유물론은 강자로부터 힘을 탈취하
고 연약한 자들에게 주려고 한다."[22] 묵시적인 비전은 마르크스 이론
의 종말론에서 보이며, "정의는 역사에서 약자가 경제적 능력을 통
해 충분히 강해질 때, 지상에 수립된다.[23]

사적 유물론의 방법은 경제 환원주의와는 달리 재구성될 필요가
있다. 종교나 이데올로기적 또는 지성적인 영역은 사회적 현실 구성
에 여전히 결정적이며, 마르크스 자신은 도덕적으로 냉소적이지 않
다. 오히려 그는 소외와 물신숭배 그리고 억압으로 지배되는 사회적
현실을 변혁하려는 도덕적 열망에 사로 잡혀있었다. 마르크스주의
에 대한 니부어의 현실주의적 입장은 매우 변증법적이며, 심지어
레닌의 주장에 주목하기도 한다. "마르크스는 그가 파리 코민의 경

---

20 *Ibid.*, 144-145.

21 *Ibid.*, 149-150.

22 *Ibid.*, 154.

23 *Ibid.*, 155.

험을 분석할 때, 탁월하게 자본주의 민주주의 본질을 파악했다. 마르크스에 의하면, [이전의] 억압자들은 수년에 한 번씩 착취계급들의 특별한 대변인들을 결정하도록 허용되었다. 다시 말해 이들은 정치에서 억압자들을 대표한다."[24]

그러나 파리 코민에 대한 레닌의 견해는 지극히 일면적이며 심지어 마르크스의 입장과는 대립한다. 레닌은 파리 코민 상황에 대해 마르크스와는 달리 매우 부정적이었다. 『프랑스의 시민전쟁』(*The Civil War in France*, 1871)에서 마르크스가 파리 코민을 반성하고 분석할 때, 노동자들과 소상인계급들이 티에르 정부(Thiers government)와 프로이센에 대항해서 일으킨 반란에 주목했다. 루이 나폴레옹(Louis Napoleon, 1808-1873)은 프랑스 제2 공화국의 대통령(1848-1852)으로 선출되었고, 이후 쿠테타(1851)를 통해 권력을 재장악했다. 그는 나폴레옹 3세로 왕권을 쓰고, 프랑스 제2 공화국의 황제가 되었다(1852-1870). 프랑스-프로이센 전쟁(1870)의 패배로 인해 그의 권력은 붕괴되었고, 티에르 주도권으로 임시정부가 설립되었다.

마르크스는 코민의 정치적 조직을 『공산당 선언』(1848)에서 평가한 것보다 더 탈중심적이고, 실제적이고 잠재적인 것으로 평가했다. 마르크스는 프롤레타리아가 무엇보다 더 정치적 우위권을 얻었고, 국가의 지도 계급으로 상승했다고 말한다. 이들은 스스로 국가를 조직했고, 마르크스는 국가란 프롤레타리아가 지배계급으로 조직된 것으로 정의했다. 전제적인 힘을 통해 사유재산이 철폐되었다.[25]

---

24 Cited in *ibid.*, 149.

25 "The Communist Manifesto," in *Karl Marx Selected Writings*, 235, 237.

이 과정에서 마르크스는 자유로운 결사와 연합을 설립하려고 했다. "각자 개인의 자유로운 발전은 모두의 자유로운 발전의 조건이 된다."[26]

여기서 마르크스는 여전히 리버럴 민주주의 전통에 서 있다. 공산당이나 독재 권력이 아니라 개인의 자유로운 발전이 중심에 서 있다. 하지만 파리 코뮌에 대한 경험과 이에 대한 분석에서 마르크스는 이전의 입장을 수정한다. 이것은 「공산당 선언 개정판 서문」(*Preface to the Second German Edition of the Communist Manifesto*, 1872)에서 볼 수 있다. 파리 코뮌에서 프롤레타리아는 두 달간 정치 권력을 유지했다. 코뮌은 일반선거로 선출된 시의원들로 구성되었고, 그것은 사회공화제의 긍정적인 형식이 되었다. 이들은 노동자계급의 대변인으로 인정되었고, 코뮌은 행정과 입법의 역할을 담당한 실행기구였으며, 참여 민주주의를 통해 시행되었다. 이것은 공화제를 위해 실제적인 민주주의 기반과 제도들을 제공했다. "이것은 본질로 노동자계급의 정부였고⋯마침내 이러한 정치형식에서 노동의 경제적 해방이 실행되었다."[27]

마르크스는 파리 코뮌 정부에 대해 민주주의적인 평가를 내렸고, 이것이 마르크스가 말하는 프롤레타리아 독재 개념이며, 계급 없는 자유의 영역으로 이행하는데 잠정적으로 필요한 것으로 간주했다. 이러한 입장은 레닌과는 전혀 다르다. 레닌은 프롤레타리아 독재개념을 근거해서 국가를 공산당 독재에 기초한 전제주의 국가로 대처하고, 개인숭배가 훗날 스탈린에게서 구현된다. 소비에트에서 이러

---

26 *Ibid.*, 238.

27 "Preface to the Second German Edition of the Communist Manifesto," *ibid.*, 544.

한 정치적 발전은 국가에 대한 마르크스의 민주적인 평가와는 다르다.

니부어에 의하면, 완벽한 도덕적 냉소주의는 마르크스의 경제 결정주의와 프롤레타리아의 저변에 깔려있고, 마르크스는 모든 문화적, 도덕적, 종교적 세력들은 이데올로기로 파악했다. 이러한 입장은 "다양한 계급들의 경제적 행위를 …합리화한다."[28] 니부어는 마르크스주의의 도덕적 냉소주의는 정치의 영역에서 민주주의 국가에 대한 평가에서 모든 윤리적인 태도와 업적을 결단해버린다. 민주주의 국가는 노동자들의 억압을 위한 부르주아 계급의 도구이다. 니부어는 다시 레닌을 인용한다. "자본주의 사회에서 자유는 항상 크든 적든지 간에 고대 그리스의 공화국과 같다. 다시 말해 자유는 노예 소유주들을 위한 것이다."[29]

이 지점에서 니부어는 근대 민주주의에서 입법의 강요가 부르주아에 의해 실행되는 것을 피해가지 않는다.

이들은 애매한 법을 이들에게 유익하게 해석한다. 자신들의 목적에 법이 적합하지 않으면 피해간다. 민주주의 국가의 문제는 마르크스주의의 도전에서부터 자유롭지 못하다.[30] 레닌의 비타협적인 태도와 반-애국주의는 1차 세계 대전 동안 러시아 프롤레타리아의 가슴에 열망을 불러일으키고, 전쟁에 우호적인 유럽의 사회민주주의자들의 태도를 인터내셔널 사회주의 원리에 대한 배신으로 보았다.[31] 마르크스 레닌주의 전통에서 니부어는 마르크스가 프롤레타

---

28 Niebuhr, *Moral Man and Immoral Society*, 146.

29 Cited in *ibid.*, 149.

30 *Ibid.*, 149.

31 *Ibid.*, 150-151.

리아를 종교적인 호소와 해석을 통해 혁명으로 소환해냈다고 본다. 프롤레타리아는 최후 승리의 전조로 간주되고, 마르크스의 중요성은 프롤레타리아 운명에 대한 종교적 해석에 있다고 본다.

이러한 마르크스의 호소는 교리라기보다는 히브리 성서의 우상숭배와 불의에 대한 예언자적인 비판과 단죄에 비교될 수 있다. 이것은 모든 가치에 대한 혁명적인 전도를 의미한다.[32] 니부어에 의하면, 만일 니체가 기독교를 가난하고 연약한 자들의 정신적인 힘을 통한 노예들의 반란으로 간주했다면, 마르크스는 역사 유물론적 해석을 통해 강자들의 힘을 탈취하는 혁명적인 폭력으로 고취된 또 다른 노예반란을 의미한다.[33]

마르크스 이론은 묵시적인 비전으로 물들어있고, 지상의 천년왕국적 희망으로 배태되며, 마르크스의 종말론은 사회정의를 실현하려고 하지만 결국 그것은 프롤레타리아 계급의 고양이나 신화에서 불멸의 성격을 부여한다.[34]

마르크스 종말론에서 노동자계급은 경제력을 통해 인간의 역사에서 설정되며, 계급 없는 사회에서 윤리적 이상주의는 다음의 슬로건에서 표현된다. "각자의 능력에 따라, 각자의 필요에 따라"[35]—이것은 근대사회가 추구할 수 없는 불가능한 이상이다.

더욱이 니부어는 레닌의 입장을 검토하고, 레닌의 폭력적 이상주의가 미래를 예견하는 감상주의로 전환된다고 본다. "사람들이 사회

---

32 *Ibid.*, 154.

33 *Ibid.*

34 *Ibid.*, 156.

35 Cited in *ibid.*, 159.

적 삶의 기본원리들을 준수하는 데 익숙해질 때, 이들의 노동은 생산적이 되며 이들의 능력에 따라 자발적으로 일을 하게 될 것이다.… 생산물의 양을 각자 사회구성원들에게 분배하기 위해 정확히 계산할 필요가 없다. 각자는 자유롭게 필요에 따라 가지게 될 것이다.'"[36]

그러나 최소의 필요를 넘어서서 인간은 그 이상으로 늘릴 것이다. 이기주의는 사람들의 필요 이상을 넘어간다. 설령 사람들이 협력의 태도와 교육을 통해 사회적 삶의 기본원리를 준수하는 데 익숙해진다고 해도, 니부어는 이러한 레닌의 입장을 감상적이고 낭만적으로 간주한다. 어떠한 교육도 완전하게 인간 본성의 성향—다른 사람들을 희생시켜 특별한 이익을 얻고 개인의 자기 이해를 추구하는—을 제거하지 못한다.[37]

---

36 Cited in *ibid.*, 194.

37 *Ibid.*, 197.

IV. 리버럴 정치이론과 민주주의

니부어는 인간의 『본성과 운명』 제2권에서 말한다: "보다 보편적인 형제의 성취와 보다 완벽하고 포괄적인 상호관계를 위해 역사에 주어진 제한성은 없다. 르네상스와 계몽주의의 모든 특징적인 희망들과 열망 또한 세속적이며 기독교적인 자유주의는 적어도 이 점에서 옳다. 즉 이들은 기독교 교리의 측면에서 하나님의 나라 사랑(아가페)이 역사 안에서 더 완전한 형제애를 향해 무한한 발전을 위한 근거가 된다는 것을 이해한다… 인간의 자유는 역사 안에서 성취될 수 있는 형제애나 인종, 성 또는 사회적 조건의 제한을 두는 것을 불가능하게 한다."[1]

이러한 니부어의 입장은 그의 인간 이해 즉 사회와 역사 안에서 누룩이 되는 존재로 특징짓는다. 이것은 사회질서의 문제를 보다 나은 질서로 변혁하며, 기독교 사랑의 이념은 르네상스와 계몽주의의 성취와 더불어 간다. 르네상스와 계몽주의에 대한 니부어의 종합은 종교개혁의 원리와 칭의론을 간과하지 않는다. 종교개혁의 원리는 온전한 삶과 역사를 향한 기독교인들 노력의 중심에서 최종적인 포기를 대변하는데, 즉 하나님의 나라는 인간의 손을 통해 지상에서

---

1 Niebuhr, *The Nature and Destiny of Man*, II, 85.

수립되지 않는다.2 종교개혁의 원리는 진보의 근대이념을 향한 르네
상스와 계몽주의의 논리의 한계를 지적하고 제동을 건다. 니부어의
현실주의적 제의는 기독교 신앙과 문화의 종합에서 볼 수 있다. "종
교개혁은 삶과 역사에 대한 최종적인 진리를 발견했다." 마찬가지
로, "르네상스와 계몽주의는 즉각적인 문화의 과제를 고려하면서
이에 접근하는 근사치적인 답변과 해결을 추구하는 방향 설정을 제
시한다.3

　　리버럴 정치이론에 대한 니부어의 비판적 분석을 도외시하지 않
는다고 해도, 그는 이러한 근대의 정치이론에서 이기주의를 일반복
지를 위한 관심으로 변형시키는 데 주목했다. 특수하고 개인적인
이해와 보편적인 공동체 이해관계는 일치해야 하며, 니부어는 이에
대한 동일성에 신뢰를 표현한다. 니부어는 정부개입의 중요성을 본
다. 존 로크는 도덕적 차원에서 정부를 필요한 것으로 보았고, '자연
상태의 불편함'을 초월하려고 했다. 이러한 도덕적 논증은 자기 보존
이 타인의 이해와 대립하는 곳에서 나타난다.4 로크에 의하면, "모든
개인은 자신을 보존해야 하며 임의대로 이러한 상태를 떠나서는 안
된다. 그러므로 이것은 이성에 의한 것이며, 각자의 보존이 경쟁에
돌입하지 않을 때, 개인은 인류의 남은 사람들을 보존할 수 있다"5
　　니부어에게서 로크의 입장은 도덕적 냉소주의의 교리를 말하지

---

2 *Ibid.*, 148.

3 *Ibid.*, 210-211.

4 Niebuhr, "The Children of Light and The Children of Darkness," in *The Essential Reinhold Niebuhr*, 174.

5 *Ibid.*

않으며, 보편적인 의무에 대한 심오한 표현도 아니다. 로크는 정부를 요구하고 자연 상태의 불편함을 극복하려고 하고, 자기 보존이 타인의 이해와 대립하는 지점에서 그는 자기 이해와 일반이해가 갈등 관계에 있는 것으로 본다. 그러나 니부어의 평가에서 로크는 자유방임주의에 관련되고, 자유방임주의 안에 진정한 보편주의가 존재한다는 것은 논의의 여지가 있다. 자본주의는 "세계 공동체를 설정하려고 하며, 모든 개별국가의 자연적 조화를 추구하려고 한다."6

그러나 니부어와는 달리 자본주의와 자유방임주의 원리는 세계를 식민지화하지 않았나? 니부어는 애덤 스미스를 자유방임주의의 옹호자로 유보 없이 말하고, 로크는 보편적인 도덕적 의미에 대해 심오한 표현을 하지 못했다고 비판한다. 니부어의 평가와는 달리, 로크의 도덕 원리는 개인의 자유와 소유권에 기초하며, 사회계약을 통해 보존과 정의를 위해 시민사회를 요구한다. 로크의 보편적인 의무는 헌법에 근거하며, 자연 상태는 자연법에 의해 구속된다. 하나님의 법은 모든 인류의 마음에 기입되어 있다. 하나님의 법은 시민 헌법에서 차단되어서는 안 된다. 전쟁상태를 피하려고 우리는 자연 상태에서 벗어나며 시민사회를 시민의 보편적 승인을 통해 형성한다. 이러한 시민적 승인안에는 사회계약과 국민주권 그리고 연대원리가 보편적으로 담겨 있다. 합법적인 시민사회에서 선한 법은 자유와 도덕을 신장시킨다. 로크의 재산권 방어는 공공복지 시스템의 차원을 옹호한다. 로크의 하나님 소유개념은 사회의 공공선을 위해 가난한 자들을 보호한다.7 이것은 자유방임주의 자본주의와는 다르

---

6 *Ibid.*

며, 리버테리언 원리와도 상반된다.

다른 한편 니부어는 자기 이해와 사회의 일치를 시도하는 것이 리버럴 민주주의에서 가능할 수 있으며 이것이 파시스트 정치에 저항한다는 것을 인정한다. 권력의지는 집단적인 형식을 무제한의 야망과 제국주의 열망으로 변형시킨다. 기술 문명은 권력의지를 허무주의적으로 무장시키는 수단이 되며 파괴력을 가진다. 파시즘의 정치 현상은 리버럴 민주주의에 대한 역사적 거절을 대변하며 또한 18세기와 19세기의 개인의 삶에 대한 철학적 개념을 반박한다.[8]

니부어는 로마 가톨릭의 입장에 대한 정치적 현실주의를 비판하는데, 왜냐하면 가톨릭은 나치즘이 르네상스와 종교개혁으로부터 출현한 도덕적 냉소주의의 최종의 단계라고 비난한다. 그러나 니부어는 나치의 외교정책과 선전으로 노동자들을 결속하고, 공산주의와 투쟁하는 데서 특권층들과 연합하려고 했다. 이러한 전술에서 나치의 야만주의는 민주주의 문명에 승리를 거두었다.[9] 빛의 자녀들의 리버럴 교리—자유, 민주주의, 개인주의—는 패배 당하고 파시즘의 정치에 의해 남용된다.

그러나 니부어의 분석에서 간과된 것은 칼 슈미트가 토마스 홉스의 리바이어던을 나치의 통제국가론을 위해 오용한 사실이다. 또한, 스펜서의 사회진화론은 반유대주의를 위해 나치 인종 이데올로기에 통합된다. 어쨌든 니부어는 가톨릭의 테제—나치 집단주의와 르

---

7 Locke, *First Treatise*, art. 42.

8 Niebuhr, "The Children of Light and The Children of Darkness," in *The Essential Reinhold Niebuhr*, 172.

9 *Ibid.*, 164, footnote 1

네상스 그리고 종교개혁—에 반박하고, 근대 세속주의는 개인과 공동체의 유기적 관계를 파괴하기 위하여 자기 이해와 과도한 소유 개인주의를 합리화할 의도가 없었다고 주장한다. 반면에 니부어는 민주주의 문명의 저변에 깔린 사회 이상주의를 옹호한다. 이러한 사회이념은 도덕적 믿음에 근거가 되고 자기 이해와 일반복지의 관계를 조화롭게 하려고 시도한다.[10]

리버럴 민주주의 교리는 지나친 낙관주의로 인해 어두운 세력에 대한 맹목성에 취약하다. 민주적인 문명은 보존되어야 하며, 사회에서 자기 이해의 힘을 이해하기 위해 뱀과 같은 지혜를 필요로 한다. 그러나 비둘기 같은 순진함은 여전히 유지되어야 하며, 자기 권력의 악덕으로부터 자유로워야 하며 이것을 도덕적으로 정당화해서는 안 된다.[11]

기독교 현실주의와 민주주의 사회

니부어의 갈등 모델은 민주주의 전통에서 움직이며, 아우구스티누스의 원죄 개념과 철학의 역사에 근거한다. 니부어는 민주주의 이론에서 오류를 극복하려고 했고, 이것은 민주주의 삶 안에 있는 진정한 것을 통해 오류를 수정하는 것이다. 이것은 니부어에게서 내재적 비판의 요소가 되며, 민주주의의 원리인 자유, 정의, 국민주권 그리고 연대를 역사 발전과정에서 잘못 진행된 민주주의의 한계

---

10 *Ibid.*, 164.
11 *Ibid.*, 181.

를 바로 잡으려고 한다. 그러므로 기독교 종말론은 보다 중요한 정치적 의미가 있다. 왜냐하면, 종말론은 역사에서 도덕적 목적이 직면한 좌절을 넘어설 수 있도록 고귀한 도덕성과 영감과 위로를 주기 때문이다.12

세속적인 근대문명이나 기독교에 대한 도덕주의적 해석은 더 이상 용서와 칭의의 은총에서 의미를 발견하지 못한다. 기독교는 사랑의 법에서 도덕적인 활동을 통해 인간 존재의 현실을 측정하지만, 현실적인 죄에 대한 매우 진지한 고려를 도외시하지 않는다. 용서와 칭의의 교리에서 죄의 현실은 인간 역사의 영구 요소로 충분히 고려되며, 이러한 신학적 관점은 유토피아적 환상에 엄격하게 저항한다.13 여기서 니부어는 리버럴 민주주의보다는 더 현실주의적인 윤곽을 통해 민주주의를 정당화하려고 한다. 따라서 그는 인간의 본성과 역사에 대한 과도한 낙관주의를 옹호하는 민주주의적 교리에 거리감을 취한다. 이것은 민주주의적인 사회와 삶에 위험의 요소가 된다. 그러나 지속된 염세주의(만인 대 만인의 투쟁)는 홉스의 정치적인 절대주의 주권론으로 귀결되고 전제주의 국가를 야기한다. 국가의 무책임 하고 무조건적인 권력은 불의와 부패의 근원이 되는데, 독일의 인종 사회주의에서 가장 큰 위험으로 드러난다.

니부어에게 민주주의 사회는 지나친 낙관주의나 지나친 비관주의에 노출될 수가 있다. 이러한 딜레마를 극복하기 위해 니부어는 보다 현실주의적 철학과 종교적 기반을 요구하며, 근대 민주주의를

---

12 Niebuhr, *Reflections on the End of an Era*, 280.
13 "Why the Christian Church Is Not Pacifist," in *The Essential Reinhold Niebuhr*, 103.

제안하려고 한다. 이상적 민주주의적 질서는 소유권과 법적인 투표 제도 그리고 인권을 통해 자유의 조건 안에서 일치를 추구한다. 니부어는 공동체적인 사회질서의 틀에서 자유를 유지하려고 한다. 니부어의 민주주의 견해는 과도한 소유 개인주의나 부르주아 세계관을 대변하는 리버테리안 주의와는 다르다.[14]

비판적 반성

니부어의 기독교 현실주의는 공공신학을 리버럴 민주주의 도덕 정치 전통과 사회주의 이론 사이에서 제3의 길을 모색하게 도와준다. 니부어의 현실주의 입장은 공공신학을 기독교 고전신학(아우구스티누스와 프로테스탄트 종교개혁)과 사회 정치적 이슈에 매개하게 한다. 이것은 내재적 비판의 중요성을 강화하고, 은총, 죄 그리고 자유에 대한 신학적 통찰을 탐구한다.

그것은 근원의 잠재성(자유, 민주주의, 연대의 원리)을 역사적 진행과정에서 드러나는 갭들을 극복하는 비판적 지렛대로 사용한다. 그러나 1950년대 중반에 들어오면서 니부어는 에드먼드 버크(Edmund Burke, 1729-1797)의 보수주의 철학에 경도된다.[15]

그러나 코넬 웨스트(Cornel West)는 니부어에게 미친 버크의 영향을 공격했고, 니부어의 사회개혁에 대한 무관심을 문제시했다. 버크가 니부어에게 준 영향은 그의 아우구스티누스적인 현실주의의 틀

---

14 "The children of Light and the Children of Darkness," *ibid.*, 163-164.
15 Niebuhr, *The Self and the Dreams of History*, 163-182.

에서 볼 필요가 있다. 사회개혁을 위한 엘리트들의 자기 위선과 도덕 불감증에 대한 죄를 니부어는 정확히 보고 있었다.[16] 그렇다면 니부어는 굳이 버크가 아니라 칸트에서 도덕적 비판을 찾는 것이 훨씬 더 낫지 않았나? 그렇다고 해서 니부어를 에드먼드 버크를 추종하는 현대의 신보수주의자로, 또는 이데올로기적인 혼란에 빠진 사람으로 비난할 이유도 없다. 그는 정치 신학자나 해방 신학자가 아니라 아우구스티누스적인 의미에서 인간 죄의 현실에 대해서 사실주의적으로 접근하는 사람이고 개혁을 위해 근대의 자유주의와 정치이론을 비판적으로 분석한다. 또 마르크스주의 이론에도 나름의 정당한 비판적으로 평가했다.

니부어는 1차 세계 대전에 미국이 참전해야 한다고 주장했고, 1920년대 사회복음 운동에 가담했으며, 사회주의를 포용했다. 1930년대 마르크스주의를 사실주의적으로 평가하면서 평화주의를 포기했고, 미국이 독일의 파시즘과 투쟁할 것을 주장했다. 1940년대 후반 민주당에 냉전을 옹호했지만 60년대 베트남 전쟁에 반대했다. 니부어는 결코 도덕적 이상주의가 아니었고, 인간 죄의 한계와 복음의 용서를 늘 고려했다. 그는 현실주의자였고, 이런 틀에서 사회복음이나 종교사회주의가 하려는 사회개혁, 정의, 민주주의에 헌신했다.

니부어는 아우구스티누스에 근거하여 사랑, 정의 그리고 민주주의를 증진한 중심적인 인물이었다. 그러나 그는 인종 문제에 불충분한 고려를 했다고 날카롭게 비판 당했다. 제임스 콘에 의하면, 니부

---

16 Gary Dorrien (May 9, 2017), "Irony repeats itself: Reconsidering Reinhold Niebuhr in the Trump Era."

어의 현실주의는 자기 이해와 권력 분석에서 출발한다. 이것은 바르트의 하나님 말씀의 신학과는 다르다. 니부어의 입장을 특징짓는 것은 십자가를 모든 가치의 전도(니체)로 파악하는 것이다. 하나님의 사랑과 자비는 예수 그리스도의 십자가에서 찾아지며, 십자가는 역사 자체의 중심 열쇠가 된다.[17] 그러나 콘은 니부어가 인종 문제에 대해 복합적인 태도를 견지한다고 주장한다. 물론 인종 문제는 니부어의 주요한 관심사인 것은 사실이다. 콘은 디트리히 본회퍼가 뉴욕의 유니온신학교 시절(1930-1931) 흑인문제에 관심이 있었음에 주목한다.[18]

니부어는 미국의 식민주의와 제국주의에서 세계사를 위한 하나님의 선택된 백성을 보기도 했다. "사랑은 모티브이며 정의는 도구다"[19] —이러한 기본테제는 저명한 흑인 지성인 제임스 볼드윈(James Baldwin)과의 대화에서 니부어가 한 말이다. 니부어의 인종 정의에 대한 날카로운 비판에도 불구하고, 콘은 니부어의 정치현실주의의 중요성. 특히 도덕적 인간과 비도덕한 사회에서 표현되는 인종 문제를 도외시하지 않는다. 콘은 계급과 인종의 관계에서 드러나는 니부어의 입장에 수긍한다. "…미국의 백인은 이들이 강요되지 않는 한, 니그로에게 평등의 권리를 허락하지 않을 것이다. 이런 점에서 우리는 모든 역사가 정당화하는 교조주의를 말할 수 있다"[20]

인종 문제는 자본주의 원리와 유럽 기독교의 식민주의 그리고

---

17 Cone, *The Cross and the Lynching Tree*, 35.

18 *Ibid.*, 41-42.

19 *Ibid.*, 53.

20 Cited in *ibid.*, 58; Niebuhr, *Moral Man and Immoral Society*, 253.

노예제도를 분석하지 않고는 말하기가 어렵다. 니부어는 칸트의 코스모폴리탄 원리와 영구평화론에 의심을 표시하면서, 다음처럼 말한다.

> 세계의 평화는… 갈등에 의해 얻어져야 한다. 그러므로 그것은 완전한 평화가 될 수가 없다.[21]

니부어의 평가에 의하면 정치적 도덕은 칸트와 스토아 원리의 합리주의 틀에서 사랑보다는 의무를 고려한다. 니부어는 정치 도덕을 종교 도덕과 극단적인 대립에 설정하고, 도덕의 합리주의나 의무 윤리는 사심 없는 종교의 윤리와 달리 공리주의로 간다고 진단한다.[22] 그러나 니부어의 예견과는 달리 칸트는 공리주의 윤리의 적대자였고, 그의 코스모폴리탄 원리는 스토아주의와 진화론적인 틀에서 여전히 성서적인 영향을 받고 있다. 정치적 성화의 의미에서, 칸트는 급진적인 악의 현실을 극복하려 했고 식민주의와 노예제도를 비판한다.

니부어는 소유 개인주의와 마르크스주의 집단주의 위험성을 극복하려고 한다. 민주주의에 대한 그의 현실주의 입장은 다음의 문장에서 잘 표현된다: "정의를 위한 인간의 능력은 민주주의를 가능하게 만들었다. 그러나 부정의를 향한 인간의 성향은 민주주의를 필요한 것으로 만든다."[23] 니부어는 인간의 부정의를 향한 성향에서 비판

---

21 Niebuhr, *Moral Man and Immoral Society*, 256.

22 *Ibid.*, 259.

23 *Ibid.*, 160.

적이지만 하나님 은총의 수여자로서 인간의 정의와 선을 향한 능력에 관해 낙관적이었다. 사회주의 독재에 대한 비판에도 불구하고 니부어는 빛의 자녀란 관점에서 마르크스에 대한 민주주의적인 해석을 가했다. 그것은 종교사회주의 전통에 서 있는 틸리히와 바르트와 유사점을 가진다.

V. 종교사회주의 원리

우리는 라인홀드 니부어의 공공신학을 기독교 정치현실주의 틀에서 그의 리버럴 민주주의와 사회주의와의 논쟁을 검토했다. 니부어는 1918년 혁명에서 독일의 사회주의자들은 개혁정치에서 예외가 아니었고, 오히려 이들은 민주 공화제를 비사회주의 정당들과 합력하여 발전시키려고 했다고 분석한다.[1] 니부어는 제1차 세계 대전 직전 장 조레(J. Jaures)의 암살을 충격적인 비극으로 아쉬워했다. 그러한 비극은 인테내셔널 사회주의가 민족주의적 히스테리로 물들어진 1차 세계 대전에 투쟁하지 못하게 했다.[2]

장 조레스(1859-1914)는 프랑스 사회주의자로서 칸트의 도덕철학에 긍정하고 루소의 공화주의를 포기하지 않았다. 그의 사회주의는 프랑스 혁명의 전통에 기초하며 공화제 이념을 부정하지 않고, 민주주의를 경제적 영역으로 확대시키려고 했다. 그의 사회주의는 단순히 노동계급에 국한되지 않고 인류의 도덕적 영적 가치에 속한다. 1차 세계 대전에 대한 그의 반군국적 태도로 인해 극우파에 의해 암살당했다. 어쨌든 필리프 샤이데만(Philip Scheidemann)은 독일 사

---

1 *Ibid.*, 204.
2 *Ibid.*, 226.

회주의 지도자였지만 독일 제국의 전쟁야망에 굴복했다. 니부어의 분석에 의하면, 민족주의자들의 충동은 모든 정치 지도자들의 영혼을 휘어잡고, 이들의 손이 국가의 운명을 결정짓게 했다.[3]

러시아에서 일어난 1917년 10월 혁명은 독일 전역을 휩쓸었고, 킬(Kiel)의 수병들의 반란을 통해 1918년 11월에 뮌헨에서 샤이데만은 공화국을 선포했다. 러시아 혁명과 1918년 독일혁명에 대한 니부어의 평가는 바르트가 자펜빌에서 목회하면서 사회주의 정당에 가입하고 로마서 주석 1판에서 전개하던 정치적 입장과 유사점을 가진다. 바르트의 초기 변증법적 신학은 급진적 정치 상황의 소용돌이에서 태동하였고, 제1차 세계 대전에 대한 그의 저항에 맞물려 있다. 바르트는 종교사회주의 안에서 활동했지만, 신학적으로 그는 블룸하르트 부자(Blumhardts)와 헤르만 쿠터(Hermann Kutter)와 가까웠고, 레온하르트 라가츠(Leonhard Ragaz)의 자유주의 신학과는 날카로운 긴장 관계에 있었다.

틸리히는 신학과 사회주의 관계를 갱신하기 위해 깊은 이론적 연구를 했고, 그의 사회주의 원리는 초기 마르크스의 저작을 실존주의적 휴머니즘의 틀에서 파악한다. 바르트와 틸리히는 신학과 사회주의에 대한 이들의 독특한 접근을 통해 그 차이와 공통점을 드러낸다.

민주주의와 종교사회주의

1차 세계 대전은 바르트 신학의 전환점이 된다. 독일의 스승들이

---

3 *Ibid.*, 229.

전쟁을 지지하고 사회민주주의는 여기에 가담한다. 이것은 바르트에게 쓰디쓴 절망으로 다가왔다. 바르트는 자펜빌의 목회에서 여전히 1918년 스위스의 일반 파업의 정치 사회적 상황에 관여하고 있었다. 그는 레닌의 혁명이론과 비판적인 논의를 통해 스위스 사회주의 정당에서 활동하고 있었다. 바르트는 하나님의 의로운 혁명은 보다 많은 사회정의와 민주주의를 지적한다고 주장한다. 그의 하나님 혁명이론은 종교사회주의 서클에서 활발하게 논의되던 주제였고, 그것은 정치적 절대주의와 계급독재에 저항하고 윤리적 기준과 사회적 약자를 위한 연대적 태도를 취했다. 바르트는 레닌의『국가와 혁명』에서 드러나는 전위당과 계급독재에 날카로운 거리를 취하고, 로마서 주석 1판에서 하나님의 혁명을 고려하면서 "레닌주의 이상으로!" 가려고 했다.4

바르트와 마찬가지로 틸리히는 1차 세계 대전 이후 1918년 독일 혁명에 영향을 받으면서 종교사회주의 운동에 관여했다. 크리스토프 블룸하르트(Christoph Blumhardt, 1842-1919)는 비르템베르크 의회에서 사회주의당에 가담했지만, 그의 영향은 스위스와는 달리 독일 교회에서 미미한 것이었다. 블룸하르트는 스위스에서 헤르만 쿠터, 레온 하르트 라가츠 그리고 칼 바르트에게 직접적인 영향을 미쳤다.

전쟁 위기와 혁명을 보면서 틸리히는 팸플릿에 다음과 같은 말을 쓴다: "기독교와 교회를 대표하는 자들은 사회주의 토양 위에서 사회운동에 가담하며, 이것은 미래의 기독교와 사회주의 사회 질서의 연합을 위해 길을 열어놓을 것이다"5 틸리히는 노동자와 사회운동

---

4 정승훈,『바르트와 동시대성의 신학』, 163.

그룹과 접촉했고, 군국주의, 민족주의 그리고 자본주의를 비판했다. 세계 대전과 혁명을 통해 세계는 카이로스를 경험하고 새로운 방향으로 전환되었다. 이러한 카이로스적 상황은 기독교와 경제정의의 새로운 종합을 위한 새로운 출발을 제공한다. 1918년 11월 혁명 이후 독일연방 제헌 군주제는 민주의회 공화국(바이마르 공화국)으로 대체되었다. 틸리히는 다른 기독교인 동료들과 함께 전쟁을 비판하고 사회주의를 옹호했다. 틸리히는 말한다: "사회주의는 경제와 사회적 토대를 구성할 것이다. 기독교는 이러한 발전에 도덕적, 종교적 힘을 부여할 과제 앞에 서 있다. 이것은 종교와 사회구조의 위대한 새로운 종합을 시작하는 것이다."[6]

틸리히가 프랑크푸르트 대학의 철학 교수로 임명되었을 때, 그는 비판이론의 거두인 막스 호르크하이머(Max Horkheimer)를 사회철학의 교수 자리에 임명하는 것을 도왔다. 호르크하이머는 사회 리서치 연구소 원장으로 취임했다. 틸리히는 헤겔-마르크스 변증법에 관심했고, 이러한 변증법의 사회이론을 프랑크푸르트학파의 비판이론가들과 공유했다. 초기 마르크스가 피리에서 쓴 『1844년 경제 철학 초고』는 1932년 출간되었다. 초기 마르크스의 철학에서 틸리히는 사회주의 원리를 신학적으로 가다듬고, 그의 중요한 저작인『사회주의 결단』(Socialist Decision)에서 실제적인 마르크스의 모습을 이데올로기화된 마르크스로부터 분리했다. 마르크스의 변증법 개념은 필연성의 영역(해방되지 않은 사회경제 구조)과 자유의 영역(사회주의 사회)

---

5 Tillich, *The Socialist Decision*, xii.

6 *Ibid*., xiii, xix.

V. 종교사회주의 원리 | 559

을 결합하며, 마르크스는 세속적인 예언자이며 실존주의자로 파악된다.[7]

틸리히에 의하면, 원리개념은 역동성(*dynamis*) 즉 역사적 실제의 능력을 의미한다. 이것은 사회적 현실을 판단하고 새로운 사회적 가능성을 위한 비판적인 기능을 가진다. 이데올로기 개념과는 달리, 원리는 사회적 현실의 힘이며, 변증법적으로 파악되는 개념이며 사회를 기술한다. 예를 들면 개신교 원리는 말씀 앞에서 결단의 전제에 기초하며, 이러한 관점은 개신교의 전체역사를 비판적으로 파악한다. 사회주의는 사회주의 원리에 의해서만 파악되며, 이것은 사회주의적 결단을 통해서 가능하다. 사회주의 원리는 내재적 비판의 근거로서 사회주의적 현실 또는 프롤레타리아 상황을 비판적으로 분석하면서 해석한다.[8]

마르크스 인간주의를 고려할 때, 틸리히는 기독교 신앙을 예언자적이며 종말론적 상징인 하나님의 나라와 관련지어 다룬다. 틸리히의 희망의 신학은 예언자적 기대에 근거하며 사회주의 운동의 정치적 중요성과 방향에 부합된다. "악마화된 사회에 저항하고 의미 있는 사회를 위한 투쟁에서 종교사회주의는 하나님 나라의 기대를 위해 필요한 표현을 분별한다… 이것은 사회주의 변증법의 일치, 또는 [종말적인] 기대와 [도래할 것에 대한] 요구의 일치를 개념적인 일치로 간주한다. 동시에 이러한 개념적 일치는 기독교 종말론 긴장의 구체적이며 동시대적인 변혁에서 드러난다."[9]

---

7 *Ibid.*, xxxiv.

8 *Ibid.*, 10.

9 *Ibid.*, 50.

기독교의 종말론적 비전은 틸리히로 하여금 마르크스의 프롤레타리아 독재개념을 비판적으로 다루게 한다. 계급 투쟁과 프롤레타리아 독재를 논의할 때 마르크스는 계급투쟁은 필연적으로 프롤레타리아 독재로 이어진다고 주장한다. 그것은 모든 계급을 철폐하고 계급 없는 사회로 이행하는 과정에서 구성된다.[10]

프랑스의 계급투쟁(1848)을 분석할 때, 마르크스는 프롤레타리아 계급독재를 이행기에 잠정적으로 필요한 개념으로 간주한다. 혁명의 영구성은 필요한 절차이며, 점차 계급 차이를 제거하며 최종적으로 모든 사회관계 제거로 나간다.[11] 마르크스는 탈중심적인 민주주의 정부를 적극적으로 평가했고, 노동자 독재개념을 계급 없는 사회를 향해 점진적이며 영구적인 개혁운동으로 고려했다. 마르크스의 노동자 독재개념은 경험적으로 파리 코뮌(1871)을 의미하고, 노동자 계급은 두 달간 정치 권력을 장악했다. 이것은 노동자계급의 대변 정부로 인정되었고 행정과 입법부의 역할을 한 노동자계급 정부였다. 이것은 실제로 민주주의 제도에 기초했고, 의회민주주의와는 달랐다. 그러나 마르크스는 "노동계급이 이미 기존의 국가기구들을 장악하지 못했고 자신들의 목적을 위해 사용하지 못했다"라고 한탄했다.[12]

틸리히에 의하면 사회주의는 민주주의 전제와 부르주아 원리를 계급독재의 상징개념에 종속시키지만, 이 개념은 매우 모호하다. 독재는 노동자를 혁명적으로 기존의 권력 구조와 계급지배로 고양하

---

10 Marx, "Letters 1848-1857," in *Karl Marx Selected Writings*, 341.

11 Marx, "The Class Struggle in France," *ibid*., 296.

12 Marx, "The Civil War in France," *ibid*., 539.

는 것인데, 만일 이것이 민주주의적 자리에서 일어난다면, 독재에 대한 국민의 종속은 제한된 시간을 위해서만 자유로운 선택이 될 수 있다. 독재자는 민주주의적인 방식으로 제정되고 제거될 수 있다.

그러나 혁명의 승리 이후에 프롤레타리아 정부는 민주주의에 종속되지 않는다. 오히려 민주주의가 정부에 예속된다. 애매한 것은 전체 프롤레타리아는 독재를 행사할 수가 없다. 왜냐하면, 권력은 오로지 권력 엘리트들 즉 정치적 대변 기구나 당을 통해서 유지되기 때문이다. 독재에 대한 개념적 애매함은 계급투쟁에서 지배를 공고히 하기 위해 민주주의 원리를 단죄하게 된다. 노동자 독재개념은 현재와 미래의 심각한 갈등을 사회주의에 도입된다. 틸리히의 질문은 다음과 같다. "사회주의가 부르주아 [민주주의] 원리를 파괴하면서 동시에 그것을 성취할 수 있는가?"13

마르크스 독재개념의 한계를 비판하면서 틸리히는 사회주의가 특수한 측면과 보편적인 측면을 포함해야 한다고 주장한다. 보편적 측면은 사회주의를 일반적인 윤리와 정치이념으로 만들며, 반면 사회주의 특수성은 억압받는 계급의 증오로 환원된다. 여기서 틸리히는 사회주의를 보편과 특수의 변증법적 상호작용으로 파악하는데,14 계급독재 개념은 정치 윤리적 개념으로 파악될 경우, 이것은 혁명 이후 부르주아 계급에 대한 억압을 포함하지 않는다. 혁명 이후 일반선거를 통해 평화로운 사회주의 정부 이양과 더불어 계급독재는 철폐되고 자유롭고 평등한 개인들의 결사로 나가야 한다. 이러한

---

13 Tillich, *The Socialist Decision*, 61.
14 *Ibid.*

틸리히의 보편적 차원은 마르크스가 파리 코뮌에서 직접 민주적인 형식의 사회주의 공화정부에서 본 것과 맥락을 같이한다.

틸리히에 의하면 프롤레타리아는 경험적인 개념이 아니라, 이념형으로 분류되며, 오히려 이것은 계급으로 형성된 실존적인 개념이다. 노동자 모두가 혁명적 의식을 가진 프롤레타리아가 되는 것은 아니다. 또 이것은 프롤레타리아 투쟁이나 사회주의 투쟁 내부에서 각인된 논쟁적인 개념이다. 그러나 계급 없는 사회 안에서 보편적 차원—자유롭고 평등한 개인들의 결사—은 프롤레타리아의 특수한 계급의 형식과 이해를 초월한다. 틸리히는 프롤레타리아 연대의 배경에 기독교 휴머니즘이 있고, 더 나아가 그리스 휴머니즘과 구약의 예언자 주의로 고취되어 있다고 본다.

틸리히의 견해에 따르면, 사회주의의 보편적이며 특수한 차원은 역사적인 발전에서 변증법적으로 관련되며, 노동자 안에서 계급분화와 차이는 공산주의, 노동조합 또는 사회민주주의 깃발 아래서 사회주의적 신념과 조화는 약화 된다.[15] 민주주의는 독재와 충돌하며, 보편적 차원(평등과 민주주의)은 계급의 특수한 측면(계급이해와 특권)과 화해가 되지 않는다. 사실 프롤레타리아 독재는 무제한적 권력과 강제력에 기반 되며, 권위는 정치조직에서 일당 독재를 통한 권력 엘리트들에 의해 대변된다. 프롤레타리아는 리바이어던과 같은 통제국가에 갇혀 버리고, 사회주의 국가는 불멸의 신처럼 나타나고 소멸하지 않는다. 사회주의 국가에서 일당 독재는 결국 노동자에 대한 지배와 강제력으로 끝난다.

---

15 *Ibid.*, 77.

역사 유물론

니부어는 엥겔스의 상호성 이론을 통해 역사 유물론에 대해 날카롭게 분석했다. 이데올로기적 영역들, 심지어 종교적 신념체계는 경제적인 토대에 영향을 미친다. 상품의 물신숭배는 생산력의 영역에서 나타나지 않는다. 그것은 생산 관계의 합리적 조직에 기초하며, 사회 분배와 전문화 그리고 기술적인 개선을 통해 강화된다.

사실 틸리히는 마르크스주의 콘텍스트에서 역사 유물론적 방법을 개념화한다. 프롤레타리아 운동은 사회주의적 자기의식을 얻는데, 역사에 대한 유물론적 해석은 변증법적인 틀 안에서 설정된다. 이것은 주어진 사회 경제적 상황에 구속된다. 이것은 논쟁적인 개념이며, 이념주의적 해석에 대립하며, 반면 역사 과정과 발전에 대한 실제적인 원인을 제공한다.

마르크스에 의하면, 자본주의 경제는 이러한 경제 체제를 이끌어 가는 담지자들의 지식과 의도와는 반대 방향으로 발전된다. 산업, 기술적 진보, 재정집중은 경쟁과 축적의 자본주의적 체제에 봉사한다. 그러나 이것은 위기와 재난으로 내몰리며, 간접적으로 자본주의 붕괴를 야기하는데 프롤레타리아는 이러한 체제의 무덤을 파는 자가 된다. 계급 없는 사회를 위해 역사적 이행이 나타나며, 이것은 필연의 영역에서 자유의 영역으로 이행을 말하는데, 자유는 필연성을 대신한다.[16]

역사적 변증법은 프롤레타리아 투쟁을 위해 유토피아에 대한 확

---

16 Tillich, *The Socialist Decision*, 119-120.

신을 제공하며, 이 변증법은 자본주의 붕괴를 계산될 수 있다고 예측한다. 그러나 이것은 환멸과 실망의 근거가 된다. 변증법적 필연성에서 역사 변증법은 프롤레타리아와 연관에서 사회주의 증명을 위한 출발점이 된다.[17] 그러나 틸리히의 설명에 의하면, 역사는 계산될 수 없다. 왜냐하면, 역사는 객관적 실제이며, 경제 법칙의 분석을 통해 독해될 수가 없다. "신정론으로서 보편사는 존재하지 않는다. 이것은 '당위'가 성공적으로 '존재'로 변형되는 것을 입증할 수 없다."[18]

유물론적 방법은 상부구조와 하부구조의 관계에 기초하며, 상부구조에 속하는 다른 인간적인 기능들에 대해 경제적 영역의 우위성을 강조한다. 경제적 과정은 역사의 진행 과정에서 기본적인 요소로 간주 된다. 이것은 모든 문화와 종교를 이데올로기 형식으로 비판한다. 이러한 경제 환원주의에 대립하여 틸리히는 초기 마르크스의 입장을 만회하고, 인과 관계의 기계론적인 입장에 대립시킨다. 경제 활동은 인간의 모든 측면과 관련되어 검토되며, 존재와 의식의 변증법적 관계에 대한 강조가 주어진다. 이것은 거울과 같은 인간의 의식에 물질이 반영되는 것과는 다르다. 오히려 사회적 존재는 사회적 의식과 분리될 때, 무의미하고 텅 빈 개념이 된다. 사회적 존재는 의식에 관련되며, 사회적 의식과 사회적 존재는 상호 영향 아래 있다.

틸리히의 입장은 마르크스의 유물론적 방법이 반영이론과는 무관한 것임을 밝힌다. 레닌의 반영이론에 의하면, 외부 물질의 세계는 인간의 지각이나 의식에 반영되거나 아니면 조응한다. 물질이 원초

---

17 *Ibid.*, 124.

18 *Ibid.*, 122.

적 사실이며, 모든 존재하는 것의 본질이다. 모든 현상의 시작이며 원인이다. 경험은 외부의 시계가 인간의 마음에 반영되는 것이다. 이런 측면에서, 레닌은 변증법적 유물론을 반영이론을 기초로 발전시켰다. 『유물론과 경험비판』(*Materialism and Empiriocriticism*)에서 레닌은 다음처럼 말한다. "물질은 ―객관적인 실제를 기술하는― 철학의 카테고리이다. 객관적인 실제는 감각에 의해 인간에게 주어진다. 이것은 감각에 의해 복사가 되며, 반영되고, 사진이 찍힌다. 물론 [외부 물질의 세계는] 감각과는 독립하여 존재한다."[19]

이것은 엥겔스를 추종하는 레닌의 입장이다. 진리는 외부의 세계에 일치하거나 반영에서 찾아진다. 이러한 인과 관계의 진리를 판단하고 검증하는 것은 실천이다. 스탈린은 레닌에게서 이론의 중요성을 강조하고, 레닌의 반영이론을 엥겔스의 자연의 변증법과 유물론의 유례없는 발견을 소비에트 철학의 과제로 발전시켰다.[20]

그러나 틸리히에 의하면 반영이론은 이데올로기비판의 차원이나 변증법의 역사적 발전과 전개 과정을 파악할 수가 없다. 마르크스의 역사 유물론에서 중요한 것은 과학기술적 합리성(생산 양식)이며, 이러한 합리성을 기초로 발전하는 사회의 전문화와 분화 또는 사회의 총체적 시스템은 반영이론의 영역으로 들어오지 않는다. 사회의 지배체제에 의해 인간의 의식이 복사되고 반영된다면, 노동자계급의 해방의식은 불가능하다.

유물론적 접근은 특수한 허위의식 또는 이데올로기적 요소가 어

---

19 Cited in Kolakowski, *Main Currents of Maexism*, 2. 454.
20 Stalin, *The Foundations of Leninism*, 23.

느 정도로 특별한 사회적 상황에서 출현하는지 관심한다. 기존의 개념과 새로운 역사적 현실에 대한 상징 사이에 균열이 생겨난다. 허위의식은 낡은 사회 구조에 근거하며, 새로운 구조에 의해 파괴되어야 한다. 사회질서에 깔려 있는 구조는 진정한 의식인지 아니면 허위의식인지 판단하는 데 규범적인 역할을 한다. 이데올로기는 허위의식이며, 의식에 조응하는 실제 구조는 존재하지 않는다. 개념과 상징이 부르주아 사회체제에 부역하기 위해 이용되고, 프롤레타리아의 현실적 상황을 애매하게 하는 이데올로기적 기능을 할 때, 상징세계는 비로소 이데올로기적으로 된다. 틸리히에 따르면, "계급 상황에 대한 폭로야말로 마르크스주의 이데올로기 이론의 가장 중요하고 효과적인 성취다."[21]

주인 없는 세력들과 사회주의 결단

바르트는 틸리히의 역사유물론에 대한 해석에 동감한다. 틸리히는 사적유물론이 역사와 사회에서 인과율을 통해 계급 없는 사회를 위한 필연성을 산출하는 과학적인 법칙으로 보지 않는다. 바르트 또한 사적유물론을 과학적 방법으로 간주한다. 이것은 노동자계급의 경제적 영역을 파악하며 또한 계급의 해방을 위해 정치, 사회 문화의 영역들에서 드러나는 우발적인 것들―상부구조의 형식들은 영원한 것이 아니다―을 탐구하는 것으로 본다. 사적유물론은 역사와 사회에 대한 산출과 기대를 기초로 계산 법칙으로 산출하는 것이 아니

---

21 Tillich, *The Socialist Decision*, 118.

다. 오히려 이것은 계급 투쟁의 역사를 고려하면서 이전 역사 과정에 대한 비판을 수행한다. 역사는 생산의 새로운 위기로 내몰리며 대중과 노동자들의 빈곤화를 통해 혁명적인 파국을 초래한다.

사적유물론은 노동자계급을 경제 현실에 대한 비판의 중요성을 인식하게 하고, 지배계급에 저항하여 노동자계급 간의 정치적 연대로 고취한다. 노동자계급은 정치 권력을 쥐어야 하고 계급 없는 사회로 이행하는데 독재 권력을 구축한다. 마르크스가 최고선으로 고취한 사회주의 희망이나 종말론은 더 이상 착취 없는 사회주의 국가를 건설하는 것이다. [22]

바르트에 의하면, 교회는 지배계급의 편에 섰고, 신앙은 마르크스주의로부터 '자본주의 유물'로 단죄되었다.[23]

물론 바르트는 마르크스 이론의 한계를 간과하지 않았고, 당대 현실 사회주의에서 빚어지는 독재, 불의 그리고 재난들에 주목한다. 마르크스주의를 넘어서기 위해 바르트는 루소의 정치이론에 관심하며, 포이어바흐의 종교비판을 그의 정치 신학과 종말론에 통합시킨다. 바르트는 『기독교 공동체와 시민공동체』(1946)에서 시민사회에 대한 교회의 공공성을 해명하면서 민주주의와 사회정의를 루소의 사회계약론을 통해 가난한 자들의 삶을 보호할 것을 요구한다. 루소에 대한 바르트의 공감은 29테제에 잘 나타난다: "우리는 누군가가 루소를 회상한다면 불평하지 않는다… 우리는 [루소와의] 친화력을 수치스러워할 필요가 없다."[24]

---

22 CD III/2: 387-388.

23 *Ibid.*, 389.

24 Barth, "The Christian Community and the Civil Community," in *Karl Barth:*

바르트의 관심은 하나님의 나라를 위하여 교회와 국가의 정치적 공동 책임성을 강조하지만, 단순히 교회를 이상화하지 않는다. 공동 책임은 사회정의를 위한 교회의 제자직에 기초한다. 하나님의 정치 또는 하나님의 활동적인 은총은 지상의 상대적인 국가의 형식과 활동에서 반영되어야 한다.[25] 바르트는 정의로운 국가에 대한 기독교의 교리를 추구하려고 하지 않는다. 그의 관심은 "아직 구원되지 않은 세계"(바르멘선언 테제 5) 안에서 하나님 나라의 외적이며 상대적인 구현에 있다.[26]

바르트는 의로운 국가(롬 13)를 불의한 국가(계 13)로부터 분리하고, 교회가 국가에 종속되는 것은 교회가 국가의 설립과 보존 그리고 유지를 위해 요구되는 책임성 때문이다. 이것은 국가의 선을 증대하며, 또한 이러한 공동 책임성은 국가에 대한 기독교인의 맹목적인 예속과 위험한 복종을 ─루터의 로마서 13장 1절에 대한 번역에서 볼 수 있는 것처럼─ 의미하지 않는다.[27] 하나님 앞에서 교회와 국가의 공동 책임성을 고려할 때, 바르트는 국가가 하나님 나라의 비유가 될 가능성을 본다. 국가는 다가오는 하나님 나라의 상응과 유비가 된다. 민주주의와 사회정의의 극대화는 하나님 나라의 유비와 상응으로 볼 수 있으며, 하나님의 정치는 인간의 정치와 조화된다. 모든 시민은 종교, 계급, 성 그리고 인종과는 무관하게 헌법에서 동등한 자유를 가진다. 교회는 "특별히 가난한 자, 사회적으로 그리고 경제적

Theologian of Freedom, 290.

25 Barth, "The Christian Community and Civil Community," thesis 14.

26 *Ibid.*, thesis 5.

27 *Ibid.*, thesis 8.

으로 연약하고 위협받는 자들"과 연대해야 한다.[28]

"기독교 공동체는 사회 진보의 이런저런 부문과 대의를 지지할 수 있고 또한 지지해야 한다. 심지어 이런 형식에서 사회주의가 특별한 시간과 장소와 상황에서 도움이 되면 지지해야 한다 …. 교회는 '인간의 모든 불경과 불의'(롬 1:18)에 대항하여 오로지 하나님의 혁명을 선포하는 데 있다. 다시 말해 이것은 이미 [그리스도] 안에서 오시고 오고 있는 그분의 나라에 대한 선포다."[29]

정의가 행해지게 하라(Fiat justitia)— 기독교인들은 주인 없는 편만한 세력들에 저항하고 인간의 정의를 위한 노력과 투쟁에 헌신하도록 불렸다. 주인 없는 비인격적인 권력과 세력들이 사회계층의 다양한 필드들에 깊은 영향을 미치고 인간의 삶을 지배한다. 이러한 권력과 세력들에 대해 바르트는 도래하는 하나님을 강조하며, 여기에 상응하는 정의와 평화를 위한 인간의 노력을 하나님 나라와 같은 현실로 파악하고 지상에 수립해야 한다고 말한다. 이것은 "당신의 나라가 임하소서"라는 기도에 대한 인간의 응답이다.[30] 바르트에게 종말론은 그저 오는 것이 아니라, 지상에서 그 특징과 의미가 실현되는 것으로 말한다. 그리스도 천년왕국의 사인 아래서 바르트는 종말론적 궁극성이 역사의 준궁극적 사건에 치고 들어온 것으로 본다. 그럼에도 불구하고 새 하늘과 새 땅은 하나님의 은총에서만 창조의 완성으로 올 것이다.

사회정의와 민주주의를 위한 인간의 헌신과 활동은 하나님 나라

---

28 *Ibid.*, Thesis 17.
29 CD III/4: 545.
30 Barth, *Christian Life*, 263, 266.

의 비유에 속하며, 하나님 나라와 유사하다. 역사의 한 가운데로 들어오신 하나님 나라의 비유적 가르침은 예수 그리스도의 부활에 기초하며, 부활은 교회와 세계의 현실적인 실제가 된다. 이러한 현재 종말론의 차원은 예수 그리스도의 예언자적 투쟁의 역사로 파악하며, 주인 없는 폭력에 저항하며, 교회는 그리스도 투쟁의 역사에 참여한다.

이런 점에서 바르트는 아우구스티누스의 반-천년왕국적 입장과는 다르다. 아우구스티누스는 천년왕국에 대한 어떠한 여지를 남겨두지 않았고, 마지막 시간과 그리스도의 다시 오심 사이에 지상에 수립되는 천년왕국의 새로운 시간이 있을 것으로 보지 않았다. 그리스도가 다시 오신 후 지상에 천년왕국이 세워지고 이후 시간의 마지막 즉 최후의 심판이 존재하는 것이 아니다(*The City of God*, XX). 첫 번째 부활(계 20, 5-6)에서 천년왕국론은 새로운 지상의 왕국이 그리스도의 다시 오심과 더불어 시작되고, 크리스천과 더불어 지상에서 천년 간 다스릴 것으로 주장한다. 아우구스티누스는 지상에서 인간에 의해 수립되는 천년왕국이나 그리스도이후 수립되는 지상의 천년왕국은 잘못된 것으로 비판한다.

물론 바르트에게 '하나님 나라와 같은' 사회정의와 평화의 수립은 그리스도가 재림하셔서 지상에 천년왕국을 수립하는 전천년주의나 인간의 힘으로 지상의 천년왕국을 수립하고 그리스도의 재림을 기대하는 재침례파의 입장과도 다르다. 아우구스티누스의 역사철학에 기본적으로 수긍하지만, 바르트는 아우구스티누스가 종말론을 교회로 내재화하는 경향에 거리를 두었고, 또한 역사 안에 천년왕국을 인간의 힘으로 수립하려는 재침례파의 입장과도 날카로운 거리를 취한다.

바르트에게 종말론은 윤리와 더불어 같이 가며, 하나님 나라와 같은 사회를 수립하는 인간의 윤리적 헌신은 부활하신 그리스도의 예언자적 투쟁에 참여하는 것이며, 비인격적으로 편만한 주인 없는 폭력과의 투쟁으로 드러난다. 바르트의 윤리적 천년왕국 이해는 부활하신 그리스도에 기초하며, 그분의 예언자적 투쟁의 사역이 현재 종말론과 윤리적 헌신의 토대가 된다.

바르트에 의하면 정치사회(국가)는 시민사회 원리에 기초하며, 자유, 경제정의 그리고 연대는 중심에 속한다. 공공신학은 사회계층에서 물화된 부문들을 분석하고, 비인격적 지배세력을 비판하고 국가로 하여금 평등한 민주주의, 경제정의, 사회적 약자(인종, 계급, 성)에 대한 인정을 촉구한다. 여기서 정치 민주주의와 시민사회의 전통(루소와 칸트)은 하나님의 정치에 대한 신학적, 윤리적 윤곽으로 들어온다. 하나님의 나라는 콘텍스트에 적합하게 추구되며, 종말론은 공공신학을 형성하고 비판적인 제자직의 윤리를 위한 원리가 되며 그리스도의 화해 상징은 비인격적 세력들의 폭력과 주인 없는 지배에 대립한다.

바르트에게 결정적인 것은 지상에 수립되는 '하나님 나라와 같은' 종말론을 옹호하고, 그의 특수윤리에 규범적인 기준을 제시하려고 한다. 예수는 이 세계의 가난한 자들의 동료로서 극빈의 상태에서 돌아가셨다. 교회는 결핍되고 빈곤한 자와 연대한 예수의 실례를 뒤따라야 하며, 하나님의 나라는 예수의 가난함에 들어왔다.[31] 바르트

---

31 Barth, "Poverty," in Barth, *Against the Stream*, 244-246.

는 세리와 죄인들과 나눈 예수의 식탁 교제에서 예수 그리스도를 '가난한 자들의 편을 드는 분'으로 주장하고 세상으로부터 밀려 나가고 상실당한 대중들과 연대를 했다. 이런 점에서 바르트는 예수 그리스도는 '하나님 구원의 쿠데타'가 아닌지를 묻고, 이러한 대중으로부터 그리스도는 사람들을 부르시고 하나님의 편에 서게 했다고 말한다.[32]

바르트는 파레시아(*parrbesia*-담대하게 진리를 말하기)를 자신의 특수윤리에 통전하고 비인간성과 동료 인간에 대한 착취에 도전한다. 복음의 정치적 차원은 이데올로기적으로 왜곡된 불의와 억압에 저항하며, 기독교의 담론은 하나님의 진리를 드러내는 데 파레시아의 계기를 포함한다.[33] 주인 없는 비인격적 세력과 폭력을 분석하면서 바르트의 특수윤리는 하나님 나라의 빛에서 무질서와 지배에 대한 정치적 비판을 담고 있다.

"주인 없이 편만하는 세력들"(괴테)은 화해의 복음에 반란을 일으키며, 일정한 자율성과 독립성 그리고 인간을 지배하는 우위성을 가진다.[34] 이러한 비인격적 세력들은 정치적 절대주의, 경제, 학문, 기술, 예술 그리고 생태학적으로 파괴적인 힘에서 볼 수 있다. 바르트에 의하면, 홉스의 절대주권과 리바이어던은 만인 대 만인의 투쟁에 대한 공포에 기초가 되며, 사람들은 모든 정치적, 사회적, 경제적, 지성적 그리고 윤리적, 종교적 자유를 리바이어던 국가에 양도한다. 이러한 절대주권의 악마적 비전은 파시즘의 통제국가, 히틀러의 민족 사회주의 그리고 스탈린주의에서 드러난다.[35]

---

32 CD 4/3.2: 587, 620.

33 CD 2/1: 231-32; CD IV/2: 442.

34 Barth, *Christian Life*, 215-216.

바르트는 정치의 악마화를 비판적으로 고려하면서 경제 맘몬주의를 물질 소유, 빈곤 그리고 자산을 통해 분석한다. 이 세상의 정신은 맘몬의 정신을 의미하며 경제적 가치와 모든 인간의 가치들을 지배한다.[36] 사람들은 이러한 이념들을 시스템으로 만들며, 이데올로기는 인간의 삶과 영향을 미치고 심지어 매력적으로 작용한다. 여타의 '주의'를 표방하는 이데올로기는 괴물의 거품처럼 타인들을 자신의 이데올로기의 관점에서 평가하고, 판단한다. 또 인간은 과학기술의 지배를 통해 지구를 인간의 역사적 실존의 도구로 변형한다.

인간은 기술지배를 통해 생태학적인 삶의 희생을 감수하고, 교통수단이나 사고들에서 희생자들이 속출한다. 인간의 삶은 주인 없는 세력들이 만들어내는 죽음의 실제에 잡혀있고, 또한 문화적 발전과 문명에서 인간의 진보와 퇴보 또는 정체의 실제 동인이 된다. 이러한 세력들은 인간의 삶을 자신들의 역동성과 메커니즘의 법에 예속시킨다.[37] 이것은 베버의 자본주의에 대한 비판적 귀결과 흡사하다. 합리화 과정을 통해 자본주의 체제로부터 드러나는 기술지배가 인간의 이성을 도구화해버리고, 결국 인간의 삶을 물화와 의미 상실 즉 쇠우리 창살에 가두어버린다.

주인 없는 세력들에 대한 바르트의 비판은 틸리히의 사회주의 결단과 병립된다. 틸리히는 종교사회주의 옹호자로서 종교와 문화 그리고 정치를 다루면서 문화신학을 전개했다. 틸리히의『사회주의 결단』출간으로 인해 1933년 프랑크푸르트 대학에서 틸리히의 교수

---

35 *Ibid.*, 220-221.

36 *Ibid.*, 224.

37 *Ibid.*, 233.

자리는 정직되었다. 그는 비판이론가 특히 막스 호르크하이머와 더불어 정치 신학자로 활동했고 카이로스 서클(Kairos Circle) 회원으로서 사회주의와 종교의 연관성에 대한 통찰을 발전시키기 시작했다.

독일 제국의 붕괴와 제1차 세계 대전을 경험하면서 틸리히는 정치적 이슈들 즉 전쟁, 자본주의 그리고 제국주의를 부르주아 문화와 사회의 위기로 간파했고, 이것은 계급 간 분열과 대립에 기초한다.38 틸리히는 사회주의를 심오한 문화 재생의 상징으로 규정했고, 더 많은 평등과 민주주의를 향해 부르주아-리버럴 사회를 급진적으로 변화시키려고 했다. 새로운 사회는 창조적이며 의미 있는 사회의 예언자적 비전을 담고 있으며, 모든 개인과 그룹은 삶을 실현하고, 근대 산업사회의 파괴적인 요소들을 제거하거나 축소해야 한다. 사회주의에 관한 규정에서 틸리히는 자본주의 사회의 소외와 물화의 현실을 극복하려고 했고, 초기 마르크스와 후기 마르크스를 예언자적-휴머니즘 차원에서 매개하려고 했다. 마르크스의 사회분석이론과 유대 기독교적 종말론의 종합에서 틸리히는 불의와 지배를 극복하려는 사회주의의 신념을 적극적으로 평가하고, 교회로 하여금 사회정의와 민주주의에 헌신할 것을 촉구했다.

틸리히에 의하면 사회주의 신념에 내적 갈등이 존재하는데, 이것이 현재 질서와 완전한 대립에 서 있고 부르주아 원리를 분쇄하려고 하기 때문이다. 이것은 새로운 존재를 기대하며, 예언자적 선포의 요소를 내포하며 종말론적 기대에 근거가 된다. 부르주아 원리는 종말의 예언자적 기대를 순수하게 초월적으로 규정하며, 반-혁명적인 이

---

38 Tillich, *On the Boundary*, 32-33.

데올로기로 파악한다. 그러나 사회주의 원리는 이러한 이데올로기를 비판하며 조화로운 세계의 도래를 기대한다. 그러나 사회주의 역사에서 항상 희망과 좌절에 교차하며, 유토피아주의와 불가피한 타협이 개량주의와 혁명적 사회주의에서 내적 갈등의 귀결로 드러난다.

사회주의 신념의 내적 갈등을 고려하면서, 틸리히에게 "종교사회주의는 사회주의 안에서 작동되는 진리의 요소를 의식하는 것이다. 이것은 사회주의의 내적 갈등을 드러내며 이러한 갈등을 상징적인 힘을 가진 [종교사회주의 안에서] 해결하려고 한다."[39] 종교사회주의 원리는 사회주의로 하여금 스스로 종교적으로 이해하도록 돕도록 공간을 확보하며, 서구 종교의 역사에서 예언자적 요소를 돌출한다. 미래의 상징적인 언어는 종교상징과 세속적 상징과의 종합을 통해서만 전진할 수가 있다. 이러한 목적을 위해 교회의 과제는 종교의 상징적 언어를 현재의 세속적인 근대 의식에 번역하고 소통해야 한다.[40] 상징은 개념이나 논쟁보다 우월하며, 그것은 기원의 영역에 속하고 존재의 능력을 표현할 수 있는 능력을 가진다.[41]

39 Tillich, *The Socialist Decision*, 71.

40 *Ibid.*, 147.

41 *Ibid.*, 148.

VI. 공공신학과 종속 근대성

본회퍼는 바르트나 틸리히처럼 종교사회주의에 깊이 관여하지 않았다. 그러나 본회퍼의 근대성에 대한 신학적 분석은 공공신학을 위해 매우 중요한 통찰을 담고 있다. 본회퍼의 성인이 된 세계는 근대성에 대한 그의 비판적 분석에 기초하지만 해방신학자 구티에레스는 종속 근대성을 근거로 본회퍼를 비판한다. 그러나 구티에레스의 본회퍼 비판에서 많은 부분이 피상적으로 다루어지고 있음을 본다. 종속 근대성은 마르크스의 노동 분업과 소외 비판으로부터 온다. 그러나 마르크스의 분업에 대한 비판은 일면적이며 뒤르켐의 사회학적 분석을 통해 비판적으로 보충되고 갱신될 필요가 있다. 후기 자본주의는 마르크스가 분석의 대상이었던 산업자본주의의 한계를 추월하고 나름의 정당성을 확보한다. 후기 자본주의 사회 안에서 공공신학은 종교사회주의와 더불어 뒤르켐의 시민사회론과 도덕적 연대에 주목한다.

우리는 문화적 유산과 전통 가운데서 살아간다. 아무도 역사적으로 주어진 현실에서 피할 수가 없다. 이것은 인간의 삶에 영향을 미치는 역사와 사회적으로 형성된 생활세계를 말한다. 자유, 자율성, 도덕적 책임성을 통해, 우리는 전통의 한계에 비판적인 거리감을 취하면서 문화적 가치들과 도덕적 규범들을 해석할 수 있다. 이런 측면에서 공공신학은 근대성에 대해 종속 근대성을 근거로 총체적으로 공격하는 시도와는 날카롭게 구분된다. 종속 근대성(under-modernity)은 해방신학의 서클에서 잘 나타난다. 마르크스처럼, 구티에레스는 '충족되지 않은 근대성(헤겔)'[1]의 병리현상을 개인의 자유, 사적 소유, 식민주의 그리고 지배와 관련해서 파악한다.

근대 신학의 한계를 비판적으로 분석하면서 구티에레스는 가난한 자들의 저항운동이나 노동운동을 발견하기 어렵다고 말한다. 이것은 본회퍼의 저술에서도 마찬가지다. 본회퍼는 민족사회주의에 저항했지만, 구티에레스의 분석에 의하면, 오늘날 사회의 위기에 대해 보다 깊은 분석을 하지 못했다. 따라서 본회퍼는 사회가 기초한 부정의의 세계에 대해서 예민하지 못하다.[2] 구티에레스의 본회퍼 비판은 공공신학에 대화와 토론의 전거를 제공한다. 해방신학의 총체적인 근대성 비판과는 달리 공공신학은 정치적 민주주의의 유산을 검토하고 식민주의에 대한 비판적 전통에 주목하면서 포스트콜로니얼 연대와 해방 그리고 대안 근대성을 향한 새로운 시민사회 운동을 윤리 신학적으로 통합한다.

근대성과 그 역사적 사기행각을 비판하면서 본회퍼의 태도는 복합적이고 심층적이다. 인간은 모든 억압적인 권위와 강제로부터 해방되고 자신의 엄청난 능력을 이성과 교육 그리고 과학기술의 진보와 발전시켰다. 동시에 해방된 이성과 계급 그리고 국민을 통해 엄청난 왜곡이 나타나기도 한다. "이성은 작업가설이 되며," 유례없는

---

1 Gutierrez, *The Power of the Poor in History*, 176.

2 *Ibid.*, 229.

기술의 성장과 증대로 나가고, 자연에 대한 지배가 된다. "이성은 목적 자체가 된다"[3] 인권과 자유에 대한 강조와 더불어 모든 억압적인 것은 이성의 해방을 통해 전복되었고, 계몽의 기획은 다음의 사실에 대한 비판으로 드러난다: "중앙주의적이며 절대적 전제주의, 지성과 사회 독재, 계급의 편견과 사회적 특권 그리고 교회 권력에 대한 소환 요구를 한다."[4]

부르주아 지배와 이성은 서로 분리되지 않으며, 사회로부터 밀려나간 계급들은 선동되기 시작한다. 대중의 봉기와 위험한 위협, 네 번째 신분인 프롤레타리아는 부르주아의 배후에서 출현하며, 수백만 명의 희생자들은 이들의 권리를 조장하고 저항한다. 이들의 법은 비참함이지 해방된 이성이 아니다. 기술과 대중운동과 민족주의는 프랑스 혁명이 서구의 근대성에 물려준 역사적 유산이며, 이것은 해방된 이성, 대중, 국가에 깔린 새로운 일치를 창출한다.[5]

이러한 일치는 자체 안에 부패의 씨앗을 담고 있으며, 절대 자유에 대한 요구는 사람들을 식민지 상황에서 노예제에 가둬버렸다. 민족주의는 필연적으로 전쟁을 초래했다.[6] 성인된 시대의 어두운 측면은 인간의 해방에서 드러나며 역설적으로 이것은 인간의 자기 파멸로 이끈다. 근대성의 마지막에 프랑스 혁명이 서 있고 허무주의가 나타난다. 서구의 무신성의 현실성으로서 허무주의는 하나님에 대한 적대의 종교이다. 이것은 인간을 신처럼 떠받치며, 허무주의를

---

3 Bonhoeffer, *Ethics*, 99.

4 *Ibid.*, 100.

5 *Ibid.*, 102.

6 *Ibid.*, 102-103.

선포하는 곳에서 러시아의 볼셰비즘이 러시아 교회의 한복판에 세워졌다.

이것은 희망이 없는 무신성이지만, 본회퍼는 이러한 무신성이 약속의 충만함으로 채워져 있다고 본다. 이것은 교회를 부패시키는 무신성과는 다르다. 7 교회는 계몽의 유산과 부패를 담지하며, 세계를 위한 책임에 구속된다. 가난한 자들은 교회의 죄책에 대한 신앙고백의 본질적인 부분에 속한다. "의로운 자들의 피가 하늘을 향해 절규한다."8 교회는 가난한 자들의 착취와 약탈에 침묵했고 강자의 증대와 타락을 방조했다.9 본회퍼는 가난한 자들과 억울한 희생자들과의 연대를 위해 복음을 촉구하며, 복음을 편리하게 뒤집어놓은 부르주아의 자기만족에 저항한다.10

본회퍼의 근대성에 대한 비판은 한편으로 계몽의 변증법과 프랑스 혁명이 가져온 근대성의 기여와 과학기술 성취를 무시하지 않는다. 성인된 근대의 세계에서 자유, 사회정의, 해방은 여전히 근대 미완의 과제에 속한다. 그러나 다른 한편 근대의 어두운 부분은 노동자들과 사회에서 밀려 나간 순전한 희생자들, 식민지의 노예제도를 강화한다. 복음은 근대성의 어두운 부분에서 고통받는 자들과 연대하며, 근대 미완의 과제를 새롭게 해방과 연대로 나가게 한다.

본회퍼의 공공신학은 근대성의 비판적 분석과 관련되며, 역사와 사회에서 드러나는 예속 부분에 주목한다. 복음은 근대의 부르주아

---

7 *Ibid.*, 103.

8 *Ibid.*, 113.

9 *Ibid.*, 115.

10 *Ibid.*, 64.

정신에 의해 각인된 지배계급의 이데올로기를 극복해야 하며, 근대성은 야누스의 얼굴을 가지고 있다. 한편에선 근대성이 인간의 삶을 종교적 미신과 지배로부터 해방시키지만, 동시에 쇠우리 창살 또는 물화의 사회적 병리 현상을 초래한다. 생활세계의 식민지화에서 신식민주의 조건이 정당화되며, 근대성의 현실은 만족할 줄 모르며 이성과 해방 그리고 종교에 대한 신중한 논구를 통해 가난한 자들과의 연대와 해방으로 새롭게 설정되어야 한다. 계몽과 근대성은 역사와 사회 그리고 문화에 전쟁을 통해 허무주의를 가져왔다. 그러나 성인의 시대에서 복음은 계몽과 진보의 뒤안길로 사라지고 고통받는 희생자들과 더불어 간다.

마르크스는 근대성의 자녀가 아닌가? 자연과학의 발전과 기술증대를 통한 생산력의 증가는 마르크스에게 여전히 자유와 해방의 영역으로 나가게 하는 지렛대 역할을 하지 않나? 해방신학의 총체적 근대성 비판은 후기 근대성의 정당성을 넘어서서 포스트모던 허무주의로 가는가? 라틴 아메리카의 사회주의 실험은 세계 경제 체제 안에 포섭되고 종속보다는 세미 주변부 역할을 하면서 각자의 발전을 꾀하지 않나? 마르크스에 대한 종속 이론적 독해는 그 효율성이 끝나지 않았나? 후기 자본주의 정당성과 마르크스 이론은 어떻게 만나고 갈등하며 새로운 의미를 종합하는가?

후기 자본주의와 도덕적 연대

마르크스 이론에 대한 틸리히의 종교사회주의적 독해에서 노동 분업과 소외에 대한 개념적 정교함이 요구된다. 마르크스는 애덤 스미스가 중상주의 식민정책을 비판한 것을 알고 있었고, 『자본 1』의 본원적 축적론에 수용했다.

자본주의는 합리적으로 조직된 시스템이 아니라 노동 분업과 상품의 물신숭배 그리고 식민주의 팽창을 통해 중심부의 국가와 지배계급에 혜택을 가져온다. 중심부의 노동계급은 빈곤과 궁핍화에 내몰리는 것이 아니라 해외 시장을 통해 얻어 들이는 잉여 혜택에 참여한다. 노동 귀족화를 통해 중심부에서 혁명 가능성은 사라지고 의회 정치의 개혁을 통해 사회민주주의가 공산당의 역할을 대신한다. 후기 자본주의 역동적 현실과 금융자본은 산업자본의 분석을 기초로 한 마르크스의 노동과 자본의 분석을 많은 점에서 추월한다. 금융자본과 제국주의 그리고 세계 전쟁이 후기 자본주의의 변화된 성격을 규정한다.

마르크스적인 의미에서 『노동하는 인간』(Homo faber)은 인간을 유적 존재로 즉 보편적이고 자유로운 존재로 확인한다. 인간의 노동은 활동적인 유적 존재로서 삶이며, 미학의 법치에 따라 사물을 형성하고 창조한다.[11] 유적 존재로서 인간은 창조자가 되며, 더 이상 창조주를 필요로 하지 않는다. 마르크스는 포이어바흐의 헤겔비판에 의존하며, 다른 한편 헤겔의 노동철학과 변증법적 방법은 포이어바흐의 비정치적 차원을 넘어서서 마르크스에게 결정적이다.

헤겔의 『정신현상학』을 검토하면서 마르크스는 헤겔이 노동의 자기 창조를 과정으로 즉 사회적 외화와 이러한 외화의 차원을 초월하는 것으로 파악했다고 본다. 노동의 외화와 변증법적 초월에서

---

11 Marx, "Economic and Philosophical Manuscripts," in *Karl Marx Selected Writings*, 82.

헤겔은 노동의 본질을 파악했고, 인간을 자신의 노동 결과로 이해했다. 헤겔은 근대경제학의 관점을 취했고, 노동은 긍정적인 차원에서 인간의 자기 확인으로 간주 된다. 마르크스는 이러한 측면을 헤겔의 위대함으로 평가하지만, 헤겔이 소외된 노동의 부정적 측면을 간과했다고 비판한다.[12]

헤겔이 노동을 인간의 자기 창조로 파악한다면, 주인과 노예의 인정투쟁은 헤겔의 변증법의 핵심 모델로 작용한다. 여기서 헤겔은 마르크스와는 달리 소외되고 억압된 노예노동이 주인의 지배를 타도하고 자유와 해방의 단계로 도달한다고 말한다. 마르크스에 앞서 헤겔은 이미 소외된 노동의 사회적 차원을 인식하고 있었다. 더 나아가 헤겔은 시민사회에서 드러나는 소외된 노동과 더불어 자본과 노동의 대립이 치명적인 귀결을 낳는다고 진단한다. 부의 축적과 함께 증대되는 빈곤과 궁핍화를 해결하기 위해 헤겔은 이성과 보편정신에 기초한 국가이념에 호소한다. 시민사회는 소수의 수중에 집중되는 부의 축적으로 인해 빈곤 계급의 궁핍화를 해결할 수 없다.[13]

『법철학』에서 헤겔은 시장경제에 규범적인 조건을 도입한다. 이것을 통해 헤겔은 개인의 이기주의를 공공선을 위해 모두의 욕구를 만족하게 하는 방향으로 전환한다. 경제 시스템은 여전히 상호 관련성의 긍정적 차원을 창출하며, 모든 사회구성원의 경제적 생계를 보증한다. 이것은 시장에서 매개되는 노동 교환에서 여전히 인정의 도덕적 중요성에 관심하며, 자본주의 시장경제는 빈곤 계급의 의존

---

12 *Ibid.*, 101.

13 Marcuse, *Reason and Revolution*, 205.

과 비탄에 직면한다. 이것은 인정을 통한 상호의존 조건의 갈등을 일으킨다. 헤겔은 시민사회 안에서 개인 간의 상호 의존성과 존중을 방어하면서 상호 인정과 자기 존중을 위해 규범적인 삶의 조건들을 고려하고 공공선을 위해 기여하도록 한다.[14]

그러나 마르크스의 견해에 따르면 노동 분업은 인간을 극단적으로 추상적인 존재로 만들어버리며, 지성적이고 신체적인 능력을 파괴하고 만다. 소외는 자본주의 아래서 사회분업의 귀결이며, 강제된 노동은 인간의 신체를 불구로 만들고 인간의 마음을 황폐하게 한다. 기계는 노동을 대신하며 노동자들의 부분을 야만적인 노동으로 되돌려 보낸다. 노동은 문화를 생산하지만, 노동자에게는 어리석음과 백치 현상을 가져온다.[15]

상품 즉 노동의 객관화는 노동자를 낯선 존재로 직면하며 노동자를 상품과 자본의 지배 아래 예속시킨다. 물의 지배, 즉 물화는 다음처럼 표현된다. "인간에 대한 인간의 지배는 이제 인간에 대한 사물의 일방적 지배가 된다."[16] 이것은 소외의 이중적 차원을 언급하며, 기술지배 합리성의 특성을 지적한다. 노동자는 기계의 지배를 받으며 생산 수단의 부분으로 작업장에서 소외된 노동을 통해 상품을 생산한다. 이제 사회적인 삶에서 노동자는 소비하지만, 상품을 통한 사회적 물화로부터 ―상품의 물신숭배를 통해― 삶과 의식이 지배당한다. 교환관계에서 물과 인간의 소외되고 왜곡된 현실이 드러나며, 상품에 대한 종교적 성격 즉 물신 숭배적 차원이 부여된다.

---

14 Honneth, *The I in We*, 64-66.
15 "On James Mill," in *Karl Marx Selected Writings*, 118.
16 *Ibid.*

자본주의 사회에 대한 분석에서 마르크스는 자연법에 근거한 인권윤리를 특히 로크의 사적 소유에 대한 권리를 비판한다. 이것은 강자들을 보호한다. 소유권은 자유시장 자본주의와 윤리적 이기주의를 정당화하며, 소유와 자본의 축적을 소수의 수중에 두게 한다. 그러나 이러한 무제한적 소유권은 소유권을 자체상 행사할 수 없는 많은 사람에게 추상적이며 의미가 없다. 사적 소유의 일반적인 본질은 노동의 소외와 외화의 결과로 드러난다.[17]

마르크스는 로크의 소유 개인주의를 날카롭게 거절한다. 노예와 야만적 조건에서 생산의 목적은 소유이며, 이것은 공리주의적이며 또한 이기적 목적이다. 이것은 임노동의 근거이다.[18] 인간들은 자연적으로 서로 협동적이며 진정한 평등과 자유를 누리며, 국가가 없는 무계급 사회에서 개인소유가 아니라 공동의 소유권을 가진다. "완성된 자연주의로서 공산주의는 인간주의이며, 완성된 인간주의로서 자연주의다"[19] 이러한 목적을 향해 마르크스는 포이어바흐 11번째 테제에서 말한다. "철학자들은 다양한 방식으로 세계를 오로지 해석해왔다. 중요한 것은 변혁하는 것이다"[20] "인간 존재를 결정하는 것은 의식이 아니라, 반대로 사회적 존재가 의식을 결정한다."[21]

마르크스의 인간 이해는 자연주의적인 유적 존재에 기초하며 본래 위치에서 평등과 자유를 가지고 있다. 그러나 시민사회 안에서

---

17 "Economic and Philosophical Manuscripts," *ibid.*, 86.

18 "On James Mill," *ibid.*, 119.

19 "Economic and Philosophical Manuscripts," *ibid.*, 89.

20 "Theses on Feuerbach," *ibid.*, 158.

21 Cited in *ibid.*, 18.

노동의 소외와 사회의 물신숭배(또는 물화)를 통해 사적 재산권이 설정된다. 이러한 사적 소유는 소수 특권층의 수중에 들어가며, 자유방임 시장의 상황에서 부의 축적과 노동자의 궁핍화는 공동의 소유로 바뀌어야 한다. 본래 자연의 위치 즉 완전한 자연주의를 완성하는 것은 공산주의이며, 이것은 인간주의를 완성한다. 의식이 인간의 존재를 결정하지 않는다. 사회적 존재가 인간의 의식을 결정한다. 만일 사회적 존재가 완전히 물화되지 않고 상품의 물신숭배에 갇혀있지 않다면, 사회적 존재는 해방을 위한 의식을 창출할 수 있다.

어떻게 마르크스는 물화된 사회와 소수 계급의 지배에 갇혀있는 사회적 존재(프롤레타리아)들이 해방을 향한 혁명 의식을 창출할 수가 있다고 단언하는가? 사회적 물화와 더불어 시민사회는 합리화, 계층화 그리고 전문화를 통해 사회의 다양한 필요에서 노동의 분업이 일어난다. 마르크스의 약점은 인간의 의식이 합리화 과정을 통해 이미 사회계층 안에서 의식이 형성된다는 사실을 간과한다. 상호연관성의 원리에서 파악한다면 존재와 의식의 테제는 수정될 필요가 있다. 인간의 의식과 합리적 사유는 사회계층 안에서 인간의 사회적 존재를 형성하고 조직한다. 기계를 통한 생산력 증대 역시 과학기술의 발전을 전제한다.

사회적 존재는 다양한 영역에서 소유, 경쟁 그리고 자본축적을 위해 타인과의 상호작용을 통해 스스로 의식과 사회적 성향을 형성한다. 인간의 의식과 사회적 존재를 선 결정하는 것은 사회의 물화 시스템을 합리화하는 사회적 담론에 있으며, 이러한 담론이 인간의 의식과 존재의 관련을 권력의 그물망에 묶어놓는다. 사적 소유를 철폐하고 공동 소유에 기초한 해방의 사회를 향한 호소 역시 담론에 속하며,

이러한 마르크스적 담론이 인간의 의식과 존재가 소유와 자본의 그 물망에 엮어있는 시민사회 안에서 어떻게 작용하는지 명백히 보게 한다.

후기 자본주의와 합리화

사실, 마르크스는 산업자본주의 시대에 살았다. 물론 그는 글로벌 상황에서 자유무역과 소통 수단을 통해 자본주의 발전을 예견했고, 모든 야만적인 국가들을 문명으로 나가게 한다는 것을 알고 있었다. 자본주의가 일으키는 세계화를 통해 "그것은 자신의 이미지에 따라 세계를 창조할 것이다."[22] 그러나 후기 자본주의 현실은 마르크스의 분석과 진단을 넘어서는 정당성의 차원과 함께 신 식민주의적 성격이 있다. 합리화 과정에 대한 분석에서 베버는 자본주의가 이룬 업적과 그 한계를 인식하고 있었다. 소외와 물화의 현실은 과학기술의 진보를 통해 합리화와 전문화에서 드러나며, 후기 자본주의의 상황을 규정한다. 베버의 주요관심은 어떻게 자본주의 사회에서 도구적 합리성이 진화론적 규모로 인간의 삶을 지배하는가에 있다. 후기 자본주의에 대한 분석은 정치 권력, 과학혁명, 생산력의 발전, 분배의 전문화, 정치적 규제 시스템과 사법적 정당성과 관료제 사이에서 매우 복합적인 현상으로 드러난다. 결국, 이것은 베버에 의하면, 쇠우리 창살의 현실에 갇히게 된다. 베버는 국가권력의 정치적 팽창을 군사개입과 해외식민지 경제 약탈에서 보았지만, 그는 자본

---

22 "The Communist Manifesto," *ibid.*, 225.

주의의 합리적 차원(생산조직, 사회 합리화 과정, 정부의 개입)과 비합리적 차원(소외)을 총체적 관점에서 파악하지 않는다.

오히려 합리화 과정을 물화의 현실로부터 분리하지만, 자본주의 합리적 차원 자체가 도구화되고 쇠우리 창살에 먹히는 역설적인 귀결에 도달한다. 인간의 의식은 자본주의 사회 안에서 더 이상 혁명이 될 수가 없다. 합리성 자체는 탈출구가 없다. 이것은 후기 자본주의의 현실이다. 마르크스가 프롤레타리아 사회적 존재를 향해 혁명의식으로 고취한다면, 베버는 자본주의 합리성 자체가 허무주의로 간다고 진단한다. 이런 점에서 베버는 니체와 동감한다. 프롤레타리아의 혁명이 성공하고 자유의 영역인 공산주의를 향한 진행에서 노동계급과 공산당을 지배하는 것은 이들의 독재가 아니라 오히려 관료화의 독재가 사회주의 리바이어던 통제국가에서 쇠우리 창살처럼 드러난다.

그러나 후기 자본주의 현실은 마르크스의 혁명이론의 한계와 더불어 베버의 합리성 분석의 일면성을 동시에 드러낸다. 국가에 의해 통제되는 자본주의 시스템은 금융자본과 중심부와 주변부의 신식민주의 조건에서 각인되며, 세계화의 차원에서 행정과 관료체제 사회 문화적 통합, 법적 정당성 그리고 단편화된 계급구조로 특징된다.[23] 행정 수준에서 국가는 경제 시스템에 수많은 개입과 명령을 수행하며, 국내에서 자본을 공공선을 위해 기회를 창출하기도 하지만 해외에서 중심부와 주변부 사이에서 불균등 교환과 부의 축적을 통해 세계 경제를 하나로 통합시킨다. 어떤 연방 국가도 이러한 세계체제

---

23 Habermas, *Legitimation Crisis*, 34-40.

의 그물망에서 나갈 수가 없고 세계와 과정과 국제연합에 참여한다.

하버마스에 의하면, 정치가 경제영역에 재통합될 때, 한편에서 자유무역을 기초로 한 신보수주의 리버테리언의 원리가 경제적 세계화를 주도하지만 다른 한편 사회 문화적 시스템과 정보교통과 매스미디어가 세계화의 차원에서 교류하게 된다.24

하머바스의 규정에 의하면 후기 자본주의는 국가에 의해 규제된 자본주의를 의미하며, 여전히 대립과 위기가 나타난다고 본다. 여기서 사회통합과 시스템 통합이 구분되고, 위기나 갈등 분석을 통해 하버마스는 사회통합을 생활세계로 파악한다. 사회의 규범적인 구조(가치와 사회제도들)는 사회통합으로 관련되지만, 체제통합은 생활세계와는 달리 정치, 경제, 매스미디어에 의해 지배된다. 하버마스는 포스트모던 사회를 후기 자본주의에 편입시키고, 후기 자본주의는 자본축적의 발전된 단계에 속하며, 국내기업의 독점과 다국적 기업을 포함한다. 국내시장과 해외시장은 상품, 자본 그리고 노동을 위해 조직된다. 이런 점에서 하버마스는 후기 자본주의가 마르크스가 분석한 경쟁을 기초로 한 산업자본주의와는 성격이 다르며, 오히려 국가의 규제와 독점에 기초한다고 말한다.25

후기 자본주의의 위기는 경제 체제, 정치적 정당성(국가적 정치체제) 그리고 동기의 영역(사회 문화적 시스템)에서 나타난다.26 경제 부문에 대한 국가 개입은 리버럴 자본주의와는 달리 경쟁 부문과 비경쟁 부문 그리고 공공부문으로 구분된다. 경제영역에서 경쟁과 독점, 공

---

24 *Ibid.*, 39-40.
25 *Ibid.*, 33.
26 *Ibid.*, 45.

공부문의 접합은 국가가 국내 생산뿐 아니라 글로벌경제 관계에서 중요하게 개입하며 중요한 역할을 수행한다고 본다. 경제와 국가의 융합은 후기 자본주의의 정당성을 의미한다.

하버마스의 후기 자본주의 정당성은 노동 분업의 이념을 다양한 방식으로 애덤 스미스, 마르크스, 뒤르켐 그리고 베버를 통해 재검토할 필요가 있다. 하버마스는 베버의 가치 합리성을 소통 합리성과 실천으로 발전시키고, 체제(정치사회, 경제, 매스미디어)의 식민지화로부터 생활세계(시민사회)를 방어하려고 한다.

하버마스의 소통이론과 시민사회론은 선진사회에서 노동 분업이 가져오는 합리적 조직과 사회의 전문화에 주목하게 한다. 이런 점에서 필자는 노동 분업에 대한 새로운 전망을 공공신학을 위하여 검토하고, 이것이 어떻게 사회적 유대와 도덕적 진보를 가능하게 하는지에 주목한다. 이러한 과제를 위해 분업에 대한 뒤르켐의 사회학적 진단을 살펴보고, 이것이 어떻게 칸트의 도덕철학을 후기 자본주의 안에서 분업과 합리화에 대한 일면적 비판을 넘어서서 다른 전망을 보게 하는지 검토한다.

뒤르켐과 도덕적 연대

분업과 도덕적 연대의 관계를 다룰 때 뒤르켐은 마르크스의 견해와 갈라선다. 마르크스는 분업이 문명과 더불어 성장하며, 그것은 산업과 상품노동을 농업노동에서 분리하고 이들의 이해의 갈등을 일으킨다. 산업과 상품의 부문들에서 나타나는 다양한 분업의 영역들은 다양한 노동에서 협력하는 개인 간의 발전으로 인도하며, 이러

한 영역들에서 다양한 발전은 많은 다른 소유의 형식을 의미한다.[27]

뒤르켐은 노동 분업을 통해 야기된 현대사회의 병리적 귀결과 비정상적 조건들을 회피하지 않는다. 이런 현상들은 노동과 자본의 적대와 투쟁으로 드러나며, 무제한적인 자기 이해와 아노미가 작용한다. 뒤르켐은 다양한 무질서, 비정상적 조건, 인간의 고통 등이 기계적 연대에서 유기적 연대의 이행과정에서 나타난다고 말한다. 중요한 것은 "노동 분업이 자체상 필연적인 성격으로 인해 이러한 [치명적인] 귀결을 야기하는 것이 아니라, 예외적이고 비정상적 환경들에서만 그렇다."[28]

마르크스와는 전혀 달리, 뒤르켐은 소외가 근대 자본주의 생산양식 안에 내재한다고 보지 않는다. 소외와 물화의 원인은 노동자들의 다른 동료와 고용주들 간 합력의 부재에서 나타난다. 이들은 기계 부품처럼 느끼며, 근대사회에서 드러나는 노동 분업의 비정상 조건은 자발적으로 생긴 것이 아니라, 산업혁명을 통한 강제와 사회 경제적 무질서와 혼란으로 인해서 기인한다. 이러한 급격한 병리 현상이 산업사회와 기업에서 노동의 문제를 변질시키고 노동자들의 의식을 기계의 부품처럼 저하시킨다. 노동 분업에서 강제가 인간의 자발성과 기업에 우위성을 가진다. 그런 조건은 사회 응집력과 연대에 매우 저급한 역할을 할 수밖에 없다. 뒤르켐의 사회학적 분석은 새로운 사회 제도적 도덕 그룹을 형성하고 사회 안전망을 장치하는 것이다. 이러한 전문가 도덕 그룹은 국가와 시민사회를 중재하며 사회적

---

27 "The German Ideology," in *Karl Marx Selected Writings*, 161.
28 Durkheim, *Division of Labor in Society*, 307.

약자를 보호하고, 또한 갈등과 투쟁 그리고 무질서로 각인되는 질병
으로부터 시민사회를 방어한다.

뒤르켐은 근대사회의 다양한 타입에서 개인의 자율과 유기적 연
대성의 관계를 구축하려고 하며, 시민사회의 원리인 개인의 인격(개
인성의 제의, cult of the individual)과 사회적 연대성의 관계가 오히려 증
대되는 합리적인 노동 분업을 통해서 나타날 수 있다고 주장한다.29
여기서 뒤르켐은 시민사회의 도덕적 진보에 주목하고 합리적인 원
활한 노동 분업의 증대를 통해 개인의 존엄과 자율과 공공선을 위한
유기적 연대로 통합시키려고 한다. 이런 점에서 뒤르켐은 루소와
칸트의 유산을 이어받으며 니체의 유산을 공유하는 베버와 갈라선
다. 베버가 분석한 서구사회의 도구적 합리성은 경제적 수익과 세계
내적 금욕을 통해 자본축적을 끝없이 추구하는 청교도의 분파에 속
한다. 이것이 서구의 합리성을 대변하지는 않는다. 여전히 가치 합리
성과 도덕 합리성이 자본주의 합리성과 더불어 존재하며 자본주의
사회의 병리 현상을 교정하고 갱신하려고 한다. 물론 베버 역시 합리
화 과정을 통해 비역설적으로 드러나는 비인격적인 세력들의 출현
을 넘어서기 위해 책임과 심정 윤리의 종합을 세계종교들의 윤리에
서 발견하려고 했다.

그러나 뒤르켐의 선택은 자본주의의 합리화 과정과 노동 분업의
의미 있는 조직에서 도덕의 연대감을 창출해내고, 다른 한편 강제된
분업으로 야기되는 병리 현상과 아노미를 전문 도덕위원회를 통해
국가와 시민사회를 매개하면서 해결하려고 한다. 뒤르켐의 비판은

---

29 *Ibid.*, XXX.

자유방임주의와 스펜서의 사회진화론에 향해 있고, 족쇄 풀린 개인주의는 연대와 규제를 통해 조절되어야 한다. 뒤르켐은 사회진화론에서 드러나는 다윈의 원리의 논리적 귀결을 직시했고, 생존경쟁과 자연선택의 교리를 반박한다. 다윈의 진화론은 도덕의 문제를 해명할 수 없다. 그것은 사회가 개인의 도덕적 삶에 미치는 본질적인 요소를 제거해버린다. 반대로 뒤르켐은 자연적 본능이 아니라 사회가 인간의 삶에 영향을 미치며, 도덕적 진보를 포함하며, 생존투쟁과 자연선택의 야만적 효과를 억제하고 중립화시킨다고 항변한다.[30]

사회가 존재하는 곳에 이타주의가 존재하며, 이것은 인간의 근저에서 발견된다. 이것은 인간 사이에서 존재하는 공감적인 연대를 말한다.[31] 개인주의는 사회적 연대가 없을 때 사회의 타락과 변질로 간다. 개인들 사이에서 자유롭게 관여되는 계약들은 사회와 도덕적 질서의 토대가 되지, 이것을 침해하는 것이 아니다. 계약들이 사회질서를 전제하며 개인의 이기주의를 조절한다. 이러한 사회계약론의 관점은 노동 분업의 긍정적 전망과 더불어 개인주의적 공리주의를 비판하며, 근대사회에서 생겨나는 장애와 문제를 해결한다. 개인은 사회를 형성하고 결사와 연합을 이룬다. 그리고 사회는 개인의 의식에 반작용하며, 상당한 정도로 인간의 의식을 결정한다. 개인은 사회의 주인이나 창조자가 아니라 사회의 산물이 된다.[32]

마르크스적인 존재 의식의 테제는 뒤르켐에게서 새롭게 다루어진다. 마르크스처럼 뒤르켐에게서도 사회적 존재가 의식을 결정한

---

30 *Ibid.*, 145.

31 *Ibid.*

32 *Ibid.*, 288.

다. 그러나 사회는 도덕적 차원을 내포하며 노동 분업은 항상 부정적인 영향을 미치지 않는다. 사회에 의해 영향을 받는 개인의 의식과 삶은 공공선과 연대를 위해 고취된다. 인간성의 존엄과 인권은 시민사회를 통해 보장되고, 사회적 약자를 위한 연대와 사회 안전망은 전문적인 도덕 집단을 통해 국가와 더불어 합력한다. 도덕적 개인은 비도덕한 사회에서 병리 현상과 소외를 제거하기 위해 투쟁하며, 시민사회는 정치 권력의 중심과 독재로부터 항상 시민의 삶과 권리를 보장해야 한다. 사회 시스템이나 계층은 사회적 존재를 규제하며, 이러한 사회적 존재는 의식과 성향과 관련된다.

존재와 의식에 대한 마르크스적 해석은 사회 자체와 더불어 재규정되어야 한다. 사회는 소외와 물화의 질병과 아노미 현상은 강요된 형태의 노동 분업을 통해 양산되지만, 노동 분업이 합리화, 전문화 그리고 분화에 따라 공공선을 위해 조직할 때 그것은 유기적 연대를 제공한다.

악셀 호네트(Axel Honneth)에 의하면, 뒤르켐은 시장에 의해 매개되는 노동 교환과 경제 시스템에서 규범적인 조건을 설정한다. 이것을 통해 자본주의 사회의 문제를 조절한다. 새로운 경제 시스템은 사회통합의 도덕적 정당성에 투여되고, 사회적 강화와 응집력은 합리적인 노동 분업을 기초로 한 경제 시스템에서 흘러나온다. 여기서 헤겔의 『법철학』에서 개념화한 자유의 사회적 구현과 뒤르켐의 시민사회와 노동 분업에 대한 반성에 친화력이 있다. 헤겔과 뒤르켐이 공유하는 것은 사회의 모든 성인은 공공선을 위해 기여할 수 있으며 또한 보답으로 적절한 급료를 받을 수가 있다.33

헤겔의 인정이론은 노동의 긍정적 차원에 주목하지만, 사회 경제적 총체 구조에서 합리화, 전문화 그리고 분화를 분석하는 데 여전히 제한적이다. 물론 뒤르켐은 헤겔의 국가이론에 수긍하지 않을 것이다. 뒤르켐은 칸트의 정치적 민주주의와 루소의 사회계약론에서부터 오며 스펜서의 사회진화론과 자유방임주의에 날이 선 공방을 한다. 노동 분업이 강제될 때 진보에 대한 신념은 변질된다. 그러나 시민사회 안에서 노동 분업이 공공선과 연대를 향해 수행될 때 그것은 사회를 응집하고 개인의 권리와 자유를 보장해주는 도덕적 기능을 내포한다. 시민사회 안에서 도덕적 중요성은 공공 지식인들과 이들의 도덕적 헌신을 통해 수행될 수 있고, 시민사회의 이해와 필요를 국가와 소통하고 매개한다.

이것은 국가에 의해 세워진 어용이나 관제 지식인들을 통해 주도되는 것이 아니라 시민사회 안에서 자발적인 방식으로(또는 필요하면 시민투표를 통해) 도덕적 타당성을 가져야 한다. 이러한 전문가 중재 집단은 전문 정치가가 될 필요도 없고 국가의 공무원 역할을 하지 않는다. 이러한 그룹의 과제는 시장의 자기 규제적 능력과 무제한적 부의 축적을 사회 제도적인 협정과 사회적 네트워크 그리고 안전망을 통해 의미 있는 노동과 도덕적 정당성을 향해 가동하도록 한다.

이러한 시민사회에서 드러나는 것은 유기적 연대성이며, 이것은 기계적 연대성과는 다르다. 진화론적인 수준에서 상대적으로 단순한 사회에서 상대적으로 복잡한 사회로 이행할 때, 전문화되고 분화된 노동 분업은 강요가 아니라 합리적인 시스템을 통해 다양한 사회에서 설정되어야 한다. 사회정의와 공정함은 시민사회 안에서 필요한 전

---

33 Honneth, *The I in We*, 68-69.

제 조건이 되며, 노동 분업은 여기서 연대의 유기적 형식을 산출한다.

뒤르켐에 의하면, "노동 분업의 전제는 노동자가 결코 그의 과제에 의해 둘러싸여 있는 것을 말하지 않는다. 노동자는 그의 동료 협력자들을 상실하지도 않는다. 노동자는 그의 협력자들과 상호작용을 한다. 그는 의미도 모른 체 운동을 반복하는 기계가 아니다. 노동자는 협력자들이 어떤 면에서 자신이 크든, 작든 분명하게 생각하는 목적을 향해 같이 움직인다는 것을 안다. 그는 중요한 무엇인가에 봉사하는 것을 느낀다."[34]

헤겔적인 인정과 자기 존중의 개념은 노동 분업에 대한 뒤르켐의 사회학적 분석에 통합되며, 노동의 사회화에서 도덕적 연대는 지성적으로 분화된 하부 구조에서 중요한 역할을 한다. 법적 코드와 규제에 대한 분석에서 뒤르켐은 대부분 시민과 상업에 관한 법은 배상적이며 반면 대부분 법조에 관한 법은 처벌이나 제재에 기초한다. 문화인류학자 말리노프스키에 의하면, 전근대 사회는 상당한 정도로 배상과 처벌에 기초한 상호적 의무에 구속된다.[35] 기계적 연대에 기초한 사회들은 처벌이나 제재에 관한 법에 의존하며, 이것은 유기적 연대에 기초한 근대 시민사회와는 다르다. 근대의 유기적 노동 분업은 자율적인 개인들 사이에 사회적 유대를 창출하며, 연대를 증대하는 사회적 기능은 제도적 관계들과 도덕적 이념에 의해 전개된다.

이러한 뒤르켐의 사회학적 관점은 처벌과 감시를 둘러싼 푸코의 신체권력정치(biopolitics)에서 드러나는 한계 즉 노동 분업의 합리화

---

34 Durkheim, *The Division of Labor in Society*, 372.

35 *Ibid.*, XXIV.

를 통한 처벌제도를 정치 권력의 신체 지배로 일면적으로 파악하는 것에 대립한다. 푸코는 마르크스에게 동의하고 신체권력정치를 통해 노동 분업이 노동자들의 신체와 성을 억압한다는 가설을 이끌어낸다. 이것은 강요되고 억압된 분업구조에서 드러나는 병리 현상일 수도 있지만, 유기적 연대가 가능한 시민사회에 적용할 수 있는 테제가 될 수는 없다.

뒤르켐에 의하면 다양한 종교 시스템들이 출현하는 데는 서로 다른 역사적 원인과 이유가 존재한다. 그리고 이 모든 것은 사람들을 묶어 주고, 종교적 상징과 제의들에 헌신하도록 공동의 기능을 한다. 뒤르켐은 분업 사회학에서 다른 경제적 하부 구조들은 다른 형식의 상부구조와 상호작용하며, 여기서 사회는 확장되고 그 응집력은 새로운 노동 분업의 양식을 초래한다고 본다. 선진적이며 질적으로 강화되는 분업은 법적 그리고 도덕적 형식의 저변에 깔려있고 사회적 유대의 타입들을 강화한다. 그러나 전통과 종교를 통해 형성되는 집단의식은 사람들을 기계론적 유대 안에 묶어 주는 역할을 하며, 현대사회의 유기적 연대에서 사라지는 것은 아니다. 오히려 그것은 사회 전체를 공동으로 조직하고 통합하는 데 결정적이다.

앞에서 본 것처럼 뒤르켐은 전통사회의 기계론적 연대에서 근대사회의 유기적 연대로 이행되는 과정에서 드러나는 치명적인 귀결과 아노미 현상을 도외시하지 않는다. 무질서하고 강제적인 노동 분업을 통해 드러나는 병리 현상을 개선하기 위해 뒤르켐은 사회제도의 모델에 관심하고, 새로운 조직으로서 국가공권력과 개인들의 구체적 삶의 세계를 중재하는 역할을 한다. 새로운 타입의 조직은 행정 위원회로 구성되고 노동관계를 규제하고 임명과 승진 그리고 임금과 월급, 노동조건을 관리한다. 이들은 각각의 특수부문에서 고용주와 고용인 양측의 입장을 대변하고 산업과 정부의 다른 부문과의 관계를 설정한다.

전문적인 조직의 모델은 현대사회의 구조에서 결정적인 역할을 하며, 국가와 시민사회의 관계를 다룰 때 새로운 사회 규범과 사회적 유대를 강화하는 근거로 작용한다. 전문적인 도덕성과 법조문을 위해 뒤르켐의 제의는 공공의 제도를 자격이 있는 조직된 그룹을 통해 설정하며, 정치사회 즉 국가에 대한 의무와 책임을 진다.36 간략히 말하면 소외의 아노미의 병리 현상은 근대의 경제 시스템 자체 안에 내재하는 것은 아니다. 유기적 연대와 사회 도덕적 유대는 합리적인 노동 분업에 의해 수행될 수 있다. 내재화된 결함과 질병은 이행기의 어려움에서 분석될 수 있고, 현재 사회의 병리 현상을 극복하기 위한 노력이 새로운 전문조직과 위원회를 통해 이루어져야 한다. 사회제도 위원회와 구조는 위로부터 수행되는 국가권력의 스킬라(Scylla)와 개인주의 카리브디스(Charybdis)의 암초를 헤쳐가면서 개인적인 존엄과 사회적 연대의 조화를 추구한다.

뒤르켐이 노동 분업을 사회적 연대의 중요한 근거로 규정한다면, 이것은 도덕적 질서의 토대가 된다. 도덕은 분업에 의해 정의되며, 사회적 연대를 증대시키는 본질적 조건이 된다. 뒤르켐은 칸트의 도덕철학을 긍정하며, 우리는 시민사회 안에서 인간의 인격성을 목적으로 존중한다. "실제로 자신에 대한 개인의 의무는 사회에 대한 의무다."37 칸트의 도덕 이론은 루소의 사회계약론에 대한 철학적

---

36 Durkheim, Preface to the Second Edition, in *The Division of Labor in Society*, XXXVII.

통합을 고려하지 않고 그 진의를 알 수가 없다. 이것은 정치적 개혁과 코스모폴리탄 정의를 지향한다. 사회는 도덕성의 내적 특질을 가져오며, 인간은 도덕적 존재로 사회 안에서 살아가며, 도덕은 타인이나 그룹들과의 연대에서 구성된다. 도덕적인 것은 연대의 근거이다.[38]

뒤르켐은 자신의 도덕 이론을 노동 분업과 연대에 대한 사회적 분석에 근거하며, 정의는 공감과 카리타스로 채워진다. 사회적 도덕 감정은 실제적인 권리와 정의의 영역에서 반향을 일으키며, 정의는 모든 연대의 형식에 필요한 동반이 된다.[39] 자연 상태에서 인간의 공감과 연민(루소)은 시민사회 안에서 지속하며 분화된 형식을 통해, 특별히 도덕적 연대 안에 설정된다. 사회조직과 제도들은 다양한 하부 구조와 사회계층에서 도덕적 연대와 공공선을 위해 전개되어야 하며 공공 지식인의 역할이 여기에 주어진다. 뒤르켐의 분업사회학과 전문 도덕위원회는 공공신학에 중요한 통찰을 제공한다. 공공 지식인들의 참여는 국가와 시민사회를 매개하는 인정과 환대의 윤리를 통해 강화되며, 신학과 윤리적 기획을 사회학적 분석을 통해 문화적 이슈(인종, 젠더, 섹슈얼리티)나 공중보건의 문제(유전공학과 의료 윤리)를 다룰 때 중요하게 전개할 수가 있다.

---

37 *Ibid.*, 332.

38 *Ibid.*, 331.

39 *Ibid.*, 77.

종교와 공공도덕

뒤르켐에게서 종교는 탁월한 의미에서 사회적이며 인간의 사회적 삶과 도덕의식을 결정한다. 하나님이 사회의 상징이라면, 종교는 문화적 규범과 가치를 신성시하면서 사회의식과 도덕적 코드를 형성한다. 도덕적 유대와 규범은 인간의 마음에 내재하는 종교적 이념들 안에서 창출되며, 보편적으로 문화를 초월하는 자연법은 존재하지 않는다. 종교는 도덕 규범과 가치를 특별한 사회와 문화 안에서 구성하는 메커니즘처럼 작용한다. 종교윤리는 사회윤리이며 정치경제적 태도를 규정하는 데 중요한 역할을 한다. 이것은 경제적 시스템에서 노동 분업의 합리적 조직을 정당화하며 사회적 연대를 지지한다. 경제정의는 사회적 유대감으로 채워져 있으며, 도덕적 정언명령을 사회조직 안에서 전문적인 도덕위원회를 통해 강화한다. 이것이 공공윤리를 창출한다.[40] 전문적인 조직위원회에서 뒤르켐은 노동자 간의 공동 연대감을 증진하는 가능성을 본다. 이것은 개인적인 이기주의와 사회적 질병을 치유할 수 있다.[41]

도덕 규칙은 특별한 개인의 이해관계를 일반이해에 종속시키며, 뒤르켐은 이것을 모든 도덕적 활동의 원천으로 정의한다.[42] 전문 조직위원의 도덕적 기여에서 드러나는 의무와 책임성은 아노미와 병리현상으로부터 시민사회를 방어한다. 근대경제 시스템의 '정신'은 합리적으로 조직된 노동 분업 안에서 도덕적으로 선하며, 그것은

---

40 *Ibid.*, XXXIV-XXXX.

41 *Ibid.*, XXXIX.

42 *Ibid.*, XLiii.

유기적 유대와 자유 그리고 정의를 증대한다. 쇠우리 창살의 현실은 야만적이고 비합리적으로 강요된 노동 분업에서 일어나며, 상대적으로 낮은 사회에서 보다 높은 사회를 향한 이행의 과정에서 나타난다. 이것은 도덕적 공감과 연대를 통해 공공 윤리적으로 극복될 수 있다. 뒤르켐의 공공윤리는 사회학적으로 기초하며, 시민사회의 도덕과 종교의 차원을 칸트와 루소의 전통에서 진일보시킨다. 공공신학은 공공윤리를 사회계층의 다양한 필드에서 발전시키고 사회 안전망을 구축하는 기획과 국가와 시민사회의 매개역할을 한다. 이러한 측면은 사회학적 방법과 신학의 만남을 강화해준다.

후기 자본주의와 마르크스주의 비판

종교와 도덕성에 대한 사회적 분석에서 우리는 틸리히, 바르트 그리고 니부어를 주목한다. 틸리히에 의하면 마르크스주의를 교조적인 협소함에서 방어하고, 초기 마르크스의 입장을 자본론의 마르크스에 비교하면서 그 진의를 회복시킬 필요가 있다.[43] 사회주의적 경제는 자유방임주의를 거절하며, 무제한의 경쟁과 시장 논리를 통해 모두를 위해 최대의 가능한 이익을 이끌어 낸다는 주장을 허구로 파악할 것이다. 그러나 계급투쟁의 경험은 자유경제 시스템에 저항하는 현실이 된다. 자유기업은 경제위기의 비합리성과 빈곤의 시기를 초래한다. "자유경제의 실제적 결과는 계급지배이며 제국주의 전쟁, 프롤레타리아 대중의 위기와 이들의 명백한 불안정성이다"[44]

---

43 Tillich, *The Socialist Decision*, 125.

사회주의적 요구는 위기를 만드는 무제한 경쟁을 국가 계획경제를 통해 대처하려고 한다. 이것은 '자유방임 대신 중앙통제'를 말한다.[45] 사회주의는 인간 본성을 이성의 관점에서 파악하고 현재의 비합리적 상황에서 미래의 합리적 상황으로 이행하려고 한다.

그러나 사회주의 원리는 인간을 기계처럼 생각하는 속류 마르크스주의 견해를 반박한다. 노동자 대중의 고난이 점점 더 심해지고 고통의 반응이 혁명의 지점에 도달할 때, 기계론적인 견해는 인간을 단순하게 만족과 고통의 반응으로 결정한다. 여기서 인간은 물건처럼 취급되고, 부르주아 객관화의 극단적인 산물을 반복한다. 인간은 상품 즉 생산 기계의 일부가 된다. 계급지배는 인간을 사물로 변화시키며, 사회주의는 이러한 비인간화의 과정에 대한 카운터 운동이 된다. 자본주의 체제는 이러한 물화의 현실의 저변에 깔려있다.[46]

물화의 병리학적 현실에 저항할 때 중요한 것은 노동 분업의 사회학적 분석과 공공제도들의 도덕적 연대를 고려하는 것이다. 공공신학은 공공 지식인들의 사회조직을 고려하며 사회 안전망을 구축하며 사회적 약자들과의 도덕적 연대를 증진한다. 여기서 후기 자본주의 안에서 소외와 관료제 그리고 물화에 대한 바르트의 윤리적 반성을 고려하는 것이 중요하다.

소외에 대한 바르트의 분석에서 인간은 하나님에 대해 적의를 가지며, 동료 인간들에 대한 살해 그리고 인간성의 자기 파괴로 간다.[47] 소외된 인간은 자신의 정체성을 주인이 되려고 하는 욕망에서

44 *Ibid.*, 89.
45 *Ibid.*, 90.
46 *Ibid.*, 133.

찾는다. 이런 지배 욕구로 인해 인간은 인간성과 사회와 자연을 파괴하는 위대한 지배자 역할을 한다. 인간의 잘못된 자율성은 인간들 사이에서 적대로 나가며 타인에 대한 억압과 착취를 통해 비인간성 소외의 현실을 드러낸다. 비인격적인 세력들의 현실은 인간의 잘못된 자율성과 함께 하나님에 대한 적의를 드러내며, 약탈과 살해가 나타나고, 결국 지역과 세계에서 전쟁으로 치닫는다.[48]

바르트는 서구사회의 비판적 분석을 그의 특수윤리에 통합하고, 소유 개인주의에 근거한 삶의 방식에 문제를 제기하며, 이 개인주의가 제도권 안에서 사적 소유와 가치와 인간관계를 사유화해버린다고 말한다. 이것은 다른 나라들에서 시장을 추구하며, 해외정책과 군비 산업을 발전시킨다. "[이러한 일은] 인간이 아니라 이자를 산출하는 자본이 목적의 대상이 될 때 발생한다. 자본의 유지와 증대는 정치 질서의 의미와 목적이 되며, 메커니즘은 여기서 이미 설정되고 언젠가는 사람들을 전쟁으로 내보낸다."[49]

바르트에게 인간의 합리성은 그리스도 안에서 드러난 하나님 화해의 합리성에 상응한다. 예수 그리스도 투쟁의 역사는 교회로 하여금 비인격적인 세력들의 메커니즘, 즉 폭력, 죽음을 생산하는 문화 그리고 불의에 저항하게 한다. 자본이 지배하는 곳에서 인간은 사물이 되어버린다. 관료제의 합리주의는 자본의 지배처럼 비합리적이다. 인간의 삶에서 드러나는 소외와 물화는 인간 존재와 사회를 포괄적으로 관료주의화에 구속하고, 인간관계는 추상적이며 익명의 관

---

47 CD IV/1:397-403; IV/2: 409-410.
48 CD IV/2: 436-437.
49 CD III/4:459.

계가 된다.[50] 이러한 관료주의화에서 인간의 삶은 사물로 오용되고, 음식, 상품, 생계 보조, 문명과 문화적 예술들에 인간의 존재와 삶이 예속된다. 이러한 것들은 사회적 기제와 장치들이며 여기에 인간은 순응해야 한다.[51] 이러한 사물의 질서들은 인간의 삶에 통합되고 지배하며, 물화의 과정은 폭넓게 나타난다.

바르트는 자유 노동 계약의 법적 형식을 분석할 때 경제적 형식에서 여전히 착취가 나타나며, 고용주와 고용인 간의 평등함은 존재하지 않는다고 본다. 고용주는 고용인에 대해 자신의 이해와 이익을 명령하면서 비교할 수 없는 우위를 가진다.[52] 이러한 이중기준으로 인해 노동계약은 비인간성을 은닉하는 마스크가 된다. "이것은 단순 경쟁보다는 덜 파렴치한 형식으로 나타나는 사회적 부정의이다. 이것은 명백하게 자유롭고 상호계약을 포함하고 적법한 것처럼 보이며, 공동투자에 기초한다. 그러나 심지어 이것은 더욱 억압적이며 피상적인 정의를 드러내며, 더 과격하게 산업의 평화에 도달하는 것을 불가능하게 만든다."[53]

마르크스와는 달리 바르트는 계급투쟁개념을 일차적으로 고용주로부터 자신의 이익을 설정하면서 행한다고 본다. 이것은 위로부터 계급투쟁이다. 노동계급의 반응은 밑으로부터 즉 카운터 투쟁에서 온다. 위로부터 계급투쟁의 현실은 이윤 경제에 의해 표현되고 정당화된다. (1) 생산 수단의 권리와 사적 소유 (2) 고용주는 특별한

---

50 CD IV/2:680-81.
51 CD IV/3.2: 667.
52 CD III/4:542.
53 CD III/4: 542.

기술을 가진 최고의 노동자다. (3) 인간들 사이에 경쟁과 투쟁 없이 경제적 그리고 기술적 진보는 없다. (4) 마르크스가 예견한 자본주의 붕괴이론은 오류로 판명되었다.[54]

바르트는 이러한 논쟁에도 불구하고 고용주는 부르주아 계급 이기주의에 근거하며, 고용인과의 관계에서 드러나는 소외와 물화 그리고 관료적 행정을 이해하지 못한다고 말한다. 이러한 비인간성을 개혁하기 위해 사적인 수익경제는 노동과정의 협력조직을 향해 이행이 필요하다.[55] 밑으로부터 계급투쟁은 노동조합이나 협동 사회의 형식으로 설립되며 현대 산업사회와 그 착취원리에 저항한다.

바르트가 주장하는 것은 고용주를 비인간적으로 폄하하는 데 있지 않다. 오히려 고용주가 물화와 형식적 경제계약의 과정에서 자본의 수단이 될 수 있는 것을 지적한다. 자본의 지배는 화해되지 않은 사회의 형식이며 고용주와 고용인에게 해로움을 가져온다. 세계의 사물(자본, 제도, 국가 등)에 봉사할 때, 이러한 사물은 인간 삶의 우상이 된다. 인간은 타인과의 관계에서 사물로 전락하며, 사적 이해와 이기주의를 위해 수단과 도구가 되고 만다. 이것은 서구사회와 국가 사회주의에서 일어나는 불가피한 물적 강요의 과정이다. 바르트는 이러한 자본주의와 사회주의 체제 안에서 적대, 억압, 그리고 착취를 향한 내적 경향이 있음을 직시하며, 사회주의 안에서 소외, 집단적인 억압과 국가독재를 간과하지 않는다.[56]

바르트는 공산주의 국가 사회주의에서 사회주의적 계급투쟁은

---

54 CD III/4: 542-543.
55 CD III/4: 543.
56 CD IV/2: 434-37.

공개된 자본주의 계급투쟁과는 달리 은닉된다.

착취는 끝나지도 않았고 여전히 대립하는 이해를 가진 계급들이 존재한다. "비록 마르크스주의 프로그램이 더 이상 착취자와 착취된 자가 없다고 해도… 그것은 의심스럽다. 더 이상 생산수단의 사적 소유나 자유기업이 없는지 아니면 노동과정의 방향이 국가의 수중에 넘어갔는지 하는 문제는 해결이 되지 않았다"[57]

전제적인 국가 사회주의에서 전능한 당과 정책 그리고 프로파간다는 중심기능을 가지며 이러한 권력은 국가 사회주의의 주인 없는 폭력이 되며, 국가는 민주주의와 사회정의가 없는 소수의 지배와 특권계급의 이해를 위해 독재와 동일시된다. 계급 이기주의가 노동자 운동에 침투할 때, 그것은 공허하고 무절제한 욕망을 추구하면서 동료 인간성을 상실한다. 인간의 노동은 "자본주의든지 사회주의적인 치장이든지 간에 필연적으로 경쟁이 아니라 열린 계급전쟁의 착취의 사인 아래 서 있게 된다."[58]

기독교현실주의와 마르크스주의 비판

마찬가지로 니부어는 자본주의가 자기 파괴의 가능성과 수단을 산출한다고 인정한다. 마르크스주의자들은 생산 수단과 더불어 계급투쟁이 없는 국가 기제들을 유지하기가 어렵다고 판단한다. 마르크스주의 입장은 프롤레타리아에 대한 믿음과 희망에 기초하는 것

---

57 CD III/4: 544.

58 CD III/4: 545.

이 아니라, 마르크스, 레닌 그리고 트로츠키의 교리에 근거한다. 마르크스를 레닌과 트로츠키로부터 분리하는 것은 후자들이 마르크스의 이론을 보다 큰 낙관주의 방향으로 수정하기 때문이다.[59]

경제 결정론에 의하면 혁명의 감정은 노동자계급의 경제적 비참에서만 발전할 수가 있다. 레닌은 그의 결정론과 정치 전위이론을 통해 마르크스주의를 단순히 '노동계급 경험의 자연적 산물'로 보지 않는다. 왜냐하면 "마르크스와 엥겔스 그리고 오늘날 과학적 사회주의 창시자들은 부르주아 인텔리에 속하기 때문이다."[60]

레닌의 도덕적 냉소주의는 정치와 민주주의 국가에서 모든 윤리적 성취를 파면한다. 레닌은 민주주의 국가를 노동계급의 착취를 위한 부르주아지의 도구로 단죄해버린다. 민주주의는 부르주아 국가의 형식이며, 도덕은 완전히 계급투쟁에 예속된다. 소비에트가 도덕성과 문화적 가치들에 관한 판단과 기준이 된다. 민주주의 국가에 대한 평가에서 레닌은 민족주의와 애국주의를 동일시하며 유럽의 의회 사회주의자들은 1차 세계 대전을 지지했고 사회주의를 배신했다고 말한다.[61]

그러나 레닌은 강력한 정치 권력의 센터를 만들어내고, 엄청난 권위를 행사하며, 경제력의 집중이 소수의 수중에 들어가는 것을 방치한다. 이것은 필연적으로 강성 국가의 필연성으로 나가며, 공산당의 독재를 위해 위험스럽게 정치 권력을 집중시킨다. 의심할 여지 없이 공산주의 관료제에서 권력 남용은 매우 심각해지며, 참을 수

59 Niebuhr, *Moral Man and Immoral Society*, 146.

60 *Ibid.*, 148.

61 *Ibid..*, 149-150.

없는 불의와 억압을 초래한다. 프롤레타리아의 독재는 당 독재와 더 나아가 관료제의 독재로 전화하며, 경제적 균형은 오직 부분으로만 배상 된다.[62]

앞서 살펴본 것처럼, 마르크스의 프롤레타리아 독재개념은 파리 코뮌에 대한 역사적 분석에 기초하며, 이것은 탈중심적이며, 민주적인 형식을 갖추고 있고, 시의원들은 보통선거에서 선출된 사회공화국의 정치적 형성으로 구성된다. 대표들이나 시의원들은 시민에 의해 소환 가능했고, 코뮌은 의회 기구가 아니라 노동계급의 공인된 대표들이 활동하는 행정부와 입법부였다. 경찰기구는 코뮌의 집행인이며, 공직은 노동자들의 임금수준에서 수행되었다. 시 행정과 국가의 정책은 코뮌의 지도력에 놓이게 된다. 재판권을 가진 자들도 선거로 선출되며, 소환될 수 있었다. 모든 교육시설은 모두에게 평등하게 무상으로 개방되었다. 가톨릭 성당과 국가간섭은 배제되었다. 이것은 심지어 다당제나 자유 선거 그리고 언론의 자유를 없애지 않았고, 민주주의 공화제의 틀 안에서 움직인다. 국가의 통일성은 파괴된 것이 아니라 코뮌 법령에 의해 재조직되었다. 코뮌은 공화국에 진정한 민주주의 기반을 제공하며, 철저하게 개방적인 노동계급의 정부였고, 노동에 대한 경제적 해방이 이루어진 최종적으로 발전된 정부 형태였다. 해방된 노동과 함께 생산 수단을 자유롭고 협동적인 노동의 도구로 변형시켜 공공복지를 실현하고 진정한 의미에서 개인의 소유가 가능해지며, 만인은 노동자가 된다. 또 중산층은 코뮌을 수호하고 공화연맹으로 출현하고 농민들의 지지를 얻어 냈다.[63]

---

62 *Ibid.*, 192-193.

마르크스의 민주주의적 견해는 레닌의 독재개념과 양립하지 않으며, 마르크스는 소수의 전제주의나 통제국가를 위해 민주주의를 억압할 의도가 없다. 레닌에 의하면, 프롤레타리아 독재개념은 마르크스와 엥겔스가 프랑스의 파리 코뮌의 역사적 경험 이후 '국가를 지배계급으로 조직된 프롤레타리아'로 전개한 것으로 본다. 국가는 폭력 조직체로서 부르주아지를 억압하고 착취해야 한다. 레닌에 의하면, "프롤레타리아는 국가권력 즉, 중앙집권화된 강제력의 조직이며, 폭력조직을 필요로 한다. 그것은 착취자의 저항을 분쇄하고, 사회주의 경제를 조직하는 작업에서 대다수 사회구성원—농민, 프티 부르주아, 반 프롤레타리아—을 지도하기 위해서이다."[64]

레닌은 이러한 측면을 기발하게 노동자들의 전위당으로 조직하고, 당의 주도 아래 모든 노동자와 피억압자들의 교사이며 안내자이며 지도자가 된다고 변형시킨다. 마르크스의 계급투쟁론은 반드시 프롤레타리아 독재에 관련되며, 계급 없는 사회로 이행하는 과도기를 구성한다. 레닌은 전위당을 계급 투쟁론과 프롤레타리아 독재에 결부시켜 전개한다.[65]

레닌의 관심은 공산당 선언에 대한 교정으로 삽입한 문장인데, 다음과 같다. "한 가지가 특히 코뮌에 의하여 입증되었다. 즉, 노동계급은 단지 기존국가의 기관을 장악할 수 없으며, 이 기관을 노동계급 자신의 제 목적을 위하여 지배할 수 없었다는 점이다"[66] 이 문장은

---

63 『칼 마르크스 프랑스 혁명사 3부작』, 317-319.

64 "레닌, 국가와 혁명: 1848-1851년의 경험," *ibid.*, 366.

65 *Ibid.*, 373,

66 *Ibid.*, 376.

파리 코뮌을 분석한 마르크스의 프랑스 내전에서 온다. 이 문장을 레닌은 쿠겔만에게 보낸 편지와 관련하여 해석한다. "…프랑스 혁명의 다음의 과제는 더 이상 전처럼 관료적, 군사적 기구를 대처하는 것이 아니고, 이를 분쇄하는 것이며,… 이것이 파리에 있는 영웅적인 우리 당의 동지들이 시도하고 있는 바입니다."[67]

코뮌의 구성은 다수파인 블랑키주의자와 소수파 프루동주의자, 1차 인터내셔널 마르크스주의자들이었다. 블랑키주의자들은 소수의 결단력 있고 잘 조직된 자들이 음모를 통해 인민 대중을 혁명으로 끌어들이고 유리한 시점에서 국가 지배권을 장악했다. 이것은 가장 엄격한 독재와 새로운 혁명 정부 수중으로 모든 권력을 집중한다.[68] 엥겔스는 이미 코뮌은 블랑키주의자들과는 달리 프랑스의 모든 코뮌과 자유연맹을 제안했고 중앙집권적 구 정부의 탄압조직인 군대, 정치경찰 그리고 관료제를 폐지하고 분쇄하며 심지어 민중의 대리인과 관리들에 대해서도 보통선거로 선출되며 소환대상임을 밝힌다. 입법과 사법과 교육의 모든 관련자는 보통선거권에 근거하며, 시민은 이러한 파견 대표들을 언제든지 소환할 수는 자격을 가진다.[69] 여기서 프롤레타리아 독재로서 코뮌은 레닌과 같은 전위당을 중심으로 움직여진 일당독재기구가 아니었다.

물론 레닌은 엥겔스가 인용하는 코뮌의 민주주적인 차원을 알고 있다. 선거에 의해 선출되는 대표들과 민중에 의해 소환 가능성 그리고 노동자 임금수준으로 삭감된 대표와 의원들의 봉급 ─ 이것은

---

67 *Ibid.*, 377.
68 "프리드리히 엥겔스의 서문," *ibid.*, 273.
69 *Ibid.*, 274.

자본주의에서 사회주의로 교량 역할을 한다. 여기서 코뮌은 의회 기구가 아니라 활동하는 행정부인 동시에 입법부이다. 의회 기구가 아닌 활동하는 기구를 레닌은 아나키스트적으로 파악하지 않는다. 의회제도가 아니라 이러한 대의제를 통해 레닌은 마르크스를 프롤레타리아 중앙주의자로 파악한다. 이러한 민주 집중제가 프롤레타리아 독재개념이 되며 국가적 통일성의 조직화로 파악한다. 여기서 마르크스가 말한 개방적인 정치형태는 프롤레타리아 중앙집권의 형태로 변형된다.[70]

레닌에게 독재는 법에 근거하지 않고 강제에 기초한 무제한의 권력을 의미하며 착취자에 대한 억압자의 행사가 된다. 부르주아 국가는 분쇄되어야 하고, 이후 프롤레타리아 국가는 소멸한다. 프롤레타리아 국가는 사회를 이끌어가는 데 특별한 교육과 기술이 필요하지 않으며 특별한 관료계급을 요구하지 않는다. 레닌은 혁명 이후 국가에서 파리 코뮌의 경험을 공산주의 국가조직의 일반적 특징으로 구현하려고 했다. 국가의 완전한 파괴를 위하여 레닌은 사람들이 자발적인 공존과 연대의 원리에 익숙해져야 하며, 모두가 평등한 수준과 급료에서 ―관리제도가 없는― 국가에 봉사해야 한다고 주장했다. 그것은 관료제 사회의 카스트 제도를 극복해야 한다. 공공교육은 민주적으로 선출된 지방자치 정부에서 직접 관리한다. 중앙정부는 학교 커리큘럼이나 교사들의 선출에 관여하지 않는다. 교사는 민중들에 의해 선출된다. 이러한 과정을 통해 국가는 완전히 철폐되며, 민중들은 자발적인 공생과 연대에 익숙해져야 한다. 착취와

---

70 *Ibid.*, 390.

빈곤으로 인한 범죄는 정치적으로 사라지게 된다. 이것은 레닌의 보편적 이상주의를 말한다. 그러나 다수 독재는 정치조직을 통해 구성될 때 공산당의 역할이 불가피해진다.

러시아 혁명 이후 프롤레타리아의 독재는 의회 제도를 파괴하고, 입법부와 행정부의 분리를 분쇄했다. 소비에트 공화국은 의회주의 삼권분립을 제거하고 입법부과 행정부를 연합시킨다. 프롤레타리아는 공산당에 의해 대변되며 대다수 농민을 독재로 지배한다. 결국, 당의 독재는 이미 프롤레타리아의 중앙주의에서 드러난다. "러시아 볼셰비키에게—위로부터 독재 또는 밑으로부터 독재, 지도자들의 독재 또는 대중들의 독재에 대한 모든 언급은 어이없는 것이며 유치한 난센스로 여겨질 수밖에 없다. 이것은 마치 사람에게 왼쪽 다리 아니면 오른쪽 팔이 더 유용한지 토론하는 것과 다를 바 없다."[71] "프롤레타리아의 독재는 계급 전체를 포함하는 조직을 통하지 않고는 행사될 수가 없다… 이것은 오직 계급의 혁명적 에너지를 흡수한 전위에 의해서만 실행될 수 있다."[72] 민주주의와 자유는 심하게 손상되며, 오로지 당독재와 계급투쟁에 봉사할 때만 의미가 있다.

그러나 파리 코뮌은 민주주의 원리와 언론의 자유, 보통 사건과 다당제에 기초한다. 이것은 민주주의와 언론의 자유를 제거하고 보통 선거제를 폐지하며, 소수당의 지도자들에 의한 독재와는 맥을 달리한다. 결국, 레닌의 정치는 관리들의 교육, 문화, 전문화, 행정적인 기술의 결여로 인해 생겨난 관료제의 왜곡으로 심하게 손상을

71 Cited in Kolakowski, *Main Currents of Marxism 2*, 504.
72 Lenin, "Speech on 'The Trade Unions, the Present Situation and Trotsky's Mistakes,' 30 Dec. 1921. Cited in *ibid.*, 505.

입었다. 레닌이 언급한 것처럼, 소비에트 공화국은 관료제로 심하게 왜곡된 노동자들의 국가였다. 생산력의 저하, 프롤레타리아의 문화적 미숙과 교육의 결여, 국가와 경제에 대한 직접적 관리에 대한 무관심, 내전으로 인한 당 엘리트들의 죽음, 세계적으로 나타나는 혁명의 소외 등에서 관료제의 원인을 찾아볼 수가 있을 것이다. 권력의 대표로 관료들은 점차 권력을 탈취하고 국가와 경제를 지배했다. [73] 기술직과 행정관리는 산업과 국가를 유지하고 진행 시키는 데 필요했다. 종종 인용되는 레닌의 구호는 다음에서 볼 수 있다. "사회주의는 소비에트 권력 플러스 전력화이다"[74] 레닌은 독일의 국가 자본주의를 선호했고, 서구문화를 독재적인 방식을 통해 도입했다. 이제 파리 코뮌 모델은 사라지고, 레닌은 신경제정책(1921)을 통해 부르주아 경제와 문명으로부터 배우기를 열망하고, 국가 자본주의를 통한 사회주의 접근을 강조했다.

니부어의 분석에 의하면, 배상의 불평등은 권력의 불평등에서 드러나며, 이것은 관료들 간의 특권을 배태한다.[75] 마르크스주의는 결국 목적이 수단을 정당화하는 위험한 원리에 노출된다.[76] 혁명은 궁극적 목적으로 도덕 책임감과 고결함을 혁명을 위해 제거해버린다. 심지어 혁명을 위한 여타의 수단(강도, 살해 그리고 음모)은 정당화된다. 혁명 이후 새로운 사회에서 공산주의자들의 권력을 위한 여타 수단

---

73 Mandel, *Marxist Economic Theory II*, 572; Kolakowski, *Main Currents of Marxism 2*, 490-500.

74 *Ibid.*, 489.

75 *Ibid.*, 198.

76 Niebuhr, *Moral Man and Immoral Society*, 175.

의 사용은 정당화되어서는 안 된다. 그러나 이것은 꿈에 불과했고 소비에트 정부는 불의와 폭력을 초래하는 인간 본성의 연약함을 제거할 수가 없었다. 정치 이상주의에서 절대주의는 잔인함에 이르는 위험한 가이드로 변질되며, 여타의 비합법적인 수단의 사용으로 인해 소비에트 사회는 심한 손상을 입었다. 절대주의는 참을 수 없는 전제주의와 잔인함으로 변질되며, 광신주의는 정치정책에서 표현되며 인류에 대한 자비의 길을 닫아 버린다.[77]

마르크스 이론에 대한 비판에도 불구하고, 니부어는 자본주의 경제 체제에서 주기적 위기들이 발생한다는 마르크스의 예언에 특별한 진리가 있다고 인정한다. 주기적 위기들과 대립들은 대량생산과 더불어 노동자의 소비력 결여에서 온다. [78]

결론적 반성

화해에 대한 마르크스주의 부정적 견해는 계급의 적들에 화해될 수 없는 투쟁을 강조한다. 이것은 프롤레타리아 계급의 이기주의를 영속화하며, 바르트 화해의 모델과 대립한다. 바르트는 더 많은 민주주의와 사회정의를 추구하는 데서 화해의 정치를 대안으로 삼는다. 그는 미국의 테일러 시스템(Taylor system)이나 1935년 소련에서 사회주의 경쟁의 새로운 단계의 산업화를 위해 급속도로 행해지던 슈타카노비트(Stachanovite) 운동을 영구경쟁의 방식으로 비판한다.[79]

---

77 *Ibid.*, 199.

78 *Ibid.*, 189.

79 CD III/4: 550.

자본주의의 허무주의적 역동성에서, 바르트의 비판은 니부어의 리버럴 민주주의에 대한 비판과 유사하다. 바르트는 소유, 사유재산과 자본축적을 위한 투쟁에서 개인주의와 자율성을 인식한다. 이것은 자본주의 사회의 목적을 영구화해나가는 원리가 된다. 인간의 노동과 경제적 활동은 자본을 취득하는 데 집중하며, 이러한 취득은 자본주의 사회에서 인간과 사회 메커니즘의 관계를 결정한다. 자본투쟁은 역동적이지만 악마적인 과정에서 생존투쟁의 형식으로 나타난다. 이것은 "재정 산출(또는 잘못된 계산)을 통해 소유를 집적하고 배가 되는데, 다시 말해 '자본'은 상대적으로 소수의 손에서 지배되며, 이들에 의해 좌지우지된다."[80]

자본지배에서 인간들은 사회 메커니즘 안에서 물의 상태로 고착되고, 이들은 자본축적의 과정에서 사용되고 착취당한다. 바르트는 '공허하고 절제되지 않은 욕구의 혁명'이 이러한 허무주의적 메커니즘 안에서 발생한다고 지적한다. 이것은 지나친 풍부함과 소유를 향한 욕망의 혁명이며, 이것은 오로지 소유이념을 위하여 가동된다.

무 또는 허무주의적 실제가 과잉으로 넘쳐난다. 이러한 자본주의 혁명은 "자연적이며 아름다운 삶의 풍부함"을 의미하지 않는다. 이것은 인간의 삶과 물을 지배하기 위한 인위적으로 확대된 권력의 영역을 향한 욕망의 혁명이며, 인간의 삶을 지배하기 위한 실제적 권력의 향상을 위한 인위적인 수단과 관료제로 드러난다.[81]

경쟁 아래서 행해지는 노동은 비인간적 활동이 된다. "노동자들

---

80 CD III/4: 531-532.
81 CD III/4: 538.

이 동료 인간성을 망각하는 한, 이들은 인간이 될 수 없다. 이들은 활력에 넘치는 욕구를 공허하며 절제되지 않는 욕구와 혼동하며, 노동은 필연적으로 경쟁과 갈등의 사인 아래 있게 된다."[82]

이것은 뒤르켐이 분석한 자본주의의 병리 현상일 수 있으며 노동의 합리화 과정에서 도덕적 연대를 망각하고 탈취해버리는 자본의 횡포일 수도 있다. 물론, 바르트는 자본주의 혁명이 가져온 긍정적인 요소들을 간과하지 않는다. 그것은 사회의 모터로 작용하며, 크고 작은 기업, 운동이나 생산 그리고 기술적인 혁명에서 숨겨진 버팀목이 된다. 자본주의는 주인 없는 폭력의 형식이며, 인간의 지성, 습관, 관습과 전통 그리고 제도를 보장한다. 그것은 정치, 경제, 과학, 기술과 전쟁에서 인간의 진보와 후퇴 그리고 정체를 위한 실제적 요소이며 대행자가 된다. 그러나 그것은 또한 개인의 인격적인 삶에서 진화와 더불어 방해의 요소이기도 하다. 바르트는 주인 없는 폭력들이 정치, 경제, 문화와 생태학의 영역들에서 역동적이며 자율적이고, 기술 지배적이며 행정적으로 관리되는 것에 주목한다. 이것은 능력이 있으며 목적 지향이며 그리고 혁명적이다.[83]

그럼에도 불구하고 바르트의 윤리적 선택은 예수 그리스도 해방의 역사를 좇아가면서 주인 없는 폭력들의 현실에 투쟁하는 것이다. 이것은 사회정치문화의 영역들에서 해방과 연대를 향한 바르트 화해의 공공신학을 지적한다. 다양한 공공의 영역들에 침투해있는 주인 없는 폭력들의 현실을 분석하고 폭로하며 그리스도의 복음을 실

---

82 CD III/4: 117.

83 Barth, *Christian Life*, 368, 372.

천한다.

이것은 국가가 더 많은 민주주의와 사회정의 그리고 가난한 자들과의 도덕적 연대로 나가도록 하는 복음의 방향과 설정이 될 수 있다. 이것은 뒤르켐의 분업에 대한 도덕적 평가와 전문 도덕위원회를 통한 시민사회의 방향을 지지할 수 있다. 이런 점에서 바르트는 루소와 칸트의 전통에서 뒤르켐의 분업 사회학에 동의할 수 있을 것이다. 공동 인간성과 도덕의 연대는 시민사회의 토대가 된다.

그런가 하면 틸리히는 경제에서 순수 이성의 계기를 발견하는 것이 무익하다고 본다. 왜냐하면, 경제적인 삶은 구체적인 사회적 상황을 표현하며 이러한 상황은 지배그룹의 이해관계와 기술적인 진보에 영향을 받기 때문이다. 만일 리버럴 이론이 삶의 과정을 경제적 합리화에 예속시킬 경우, 급진적인 민주주의는 국가를 경제정의의 기능으로 전환 시킨다. 경제적 목적은 다음의 네 가지 측면을 다룰 때 정교화하게 파악되는데, 그것은 욕구의 문제, 기술 진보와 노동에 대한 태도 마지막으로 인터내셔널 경제와 관련된 국내경제를 고려할 때 그렇다.[84]

사회주의적 콘텍스트에서 욕구의 독재는 거절된다. 왜냐하면, 계획경제는 실제로 필요한 욕구에 맞게 행사되며 제한되지 않는 새로운 욕구를 창출하지 않기 때문이다. 이것은 필요의 표준화를 고려하며, 기술의 진보를 통해 욕구와 충족의 극대화에 순응하지 않는다. 기술 진보는 체계적으로 발전하며 서구 문명을 변화시키지만, 반면에 그것은 대중들을 소외와 물화의 예속으로, 자연을 기술지배 아래 둔다.

---

84 Tillich, *The Socialist Decision*, 154.

자본주의적 업적은 기술적인 생산 수단과 경제 합리화를 통해 거절되거나 무시될 수 없다. 그러나 기술 합리성이 제한되지 않은 자유경쟁과 성장의 틀에서 가동될 때 그것은 축적의 과정에서 과잉생산과 대량의 실업과 빈곤으로 인해 경제위기를 초래한다. 다른 한편, 정치적 낭만주의는 군사적 민족주의에 연루되며 야만주의의 형태로 자기 파괴적 투쟁으로 가는데 히틀러 인종 사회주의나 유럽의 파시즘에서 볼 수 있다.

틸리히는 사회주의 원리로 돌아갈 것을 호소한다. 그것은 유럽의 사회를 야만주의로부터 구원할 것이다. 사회주의 원리는 기술지배의 무한한 가능성을 인간의 지배 아래 놓으며 인간성과 생태학적인 삶을 자기 파괴로부터 방어한다. [85] 틸리히의 종교사회주의는 신앙과 종말론적 기대의 방향을 지적하며, 이것은 사회주의적 신념의 한계를 카이로스 개념을 통해 정화하고 갱신해야 한다. " 종말론적 기대는 항상 구체적인 것에 구속되며 동시에 구체적인 것의 모든 실례를 초월한다…사회주의 신념의 활동력과 깊이는 그것이 뚜렷하게 —그리고 위험하게— 이러한 긴장을 구현하는 데 존재한다."[86] 종말론적 기대는 사회주의의 상징이다. 이것은 예언자적 사회주의를 지적한다.

마찬가지로 바르트의 개혁정치는 하나님 화해의 현실에 서 있으며, 소외와 물화, 관료화를 초래하는 사회 요소들을 극복하려고 한다. 이러한 정치는 사회체제에 순응하는 개혁 모델이나 마르크스의

---

85 *Ibid.*, 161.
86 *Ibid.*, 132.

혁명 모델과는 다르다.

바르트의 공공윤리는 하나님 나라의 복음에서 나오는 방향과 노선에 기초한다. 국가는 하나님 나라에 상응하는 비유로 남는다. 교회는 일차적으로 가난한 자들에게 관심을 가지고 정치영역에서 사회정의에 집중해야 한다. 이것은 최대한 사회정의에 근거해서 수행되어야 한다.[87] 자유는 정치와 법적 영역에서 모든 시민에게 속하는 기본권으로 보장되어야 한다. 교회는 항상 연약하고 가난한 자들과 연대해야 하며, 근본적으로 사회 정치적 무질서의 희생자 편에 서야 한다. 교회는 인간의 모든 불의와 사악함(롬 1:18)에 저항하여 하나님의 혁명을 선포해야 한다.[88]

바르트는 교회가 여타의 전체주의 국가의 독재나 자본주의적 소유 개인주의와 소외 그리고 부정의에 저항할 것을 촉구한다. 바르트에 의하면, "진정한 기독교는 사적인 기독교, 즉 탐욕의 기독교가 될 수 없다. 비인간성은 즉시 위조된 기독교를 만들고 만다… 그것은 모든 파레시아(parrhesia) 안에 있는 신뢰와 위로 그리고 기쁨의 뿌리를 자르고 만다. 파레시아의 진실한 담론 안에서 우리는 기독교인으로 살아가며, 이것은 기독교가 세상에 빚을 지고 있는 증거이기도 하다."[89]

---

87 Thesis 17, in *Christian Community and Civil Community*, 284.

88 CD III/4: 544-5.

89 CD IV/2: 442.

에 필 로 그

　지금까지 다루어온 공공신학과 근대의 도덕과 정치이론과 더불어 기독교 현실주의와 종교사회주의에 대한 논의를 요약한다. 그리고 5장에서 다루게 될 내용에 가교를 놓는다. 포스토콜로니얼 태도는 근대 미완의 과제로부터 오며, 여기에 결부된 대안 근대성은 주변부로 밀려 나간 자들을 '위하여' 그리고 '그들로부터'의 관점에서 제시된다. 공공신학은 사회제도와 공공영역의 문제들(*res publica*)에 관심하며, 사회계층의 다양한 영역들에서 공공의 선과 연대, 타자의 인정과 해방을 학제적 소통을 통해 추구한다. 이런 이슈들을 다룰 때, 중요한 것은 근대 정치철학과 도덕 이론에서 나타나는 정의론을 공공신학과 소통하고, 대화의 전거를 마련하는 것이다. 공공신학은 학제적 소통이론의 틀에서 정교화되고, 사회학적이며, 해석학적인 (현상학적) 전망으로 펼쳐진다.

　사회계약론을 다루면서 사유재산에 의해 움직이는 민주주의와 소유적 개인주의(로크)가 비판적으로 분석되지만, 사회계약론 전통을 싸잡아서 소유적 개인주의나 식민주의 논리로 비난하지 않는다. 정치적 자유와 민주주의 이론에는 여전히 사회 민주적인 방향을 지적하는 차원이 있고, 식민주의에 대한 날카로운 비판과 더불어 포스트콜로니얼 전망을 담고 있다.

이런 점에서 로크와 루소, 칸트는 신자유주의 경제이론을 지지하는 리버테리언 철학에 대립한다. 이러한 정치철학의 전통에서 드러나는 진의와 사회 비판적 성찰은 의미론적으로 회복될 필요가 있다. 이러한 전통은 존 스튜어트 밀의 자유방임주의와 스펜서의 사회진화론 그리고 식민주의와 날카롭게 구별된다. 여기서 중요한 것은 애덤 스미스를 존 스튜어트 밀과 사회진화론으로부터 방어하고, 스미스의 식민주의 비판의 유산을 긍정적으로 평가하는 것이다. 스미스의 도덕 이론은 동정심에 관심하며, 그의 정치 경제학에서 여전히 함축적으로 작용한다. 그러나 스미스의 제한성과 약점은 마르크스와 푸코 그리고 뒤르켐과 비교하면서 분석되고 갱신된다.

근대의 정치와 도덕 이론에서 정의와 시민사회를 다루는데 다양한 모델과 다름이 있으며 인식론적인 변화와 파열이 존재한다. 근대의 리버럴 정치이론의 전통에서 식민주의에 대한 비판의 소리는 후기 자본주의 상황에서 근대 미완의 과제를 신식민주의 현실을 비판하는 포스트콜로니얼 전략으로 자리매김한다.

1. 이런 의미에서 필자는 칸트와 루소에 대한 해석학적 진지함을 가지고 접근한다. 루소의 사회계약론은 칸트의 정치철학과 코스모폴리탄원리를 통해 환대와 평화의 윤리를 위해 통합된다. 홉스의 리바이어던과 정치적 절대주의와는 달리, 로크는 개인의 자유와 사유재산권 그리고 국민적 승인을 중요한 정치 민주주의 개념으로 발전시켰다. 로크의 하나님 소유(workmanship) 개념에는 여전히 궁핍한 자들의 보호와 연대가 있다. 경제적 약자를 위해 사회의 안전망이 고려된다. 인권과 윤리적인 통전성을 유지하기 위해 국민의 승인은

정치 권력을 판단하고 견인하는데 핵심 역할을 한다. 정치 권력을 고삐 풀린 억압과 권위의 행사가 아니라, 입법과 행정부와 사법부로 분리하고 전문화한다.

인권윤리는 정치적 독재와 전제주의에 대한 저항과 혁명의 권리를 다룬다. 이러한 관점은 루소의 사회계약론에서 아주 중요한 내용이며, 이는 국민주권과 참여 민주주의로 특징된다. 루소의 식민주의와 노예제도에 대한 비판은 이후 칸트의 코스모폴리탄 원리에서 정점에 달한다. 칸트는 그의 의무의 윤리를 진화론적인 차원에서 보편사로 통합시키고, 사회계약론과 공화제를 철학화한다. 여기서 환대의 윤리는 코스모폴리탄의 의도성으로 다듬어진다. 정치윤리와 개혁을 위한 칸트의 성찰과 기여는 그가 법과 권리를 정치와 결합하는 데서 잘 드러난다. 법과 권리는 도덕 정치가들에게 정치영역에서 의무와 책임성을 강화하며 정치적 신중함과 도덕과 매개한다.

정치적 책임성과 사법개혁은 도덕 정치가의 윤리적 소명에 속하며, 이런 정치윤리의 타입은 정치적 도덕가(political moralist)와는 대비를 이룬다. 후자는 도덕의 체계를 이해관계와 당리당략에 따라 위조한다. 이들의 정치와 사법의 상황에서 개혁과 진보를 이루어가는 것은 칸트에 의하면 불가능하다.

정치적 신중함은 개혁을 효율적으로 만들어가고 정치적 의무를 정치적인 법과 권리에 일치하여 수행한다. 도덕 정치가들의 개혁은 사법개혁에서 자유의 원리에 따라 완전한 개혁을 통해 혁명의 가능성을 함축한다. 칸트의 도덕 이론에서 인권은 수단이 아니라 목적 자체로 고양되고, 도덕 정치가의 윤리와 정치적 신중함은 코스모폴리탄 환대와 타자에 대한 인정윤리와 더불어 다듬어진다. 도덕적 의무는 리버테리안 주의자들처럼 극단적 개인의 선택으로 환원되지 않는다. 오히려 그것은 정치적 합리성과 사법적 민주주의 개혁과 진보를 위해 더 나아가 포스트콜로니얼적인 비전으로 가동된다.

2. 칸트는 알브레히트 리츨의 신학에서 정점에 달한다. 리츨은 루터의 개신교 원리인 칭의론을 칸트의 윤리적 이념인 목적의 왕국과 관련지었다. 리츨의 칭의와 화해의 모델은 사회 윤리적 차원을 담고 있으며, 고전적인 의미에서 공공신학의 실례에 속한다. 비스마르크 시대의 부르주아 문화에 대한 그의 순응적 태도에도 불구하고, 리츨의 칭의와 화해의 모델은 여전히 공공신학에 중요하다. 물론 리츨과는 달리 필자는 루터와 경제적 정의에 주목하고 칸트의 코스모폴리탄 원리에 관심한다. 그리고 본회퍼의 십자가의 신학과 바르트 화해의 윤리는 리츨의 보수적 입장을 넘어선다.

공공신학의 관점에서 볼 때, 루소의 정치이론은 바르트의 하나님 나라에 대한 반성과 연결되고, 기독교 공동체와 시민 공동체의 연관성에서 다루어진다. 여기서 보다 많은 민주주의와 사회정의는 하나님 나라를 향한 방향과 노선에 일치하며 유비론적인 전거를 제공한다.

라인홀드 니부어는 리버럴 민주주의와 정치 도덕 이론에 깊이 관여하고, 이러한 전통과 비판적인 대화를 이끌어낸다. 또한, 마르크스주의에 대한 도덕적 평가에서 탁월한 견해를 보인다. 그의 기독교 정치현실주의는 공공신학의 진보적인 예로 볼 수 있다. 니부어의 현실주의는 틸리히의 사회주의 원리와 바르트 화해의 윤리 그리고 본회퍼의 십자가 신학과 더불어 신학의 원류로 작용한다. 틸리히의 사회주의 원리와 바르트의 사적유물론에 대한 분석에는 친화력이 존재한다. 주인 없는 폭력의 현실들과 사회주의 결단은 공공신학이 사회계층의 문제들을 다룰 때 중요한 통찰을 제공한다. 공공신학은 종교사회주의 전통에서 배우지만, 사회학적으로 전개되며, 포스트 콜로니얼 이론으로 자리매김한다.

교회와 사회를 향한 이들의 예언적인 통찰은 각기 다른 방향 설정과 공헌을 하지만 공공신학에 이론적 틀을 제공하며 한층 더 포스트 콜로니얼 전망으로 나가게 한다. 여기서 에밀 뒤르켐의 분업 사회학과 도덕의 연대를 중요하게 고려할 필요가 있다. 해방신학의 관심은 종속 근대성에 관여되어 있고, 신체 권력이나 고고학적 담론분석 그리고 사회학적 계층이론과는 거리가 멀다. 그러나 해방신학의 기여를 폄하할 필요는 없다. 해방신학에는 근대의 식민주의적 현실과 교차하는 신식민주의적 조건이 반성 되고, 그 초점은 종속 근대성을 초월하려는 노력이 담겨 있다. 유럽의 정치 신학이 토마스 홉스에 대한 비판적 대화로부터 시작되지만, 정치 신학은 사회계약론과 비판이론 전통(헤겔-마르크스)을 통해 다양한 공공의 영역들에서 문화적 이슈와 생명과학의 대화가 필요하다. 그러나 공공신학은 서구의 근대성의 조건, 한계 그리고 기여를 해석학적인 진지함을 통해 두텁게 기술하고 독해해낸다.

3. 하버마스는 칸트의 코스모폴리탄 조건을 국민의 민주주의적 자기 결정(국민주권)으로 담론화하고 글로벌-민주주의적 법에 관심한다. 칸트의 사법적인 타입은 환대와 인정에 토대를 주는 개념적인 틀로 작용한다. 이것은 다원주의적, 독립적인 그러나 기능적으로 분화된 세계사회에서 법적 정치적 네트워크를 통해 발전된다. 공화주

의적 연방 국가들은 이들의 자격과 정치적 주권을 빼앗기지 않는다. 반면 국민주권은 코스모폴리탄 법적 질서와 세계정부 구성과 더불어 재해석된다.

코스모폴리탄 원리는 포스트콜로니얼 민감성을 통해 특징되고, 식민주의와 이민 문제 그리고 인종 차별주의에 비판적으로 대응한다. 이런 차원은 근대의 정의론과 민주주의 전통을 후기 자본주의 사회 안에서 정교화할 수 있다. 하버마스는 자신의 담론윤리를 소통의 합리성 틀에서 정착하고 칸트적인 방향으로 움직인다. 소통의 이상적인 상황은 정의와 합의 그리고 약자들을 위해 보편으로 설정된다. 담론 윤리적 반성은 대화의 파트너들 사이에서 권력 관계와 헤게모니 구조를 고려하면서 발전될 수 있다. 다른 삶의 형식들에서 언어게임은 사회적으로 구성되며, 그것은 담론윤리를 공공의 선을 위해 정의와 합의 그리고 인정을 통해 가다듬게 한다.

여기서 필자는 헤겔에게 주목한다. 언어와 인정에 대한 반성에서 헤겔은 사회 시스템 안에서 도덕적 성격을 숙고한다. 헤겔의 사회적 노동 분업에 대한 반성은 뒤르켐이 사회발전에서 주목한 도덕의 연대에 유사점을 가진다. 헤겔은 주인과 노예의 인정투쟁에 대한 논의에서 변증법으로 노동의 문제를 자유와 해방 그리고 인정을 통해 분석하고 사회적 자유를 실현하는 데 정치나 문화 제도가 약자들을 고려할 것을 강조한다. 헤겔의 노동개념에서 주인과 노예의 상호 간의 인정과 인간화는 마르크스에게 수용되었다. 헤겔의 변증법에서 삶의 법은 씨앗처럼 착종되어 있고 잠재적인 것들은 자기 함양과 실현을 통해 역사 과정에서 자유와 인정과 해방으로 진보한다.

이런 관점은 국가의 보수적인 국가개념을 윤리적 삶의 차원에서 진보적으로 해석할 수 있는 가능성을 열어놓는다. 헤겔은 시민사회를 협소하게 경제사회로 규정하고, 시민사회에서 일어나는 계급 간의 대립과 적대 감정을 국가의 개입과 사회적 약자들에 대한 연대를 통해 파악했다. 헤겔의 저항 담론은 정치적 차원을 가진다. 언어는 사회적 담론으로서 문화적인 영역 안에서 설정되고 정치적 지배와 경제적 불평등에 대한 비판을 담는다. 공공의 권위(아첨의 이데올로기)와는 달리 불협화음의 담론은 지배와 경제적 부와 특권에 대립한다. 이러한 저항 담론은 국가와 긴장 관계로 들어서며, 저항으로 이어진다. 타자에 대한 인정은 호혜를 베푸는 가부장적 군주제에 근거하지 않는다. 그것은 권력을 가진 군주제에 대한 비판을 통해 수행되며, 결국 프랑스 혁명을 통해 드러난 상호 인정은 시민사회로 전진한다. 이것은 자유와 민주주의 그리고 경제적 정의를 기초로 한다.

헤겔은 과거지향적인 면, 즉 보수적 프로이센 군주제에 대한 승인이 있는가 하면, 여전히 그에게는 주인과 노예의 인정을 통한 투쟁에서 자유와 진보, 해방에 이르는 개혁과 혁명의 길이 존재한다. 이러한 측면은 헤겔의 윤리적 삶(*Sittlichkeit*)을 민주주의적으로 그리고 사회 비판적으로 매개해줄 수 있다. 윤리적 삶은 정치 사회적 제도를 다룰 때 상호 인정을 위해 비판과 저항을 담고 있고, 정의는 물질적인 상품의 공평한 분배와 더불어 문화적인 윤리적 승인을 통해 사회에서 밀려 나간 자들을 위해 중요한 역할을 할 수가 있다.

인정을 위한 사회 역사적 투쟁과 정의로운 사회의 규범을 기획하는 것은 공공신학에 여전히 중요하다. 왜냐하면, 인정윤리는 칸트 환대의 윤리와 더불어 자유와 해방과 민주주의적인 정의를 위해 나간다. 고대 그리스의 이상적인 시민 국가는 시민사회가 갈등과 무질서로 떨어지는 것을 막아줄 수가 없다. 이러한 윤리적 관점은 인권윤리와 사회계약론을 보충해주고 연대개념으로 발전될 수 있다. 사회학적인 헤겔 독해에서 필자는 국가 주권에 대한 헤겔의 군주제를 비판하지만, 그의 해방의 차원을 정치적 담론에서 도외시하지 않는다. 이런 점에서 헤겔은 국민주권의 정치적 담론과 사법적 민주주의 그리고 경제적 정의와 연대라는 루소와 칸트의 전통과 분리시킬 수가 없다. 이러한 해석은 헤겔을 이데올로기의 종언의 대변자로, 리버럴 근대국가의 정점으로 강조하는 프란시스 후쿠야마와는 다른 방향을 지적한다. 역사는 끝난 것이 아니라 여전히 과학기술의 발전과 더불어 전문화되고 세련화 되지만, 생활세계는 물화되고 식민지화된다.

이런 점에서 헤겔의 인정투쟁은 프란츠 파농에 의해 포스트콜로니얼 이론으로 해석된다. 변증법적 모델은 역사적으로 지향되고 해소된 것을 말하는 것이 아니라 여전히 화해와 일치에서 이성의 거대 담론으로 환원되지 않고, 비동일성, 비정규적인 것, 다름의 존재에 주목한다. 변증법적 모델은 지배와 권위 체제를 다루는데 여전히 사회학적으로 유용할 수 있다. 베버가 정치 사회학에서 권력의 지배를 가부장과 카리스마 그리고 법적 관료제 지배로 이념화한다면, 푸코는 기술적 합리성을 신체 권력의 모델로 보충한다.

이러한 권력 시스템에 대한 사회학적 분석에서 필자는 헤겔의 인정투쟁을 베버, 푸코와 더불어 계급과 문화적 차원에서 빚어지는 인정의 문제를 검토한다. 가부장, 카리스마, 법적 관료지배 그리고 국가권력에 의해 행사되는 신체권력정치(biopotics)는 공공영역에서 인정의 차원을 고려해야 한다. 문화적 동물로서 인간은 인정받기

위해 투쟁한다. 이런 점에서 프란츠 파농의 심리주의적 헤겔 독해에
는 여전히 제한적이다. 이러한 사회학적 헤겔 해석은 들뢰즈의 니체
에 역비판한다. 니체의 주인 도덕과 귀족주의적 급진주의는 여전히
그의 철학이 동료 인간 없는 인간성에 기초한다는 바르트의 비판에
공감한다.

4. 공공신학은 일차적으로 다양한 사회계층 영역에 관심한다(정
치, 경제, 사법적 정당성, 정보의 네트워크 이민문제, 신 인종차별주의, 문화와 종
교). 위계질서와 권력의 관계로 조직된 사회에서 공공신학은 신식민
주의 상황과 조건들을 분석하지 않고는 진일보시키기가 어렵다. 공
공신학은 근대 미완의 과제인 자유, 평등, 정의를 포스트모던 이론과
해체주의로 도약하기 위해 무가치한 것으로 폐기하지 않는다. 글로
벌 제국의 지배체제 안에서 신식민주의적 조건과 문제들이 양산된
다. 시민사회는 공공영역의 생활세계를 위하여 정치사회와 제국으
로부터의 식민지화에 저항하고, 보호되어야 하며, 문화적인 삶과 생
태학적 정의가 기술지배 합리성으로부터 지켜져야 한다. 시민사회
운동이 정치 세력화되어 권력 장악으로 가는 길은 지름길이라기보
다는 여전히 권력의 그물망에 예속되며, 도덕 정치가(칸트)의 소명은
시민사회의 생활세계적 차원과 연대하는 운동에서 견인될 수 있다.
정치 개혁의 운동은 시민사회의 정의와 더불어 존재하며, 혁명적
의식은 물질적 삶의 성향(habitus)을 극복하기 어렵다.
　존 롤스에 의하면 젠더는 여성의 동등한 정의와 권리를 남성의
기본권리가 공유되는 데서 가능할 것으로 본다. 그러나 롤스는 정의
론에서 인종의 차별과 젠더의 문제를 명료화하게 개념화하는 데 한

계가 있다. 토마스 맥카시는 비판의 계보학과 하버마스의 소통이론을 종합한다. 보편원리인 계몽의 거대 담론을 비판하고, 현재에 대한 비판의 역사로서 인종 문제를 날카롭게 써 내려간다. 맥카시는 칸트와 롤스에게 인종 이데올로기에 대한 비판의 취약점을 가장 날카롭게 공격하고, 근대의 식민주의와 인종차별을 신자유주의 글로벌주의자과 네온콘(신보수자)의 전쟁 개입 이데올로기에 대항한다. 식민주의 흉내내기(미메시스-호미 바바)는 결코 오리지널한 것과 같지 않고 백인적이지도 않다. 그러나 호미 바바의 흉내내기 인간은 인도의 특수한 상황에 적용될지 모르지만, 이전 식민주의를 경험했던 나라들에서 수용되기에는 지나치게 주관적이다.

맥카시는 식민주의 미메시스와 변종을 넘어서기 위해 소통 이성의 상호주관적 개념을 비서구 문화와 대화를 통해 대안 근대성을 추구하고 비서구 사회와 문화 그리고 역사로부터 배우려는 태도를 취한다. 이런 점에서 호미 바바의 식민지 변종과 흉내내기는 대안 근대성에 오히려 장애로 남으며, 여전히 글로벌 제국의 영향 아래서 서구적 특권과 삶의 스타일에 추종하는 신보수주의적 그룹으로 전락하고 만다.

실천적 의도를 갖는 비판이론인 칸트의 도덕 이론과 코스모폴리탄주의는 담론 윤리적으로, 즉 동등한 참여와 민주적인 합의를 통해 대안 근대성을 향해 지향할 수 있다. 필자가 전개하는 공공신학에서 토마스 맥카시는 중요한 이론적 성찰과 방법론을 제공한다. 더 나아가 그의 비판이론은 반성 사회학(부르디외)과 고고학적 해석학으로 다듬어질 수 있다.

신학적인 주제들, 예를 들어 은총, 죄, 화해, 용서, 구원, 종말론등은 공공 세속의 영역에서 뒷전으로 밀려 나가는 것이 아니라 동시대의 문제와 위기들 앞에서 새롭게 재해석되고, 번역되며, 구체화된다. 아우구스티누스-니부어의 전통에서 원죄의 개념은 유전자 문제와 엮어지면서 공공영역에서 동성애를 둘러싼 문제에 새로운 중요성을 가진다. 이런 점에서 공공신학은 기독교 전통적 교리 개념이나 성서 주석을 항상 동시대적인 연관성을 통해 번역하고 소통시킨다.

이런 점에서 니부어의 정치현실주의나 바르트, 틸리히 그리고 본회퍼의 신학에서 여전히 많은 내용을 배울 수 있다. 신학의 주제는 이성의 공적 사용 앞에서 부단한 해석학적 노력을 기울일 필요가 있으며, 학제적 소통이론과 사회과학적 논의를 통해 민주주의, 정의, 연대, 타자의 배려, 해방을 향해 나갈 수 있다. 이런 점에서 서구 리버럴 민주주의 전통과 정치 도덕 이론은 후기 근대 사회에서 대안 근대성과 더불어 후기 자본주의 사회 안에서 비판적으로 해석될 수 있다. 그리고 또한 해체적 포스트콜로니얼 이론(에드워드 사이드, 슈피박, 호미 바바)은 공공신학에서 간과될 필요는 없지만, 유럽 중심주의(사이드), 하위 계급 연구(슈피박), 모방과 변종(호마 바바)은 사회학적인 계층이론과 고고학적 담론 분석 그리고 해석학적인 텍스트의 진지함을 통해 공공영역에서 비판적으로 착종 된다.

5장에서 필자는 공공신학의 윤리적 반성과 실천전략을 고려한다. 공공신학과 사회 윤리적 실천을 사회학적, 해석학적으로 정교화하면서 타자의 문제, 문화적 정의에서 나타나는 성, 젠더, 인종과 남성주의적 지배체제를 분석한다. 또 포스트콜로니얼 이론에 공공 윤리적 차원을 보충하고 자본주의 혁명과 제국의 현실에서 드러나는 신식민주의 조건들과 인종 문제 그리고 제국주의적 시스템들을 분석한다. 그리고 생명과학과 의료윤리는 공공영역에서 새로운 도전을 의미한다. 진화론과 생명과학과의 대화는 공공신학의 반성에서 윤리적 실천을 공동의 선과 연대를 위해 어떻게 설정할지 도움을 준다. 자연과학적 성과로부터 배우면서 전통적인 신학의 주제들—창조, 원죄, 자유, 하나님의 형상 등—은 의료윤리 문제들—자살, 안락사, 낙태 등—과 더불어 새롭게 해석되고, 그 의미가 공공의 영역에 번역되고 소통될 것이다.

참 고 문 헌

금장태.『다산 정약용』. 서울: 살림, 2007.

김형찬.『공자』. 서울: 홍익, 1987.

들뢰즈, 질/이경신.『니체와 철학』, 서울: 민음사, 1998.

박경환.『맹자』. 서울: 홍익, 2008.

선한용.『성 어거스틴의 고백록』. 서울: 대한기독교서회, 1990.

송영배.『중국사회사상사』. 서울: 한길사, 1986.

정대성 "계몽의 극한으로서의 사회진화론의 철학적 의의." 철학논집 2019, vol.
        58, 205-230.

정승훈,『칼 바르트와 동시대성의 신학』. 서울: 대한기독교서회, 2006.

풍우란/박성규,『중국철학사 (상)』, 서울: 까치, 1999.

하버마스, 위르겐/이진우.『현대성의 철학적 담론』. 서울: 문예출판사, 1995.

허교진.『칼 마르크스 프랑스혁명사 3부작』. 서울: 소나무, 1987.

홍영남, "황교수 사태와 연구윤리" (2008. 04. 06.)
        https://snu.ac.kr/snunow/ snu_story?md= v&bbsidx=79807

Alexander, Leo. "Medical Science under Dictatorship." *New England Journal of
        Medicine* 241 (1949): 39-47.

Amin, Samir. *Capitalism in the Age of Globalization: The Management of
        Contemporary Society.* London & New York: Zed Books, 1998.

_____. *Eurocentrism: Modernity, Religion and Democracy.* trans. Russel Moore
        and James Membrez. New York: Monthly Review Press, 2009.

_____. "Modes of Production and Social Formations." *Ufahamu: A Journal of
        African Studies,* 4(3), (1974).

Appiah, Kwame Anthony, *Cosmopolitanism: Ethics in a World of Strangers.* New
        York: WW Norton, 2006.

Arghiri, Emmanuel. *Unequal Exchange: A Study of the Imperialism of Trade.* trans.

Brian Pearce. New York: Monthly Review, 1972.

Aristotle. *The Politics.* ed. and trans. Ernest Barker. New York: Oxford University Press, 1946.

_____. *A New Aristotle Reader.* ed. J.L. Ackrill. Princeton, New Jersey: Princeton University Press, 1987.

_____. *The Politics of Aristotle*, vol. 1. trans. Benjamin Jowett. Oxford: Clarendon Press, 1885.

Arrighi, Giovani. *The Long Twentieth Century: Money, Power and the Origins of Our Times.* London: Verso, 1994.

Augustine. *City of God.* trans. Gerald G. Walsh, et al. Garden City, N.Y.: Doubleday, 1958.

Baran, Paul A. and Paul Sweezy. *Monopoly Capital: An Essay on the American Economic Social Order.* New York and London: Monthly Review, 1966.

Barber, Michael D. *Ethical Hermeneutics: Rationalism in Enrique Dussel's Philosophy of Liberation.* New York: Fordham University Press, 1998.

Barth, K. *Church Dogmatics.* eds. Geoffrey Bromiley and Thomas F. Torrance. Trans. G. T. Thomson. 5 vols. London and New York: T. & T. Clark, 2004.

_____. *Epistle to the Romans.* trans. Edwyn Hoskyns. London: Oxford University Press, 1933.

_____. *Protestant Theology in the Nineteenth Century.* New edition. Grand Rapids, Mich.: Wm. B. Eerdmans, 2001.

_____. "The Christian Community and the Civil Community (1946)." in *Karl Barth: Theologian of Freedom*, ed. Clifford Green. Minneapolis: Fortress, 1991, 265-296.

Beauchamp Tom L. and James F. Childress. *Principles of Biomedical Ethics*, 3rd ed. New York, Oxford: Oxford University Press, 1989.

Beaud, Michael. *A History of Capitalism 1500-1980.* trans. Tom Dickman and Anny Lefevre. New York: Monthly Review, 1983.

Bedau, Hugo A. ed. *Civil Disobedience: Theory and Practice.* New York: Pegasus Books, 1967.

Bell, Daniel A. ed. *Confucian Political Ethics.* Princeton and Oxford: Princeton University Press, 2008.

Bellah, R. N. *Beyond Belief: Essays on Religion in a Post-Traditionalist World.* Berkeley: University of California Press, 1970.

_____. *Tokugawa Religion: The Cultural Roots of Modern Japan*. New York, N.Y.: The Free Press, 1985.

_____. *The Robert Bellah Reader*. eds. Robert N. Bellah and Steven M. Tipton. Durham and London: Duke University Press, 2006.

Bellah, R.N. and Hans Jonas. eds. *The Axial Age and its Consequences*. Cambridge, Mass. and London: The Belknap Press of Harvard University Press, 2012.

Benedict, Ruth. *Patterns of Culture*. New York: Houghton Mifflin. 2005.

Bendix, Reinhard. *Max Weber: An Intellectual Portrait*. Berkeley: University of California Press, 1977.

Benjamin, Walter. *Illuminations*. trans. Harry Zohn. New York: Schocken Books, 2007.

Bhabha, Homi. "Of Mimicry and Man: The Ambivalence of Colonial Discourse." *Discipleship: A Special Issue on Psychoanalysis* (Spring, 1984), 125-133. https://www.marginalutility.org/wp-content/uploads/2010/12/01. -Bhabha.pdf

Bieler, A. *La Pensée Économique et Sociale de Calvin*. Paris: Editions Albin Michel, 1961.

_____. *The Social Humanism of Calvin*. trans. Paul T. Furman. Richmond, Va: Johm Knox Press, 1964.

Blurburn, Robin. *An Unfinished Revolution: Karl Marx and Abraham Lincoln*. Brooklyn: Verson, 2011.

Boff, Clodovis. *Theologie und Praxis: Die erkenntnistheoretische Grundlagen der Theologie der Befreiung*. Kaiser: Grunewald, 1986.

Bonhoeffer, Dietrich. *Ethics*. trans. Neville H. Smith. New York, NY: Simon & Schuster, 1995.

_____. *Creation and Fall: A Theological Exposition of Genesis 1-3*. ed. John W. De Gruchy and trans. Douglas S. Bax. Minneapolis: Fortress, 1997.

Boss, Judith A. Ed. *Ethics for Life: A Text with Readings*, 3rd ed. New York: The McGraw-Hill, 2004.

Bourdieu, Pierre. *Masculine Domination*. trans. Richard Nice. Stanford, CA: Stanford University Press, 1998.

_____. "Genesis and Structure of the Religious Field." *Comparative Social Research 13* (1991). 1-44.

_____. *Distinction: A Social Critique of the Judgment of Taste*. Cambridge, MA:

Harvard University Press, 1984.

Bourdieu, Pierre and Loïc Wacquant. *An Invitation to Reflexive Sociology*. Chicago: University of Chicago Press, 1992.

Brandt, James M. *All Things New: Reform of Church and Society in Schleiermacher's Christian Ethics*. Louisville: Westminster John Knox Press, 2001.

Bryce A. Gayhart, *The Ethics of Ernst Troeltsch: a Commitment to Relevancy*. Lewiston: E. Mellen Press, 1990.

Butler, Judith. *Gender Trouble: Feminism and the Subversion of Identity*. New York: Routledge, 2007.

Cady, Linell E. *Religion, Theology and American Public Life*. Albany, N.Y: SUNY, 1993.

Calvin, J. *Institutes of the Christian Religion 1*. Ed. John T. McNeil. Philadelphia: The Westminster Press, 1970.

_____. *Commentaries on I and II Timothy, Commentary on Corinthians, Commentaries on Ezekiel, II,* in *The Commentaries of John Calvin, 46 vols*. Grand Rapids, Mich. Baker Book, 1979.

Ceperiano, Arjohn M. et al. "Girl, Bi, Bakla, Tomboy": The Intersectionality of Sexuality, Gender and Class in Urban Poor Contexts." *Philippine Journal of Psychology*, 2016, 49(2).

Chakrabarty, Dipesh. *Provincializing Europe: Postcolonial Thought and Historical Difference*. Princeton University Press, 2000.

Chung, Paul. *Critical Theory and Political Theology: The Aftermath of Enlightenment*. Cham, Switzerland: Palgrave, 2019.

Cole-Turner, Ronald. Ed. *Beyond Cloning: Religion and the Remaking of Humanity*. Harrisburg: Trinity Press International, 2001.

Collins, Patricia H. *Black Feminist Thought: Knowledge, Consciousness and the Politics of Empowerment*, 2nd ed. New York: Routledge, 2009.

Cone, James H. *The Cross and the Lynching Tree*. Maryknoll, New York: Orbis, 2011.

_____. *A Black Theology of Liberation*. Philadelphia and New York: J.B. Lippincott Company, 1970.

Danto, Arthur C. *Nietzsche as Philosopher*. New York: Columbia University Press, 1980.

Darwin, Charles, *The Origin of Species by Means of Natural Selection* (1872), 6th.

New York, N.Y.: Wallachia, 2015.

Dawkins, R. *River Out of Eden*. New York: HarperCollins, 1995.

De Tocqueville, Alexis. *Democracy in America*. trans. Henry Reeve. The Pennsylvania State University: A Penn State Electronic Classics Series Publication, 2002.

Derrida, Jacque. *Cosmopolitanism and Forgiveness*. trans. Mark Dooley and Michael Hughes. London and New York: Routledge, 1997.

_____. "Violence and Metaphysics." in *Writing and Difference*, trans. Alan Bass. Chicago and London: The University of Chicago Press, 1978. 79-153.

Diamond, Irene and Lee Quinby. eds. *Feminism & Foucault: Reflections on Resistance*. Boston: Northwestern University Press, 1988.

Dilthey, W. *Selected Works, IV: Hermeneutics and the Study of History*. Princeton, New Jersey: Princeton University Press, 1996.

Dobb, Maurice. *Studies in the Development of Capitalism*. Rev. ed. New York: International, 1963.

Dorrien, Gary (May 9, 2017). "Irony repeats itself: Reconsidering Reinhold Niebuhr in the Trump Era," https://religiondispatches.org/irony- re-peats-itself-reconsidering-reinhold-niebuhr-in-he-trump-era/.

Drescher, Hans-Georg. *Ernst Troeltsch: His Life and Work*. Minneapolis: Fortress, 1993.

Dreyfus, Hubert L. and Paul Rabinow. *Michel Foucault beyond Structuralism and Hermeneutics*, 2nd ed. Chicago: The University of Chicago Press, 1983.

Duchrow, Ulrich. *Alternative to Global Capitalism: Drawn from Biblical History, Designed for Political Action*. Gutersloh: international Books, 1998.

Duchrow, U. and Franz J. Hinkelammert. *Property for People, not for Profit: Alternatives to the Global Tyranny of Capital*. London: Zed, 2004.

Duggan, Lisa. *The Twilight of Equality? Neoliberalism, Cultural Politics and the Attack on Democracy*. Boston: Beacon, 2003.

Durkheim, E. *The Division of Labor in Society*. trans. W. D. Halls. New York: The Free Press, 1984.

_____. *Montesquieu and Rousseau*. Ann Arbor: University of Michigan Press, 1960.

_____. *On Morality and Society, Selected Writings*. ed. Robert N. Bellah. Chicago and London: The University of Chicago Press, 1973.

_____. *The Elementary Forms of Religious Life*. trans. Karen E. Fields. New York:

The Free Press, 1995.

Dussel, E. *The Invention of the Americas, Eclipse of the Other and the Myth of Modernity*. trans. Michel D. Barber. New York: Continuum, 1995.

Eisenstadt, S. N. *Comparative Civilizations & Multiple Modernities II*. Leiden, Boston: Brill. 2003.

Engels, F. *Origin of the Family, Private Property and the State*. trans. Alick West and Dona Torr. Hottingen-Zurich, 1884.

Fanon, Frantz. *The Wretched of the Earth*. trans. Constance Farrington. New York: Grove Press, 1963.

Fanon. *Black Skin and White Masks*. trans. Charles Lam Markmann, London: Pluto Press, 1986.

Fei, Hsiao-tung, *China's Gentry*. Chicago: University of Chicago Press, 1953.

Ferrarello, Susi. *Husserl's Ethics and Practical Intentionality*. London and New York: Bloomsbury Academic, 2016.

Fletscher, Joseph. *The Ethics of Genetic Control: Ending Reproductive Roulette*. Garden City, N.Y.: Doubleday, 1974.

Foucault, M. *Discipline and Punish: The Birth of the Prison*. trans. Alan Sheridan. New York: Vintage/Random House, 1979.

_____. *The History of Sexuality: An Introduction* vol. I, II. trans. Robert Hurley. New York: Vintage, 1990.

_____. *The Essential Foucault, Selections from Essential Works of Foucault, 1954-1984*. eds. by Paul Rabinow and Nikolas Rose. New York, London: The New Press, 2003.

_____. *The Archeology of Knowledge and the Discourse on Language*. trans. A.M. Sheridan Smith. New York: Pantheon, 1972.

Franck andre G. *Dependent Accumulation and Underdevelopment*. New York: Monthly Review, 1979.

_____. *Capitalism and Underdevelopment in Latin America: Historical Studies of Chile and Brazil*, rev. ed. New York: Monthly Review, 1968.

Franklin, Julian H. trans and ed. *Constitutionalism and Resistance in the Sixteenth Century: Three Treatises by Hotman, Beza and Mornay*. New York: Pegasus, 1969.

Friedman, Milton. *Capitalism and Freedom*. Chicago: University of Chicago Press, 1962.

Friedman, Milton and Rose. *Free to Choose*. New Work: Houghton Mifflin
    Harcourt, 1980.

Freire, Paulo. *Pedagogy of the Oppressed*. New York: Continuum, 2007.

Fukuyama, Francis. *The End of History and the Last Man*. New York: Free, 1992.

Gadamer, Hans. G. *Truth and Method*, 2nd Rev. ed. Joel Weinscheimer and Donald
    G. Marshall. New York: Continuum, 2004.

Gaonka, D.P. ed. *Alternative Modernities*. Durham, NC: Duke University Press,
    2001.

Garcia, J. Neil C. *Philippine Gay Culture: Binabae to Bakla, Silahis to MSM*. Diliman,
    Quezon City: The University of the Philippine Press, 1996.

Garner, Richard T. and Bernard Rosen. *Moral Philosophy: A Systematic
    Introduction to Normative Ethics and Meta-Ethics*. New York: Macmillan.
    1967.

Gayhart, Bryce A. *The Ethics of Ernst Troeltsch: a Commitment to Relevancy*.
    Lewiston: E. Mellen Press, 1990.

Geertz, Clifford. *The Interpretation of Cultures*. New York: Basic Books, 1973.

Gollwitzer, Helmut. *Krummes Holz—aufrechter Gang: Zur Frage nach dem Sinn des
    Lebens*. Munich: Kaiser Verlag, 1985.

_____. *Auch das Denken darf dienen: Aufsätze zu Theologie und Geistesgeschichte*,
    I. ed. F. W. Marquardt. Munich: Chr. Kaiser, 1988.

_____. "Why Black Theology." *Union Seminary Quarterly Review 31*. no. 1 (1975),
    38-58.

_____. *Umkehr und Revolution: Aufsätze zu christlichen Glauben und Marxismus
    1*, ed. Christian Keller. Munich: Chr. Kaiser, 1988.

_____. ···*dass Gerechtigkeit und Friede sich küssen: Aufsätze zur politischen Ethik
    1*. Ed. Andreas Pangritz. Munich: Chr. Kaiser, 1988.

_____. *An Introduction to Protestant Theology*. trans. David Cairns. Philadelphia:
    Westminster 1978.

Gonzalez, Justo L. *The History of Christianity II: The Reformation to the Present Day*,
    rev. and updated. New York: HarperOne, 2010.

Gorovitz, Samuel, et al. *Moral Problems in Medicine*. Englewood Cliffs, N.J.:
    Prentice-Hall, 1976.

Gould, Stephen J. *An Urchin in the Storm: Essays about Books and Ideas*. New York:
    Penguin Books, 1987.

_____. *The Mismeasure of Man*. New York: Norton, 1981.

Graham, Fred W. *The Constructive Revolutionary: John Calvin and His Socioeconomic Impact*. Lansing: Michigan State University Press, 1987.

Gramsci, A. *Selections from Prison Notebooks*. ed. and trans. Quentin Hoare and Geoffrey Notwell Smith. London: ElecBok, 1999.

_____. "The Revolution against 'Capital'(1917)." https://www.marxists.org/archive/gramsci/1917/12/revolution-against-capital.htm

Green, Clifford. ed. *Karl Barth: Theologian of Freedom*. Minneapolis: Fortress, 1991.

Guha, Ranajit and Gayatri Chakravorty Spivak. *Selected Subaltern Studies*. New York: Oxford University Press, 1988.

Gustafson, James M. *Ethics from a Theocentric Perspective I: Theology and Ethics*. Chicago: The University of Chicago Press, 1981.

_____. *Ethics from a Theocentric Perspective II: Ethics and Theology*. Chicago and London: The University of Chicago Press, 1984.

_____. *Can Ethics be Christian?* Chicago and London: The University of Chicago Press, 1977.

Guter, Bob and John R. Killacky. eds. *Queer Crips: Disabled Gay Men and Their Stories*. Harrington Park Press, 2004.

Gutierrez, G. *The Power of the Poor in History*. Eugene, OR: Wipf and Stock, 2004.

Habermas, Jürgen. *The Theory of Communicative Action I: Reason and the Realization of Society*. trans. Thomas McCarthy. Boston: Beacon, 1984.

_____. *The Theory of Communicative Action: Lifeworld and System: A Critique of Functional Reason II*. trans. Thomas McCarthy. Boston: Beacon, 1987.

_____. *Theory and Practice*. trans. John Viertel. Boston: Beacon Press, 1973.

_____. *Between Naturalism and Religion: Philosophical Essays*. trans. Ciaran Cronin. Malden, MA: Polity Press, 2008.

_____. *Legitimation Crisis*. trans. Thomas McCarthy. Boston: Beacon, 1992.

_____. *The Structural Transformation of the Public Sphere: An Inquiry into a Category of Bourgeois Society*. Polity, Cambridge, 1989.

_____. *Knowledge and Human Interests*. Boston: Polity Press, 1987.

_____. "Der Universalitäsanspruch der Hermeneutik (1970)." in J. Habermas, *Zur Logik der Sozialwissenschaften*. Frankfurt am Main: Suhrkamp, 1985.

331-366.

Halperin, David. "Homosexuality: A Cultural Construct. An Exchange with Richard Schneider." in *One Hundred Years of Homosexuality and Other Essays on Greek Love*. New York: Roudedge, 1990. 41-53.

Hardt, Michael and Antonio Negri. *Empire*. Cambridge, Mass.: Harvard University Press, 2000.

Harvey, Peter. *An Introduction to Buddhist Ethics*. Cambridge: Cambridge University Press, 2000.

Hefner Philip. *The Human Factor: Evolution, Culture and Religion*. Minneapolis: Fortress, 1993.

Hegel, G.W. F. *Lectures on the Philosophy of Religion*, I-III. ed. and trans. Peter C. Hodgson et al. Berkeley and Los Angeles, 1984-1987.

_____. *The Phenomenology of Mind.* trans. J.B Baillie. Mineola, New York: Dover Publications, 2003.

_____. *G.W.F. Hegel: Theologian of the Spirit.* ed., Peter C. Hodgson. Minneapolis: Fortress, 1997.

_____. *Philosophy of Right.* trans. S.W. Dyde. Kitchener, Ontario: Batoche Books, 2001.

Hick, John. *God has Many Names*. Philadelphia: The Westminster Press, 1982.

_____. *An Interpretation of Religion: Human Responses to the Transcendent*, 2nd ed. New Haven, Connecticut: Yale University Press, 2004.

Hinkelammert, Franz J. *The Ideological Weapons of Death: A Theological Critique of Capitalism*. Maryknoll, NY: Orbis, 1986.

Holmes, Mary. *What is Gender? Sociological Approaches*. London: Sage publications, 2007.

Honneth, Axel. *The I in We: Studies in the Theory of Recognition*. Cambridge: Polity, 2012.

Horkheimer, M. *Critical Theory Selected Essays Max Horkheimer*. trans. Matthew J. O'Connel and Others. New York: The Seabury Press, 1972.

_____. *Eclipse of Reason*. Oxford: Oxford University Press, 1947.

Horkkeimer, M and Theodore W. Adorno. *Dialectic of Enlightenment*. trans. Matthew J. O'Connel and Others. New York: The Seabury Press, 1972.

Hubbard, Thomas K. ed. *Homosexuality in Greece and Rome: A Sourcebook of Basic Documents*. Berkeley: University of California Press, 2003.

Hume, David. *An Enquiry Concerning the Principles of Morals* (1751). London: A. Millar, 2014.

Husserl, Edmund. *The Essential Husserl: Basic Writings in Transcendental Phenomenology*. ed. by Donn Welton. Bloomington and Indianapolis: Indiana University Press, 1999.

Hwang WS et al. "Evidence of a pluripotent human embryonic stem cell line derived from a cloned blastocyst." *Science* 2004; 303, 5664: 1669-1674.

Iwand, Hans J. *The Righteousness of Faith According to Luther*. ed. Thomson, trans. Lundell. Eugene, OR. Wipf & Stock, 2008.

Jagose, Annamarie. *Queer Theory: An Introduction*. New York: New York University Press, 2005.

Jalbert, John E. "Husserl's Position between Dilthey and the Windelband-Rickert School of Neo-Kantianism." *Journal of the History of Philosophy* 26 (2) (1988), 279-296.

Jason, Throop, C. and Keith M. Murphy, "Bourdieu and Phenomenology: A Critical Assessment." *Anthropological Theory* Vol 2 (2).

Jaspers, Karl. *The Origin and Goal of History*. trans. M. Bullock. New Haven and London, Yale University Press, 1953.

Kamenka, E. *Marxism and Ethics*. New York: St. Martin's Press, 1969.

Kant, Immanuel. *Critique of the Power of Judgment*. trans. Paul Guyer and Eric Matthews. Cambridge: Cambridge University Press, 2000.

_____. *The Moral Law: Groundwork of the Metaphysic of Morals*. trans. H. J. Paton. London: Routledge and Kegan Paul, 1785/1991.

_____. *Lectures on Ethics*. Indianapolis: Hackett, 1775-1780/1963.

_____. *Religion and Rational Theology*. ed. Allen W. Wood and George di Giovanni. Cambridge: Cambridge University Press, 1996.

_____. *Critique of the Power of Judgment*. trans. Paul Geyer and Eric Matthews. Cambridge: Cambridge University Press, 2000.

_____. *The Metaphysics of Morals* [1797]. trans. and ed. M. Gregor. Cambridge University Press, 1996.

_____. "Of the Different Races of Human Beings." trans. by J.M. Mikkelsen, in R. Bernasconi and T. Lott, eds., *The Idea of Race*. Indianapolis: Hackett, 2000. 8-22.

Kaufmann, Gordon D. *In Face of Mystery*: A Constructive Theology. Cambridge,

Mass.: Harvard University Press, 1993.

Keller. Evelyn F. *The Century of the Gene*. Mass., Cambridge: Harvard University Press, 2000.

Kellner, Douglas. ed. *Baudrillard: A Critical Reader*. Oxford and Cambridge: Blackwell, 1994.

King, Ursula. ed. *Religion and Gender*. Oxford and Cambridge: Blackwell, 2005.

Kleingeld, Pauline. *Kant and Cosmopolitanism: The Philosophical Ideal of World Citizenship*. Cambridge: Cambridge University Press, 2012.

Knitter, Paul F. *No Other Name?: A Critical Survey of Christian Attitudes Toward the World Religions*. Maryknoll: Orbis, 1996.

Kojeve, Alexandre. *Introduction to the Reading of Hegel: Lectures on the Phenomenology of Spirit*. ed. Allan Bloom and trans. James H. Nichols, Jr. Ithaca. NY: Cornell University Press, 1969.

Kolakowski, L. *Main Currents of Marxism: 2. The Golden Age*. trans. P.S. Falla. Oxford and New York: Oxford University Press, 1978.

Kolb, Robert and Timothy J. Wengert. eds. *The Book of Concord: The Confessions of the Evangelical Lutheran Church*. Minneapolis: Fortress, 2000.

Küng, H. *Does God Exist?* trans. E. Quinn. New York: Vintage, 1981.

Leezenbeerg, Michiel. "Power and Political Spirituality: Michel Foucault on the Islamic Revolution in Iran." in *Michel Foucault and Theology: The Politics of Religious Experience*. eds. James Bernauer and Jeremy Carrette. Hampshire, Burlington: Ashgate, 2004. 99-115.

Lehmann, Paul. *Ethics in a Christian Context*. New York and Evanston: Harper & Row, 1963.

Lenin, V.I. *The State and Revolution: The Marxist Teaching on the State and the Tasks of the Proletariat in the Revolution*. Foreign Language Press: Peking, 1976.

Levinas, E. *Ethics and Infinity: Conversations with Philippe Nemo*. trans. Richard A. Cohen. Pittsburgh: Duquesne University Press, 1985.

_____. *Basic Philosophical Wrings*. eds. Adrian T. Peperzak, et al. Bloomington and Indianapolis: Indiana University Press, 1996.

Lindbeck, George A. *The Nature of Doctrine: Religion and Theology in a Postliberal Age*. Louisville, Kentucky: Westminster John Knox Press, 1984.

Locke, John. *Two Treatises of Government*. ed. Mark Goldie. London: J.M. Dent; Vermont: Charles E. Tuttle, 1993.

Loomba, Ania. *Colonialism, Postcolonialism*. London: Routledge, 1998.

Lotz, David W. *Ritschl and Luther*. Nashville: Abingdon, 1974.

Lukacs, Georg. *The Young Hegel: Studies in the Relations between Dialectics and Economics*. trans. Rodney Livingstone. Massachusetts: MIT Press, 1976.

Luther, Martin. *Martin Luther's Basic Theological Writings*. eds. Lull and Russel, Minneapolis: Fortress, 2005.

Machiavelli, *The Prince*. ed. Philip Smith. Mineola, New York: Dover Publications, 1992.

MacIntyre, Alasdair. *After Virtues*, second edition. Notre Dame, Indiana: University of Notre Dame Press, 1984.

Macpherson, C. B. *The Political Theory of Possessive Individualism: Hobbes to Locke*. Oxford: Oxford University Press, 1962.

_____. *The Life and Times of Liberal Democracy*. Oxford, UK: Oxford University Press. 1979.

Mandel, Ernest. *The Formation of the Economic Thought of Karl Marx*. New York and London: Monthly Review Press, 1971.

_____, *Marxist Economic Theory I and II*. trans. Brian Pearce. New York and London: Monthly Review Press, 1968.

_____. *Late Capitalism*. trans. Joris De Bres. London, New York: Verso, 1975.

Marcuse, Herbert. *Reason and revolution: Hegel and the Rise of Social Theory*. Boston: Beacon Press, 1960.

Margulis, Lynn and Dorion Sagan. *Microcosmos*. New York: Summit, 1986.

Marquardt, F.W. *Eia, warn wir da —eine theologische Utopie*. Gutersloh: Chr. Kaiser/Gutersloher Verlagshaus, 1997.

_____. "Gott oder Mammon über Theologie und Okonomie bei Martin Luther." *Einwürfe I*, Munich: Chr. Kaiser, 1983. 126-216.

Marx, Karl. *Capital: A Critique of Political Economy, I, III*. trans. Ben Fowkes. London and New York: Penguin, 1990.

_____. *Critique of Hegel's Philosophy of Right*. trans. Joseph O'Malley. Oxford: Oxford University Press, 1970.

_____. *Karl Marx Selected Writings*. ed. David McLellan. New York: Oxford University Press, 1988.

Marx, Karl. "Revolution in China and In Europe." New York Daily Tribune, June 14, 1853. https://www.marxists.org/archive/marx/works/

1853/06/14.htm

Marx, K. and Frederick Engels. "Address of the Central Committee to the Communist League" (1850) https://www.marxists.org/archive/marx/works/1847/communist-league/1850-ad1.htm

Massey. Douglas S. and Nancy A. Denton. *American Apartheid: Segregation and the Making of the Underclass*. Cambridge, M.A: Harvard University Press, 1993.

McCann, Dennis. *Christian Realism and Liberation Theology: Practical Theologies in Creative Conflict*. Eugene, OR: 1981.

McCarthy, Thomas. *Race, Empire and the Idea of Human Development*. Cambridge: Cambridge University Press, 2010.

McGrath, Alister E. *Iustitia Dei: A History of the Christian Doctrine of Justification*, 2nd ed. Cambridge: Cambridge University Press, 1998.

McNeil, John T. *The History and Character of Calvinism*. London and Oxford: Oxford University Press, 1954.

Mill, J.S. *Considerations on Representative Government* (1861). South Bend, IN: Gateway, 1962.

_____. *On Liberty*. ed. E. Rapport. Indianapolis: Hackett Publishing, 1978.

Miller, Kenneth R. *Finding Darwin's God: A Scientist's Search for Common Ground between God and Evolution.* New York: Harper, 2007.

Moffet, Samuel H. *A History of Christianity in Asia II*, Maryknoll: Orbis, 2005.

Moltmann, J. *God for a Secular Society: The Public Relevance of Theology*, trans. Margaret Kohl. Minneapolis: Fortress, 1999.

_____. *The Spirit of Life: A Universal Affirmation*. trans. Margaret Kohl. Minneapolis: Fortress, 1992.

Morgan, Michael L. ed. *Classics of Moral and Political Theory*, 4th ed. Indianapolis and Cambridge: Hackett Publishing Company, 2005.

Niebuhr, H.R. *The Responsible Self: An Essay in Christian Moral Philosophy*. Louisville, Kentucky: Westminster John Knox Press, 1999.

_____. *Schleiermacher on Christ and Religion: A New Introduction*. New York: Scribner's, 1964.

_____. *Christ and Culture*. New York: Harper & Row, 1951.

_____. *Radical Monotheism and Western Culture*. Louisville, Kentucky: Westminster/John Knox Press, 1970.

Niebuhr, Reinhold. *The Nature and Destiny of Man 1. II*. New York: Charles
　　　Scribner's Sons, 1941. 1943.

_____. *The Essential Reinhold Niebuhr Selected Essays and Addresses*. ed. Robert
　　　McAfee Brown. New Haven and London: Yale University Press, 1986.

_____. *Reflections on the End of an Era*. New York: Charles Scribner's, 1934.

_____. *The Self and the Dreams of History*. New York: Charles Scribner's Sons,
　　　1955.

_____. *An Interpretation of Christian Ethic*. New York: N.Y.: Harper and Row,
　　　1963.

_____. *Reinhold Niebuhr: His Religious, Social and Political Thought*. ed. Charles
　　　W. Kegley and Robert W. Bretall. New York: The Macmillan Company,
　　　1986.

_____. *The Structure of Nations and Empires*. New York: Charles Scribner's Sons,
　　　1959.

_____. *The Self and the Dramas of History*. New York: Charles Scribner's, 1955.

Nietzsche. F. *The Nietzsche Reader*. eds. K.A. Pearson and D. Large. Oxford:
　　　Blackwell, 2006.

Nitobe, Inazo. "Bushido: The Soul of Japan." *Collected Works of Nitobe Inazo vol.
　　　12*. Tokyo: Kyobunkan, 1999-2001 [1899].

Nolan, Patrick and Gerhard Lenski. *Human Societies: An introduction to
　　　Macrosociology*. Boulder and London: Paradigm Publishers, 2006.

Norton, Ben. "Obama Admits Bipartisan Neoliberal 'Washington Consensus'
　　　Fueled Far-Right and Multiplied Inequality." https://bennorton.
　　　com/obama-neoliberal-washington-consensus-far-right- inequality/.

Nozick, Robert. *Anarchy, State and Utopia*. New York: Basic Books, 1974.

Ott, Michael R. *Max Horkheimer's Critical Theory of Religion: The Meaning of
　　　Religion in the Struggle for Human Emancipation*. Lanham: University Press
　　　of America, 2001.

Otto, R. *The Idea of the Holy*. Oxford: Oxford University Press, 1958.

Pangritz, Andreas. *Der ganz andere Gott will eine ganz andere Gesellschadt: Das
　　　Lebenswerk Helmut Gollwitzers* (1908-1993). Stuttgart: Verlag W.
　　　Kohlhammer, 2018.

Peacocke, Arthur R. *Creation and the World of Science*. Oxford: Clarendon, 1979.

Percy III, William Amstrong. *Pedrasty and Pedagogy in Archaic Greece*. Illinois:

University of Illinois Press, 1996.

Peters, Ted. *The Stem Cell Debate*. Minneapolis: Fortress, 2007.

_____. *Science, Theology and Ethics*. Burlington: Ashgate, 2003.

_____. Ed. *Genetics: Issues of Social Justice*. Cleveland: The Pilgrim Press, 1998.

Polanyi, Karl. *The Great Transformation: The Political and Economic Origins of Our Time*. Boston: Beacon, 1957.

Prigogine, Ilya and Isabelle Stengers. *Orders out of chaos*. New York: Bantam, 1984.

Rachels, James and Stuart Rachels. *The Element of Moral Philosophy*, 6th ed. New York: McGraw-Hill, 2010.

Radcliffe-Brown, A.A. *Structure and Function in Primitive Society*. New York: The Free Press, 1952.

Ramsey, Paul. *Basic Christian Ethics* (1950). Louisville, Kentucky: Westminster/John Knox Press, 1993.

_____. *Fabricated Man: The Ethics of Genetic Control*. New Haven: Yale University Press, 1970.

Rawls, John. *A Theory of Justice*. Cambridge, Mass.: The Belknap Press of Harvard University Press, 1971.

Rendtorff, Trutz. *Ethics I: Basic Elements and Methodology in an Ethical Theology*. trans. Keith Crim. Philadelphia: Fortress Press, 1986.

Rifkin, J. Algeny. *A New Word—A New World*. New York: Penguin Books, 1984.

Riley, Dylan. "Bourdieu's Class Theory: The Academy as Revolutionary." *Catalyst* Vol.1. Nr. 2. (Summer 2017), 117-136.

Ritschl, Albrecht. *The Christian Doctrine of Justification and Reconciliation: The Positive Development of the Doctrine*. trans. H. R Mackintosh and A.B. Macaulay. Clifton, N.J.: Reference Book, 1966.

Rousseau, Jean-Jacques. *The First and Second Discourses*. ed. Roger D. Masters and trans. Roger D. and Judith R. Masters. New York: St Martin's Press, 1964.

_____. *On the Social Contract with Geneva Manuscript and Political Economy*. trans. Judith R. Masters and ed. Roger D. Masters. New York, N.Y: St. Martin's Press, 1978.

_____. *Emile, or On Education*. trans. Allan Bloom. New York: Basic Books, [1762] 1979.

Rude, George. Ed. *Robespierre*. Englewood Cliffs: Prentice-Hall, 1967.

Rupp, E. Gordon and Philip S. Watson. *Luther and Erasmus: Free Will and Salvation*. Philadelphia: The Westminster Press, 1968.

Said, Edward. *The Edward Said Reader*. eds. Moustafa Bayoumi and Andrew Rubin. New York: Vintage, 2000.

Sandel, Michael J. *Justice. What's the Right Thing to Do?* New York: Farrar, Straus and Giroux, 2009.

Sartre, Jean-Paul. *Notebooks for an Ethics*. Chicago: University of Chicago, 1992.

Schleiermacher, F. *Selections from Friedrich Schleiermacher's Christian Ethics*. ed. and trans. James M. Brandt. Louisville: Westminster John Knox, 2011.

_____. *The Christian Faith*. London and New York: Bloomsbury T&T Clark, 2016.

Schmitt, Carl. *The Leviathan in the State Theory of Thomas Hobbes: Meaning and Failure of a Political Symbol*. trans, George Schwab and Ema Hilfstein. Westport, CT: Greenwood Press, 1996.

_____. *The Concept of the Political*. trans. George Schwab. Chicago: The University of Chicago Press, 1996.

Schmidt (1997). "Rediscovering Manchuria: Shin Ch'aeho and the Politics of Territorial History in Korea." *The Journal of Asian Studies* 56(1), 26-46.

Schutz, Alfred. *The Phenomenology of the Social World*. trans. George Walsh and Frederick Lehnert. Evanston, Illinois: Northwestern University Press, 1967.

Segundo, Juan Luis. *Faith and Ideologies*. trans. John Drury. Maryknoll. Orbis, 1984.

Sharot, Stephen. *A Comparative Sociology of World Religions: Virtuosos, Priests and Popular Religion*. New York and London: New York University Press, 2001.

Shwarz, David. *Culture and Power: The Sociology of Pierre Bourdieu*. Chicago: The University of Chicago Press, 1997.

Silve, Lee. *Remaking Eden: How Genetic Engineering and Cloning Will Transform the American Family*. New York: Avon Books, 1998.

Smith, Wilfred Cantwell. *The Meaning and End of Religion*. Minneapolis: Fortress Press, 1991.

_____. *Faith and Belief: The Difference between Them*. Oxford: Oneworld, 1979.

Smith, Adam. *Theory of Moral Sentiments*. Ed. A.L. Macfie and D.D. Raphael.

Indianapolis: Liberty Press, 1982.

Spence, Jonathan D. *God's Chinese son: the Taiping Heavenly Kingdom of Hong Xiuquan*. New York: W.W. Norton, 1996.

Spencer, Herbert. *Social Statics: The Conditions Essential to Human Happiness Specified and the First of Them Developed*. New York: S. Appleton, 1864.

Spivak, Gayatri Chakravorty. "Can the Subaltern Speak?" *Colonial Discourse and Postcolonial Theory: A Reader*. ed. Patrick Williams. New York: Columbia University Press, 1994. 67-111.

_____. *The Postcolonial Critic: Interviews, Strategies, Dialogues*. ed. Sarah Harasym. New York: Routledge, 1990.

Stackhouse, Max. *Public Theology and Political Economy: Christian Stewardship in Modern Society*. Grand Rapids: Eerdmans, 1987.

Stalin, J. V. *The Foundations of Leninism*. Peking: Foreign Language Press, 1975.

Sweezy, Paul M. *The Theory of Capitalist Development: Principles of Marxian Political Economy*. New York and London: Monthly Review Press, 1942.

Tanner, Kathryn, *Theories of Culture: A New Agenda for Theology*. Minneapolis: Fortress, 1997.

Taylor, Charles. *Hegel*. Cambridge and New York: Cambridge University Press, 1975.

Throop, C. Jason and Keith M. Murphy. "Bourdieu and Phenomenology A Critical Assessmen." *Anthropological Theory* Vol. 2 (2), (2002). 185–207. http://cdn.preterhuman. net/texts/ science_ and_technology/Throop %20J.%20and%20Murphy%20K.%20-%20Bourdieu%20and%20Pheno menology.pdf

Tikhonov, Vladimir *Modern Korea and Its Others*. London and New York: Routledge, 2015.

_____. *Social Darwinism and Nationalism in Korea: the Beginnings (1880s-1910s): "Survival" as an Ideology of Korean Modernity*. Leiden: Brill, 2010.

Tillich, Paul. *Systematic Theology 1*. Chicago: The University of Chicago Press, 1951.

_____. *Theology of Culture*. Oxford: Oxford University Press, 1964.

_____. *The Socialist Decision*. trans. Franklin Sherman. New York and San Francisco: Harper & Row, 1977.

Tracy, David. *The Analogical Imagination: Christian Theology and the Culture of*

Pluralism. New York: Crossroad, 2000.

Tracy, David and John B. Cobb, Jr. *Talking About God*. New York: Seabury Press, 1983.

Troeltsch, Ernst. *The Social Teaching of the Christian Churches I, II*. trans. Olive Wyon. Louisville: Westminster John Knox, 1992.

_____. *The Christian Faith*. ed. Gertrud von le Fort, trans. Garrett E. Paul. Minneapolis: Fortress.

_____. *Religion in History: Ernst Troeltsch*. trans, James L. Adams and Walter F. Bense. Minneapolis: Fortress, 1991.

_____. *The Absoluteness of Christianity and the History of Religion*. trans. David Reid. Louisville, Kentucky: Westminster John Knox Press, 1971.

_____. "The Place of Christianity among the World Religions." in *Christian Thought: Its History and Application*. ed. Friedrich Hügel. London: University of London Press, 1923.1-36.

Valentine, Benjamin. *Mapping Public Theology: Beyond Culture, Identity and Difference*. Harrisburg , London and New York: Trinity Press International, 2002.

Vujacic, Veljko, "Stalinism and Russian Nationalism: A Reconceptualization." *Post-Soviet Affairs*, 2007, 23, 2, 161. 156–183.

Wade, Nicholas. *The Ultimate Experiment: Man-Made Evolution*. New York: Walker and Co., 1977.

Wallerstein, I. *The Capitalist World-Economy: Essays by Immanuel Wallerstein*. Cambridge: Cambridge University Press, 1979.

_____. *Eurocentrism and its Avatars: The Dilemmas of Social Science*. https://iwallerstein.com/wp-content/uploads/docs/NLREURAV.PDF

Weber, M. *Weber Selections in Translation*. ed. W. G. Runciman and trans. Erich Matthews. Cambridge: Cambridge University Press, 1978.

_____. *From Max Weber: Essays in Sociology*. ed. and trans. H. H. Gerth and C. Wright Mills. New York: Oxford University Press, 1946.

_____. *The Protestant Ethic and the Spirit of Capitalism*. trans. Talcott Parsons. Mineola, N.Y.: Dover, 2003.

_____. *Economy and Society*. eds. Gunther Roth and Claus Wittich. Berkeley: University of California Press, 1978.

_____. *The Sociology of Religion*. trans. Ephraim Fischoff. Boston: Beacon Press,

1964.

_____. *Weber Selections in Translation*. ed. W.G. Runciman and trans. Erich
    Matthews. Cambridge: Cambridge University Press, 1978.

Welch, Claude. *Protestant Thought in the Nineteenth Century 1: 1799-1870*. New
    Haven and London: Yale University Press, 1972.

Wendel, F. *Calvin: Origins and Development of His Religious Thought*. trans. Philip
    Mairet. Durham, NC: Labyrinth, 1987.

West, Cornel. *Race Matters*. New York: Vintage Books, 1994.

Williams, Craig. A, *Roman Homosexuality*. Oxford: Oxford University Press, 1999.

Wilmut, Ian et al. *The Second Creation*. New York: Farrar, Straus and Giroux, 2000.

Wilson. Edward O. *Sociobiology: The New Synthesis*. Cambridge: Harvard
    University Press, 1975.

Wogman, J. Philip, *Christian Ethics: A Historical Introduction*. Louisville.
    Westminster/John Knox Press, 1993.

찾 아 보 기